交通运输行业职业资格考试系列用书
造价工程师职业资格考试用书

交通运输工程技术与计量

水 运 篇

（2019 年版）

交通运输部职业资格中心 组织编写

人民交通出版社股份有限公司
China Communications Press Co.,Ltd.

内容提要

本书为《造价工程师职业资格考试用书》之一，根据2019年版《全国一级造价工程师职业资格考试大纲》，紧密围绕交通运输部最新颁布和修订的行业标准、规范而编写。全书共6章，主要内容包括：绪论，工程地质、水文与气象，工程构造，工程材料与工程机械、船舶，工程施工组织与施工技术，水运工程计量。

本书可作为全国一级造价工程师（交通运输工程 水运专业）职业资格考试广大考生复习备考的参考用书，也可作为相关从业人员及交通院校相关专业师生在实际工作和教学中的参考用书。

图书在版编目（CIP）数据

交通运输工程技术与计量. 水运篇：2019年版/交通运输部职业资格中心组织编写. —北京：人民交通出版社股份有限公司，2019.7

ISBN 978-7-114-15638-0

Ⅰ.①交… Ⅱ.①交… Ⅲ.①交通工程—工程造价—资格考试—自学参考资料②航道工程—工程造价—资格考试—自学参考资料 Ⅳ.①U491②U615.1

中国版本图书馆CIP数据核字（2019）第122094号

交通运输行业职业资格考试系列用书
造价工程师职业资格考试用书

书　　名： 交通运输工程技术与计量　水运篇（2019年版）
著 作 者： 交通运输部职业资格中心
责任编辑： 杨　川
责任校对： 尹　静
责任印制： 张　凯
出版发行： 人民交通出版社股份有限公司
地　　址： （100011）北京市朝阳区安定门外外馆斜街3号
网　　址： http://www.chinasybook.com
销售电话： （010）64981400，59757915
总 经 销： 北京交实文化发展有限公司
印　　刷： 北京鑫正大印刷有限公司
开　　本： 787×1092　1/16
印　　张： 24.5
字　　数： 580千
版　　次： 2019年7月　第1版
印　　次： 2019年7月　第1次印刷
书　　号： ISBN 978-7-114-15638-0
定　　价： 98.00元

《交通运输行业职业资格考试系列用书》

编审委员会

本书编写人员

（按姓氏笔画排序）

主　　编：刘红宇　姜培平

编写人员：刘红宇　朱子平　汤光新　张忠学　李　克　李进军
陈稚娟　岳铭斌　姜培平　赵冬梅　黄成涛　童新春
谭万琼

本书审定人员

（按姓氏笔画排序）

主　　审：杨学群

审定人员：卢华伟　刘亚平　杨学群　时常明　罗　刚　胡义龙
赵千昆　柯　洪　解　静

前　言

交通运输是经济社会发展的重要基础性和先导性产业，也是事关国计民生的重要服务性行业。近年来我国的交通运输基础设施建设取得了举世瞩目的成就，为国民经济和社会发展以及人民群众的安全便捷出行做出了贡献。交通运输工程造价管理是交通运输建设不可或缺的一项重要工作，对于科学、合理确定和使用建设资金，发挥其最大效能具有不可替代的重要作用。培育一支高素质的交通运输工程造价工程师队伍，是加强交通运输建设资金管理的重要保证。

2018 年 7 月，住房城乡建设部、交通运输部、水利部、人力资源社会保障部联合印发了《造价工程师职业资格制度规定》和《造价工程师职业资格考试实施办法》。据此，交通运输部拟定了交通运输工程类别的《建设工程技术与计量》和《建设工程造价案例分析》两个专业科目的考试大纲。

为方便考生备考，按照《全国一级造价工程师职业资格考试大纲（2019 年版）》，我们组织来自水运工程造价（定额）管理、设计、施工、造价咨询等单位和部分高校的专家编写了交通运输工程水运专业造价工程师专业科目考试用书，包括《交通运输工程技术与计量　水运篇》（2019 年版）、《交通运输工程造价案例分析　水运篇》（2019 年版）两册，分别与两个专业科目相对应。

本套考试用书体现了水运建设新标准、新工艺、新技术、新设备、新材料的发展对水运造价工程师能力提升的新要求，注重理论联系实际，针对性、实用性和操作性强，既可作为广大考生复习备考的参考用书，也可作为相关从业人员及交通院校相关专业师生在实际工作和教学中的参考用书。

由于水平有限，疏漏和纰误在所难免，敬请批评指正。

交通运输部职业资格中心

2019 年 7 月

目　录

第一章 绪 论

交通运输工程包括公路、水运、铁路、航空及管道运输等基础设施,工程内容包括公路、桥梁、隧道、港口、航道、铁路、机场等工程的勘察、设计、施工与养护工作。

公路工程和水运工程均为交通基础设施工程,但两者存在着巨大的差异:公路工程包括路基、路面、桥涵、隧道、交叉、交通工程及沿线设施、绿化及环境保护工程等;水运工程包括港口、航道、防波堤(防砂堤)、护岸(海堤)、船闸(通航建筑物)、船坞等海岸、近海或内河工程。

作为交通运输工程专业的造价人员,熟悉或掌握交通运输工程技术基本知识是十分必要的。交通运输工程造价工程师职业资格考试涵盖交通运输工程的公路和水运两个专业,本书只对水运专业相关的工程技术与计量进行介绍。

水运工程分为港口工程、航道工程和水运支持系统工程,其中港口工程分为内河港口工程和沿海港口工程;航道工程分为内河航道工程(包括航道整治工程、通航建筑物工程、航标工程)、沿海航道工程、航运枢纽和通航建筑物工程(包括挡泄水建筑物工程、通航建筑物工程、电站与其他工程等);水运支持系统工程分为通信工程、信息工程、监控工程、船舶交通管理工程、防治船舶污染工程。

修造船厂水工工程参照港口建设项目的要求,包括船坞、船台滑道、舾装码头等。

第一节 水运工程建设项目的划分

一、水运建设项目的分类

1.按目的和功能分类

建设项目是按照同一个总体设计进行建设,全部建成后才能发挥所需综合生产能力或效益的基本建设单位。按照建设项目的目的和功能区分,水运工程建设项目可分为:

港口建设项目,包括港口建设码头、港池、陆域、仓库堆场土建、疏港交通、港口设备、港口通信导航等内容的新建、扩建、改建。

航道建设项目,包括航道疏浚、航道整治建筑、航运枢纽和通航建筑物等航道设施及其他航道附属设施的新建、扩建和改建,其中枢纽及通航建筑物作为大规模航道工程中的一部分。

水运支持系统,包括通信工程、信息工程、监控工程、船舶交通管理工程、防治船舶污染工程的新建、扩建、改建。

修造船厂水工工程(参照港口建设项目的要求),包括修造船的船坞、船台滑道、舾装码头等内容的新建、扩建、改建。

2. 按规模分类

建设项目按照计划总投资、设计生产能力或工程效益,可划分为以下三类:大型基建项目、中型基建项目、小型基建项目。水运工程项目规模划分见表 1.1-1。

水运工程项目规模划分表

表 1.1-1

序号	建设项目				单位	大型	中型	小型
1	港口工程	码头	集装箱	沿海	吨级	≥50000	<50000	—
				内河	吨级	≥1000	500~1000	—
			散货	沿海	吨级	≥30000	5000~30000	<5000
				内河	吨级	≥1000	500~1000	<500
			件杂货、滚装、客运等多用途	沿海	吨级	≥10000	3000~10000	<3000
				内河	吨级	≥1000	500~1000	<500
			原油	沿海	吨级	≥30000	<30000	—
				内河	吨级	≥1000	<1000	—
		化学品、成品油、气等危险品			吨级	≥3000	<3000	—
		防波堤、导流堤、海上人工岛等水上建筑			最大水深(m)	≥6	<6	—
		护岸、引堤、海墙等建筑防护			最大水深(m)	≥5	3~5	<3
2	修造船厂水工工程	船坞			船舶吨位	≥10000	3000~10000	<3000
		船台、滑道			船体重量(t)	≥5000	1000~5000	<1000
		舾装码头			吨级	≥10000	3000~10000	<3000
3	通航建筑工程	渠化枢纽、船闸			通航吨级	≥1000	300~1000	<300
		升船机			通航吨级	≥300	<300	—
4	航道工程	沿海			通航吨级	≥50000	<50000	—
		内河整治			通航吨级	1000	300~1000	<300
		疏浚与吹填			工程量(万 m^3)	≥200	50~200	<50
5	水上交通管制工程	航标工程			投资(万元)	≥1000	<1000	—
		船舶交通管理系统工程			投资(万元)	≥3000	<3000	—
		水上通信导航系统工程						
6	港口装卸工艺	港口装卸工艺			港口项目规模	大型港口工程中相应装卸工艺	中型港口工程中相应装卸工艺	—

3. 按建设性质分类

一个基本建设项目只能有一种建设性质,并在整个建设周期内保持不变。

(1)新建项目,指从无到有,新开始建设的项目。经改、扩建活动后新增加的固定资产价值超过该企事业和行政单位原有固定资产价值三倍以上的,也算作新建项目。

(2)扩建项目,指在原有基础上增建主要生产车间、生产线、办公楼、增加道路宽度等,提高产品生产能力,扩大生产规模,提高道路通行能力的建设工程。

(3)改建项目,为了提高产品质量,治理三废污染,降低能耗和成本,采用新工艺、新材料、新技术、新设备而对现有设施进行的技术改造和更新活动。

(4)迁建项目。指为改变生产力布局或由于环境保护和安全生产的需要等原因而易地建设的工程。不论迁移他地建设项目规模的大小,均算作迁建项目。

(5)恢复项目,因自然灾害、意外事故等原因,使原有固定资产全部或部分报废后,更新投资建设的项目。

4. 按投资来源分类

工程项目可划分为政府投资项目和非政府投资项目。

(1)政府投资项目。政府投资项目是指为了适应和推动国民经济或区域经济的发展,满足社会的文化、生活需要,以及出于政治、国防等因素的考虑,由政府通过财政投资、发行国债或地方财政债券、利用外国政府赠款以及国家财政担保的国内外金融组织的贷款等方式独资或合资兴建的工程项目。

按其盈利性不同,政府投资项目又可分为经营性政府投资项目和非经营性政府投资项目。

(2)非政府投资项目。非政府投资项目是指企业、集体单位、外商和私人投资兴建的工程项目。这类项目一般均实行项目法人责任制,使工程项目建设与运营实现一条龙管理。

二、各类水运建设项目的组成与内容

1. 港口工程组成及内容

港口可根据坐落位置划分为海港、河口港、河港、湖港、运河港和水库港,也可根据主要用途划分为商港、军港、渔港、游艇港、工业港和避风港。

港口通常包括以下设施:

(1)港口水域:锚地、进出港航道、回旋水域和码头前沿停泊水域等。

(2)码头及其他水工建筑物:码头是船舶靠岸和进行装卸作业的必要设施。除此之外,由于港口的自然条件不同,有些港口尚需建设防波堤、防沙堤、导流堤、护岸等水工建筑物。

(3)港口陆域设施:包括仓库、堆场、铁路、道路以及为港口生产服务的装卸设施、给排水、供电、通信、消防、安全、环保、信息等各类设施。

“港口工程”是新建、改建或扩建港口建筑物和设施的工程活动的总称。按照相应的概算预算编制规定,港口工程按专业和单位工程划分见表1.1-2。

港口工程单位工程项目划分表 表1.1-2

序号	专业工程名称	单位工程名称
1	疏浚工程	进港航道、港池、泊位和锚地疏浚工程
2	水工建筑物工程	码头、栈(引)桥、防波堤、导流防砂堤、防洪堤、引堤、护岸、防汛墙等工程
3	陆域形成与地基处理工程	陆域形成工程; 地基处理工程

续上表

序号	专业工程名称	单位工程名称
4	装卸工艺	装卸工艺系统工程
5	道路、堆场工程	港区道路、堆场工程
6	生产与辅助建筑物工程	港区仓库、筒仓、翻车机房及地下廊道工程； 输送转运机房、输送廊道、刚架和设备与支架基础等接卸及输送系统构筑物工程； 总降压站、变(配)电所,中央控制室,信息与通信机房工程； 给水调节站、排水泵站、泄洪泵站工程； 供热锅炉房工程； 氮气站、空压站,维修车间、加油站、储油罐工程； 消防站、消防泵站、消防控制室工程； 污水处理厂、除尘构筑物、环境监测站工程； 港区办公楼、候工室,大门、围墙、单身宿舍等生产与辅助建(构)筑物工程
7	供电、照明工程	港区供电电源工程； 总降压站、变(配)电所工程； 供电线路、室外照明、防雷与接地系统、维修设施等工程； 港口岸电设施工程
8	控制工程	港区生产控制系统及管理系统工程； 中央控制室等工程
9	信息与通信工程	港区自动电话、有线生产调度电话、无线集群通信工程； 宽带网络接入与电子数据交换工程； 海岸电台、船舶电子导助航工程； 消防专用监控和通信工程； 工业电视系统、安全防护、综合传输线路系统工程等
10	给水排水工程	港区水源设施、净水厂、给水管网、供水调节站等给水系统工程； 港区综合雨、污水排水管网、泵站、防洪设施(泄洪、截洪沟渠及泵站)等排水系统工程
11	采暖、通风、供热与动力工程	港区供热锅炉房与管网工程； 通风及空调工程； 干式除尘工程； 动力系统(氮气站、空压站、动力管道等)等工程
12	维修和供油工程	港区港口机械维修车间,港口供油加油站、储油罐等工程
13	消防工程	港区水上、陆域消防站工程； 港区码头及陆域建构筑物、供电照明、通风、控制、信息与通信系统等防火措施工程； 消防控制室； 消防供水及泵站等消防系统工程； 消防设备购置
14	环境保护工程	港区消烟除尘、污水处理、固体废弃物处理、噪声防治等系统工程； 防尘网工程； 水上溢油及液体化工品污染等防治设施工程； 绿化工程； 环境监测站工程等

续上表

序号	专业工程名称	单位工程名称
15	交通工程	港区交通控制及标志工程； 港内铁路、桥涵系统等工程
16	导助航设施工程	灯塔、导标及助航标志等工程
17	港作车船	港区生产作业、管理车辆及船舶； 港区消防、环保等专用车辆及船舶等
18	其他工程	
19	临时工程	施工临时码头、栈(引)桥、道路、桥涵工程； 施工场地、仓库、构件临时预制场、滑道等工程；临时围堰工程； 施工降排水工程； 临时供电、供水、供暖、通信工程； 防汛、防冰、防台设施等防护工程； 施工期通航安全措施； 水上安全监控设施； 施工警戒标志； 测量定位设施； 施工期环保措施； 建设项目水土保持措施； 其他临时工程和施工保障措施

2. 航道工程的组成及内容

“航道”是指江河、湖泊等内陆水域中可以供船舶通航的通道，以及内海、领海中经建设、维护可以供船舶通航的通道。

航道通常可根据地理位置划分为沿海航道、潮汐河口航道、内河航道（包括山区航道、平原航道、湖区航道、渠化航道、库区航道等）；可根据成因划分为天然航道和人工航道；可根据使用性质划分为专用航道和公用航道；也可按管理归属划分为国家航道和地方航道。

“航道工程”是以延长通航里程、提高航道标准、改善通航条件和保障通航畅通为目的疏浚、整治、渠化、开挖运河、航标、清障等工程的总称。航道工程通常包括航道水域、航槽、整治建筑物、通航水工建筑物（船闸、升船机、水坡等）、导助航设施、锚地、锚泊服务区等设施。根据《航道工程初步设计文件编制规定》及相应的概算预算编制规定，航道工程又可进一步分为内河航道工程、沿海航道工程、枢纽及通航建筑物工程，其中的枢纽及通航建筑物工程可作为大规模航道工程中的一部分，又包括挡泄水建筑物工程、通航建筑物工程、电站工程、机电与金属结构工程等。

内河航道工程、沿海航道工程、枢纽及通航建筑物工程的单位工程项目划分分别见表1.1-3、表1.1-4、表1.1-5。

内河航道工程单位工程项目划分表 表1.1-3

序号	专业工程名称	单位工程名称
(一)	航道整治工程	
1	疏浚工程	疏浚工程
2	炸礁及挖岩工程	炸礁工程、挖岩工程

续上表

序号	专业工程名称	单位工程名称
3	整治建筑物工程	堤坝、护岸和固滩等工程
4	跨河桥梁工程	跨河桥梁工程
5	航标工程	岸标、浮标、标志、航行水尺等设施工程； 航标站； 航标遥测监控系统工程等
6	通信与控制工程	通信与控制系统工程； 机房工程等
7	信息化工程	宽带网络接入与电子数据交换系统工程； 工业电视系统工程； 安全防护系统工程； 综合传输线路系统；数字化航道系统工程等
8	管理与维护设施工程	航道管理、维护设施工程
9	环境保护与水土保持工程	环保处理、管理、监测工程； 景观绿化工程等
10		水土保持工程
11	建设期维护工程	各类整治建筑物建设期维护工程； 建设期航标维护等
12	车船购置	运营及管理车辆船舶
13	其他工程	
14	临时工程	施工导标、围堰、降排水工程； 临时预制场及施工场地、仓库等工程； 临时交通工程(码头、道路等)； 临时供电、供水、供暖、通信工程； 防汛、防冰防台设施等防护工程； 施工期通航安全措施； 水上安全监控设施工程； 施工警戒标志； 测量定位设施； 施工期环保及水土保持措施； 其他临时工程和施工保障措施
(二)	通航建筑物工程	
1	航道整治工程	上下游引航道及锚地疏浚工程； 固滩、炸礁等整治建筑工程
2	水工建筑物工程	船闸、升船机建筑工程； 上下游引航道护岸工程； 导航、靠船建筑物工程； 前港工程等
3	输水系统工程	输水系统工程
4	金属结构工程	闸阀门、升船机承船厢(车)、拦污栅等工程

续上表

序号	专业工程名称	单位工程名称
5	机械设备及安装工程	闸阀门启闭机,升船机承船厢提升设备、驱动系统设备、平衡重系统设备及厢室设备(或斜面升船机牵引设备、斜坡道设备),移动系缆、拖动系统,起重等设备工程
6	电气与控制工程	动力、拖动系统工程; 变配电站(所)及供电照明工程等
7		控制系统工程
8	生产与辅助建筑物工程	厂区车间、仓库、调度及办公用房、围墙、大门等建筑物工程;输水、控制、供电、消防等建筑物工程;食堂、单身宿舍等建筑物工程; 生产与辅建区道路场地等工程
9	通信工程	自动电话、有线生产调度电话、无线通信、消防专用通信工程等
10	给水、排水及污水处理工程	给水、排水和污水处理系统工程
11	采暖通风、空调工程	采暖通风、空调系统工程
12	交通工程	厂区道路、桥梁工程等
13	消防工程	消防系统工程
14	环境保护与水土保持工程	环保设施、管理、监测设施工程; 景观绿化工程等
15		水土保持工程
16	导助航工程	电子导航、助航工程; 岸标、浮标、标志、航行水尺等设施工程; 航标遥测监控系统工程等
17	锚地与锚泊服务区工程	锚地设施工程; 锚泊服务区工程
18	信息化工程	宽带网络接入与电子数据交换系统工程; 工业电视系统工程; 安全防护系统工程; 综合传输线路系统等
19	观测设施工程	通航建筑物观测设施工程
20	维修工程	设备维修车间等
21	车船购置	生产及管理车辆船舶; 厂区消防、环保等专用车辆船舶
22	其他工程	
23	临时工程	施工导标、临时围堰、降排水工程; 临时预制场及施工场地、仓库等工程; 临时交通工程(码头、道路等); 临时供电、供水、供暖、通信工程; 防汛、防冰设施等防护工程; 施工期通航安全措施; 水上安全监控措施; 施工警戒标志; 测量定位设施; 施工期环保及水土保持措施; 其他临时工程和施工保障措施

沿海航道工程单位工程项目划分表　　表 1.1-4

序号	专业工程名称	单位工程名称
1	疏浚工程	航道、锚地疏浚工程
2	水工建筑物工程	导流防沙堤工程； 护岸、纳泥围堰等工程
3	导助航工程	岸标、灯桩、浮标等航标工程； 航标站； 助航标志设施等
4		海岸电台、船舶电子导助航、差分卫星定位系统等； 水上通信导航和交通管理系统工程
5	环境保护工程	环境保护及环境监测站工程等
6	其他工程	
7	临时工程	临时围堰工程； 临时预制场及施工场地、仓库、吹泥站等工程； 临时交通工程(码头、道路等)； 临时供电、供水、通信工程； 防汛、防冰设施等防护工程； 施工期通航安全措施； 水上安全监控设施； 测量定位设施； 施工期环保措施； 其他临时工程和施工保障措施

枢纽及通航建筑物工程单位工程项目划分表　　表 1.1-5

序号	专业工程名称	单位工程名称
(一)	挡泄水建筑物工程	
1	挡水建筑物工程	土石坝、混凝土坝等建筑工程
2	泄水建筑物工程	节制闸、水闸等建筑工程
(二)	通航建筑物工程	
1	水工建筑物工程	船闸、升船机建筑工程； 上下游引航道护岸工程； 导航、靠船建筑物工程； 前港工程等
2	输水系统工程	输水系统工程
3	金属结构工程	闸阀门、升船机承船厢(车)、拦污栅等工程
4	机械设备及安装工程	闸阀门启闭机,升船机承船厢提升设备、驱动系统设备、平衡重系统设备及厢室设备(或斜面升船机牵引设备、斜坡道设备),移动系缆、拖动系统,起重等设备工程
5	电气与控制工程	动力、拖动系统工程； 变配电站(所)及供电照明工程
6		控制系统工程

续上表

序号	专业工程名称	单位工程名称
7	导助航工程	电子导航、助航工程； 岸标、浮标、标志、航行水尺等设施工程； 航标遥测监控系统工程等
8	锚地与锚泊服务区工程	锚地设施工程； 锚泊服务区工程
(三)	电站工程	
1	引水建筑物工程	发电引水明渠、进水口、调压井、高压管道等建(构)筑物工程
2	电站厂房与开关站工程	地面、地下各类发电厂(站)厂房、开关站(变电站、换流站)、尾水等建(构)筑物工程
3	泄洪建(构)筑物工程	溢洪道、泄洪洞、冲沙孔(洞)、放空洞等工程
4	堤防及库岸建筑物工程	枢纽区堤防及库岸筑堤、围护、整体垫高、护岸等工程
5	航道整治工程	枢纽区疏浚工程； 固滩、炸礁等整治建筑工程
6	鱼道建筑物工程	鱼道建筑物工程
(四)	机电与金属结构工程	
1	水力机械设备及安装工程	水轮机(水泵)、水轮发电机组、电动机、主阀等设备及安装工程
2	辅助机械设备及安装工程	起重设备、油、气、水、量测等系统设备及安装工程
3	电工工程	主要电力设备工程(水电厂电气主接线,主变压器、断路器、换流设备、启动装置、高压电缆和母线等;过压保护与接地系统工程等)
4		电气二次工程(水电厂、泵站及水闸的自动控制,水电厂继电保护、二次接线,电工试验室、工业电视系统等)
5		电厂通信工程(水电厂系统通信及水文气象和水情自动测报系统工程等)
6		泄水、通航、引水等建筑物闸门启闭机、电力拖动和自动控制电气设备系统工程
7	金属结构工程	泄水建筑物闸门及启闭设备工程
8		引水建筑物闸门、拦污栅及启闭设备工程
9		尾水建筑物闸门、拦污栅及启闭设备金属结构工程
10		施工导流建筑物闸门及启闭设备金属结构工程
11		其他水工建筑物金属结构工程
(五)	消防工程	
1	消防工程	枢纽区消防供水及专用设施、火灾自动报警系统等消防系统工程
(六)	生产生活区建筑物及设施工程	
1	生产与辅助建筑物工程	厂房(不含发电厂房)、车间、仓库、办公用房、围墙、大门等建筑物工程； 供电、控制、通信、信息、监测、消防、环保、给排水及污水处理、采暖通风及空调、动力系统等建筑物工程； 单身宿舍、食堂等建筑物工程； 生产及辅建区道路、场地等工程

续上表

序号	专业工程名称	单位工程名称
2	通信及照明工程	通信及照明系统工程
3	给水、排水及污水处理工程	给水、排水及污水处理系统工程
4	采暖通风、空调工程	采暖通风、空调系统工程
5	动力系统工程	动力系统工程
6	信息化工程	宽带网络接入与电子数据交换系统工程; 工业电视系统工程; 安全防护系统工程; 综合传输线路系统等
7	维修工程	维修车间等
8	景观及绿化工程	枢纽环境绿化及景观工程
(七)	相关工程	
1	交通工程	枢纽区道路、桥梁工程等
2	车船购置	生产及管理车辆船舶; 枢纽区消防、环保等专用车辆船舶
3	环境保护与水土保持工程	环保工程;环境管理、监测工程等环境保护工程
4		水土保持工程
5	工程及安全监测	施工期和运营期主要建(构)筑物内外部工程及安全监测观测;水文、泥沙监测系统、水情自动测报系统工程;水库诱发地震、滑坡及其他专项观测监测工程等
6	其他工程	
7	临时工程	施工临时围堰、导流工程,降排水工程; 临时施工场地、仓库工程等; 临时交通(航道、码头、道路、桥涵、铁路等)工程; 砂石料及混凝土系统工程,机械修配与综合加工系统工程; 临时场外供电工程; 临时房建工程; 防护工程; 防汛、防冰设施; 施工给排水、暖通空调、供电、供风、通信等工程; 施工期通航安全措施; 水上安全监控设施; 施工期测量定位设施; 施工期环保及水土保持措施; 其他临时工程和施工保障措施

3. 船厂水工工程的组成及内容

船厂水工工程主要指修造船厂内供船舶上墩下水、建造、舾装、调试、修理、停靠的水运工程活动,有时也作为港口辅助系统的一部分随港口工程一并建设,主要包括干船坞、船台、滑道或升船机等船舶上墩下水水工建筑物及配套场地、设备设施,浮船坞系靠设施、舾装码头、修船码头等生产性水工建筑物及配套场地、设备设施,以及工作船码头、导助航设施、船厂配套水域和防波堤等配套设施。

按照相应的概算预算编制规定,船厂水工工程单位工程项目的划分见表1.1-6。

船厂水工工程单位工程项目划分表　　表1.1-6

序号	专业工程名称	单位工程名称
1	疏浚工程	船舶作业及回旋水域、进厂航道疏浚工程
2	水工建筑物工程	船坞、船台、滑道、舾装或修船码头、升船池、防波堤、护岸等工程
3	水工建筑物配套设备工程	船坞坞门、排灌水设备、引船设备工程; 船台、滑道设备工程等
4	其他专业工程	根据项目情况,参照港口工程、航道工程单位工程项目划分(表1.1-2～表1.1-4)相应内容确定
5	临时工程	临时围堰工程; 施工临时码头、栈(引)桥、道路、桥涵工程; 施工场地、仓库、构件临时预制场、滑道等工程; 施工降排水工程; 临时供电、供水、供暖、通信工程; 防汛、防冰、防台设施等防护工程; 施工期通航安全措施; 水上安全监控设施; 施工警戒标志; 测量定位设施; 施工期环保及水土保持措施; 其他临时工程和施工保障措施

4. 水运支持保障系统工程组成及内容

水运支持系统工程是指为实现水路运输安全和顺畅,配合港口工程和航道工程建设,相应建设船舶交通管理系统、水运通信系统、水运信息系统等所需的水运工程活动。

水运支持系统工程的范畴较广,在实际应用中主要有通信工程类、信息工程类、监控工程类、船舶交通管理工程类、防治船舶污染工程类等。

常见的水运支持系统有VTS系统(包括雷达子系统、数据处理子系统、通信子系统、网络传输子系统、交通显示子系统、管理信息子系统、记录重放子系统、运行保障子系统,以及与AIS、GPS、CCTV等水上监管系统的沟通子系统等)、无线通信系统(卫星通信导航系统、甚高频通信系统、中高频通信系统、微波传输链路、港口保安通信系统等)、有线通信系统(长途有线传输链路、港口地区有线电话通信系统等)、广播系统、公网调度通信系统、水运信息系统网络平台和异地灾备中心等,其相应的基础设施包括VTS中心、雷达站、通信站、导助航设施、专用码头等。

第二节 水运工程的特点

一、水运工程的技术特点

与土木工程的其他分支特别是水利工程和海洋工程相比,水运工程所面对的工程环境与其有着很大区别,主要表现在环境荷载、河流海岸演变、地基与基础、施工方法、建筑物耐久性等方面。水运工程离不开水,工程活动和工程成果集中分布在海岸和内陆水系两处,因此其环境特点也都与水有着密切的关系。

1. 强烈的动力因素

海岸是海洋与陆地的衔接地带,是自然界水圈、岩石圈、大气圈与生物圈相互作业最频繁、最活跃、最剧烈的地方,是具有不断变化的生物、化学和地质特性的动态区域,兼有海、陆两种不同属性的环境特征,也是遭受海洋自然灾害最频繁、最严重的区域。影响水运工程建设和运营的海岸自然动力因素,主要包括气象因素(风、雨、雾、冰、热带气旋、风暴潮、寒潮等)、水文因素(潮汐、波浪、水流等)、地质因素(软土、断裂带等)和地震因素(地震、土壤液化、海啸等)。

内陆水系的形成则和陆上地壳构造运动有着密切的关联,涉及地质(灾害性软土、断裂带等)、气候(风、雨、雾、冰等)、地震(包括滑坡、堰塞体等次生灾害)、重力场等多方面的影响因素,尤其是近世以来人类活动大幅度增加,其对于自然界的影响已经无法被忽视。这其中又以地震、洪水的影响最大。

2. 复杂的河流海岸演变规律

海岸处于海陆交汇处,各种动力作用明显,其类型也多种多样。从地貌学角度可按海岸形态、成因、物质组成和发展阶段等特征分类,划分为基岩海岸、砂(砾)质海岸、淤泥质海岸和生物海岸等类型。不同类型的海岸有其特定的演变规律。海岸泥沙运动主要受制于波浪和潮流(包括它们派生出的传质流、沿岸流、裂流、离岸流、沿堤流、余流等)。沿海地区的岸滩冲淤变化是风、浪、流、潮和其他因素综合作用的结果。工程本身也会引起或改变岸滩演变,有时甚至会对工程本身构成威胁,因此泥沙问题常常是沿海水运工程中影响成败的关键因素。

河床演变则是水流与河床之间动态作用的反映,二者相互依存、相互制约。其作用表现为泥沙的冲刷、搬运和堆积过程;制约则表现为冲淤变化改变了水流和泥沙条件,导致水流输沙能力的变化。因此,水流与河床的相互作用具有自动调整能力,会使得河床演变向着相对平衡的方向发展。航道整治就是利用河床演变的这种特性来改善通航条件的。

3. 广泛存在的以软土地基为特征的工程地质条件

土木工程中建筑物的地基需要满足两方面的基本要求:①强度:地基承载力大于作用的荷载,并有适当的安全裕度;②变形:地基的沉降和不均匀沉降必须限制在容许范围内。对于以承受水平荷载为主的水运工程水工建筑物(码头、防波堤等),还应考虑地基在水平荷载作用下的稳定性。

水运工程所处的海岸和内河地区工程地质条件异常复杂,由于地质成因各异、水-陆相交互作用和反复变迁、地表褶皱的变化、地震和洪水引发的突变等,形成了大量的近代沉积层,其强度低、压缩性高、物理-力学性能差,是水运工程建设中普遍需要面对的课题。

4. 困难的水上施工

水运工程施工最大的特点就是水上作业多,更依赖船机设备,由于受到气象、水文、地质等环境条件的影响,比除海洋工程之外的其他土木工程施工具有更高的难度。通常用作施工的工程船舶包括:疏浚、填筑用的挖泥船、碎石船、钻岩船、拖轮、顶推船、泥驳、发电机船、起锚艇等;结构物施工用的打桩船、起重船、砂井打设船、混凝土搅拌船、运输船、测量船、钻探船、磁性探测船等;改善海洋施工环境用的海面清扫船、油污回收船等。

水上施工受海洋水文、气候环境因素影响很大。波浪,尤其是涌浪和长周期波会影响船舶稳定性,对施工安全产生影响,也容易造成填充料流失、模板损毁等事故。潮流和气象条件会限制水上施工的作业时间和作业效率。因此,水运工程施工要合理利用水的条件,在沿海地区可以利用潮汐涨落变化"候潮施工",例如趁落潮抢浇水位变动区混凝土、乘涨潮浮运吃水较大的沉箱等;在内河也可以利用洪水和枯水季节的水位差,以及水库定期下泄形成短时大水量、高流速的径流弥补日常水位、流速的不足。

水下施工潜水作业较多,但是工作条件恶劣、工作效率低、作业时间有限、手工作业程度高,往往制约了整体施工能力。

5. 特殊的结构材料和耐久性要求

水运工程建筑物往往位于复杂的水环境作用之中,尤其是沿海地区干湿变化频繁处的环境作用,包括机械作用(波浪、水流、泥沙、冰凌对建筑物的作用)、化学作用(溶解在海水中的多种化学元素与建筑材料中的成分产生化学和电解反应)和物理作用(建筑物材料孔隙内因水分蒸发形成各种盐结晶体或因结冰形成冰结晶体而产生局部压力破坏)等,其综合作用对建筑物结构和材料产生腐蚀,加快材料的老化和破坏,因此必须采取特殊的防腐蚀措施。

钢筋混凝土结构的耐久性问题一直是严重影响沿海水运工程使用寿命的痼疾,其破坏特点可归纳为:沿海工程比内河工程破损严重;南方比北方破损严重;桩基结构、板桩结构等单薄构件为主的结构型式比其他结构型式破损严重;处于水位变动区和浪溅区内的部位较其他部位破损严重;钢筋锈蚀是耐久性破坏的主要形式;一旦发生破损就会连续发展,造成连续损坏。产生原因主要是干湿交替、盐雾聚集、冻融循环的恶劣海洋环境造成孔隙裂缝,加速氯离子入侵,促使钢筋锈蚀、混凝土保护层胀裂脱落,而施工质量、超载使用、振动、冲撞等是加速钢筋混凝土构件破坏的人为因素。常见的防腐蚀措施是敷设各种防腐涂层材料,也有施加外加电流进行阴极保护的。涂层钢筋和耐腐蚀钢材虽然有一定效果,但是造价较高,尚未在水运工程中得到推广采用。

钢结构的耐久性问题也是水运工程中的常见问题之一。受到水流、潮汐、海浪、盐雾、泥沙、冰凌和海生物的侵蚀和频繁干湿交替的影响,钢材很容易腐蚀,大大降低了钢结构的承载能力,严重影响着工程的安全和使用寿命。常见的防腐蚀措施包括敷设各种防腐涂层材料、热镀防腐蚀包覆层和采用阴极保护措施(外加电流或牺牲阳极)。耐腐蚀钢材可以提高其耐海水腐蚀的性能,但是技术复杂、造价昂贵,在水运工程中很少使用。

二、水运工程的计价特点

水运工程造价是指建设一个港口、一座船闸或整治一段航道,使其达到设计要求所花费的全部费用。根据我国现行制度的规定,建设工程造价由建筑安装工程费、设备和工器具购置费、工程建设其他费及预备费等组成。水运工程属于建设工程,其造价同样由上述几个部分构成,即工程费用(包括建筑工程费、安装工程费、设备购置费)、工程建设其他费用、预留费用、建设期贷款利息和专项估(概)算等。

水运工程计价同样具有单件性、多次性、组合性、多样性的特点,以及计价依据的复杂性、造价管理的特殊性等特点。

1. 计价的单件性

工程项目的独特性决定了项目计价的单件性。建设工程都有其特定的用途,因此就有不同的形态和结构,如港口、航道、厂房、住宅、公路等。建筑产品结构的差异,建设工作内容和时空上的差异,建造环境、条件、要求和方法上的差异,决定了每项工作都必须单独计算造价。如港口工程项目结构类型有高桩、重力、板桩等类型;项目规模和用途不同;建造地域环境为内河、沿海、岛屿、湖泊,多为临水或水上工程,受风浪、水流、风、雨、雾、冻、地质、水位、水深等各种自然条件的影响大,建造船机设备、工艺和方法都存在较大差异;项目建造的社会环境和条件,提供了差异性的生产资源,最终导致工程造价各不相同。因此水运工程只能是单件性计价,只能根据各个建设项目的具体设计资料和当地的实际情况单独计算工程造价。

2. 计价的多次性

水运工程同样必须在建设全过程进行多次计价。

(1)在项目建议书阶段编制项目建议书投资估算。

(2)在可行性研究报告阶段编制可行性研究投资估算。

(3)在初步设计阶段编制初步设计概算;在技术设计阶段编制技术设计修正概算。

(4)在施工图设计阶段编制施工图预算。

(5)实行建筑安装工程及设备采购招标的项目,一般需要编制招标控制价(或标底),编制招标控制价也是一次计价。

(6)施工单位参加投标,首先根据招标文件和现场情况编制施工预算,作为企业控制成本的依据,然后再根据市场情况编制有竞争性的投标报价。

3. 计价的组合性

水运工程一般工程规模较大,工程结构复杂,根据建设工程单件性计价的特点,不可能简单直接地计算出整个建设工程的造价,必须将整个建设工程分解,分解到合理的工程结构单元,直至计量和计价都相对准确的程度。例如:

港口工程建设项目可分解为:主要生产、辅助生产、公用设施、临时和配套服务等工程项目。

主要生产项目可分解为:码头工程、道路堆场工程、仓库土建工程、港池疏浚工程、防波堤工程和其他工程。

重力式码头工程可分解为:基础与换填地基、墙身、上部结构、后方回填与面层、轨道梁与轨道安装和停靠船与防护设施等。

基础与换填地基也可分解为:基槽开挖,砂垫层或地基换砂,基床抛石(基床抛石、基床重锤夯实、基床爆炸夯实、基床整平),地基换填等。

基槽开挖结构单元可采用抓斗挖泥船、铲斗挖泥船、绞吸式挖泥船等施工方法。每种施工方法消耗的施工资源和成本是可以计价的。

根据这一思路,工程项目可根据计价需要做相应的结构单元组合,与结构单元的形成费用相组合就可确定全部工程所需要的费用。任何规模庞大、技术复杂的工程都可以采用这种方法计算其全部造价。工程定额就是根据这一原理编制的,为了适应不同设计阶段编制工程造价的需要,编制了施工定额、预算定额、概算定额、估算指标,这几种定额是相互衔接的,其单项定额所综合的工程内容是逐级扩大的。

4. 计价方法的多样性

由于多次计价的计价依据各不相同，且对多次计价的精确度要求不同，因而计价方法有多样性特征。设计阶段确定工程概（预）算有两种基本方法，即单价法和实物量法，水运工程项目采用实物量法。项目投资估算方法有设备系数法、生产能力指数估算法等，水运工程一般采用估算指标法和主体工程定额法。不同的方法各有利弊，适应条件也不同，计价时要加以选择。

5. 计价依据的复杂性

水运工程包含的种类多，不同类别的水运工程计价依据也各不相同。沿海港口工程、内河航运工程、疏浚工程、远海区域工程、水运测量工程、维护工程，均需依据相应的编制规定、计价办法及定额进行计价。

6. 造价管理的特殊性

水运工程管理有其特殊性，批准、核准、备案的范围和程序需执行相应的管理规定。水运工程造价管理也应执行相应的管理程序和内容规定。

第三节 水运工程设计

一、水运工程设计阶段的划分和主要内容

按照交通运输部的有关规定，水运工程设计阶段可分为预可行性研究、工程可行性研究、初步设计、施工图设计等四个阶段。

1. 预可行性研究和工程可行性研究阶段

交通运输部《港口建设项目预可行性研究报告和工程可行性研究报告编制办法》和《航道建设项目预可行性研究报告和工程可行性研究报告编制办法》对水运工程预可行性研究和工程可行性研究阶段设计的基本内容进行了规定。

港口建设项目预可行性研究中，方案设计涉及港址选择、总平面方案设计、装卸工艺方案设计、水工建筑物方案设计、配套工程方案设计、环境保护方案、施工条件设计，以及投资估算。

港口建设项目工程可行性研究中，方案设计涉及建设条件评价、总平面方案设计、装卸工艺方案设计、水工建筑物方案设计、陆域形成及道路/堆场方案设计、配套工程方案设计、港口岸线使用方案、节能方案、安全方案、劳动卫生方案、环境保护方案、项目实施方案，以及投资估算和项目风险分析。

航道建设项目预可行性研究中，方案设计涉及总平面方案设计、疏浚工程方案设计、吹填工程方案设计、炸礁工程方案设计、水工建筑物方案设计、助导航工程方案设计、环境保护方案、施工条件设计，以及投资估算。

航道建设项目工程可行性研究中，方案设计涉及建设条件评价、总平面方案设计、疏浚/吹填/炸礁工程方案设计、水工建筑物方案设计、助导航工程及船舶交管系统方案设计、配套工程方案设计、项目用地及海域使用方案、节能方案、安全方案、环境保护方案、项目实施方案，以及投资估算和项目风险分析。

此外，通航水工建设项目可按航道建设项目的要求进行方案设计；水运支持系统工程可根

据具体内容按港口或航道建设项目的要求进行方案设计;修造船水工建设项目除参照港口建设项目的要求进行方案设计外,还应根据船舶行业要求进一步由配套工程方案设计中突出细化建筑工程方案设计和公用设施方案设计,并补充防火方案、防洪防汛方案。

2. 初步设计阶段

《港口工程初步设计文件编制规定》(JTS 110—4—2008)、《航道工程初步设计文件编制规定》(JTS 110—5—2008)和《水运支持系统工程初步设计文件编制规定》(JTS 110—6—2013)对水运工程初步设计的基本内容进行了规定。水运工程初步设计成果一般分为设计说明书、主要设备与材料清单、工程概算和设计图纸 4 个部分。

(1)港口工程初步设计涉及的内容包括:自然条件分析、货运量与船型分析、总平面布置、航道锚地与导助航设施设计、装卸工艺设计、水工建筑物设计、陆域形成和道路/堆场设计、港区铁路设计、生产与辅助建筑物设计、供电照明设计、控制系统设计、信息与通信系统设计、给水排水设计、采暖/通风/供热/动力设计、机修和供油系统设计、消防系统设计、环境保护设计、安全设计、劳动卫生设计、节能设计、施工条件与方案、经济效益分析和工程概算等。

(2)航道工程初步设计进一步细分为内河航道工程、沿海航道工程、枢纽及通航建筑物工程等 3 种不同的要求。

内河航道工程初步设计涉及的内容包括:自然条件分析、河床演变与碍航特性分析、总体设计、整治工程设计、疏浚工程设计、土方调配与弃土区选择方案、炸礁工程设计、护岸工程设计、通航建筑物工程设计、航标工程设计、配套工程设计、专项工程设计、通航安全论证、安全设计、环境保护设计、节能设计、施工条件与方案、经济效益分析和工程概算等。

沿海航道工程初步设计涉及的内容包括:自然条件分析、设计船型与通航标准分析、航道轴线方案论证、航道尺度确定、航道通过能力分析、航道可挖性与稳定性分析、疏浚工程设计、水工建筑物设计、导助航设施设计、锚地设计、通航安全论证、安全设计、环境保护设计、节能设计、施工条件与方案、经济效益分析和工程概算等。

枢纽及通航建筑物工程初步设计涉及的内容包括:水资源综合利用方案、水文条件分析、工程地质条件分析、工程任务与规模分析、枢纽总体布置、挡泄水建筑物工程设计、通航建筑物工程设计、电站与其他工程设计、水力机械/电工/金属结构/采暖通风设计、消防设计、水库淹没处理与工程占地方案、环境保护与水土保持设计、工程管理系统设计、行蓄洪区的管理方案、节能设计、安全设计、劳动卫生设计、施工组织设计、工程概算和经济评价等。

(3)水运支持系统工程初步设计进一步细分为通信工程、信息工程、监控工程、船舶交通管理工程、防治船舶污染工程等 5 种不同的要求,所涉及的内容均包括:设计条件分析、系统总成设计、技术方案设计、配套设施设计、环保与节能设计、施工组织设计、运营管理与维护系统设计等。

(4)修造船水工工程除参照港口工程的要求进行初步设计外,还应根据船舶行业要求补充相关设计内容。

3. 施工图设计阶段

《水运工程施工图文件编制规定》(JTS 110—7—2013)对水运工程施工图设计的基本内容进行了规定。水运工程施工图设计成果一般分为设计说明书和设计图纸 2 个部分。

港口工程施工图设计涉及的内容可包括:总体设计、总平面设计、进港航道设计、陆域形成设计、道路堆场设计、水工建筑物设计、装卸工艺及设备设计、生产与辅助建筑物设计、供电照明系统设计、信息/通信/控制系统设计、给排水/消防/环保/暖通/动力系统设计，以及港口铁路设计等。

航道工程施工图设计涉及的内容可包括：总体设计、总平面设计、整治工程设计、疏浚工程设计、炸礁工程设计、护岸工程设计、通航建筑物工程设计、航标工程设计、配套工程设计，以及专项工程设计等。

枢纽及通航建筑物工程施工图设计涉及的内容可包括：总体设计、枢纽总平面设计、挡水和泄水建筑物设计、通航建筑物设计、水电站设计、消防设计、大型临时工程设计，以及专项工程设计等。

船厂水工工程施工图设计涉及的内容可包括：总平面设计、工艺及设备设计、水工建筑物设计，以及干船坞灌水排水系统设计等。

水运支持系统工程施工图设计可根据具体情况参照港口工程、航道工程、枢纽及通航建筑物工程或船厂水工工程的相关要求进行施工图设计。

二、水运工程主要设计技术指标

(1)港口工程设计中主要的技术指标包括：泊位数量、泊位吨级、码头长度、防波堤长度、护岸长度、码头设计通过能力、航道规模、吞吐量、设计通过能力、铁路长度、道路面积、堆场面积、建筑物面积、水域疏浚量、吹填方量、陆域挖填方量、主要工艺设备名称与数量、工程用地面积、海域使用面积、用电负荷、用水量和综合能耗指标等。

(2)内河航道工程设计中主要的技术指标包括：运量、设计船型、航道等级、通航水位保证率、设计通过能力、航道里程、航道尺度、主要工程量等。

沿海航道工程设计中主要的技术指标包括：设计船型、航道通过能力、航道里程、航道尺度、堤岸长度、纳泥或抛泥区占用的水域面积、主要工程量等。

(3)渠化枢纽和通航建筑物工程设计中主要的技术指标包括：水库的特征水位（死水位、正常蓄水位、防洪特征水位、通航水位）；水电站开发方式、装机容量、建筑物型式及主要尺度，工程等级、设计标准、航道等级；梯级布置（各梯级的水位高度、坝顶高程和上下游最高及最低通航水位）；挡泄水建筑物的级别、标准、型式、主要高程及尺度；船闸的通过能力、尺度、线数、级数、设计水位、高程和耗水量；引航道尺度；主要工程量，主要工程材料等。

(4)修造船水工工程是相应的修造船厂的一部分，其技术指标往往汇入整个工厂设计的有关技术指标之中，主要包括：用地总面积、建筑物总面积、建筑物占地面积、堆场面积、道路长度及面积、岸线长度、码头长度、土石方工程量等，以及生产纲领中的代表船型和计划年修造数量。

(5)水运支持系统工程设计中通信工程类主要的技术指标包括：工程的通信覆盖范围、通信容量、通信质量和可靠性等；主要工艺设备名称与数量、工程用地面积、建筑面积等。

信息工程类主要的技术指标包括：工程实施后达到的主要使用功能和技术指标；主要工艺设备名称与数量、建筑面积等。

监控工程类主要的技术指标包括：工程应达到的主要使用功能和技术指标；主要工艺设备名称与数量、工程用地面积、建筑面积等。

(6)船舶交通管理工程类主要的技术指标包括:工程的主要系统功能和技术指标;主要工艺设备名称与数量、工程用地面积、建筑面积等。

(7)防治船舶污染工程类主要的技术指标包括:工程的主要使用功能和技术指标;主要工艺设备名称与数量、工程用地面积、建筑面积等。

三、水运工程建设标准

水运工程建设标准体系从发布形式上主要包括国家标准(GB系列)和行业标准(多数被纳入JTS系列或早期的部分JTJ系列)两大部分,鉴于水运行业的分布主要依托沿海和主要内陆水系,因此相关建设标准中适用于全国的国家标准数量较少,而体现行业特色、针对行业活动主体的行业标准构成了水运工程建设标准体系的主体。现阶段作为补充的协会标准、企业标准数量有限、影响较小。

1. 水运工程标准体系结构层次

水运工程标准体系结构共分为三个层次。第一层反映了国民经济建设领域所具有的共同特征,分为工程管理类标准、工程建设类标准和工程维护类标准。第二层反映了服务于水运工程建设活动的共性特点,分为综合类标准、规划类标准、勘察测量类标准、设计类标准、施工类标准、试验类标准、检测与监测类标准、监理类标准、安全类标准、工程造价类标准、节能环保类标准和工程信息类标准。第三层反映了水运工程的应用特点,按标准的使用范围分为通用标准和专用标准。为体现水运工程行业的特色,将专用标准又分为港口工程标准、航道工程标准、航运枢纽及通航建筑物工程标准、修造船厂水工工程标准、港航设备安装工程标准、水上交管工程标准。

2. 水运工程建设标准分类

(1)水运工程建设标准体系中常用的"标准"是指狭义的标准,一般是指工程结构、方法、符号、概念等基础性要求等,主要针对术语、符号以及量化指标较多的工程质量、检验、检测,如《港口工程制图标准》《水运工程质量检验标准》《港口工程基本术语标准》《水运工程符号标准》等。

(2)水运工程建设标准体系中常用的"规范",一般是指建筑物、建设过程或服务需要满足的要求的文件。目前,也是标准名称中应用最广、最普遍的一种表现形式。当针对水运工程规划、勘察、设计、施工等通用技术事项作出规定时,一般采用"规范",如:《海港总体设计规范》《水运工程混凝土设计规范》《码头结构设计规范》《水运工程混凝土施工规范》《水运工程岩土勘察规范》等。

(3)水运工程建设标准体系中常用的"规程",多为工程结构、设备、工艺或构件的设计、制造、安装、维护或使用而推荐的惯例或程序的文件,针对操作、工艺、管理等专用技术要求。目前水运工程技术规程侧重于:工程建设中的操作过程、工艺和工序要求较多而量化指标较少的相关技术,以及专业性较强的专项技术或是需要尽快推广的创新技术等,如:《水运工程波浪观测和分析技术规程》《水运工程水流泥沙观测和分析技术规程》《格型钢板桩码头设计与施工规程》《三峡船闸设施安全检测技术规程》《三峡船闸通航调度技术规程》《船闸检修技术规程》等。

(4)水运工程建设标准体系中的"指南",主要是指给出某主题的一般性、原则性、方向性的信息、指导或建议的文件，如《港口和航道工程设计安全风险评估指南》《港口码头结构安全检测与评估指南》《航电枢纽结构检测与安全评估指南》等。

(5)水运工程建设标准体系中的“规定”，主要指具有行政或技术法规性质的规范性要求，并纳入标准体系的标准。目前水运工程标准体系中，对建设管理类的规定较多，如：《水运工程建设项目后评估编制规定》《水运工程设计文件编制规定》《港口工程初步设计编制规定》《航道工程初步设计编制规定》等。

(6)水运工程建设标准体系中的“通则”主要指共同的法则，适合于一般情况或普遍使用的规章或法则，具有强制性和技术法规的属性，如：《水运工程设计通则》《水运工程施工通则》等。这些通则主要是作为政府和质量审查机构检查和监督建设工程使用功能和质量的重要标准，以确保建筑物使用过程中人民生命财产安全和身体健康，维护公共利益，并要保护环境，促进社会的可持续发展。

(7)水运工程建设标准体系中的造价类标准主要指水运工程的计价标准，是在调研和统计水运工程建设条件、建设材料、建造设备、施工工法的基础上编制的，适合于可行性研究阶段及之前的投资估算、设计阶段的工程概算和预算、招投标阶段计价的造价标准，如：《沿海港口水工建筑工程定额》《内河航运水工建筑工程定额》《疏浚工程预算定额》等。

第二章　工程地质、水文与气象

第一节　工 程 地 质

一、岩土的工程地质性质

（一）岩石的工程地质性质

1. 岩石的主要物理性质

（1）密度。岩石的密度指标包括岩石的颗粒密度和块体密度。密度指标是研究岩石风化、评价边坡稳定、确定围岩压力和选择建筑材料等必需的指标。

岩石的颗粒密度是岩石固体矿物颗粒部分的质量与其体积的比值。它不包括岩石的空隙，而取决于组成岩石的矿物的密度及其在岩石中的相对含量。

岩石块体密度是指单位体积的岩石质量。它是岩石块体的密度，除与岩石的矿物成分有关外，还与岩石的孔隙、裂隙发育程度和含水情况有关。

岩石块体密度又有干密度、天然密度与饱和密度之分。干密度是单位体积岩石绝对干燥后的质量；天然密度与饱和密度是天然含水与饱和含水状态下岩石单位体积的质量。岩石块体密度指标通常是指干密度。

（2）孔隙性。岩石的孔隙性用孔隙度表示，反映岩石中各种孔隙的发育程度。在数值上等于岩石中各种孔隙的总体积与岩石总体积的比，以百分数计。孔隙性会对岩石的强度和稳定性产生重要的影响。岩石孔隙度的大小，主要取决于岩石的结构和构造，同时也受外力因素的影响。未受风化或构造作用的侵入岩和某些变质岩，其孔隙度一般是很小的，而砾岩、砂岩等一些沉积岩类的岩石，则经常具有较大的孔隙度。

（3）吸水性。岩石的吸水性一般用吸水率表示，反映岩石在一定条件下（在通常大气压下）的吸水能力。在数值上等于岩石的吸水重量与同体积干燥岩石重量的比，也以百分数计。岩石的吸水率与岩石孔隙度的大小、孔隙张开程度等因素有关。岩石的吸水率大，则水对岩石颗粒间结合物的浸润、软化作用就强，岩石强度和稳定性受水作用的影响也就显著。

（4）软化性。岩石的软化性是指岩石受水作用后，强度和稳定性发生变化的性质，主要取决于岩石的矿物成分、结构和构造特征。黏土矿物含量高、孔隙度大、吸水率高的岩石，与水作用容易软化而丧失其强度和稳定性。

用软化系数作为岩石软化性的指标，在数值上等于岩石饱和状态下的极限抗压强度与风干状态下极限抗压强度的比。其值越小，表示岩石的强度和稳定性受水作用的影响越大。

（5）抗冻性。岩石孔隙中的水结冰时体积膨胀，会产生巨大的压力。岩石抵抗这种压力作用的能力，称为岩石的抗冻性。在高寒冰冻地区，抗冻性是评价岩石工程性质的一个重要指标。

2. 岩石的主要力学性质

(1)岩石的变形。岩石受力作用会产生变形,在弹性变形范围内用弹性模量和泊松比两个指标表示。弹性模量是应力与应变之比,以帕斯卡(帕)为单位,用符号 Pa 表示。相同受力条件下,岩石的弹性模量越大,变形越小。即弹性模量越大,岩石抵抗变形的能力越高。泊松比是横向应变与纵向应变的比。泊松比越大,表示岩石受力作用后的横向变形越大。

岩石并不是理想的弹性体,岩石变形特性的物理量也不是一个常数。通常所提供的弹性模量和泊松比,只是在一定条件下的平均值。

(2)岩石的强度。岩石的强度是岩石抵抗外力破坏的能力,也以帕斯卡(帕)为单位,用符号 Pa 表示。岩石受力作用破坏,表现为压碎、拉断和剪断等,故有抗压强度、抗拉强度和抗剪强度等。

抗压强度是岩石在单向压力作用下抵抗压碎破坏的能力,是岩石最基本最常用的力学指标。在数值上等于岩石受压达到破坏时的极限应力。抗压强度主要与岩石的结构、构造、风化程度和含水情况等有关,也受岩石的矿物成分和生成条件的影响。所以,岩石的抗压强度相差很大,胶结不良砾岩和软弱页岩的小于 20MPa,坚硬岩浆岩的大于 245MPa。

抗拉强度是岩石抵抗拉伸破坏的能力,在数值上等于岩石单向拉伸被拉断破坏时的最大张应力。岩石的抗拉强度远小于抗压强度,故当岩层受到挤压形成褶皱时,常在弯曲变形较大的部位受拉破坏,产生张性裂隙。

抗剪强度是指岩石抵抗剪切破坏的能力,在数值上等于岩石受剪破坏时的极限剪应力。岩石在一定压应力下剪断时,剪切面上的最大剪应力,称为抗剪断强度,其值一般都比较高。抗剪强度是沿岩石裂隙或软弱面等发生剪切滑动时的指标,其强度远远低于抗剪断强度。

三项强度中,岩石的抗压强度最高,抗剪强度居中,抗拉强度最小。抗剪强度为抗压强度的 10% ~40%,抗拉强度仅是抗压强度的 2% ~16%。岩石越坚硬,其值相差越大,软弱岩石的差别较小。岩石的抗压强度和抗剪强度,是评价岩石(岩体)稳定性的指标,是对岩石(岩体)的稳定性进行定量分析的依据。

(二)土体的工程地质性质

1. 土的物理力学性质

(1)土的主要性能参数。

①土的含水率。土的含水率是土中水的重量与土粒重量之比。含水率是标志土的湿度的一个重要物理指标。一般而言,土的含水率增大时,其强度就降低。

②土的饱和度。土的饱和度是土中被水充满的孔隙体积与孔隙总体积之比。饱和度 S_r 越大,表明土孔隙中充水愈多。工程实际中,按饱和度将土划分为如下三种含水状态:$S_r < 50\%$ 是稍湿状态;$S_r = 50\% \sim 80\%$ 是很湿状态;$S_r > 80\%$ 是饱水状态。

③土的孔隙比。土的孔隙比是土中孔隙体积与土粒体积之比,用小数表示,它是一个重要的物理性指标,可以用来评价天然土层的密实程度。一般孔隙比小于 0.6 的土是密实的低压缩性土、孔隙比大于 1.0 的土是疏松的高压缩性土。

④土的孔隙率。土的孔隙率是土中孔隙体积与土的体积(三相)之比。

⑤土的塑性指数和液性指数。土可分为无黏性土和黏性土。无黏性土一般指碎石土和砂

土。粉土属于砂土和黏性土的过渡类型,其物质组成、结构及物理力学性质主要接近砂土。无黏性土的紧密状态是判定工程性质的重要指标,它综合反映了无黏性土颗粒的岩石和矿物组成、粒度组成(级配)、颗粒形状和排列等对其工程性质的影响。颗粒小于粉砂的是黏性土,其工程性质受含水率的影响特别大。随着含水率的变化,黏性土由一种稠度状态转变为另一种状态,相应于转变点的含水率称为界限含水率,也称为稠度界限,是黏性土的重要特性指标,对黏性土的工程性质评价及分类等有重要意义。黏性土的界限含水率,有缩限、塑限和液限。

缩限,半固态黏性土随水分蒸发体积逐渐缩小,直到体积不再缩小时的界限含水率叫缩限,体积不再随水分蒸发而缩小的状态为固态。

塑限,半固态黏性土随含水率增加转到可塑状态的界限含水率叫塑限,也称塑性下限。用W_P表示。

液限,由可塑状态转到流塑、流动状态的界限含水率叫液限。用W_L表示。

塑性指数。液限和塑限的差值称为塑性指数,它表示黏性土处在可塑状态的含水率变化范围。塑性指数愈大,可塑性就愈强。用I_P表示。

$$I_P = W_L - W_P$$

液性指数。黏性土的天然含水率和塑限的差值与塑性指数之比,称为液性指数。液限指数愈大,土质愈软。用I_L表示,I_L用下式计算:

$$I_L = \frac{w - w_P}{I_P}$$

(2)土的力学性质。

①土的压缩性。土的压缩性是土在压力作用下体积缩小的特性。在荷载作用下,透水性大的饱和无黏性土,其压缩过程在短时间内就可以结束。然而,黏性土的透水性低,饱和黏性土中的水分只能慢慢排出,因此其压缩稳定所需的时间要比砂土长得多,其固结变形往往需要几年甚至几十年时间才能完成,因此必须考虑变形与时间的关系,以便控制施工加荷速率,确定建筑物的使用安全措施。有时地基各点由于土质不同或荷载差异,还需考虑地基的不均匀沉降。所以,对于饱和软黏性土而言,土的固结问题是十分重要的。计算地基沉降量时,必须取得土的压缩性指标,无论用室内试验或原位测试来测定它,都应该力求试验条件与土的天然状态及其在外荷作用下的实际应力条件相适应。

②土的抗剪强度。土的抗剪强度是在土的自重或外荷载作用下,土体中某一个曲面上产生的剪应力值达到了土对剪切破坏的极限抗力时,土体就会沿着该曲面发生相对滑移而失稳。土对剪切破坏的极限抗力称为土的抗剪强度。在工程实践中,土的强度涉及地基承载力、路堤等工程边坡和天然土坡的稳定性,以及土作为工程结构物的环境时作用于结构物上的土压力和山岩压力等问题。

2. 特殊土的主要工程性质

(1)软土。软土泛指淤泥及淤泥质土,它富含有机质,天然含水率大于液限,天然孔隙比大于或等于1.0。软土的组成成分和状态特征是由其生成环境决定的,主要由黏粒和粉粒等细小颗粒组成,其黏土矿物和有机质颗拉表面带有大量负电荷,与水分子作用非常强烈,因而在其颗位外围形成很厚的结合水膜,且在沉积过程中由于粒间静电引力和分子引力作用,形成絮状和蜂窝状结构。所以,软土含大量的结合水,并由于存在一定强度的粒间联结而具有显著的结构性。由于软土的生成环境及上述粒度、矿物组成和结构特征,结构性显著且处于形成初期,故具有高含水率、高孔隙性、低渗透性、高压缩性、低抗剪强度、较显著的触变性和蠕变性等特性。

(2)湿陷性黄土。湿陷性黄土是干旱和半干旱气候条件下形成的一种特殊沉积物,颜色多呈黄色、淡灰黄色或褐黄色。颗粒组成以粉土粒(其中尤以粗粉土粒,粒径为0.05～0.01mm)为主,占60%～70%,粒度大小均匀,黏粒含量较少,一般仅占10%～20%。含水率小,一般仅8%～20%。孔隙比大,一般在1.0左右,且具有肉眼可见的大孔隙。具有垂直节理,常呈现直立的天然边坡。黄土按其成因可分为原生黄土和次生黄土。

黄土和黄土状土(以下统称黄土)在天然含水率时一般呈坚硬或硬塑状态,具有较高的强度和低的或中等偏低的压缩性,但遇水浸湿后,有的即使在其自重作用下也会发生剧烈和大量的沉陷(称为湿陷性),强度也随之迅速降低。然而,并非所有的黄土都发生湿陷。凡天然黄土在上覆土的自重压力作用下,或在上覆土的自重压力与附加压力共同作用下,受水浸湿后土的结构迅速破坏而发生显著下沉的,称为湿陷性黄土,否则称为非湿陷性黄土。因此,分析、判别黄土是否属于湿陷性的、湿陷性强弱程度以及地基湿陷类型和湿陷等级,是黄土地区工程勘察与评价的核心问题。黄土形成年代愈久,由于盐分溶滤较充分,固结成岩程度大,大孔结构退化,土质愈趋密实,强度高而压缩性小,湿陷性减弱甚至不具湿陷性。形成年代愈短,其特性相反。

湿陷性黄土一般分为自重湿陷性和非自重湿陷性黄土两种类型。湿陷性黄土受水浸湿后,在其自重压力下发生湿陷的,称为自重湿陷性黄土;而在其自重压力与附加压力共同作用下才发生湿陷的,称为非自重温陷性黄土。在自重湿陷性黄土地区修筑渠道,初次放水时就可能产生地面下沉,两岸出现与渠道平行的裂缝。管道漏水后由于自重湿陷可能导致管道折断。路基受水后由于自重湿陷而发生局部严重坍塌。地基土的自重湿陷往往使建筑物发生很大的裂缝或使砖墙倾斜,甚至使一些很轻的建筑物也受到破坏。而在非自重湿陷性黄土地区,这类现象极为少见。所以,在这两种不同湿陷性黄土地区建筑房屋,采取的地基设计、地基处理、防护措施及施工要求等方面均有较大差别。

(3)红黏土。红黏土是指在亚热带湿热气候条件下,碳酸盐类岩石及其间夹的其他岩石,经红土化作用形成的高塑性黏土。红黏土一般呈褐色、棕红等颜色,液限大于50%。经流水再搬运后仍保留其基本特征,液限大于45%的坡、洪积黏土,称为次生红黏土,在相同物理指标情况下,其力学性能低于红黏土。土层中常有石芽、溶洞或土洞分布其间,给地质勘查、设计工作造成困难。

红黏土系碳酸盐类及其他类岩石的风化后期产物,其矿物成分除仍含一定数量的石英颗粒外,大量的黏土颗粒主要为多水高岭石、水云母类、胶体 SiO_2 及赤铁矿、三水铝土矿等组成,不含或极少含有有机质。红黏土的一般特点是天然含水率高,一般为40%～60%,最高达90%;密度小,天然孔隙比一般为1.4～1.7,最高为2.0,具有大孔性;高塑性,塑限一般为40%～60%,最高达90%,塑性指数一般为20～50;一般呈现较高的强度和较低的压缩性;不具有湿陷性。由于塑性很高,所以尽管天然含水率高,一般仍处于坚硬或硬可塑状态。甚至饱水的红黏土也是坚硬状态的。

(4)膨胀土。膨胀土是指含有大量的强亲水性黏土矿物成分,具有显著的吸水膨胀和失水收缩,且胀缩变形往复可逆的高塑性黏土。膨胀土多分布于Ⅱ级以上的河谷阶地或山前丘陵地区,个别处于Ⅰ级阶地。呈黄、黄褐、灰白、花斑(杂色)和棕红等色。多为高分散的黏土颗粒组成。常有铁锰质及钙质结核等零星包含物。结构致密细腻,一般呈坚硬至硬塑状态,但雨天浸水剧烈变软。近地表部位常有不规则的网状裂隙,裂隙面光滑,呈蜡状或油脂光泽,时有擦痕或水迹,并有灰白色黏土(主要为蒙脱石或伊里石矿物)充填,在地表部位常因失水而张开,雨季又会因浸水而重新闭合。

膨胀土黏粒含量多达 35% ~85%。其中粒径 <0.002mm 的胶粒含量一般也占 30% ~40%。塑性指数多在 22 ~35 之间,天然含水率接近或略小于塑限,常年不同季节变化幅度为 3% ~6%,故一般呈坚硬或硬塑状态。天然孔隙比小,通常在 0.50 ~0.80 之间。同时,其天然孔隙比随土体温度的增减而变化,即土体增湿膨胀,孔隙比变大;土体失水收缩,孔隙比变小。自由膨胀量一般超过 40%,也有超过 100% 的。在天然条件下一般处于硬塑或坚硬状态,强度较高,压缩性较低,一般易被误认为工程性能较好的土。由于具有膨胀和收缩等特性,在膨胀土地区进行工程建设,如果不采取必要的设计和施工措施,会导致大批建筑物的开裂和损坏,并往往是造成坡地建筑场地崩塌、滑坡、地裂等的严重不稳定因素。同时,当膨胀土的含水率剧烈增大(如由于地表浸水或地下水位上升)或土的原状结构被扰动时,土体强度会骤然降低,压缩性增高,这显然是由于土的内摩擦角和内聚力都相应减小及结构强度破坏的缘故。

膨胀土建筑场地与地基的评价,应根据场地的地形地貌条件、膨胀土的分布及其胀缩性能、等级地表水和地下水的分布、集聚和排泄条件,并按建筑物的特点、级别和荷载情况,分析和计算膨胀土建筑场地和地基的胀缩变形量、强度和稳定性,为地基基础、上部结构及其他工程设施的设计与施工提供依据。

(5)填土。填土是指在一定的地质、地貌和社会历史条件下,由于人类活动而堆填的土。由于我国幅员辽阔、历史悠久,因此在我国大多数古老城市的地表面,广泛覆盖着各种类别的填土层,在堆填方式、组成成分、分布特征及其工程性质等方面,均表现出一定的复杂性。根据填土的组成物质和堆填方式形成的工程性质的差异,划分为以下三类:

①素填土。素填土是由碎石、砂土、粉土或黏性土等一种或几种材料组成的填土。其中不含杂质或杂质很少。按其组成物质分为碎石素填土、砂性素填土、粉性素填土和黏性素填土。素填土经分层压实者,称为压实填土。素填土的工程性质取决于它的密实性和均匀性,在堆填过程中,未经人工压实者,一般密实度较差,但堆积时间较长,由于土的自重压密作用,也能达到一定密实度。如堆填时间超过 10 年的黏性土、超过 5 年的粉土、超过 2 年的砂土,均具有一定的密实度和强度,可以作为一般建筑物的天然地基。素填土地基具有不均匀性,防止建筑物不均匀沉降是填土地基的关键。对于压实填土应保证压实质量,保证密实度。

②杂填土。杂填土是含有大量杂物的填土,按其组成物质成分和特征分为建筑垃圾土、工业废料土、生活垃圾等。试验证明,以生活垃圾和腐蚀性及易变性工业废料为主要成分的杂填土,一般不宜作为建筑物地基;对主要以建筑垃圾或一般工业废料组成的杂填土,采用适当(简单、易行、收效好)的措施进行处理后可作为一般建筑物地基。在利用杂填土作为地基时,应注意其不均匀性、工程性质随堆填时间而变化、含腐殖质及水化物等问题。

③冲填土。冲填土系由水力冲填泥沙形成的沉积土,即在整理和疏浚江河航道时,有计划地用挖泥船,通过泥浆泵将泥沙夹大量水分吹送至江河两岸而形成的一种填土。冲填土的颗

粒组成和成分规律与所冲填泥沙的来源及冲填时的水力条件有着密切的关系。其含水率大,透水性较弱,排水固结差,一般呈软塑或流塑状态,比同类自然沉积饱和土的强度低、压缩性高。

(三)地震的震级与烈度

1. 地震震级

地震是依据地震释放出来的能量多少来划分震级的。释放出来的能量越多,震级就越大。中国科学院将地震震级分为五级:微震、轻震、强震、烈震和大灾震。其释放的能量与仪器测定的震级划分见表2.1-1。

地震震级划分表 表2.1-1

地震级别	表现	放能总量(J)	仪器震级
微震	一般无震感	$10^4 \sim 10^9$	0~2.6
轻震	一般有震感	$10^9 \sim 10^{11}$	2.6~3.8
强震	无害强震	$10^{11} \sim 10^{13}$	3.8~4.8
	有害强震	$10^{13} \sim 10^{15}$	4.8~6
烈震	破坏烈震	$10^{15} \sim 10^{17}$	6~7
	大毁坏震	$10^{17} \sim 10^{19}$	7~8
大灾震	毁灭性地震	$10^{19} \sim 10^{21}$	>8.25

目前国际通用的李希特—古登堡震级是以距震中100km的标准地震仪所记录的最大振幅的μm数的对数表示。如记录的最大振幅是10mm,即10000μm,取其对数等于4,则为4级地震。

2. 地震烈度

地震烈度,是指某一地区的地面和建筑物遭受一次地震破坏的程度。其不仅与震级有关,还和震源深度、距震中距离以及地震波通过介质条件(岩石性质、地质构造、地下水埋深)等多种因素有关。目前,我国已制定出地震烈度表,见表2.1-2。

震级与烈度关系表 表2.1-2

震级(级)	3以下	3	4	5	6	7	8	8以上
震中烈度(度)	Ⅰ~Ⅱ	Ⅲ	Ⅳ~Ⅴ	Ⅵ~Ⅶ	Ⅶ~Ⅷ	Ⅸ~Ⅹ	Ⅺ	Ⅻ

地震烈度又可分为基本烈度、建筑场地烈度和设计烈度。基本烈度代表一个地区的最大地震烈度,如表2.1-2所示。建筑场地烈度也称小区域烈度,是建筑场地内因地质条件、地貌地形条件和水文地质条件的不同而引起的相对基本烈度有所降低或提高的烈度,一般降低或提高半度至一度。设计烈度是抗震设计所采用的烈度,是根据建筑物的重要性、永久性、抗震性以及工程的经济性等条件对基本烈度的调整。设计烈度一般可采用国家批准的基本烈度,但遇不良地质条件或有特殊重要意义的建筑物,经主管部门批准,可对基本烈度加以调整作为设计烈度。在工程建筑设计中,鉴定、划分建筑区的地震烈度是很重要的,因为一个工程从建筑场地的选择到工程建筑的抗震措施等都与地震烈度有密切的关系。

3. 震级与烈度的关系

震级与地震烈度既有区别,又相互联系。一般情况下,震级越高、震源越浅、距震中越近,地震烈度就越高,见表2.1-2。一次地震只有一个震级,但震中周围地区的破坏程度,随距震中距离的加大而逐渐减小，从而形成多个不同的地震烈度区，它们由大到小依次分布。但因地质条件的差异，可能出现偏大或偏小的烈度异常区。

二、岩土的分类

(一)岩的分类

《水运工程岩土勘察规范》(JTS 133)从微观和宏观两个方面对岩进行分类，即岩石分类和岩体分类。

1. 岩石分类

(1)按成因为分岩浆岩、沉积岩和变质岩。

(2)根据强度按表 2.1-3 进行岩石坚硬程度分类。

岩石坚硬程度分类　　表 2.1-3

岩石坚硬程度	极软岩	软岩	较软岩	较硬岩	坚硬岩
岩石饱和单轴抗压强度 f_r (MPa)	$f_r \leqslant 5$	$5 < f_r \leqslant 15$	$15 < f_r \leqslant 30$	$30 < f_r \leqslant 60$	$f_r > 60$

(3)根据岩石软化系数按表 2.1-4 分为软化岩石和不软化岩石。

岩石软化类别分类　　表 2.1-4

岩石软化类别	软化岩石	不软化岩石
软化系数 K_R	$K_R \leqslant 0.75$	$K_R > 0.75$

注：软化系数 K_R 为饱和与干燥状态的岩石单轴抗压强度之比。

2. 岩体分类

(1)岩体风化程度按表 2.1-5 分为未风化、微风化、中风化、强风化、全风化。

岩体风化程度分类　　表 2.1-5

风化程度	野外特征	风化程度参数指标	
		波速比 K_v	风化系数 K_f
未风化	岩质新鲜，偶见风化痕迹	0.9~1.0	0.9~1.0
微风化	结构基本未变，仅节理面有渲染或略有变色，有少量风化裂隙	0.8~0.9	0.8~0.9
中风化	结构部分破坏，沿节理面有次生矿物，风化裂隙发育，岩体被切割成岩块；用镐难挖，岩芯钻方可钻进	0.6~0.8	0.4~0.8
强风化	结构大部分破坏，矿物成分显著变化，风化裂隙很发育，岩体破碎，用镐可挖，干钻不易钻进	0.4~0.6	<0.4
全风化	结构基本破坏，但尚可辨认，有残余结构强度，用镐可挖，干钻可钻进	0.4~0.2	—

注：1. 波速比 K_v 为风化岩石与新鲜岩石压缩波速度之比。
2. 风化系数 K_f 为风化岩石与新鲜岩石饱和单轴抗压强度之比。
3. 岩石风化程度除按表列野外特征和定量指标划分外，也可根据当地经验划分。
4. 花岗岩类岩石可采用标准贯入试验划分，$N \geqslant 50$ 为强风化，$50 > N \geqslant 30$ 为全风化，$N < 30$ 为残积土。
5. 泥岩和半成岩可不进行风化程度划分。

(2)岩体根据岩石质量指标按表 2.1-6 分类。

岩体按岩石质量指标 RQD 分类　　表 2.1-6

岩体 RQD 分类	极差	差	较差	较好	好
RQD(%)	RQD≤25	25 < RQD≤50	50 < RQD≤75	75 < RQD≤90	RQD > 90

注：RQD 系指钻孔中用 N 型(75mm)两层管金刚石钻头获取的大于 10cm 的岩心段长度与进尺长度之比。

(3)岩体结构类型按 2.1-7 分类。

岩体结构类型划分　　表 2.1-7

岩体结构类型	岩体地质类型	结构体形状	结构面发育情况	岩土工程特征	可能发生的岩土工程问题
整体状结构	巨块状岩浆岩和变质岩、巨厚层沉积岩	巨块状	以层面和原生、构造节理为主，多呈闭合型，间距大于 1.5m，一般为 1 ~ 2 组，无危险结构面组成的落石掉块	岩体稳定，可视为均质弹性各向同性体	局部滑动或坍塌
块状结构	厚层状沉积岩，块状岩浆岩和变质岩	块状 柱状	有少量贯穿性节理裂缝，结构面间距 0.7 ~ 1.5m；一般为 2 ~ 3 组，有少量分离体	结构面互相牵制，岩体基本稳定，接近弹性各向同性体	
层状结构	多韵律薄层、中厚层状沉积岩，副变质岩	层状 板状	有层理、片理、节理，常有层间错动	变形和强度受层面控制，可视为各向异性弹塑性体，稳定性较差	可沿结构面滑塌，软岩可产生塑性变形
破裂状结构	构造影响严重	碎块状	断层、节理、片理、层理发育，结构面间距 0.25 ~ 0.50m，一般 3 组以上，有许多分离体	整体强度很低，并受软弱结构面控制，呈弹塑性体，稳定性很差	易发生规模较大的岩体失稳，地下水加剧失稳
散体状结构	断层破碎带，强风化及全风化带	碎屑状	构造和风化裂隙密集，结构面错综复杂，多充填黏性土，形成无序小块和碎屑	完整性遭极大破坏，稳定性极差，接近松散体介质	易发生规模较大的岩体失稳，地下水加剧失稳

(4)层状岩体的单层厚度按表 2.1-8 分类。

岩层按单层厚度分类　　表 2.1-8

岩层厚度分类	薄层	中厚层	厚层	巨厚层
单层厚度 h(m)	h≤0.1	0.1 < h≤0.5	0.5 < h≤1.0	h > 1.0

(5)岩体完整程度按表 2.1-9 确定。

岩体完整程度分类　　表 2.1-9

岩体完整程度	极破碎	破碎	较破碎	较完整	完整
完整性指数 K_v	K_v≤0.15	0.15 < K_v≤0.35	0.35 < K_v≤0.55	0.55 < K_v≤0.75	K_v > 0.75

注：完整性指数 K_v 为岩体压缩波波速与岩块压缩波波速之比的平方，选定岩体和岩块测定波速时要具有代表性。

(6)岩体基本质量等级分类一般情况下以岩石坚硬程度和岩体完整程度两个因素按表 2.1-10进行定性确定。当地下工程的岩体存在地下水、软弱结构面和高初始应力时，按

表2.1-10及表2.1-11综合确定岩体基本质量等级,岩体基本质量指标的计算及修正方法按现行国家标准《工程岩体分级标准》(GB/T 50218)的有关规定执行。

岩体基本质量等级分类　表2.1-10

坚硬程度＼完整程度	完整	较完整	较破碎	破碎	极破碎
坚硬岩	Ⅰ	Ⅱ	Ⅲ	Ⅳ	Ⅴ
较硬岩	Ⅱ	Ⅲ	Ⅳ	Ⅳ	Ⅴ
较软岩	Ⅲ	Ⅳ	Ⅳ	Ⅴ	Ⅴ
软岩	Ⅳ	Ⅳ	Ⅴ	Ⅴ	Ⅴ
极软岩	Ⅴ	Ⅴ	Ⅴ	Ⅴ	Ⅴ

岩体基本质量等级分类　表2.1-11

岩体基本质量等级分类	Ⅰ	Ⅱ	Ⅲ	Ⅳ	Ⅴ
岩体基本质量指标(BQ)	BQ＞550	550≥BQ＞450	450≥BQ＞350	350≥BQ＞250	BQ≤250

(二)土的分类

《水运工程岩土勘察规范》(JTS 133)对土根据地质成因、沉积时代、颗粒级配和塑性指数进行分类。

1.根据地质成因划分

根据地质成因可划分为残积土、坡积土、洪积土、冲积土、湖积土、海积土、风积土、人工填土和复合成因的土等。水运工程常见的几种成因类型的土及其工程地质特征参见表2.1-12。

水运工程中常见的几种成因类型的土及其工程地质特征　表2.1-12

成因	分布地区	砂土	粉土和黏性土	碎石土
残积	分布于基岩起伏和平缓地区	未经分选,具母岩矿物成分,表面粗糙,有棱角,常与碎石及黏性土混在一起,其厚度不均	产状复杂,厚度不均,土质不均,深埋者常为硬塑或坚硬状态;裸露地表者,孔隙比常较大	碎石成分与母岩相同,未经搬运、分选,大小混杂、颗粒呈棱角形
坡积	分布于坡脚和坡底	颗粒磨圆度差,分选性差、成分不均,常混有碎石或黏性土;其密实度常处于松散或稍密状态	无层理,未经分选,粒度成分有急剧变化,一般都处于不稳定状态中,且具有较高的孔隙比,潮湿时有较大的压缩性,常处于欠固结状态	分选性差,颗粒有棱角,但不尖锐,混有砂或黏性土,常处于不稳定状态中
冲积	砂土、黏性土多分布于河流中下游的河床、三角洲及河漫滩等处;老黏性土多分布于河海岸阶地上;碎石、卵石土分布于河流中、上游	砂粒呈浑圆状,具有分选性;含有少量黏土颗粒和粉土颗粒;且常有黏土夹层及透镜体;在平原地区砂层厚度较稳定	具有层理构造和透镜体产状,层理构造的土具有渗透性、膨胀性、压缩性,力学强度的各向异性	磨圆度较好,有分选性

续上表

成因	分布地区	砂土	粉土和黏性土	碎石土
海积	碎石、卵石土、砂土分布于岩岸滨海地带；黏性土在沿海河口，岸滩和泥质海岸深水、浅水区域广泛分布	砂颗粒多呈圆形或次圆形，砂粒纯洁，但含有碎贝壳	其近期沉积的淤泥性土，有微生物作用，颜色较暗，具有含水率大、压缩性高、承载力低等特性；常处于欠固结状态，为软塑或流塑状态的土；泥质海岸的淤泥质土常呈“千层饼”状间层构造	磨圆度好，光滑纯洁
海陆复合型	河流下游三角洲地带陆域有丘陵分布时，由两种以上成因的土相混形成	常见者为砂混淤泥质土，以砂为主，呈松散状态	常见者为淤泥质土混砂，以淤泥质土为主；其力学性强度指标，应以淤泥质土为准	—

2. 根据沉积时代划分

（1）老沉积土：第四纪晚更新世（Q3）及其以前沉积的土，一般具有较高的强度和较低的压缩性。

（2）一般沉积土：第四纪全新世（Q4）文化期以前沉积的土，一般为正常固结的土。

（3）新近沉积土：第四纪全新世（Q4）文化期以后沉积的土，其中黏性土一般为欠固结的土，且具有强度较低和压缩性较高的特征。

3. 根据颗粒级配和塑性指数划分

根据颗粒级配和塑性指数可划分为碎石土、砂土、粉土和黏性土，并符合下列规定：

（1）碎石土。碎石土是粒径大于2mm的颗粒质量超过总质量50%的土。碎石土根据颗粒级配及形状按表2.1-13进一步分类。

碎石土分类　　表2.1-13

名称	颗粒形状	颗粒级配
漂石	圆形、亚圆形为主	粒径大于200mm的颗粒质量超过总质量50%
块石	棱角形为主	
卵石	圆形、亚圆形为主	粒径大于20mm的颗粒质量超过总质量50%
碎石	棱角形为主	
圆砾	圆形、亚圆形为主	粒径大于2mm的颗粒质量超过总质量50%
角砾	棱角形为主	

注：定名时根据颗粒级配由大到小，以最先符合者确定。

（2）砂土。砂土是粒径大于2mm的颗粒质量不超过总质量50%，且粒径大于0.075mm的粒径质量超过总质量的50%的土。砂土根据颗粒级配按表2.1-14做进一步分类。

砂土分类　　表 2.1-14

名称	颗粒级配
砾砂	粒径大于 2mm 的颗粒质量占总质量 25% ~50%
粗砂	粒径大于 0.5mm 的颗粒质量超过总质量 50%
中砂	粒径大于 0.25mm 的颗粒质量超过总质量 50%
细砂	粒径大于 0.075mm 的颗粒质量超过总质量 85%
粉砂	粒径大于 0.075mm 的颗粒质量超过总质量 50%

注:定名时根据颗粒级配由大到小,以最先符合者确定。

(3)粉土。粉土是粒径大于 0.075mm 的颗粒质量不超过总质量的 50%,且塑性指数小于或等于 10 的土。

(4)黏性土。黏性土是塑性指数大于 10 的土,按表 2.1-15 分为黏土和粉质黏土。

黏性土分类　　表 2.1-15

名称	黏土	粉质黏土
塑性指数 I_P	$I_P > 17$	$10 < I_P \leq 17$

注:塑性指数的液限值由 76g 圆锥仪沉入土中 10mm 测定。

(5)淤泥性土。在静水或缓慢的流水环境中沉积、天然含水率大于或等于 36% 且大于液限、天然孔隙比大于或等于 1.0 的黏性土称为淤泥性土。淤泥性土按表 2.1-16 进一步划分为淤泥质土、淤泥和流泥。

淤泥性土分类　　表 2.1-16

指标＼名称	淤泥质土	淤泥	流泥
孔隙比 e	$1.0 \leq e < 1.5$	$1.5 \leq e < 2.4$	$e \geq 2.4$
含水率 w(%)	$36 \leq w < 55$	$55 \leq w < 85$	$w \geq 85$

注:淤泥质土根据塑性指数 I_P 按表 2.1-15 再划分为淤泥质黏土、淤泥质粉质黏土。

(6)有机土。土中有机质含量不小于 5% 时属有机土,按现行国家标准《岩土工程勘察规范》(GB 50021)划分为有机质土、泥炭质土和泥炭。

(7)混合土。由粗细两类土呈混合状态存在,具有颗粒级配不连续、中间粒组颗粒含量极少、级配曲线中间段极为平缓等特征的土称为混合土。定名时将主要土类列在名称前部,次要土类列在名称后部,中间以"混"字联结。混合土按不同土类的含量可分为淤泥和砂的混合土、黏性土和砂或碎石的混合土。

①淤泥和砂的混合土可分为淤泥混砂或砂混淤泥。淤泥质量超过总质量的 30% 时为淤泥混砂;泥质量超过总质量 10% 且小于或等于总质量的 30% 时为砂混淤泥。

这类土的承载力不应以物理性指标作为评价和计算依据,应以力学性指标或现场原位测试方法确定。

②黏性土和砂或碎石的混合土可分为黏性土混砂或碎石、砂或碎石混黏性土。黏性土质量超过总质量的 40% 时定名为黏性土混砂或碎石;黏性土的质量大于 10% 且小于或等于总质量的 40% 时定名为砂或碎石混黏性土。

这类土的强度宜用现场测试方法测定，黏性土的锥沉量 h 和液性指数 I_L 也应作为确定混合土强度的依据之一。

(8)层状构造土。层状构造土是由两类不同的土层相间成韵律沉积，具有明显层状构造特征的土。层状构造土定名时厚层土列在名称前部，薄层土列在名称后部，根据两类土层的厚度比可分为下列三类：

①互层土，具互层构造，两类土层厚度相差不大，厚度比一般大于1∶3。

②夹层土，具夹层构造，两类土层厚度相差较大，厚度比为1∶3～1∶10。

③间层土，常呈黏性土间极薄层粉砂的特点，厚度比小于1∶10。

层状构造土的渗透性、压缩性、力学强度等具有各向异性的特点，应结合工程技术要求进行专门评价分析。

(9)花岗岩残积土。花岗岩残积土为花岗岩风化的最终产物，残留在原地未经搬运，除石英外其他矿物均已变为土状的土，其中大于2mm的颗粒混杂于黏性土之中。根据大于2mm的颗粒含量，可按表2.1-17分为黏性土、砂质黏性土和砾质黏性土。

花岗岩残积土分类　　表2.1-17

名称	黏性土	砂质黏性土	砾质黏性土
大于2mm颗粒百分含量 X (%)	$X<5$	$5\leq X\leq 20$	$X>20$

花岗岩残积土具有孔隙比较大、液性指数较小、压缩性较低、遇水易崩解和有一定湿陷性等特点。

(10)填土。填土是由人类活动堆积的土，根据其物质组成和堆填方式可分为冲填土、素填土和杂填土。

①冲填土：由水力冲填的淤泥性土、砂土或粉土。

②素填土：由碎石类土、砂土、粉土、黏性土等堆积的填土，经分层压实者称为压实填土。

③杂填土：含有建筑垃圾、工业废料或生活垃圾的填土，但工程建设应用这种土时，其生活垃圾含量不应超过10%。

对上述三种填土，应根据工程需要专门研究其物理力学性质。

三、地下水的类型与特征

(一)地下水的类型

地下水是埋藏在地表以下岩层或土层空隙(包括孔隙、裂隙和空洞等)中的水，主要是由大气降水和地表水渗入地下形成的。在干旱地区，水蒸气也可以直接在岩石的空隙中凝成少量的地下水。地下水的分布极其广泛，可以说是一种宝贵的地下资源。但是，地下水也往往给工程建设带来一定的困难和危害。

根据埋藏条件，将地下水分为包气带水、潜水、承压水三大类。根据含水层的空隙性质，地下水又分为孔隙水、裂隙水和岩溶水三个亚类。

1. 包气带水

包气带水处于地表面以下潜水位以上的包气带岩土层中，包括土壤水、沼泽水、上层滞水以及岩层风化壳(黏土裂隙)中季节性存在的水。

2. 潜水

潜水是埋藏在地表以下第一层较稳定的隔水层以上具有自由水面的重力水,其自由表面承受大气压力,受气候条件影响,季节性变化明显。如春、夏季多雨,水位上升,冬季少雨,水位下降。水温也随季节而有规律的变化。潜水主要分布在地表各种岩土里,多数存在于第四纪松散岩层中,坚硬的沉积岩、岩浆岩和变质岩的裂隙及洞穴中也有潜水分布。

3. 承压水

承压水也称为自流水,是地表以下充满两个稳定隔水层之间的重力水。

4. 裂隙水

裂隙水是指埋藏在基岩裂隙中的地下水。根据基岩裂隙成因,将裂隙水分为风化裂隙水、成岩裂隙水、构造裂隙水。

5. 岩溶水

岩溶水赋存和运移于可溶岩的溶隙、溶洞(洞穴、管道、暗河)中。我国的岩溶分布比较广,特别是在南方地区。岩溶水分布很普遍,水量丰富,对供水极为有利,但对矿床开采、地下工程和建筑工程等都会带来一些危害。根据埋藏条件,将岩溶水分为岩溶上层滞水、岩溶潜水及岩溶承压水。

(二)地下水的特征

1. 包气带水的特征

包气带水主要受气候控制,季节性明显,变化大。雨季水量多,旱季水量少甚至干涸。包气带水对农业有很大意义,对工程意义不大。

2. 潜水的特征

潜水有两个特征:一是潜水面以上无稳定的隔水层存在,大气降水和地表水可直接渗入,成为潜水的主要补给来源。二是潜水自水位较高处向水位较低处渗流。在山脊地带潜水位的最高处可形成潜水分水岭,自此处潜水流向不同的方向。

3. 承压水的特征

承压水是因为限制在两个隔水层之间而具有一定压力的,特别是含水层透水性越好,压力越大,人工开凿后能自流到地表。因有隔水顶板存在,承压水不受气候的影响,动态较稳定,不易受污染。承压水的形成与所在地区的地质构造及沉积条件有密切关系,只要有适宜的地质构造条件,地下水即可形成承压水。一般来说,适宜形成承压水的地质构造有两种:一为向斜构造盆地,也称为自流盆地;二为单斜构造自流斜地。

4. 裂隙水的特征

裂隙水运动复杂,水量变化较大,这与裂隙发育及成因有密切关系。

风化裂隙水由于风化裂隙彼此相连通,因此在一定范围内形成的地下水也是相互连通的。水平方向透水性均匀,垂直方向随深度而减弱,多属潜水,有时也存在上层滞水。如果风化壳上部的覆盖层透水性很差时,其下部的裂隙带有一定的承压性。成岩裂隙水多呈层状,在一定范围内相互连通;层状构造裂隙水可以是潜水,也可以是承压水。脉状构造裂隙水,多赋存于张开裂隙中,由于裂隙分布不连续,所以形成的裂隙各有自己独立的系统、补给源及排泄条件,水位不一致,有一定压力,压力分布不均,水量少,水位、水量变化大。

5. 岩溶水的特征

在厚层灰岩的包气带中,常有局部非可溶的岩层存在,起着隔水作用,在其上部形成岩溶上层滞水;岩溶潜水广泛分布在大面积出露的厚层灰岩地区,动态变化很大,水位变化幅度可达数十米;岩溶地层被覆盖或岩溶层与砂页岩互层分布时,在一定的构造条件下,就能形成动态较稳定的岩溶承压水。总的来说,在岩溶地区进行工程建设,特别是地下工程,必须弄清岩溶的发育与分布规律,因为岩溶的发育可能使工程地质条件恶化。

四、常见工程地质问题及其处理方法

(一)特殊地基

1. 松散、软弱土层

松散、软弱土层强度、刚度低,承载力低,抗渗性差。对不满足承载力要求的松散土层,如砂和沙砾石地层等,可挖除。也可采用固结灌浆、预制桩或灌注桩、地下连续墙或沉井等加固;对不满足抗渗要求的,可灌水泥浆或水泥黏土浆,或地下连续墙防渗;对于影响边坡稳定的,可喷混凝土护面和打土钉支护。

对不满足承载力的软弱土层,如淤泥及淤泥质土,浅层的可挖除,深层的可采用加固或置换的方式。

2. 风化、破碎岩层

风化、破碎岩层,岩体松散,强度低,整体性差,抗渗性差,有的不能满足建筑物对地基的要求。风化一般在地基表层,可以挖除。破碎岩层有的较浅,也可以挖除。有的埋藏较深,如断层破碎带,可以用水泥浆灌浆加固或防渗;风化、破碎处于边坡影响稳定的,可根据情况采用喷混凝土或挂网喷混凝土护面,必要时配合灌浆和锚杆加固,甚至采用砌体、混凝土和钢筋混凝土等方式的结构护坡。

对结构面不利交汇切割和岩体软弱破碎的地下工程围岩,地下工程开挖后,要及时采用支撑、支护和衬砌。支护多采用喷混凝土、挂网喷混凝土、随机锚杆和系统锚杆。衬砌多用混凝土和钢筋混凝土,也有采用钢板衬砌的。

对于裂隙发育影响地基承载能力和抗渗要求的,可以用水泥浆灌浆加固或防渗。

3. 断层、泥化软弱夹层

对充填胶结差,影响承载力或抗渗要求的断层,浅埋的尽可能清除回填,深埋的灌水泥浆处理;泥化夹层影响承载能力,浅埋的尽可能清除回填。断层、泥化软弱夹层可能是基础或边坡的滑动控制面,对于不便清除回填的,根据埋深和厚度,可采用锚杆、抗滑桩、预应力锚索等进行抗滑处理。

当地下水发育影响到边坡或地下工程围岩稳定时,要及时采用洞、井、沟等措施导水、排水,降低地下水位。

(二)地下水

地下水最常见的问题主要是对岩体的软化、侵蚀和静水压力、动水压力作用及其渗透破坏等。

1. 地下水对土体和岩体的软化

地下水使土体尤其是非黏性土软化,降低强度、刚度和承载能力。有侵蚀性的地下水使岩石发生化学变化,也可能导致岩石的强度降低。尤其是地下水使结构面的黏结力降低和摩擦角减小,使结构面的抗剪强度降低,造成岩体的承载力和稳定性下降。

2. 地下水位下降引起软土地基沉降

一般在沿海软土层中进行基础施工时,需要人工降低地下水位。若降水措施不当,轻者造成邻近建筑物或地下管线的不均匀沉降,重者使建筑物基础下的土体颗粒流失,甚至掏空,导致建筑物开裂,进而危及安全使用。

3. 动水压力产生流沙和潜蚀

流沙是一种不良的工程地质现象。在建筑物深基础工程和地下建筑工程的施工中所遇到的流沙现象,按其严重程度可分下列三种:轻微流沙,当基坑围护桩排的间隙处隔水措施不当或施工质量欠缺时,或当地下连续墙接头的施工质量不佳时,有些细小的土颗粒会随着地下水渗漏一起穿过缝隙而流入基坑,增加坑底的泥泞程度;中等流沙,在基坑底部,尤其是靠近围护桩墙的地方,常会出现一堆粉细砂缓缓冒起,仔细观察,可以看到粉细砂堆中形成许多小小的排水沟,冒出的水夹带着细小土粒在慢慢地流动;严重流沙,基坑开挖时如发生上述现象而仍然继续往下开挖,流沙的冒出速度会迅速增加,有时会像开水初沸时的翻泡,此时基坑底部称为流动状态,给施工带来极大困难,甚至影响邻近建筑物的安全。

如果地下水渗流产生的动水压力小于土颗粒的有效重度,即渗流水力坡度小于临界水力坡度,虽然不会发生流沙现象,但是土中细小颗粒仍有可能穿过粗颗粒之间的孔隙被渗流携带而走。时间长了,在土层中将形成管状空洞,使土体结构破坏,强度降低,压缩性增加,这种现象被称为机械潜蚀。

4. 地下水的浮托作用

当建筑物基础底面位于地下水位以下时,地下水对基础底面产生静水压力,即产生浮托力。

5. 承压水对基坑的作用

当深基坑下部有承压含水层时,必须分析承压水头是否会冲毁基坑底部的黏性土层。

6. 地下水对钢筋混凝土的腐蚀

地下水对混凝土建筑物的腐蚀是一项复杂的物理化学过程,在一定的工程地质与水文地质条件下,对建筑材料的耐久性影响很大。

(三)边坡稳定

1. 影响边坡稳定的因素

影响边坡稳定性的因素有内在因素与外在因素两个方面。内在因素有组成边坡岩土体的性质、地质构造、岩体结构、地应力等,它们常常起着主要的控制作用;外在因素有地表水和地下水的作用、地震、风化作用、人工挖掘、爆破以及工程荷载等。

2. 不稳定边坡的防治措施

为了确保工程安全,针对不稳定的边坡,必须采取一些有效的防治措施。目前国内外常用的方法有:防止地表水向岩体中渗透与排除不稳定岩体中的地下水,削缓斜坡、上部减重,修建支挡建筑,锚固等。

五、工程地质对工程建设的影响

工程地质是建设工程地基及其一定影响区域的地层性质。建设工程根据其规模、功能、质量、建筑物布置、结构构成、使用年限、运营方式和安全保证等,要求地基及其一定区域的地层有一定的强度、刚度、稳定性和抗渗性。有的工程地质能满足这些要求,但有的土体松散、软弱、湿陷、湿胀,有的岩石软弱、软化、风化、泥化、破碎和岩层褶皱、断裂、不整合以及受地下水的渗透和侵蚀等,不能满足工程要求。许多建设工程根据建筑结构设计要求处理工程地质缺陷,这些都会增加工程造价。对于工程地质问题认识不足、处理不当,不但会带来工程事故,大幅度增加工程造价,而且会遗留无尽的工程病害,从而导致维修整治费用的增加。

尽可能全面、准确地探知和掌握施工区的工程地质条件,对工程的顺利施工(保证工程质量和工期、安全施工、实现环保)和建筑物的正常使用具有重大的意义。

水运工程施工中与地质条件相关密切的项目主要有:

(1)地基基础处理方法和设备的选择:根据地质条件的特点选择排水固结法、强夯法、水泥深层搅拌法、振动水冲法、爆炸排淤填石法等适用的加固方法、施工设备和工艺参数。

(2)沉桩施工极限承载力的控制,针对不同的地质条件选择桩的种类、沉桩设备和沉桩工艺参数。

(3)沉桩桩尖标高和贯入度标准的控制。

(4)基槽开挖设备的选择,标高和土质的控制标准,分层开挖厚度和方法的选择。

(5)保证挖槽、岸坡、基坑边坡稳定性,施工工序的合理安排,必要的防护措施的选择。

(6)灌注桩、地连墙成孔(槽)设备和工艺的确定。

(7)施工中为了保证建筑物的稳定性和安全性,必要的检测、监测项目的安排。

(8)施工中必要的环保措施的安排。

(9)护岸、护滩(底)、坝体等不同整治建筑物结构型式的选择:根据整治建筑物河床组成、冲刷特点及影响因素,选择适宜的工程结构;淤泥质河床对抛石断面形成的影响。

(10)护岸工程陆上护坡排水处理方式的选择:根据护岸工程陆上护坡地质条件的特点选择不同的排水措施和结构,确保岸坡浅层地下水排水顺畅。

(11)疏浚工程中,土质对施工工艺、设备、施工方法有重要影响:

①对不同的土质采用不同的挖泥、吹填设备和工艺。

②根据泥沙沉淀的特性,考虑是否采取装舱溢流工艺及其对环保的影响。

③根据土质特性选择合适的耙头或绞刀。

④根据土质情况选择耙吸船合适的对地航速,调节波浪补偿器。

⑤根据土质情况选择分层挖泥的厚度。

⑥根据底质的性质考虑环保施工方法和施工环保的措施。

(12)炸礁工程中,岩层对施工工艺、设备、施工方法有重要影响:

①对不同的岩层采用不同的爆破方式、设备和工艺。

②根据岩层情况选择分层爆破厚度、坡比。

③根据岩层的性质考虑环保施工方法和施工环保的措施。

第二节　工程水文

一、工程水文条件

(一)水位

水位是海洋、江河、湖泊等水体的自由面,在某一地点某一时刻相对于基准面的高程。水位是以基准面为零值,高于基准面时为正(+)值,低于基准面时为负(-)值。

1. 水位基准面

水位基准面是海图及各种水深资料所载深度的起算面。水位基准面亦称水位零点，有基本零点和当地零点之分。

基本零点又称绝对基准面，我国规定采用 1956 年黄海平均海平面作为统一高程基准面，凡由该基准面起算的高程在工程和地形测量中统称“1956 年黄海高程系”。1985 年全国一等水准网布测协调组决定，用青岛验潮站 1952—1979 年的潮位观测资料所计算的平均海平面为我国高程基准面，并命名为 1985 国家高程基准。

当地零点又称测站零点。对于内河地区，选用测站最枯水位以下 0.5 ~ 1.0m 处作为本站计算水面高程的基准面，但在进行水位资料整编和水文预报时需换算成绝对基面的水位高程。对于沿海地区，采用当地理论最低潮面作为基准面，理论最低潮面是平均海面以下理论上可能达到的最低潮位，是以调和分析所求得的 13 个主要分潮的调和常数，计算出理论上可能达到的最低潮面。我国 1956 年以后基本统一采用理论深度基准面作为海图深度基准面。此面在绝大部分时间内都应在水面下，但它不是最低深度面，在某些很低的低潮时还会露出来。

2. 特征水位

(1)内河特征水位。内河工程设计和科学研究中常用的特征水位有以下几种：最高水位是研究时段内水位的最大值，有月最高水位、年最高水位、多年最高水位等，在防洪上具有重要意义；最低水位是研究时段内水位的最小值，有月最低水位、年最低水位、多年最低水位等，对航运、灌溉有重要意义；平均水位是研究时段内的水位平均值，有月平均水位、年平均水位、多年平均水位(又称正常水位)，对河流用水及流量调节有一定意义；平均最高水位与平均最低水位，分别指各年最高水位和最低水位的算术平均值。此外，在防汛工作中规定的防汛水位、警戒水位等，用来作为设防和警戒的标准，并在实际工作中实施。水位资料与人类生产建设如工程设计、施工和管理运用，或航运、防洪、排水等都有密切的关系。

(2)潮位特征值。沿海地区潮位特征值应使用一年或多年观测资料做统计，通常包括：

平均半潮面，是所有高潮位和低潮位的平均值，通常与平均潮位或平均海平面不重合。

平均高潮位，是所有高潮位的平均值，与之对应的是平均低潮位，仅在半日潮港有实际意义，不能用于描述日潮较大或日潮为主港口的高、低潮位的基本情况。

大潮平均高潮位，也称平均大潮升，是半日潮大潮期间(朔、望日附近)高潮位的平均值；与之相对应的为大潮平均低潮位。

小潮平均高潮位，也称平均小潮升，是半日潮小潮期间(上、下弦日附近)高潮位的平均值；与之相对应的为小潮平均低潮位。显然，只在半日潮为主的港口需计算大、小潮平均高、低潮位。

平均高高潮位是所有高高潮位的平均值；与之对应的为平均低低潮位。此外，对高低潮和低高潮的类似统计可得平均高低潮位和平均低高潮位。在不规则日潮港和规则日潮港不统计后两种潮位特征值。平均高高潮位与平均低高潮位之差反映了高潮高度不等的量值，称为平均高潮不等；平均高低潮位与平均低低潮位之差称为平均低潮不等。

平均潮差为平均高潮位与平均低潮位之差；大潮平均高潮位与大潮平均低潮位之差为平均大潮差；小潮平均高潮位与小潮平均低潮位之差为平均小潮差。

此外，海港工程建设中常用的潮位特征值还有最高潮位及最低潮位，即统计时段观测到的最高及最低潮位。若有多年潮位观测资料，将多年资料中每年的最高及最低潮位分别计算其平均值,即为平均最高及最低潮位。

3. 设计水位

设计水位是依据海洋站水位、基本站水位和流量资料推算而得到的。港口与航道工程中设计水位主要包括内河航道设计通航水位、通航建筑物上下游设计通航水位、河港设计水位和海港设计水位。

内河航道设计通航水位和通航建筑物上下游设计通航水位分为设计最高通航水位和设计最低通航水位;河港设计水位主要包括设计高水位和设计低水位;海港设计水位主要包括设计高水位、设计低水位、校核高水位和校核低水位。《港口与航道水文规范》对设计水位的确定有明确的规定。

(二)波浪

1. 波浪要素

水体在外力作用下水质点离开平衡位置做周期运动、水面呈周期起伏并向一定方向传播的现象称为波浪。波浪的大小和形状是用波浪要素来说明的。波浪的基本要素有:波峰、波谷、波高,波长、周期、波速等(图 2.2-1)。

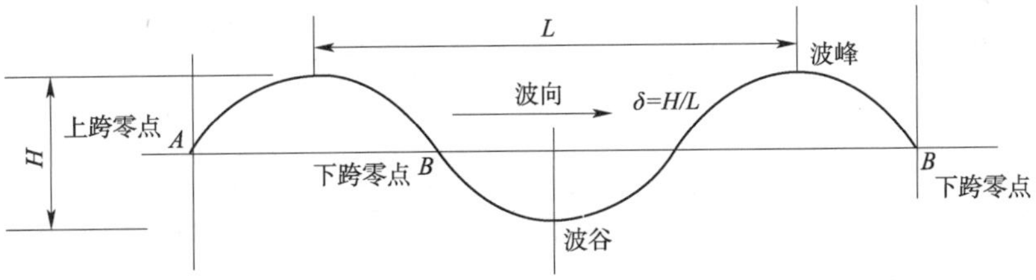

图 2.2-1　波浪要素示意图

波峰是波浪周期性运动的高处部分,其最高处称为波顶。

波谷是波浪周期性运动的低处部分,其最低处称为波底。

波高是波峰到波谷之间的垂直距离,用 H 表示。

波长是两个波峰之间的水平距离,用 L 表示。

波浪周期是水中的某一点经过两个连续波峰所经过的时间长度(以秒计算),用 T 表示。

波速是单位时间内波形传播的距离,用 C 表示。波速 = 波长/波浪周期,即 $C = L/T$。

2. 常用的特征波

(1)平均波高:连续观测到的大小不等波高的算术平均,以 $\overline{H}$ 表示。

(2)有效波高:连续观测 N 个波高,按由大到小的顺序排列,从最大的一个起,将前 $N/3$ 个大波波高平均,此波高称为有效波高,以 $H_{1/3}$ 表示。

(3)1/10 大波:连续观测 N 个波高,按由大到小的顺序排列,从最大的一个起,将前 $N/10$ 个大波进行平均,即为 1/10 大波的波高,以 $H_{1/10}$ 表示。

(4)均方根波高:连续观测记录中,所有波高的平方和,求平均值后开方,此波高称为均方根波高,以 H_{rms} 表示,它反映平均波能的量值。

(5)最大波高:我国沿海台站记录的最大波高是指观测中实际出现的最大值,大致相当波列累积率 1% 的波高。

(6)累积率(F)波高(H_F):港口工程设计中使用所谓累积率波高,如 $H_{1\%}$、$H_{5\%}$、$H_{13\%}$ 是指

实际海面上不规则波列所出现的概率为 F 所对应的波高。例如,连续 1000 个波高记录,依大到小排列,其中第 10 个(累积频率 1%)波高,称为累积频率 1% 的波高,记为 $H_{1\%}$,余类推。

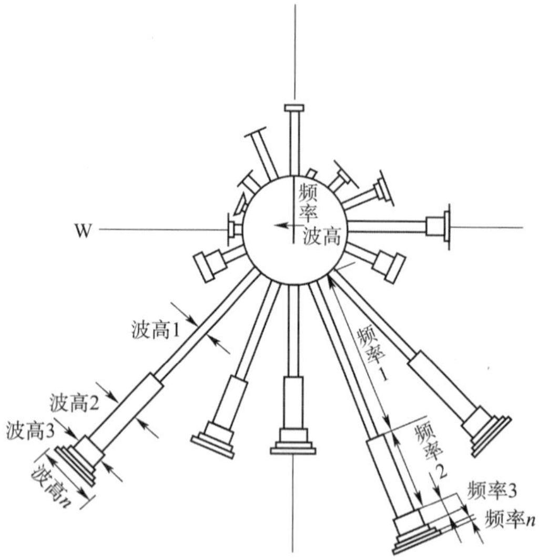

图 2.2-2　波玫瑰图

(7)特征波高所对应的周期:各特征波高对应周期的计算方法与波高相同,只是周期值依波高的大小次序排列,而与周期本身大小次序无关。有效波高、1/10 大波、最大波高所对应的周期,分别用 $T_{1/3}$(或 T_s)、$T_{1/10}$、T_{max}表示。

3. 波玫瑰图

表示某地各个不同方向各级波浪出现频率的统计图称为波浪玫瑰图(简称波玫瑰图)。波玫瑰图有各种形式,图 2.2-2 所示即为其中的一种绘制方法,用极坐标的径向长度表示频率,垂直于径向的横向长度表示波高或波浪周期的大小,所在方位表示波浪方向。

波浪玫瑰图也可根据需要按月或按季绘制。

(三)水流

1. 内河水流

水流是水体流动的统称,具有势能和动能。通常以流速表示其快慢,以流量表示单位时间里流过某一截面的水量。

水流按照流速随时间的变化情况可分为恒定流与非恒定流。流速的大小和方向不随时间变化的称为恒定流,其数学表达式为 $\frac{\partial u}{\partial t}=0$。流速大小和方向随时间改变的称为非恒定流,其数学表达式为 $\frac{\partial u}{\partial t}\neq 0$。河流的水量主要来自于流域降水和融雪。而降水和融雪在一年内季节之间和各年之间的变化是很大的,特别是在洪水期,其流量的变幅和变化率都相当大,山区性河流尤为突出。因此一般说来,河道水流总是非恒定的。在分析计算中,为使问题简化,当流量随时间变化缓慢,或只取过程中一个相当短的时段,将非恒定流的流动当作恒定流来处理也是可以的,但这样做只是一种近似。

水流按照流速沿空间的改变情况可分为均匀流和非均匀流两类。流速大小和方向不随所在位置而改变的称为均匀流,其数学表达式为 $\frac{\partial u}{\partial s}=0$,$\frac{\partial u}{\partial n}=0$。流速大小和方向随所在位置变化的为非均匀流,其数学表达式为 $\frac{\partial u}{\partial s}\neq 0$,$\frac{\partial u}{\partial n}\neq 0$。均匀流要求过水断面大小、形状和方向沿程不变,这在天然河流中是很少发生的。天然河流的边界,无论是纵剖面还是横断面、平面形态都是复杂多变的,特别是山区河流,变化更为剧烈。因此,严格来说,河道水流总是非均匀的。在分析计算中,为使问题简化,当过水断面沿程变化不大,或只是取某个局部河段,常将非均匀流当作均匀流来处理,这样做也是一种近似。

水流按照流速向量在空间坐标中的维数可分为一维流动、二维流动和三维流动。水流只沿一个方向(流程)流动的为一维流、水流沿两个方向(水平向或垂直向)流动的为二维流、水流沿三个方向均有运动的为三维流。天然河流中经常出现的是具有不规则的过水断面的三维流动。在山区河流，由于河床形态极不规则，常有急流、横流、回流、漩水、泡水、剪刀水、扫弯水、滑梁水等流态出现，三维流动尤为明显。在平原河流，也只是在顺直且宽深比较大的河段，才在一定范围内显现出二维流的特点。在分析计算中，为简化计算，对于某些方面的问题，在一定的条件下，可以近似作为一维或二维问题来处理。

水流按照其流动物质的性质分为一相流动和两相流动。流动物质呈单一状态(如液态)时为一相流动；流动物质为两种不同状态同时存在的(如液态、固态同时运动)为两相流。河流一般都挟带泥沙，水的相对密度接近于1.0，可视为连续介质，而泥沙相对密度大于1.0，为分散的颗粒群体，因此一般说来，河道水流属于固—液两相流。与一相流相比，水沙两相流的力学作用和涉及的物理量要复杂得多，分析起来要困难得多。在分析计算中，为了简化，当水流含沙量不大或含沙很大但泥沙粒径较细时，可将复杂的水沙两相流当作一相水流来处理。在研究河道水流运动时，使用一相水流运动的有关理论和公式，这只是在一定条件下的近似。

水流按照其流动边界的特点可分为定床水流和动床水流。在水流作用下河床边界不会发生变化的水流为定床水流，在水流作用下河床边界能发生变化的为动床水流。河道水流中，除山区河流由基岩组成的河段可近似看作定床水流以外，大部分河床均由泥沙颗粒组成，在一定水流条件下，这些颗粒会发生运动，并引起河床的冲淤变化。动床水流运动特点与定床明渠水流有很大的区别，在动床水流中，水流与河床是相互作用的，水流作用于河床引起河床的冲淤变化，变化了的河床又反过来影响水流，改变水流的结构，其机理十分复杂。在河道水流分析计算中，有时使用一些定床明渠水流的计算公式，此时应注意动床水流的特点，对公式加以修正，或者直接根据动床水流的运动规律建立适用的计算公式。

2. 海流

海流是海洋中海水的运动。根据离岸远近可分为洋流和近岸海流：离岸较远的海水运动，一般称为洋流；离岸较近的海水(包括感潮河段的冲淡海水)运动，一般称为近岸海流。根据海流产生的动力因素，海流可分为潮流和非潮流：潮流是因月球、太阳等天体引力产生的，与潮汐升降运动相伴而产生的海水水平流动，是周期性的；非潮流又可分为永久性的和暂时性的两类：永久性的流，如大洋环流中的赤道流、墨西哥湾流、黑潮等；暂时性的流，如风和浪的作用所产生的风海流和沿岸流等。海港工程中的海流一般是指近海流，而且主要考虑水平流动。

海流观测方式，主要分为大面流路观测、断面走航观测和定点垂线观测三大类。进行海流观测时，应根据观测的目的合理选择观测方式。

观测资料的整理分析，主要包括：编制观测报表、绘制实测站位图、绘制每一测站的流速和流向过程线图、绘制海流矢量图、海流特征值统计计算、潮流调和分析、潮流特征值计算分析等内容。

海流特征值一般包括：实测最大流速，垂线平均流速，潮段平均流速，余流，大、中、小潮期间的平均最大流速，潮流可能最大流速，大、中、小潮期间潮流水质点的平均最大运移距离，潮流水质点的可能最大运移距离等。

(四)工程泥沙

1. 河流泥沙

泥沙运动是指河床上的泥沙在水流作用下所处的运动状态。天然河床是由泥、土、沙、石等大小不同、形状各异的颗粒组成,统称为河流泥沙。根据泥沙运动状态不同,河流中泥沙可分为床沙、推移质以及悬移质三类。

床沙是组成河床表面静止的泥沙。

推移质是沿河床滑动、滚动及跳动前进的泥沙。它是由底层水流在绕流运动过程中所产生的水流作用力对床面颗粒推动的结果。其运动范围都在床面和床面附近(2 ~3 倍粒径)的区域,因而有时也称其为底沙。推移质运动具有明显的间歇性,运动一阵、停一阵,运动时是推移质,静止时即为床沙,即推移质与床沙之间不断地交换。推移质运动速度比底层水流速度要慢,水流对泥沙颗粒的推动要直接增加水流的能量损失。

悬移质是被水流挟带,远离床面,悬浮于水中,随水流向前运动的泥沙,一般颗粒较小。悬移质运动是由于水流的紊动,把颗粒卷入涡旋之中,使颗粒远离床面的涡旋尺寸通常较颗粒尺寸大得多。已经悬浮的泥沙,被涡旋挟带前进,其运动速度与水流基本一致。维持泥沙悬浮的能量,来自于水流的紊动动能,这部分能量是水流本来就要耗损的能量。

河流中的泥沙,从水面到河床是连续的。在靠近河床附近,各种泥沙在不断地交换。悬移质和推移质之间在不断地交换,推移质与床沙之间也在不停地交换。这样,床沙、推移质、悬移质之间很难用严格的界限分开。因此,有些研究者把运动泥沙分为三类,即把推移质分为两种:接触质(指在床面滚动或滑动的泥沙)和跃移质(指在床面附近做跳跃运动的泥沙),再加上悬移质,共三种。而且认为跃移质是接触质和悬移质的过渡形式。

2. 海岸泥沙

海岸的泥沙运动是指在波、流作用下沿岸区的泥沙运动,不同类型海岸如沙质海岸、淤泥质海岸、粉沙质海岸的泥沙运动有其共性与个性。

(1)海岸分类。在港航工程中对海岸的分类通常以床沙中值粒径 D_{50} 作为海岸分类的指标,我国行业标准《港口与航道水文规范》(JTS 145)将床面泥沙 D_{50} <0.03mm 的海岸称为淤泥质海岸,D_{50} >0.1mm 的称为沙质海岸。介于 0.03 ~0.1mm 的海岸且黏土含量 <25% 的海岸称为粉沙质海岸。按照《港口与航道水文规范》,沙质海岸、粉沙质海岸和淤泥质海岸等三种海岸的基本特征划分宜满足表 2.2-1 的要求。

三种海岸类型的基本特征表 表 2.2-1

基本特征	海岸类型		
	沙质海岸	粉沙质海岸	淤泥质海岸
沉积物底质中值粒径 D_{50}(mm)	D_{50} >0.10	0.10≥D_{50}≥0.03	D_{50} < 0.03
海床物质中的黏土含量(%)		<25	≥25
泥沙运动特征	颗粒间无黏着力,呈分散状态;波浪是泥沙运动的主要动力,泥沙运动主要发生在破波带以内,以悬移质和推移质形式运动	在水中颗粒间有一定黏着力,干燥后黏着力消失,呈分散状态;在强波浪动力作用下,泥沙运动以悬移质、底部高浓度含沙层和推移质形式运动。在较强动力作用下开挖的航槽易产生骤淤现象	泥沙颗粒间存在较强黏着力,在盐水中絮凝现象明显,泥沙运动主要以悬移质形式运动。开挖后的航槽淤积物固结缓慢,有时出现浮泥现象

续上表

基本特征	海岸类型		
	沙质海岸	粉沙质海岸	淤泥质海岸
海岸特征	在高潮线附近，泥沙颗粒较粗，海底坡度陡，通常大于1/100；从高潮线到低潮线，泥沙颗粒逐渐变细，海底坡面变缓；在波浪破碎带附近常出现一条或几条平行于海岸的沙坝	海底坡度平缓，一般小于1/400，水下地形无明显起伏现象	海底坡度平缓，一般小于1/1000，水下地形无明显起伏现象

(2)海岸带泥沙来源及运动状态。海岸带沉积物的来源有下列几种：波浪对海岸及水下岸坡的侵蚀产物、河流供应的沉积物、海底的来沙、风吹入海岸带的物质、火山喷发(陆上或水下)的物质、生物堆积物等。

沙质海岸主要由波浪形成沿岸输沙，通常有底沙或称推移质输沙、悬沙或称悬移质输沙。前者系指在波动水体运动的剪力作用下沿床底滚动前进的泥沙；后者系指被波动紊流从底床掀起并随水流输移的泥沙。两种输沙形态通常同时存在。

淤泥质海岸的剖面坡度平缓，波浪传至淤泥质浅滩，多以崩破波形态，持续而渐次破碎，无明显的破波临界水深和破波区，因此也不出现因破波所形成的显著的沿岸流和沿岸输沙。波浪掀沙、潮流输沙是塑造淤泥质岸滩的主要动力过程。泥沙运移形态除有底沙和悬沙外还有流移质或称浮泥，但仍以随涨、落潮流运移的悬沙为主。

粉沙质海岸泥沙颗粒中值粒径介于0.03～0.10mm，泥沙呈散颗粒，颗粒间基本没有黏结力，泥沙运动中不仅同时存在一定数量的悬移质和推移质，而且在特殊大风天气下，在悬移质和推移质之间临近床面的水体中，还有底部的高浓度含沙水体，这是粉沙质海岸在特殊大风下特有的一种泥沙运动形态。

(3)海岸工程防淤减淤和防冲促淤。海岸工程中涉及的泥沙问题，概括起来是两个方面：防淤减淤和防冲促淤。不论是前者或是后者，都与泥沙运动相关联，即与不同泥沙组成和不同海岸类型有关。因此，涉及工程泥沙问题时，需对工程所在场所的海岸类别进行调查研究。

①建设在沿海浅水海域的海岸工程，对防淤减淤有很高的要求。海岸港口及其进港航道，如果回淤严重，不仅在水深维护方面需投入巨额资金，而且对海轮的安全靠泊和航行造成困难，使港口各方面受到损失。

海滨核电站及燃煤(油)电站的取排水口，若发生淤积，则可能出现大的事故，造成不可挽回的损失。其他如海滨工业设施、挡潮闸设施、海水利用、潮汐电站以及海滨浴场等，都需要防止发生泥沙淤积，否则各项工程将不可能正常发挥它们的功能。

②与防淤减淤相对应的另一种海岸工程，则要求防冲促淤，以达到工程建设的目的。例如，在海上修建人工岛，防波堤以及墩柱孤立建筑物等，如果它们的海床基础遭受冲刷，严重时工程的局部直至整体将会倒塌。

沙质海岸的正常沿岸输沙，若受到突堤式建筑物拦截，则在建筑物上游出现淤积的同时，下游岸线将出现冲刷；严重时，也将危及下游陆上工程和农田的安全。

海涂围垦工程,除围堤的基脚需防止冲刷外,围堤内的浅水滩地则需通过促淤提高滩面高程,节约围垦投资。所有这些都是海岸工程中防冲促淤的典型例子。

③研究海岸工程中的泥沙问题,首先要掌握海岸在自然条件下的变化规律。一般情况下,无论是淤泥质海岸还是沙质海岸,它们基本属于下述三种状态:相对稳定平衡(或准稳定平衡)海岸、侵蚀性海岸和淤涨型海岸。对于要求防淤减淤的工程,场所不宜选在淤涨型海岸。侵蚀性海岸是否合适,也需具体分析。

对于防冲促淤工程,淤涨型海岸较为有利,但侵蚀性海岸是防冲促淤的重点,也是海岸防护的重点。通常修建海岸工程后,原来自然状态下的海岸泥沙运动规律,将会出现新的变化。

二、水文条件对工程建设的影响

1. 波浪的影响

对于水运工程的海上施工,波浪直接作用于建筑物上,对工程施工质量、施工人员、施工船舶和设备、工程结构的安全构成威胁和破坏。例如,波浪、流会对刚开挖完成的基槽造成回淤;可能摧毁正在施工来不及防护的防波堤抛石段,淘空围埝的大充砂袋;可能致使沉桩完成但没有充分夹桩的孤立桩和排桩倾斜、位移,甚至折断;可能致使刚刚安放完毕的沉箱位移,甚至倾翻;施工船舶、机械为安全起见,不得不在大风浪(台风和热带风暴)来临前中止作业、封舱加固,到避风区避风避浪等。对于施工作业而言,受波浪影响最大的是施工船舶,在实际施工过程中,必须充分重视波浪对施工船舶安全的影响。

波浪与近岸泥沙运动有着密切的关系,在多数情况下,波浪是构成近岸泥沙运动的主要原因。近岸泥沙运动影响着航道和港区的淤积,造成岸滩的侵蚀变形。

对于水运工程海上施工的工期,在工期安排的自然天数中必须充分考虑波浪的影响,计算有效的施工天数;在施工工序的安排中,也必须考虑波浪的影响,合理地安排流水作业段,形成有效的防风浪保护;对于不可预见的突发大风浪造成的毁损,不仅使工程质量受到影响,造成工期拖延、经济损失,而且还可能造成施工船机毁损、人员伤亡等安全事故。

2. 施工期应注意的有关潮汐问题

在海岸和港口工程施工中,应正确掌握施工地点潮汐的运动规律,根据高低潮位的水深、涨潮和落潮的历时以及潮流的流向、流速,合理选择施工设备、安排施工流程和工艺。例如,在水深不足的条件下,防披堤堤头大型沉箱的浮运和安装,可以考虑在波浪允许的条件下,利用潮汐表预报的高潮潮位水深和历时拖运沉箱至安放地点,就位安放,并经过 1 ~ 2 个低潮后复测定位,填充填料保证沉箱的稳定。

在斜坡堤堤身抛石施工时要考虑水深和抛石船吃水条件,充分利用平潮历时或在潮流流速较小时进行抛石,并应将抛石船驻位于相对堤身潮流的上游进行抛石,以减少抛石的流失。

潮汐对海上钻孔灌注桩施工平台的搭设、护筒的打设、成孔工艺、混凝土的灌注都有很大的影响。潮水的升降、流速、流向会对施工平台的稳定性产生影响,平台的搭设加固和锚碇必须予以重视;护筒打设顶标高、筒底埋深需要考虑到施工期高、低潮位的影响和潮流冲刷筒底泥面的可能性(护筒顶标高一般要高出最高潮位 1.5 ~ 2.0m),以免出现高潮时海水内渗、低潮时筒内泥浆外渗的问题。施工中应随时观测筒外的海底泥面变化,一旦发生冲刷,要有应对的措施(抛填砂袋或碎石等)。

在疏浚和吹填工程中,要考虑潮汐对施工的影响,在高潮时挖上层(浅层),有时挖泥船可能因挖深不够而候潮;低潮时挖下层(深层),有时又因水深不够会使挖泥船搁浅而不得不候潮。在吹填工程中,要考虑潮汐对围埝泄水口泄水能力的影响。

总之,充分掌握潮水运动的特性和规律,合理安排,就能在施工中收到趋利避害的效果。

3. 施工期应注意的有关水流泥沙问题

在海岸动力因子作用下的泥沙运动及其岸滩演变规律,是海洋工程建筑和海港码头规划、设计施工及维护中所考虑的重要因素。例如:海岸工程建筑物前的局部冲刷有可能造成建筑物的局部失稳破坏,而某些部位的淤积又会使建筑物的使用功能受到影响。建筑物导致的冲淤在江河的入海口处更加明显。这便要求在建筑物的设计施工过程中,对冲刷可能造成的失稳进行验算,必要时要采取一定的工程防护措施。在码头、防波堤基槽开挖施工中应注意泥沙的回淤问题,特别是在浪大、流急的海域,要妥善安排工序衔接,开挖后及时抛填基床或加以维护。在航道疏浚施工中要充分考虑泥沙的回淤量。

航道工程受水文条件(流速、流向)、水位变化的影响较大,工程施工进度、施工质量、施工人员、施工船舶和设备、工程结构的安全易受到威胁和破坏。例如,高流速区域、横流(斜向流)作用区域、双向流区域给施工定位、沉排施工等带来难度;水位变化快(如水库调度对下游航道的影响、高强度大范围的降雨等)、变幅大和河床演变剧烈对开挖深度(标高)控制带来难度,同时,水位变化快对陆上护滩、陆上岸坡施工均会造成很大影响,会严重影响施工进度和工期。

在航道整治工程中,对于水工建筑物导致周边流场的改变引起的冲、淤问题,应提前考虑护底措施。例如土工织物在工程中已得到普遍应用,如土工布、软体排、砂被等,可对泥面提供有效的防冲刷保护。同时,对于冲刷较剧烈的部位,应在护底实施后及时抛石进行压载防护,避免护底出现破坏。此外,在修建海岸建筑物时,由于作业施工所扬起的泥沙在波浪、水流的作用下进行输移,泥沙浓度的改变可能也会对周围水体环境变化产生影响。在水体交换能力不强的区域,过高的泥沙浓度会使水体变浑浊,影响水生植物的光合作用,进而影响到局部的生态平衡。

疏浚施工时,当水流有足够的流速时,耙吸船可采取旁通(边抛)法施工,利用水流可把旁通泥沙携带至槽外;当为单向水流时,应从上游开始挖泥,利用水流或落潮流占优势的潮流;淤积严重的河段,会对疏浚施工造成较大的影响,应加强观测,在疏浚施工时应注重引流施工,尽可能将进口打开,促进水流的冲刷。对内河疏浚施工,采用钢桩定位时宜顺流施工,采用锚缆横挖法施工宜逆流施工。

第三节 气　　象

一、气温条件

(一)气温

空气温度是表示空气冷热程度的物理量,简称气温,气象台所指的气温是在百叶箱内离地面 1.5m 高度处测定的气温。空气温度记录可以表征一个地方的冷热状况特征。我国用摄氏

温标,以℃表示摄氏度,均取小数一位,负值表示零摄氏度以下,有的国家以华氏度(°F)表示。摄氏与华氏的换算关系是:

$$°C = \frac{5}{9} \times (°F - 32)$$

气温统计时,一般统计给定时间段内最高、最低气温及其出现时间,并计算给定时间段内的平均气温。平均气温是指给定时间段内定时观测的气温的平均值。给定时间段一般指各月、各年和多年。有多年资料时还要统计不同年份之间的各月、年最高气温的平均以及不同年份之间的各月、年最低气温的平均。

(二)降水

水以液态或固态从空中降向地面的自然现象称为降水,有雨、雪、冰雹等形式。

降水量指落到地面的雨水或雪(融化后)的数量,未经蒸发、渗透、流失而在地面上的积聚高度。以 mm(毫米)为单位。

降水强度指在单位时间内的降水总量,常取 1h 或 1d 为单位时间。降水等级划分及描述见表 2.3-1。

降水等级划分及描述　　表 2.3-1

项　目	降水总量(mm)		描　述
	24h	12h	
小雨、阵雨	0.1 ~ 9.9	<4.9	雨滴清晰可辨,地面无水流潮湿,不泥泞
小雨—中雨	5.0 ~ 16.9	3.0 ~ 9.9	
中雨	10.0 ~ 24.9	5.0 ~ 14.9	雨落如线,雨滴落在硬地上四溅,地面形成积水、流水,可以听到淅淅沙沙的雨声
中雨—大雨	17.0 ~ 37.9	10.0 ~ 22.9	
大雨	25.0 ~ 49.9	15.0 ~ 29.9	降雨模糊成片落到地面四溅很高水潭形成及雨声激烈
大雨—暴雨	33.0 ~ 74.9	23.0 ~ 49.9	
暴雨	50.0 ~ 99.9	30.0 ~ 69.9	雨降如倾盆,雨声猛烈;雨声干扰对面讲话,积水迅速成潭,下水道不能迅速排泄,道路上形成径流
暴雨—大暴雨	75.0 ~ 174.9	50.0 ~ 104.9	
大暴雨	100.0 ~ 249.9	70.0 ~ 139.9	倾盆大雨,持续时间较长,道路上雨水径流,下水道外溢,形成洪涝灾害
大暴雨—特大暴雨	175.0 ~ 299.9	105.0 ~ 169.9	
特大暴雨	>250.0	>140.0	雨落成幕,行走及撑伞困难,持续时间长,洪涝成灾
零星小雪、小雪、阵雪	<2.5	<1.0	可见雪星,雪花,远处景物可见,短时无积雪
小雪—中雪	1.3 ~ 3.7	0.5 ~ 1.9	
中雪	2.5 ~ 4.9	1.0 ~ 2.9	降雪影响视线,远处景物看不见;地面形成积雪
中雪—大雪	3.8 ~ 7.4	2.0 ~ 4.4	
大雪	5.0 ~ 9.9	3.0 ~ 5.9	降雪影响视线,半公里以外景物看不见;积雪形成迅速
大雪—暴雪	7.5 ~ 15.0	4.5 ~ 7.5	
暴雪	≥10.0	≥6.0	雪急,花密,影响行车视线,景物模糊,积雪很快

(三)风

风是空气的流动现象,通常是指空气相对于地面的水平运动。风力和风向是风的两个重要指标。风向指气流的来向,常按16方位记录,风向方位与度数对应关系见表2.3-2。风速是空气在单位时间内移动的水平距离,以m/s为单位。大气中水平风速一般为1.0~10.0m/s,台风、龙卷风有时达到102m/s。风力表示风的强度,用风力等级来表示,风力等级是根据风对地上物体所引起的现象,将风的大小分成18级,以0~17级的等级数字表示(风力等级见表2.3-3)。

风向方位与度数对照表　　表2.3-2

方　位	记录符号	中心角度(°)	角度范围(°)
北	N	0.0	348.76~11.25
北东北	NNE	22.5	11.26~33.75
东北	NE	45.0	33.76~56.25
东东北	ENE	67.5	56.26~78.75
东	E	90.0	78.76~101.25
东东南	ESE	112.5	101.26~123.75
东南	SE	135.0	123.76~146.25
南东南	SSE	157.5	146.26~168.75
南	S	180.0	168.76~191.25
南西南	SSW	202.5	191.26~213.75
西南	SW	225.0	213.76~236.25
西西南	WSW	247.5	236.26~258.75
西	W	270.0	258.76~281.25
西西北	WNW	292.5	281.26~303.75
西北	NW	315.0	303.76~326.25
北西北	NNW	337.5	326.26~348.75
静风	C	角度不定,其风速小于或等于0.2m/s	

风力等级表　　表2.3-3

风级	名称	风速		陆地地面物理现象	海面波浪	浪高(m)	最高(m)
		(m/s)	(km/h)				
0	无风	0~0.2	小于1	静,烟直上	平静	0.0	0.0
1	软风	0.3~1.5	1~5	烟示风向,风向标不转	微波峰无飞沫	0.1	0.1
2	软风	1.6~3.3	6~11	感觉有风,风向标转动	小波峰未破碎	0.2	0.3
3	微风	3.4~5.4	12~19	旌旗展开	小波峰顶破裂	0.6	1.0
4	和风	5.5~7.9	20~28	吹起尘土	小浪白沫波峰	1.0	1.5
5	劲风	8.0~10.7	29~38	小树枝摇摆	中浪折沫峰群	2.0	2.5
6	强风	10.8~13.8	39~49	电线有声	大浪白沫离峰	3.0	4.0
7	疾风	13.9~17.1	50~61	步行困难	巨浪破锋白沫成条	4.0	5.5

续上表

风级	名称	风速		陆地地面物理现象	海面波浪	浪高	最高
		(m/s)	(km/h)			(m)	(m)
8	大风	17.2~20.7	62~74	折毁微枝	猛浪浪长高有浪花	5.5	7.5
9	烈风	20.8~24.4	75~88	小损房屋	狂涛浪峰倒卷	7.0	10.0
10	狂风	24.5~28.4	89~102	拔起树木	狂涛骇浪翻滚咆哮	9.0	12.5
11	暴风	28.5~32.5	103~117	损毁重大	海啸波峰全呈飞沫	11.5	16.0
12	飓风	32.6~36.9	118~133	摧毁极大	海啸海浪滔天	14.0	-
13	台风	37.0~41.4	134~149	陆上绝少,摧毁力极大			
14	强台风	41.5~46.1	150~166	陆上绝少,摧毁力极大			
15	强台风	46.2~50.9	167~183	陆上绝少,摧毁力极大			
16	超强台	51.0~56.0	184~202				
17	超强	≥56.1	≥203				

注:本表所列风速是指平地上离地 10m 处的风速值

水运工程中观测的风速、风向是观测时刻前 2min 或 10min 的平均风速及风向。瞬时风速、风向是观测时刻前 3s 的平均风速及风向。最大风速是一定时间段内 2min 或 10min 平均风速的最大值。极大风速是一定时间段内瞬时风速的最大值。

在港口工程中,通常分别按季节、年度或多年进行风速分级分方位的频率统计,并根据统计结果绘制成各级风的风向频率图,如图 2.3-1 所示。从图中可明确地看出某一级风所发生的风向和频率。统计结果中出现频率最高的风向为常风向,出现频率第二高的风向为次常风向。

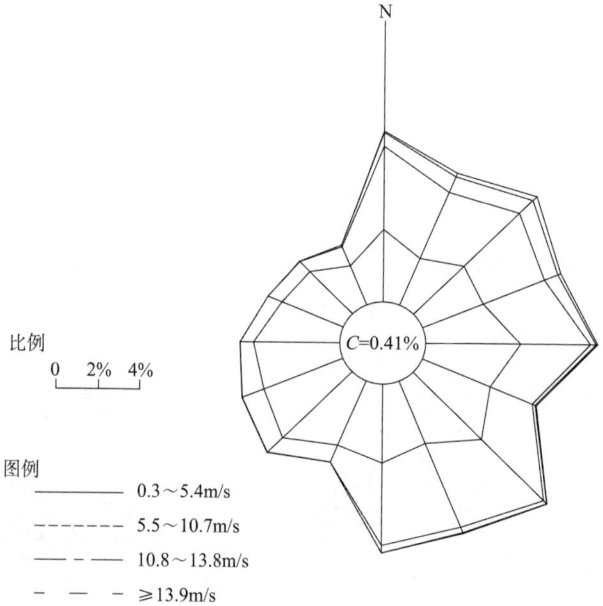

图 2.3-1　风频率玫瑰图

最大风速是港口工程所需的一项重要气象动力因素。最大风速大于或等于 17.2m/s 或风力大于或等于8级的风称为大风，一日中如有此级风出现即视为大风日。主要有寒潮大风、台风大风、飑线大风以及高压后部偏南大风等。它对航运和海上作业都有很大危害，常造成重大事故；如与天文高潮相遇，常形成风暴潮，使海水泛滥，所造成的危害更为严重。从我国沿海各台站年平均大风日数的分布情况看：东海沿岸大风最多；其次是黄、渤海沿岸；南海沿岸大风最少；一般沿海岛屿比大陆岸边多。

（四）湿度

空气湿度，表示空气中水汽含量和潮湿程度的物理量，简称湿度。气象台所指的湿度是在百叶箱中离地面1.5m高度处测定的。湿度的表示方法有相对湿度和绝对湿度两种：相对湿度是指空气中的实际水汽压与当时气温下饱和水汽压之比，以%表示，取整数；绝对湿度是指单位容积空气中所含的水汽质量，单位为g/m^3。水运工程中通常采用相对湿度表示湿度。露点温度是空气在水汽含量和气压不变的条件下，降低气温达到饱和时的温度，单位为℃。水汽压是空气中水汽部分作用在单位面积上的压力，单位为hPa。

相对湿度统计时，一般计算各月、各年平均相对湿度和最小相对湿度。

（五）雾

雾是指悬浮在近地层大气中的大量微细乳白色水滴或冰晶的可见集合体，雾的种类有辐射雾、平流雾、混合雾、蒸发雾、烟雾等。雾是影响能见度的重要因素之一，也是影响我国的主要灾害性天气现象之一。雾具有发生频率高、影响范围广和致灾严重等特点，给交通运输和人民健康造成危害和影响。因雾导致能见度小于1000m时，当日称为雾日，其出现日数称为雾日数。

在分析雾的资料时，应统计雾的出现时间和持续时间。雾日数与雾实际出现时数的统计方法不同。一日中出现一次雾，无论时间长短，即为一个雾日；而雾的实际出现时数，则由月报表中按雾的出现起止时间统计得出。一般雾时持续时间超过3～4h才能在港口作业天数中扣除。

根据有雾时的能见度大小，大雾预警分为大雾黄色预警、大雾橙色预警、大雾红色预警三个级别。

（1）大雾黄色预警：12h内可能出现能见度小于500m的雾，或者已经出现能见度小于500m、大于或等于200m的雾并将持续。

（2）大雾橙色预警：6h内可能出现能见度小于200m的浓雾，或者已经出现能见度小于200m、大于或等于50m的浓雾且可能持续。

（3）大雾红色预警：2h内可能出现能见度小于50m的雾，或者已经出现能见度小于50m的雾并将持续。出现能见度小于50m的雾，或者已经出现能见度小于50m的雾并将持续。

（六）雷暴

雷暴是积雨云云中、云间或云地之间放电产生的天气现象。表现为闪电兼有雷声，有时亦可只闻雷声而不见闪电。雷暴是一种灾害性天气现象，常伴随大风、大雨或冰雹，它不仅直接影响人类的生活，雷击还可造成伤亡、引起火灾，导致建筑物倒塌，电子设备还能被感应雷损坏等。

雷暴观测时，应随时观测和记录出现的雷暴，夜班不守班的观测站，对夜间出现的雷暴，应尽量判断记录。观测过程中，应从整体出发判别其系统，记录其起止时间和对应的开始、终止方向。雷暴统计时,一般统计雷暴出现日数。

我国地域广阔,气候区横贯亚热带到温带,区域性气候差异明显;同时,地形的复杂分布也给雷暴天气发生、发展带来很多局地性的因素。

(七)地温与冻土

地温与冻土深度是港口工程管线及建筑物基础埋设深度等必须考虑的气象要素。

1. 地温

地温是指地面和地中不同深度的土壤温度。地面温度是裸露土壤表面的温度。浅层地温是距离地面 5cm、10cm、15cm、20cm 深度处的土壤温度。深层地温是距离地面 40cm、80cm、160cm、320cm 深度处的土壤温度。草面温度是直接暴露于天空之下并处于短草之上处的温度。

2. 冻土

冻土是指含有水分的土壤因温度下降到 0℃或以下而呈冻结的状态。冻土观测即测量冻土深度,根据埋入土中的冻土器内水结冰的部位和长度,测定冻结层次及其上限和下限深度。

冻土观测一般为人工观测,每日 08 时观测一次。当遇到两个或两个以上冻结层时,按由下至上层次,顺序记录其上、下限深度。

冻土统计时,一般统计各月、各年最大冻土深度及出现时间。

二、气象条件对水运工程建设的影响

1. 风的影响

对于水运工程的水上施工,风不但直接作用于结构物构成风荷载,而且生成波浪和风成流,对工程施工质量、施工人员、施工船舶和设备、工程结构的安全构成威胁和破坏,一般情况下,当风力大于 5 级时,施工船舶不得施工。

对于水上施工的工期,在工期安排的自然天数中必须充分考虑风的影响,计算有效施工天数;在施工工序的安排中,必须考虑风的影响,合理安排流水作业段,形成有效的防风保护。大风和突风对水上作业有很大危害,常造成重大事故,水上施工必须事先制定有效的防风预案。

2. 降水的影响

对降水量大的地区,降雨将减少有效施工天数,突然的降雨和连续的阴雨有可能打乱施工计划安排,增大施工难度,甚至延误工期。

突然的降雨会破坏刚浇筑的混凝土面层,雨水会冲刷已支立模板的隔离剂,因而必须预备大量防雨材料,以便遇雨进行覆盖;遇到大雨时,必须立即停止混凝土浇筑;降雨将改变露天砂石料的含水率,雨停后,搅拌站必须调整混凝土配合比。连续降雨有益于混凝土的养护。

下雨时不得进行钢筋焊接、对接等工作,刚焊接好的钢筋接头部位应防雨水浇淋,以免接头骤冷发生脆裂,影响建筑物质量。雨水会加速露天钢筋锈蚀;大雨会使基坑遭受浸泡,增大边坡塌方、滑坡的危险。

大雷雨、连续阴雨将加大工程设备遭受雷击和漏电的危险性。

3. 气温的影响

夏季高温和冬季低温施工,由于施工条件及环境不利,是工程质量事故的多发季节,尤以混凝土工程居多。我国北方海港水位变动区的混凝土,冬季处于受冻或严重受冻状态,潮水涨落，混凝土结构遭受冻融循环作用的破坏。

夏季的高温会提升混凝土的入模温度，进而提高大体积混凝土的内部温度，导致混凝土降温措施费的增加。较高的气温会加速混凝土强度的增长，缩短浇筑后的拆模时间，加快模板的周转，缩短工期和降低成本。

冬季过低的温度会使钢筋焊接头发生冷脆，还会减慢混凝土强度的增长速度，延长拆模时间，减慢模板的周转，有时还会增加混凝土的加温和保温措施费用。

冬季低温冰冻会增加施工人员伤害、火灾等安全隐患，对质量事故有隐蔽和滞后的作用。冬天施工的工程缺陷多数在春季才开始暴露出来，这不仅会造成工程的工期延误，甚至会缩短结构的使用寿命，对工程全局产生影响，这种暴露问题的滞后性还会给事故的调查处理带来难度。

气温剧烈变化还会导致大体积混凝土的内表温差加大，过大的温差会使大体积混凝土产生裂缝。

因此，气温的影响存在两面性，若能趋利避害，就能有利于工程的质量、工期和成本。

4. 雾的影响

我国沿海、内河区域，不但雾天多，而且能见度差，持续时间长，这不但直接影响了一些需要有良好通视条件工作的进行（例如常规仪器的测量、需要与地面配合的高空作业、船舶作业等），也增加了海上船舶作业的难度和安全隐患。

第三章　工程构造

第一节　工程的基本组成

一、码头水工工程的分类及组成

水工建筑物的码头是指供船舶系靠停留，并进行货物装卸、旅客上下和其他专业性作业的场所，具有多种划分方式，可以按照用途、货类、平面布置、结构形式等划分。码头水工工程按结构型式可划分为高桩码头、板桩码头、重力式码头、格形钢板桩码头、斜坡码头或浮码头。每种结构型式有不同的适用条件及优缺点，其中自然条件对结构型式的选择影响最大。

(一)高桩码头

高桩码头是码头建筑物主要结构型式之一，主要依靠桩台承受各种水平荷载和各种竖向荷载，并通过桩基将其进一步传递给地基。高桩码头适用于各种地基条件，尤其适合建造在软土地基上。它的基本组成可分为两个部分：高桩台（或称高桩承台）结构和接岸结构，其按构成的划分如图 3.1-1 所示。

- 高桩码头
  - 高桩桩台结构
    - 上部结构
      - 梁板式
      - 无梁板式
      - 框架式
      - 墩式
    - 桩基
      - 钢筋混凝土桩、预应力混凝土空心方桩
      - 钢桩
      - 预应力混凝土管桩、灌注桩、嵌岩桩
  - 接岸结构
    - 挡土结构
      - 板桩墙
      - 挡土墙
    - 岸坡
      - 天然岸坡
      - 软基加固处理的岸坡

图 3.1-1　高桩码头按构成划分

高桩码头的高桩台结构直接承受船舶的停靠作用力，并供装卸作业，故必须满足设计船型和工艺荷载要求，同时还要与接岸结构相适应；接岸结构是将桩台与陆域相连。在饱和软黏土区，常常需要进行软基加固，才能保障高桩码头整体稳定性。典型高桩码头示例见图 3.1-2。

高桩码头按照上部结构可分为梁板式、无梁板式、墩式、多层式、浮式和柔性靠船桩式等结构型式。结构型式的选择应根据自然条件、荷载情况和使用要求等因素进行技术经济比较确定。

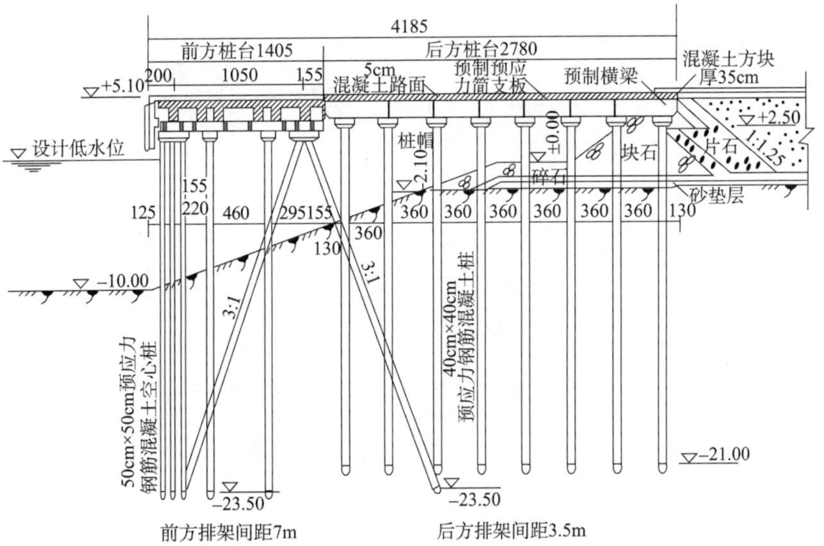

a)

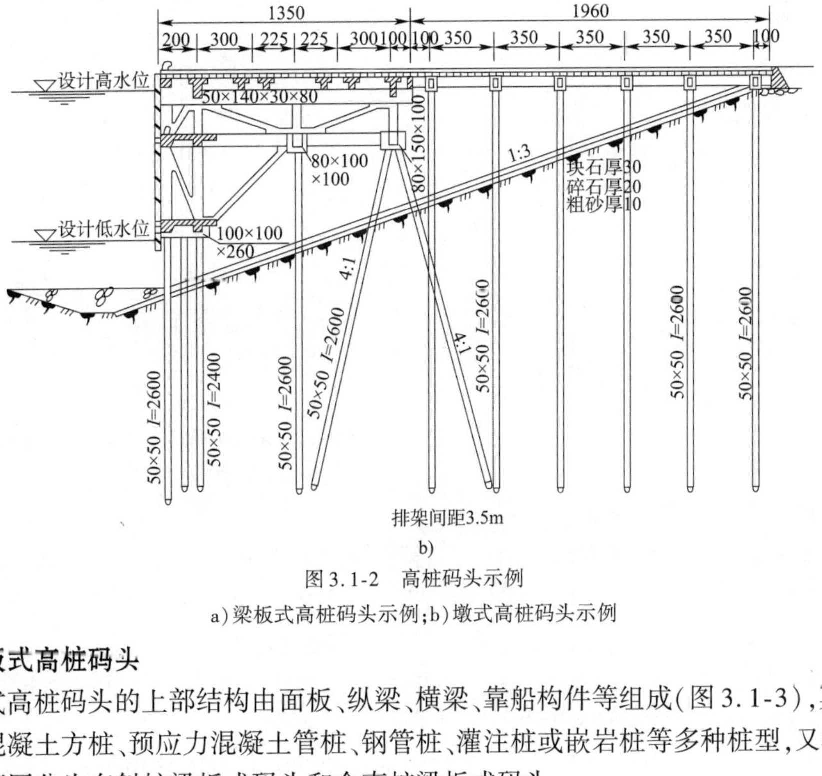

b)

图 3.1-2　高桩码头示例

a)梁板式高桩码头示例；b)墩式高桩码头示例

1. 梁板式高桩码头

梁板式高桩码头的上部结构由面板、纵梁、横梁、靠船构件等组成(图 3.1-3)，其下部基桩有预应力混凝土方桩、预应力混凝土管桩、钢管桩、灌注桩或嵌岩桩等多种桩型，又根据下部桩基形式的不同分为有斜桩梁板式码头和全直桩梁板式码头。

2. 无梁板式高桩码头

无梁板式码头上部结构由面板、桩帽、靠船构件等构件组成(图 3.1-4)。其下部桩基要求同梁板式码头。对于无梁板式码头，其预制面板、预制靠船构件与桩帽的连接应牢固。当码头岸线较长且采用悬臂板式靠船构件时，可根据使用要求在适当位置设置检查口。

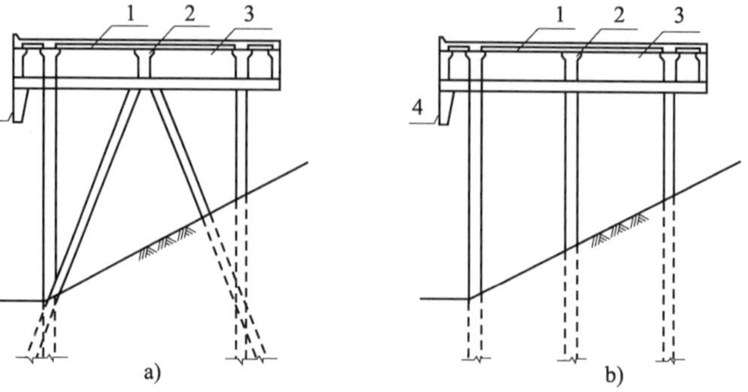

图 3.1-3　梁板式码头结构断面图

a)有斜桩;b)全直桩

1-面板;2-纵梁;3-横梁;4-靠船构件

3. 墩式高桩码头

墩式高桩码头由靠船墩、系船墩、工作平台、引桥和人行桥等组成(图 3.1-5)。墩体的平面形状、尺度应根据使用要求、自然条件、施工工艺、桩基布置等确定。墩式码头的墩体结构应根据使用要求、施工能力和自然条件确定,可采用实体式、空箱式、刚架式或桁架式。

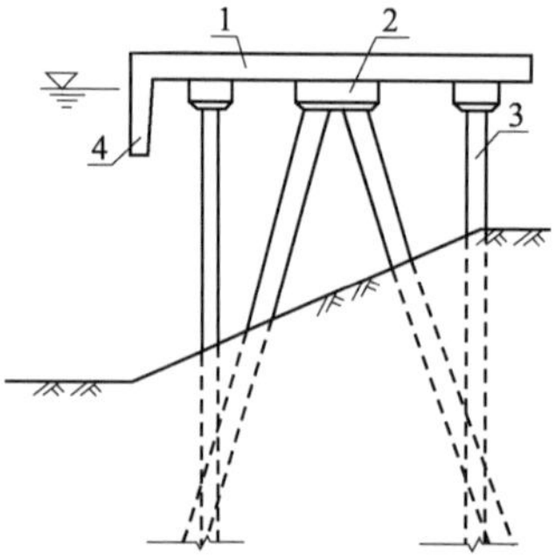

图 3.1-4　无梁板式码头结构示意图

1-面板;2-桩帽;3-桩;4-靠船构件

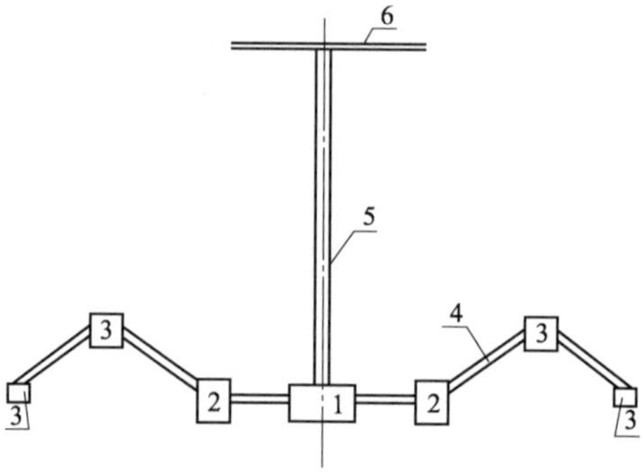

图 3.1-5　墩式码头结构示意图

1-工作平台;2-靠船墩;3-系船墩;4-人行桥;5-引桥;6-接岸结构

4. 多层和浮式系靠结构码头

多层和浮式系靠结构码头宜用于设计高、低水位差大于 10m 的港区。多层系靠结构码头前沿宜设置 3 层及以上系靠船结构。多层系靠码头的主体结构可采用桁架式、框架式、梁板式或墩式等。浮式系靠船码头的主体结构可采用梁板式或墩式等。

(1)多层系靠结构的桁架式码头:多层系靠桁架式码头上部结构可由平面桁架、横梁、纵梁、面板、系靠船梁和纵向支撑等构成(图 3.1-6)。

(2)多层系靠结构的框架式码头:多层系靠框架式码头的主体结构由基桩和空间框架构成(图 3.1-7)。空间框架可包括立柱、横撑、纵撑、靠船立柱、系靠船梁、横梁、纵梁和面板等。

(3)多层系靠结构的梁板式码头:多层系靠船结构的梁板式码头(图 3.1-8)主体结构由纵梁、横梁、面板、横撑(走道板)、系靠船梁、靠船立柱等组成,其基桩多为钢管桩,系靠船结构也多为钢结构。

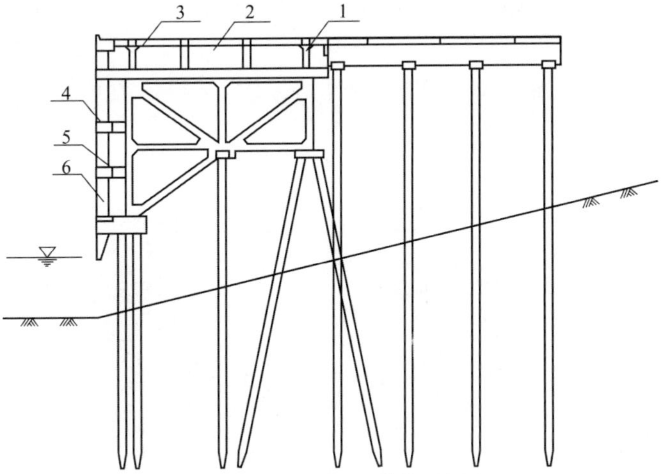

图 3.1-6　桁架式码头结构示意图

1-纵梁;2-横梁;3-面板;4-系靠船梁;5-横撑;6-靠船立柱

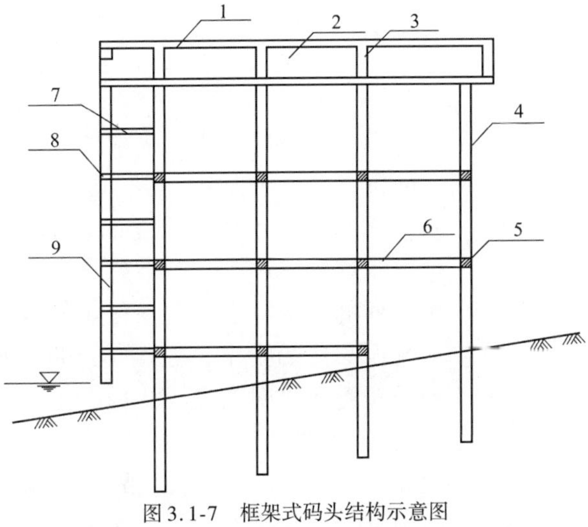

图 3.1-7　框架式码头结构示意图

1-面板;2-横梁;3-纵梁;4-立柱;5-纵撑;6-横撑;7-前横撑;8-系靠船梁;9-靠船立柱

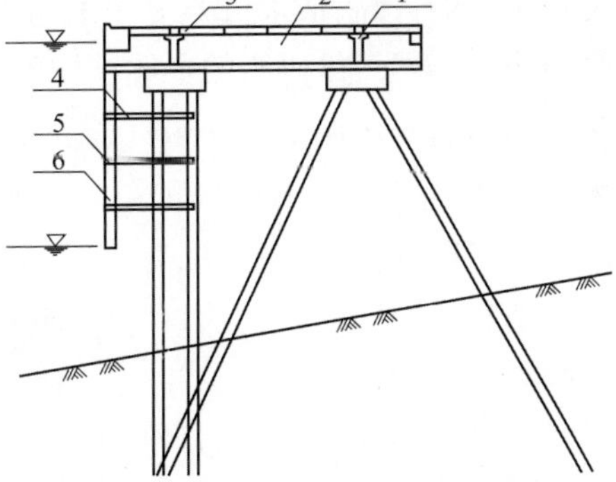

图 3.1-8　设置多层系靠船结构的梁板式码头

1-纵梁;2-横梁;3-面板;4-横撑;5-系靠船梁;6-靠船立柱

(4)多层系靠结构的墩式码头：设置多层系靠船结构的桥式起重机作业的墩式码头(图 3.1-9)可由系靠船墩、简支伸臂吊车梁和墩柱组成。简支伸臂吊车梁可采用箱形钢梁或箱形预应力混凝土梁。系靠船墩的墩体结构、基桩布置、基桩内力计算和构造要求等,可按墩式码头的有关规定设计。

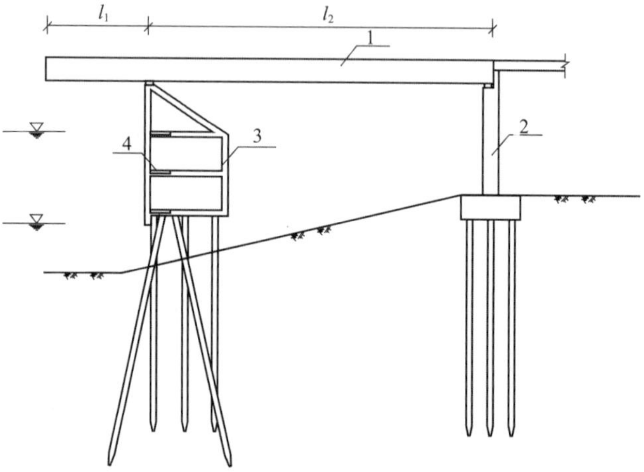

图 3.1-9　多层系靠船结构的桥式起重机作业的墩式码头
1-简支伸臂梁;2-墩柱;3-系靠船墩;4-系靠船梁

(5)浮式系靠结构码头：单独设置浮式系靠船设施的梁板式码头(图 3.1-10),码头平台桩基可采用全直桩的布置方式。高桩码头平台横向排架上的船舶撞击力计算应考虑浮式系靠船设施各部位吸能的影响。导向传力桩应采取保证洪水期钢浮体系固的措施。钢浮体应满足稳性要求,其甲板面的宽度应满足水手作业的需要,干舷高度应满足船舶安全靠离的要求。钢浮体之间应设置水平联桥。码头面与钢浮体之间应设置扶梯。

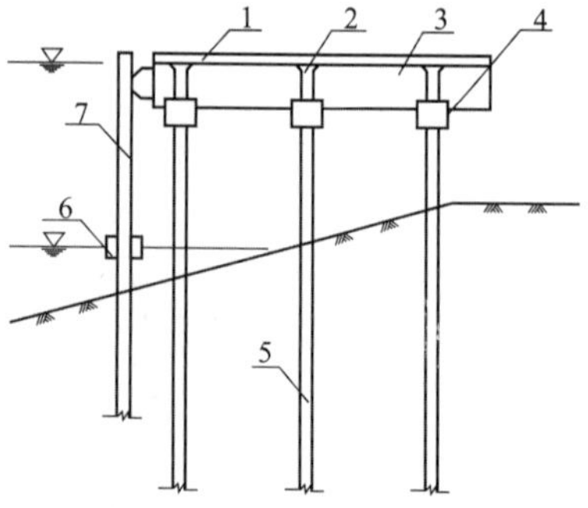

图 3.1-10　单独设置浮式系靠船设施的梁板式码头
1-面板;2-纵梁;3-横梁;4-桩帽;5-桩;6-钢浮体;7-导向传力桩

(6)柔性靠船桩码头：柔性靠船桩码头的靠船设施应与装卸平台分离设置。柔性靠船设施可由柔性靠船桩、防冲设施、连接平台等组成。靠船桩应采用钢管桩,连接平台宜采用钢结构。

(二)板桩码头

板桩码头是码头建筑物主要结构型式之一,主要依靠板桩抵抗各种水平荷载和各种竖向荷载产生的水平作用。板桩码头结构主要由板桩墙、拉杆、锚碇结构、帽梁、导梁及附属设备组成,见图 3.1-11。

(1)板桩墙(也称前墙)：是板桩码头的基本组成部分,依靠板桩入土部分抵抗水平荷载,它构成船舶系靠泊所需要的直立墙和墙后回填材料的直立岸壁;前墙的主要结构型式为钢筋混凝土板桩、钢板桩和地下连续墙。

(2)拉杆：拉杆传递水平荷载给锚碇结构,通过拉杆将前墙、锚碇墙连成整体,使得结构共同受力,同时拉杆可以减小板桩的跨中弯矩及板桩的位移。

(3)锚碇结构：依靠其在土中的弹性嵌固作用来承受拉杆传递的水平力,锚碇结构可采用锚碇板、锚碇墙、锚碇桩、锚碇桩墙或锚碇叉桩等型式。锚碇墙宜采用现浇钢筋混凝土墙，也可采用由预制钢筋混凝土板安装或插入而成的连续墙。

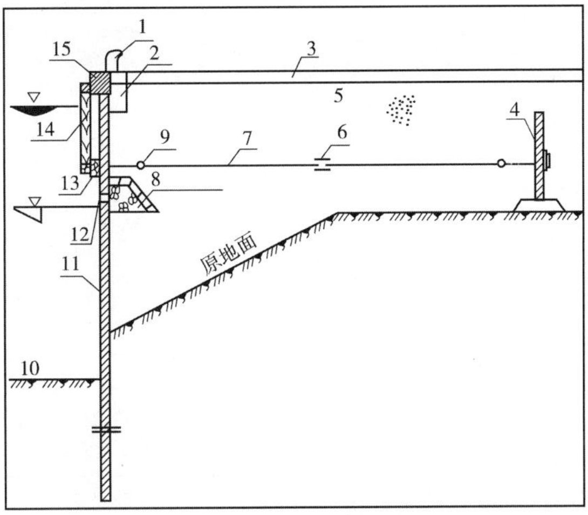

图 3.1-11 板桩码头的组成

1-系船柱;2-系船柱块体;3-路面;4-锚碇结构;5-回填土;6-紧张器;7-拉杆;8-倒滤棱体;9-铰;10-设计水底;11-板桩墙;12-排水孔;13-导梁;14-护木;15-帽梁

(4)帽梁、导梁和胸墙：设在板桩顶部，使各单根板桩能共同工作，在一定条件下，导梁和帽梁可合为胸墙。帽梁或胸墙可采用现浇钢筋混凝土结构。钢筋混凝土前墙的导梁可采用现浇或预制的钢筋混凝土梁；钢板桩墙的导梁可采用钢梁。

板桩结构适用于土基以及必须避免施工时大量开挖的情况。若施工时必须避免沉桩震动，则宜采用地下连续墙结构。由于板桩是一种薄壁构件，以往多用于中小型码头或高桩码头的后方挡土结构，近年来随着工程材料和施工技术的进步(如高性能的钢板桩、大尺度的地下连续墙)和采用了辅助技术措施(如遮帘桩、卸荷平台、多重锚系)，也越来越多地被应用于大型码头的建设。典型板桩码头示例见图 3.1-12。

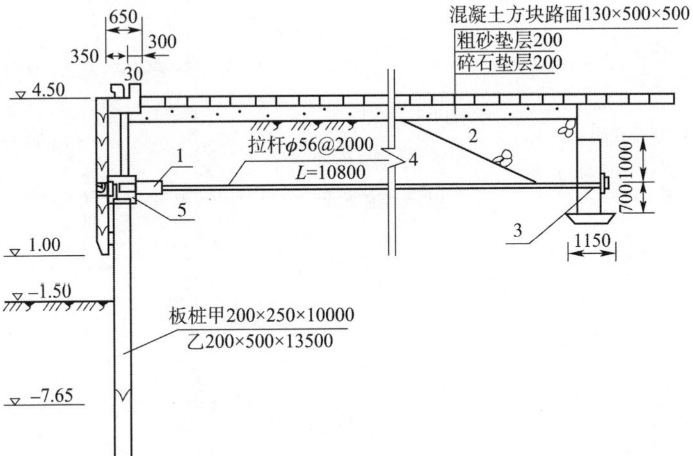

a)

图 3.1-12

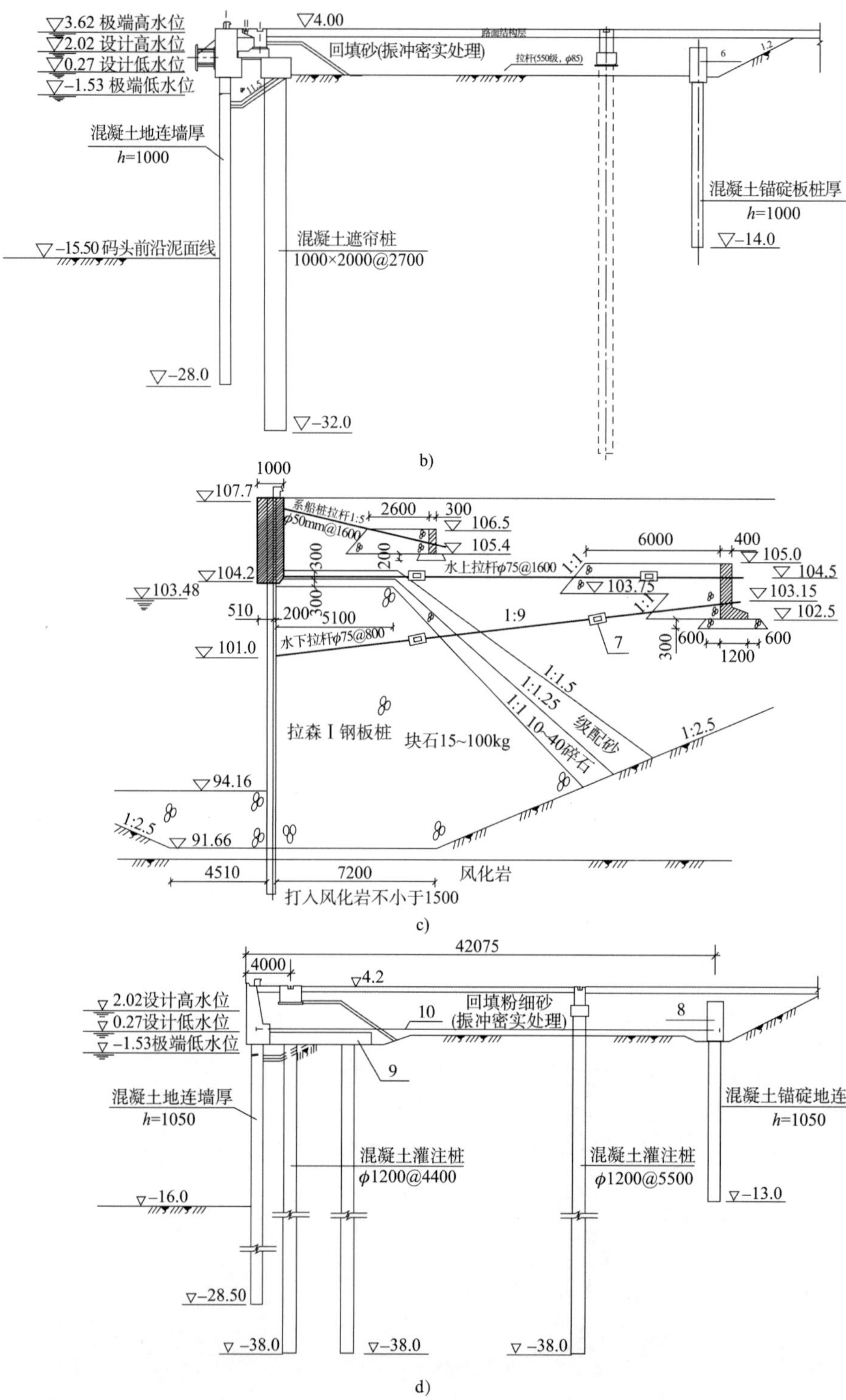

图 3.1-12　板桩码头示例

a)单锚板桩码头示例;b)遮帘式板桩码头示例;c)多锚板桩码头示例;d)卸荷式板桩码头示例

1-铰;2-抛石棱体;3-预制锚碇板;4-夯实土;5-导梁;6-锚碇墙导梁;7-紧张器;8-锚碇墙导梁;9-卸荷承台;10-拉杆

板桩码头按其板桩墙所采用的材料可分为木板桩、钢板桩、钢筋混凝土板桩、预应力钢筋混凝土板桩、地下连续墙等；按其锚碇特点可分为无锚板桩和有锚板桩。有锚板桩又可分为单锚板桩、双锚板桩以及斜拉板桩。锚碇结构可分为锚碇板、锚碇墙、锚碇桩、锚碇板桩和锚碇叉桩等型式。

1. 斜拉桩式板桩码头

斜拉桩式板桩码头中的前墙可采用钢筋混凝土板桩、地下连续墙或钢板桩(图 3.1-13)。前墙可采用垂直或 8∶1～10∶1 的斜度，前墙外表面与设计水底的交点不宜超出码头前沿线。

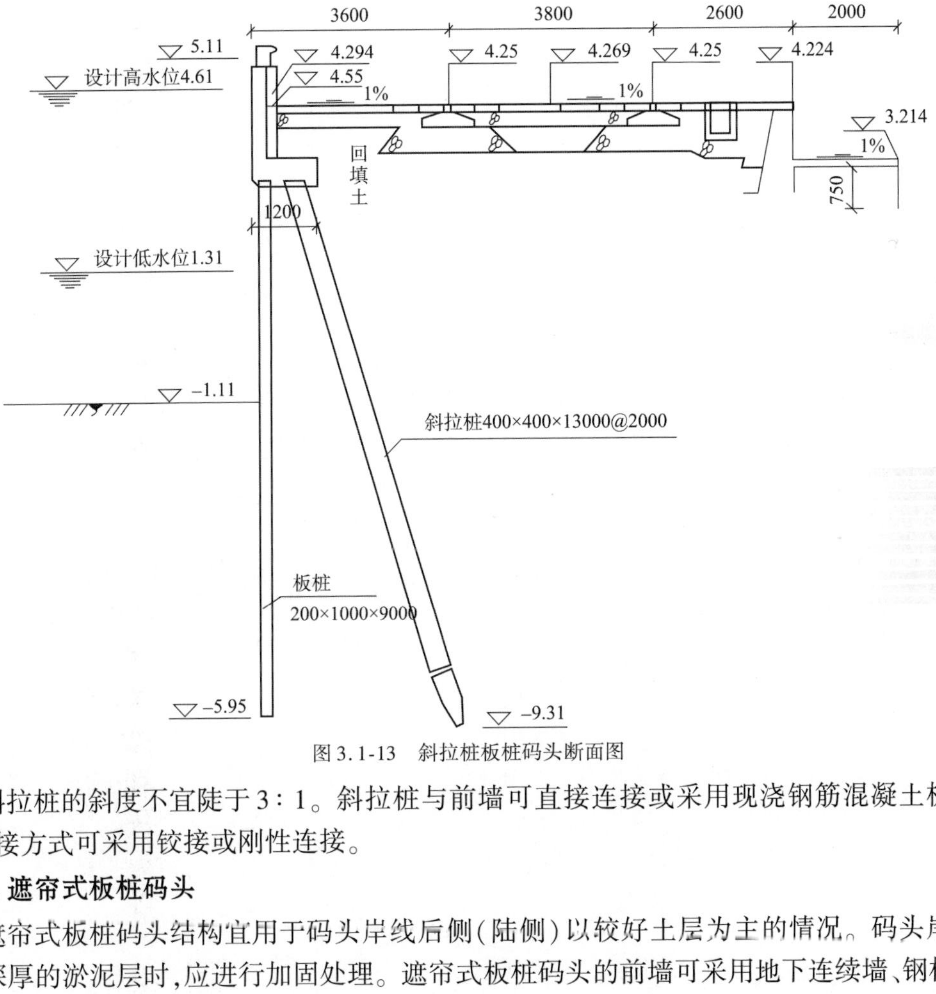

图 3.1-13 斜拉桩板桩码头断面图

斜拉桩的斜度不宜陡于 3∶1。斜拉桩与前墙可直接连接或采用现浇钢筋混凝土桩台连接，连接方式可采用铰接或刚性连接。

2. 遮帘式板桩码头

遮帘式板桩码头结构宜用于码头岸线后侧(陆侧)以较好土层为主的情况。码头岸线后侧为深厚的淤泥层时，应进行加固处理。遮帘式板桩码头的前墙可采用地下连续墙、钢板桩或预制钢筋混凝土板桩；遮帘桩可采用灌注桩、钢桩或预制钢筋混凝土桩。

遮帘式板桩码头的遮帘桩和前墙的胸墙可整体连接或分离连接(图 3.1-14、图 3.1-15)，当遮帘桩和前墙的胸墙采用整体连接时，遮帘桩宜沉入良好持力层。遮帘桩宜布置于码头前方轨道式装卸机械轨道梁轴线下方，也可布置于靠近轨道梁轴线的下方。遮帘桩桩长应满足垂直承载力的要求。

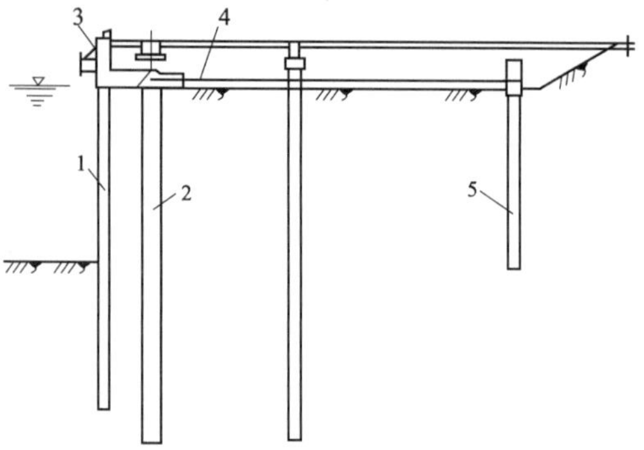

图 3. 1-14　整体遮帘式码头结构断面

1-前墙;2-遮帘桩;3-胸墙;4-拉杆;5-锚碇

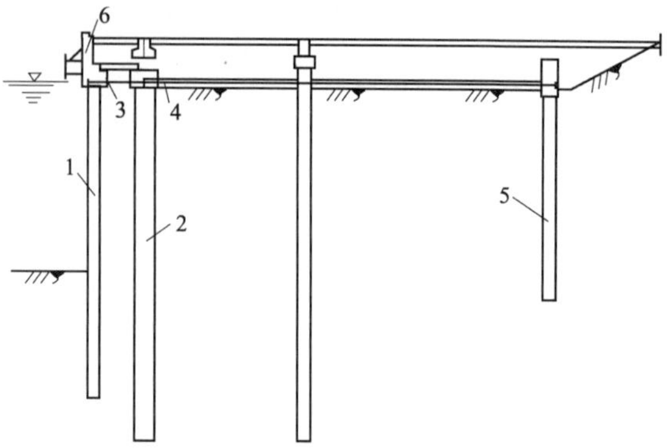

图 3. 1-15　分离遮帘式码头结构断面

1-前墙;2-遮帘桩;3-前拉杆;4-后拉杆;5-锚碇;6-胸墙

3. 半遮帘式板桩码头

半遮帘式板桩码头结构(图 3. 1-16)可用于遮帘桩后侧(陆侧)以较好土层为主的情况。遮帘桩后侧为深厚的淤泥层时,应进行加固处理。半遮帘桩的桩尖高程应低于前墙底高程并嵌入较好土层。

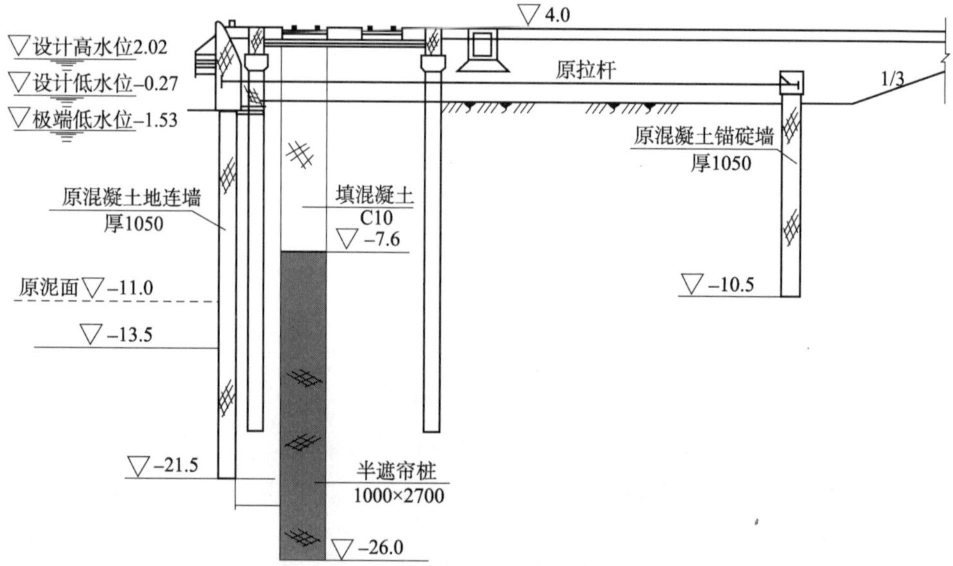

图 3. 1-16　半遮帘式码头结构断面

4. 卸荷式板桩码头

卸荷式板桩码头的前墙可采用地下连续墙、钢板桩或钢筋混凝土板桩;卸荷平台的桩基可采用灌注桩、钢桩或预制钢筋混凝土桩。卸荷式板桩码头可采用分离式(图 3. 1-17)或整体式结构(图 3. 1-18)。当无条件施工斜桩时,宜采用分离式结构。分离式结构应设置锚碇结构。采用整体式结构时,应充分考虑前墙与基桩不均匀沉降对结构内力的影响。卸荷承台下的基桩应沉入良好持力层且桩尖高程应低于前墙底高程。

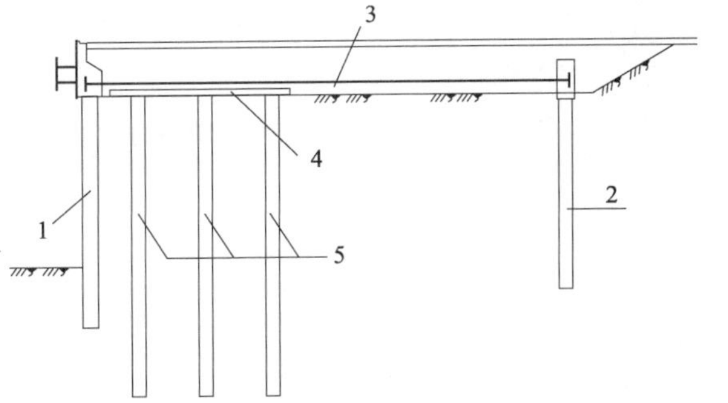

图 3.1-17 分离卸荷式码头结构断面

1-前墙;2-锚碇;3-拉杆;4-卸荷承台;5-桩基

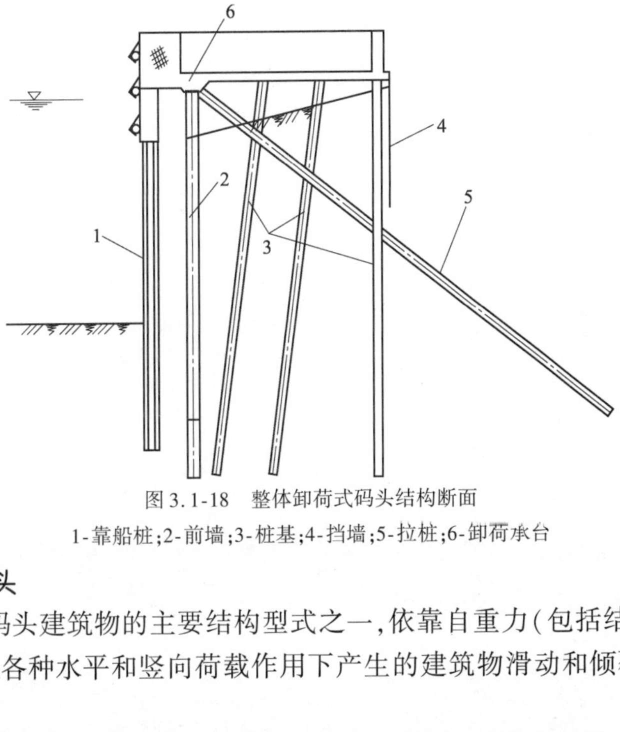

图 3.1-18 整体卸荷式码头结构断面

1-靠船桩;2-前墙;3-桩基;4-挡墙;5-拉桩;6-卸荷承台

(三)重力式码头

重力式码头是码头建筑物的主要结构型式之一,依靠自重力(包括结构自重和其范围内的填料自重)来抵抗各种水平和竖向荷载作用下产生的建筑物滑动和倾覆,一般由以下几部分组成。

(1)墙身和胸墙:墙身和胸墙是重力式码头的主要部分,它构成船舶系靠泊所需要的直立墙和墙后回填材料的挡墙;承受作用在码头上的外力,并将这些力传给地基。胸墙还起着将墙身构件连成整体的作用。

(2)基床:基床可扩大地基承载面积,避免码头墙搁置于不平整的地基面上;可降低地基面的荷载强度,减少地基沉降量;一般采用抛石基床。

(3)墙背填料:码头墙后回填时,为了减小墙后土压力,一般在码头墙背设置减压棱体。

重力式码头的特点是依靠码头结构重量保持稳定并要求地基有相应强度来保证建筑物的稳定性,因此要求有比较良好的地基,如岩基、砂基及密实的黏土地基。

重力式码头的主要优点:整体性好、结构坚固耐久,维修量小、用钢量少;有些结构基本上不用钢材。在盛产砂石的地区建造码头,造价低;对较大集中荷载(如轮胎式起重机轮压、码头有重件落地)的适应性较强;施工比较简单。主要缺点:砂石材料用量大;港内波浪较大时,岸壁前波浪的反射将影响港内水域的平稳,不利船舶停靠和作业。

典型的重力式码头的结构型式包括:方块码头(含普通方块码头、空心方块码头、异形方块码头等)、沉箱码头、扶壁码头、坐床式圆筒结构码头、现浇混凝土码头和浆砌块石码头等,见图 3.1-19。

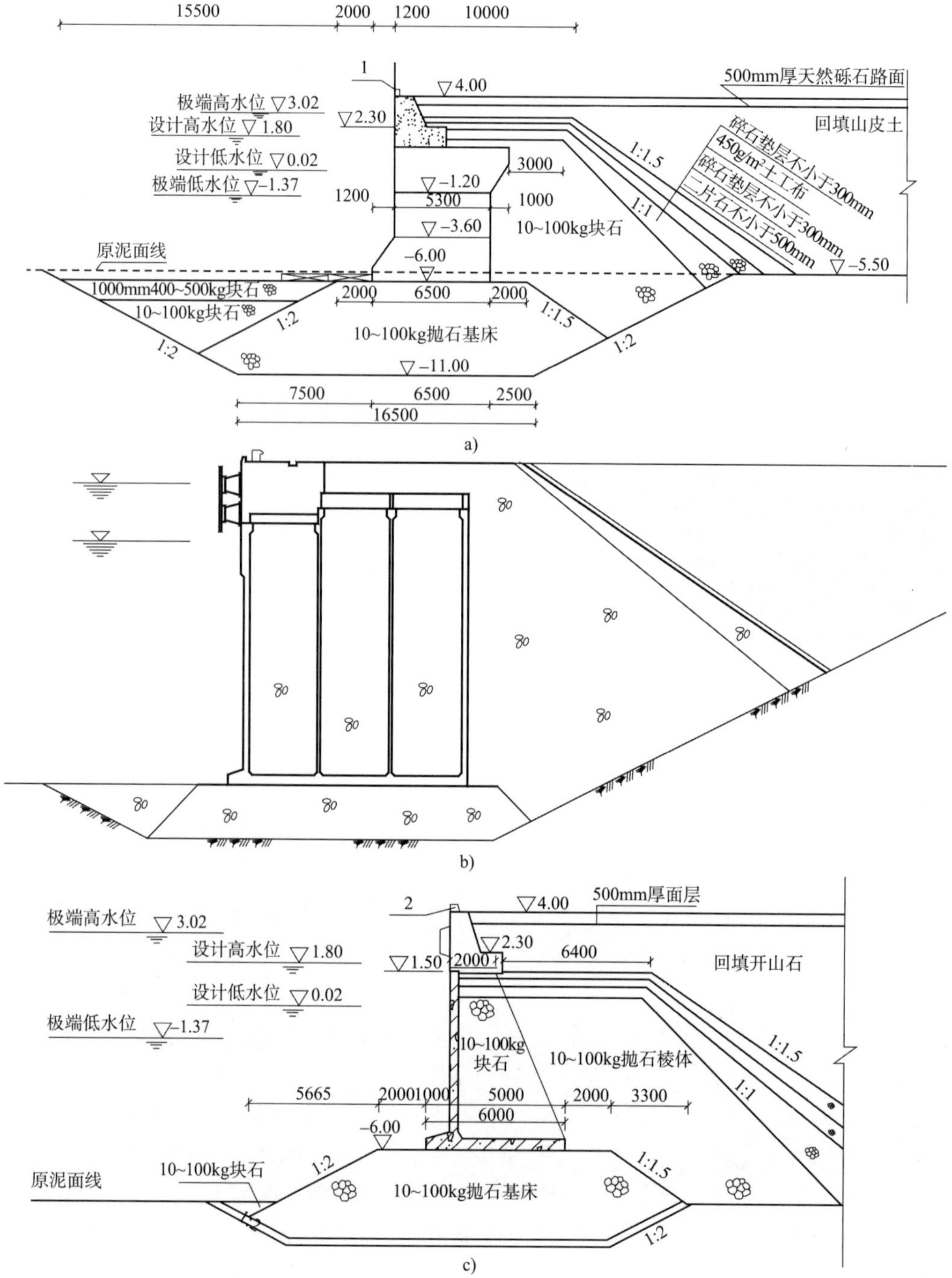

图　3.1-19

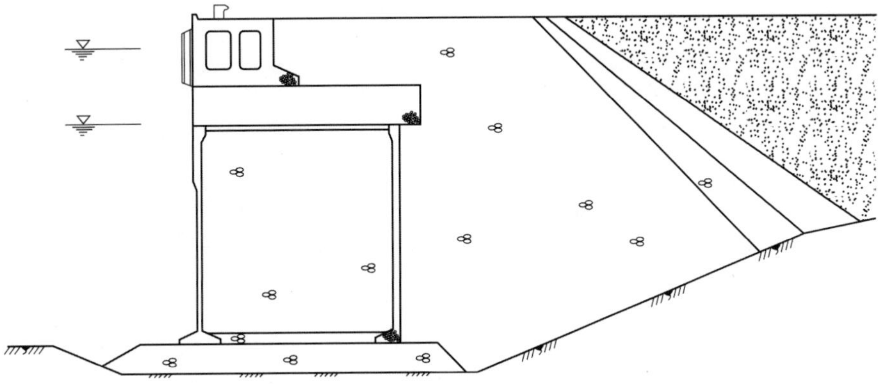

d)

图 3.1-19　重力式码头示例

a)方块码头示例;b)沉箱码头示例;c)扶壁码头示例;d)坐床式圆筒码头示例

1-护轮槛;2-护轮槛

1.方块码头

(1)实心方块码头:实心方块码头断面可采用阶梯式、衡重式和卸荷板式等型式,见图 3.1-20。

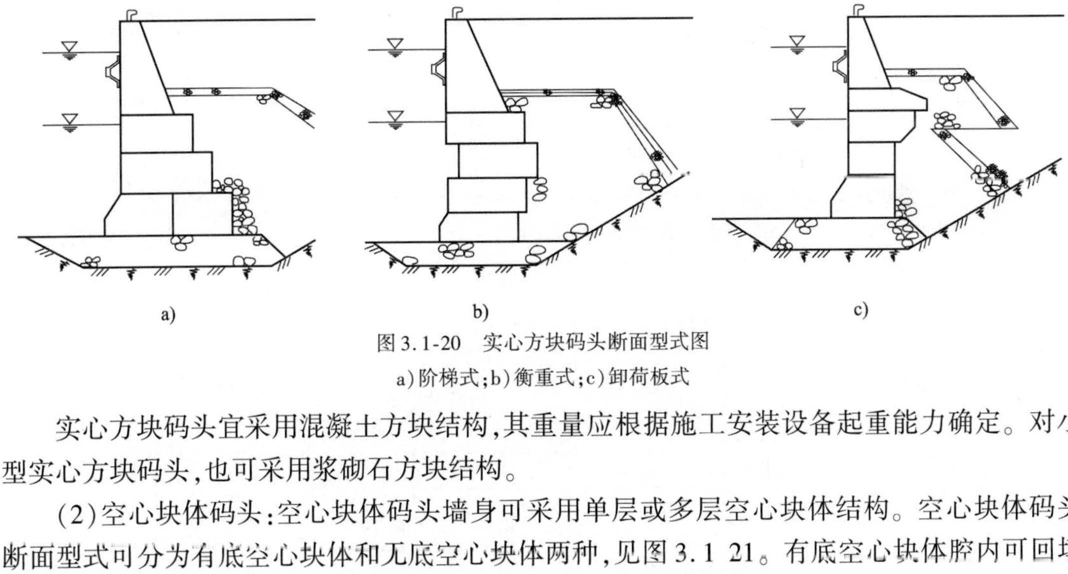

a)　　b)　　c)

图 3.1-20　实心方块码头断面型式图

a)阶梯式;b)衡重式;c)卸荷板式

实心方块码头宜采用混凝土方块结构,其重量应根据施工安装设备起重能力确定。对小型实心方块码头,也可采用浆砌石方块结构。

(2)空心块体码头:空心块体码头墙身可采用单层或多层空心块体结构。空心块体码头断面型式可分为有底空心块体和无底空心块体两种,见图 3.1 21。有底空心块体腔内可回填块石或砂,无底空心块体腔内宜回填块石。多层空心块体及无底空心块体腔内回填砂时,应在水平缝处设置倒滤层。

空心块体码头宜采用一次出水的单层型式。采用多层空心块体时,码头宜采用通缝砌筑。空心块体码头的卸荷板不宜压缝设置。空心块体的前趾应采用钢筋混凝土结构。无底空心块体宜在顶部及底部配置钢筋混凝土圈梁。有底空心块体底板宜采用钢筋混凝土结构。

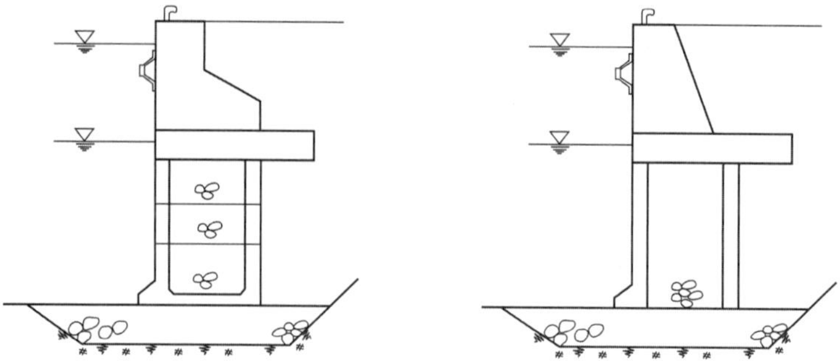

a)　　b)

图 3.1-21　空心块体码头断面型式图

a)多层有底空心块体码头;b)单层无底空心块体码头

2. 扶壁码头

钢筋混凝土扶壁结构可由立板、肋板和底板等构件组成,见图 3.1-22。底板可分为趾板、内底板和尾板三部分,也可不设尾板。

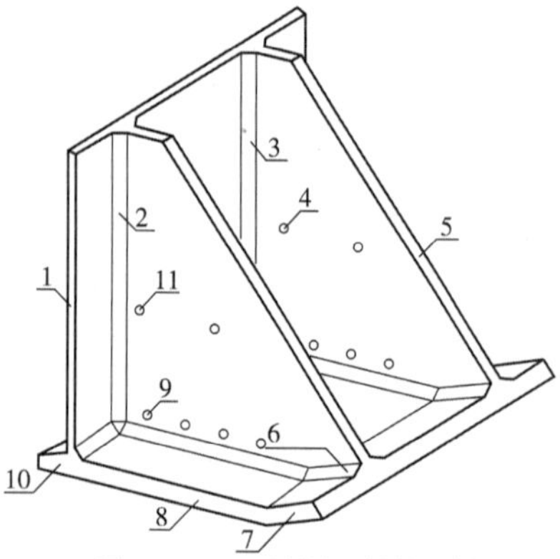

图 3.1-22　预制扶壁结构立体示意

1-立板;2-加强角;3-加强角;4-吊孔;5-肋板;6-加强角;7-尾板;8-内底板;9-通水孔;10-趾板;11-吊孔

扶壁的形式、肋板的数量和肋的间距应通过技术经济比较确定。双肋扶壁的立板宜将两端做成悬臂,并宜使支座弯矩接近跨中弯矩。

3. 沉箱码头

沉箱码头的墙身宜采用钢筋混凝土沉箱结构,沉箱由外壁、隔墙、底板、墙趾等构件组成。岸壁式码头沉箱的平面形状宜采用矩形,墩式码头沉箱宜采用圆形。沉箱内的纵横隔墙宜对称布置,沉箱内的填料宜采用砂或块石。

(1)岸壁式沉箱码头:岸壁式沉箱码头断面示意图见图 3.1-19b)。码头岸壁由沉箱组成,并由胸墙、墙后填料及基础形成沉箱码头。

(2)墩式沉箱码头:墩式沉箱码头立面示意图见图 3.1-23。

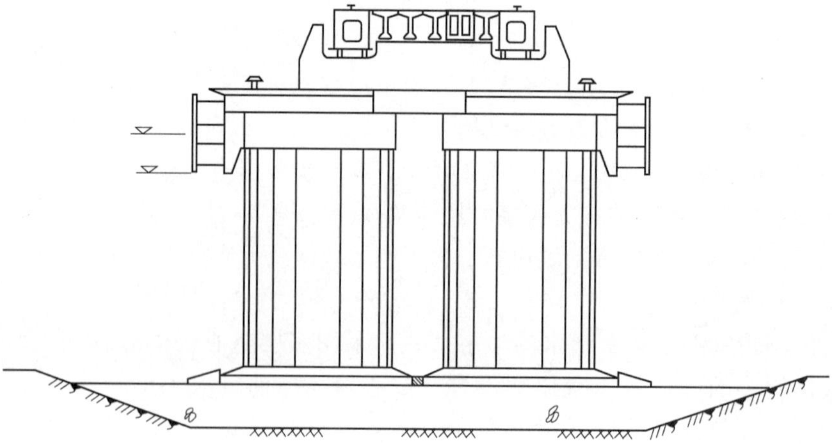

图 3.1-23　墩式沉箱码头示意图

沉箱顶内侧可设置钢筋混凝土圈梁或用现浇混凝土封顶。对于由两个或两个以上沉箱组成的孤立墩，宜采取将沉箱联结成整体的措施，如图 3.1-24 所示。

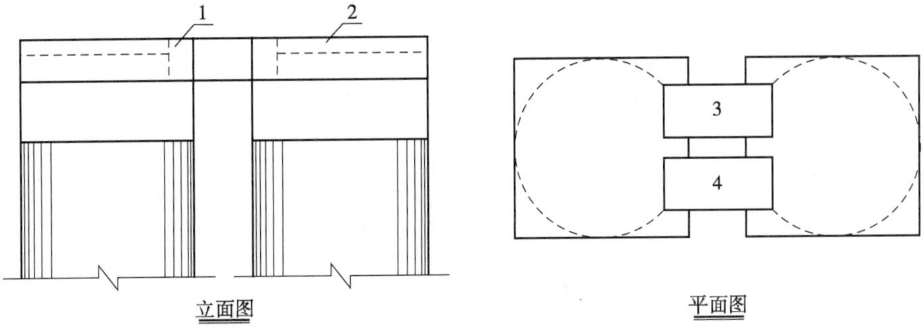

图 3.1-24 墩间联系梁图

1-联系梁；2-现浇面层；3-联系梁；4-联系梁

（3）开孔沉箱：开孔沉箱码头断面示意图见图 3.1-25。

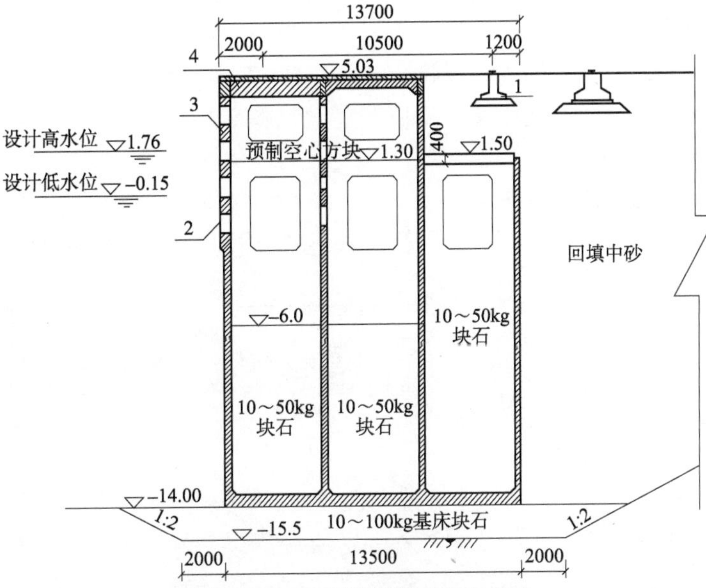

图 3.1-25 开孔沉箱码头断面示意图

1-后轨道梁；2-码头前沿线；3-空心方块；4-预制盖板

有消浪要求的沉箱码头，可采用开孔沉箱结构。开孔位置宜选在设计高水位以上 1.0 倍设计波高与设计低水位以下 1.0 倍设计波高之间。孔的型式宜采用圆形、椭圆形，也可采用矩形。消能室的顶部宜设在不受波浪冲击处，消能室顶的上部结构或开孔外壁顶部宜设减压孔。

4. 坐床式圆筒码头

坐床式圆筒可为无底的、直接坐落在基床上面的圆形薄壁结构，码头断面示意图见图 3.1-19d）。

圆筒底部宜根据码头稳定和减小基床应力的需要设内趾和外趾，如图 3.1-26、图 3.1-27 所示；内趾宜采用圆环形，外趾可采用折线形。

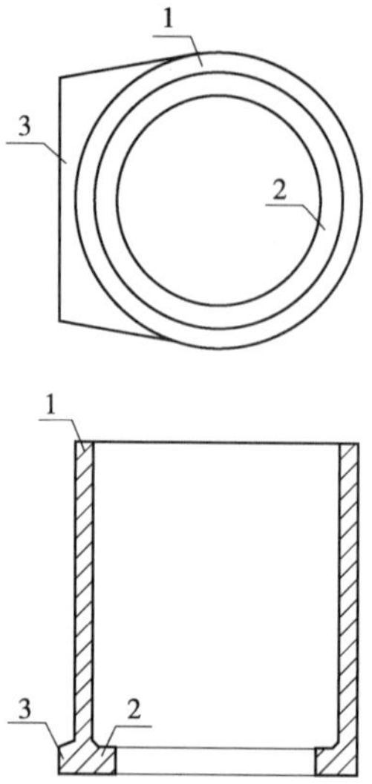

图 3.1-26 内趾和外趾平面、剖面

1-筒壁;2-内趾;3-外趾

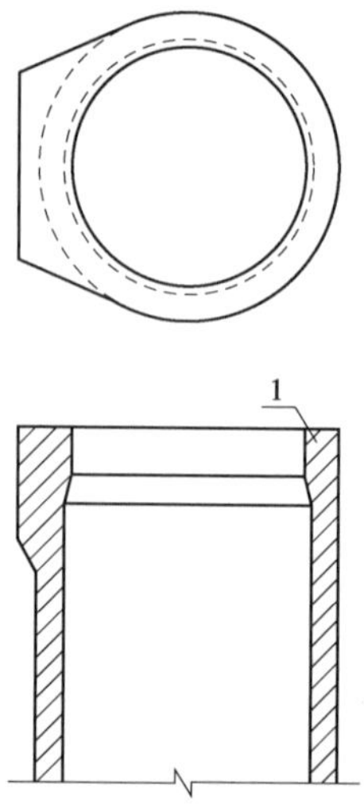

图 3.1-27 局部突出平面及加强圈梁示意图

1-加强圈梁

圆筒内宜用天然级配较好的砂、石料填充。分节圆筒内用砂料回填时,水平接缝处应采取防漏措施。圆筒宜整体预制安装。圆筒的顶上宜设置胸墙垫板,垫板可作为浇注胸墙混凝土的底模,顶面不宜低于施工水位。

5. 现浇混凝土码头或浆砌石码头

现浇混凝土或浆砌石码头断面可采用梯形式、衡重式和卸荷板式,如图 3.1-28 所示。

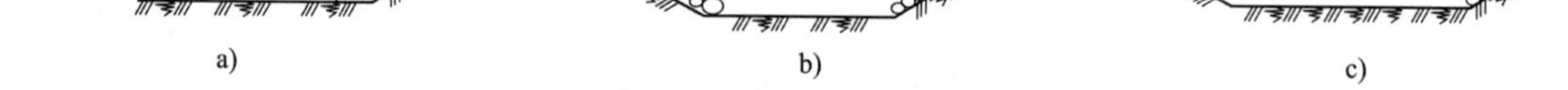

图 3.1-28 码头断面型式图

a)梯形式;b)衡重式;c)卸荷板式

前趾前端或后踵末端的高度,砌石结构不宜小于 0.5m,混凝土结构不宜小于 0.3m。浆砌石码头顶部应设置高度不小于 0.3m 的现浇混凝土压顶。码头墙身应设排水孔。

(四)格形钢板桩码头

格形结构码头在我国的应用较少,其由最初支撑在岩基或砂基等良好地基条件上的坐底式格形钢板桩结构演化而来。近年来,一方面随着岩土工程的发展进步,针对良好的地基条件、基床的技术创新和工程实践越来越多,形成了插入式格形钢板桩结构。另一方面与预制钢圆筒和预制钢筋混凝土圆筒的建造和施工工艺结合形成了带副格的大圆筒结构,尤其是插入式格形钢圆筒结构,极大地改善了原有插入式大圆筒结构的不均匀变形问题。格形钢板桩码头通常由格形墙体、上部结构、墙体内回填、墙后回填等组成。典型的格形钢板桩码头示例见图3.1-29。

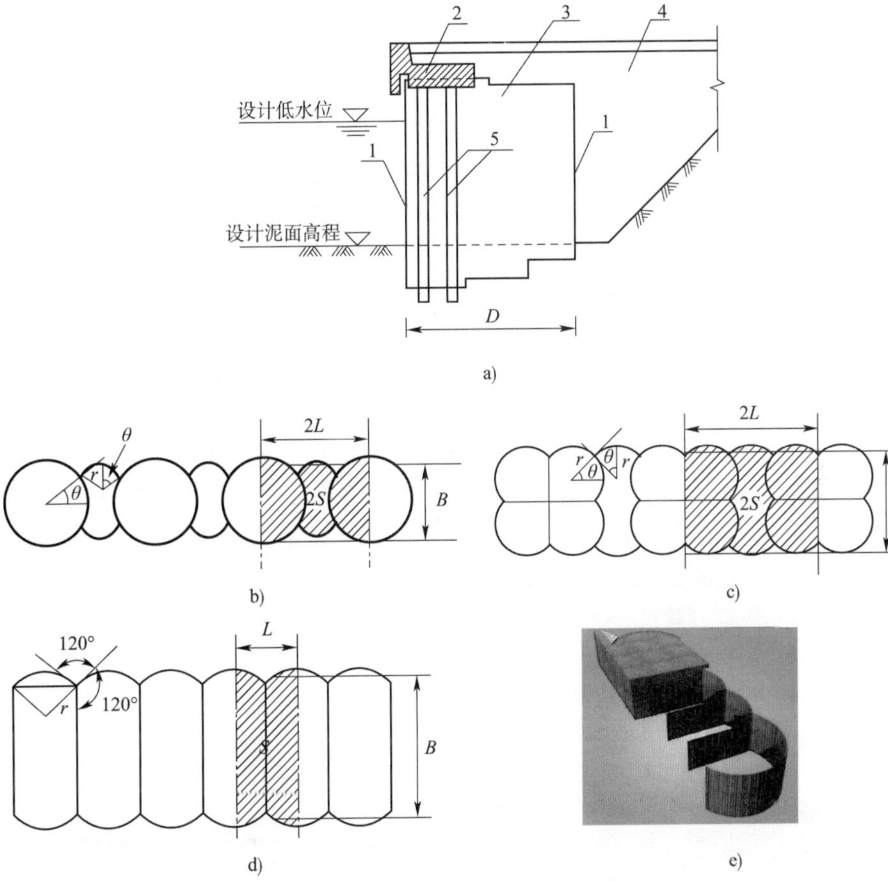

图3.1-29　格形钢板桩码头示例

a)格形钢板桩码头岸壁断面示例;b)传统主-副格平面布置;c)苜蓿叶形平面布置;d)连续墙形平面布置;e)连续拱形平面布置

1-格形墙体;2-上部结构;3-填料;4-墙后回填料;5 桩基;D-主格仓直径

(五)斜坡码头与浮码头

1.斜坡码头

斜坡码头是以岸坡上建造的固定斜坡道结构作为载体,以趸船随水位变化沿斜坡道方向移动供货物装卸运输、旅客或车辆上下的码头,通常码头的前沿线也是随着水位变化的。在斜坡道上设有缆车轨道的又称缆车码头。它是最古老和最简易的码头型式之一。它结构简单、施工迅速、造价低廉,一般适用于水位变幅较大的河港或水库港。但这种型式的码头,趸船移泊作业比较繁重,装卸作业增加了一个斜坡运输环节,装卸机械安装在趸船上易受风浪影响。

斜坡码头通常由趸船、坡道、移动引桥及坡顶挡土墙四部分组成,见图3.1-30。斜坡码头的坡道结构型式可采用实体式、架空式或部分实体与部分架空的混合式。在流冰严重的地区,未采取防冰措施时,不宜采用架空坡道。

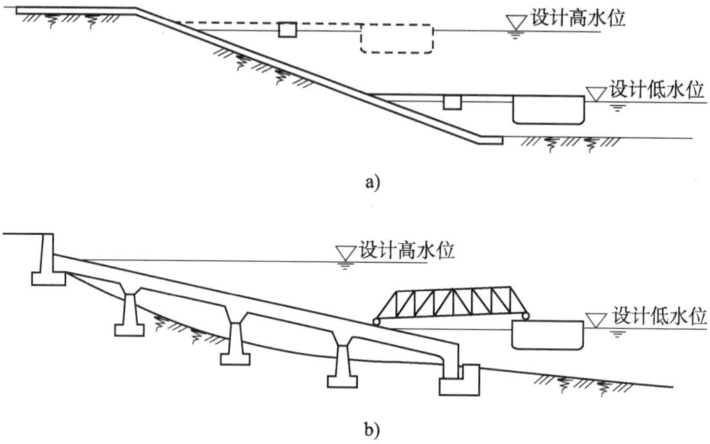

图 3.1-30　斜坡码头结构示例

a)实体式;b)架空式

2. 浮码头

浮码头是以趸船或浮式起重机与活动引桥作为载体,以趸船或浮式起重机与活动引桥随水位变化做垂直升降(沿引桥方向前后移动较小)供货物装卸运输、旅客和车辆上下的码头,其码头的前沿线是固定不变的,活动引桥的支撑和升降则依靠升降架来实现。因趸船随水位做垂直升降,作为码头面的趸船甲板面与水面的高差基本不变。适用于水位变幅较大、掩护条件较好的客货码头、渔码头等。

浮码头结构是由趸船及其系留设施、活动钢引桥、升降架和固定引桥等组成,详见图 3.1-31。

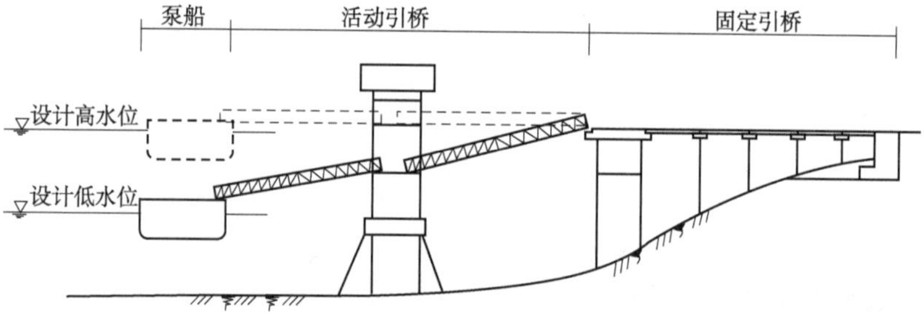

图 3.1-31　浮码头结构示例

近年来,随着外海、离岸的水运工程项目增多,浮式结构的应用越来越多,其结构型式的复杂程度、对使用性和耐久性的较高要求、工程环境的恶劣程度等超过了传统意义的浮码头,但是在基本设计原理上却没有实质的不同。

二、港口装卸工艺系统的分类及组成

港口装卸工艺是港口货物装卸、堆存和搬运作业的方法和程序。装卸工艺的确定通常需要考虑货种、货物吞吐量规模、包装形式、集疏运方式等因素。依据货种和码头作业方式的不同,港口装卸工艺主要可划分为以下 8 类:

(1)集装箱码头装卸工艺。

(2)件杂货码头装卸工艺。

(3)通用码头装卸工艺。

(4)多用途码头装卸工艺。

(5)煤炭、矿石码头装卸工艺。

(6)散粮码头装卸工艺。

(7)液体散货码头装卸工艺。

(8)滚装、客运码头装卸工艺。

(一)集装箱码头装卸工艺

集装箱码头系指供集装箱装卸作业的专业化码头。装卸船作业采用集装箱装卸桥或其他型式的起重机械,将集装箱从码头吊装到船上或从船上吊卸至码头的装卸方式。

集装箱码头装卸工艺系统主要由船舶装卸机械、堆场装卸机械、水平运输机械等组成。

码头船舶装卸机械通常采用集装箱装卸桥。除集装箱装卸桥外,还有多用途门座式起重机、集装箱高架吊(港口移动式起重机)、多用途装卸桥等,但是这些装卸设备的作业方式不同,装卸能力也相差甚远,只是分别适用于规模较小或作业货种较多的集装箱码头。

集装箱码头的堆场装卸机械根据堆场主要拆码垛作业方式的不同,采用不同的装卸机械,常用的堆场装卸机械主要有:轮胎式集装箱龙门起重机(RTG/E-RTG)、轨道式集装箱龙门起重机(RMG/ARMG)、集装箱正面吊运车、集装箱跨运车等。

集装箱码头的水平运输机械通常采用集装箱拖挂车、自动导向车(AGV)、集装箱跨运车、集装箱正面吊运车等。

(二)件杂货码头的装卸工艺

件杂货码头货种复杂零散,进口、出口货物同时存在,在同一个泊位上或同一种工艺方式、同一种设备要同时装卸不同种类的货物。件杂货码头装卸常见的件杂货有:袋装粮食、袋装糖、袋装水泥、袋装化肥、钢材、生铁、废钢铁、机械设备、建材、石料等。

其基本流程可分为以下几类:

(1)船⇔库场。

船⇔门机、船吊⇔前沿堆场⇔叉车、轮胎吊⇔牵引平板车⇔叉车、轮胎吊、轨道式龙门起重机⇔库场。

(2)库场⇔港外汽车。

库场⇔叉车、轮胎吊、轨道式龙门起重机⇔港外汽车。

(3)库场⇔火车。

库场⇔叉车、轮胎吊、轨道式龙门起重机⇔火车。

件杂货码头的装卸工艺系统主要由船舶装卸机械、堆场装卸机械、水平运输机械等组成。

装卸船最常用的机械有:门座起重机(门机)、轮胎式起重机(轮胎吊)和船舶起重机(船机)。采用船机作业的方式,一般情况下,效率稍低于门机的作业效率,但码头建设投资和营运费用要比采用门机方式低得多。轮胎吊用作船舶装卸设备时,一般是在小型泊位和驳船码头。

件杂货码头堆场装卸车(汽车、火车)作业多选用龙门起重机或桥式装卸起重机等。水平搬运车辆直接开到起重机作业范围内装卸车,单机效率得以充分发挥。

件杂货码头堆场用于库(场)作业的装卸机械设备主要有轨道式龙门起重机、轮胎式起重机和叉式装卸车等。也有港口的仓库内采用桥式起重机在库内作业。

件杂货码头水平运输机械主要有叉式装卸车(叉车)、牵引平板车、汽车等。

(三)通用码头装卸工艺

通用码头是指适用于装卸散货和普通件杂货货种的非专业化码头。通用码头比件杂货码头形成时期稍晚,主要是在件杂货码头的基础上增加了散货货种的装卸船作业。通用码头装卸作业的货物种类通常包括的主体货物有件杂货（如钢材、袋装水泥、化肥、机械设备等）和一定比例的多品种散货（如矿建材料、金属矿石、非金属矿石、盐等散货）。

通用码头的件杂货货种装卸工艺与件杂货码头装卸工艺相同(见件杂货码头装卸工艺),散杂货货种装卸工艺系统主要由船舶装卸机械、堆场装卸机械、水平运输机械等组成。

通用码头常用工艺流程如下:

(1)船→堆场。

船→门机-抓斗→前沿堆场→单斗装载机→自卸汽车→堆场。

船→门机-抓斗→移动漏斗→自卸汽车→堆场。

船→门机-抓斗→前沿堆场→单斗装载机→移动式皮带机（1～5 台接力配置）→堆场。

(2)堆场→船。

后方堆场→单斗装载机→自卸汽车→前沿堆场→门机-抓斗→船。

后方堆场→单斗装载机→移动式皮带机（1～5 台接力配置）→前沿堆场→门机(配抓斗)→船。

码头装船和卸船设备主要有门座起重机、带斗门座起重机等。通用码头优选的装卸船设备是门座起重机(以下简称门机)。门机装卸件杂货时,可直接使用门机（配用吊钩、吊索或网兜）进行装卸船作业;装卸散货时,则快速更换散货抓斗,即可形成“抓吊”作业方式,进行散货装卸船作业。卸船清舱作业一般采用推耙机、单斗装载机和挖掘机等。大部分船舶可通过装船设备来完成平舱工作,也有一些船舶的平舱需要借助平舱设备完成,平舱设备主要有小型推耙机和挖掘机等。

通用码头散货堆场归垛作业一般采用单斗装载机或推土机完成,堆高作业主要通过单斗装载机或挖掘机与移动式皮带机联合作业完成。汽车卸车一部分可通过自卸完成,另外一部分汽车的卸车需装载机配合卸车;汽车的装车作业大多是通过单斗装载机完成。散货装火车大多采用单斗装载机;火车卸车作业比较复杂,一般采用履带式起重机（履带吊）或挖掘机等流动机械进行多头（车位）作业,还需要大量的人工配合进行劳动强度比较大的清车底作业;火车卸车有的港口选用螺旋卸车机或链斗式卸车机,螺旋卸车机、链斗式卸车机分为单线（跨下 1 列车）和双线作业两种机型,能耗低、效率高,清车底作业量相对较小。

通用码头散货水平运输机械大部分港口采用汽车,特别是选用自卸汽车可运可卸、作业灵活,效率高;有时也可利用数台移动式皮带机接力组合输送散货物料。

(四)多用途码头的装卸工艺

多用途码头是装卸件杂货和集装箱的码头。多用途码头通过的主要货种,除集装箱外,通常主要装卸的件杂货是大件、钢材、木材、成套设备等装卸单元重量较大的货种。其装卸工艺具有集装箱码头和通用性码头的双重特点。装卸工艺系统主要由船舶装卸机械、堆场装卸机械、水平运输机械等组成。

一般情况下,多用途码头的装卸作业需要配置起重量较大的岸机完成装卸船作业。装卸船一般采用多种起重设备联合作业的方式,装卸船设备多采用多用途门机、集装箱装卸桥、普通门机、高架轮胎式起重机。

多用途码头堆场件杂货装卸车机械主要有叉车、轮胎式起重机(轮胎吊)等;集装箱装卸车机械根据其选用的装卸工艺模式,普遍采用集装箱正面吊运车、叉车及跨运车等具有多用途功能的机械;泊位集装箱运量大时,也可选用轮胎式集装箱龙门起重机(RTG、E-RTG)、轨道式集装箱龙门起重机(RMG)等集装箱码头专用设备。

多用途码头的件杂货水平运输设备主要配置叉车、牵引平板车、载货汽车等流动机械;集装箱水平搬运作业普遍选用集装箱拖挂车,或集装箱正面吊运车、叉车等。

(五)煤炭、矿石码头的装卸工艺

煤炭、矿石均属于大宗干散货。煤炭、矿石码头是指专门进行煤炭、矿石装卸作业的专业化码头。煤炭、矿石码头虽然由于各作业环节在设备选型、配置和工艺布置方面变化较多,但从集疏运过程看,装卸工艺系统主要包括装船系统、卸船系统、堆场堆存系统、火车卸车系统、火车装车系统等。

(1)船→堆场。

船→卸船机→带式输送机→堆料机或堆取料机→堆场。

(2)船→船。

船→卸船机→带式输送机→装船机→船。

(3)火车→堆场。

船→卸车机→带式输送机→堆场。

(4)堆场→船。

堆场→取料机或堆取料机→带式输送机→装船机→船。

(5)堆场→火车。

堆场→取料机或堆取料机→带式输送机→自动装车仓、装车机或装载机→火车。

(6)堆场→汽车。

堆场→装载机→汽车。

1.装船系统

一般采用连续式装船机装船,装船机机型主要有固定式装船机、移动式装船机和摆动式装船机(摆动式装船机中有直线式和弧线式两种)3类。它们都是承接码头上的带式输送机转送的物料,并装入船舱。

2.卸船系统

煤炭、矿石卸船机分周期性作业机械和连续性作业机械两大类,常用的周期性卸船机有门座起重机、带斗门座起重机、桥式抓斗卸船机;常用的连续式卸船机有斗轮式卸船机、螺旋式卸船机、链斗式卸船机。

3.堆场堆存工艺系统

常见的堆场堆存工艺系统有以下几种:

(1)悬臂式堆料机、斗轮取料机堆场工艺。物料进出堆场采用堆料机和斗轮取料机作业。

但此类机械尚有堆、取分开和堆、取合一两种机型。

(2)门式斗轮堆、取料机堆场工艺。门式斗轮堆、取料机堆场与悬臂式斗轮堆、取料机堆场在布置、作业、适用条件上类似。但由于门式斗轮堆、取料机系跨在料堆上工作,因此每台机只负责一条料堆的堆、取料作业。

(3)单悬臂堆料机、门式斗轮取料机堆场工艺。这也是一种堆、取分开机型的堆场,是由悬臂式堆料机与门式斗轮取料机组合。堆场布置时,将门式斗轮取料机置于堆料机的两侧。

(4)龙门式抓斗起重机(装卸桥)堆场工艺。利用龙门式抓斗起重机、堆垛或者用其他办法卸车,龙门式抓斗起重机由卸车坑内抓取堆垛;还有一种是带有堆料输送机的龙门式抓斗起重机,由带式输送机系统堆料,龙门式抓斗起重机只负责物料出堆场时,抓取后经输送机输送或直接装车外运。

(5)履带式或轮胎式抓斗起重机堆场工艺。利用履带式或轮胎式抓斗起重机流动性好的特点,沿铁路线卸车就近堆垛,堆垛形状为宽度不大的长条形,因此堆场规模较小。

(6)穹顶圆形料仓堆存工艺。穹顶圆形料场主要由球形网架穹顶、顶堆侧取料机、扶壁挡墙及储料场下廊道组成。辅助机械设备主要有入料带式输送机、廊道带式输送机和振动给料机等。

上述几种堆场工艺型式中,悬臂式堆料机和斗轮取料机堆场适应范围较广,机械化程度高,易于实现自动化,堆、取料作业效率高,堆场型式的选择需要根据工程的具体情况进行技术经济比较选定。

4. 火车卸车系统

火车卸车系统有以下几种形式:

(1)底开门车辆卸车线。底开门漏斗车的底开门机构主要有两种:早期采用的是风控式底开门机构,车辆停在卸货场地后接上风源,通过车辆上装设的风缸活塞杆来实现底门的开闭,将货物卸至轨道两侧,该种方式需有专人操纵开关门控制阀;另外一种采用的是撞杆式底门机构,车辆在运行过程中,通过地面设置的行程触杆装置来控制车辆底门的关闭,实现边走边卸、自动卸货、自动关门的功能。

(2)翻车机卸车系统。翻车机卸车系统是专用的大型卸车设备,是一种高度机械化的卸车系统,系统卸车效率高,节省劳力,改善劳动条件,易于集中除尘,可以实现自动控制,被铁路卸车系统广泛采用。翻车机卸车系统由车辆翻卸、物料接卸输送和车辆推送系统组成。

(3)其他卸车方式。

①抓斗起重机卸车。抓斗起重机是一种非专用卸车设备,利用普通带抓斗的龙门起重机、轮胎(履带)式起重机等直接在车厢内抓取作业,抓斗起重机卸车后可直接堆垛或经带式输送机等设备转运。这种作业方式的卸车效率不高,一般不超过 200t/h,适于运量不大的地方。

②链斗卸车机。链斗卸车机亦称联合卸车机,其跨在铁路线上,以多排链斗在车箱内挖取物料并提升,然后由机上的横向带式输送机向铁路侧旁堆料。该机由门式机架、链斗提升机及其升降机构、带式输送机及输送机平移变幅机构、大车走行等部分组成。

③螺旋卸车机。螺旋卸车机是在侧开门敞车上利用水平双向(或单向)螺旋插入物料中旋转,向车箱的两侧(或一侧)推卸物料,物料落入设在铁路下方的料斗。该机主要有桥式和门式两种。桥式是在卸车棚上架空的轨道上行走;门式则在地面轨道上行走,均跨在铁路线

之上。

螺旋卸车机的螺旋机构一般为2组螺旋，其通过摆动机构或升降机构插入物料。有的螺旋卸车机带有清车刮板，可将车厢两端死角处的物料自行清出，并减少车底的余料，减少清扫工作量。

螺旋卸车机适于中小型运量的码头，如用于大运量场所，配备的卸车机台数过多，带来操作和环保上的困难难以克服。

5. 火车装车系统

设置于港口的装车装置，均为水—陆中转码头的大宗物料卸船后装车外运之用。装车方式通常有仓式装车站和机械装车系统两类。

(1)仓式装车站。仓式装车站以装车塔为主体，辅之以供料系统和车辆牵引装置。对于自动装车站，除装车塔内设有储料斗外，还设有定量计量斗、计量秤及控制设备等。物料由供料系统从塔顶输入储料斗，待装车辆由塔下通过时，计量斗内预先称量的物料经开启的闸门装入车箱内。

(2)机械装车。

①悬臂装车机。装车机是沿装车线行走装火车，适合装车量大、铁路线长度受限的专业化码头。

装车机是通过堆场取料机取料后经带式输送机供料装车，或卸船机卸船时经带式输送机供料装车。装车过程中装车机连续作业，在两节车箱连接处通过机上的分叉料槽翻板切换，保证连续装车不洒料，使用方便，生产效率高。

②单斗装载机。单斗装载机一般用在装车量不大的非专业化码头，适合于装汽车和低于机械卸料高度的火车。

③履带式斗轮取料机。履带式斗轮取料机生产效率高，使用方便，与其他流动式装车机械相比，取料装车作业范围较大，履带式斗轮取料机在港口应用得较少，而在矿山应用较多。

(六)散粮码头装卸工艺

散粮专用码头是为进出港口粮食的装卸而用。在国际上，散装粮食运输的品种很多，如小麦、大麦、玉米、稻类、大豆、高粱、油菜籽等。

散粮码头的装卸工艺系统主要包括装船系统、卸船系统、贮存系统、装车系统、卸车系统、输送系统等。

码头通常采用装船机进行装船作业，装船机机型主要为固定式装船机和移动式装船机两类。散粮卸船机械可分为两大类：间歇式卸船机、连续式散粮卸船机。间歇式卸船机有：门座起重机配抓斗、带斗门座起重机、桥式抓斗卸船机等；连续式卸船机主要有埋刮板卸船机、螺旋式卸船机、夹皮带式卸船机、气吸式卸船机等。

散粮的贮存一般采用筒仓，筒仓的基本型式大多是圆筒状，也有多边形如蜂窝状，也有方形但实例很少见。目前筒仓结构材质主要是钢筋混凝土和钢材两种。

码头装火车通常采用装车仓装载和装车机直接装载等多种方式，现今大多采用装车仓装载工艺，即由筒仓输出的粮食经出仓装车流程的输送机送至装车仓顶进入料斗，经称量后装车。火车装车仓装车系统通常由装车塔和铁路装车线路及车辆推送装置组成。

装汽车通常采用筒仓壁出料口装车方式、装车塔装车方式等。筒仓壁出料口装车方式，在钢筋混凝土筒仓壁开口,接上出料闸门和装车溜槽。装车塔装车方式,如青岛港前湾散粮码头自动装汽车的装车系统,埋刮板机供料到缓冲仓,缓冲仓下设装车闸门和装车溜槽,汽车装车位下设汽车衡平台。汽车衡计量称重信号反馈控制装车闸门开关。车辆边走边装。

专用的散装运粮车的卸车作业线均设有地下卸车坑,在铁路线下设接料漏斗和地下带式输送机输送系统。对于专用运粮车,只需开启车底漏斗门,散装粮食自动流入地下漏斗,经输送机系统完成卸车—入仓流程。对于普通敞车的卸车,由于卸车的辅助作业多,卸车效率低,其卸车车位应相应增多。

散粮码头的水平输送设备一般采用普通带式输送机、气垫带式输送机、单托辊带式输送机、埋刮板输送机等,不同的水平输送机各有特点。散粮码头的垂直提升输送设备一般采用斗式提升机、双带式提升机、垂直埋刮板输送机、带式输送机等。

(七)液体散货码头

原油、成品油、液体化工品和液化石油气、液化天然气等散装液体货物的装卸码头统称为液体散货码头。按照装卸的货种,通常可分为油品码头、液体化工品码头、液化天然气码头、液化烃码头和食用油码头等几类。

码头装卸工艺主要流程包括装船流程、卸船流程、倒罐流程、泄空流程、装车流程等。其中,装船和卸船两种流程是最基本的流程。

(1)典型装船流程。

油罐→港内管线→装船泵房→港内管线→装油臂或软管→船。

(2)典型卸船流程。

船→船泵→装油臂或软管→港内管线→油罐→输油泵房→港外管道→装车泵房→火车装车台→火车或汽车装车台→汽车。

液体散货码头装卸工艺系统主要包括:装卸船系统、铁路装卸车系统、公路装卸车系统等。

液体散货码头装卸船的主要设备包括:装船泵、装卸臂或装卸软管;配套设备包括:卸空泵、卸空罐、中转泵、中转罐和管线及管件、有毒气体密闭作业回收系统、油气回收系统等;辅助设备包括:软管吊、登船梯。装卸液化烃码头还应设计火炬系统或安全放空系统。这些设备的选用应根据不同码头装卸货物的实际情况确定。

铁路装卸系统一般分为轻油装卸系统和粘油装卸系统。轻油装卸系统是由输油系统、真空系统、放空系统或密闭回收系统等组成。输油系统包括装卸油鹤管、集油管、输油管和输油泵等。真空系统包括真空泵、真空罐、真空管线舱和扫短管等。放空系统放空罐和放空管线。粘油多采用下部装卸,而且多采用吸入能力较强的往复泵或齿轮泵,因此不需要设置真空系统。但是为了满足油品加热的要求,应设置相应的加热设施,如加热盘管和蒸汽甩头等。

公路装卸车系统与铁路装卸车系统相似。一般分为上卸和下卸两种卸车方式,当采用上卸时,卸车系统包括输油系统、真空系统、放空系统密或密闭油气回收系统三部分。当采用下卸方式时,一般用装卸软管来进行连接,靠重力自流卸车。设备与铁路装卸设备相同。

(八)滚装、客运码头装卸工艺

滚装码头是供滚装船进行滚装作业的码头,包括货物滚装码头、客货滚装码头和汽车滚装码头。客运码头是供客轮停靠、上下旅客的码头。

滚装船装卸工艺是在轮渡的基础上发展起来的，它借助于滚装船与码头之间的跳板，装卸船过程是采用流动搬运机械的带轮滚动运输的方式来完成。运输的货物包括：集装箱拖车、集装箱、货车、客车、铁路车辆、商品汽车、特重件或特大件货物等。这种滚动装卸运输的主要特点是：在码头上无需配置大型岸壁起重机械，码头配备的装卸机械少、装卸船作业速度快、组织管理简单易行、能耗低、装卸船费用省、整个运输过程货差货损少、便于组织"门到门"运输。

客运码头装卸工艺分为旅客上下船工艺和行李及物资装卸工艺。常见的旅客上下船设施有登船桥和登船梯。登船桥一端直接或通过廊道连接客运中心，另一端采用自动控制上下升降和左右移动与邮轮甲板边缘或舱口连接。登船梯一端与邮轮甲板边缘或舱口连接，另一端搁置于码头面，也称船梯、舷梯、岸梯等。登船桥一般用于专业化邮轮码头；登船梯适用于一些非专业化邮轮码头、船型较小或专业化邮轮码头的初期专业接船设备尚未到位或甲板(或舱口)位置与码头地面标高接近等场合。行李和物资装卸通常采用叉车进行作业。

三、防波堤、护岸建筑物工程的分类及组成

防波堤为港口防护建筑物，是港口工程的重要组成部分，它的主要作用是防浪、防沙，还可防止冰凌侵入港池。有时，防波堤内侧还可以兼做码头或系靠船舶设施。此外，防波堤除了作为港区最外层的防护建筑物直接抵抗波浪对港内建构筑物的冲击，消减波能，满足港内的泊稳和作业要求外，也可以兼具其他功能，例如对于海岸水流、泥沙等水动力条件复杂的可以兼顾导流堤、防沙堤的使用功能；对于有通道要求的可以兼顾路堤的使用功能等。

护岸也是水运工程中常见的防护建筑物之一，主要用于保护海岸不被水体侵蚀，从而保护陆域。在水运工程中，除系靠船的码头岸壁、通航建筑物以及修造船建筑物之外，凡陆域与水域相接的部分均可作为"护岸"，可以是对新形成的陆域免遭侵蚀的防护，也可以是对天然岸坡不被进一步侵蚀的保护。

(一)防波堤工程

防波堤的分类通常有两种方法，一是按平面布置型式分类，另一是按结构型式分类。

当按平面布置型式分类时，防波堤的一端(堤根)与岸相连时称为突堤式；防波堤两端均不与岸相连时称为岛式防波堤。岛式防波堤轴线的走向一般与岸大致平行，以形成港内有较大的水域面积。

当按照结构型式分类时，防波堤有以下类型：斜坡式、直立式、混合式、透空式和箱筒型基础防波堤等。其中，直立式又包括重力直立式、沉入直立式、桩式等；混合式主要指各种由基床和各种形状的轻型混凝土构件组成的防波堤，混凝土构件包括半圆形构件、半圆形沉箱、格形构件等。

1. 斜坡式防波堤

斜坡式防波堤是一种主要的防波堤结构型式，其结构的主要特点是：断面为梯形；用开采的天然块石或人工混凝土块体抛筑而成；波浪作用时，波能在坡面上大部分被吸收或消散。斜坡式防波堤主要由堤身及护面组成，堤身可采用抛石、抛填方块、袋装砂等结构型式，护面可采用人工块体护面、块石或砌石护面等。

常见的斜坡式防波堤结构型式包括以下几种(图 3.1-32)：

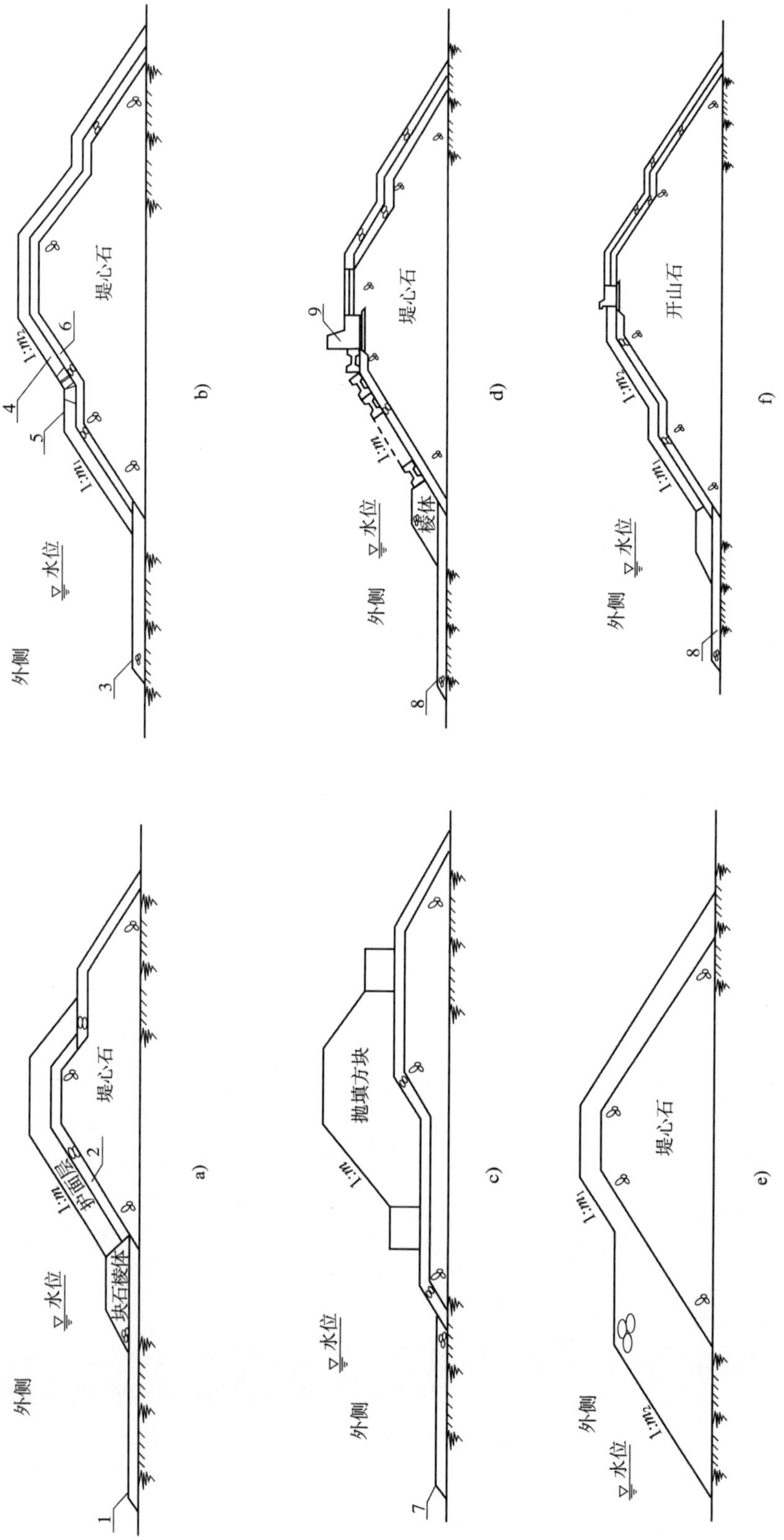

图 3.1-32　斜坡堤示意图

a)人工块体护面斜坡堤;b)砌石护面斜坡堤;c)抛填块体斜坡堤;d)堤顶设置胸墙的斜坡堤;e)宽肩台式斜坡堤;f)深水斜坡堤

1-护底;2-垫层;3-护底;4-干砌或浆砌块石;5-肩台;6-垫层;7-护底;8-护底;9-胸墙

斜坡式防波堤的主要优点是：①波浪反射弱，附近海面较平稳，在港内与口门处不会形成激浪；②对地基不均匀沉降不敏感，对地基承载力的要求不高，可以用于比较软弱的地基；③施工相对简单，对大型起重设备要求较低；④在施工过程中和建成以后，如有损坏，易于修复。

其主要缺点是：①材料用量较大，大致与水深的平方成正比；②需要经常维护，维修费用较高；③堤内侧不能直接用于系靠船舶。随着目前水运工程建设位置的水深越来越大，斜坡式防波堤主要材料被消耗于下部，而不是波能较为集中的上部，且底部占海面积较大，也不符合环保、生态的用海政策导向，因此其原有的经济性优势有所降低。

2. 直立式防波堤

直立式防波堤也是一种主要的防波堤结构型式，结构特点是：断面的内、外两侧均为直立（或基本直立）墙，一般由抛石基床、墙身构件和防浪胸墙所组成。波浪作用时，多在墙前发生反射。

直立式防波堤可采用重力式直立堤和桩式直立堤等结构型式，其中又以重力式直立堤应用更广。重力式直立堤底部基础多采用抛石基床，水下墙身一般采用混凝土方块或钢筋混凝土沉箱结构，上部结构多采用现浇混凝土结构平台和防浪墙。常见的直立式防波堤结构型式包括以下几种（图 3.1-33）：

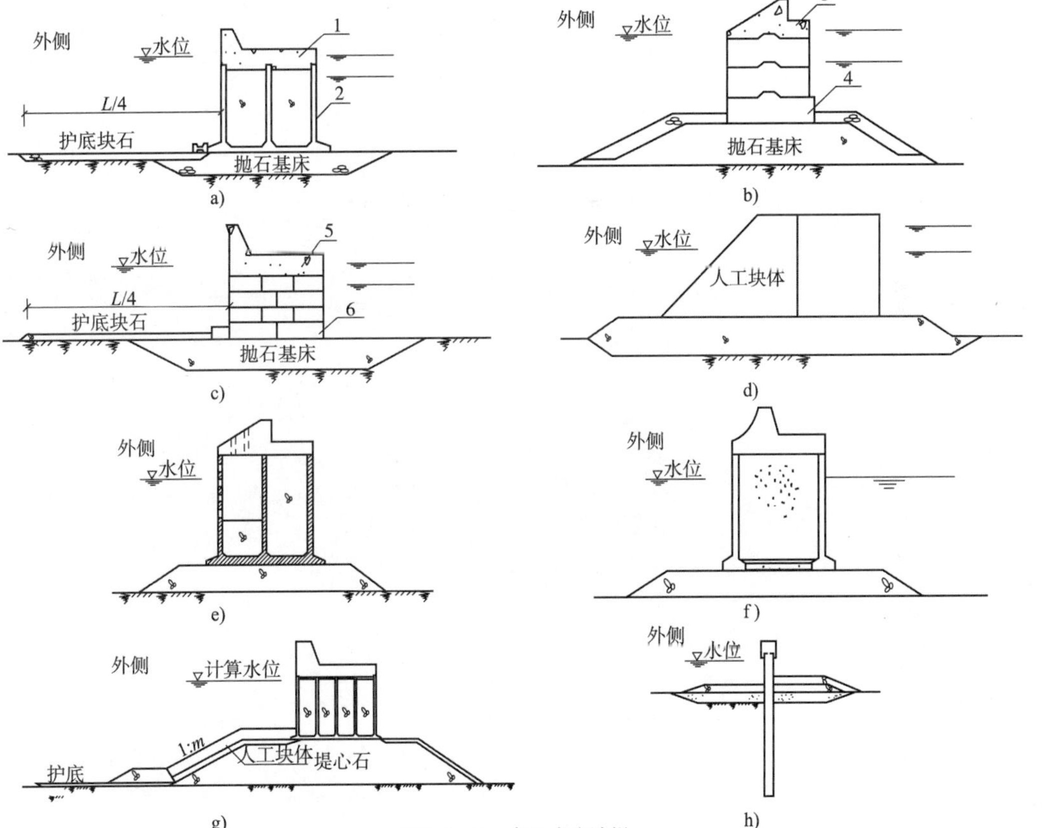

图 3.1-33　直立式防波堤

a）沉箱直立堤；b）削角方块直立堤；c）正砌方块直立堤；d）水平混合式直立堤；e）开孔沉箱直立堤；f）坐床式圆筒直立堤；g）深水沉箱直立堤；h）单排桩直立堤

1-上部结构；2-钢筋混凝土沉箱；3-上部结构；4-混凝土方块；5-上部结构；6-混凝土方块

直立式防波堤的主要优点是:①当水深较大时,建筑材料用量较斜坡堤少;②不需要经常维修;③堤内侧可兼做码头或临时系靠船舶用。

其主要缺点是:①波浪遇直立墙面几乎全部反射,堤附近水面波高增大,可能影响港内水面平静;②堤前水深或基肩上水深小于波浪的破碎水深时,波浪将破碎,对堤产生很大的动水压力,需要加大堤身宽度和采取护底措施,增大防波堤造价;③重力式直立堤对于地基承载力要求高,对于地基不均匀沉降较为敏感;④桩基直立堤堤身单薄,适用的波浪周期短;⑤一旦破坏,难以修复。

3. 其他结构型式防波堤

其他型式防波堤的结构型式主要有半圆型防波堤、桩基透空堤、沉箱墩式透空堤和箱筒型基础防波堤等。

(1)半圆型防波堤。通常所说的"半圆型防波堤"是指以半圆形构件或半圆形沉箱为主要挡浪、消能结构的防波堤。其结构自重较轻,对地基承载力要求不高;自身结构平衡性好,对填料配重要求不高,但是极端水文气象条件下消能效果有限。半圆型防波堤堤身可采用半圆形构件或半圆形沉箱,如图3.1-34所示。半圆形构件或沉箱下部应设置抛石基床;圆心位置可在底板的顶面或底面附近,也可高于底板顶面,底板两侧可伸出拱圈形成悬臂底板;港内外明基床宜设护肩、护坡和护底块石。

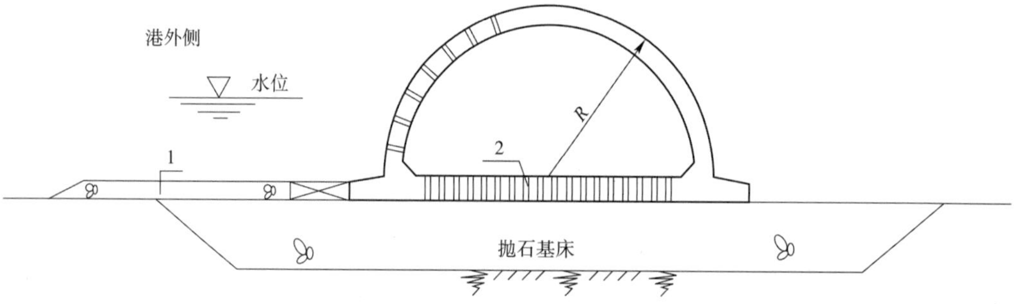

a)

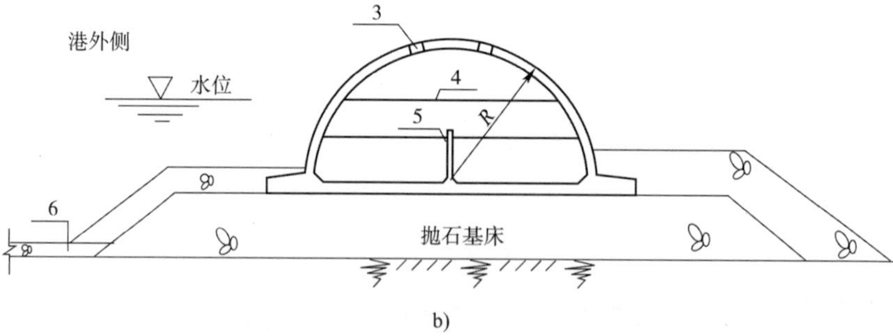

b)

图3.1-34　半圆型防波堤

a)半圆型构件防波堤;b)半圆型沉箱防波堤

1-护底块石;2-泄压孔;3-灌砂孔;4-横隔墙;5-纵隔墙;6-护底块石

(2)透空式防波堤。透空式防波堤目前主要有桩式透空堤和沉箱墩式透空堤两种。透空式防波堤在材料使用上和经济上是合理的,但是它不能阻止泥沙进入港内,也不能减小水流对港内水域的干扰。桩基透空堤宜用于地基软弱、水深相对较大、波高较小而波陡较大的情况。桩基透空堤(图3.1-35)可由栈桥式高桩梁板结构和设在其单侧或双侧的挡浪结构组成。沉箱墩式透空堤(图3.1-36)可由间隔安放的沉箱墩、上部结构以及沉箱间的挡浪翼板等组成。

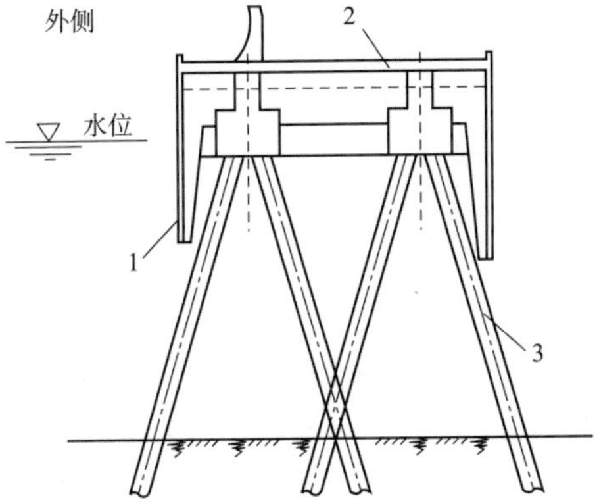

图3.1-35　桩式透空堤

1-挡浪板;2-上部结构;3-桩基

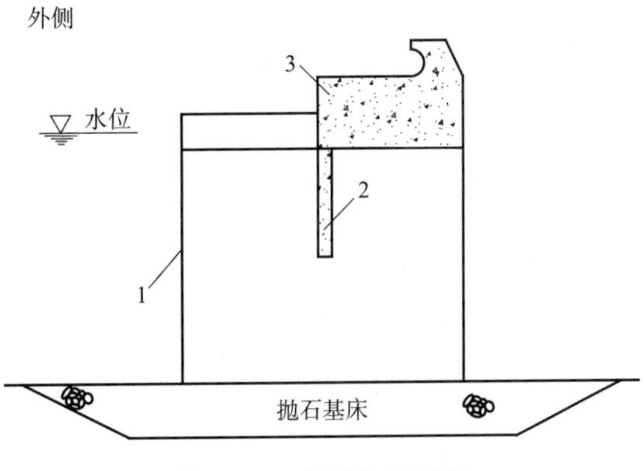

图3.1-36　沉箱墩式透空堤

1-沉箱墩;2-挡浪翼板;3-胸墙

(3)箱筒型基础防波堤。

箱筒型基础防波堤是近年来开发并得到推广的一种新型防波堤,其核心是将预制的钢或钢筋混凝土箱筒结构拼组后运至现场,并通过真空负压下沉工艺沉入土中形成防波堤的下部基础结构;再将符合设计功能要求的上部挡浪结构安装在箱筒形基础上,并联结成整体,从而实现挡浪结构—基础结构—地基土共同抵御波浪作用的工作机理。该类型防波堤尤其适用于表层分布有一定厚度软黏土的地区,但是对于预制能力、运输能力和施工能力有较高的要求。箱筒型基础防波堤可由泥面以上的上部结构和沉入泥面以下的基础箱筒及连接构件组成(图3.1-37)。基础箱筒和上部结构宜纵、横对称布置。

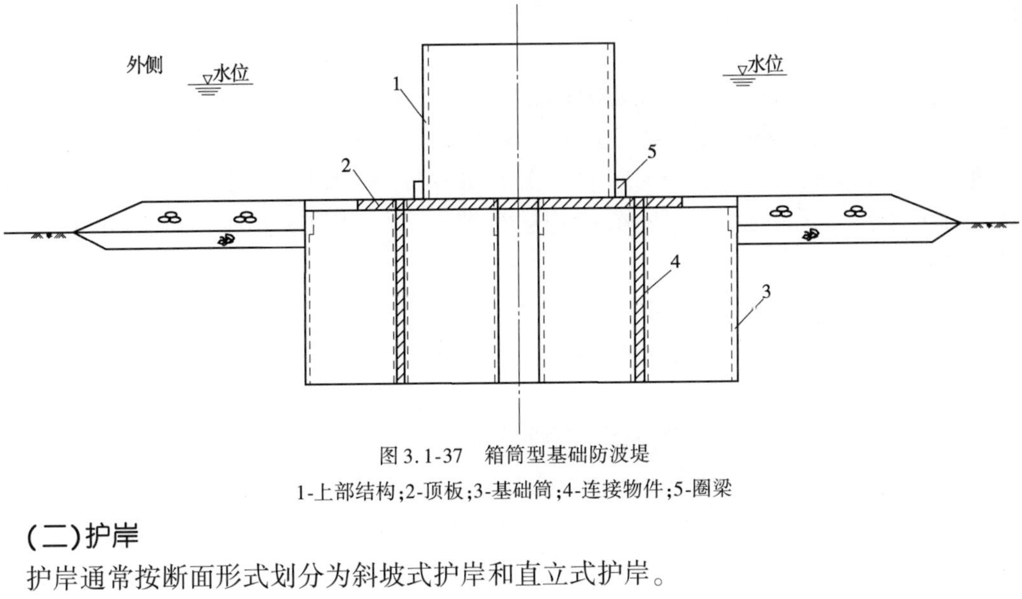

图3.1-37　箱筒型基础防波堤

1-上部结构;2-顶板;3-基础筒;4-连接物件;5-圈梁

(二)护岸

护岸通常按断面形式划分为斜坡式护岸和直立式护岸。

1. 斜坡式护岸

斜坡式护岸(图 3. 1-38)主要分为堤式护岸和坡式护岸。堤式护岸通常由堤身、胸墙、护肩、护面、护脚、护底结构及反滤设施组成。坡式护岸通常由岸坡、胸墙、护肩、护面、护脚、护底结构及反滤设施组成。

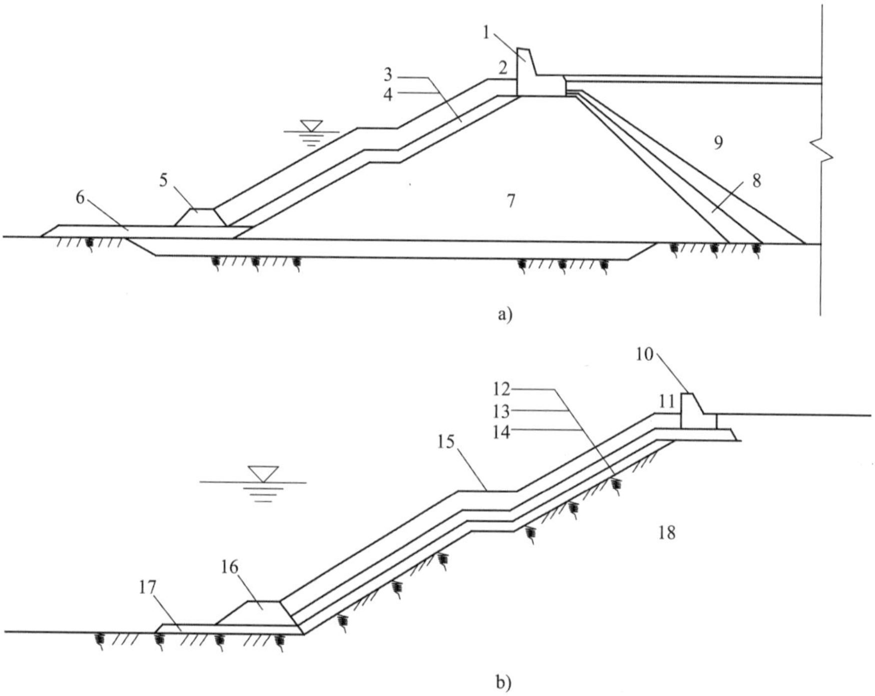

图 3. 1-38　斜坡式护岸断面型式

a)堤式护岸;b)坡式护岸

1-胸墙;2-护肩;3-护面层;4-垫层;5-护脚;6-护底;7-堤心;8-垫层;9-倒滤层;10-胸墙;11-护肩;12-护面层;13-垫层;14-倒滤层;15-肩台;16-护脚;17-护底;18-岸坡

堤式护岸的堤心可采用块石、袋装砂和石渣等材料,类似于斜坡式防波堤的堤心结构。斜坡式护岸的护面结构可采用抛理块石、混凝土人工块体、干砌块石、干砌条石、浆砌块石、栅栏板、混凝土板及模袋混凝土等。内河航道护坡也可采用铁丝网护垫、铰接式联锁块等。护坡结构有生态景观要求时,可选用铁丝网箱式结构、生态袋、生态混凝土结构、箱式绿化挡墙、仿木桩、草皮等形式。

2. 直立式护岸

直立式护岸(图 3. 1-39)墙体可采用现浇混凝土、浆(灌)砌块石、混凝土方块、板桩、加筋土岸壁、扶壁、沉箱或沉井等结构型式。直立式护岸上部结构可采用现浇混凝土或钢筋混凝土,结构临水面根据挡浪情况可采用直立面或弧面。

相对于直立式防波堤,除承受较大的波浪作用,而同时工艺设备荷载较少外,直立式护岸在设计、建造上更接近于码头岸壁,因此在某些地区也常被称作"直立岸壁",必要时也可设置系靠船辅助设施作为临时的码头或系靠船设施使用。

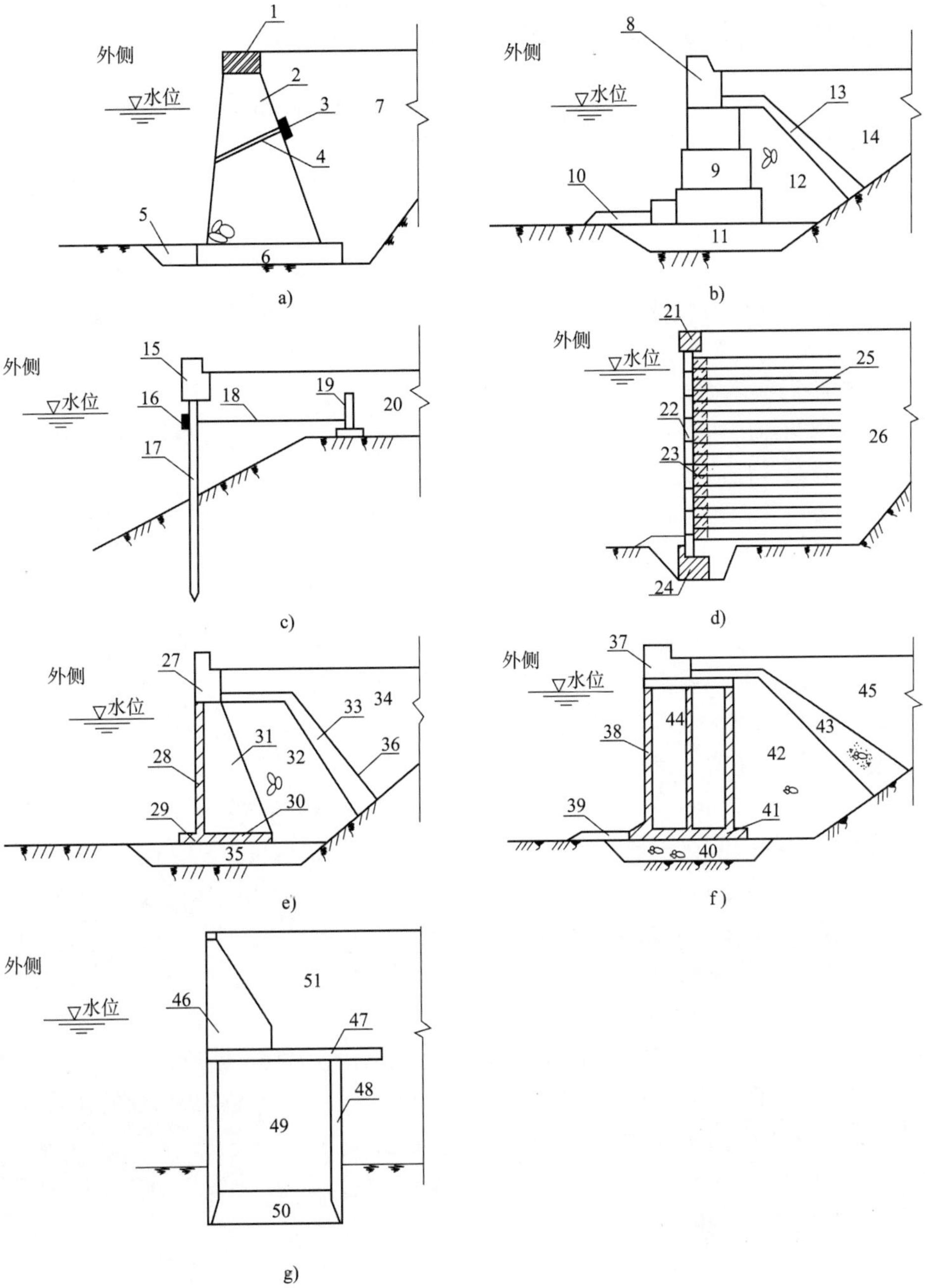

图 3.1-39 直立式护岸

a) 现浇混凝土或浆(灌)砌块石护岸;b) 混凝土方块护岸;c) 有锚板桩护岸;d) 加筋土岸壁;e) 扶壁护岸;f) 沉箱护岸;g) 沉井式护岸

1-压顶;2-墙体;3-倒滤设施;4-排水孔;5-护底;6-底板;7-回填料;8-胸墙;9-墙体;10-护底;11-基床;12-抛石棱体;13-倒滤层;14-回填料;15-胸墙或帽梁;16-导梁;17-板桩;18-钢拉杆;19-锚碇结构;20-回填料;21-胸墙或帽梁;22-墙面板;23-倒滤层;24-基础;25-加筋体;26-回填料;27-胸墙;28-立板;29-趾板;30-底板;31-肋板;32-抛石棱体;33-倒滤层;34-回填料;35-基床;36-土工织物滤层;37-胸墙;38-外壁;39-护底;40-基床;41-底板;42-抛石棱体;43-倒滤层;44-箱内填料;45-回填料;46-上部结构;47-盖板;48-沉井;49-井筒内回填土;50-封底;51-回填料

四、航道整治建筑物及通航建筑物工程的分类及组成

在水流条件复杂或航行困难的河段,为使船舶能顺利安全通行所采取的改善航道工程措施,称为航道整治。

航道整治建筑物是指航道整治工程中用于稳定有利河势,调整和控制水流,塑造良好滩槽形态,改善航道航行条件等作用的建筑物。

通航建筑物,又称“过船建筑物”。是指为克服拦河闸、坝、急流卡口、横梁、跌坎等形成的水位集中落差,使船舶(船队或排筏)安全顺利地由下游驶向上游(或由上游驶向下游)而建筑的过船建筑物。

(一)航道整治建筑物

按照建筑物的使用年限和材料,航道整治建筑物可分为永久型或重型的、临时型或轻型的。前者抗冲和耐久性能较强,使用年限也长,一般多用土、石、混凝土、钢材等重型材料修建;后者抗冲和耐久性能相对较弱,使用年限也短,一般多用竹、木、苇、梢秸料并辅以土石料所修建,长期在水下工作的土工织物类构件也是一种永久型建筑材料。

按照建筑物与水位的关系,可分为淹没式和非淹没式。在各种水位下都被淹没或中、枯水时外露,而洪水时遭受淹没的,称为淹没式整治建筑物;在各种水位下都不遭受淹没的,称非淹没式整治建筑物。前者多用于航道的枯水整治或中水控导工程,而后者则用于调整洪水(如堤防),或调整多种水位(如桥渡导流坝)。

按照建筑物与水流的干扰情况,可分为非透水建筑物、透水建筑物和环流建筑物。非透水建筑物只容许水流绕流和漫溢而不容许水流穿透,它对水流起着挑流、导流、堵塞等较大的干扰作用。透水建筑物则能让一部分水流通过建筑物本身,从而引起河床过水断面流速、流量的重新分配,起到缓流落淤和一定的导流作用。环流建筑物是在水流中人工造成环流,通过环流来调整泥沙运动方向,从而达到控制河床冲淤变化的目的。

根据建筑物的功能不同,航道整治建筑物可分为堤坝、护岸、固滩三大类。

1. 堤坝

堤坝是指起拦水拦沙作用的构筑物的统称。包括:丁坝、顺坝、锁坝、溪口拦石坝等。

(1)丁坝。是坝根与河岸或其他建筑物相接,在平面上与岸线构成丁字形的横向整治建筑物。它的作用是束窄河床、导水归槽、调整流向、改变流速、冲刷浅滩、导引泥沙等。平原河流航道整治,常用丁坝保护河岸、固定边滩、束水归槽、增大流速、刷深航道。山区河流航道整治,常用丁坝调整岸线、壅高水位、改变比降、降低流速、增加航深。

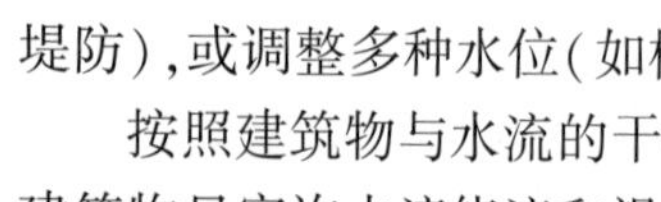

图 3.1-40　丁坝布置图

丁坝按坝轴线与水流交角分为上挑、下挑和正挑丁坝。坝轴线与水流流向交角小于 90°的为上挑丁坝,大于 90°的为下挑丁坝,正交 90°的为正挑丁坝。丁坝的挑流形式如图 3.1-40 所示。

(2)顺坝。是一种坝轴线与水流方向平行或呈一锐角、顺向布置的整治建筑物。顺坝的主要作用是导流,且具有束水归槽、改变水沙流向、增大航道流速或调整水流比降、壅高水位、改善流态等作用(图 3.1-41)。

(3)锁坝。是一种在一定水位下拦断河流汊道的整治建筑物。锁坝用于塞支强干,增加

主汊的流量或抬高河段水位,以增强主汊的输沙能力。锁坝一般可根据整治要求的不同,选择布置在汊道的入口段、中段或下段(图3.1-42)。

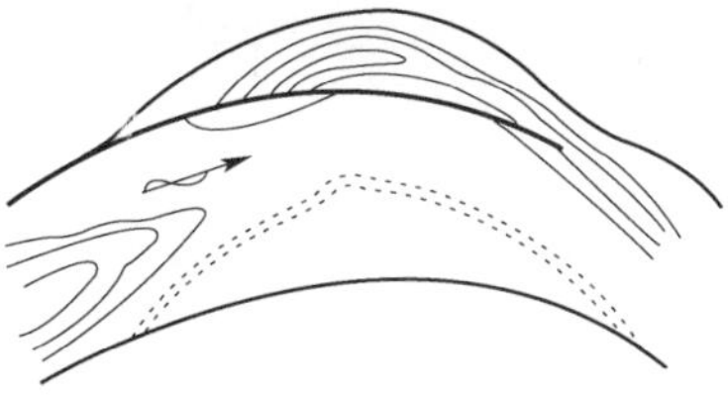

图3.1-41　顺坝布置图

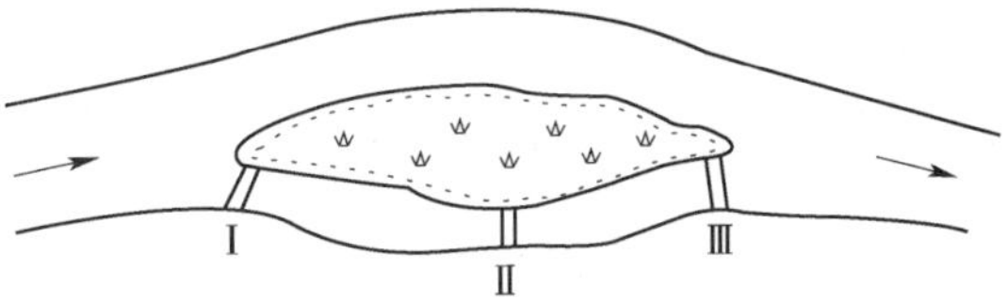

图3.1-42　锁坝布置图

(4)溪口拦石坝。溪口拦石坝是横筑于溪沟内用于拦石的栏栅式或其他透水建筑物。

2. 护岸

护岸是保护河岸,防止波浪、水流侵蚀,起控制河势或保护堤坝稳定的整治建筑物。护岸主要有两种形式:一种是直接使用防护材料,加固岸坡、坡脚,抵抗波浪、水流等自然动力因素的侵蚀;另一种是利用整治建筑物改变水流方向或消除波浪能量,以减弱波浪、水流对岸坡或坡脚的冲击作用,如修建丁坝、顺坝等。护岸方式的选择取决于当地地形、动力因素的强弱、工程材料、造价及施工条件等。

3. 固滩

固滩是指保护河道内重要边滩或心滩滩体,免遭水流冲蚀,起到稳定航槽内水流条件及泥沙输移能力等作用的整治建筑物。主要有三种固滩形式:一是直接使用防护材料,对滩体整体式守护或间断式守护,抵抗波浪、水流等自然因素对滩体的侵蚀;二是利用植物根系或通过对土体加筋的方式,增强滩体自身抵抗波浪、水流等自然因素侵蚀的能力;三是利用整治建筑物改变水流方向或消除波浪能量,以减弱波浪、水流对滩体的冲击作用。

(二)通航水工建筑物

在天然河流由于调节流量、渠化通航以及在运河上因地形条件及水面坡度的限制,必须具有阶梯形的纵断面形成集中水面落差。所以必须借助专门的通航建筑物使船舶直接通过落差。船闸和升船机是最有特色的通航水工建筑物,其往往设置于两次水位差较大的水利枢纽、需要人工抬升水位的运河或水位差较大的河流入海口,并与航道相连,确保了水路运输的连续性和通畅性。

1. 船闸

船闸是一厢形构筑物,由上、下游引航道与上、下游闸首与闸室组成。

闸室是停泊船舶(或船队)的厢形室,借助室内灌水或泄水来调整闸室中的水位,使船舶在上、下游水位之间做垂直升降,从而通过集中的航道水位落差。当船舶由下游向上游行驶时,室内水位降至与下游水位齐平,然后打开下游闸首的闸门,船进闸室,关闸门,灌水,待水位升高到与上游水位齐平后,开上游闸首闸门,船即可出闸通过上游引航道驶向上游。当船由上游向下游行驶时,过闸操作程序则与此相反。

船闸种类很多,根据船闸的不同特征分为以下4种不同的类型。

(1)内河船闸和海船闸。按照所处的地理位置和航行船舶,分为内河船闸和海船闸。内河船闸建于内陆河流及人工运河上。海船闸建于封闭式海港港池口门、海运河及入海河口。

(2)单级船闸和多级船闸(图3.1-43)。根据船闸级数的不同,分为单级船闸和多级船闸。

单级船闸是指只有一个闸室的船闸,多级船闸是指沿船闸轴向方向有两个及以上闸室的船闸。此外,单级船闸中还有设置中间闸首的单级船闸、多级船闸中还有设置中间渠道的单级船闸。

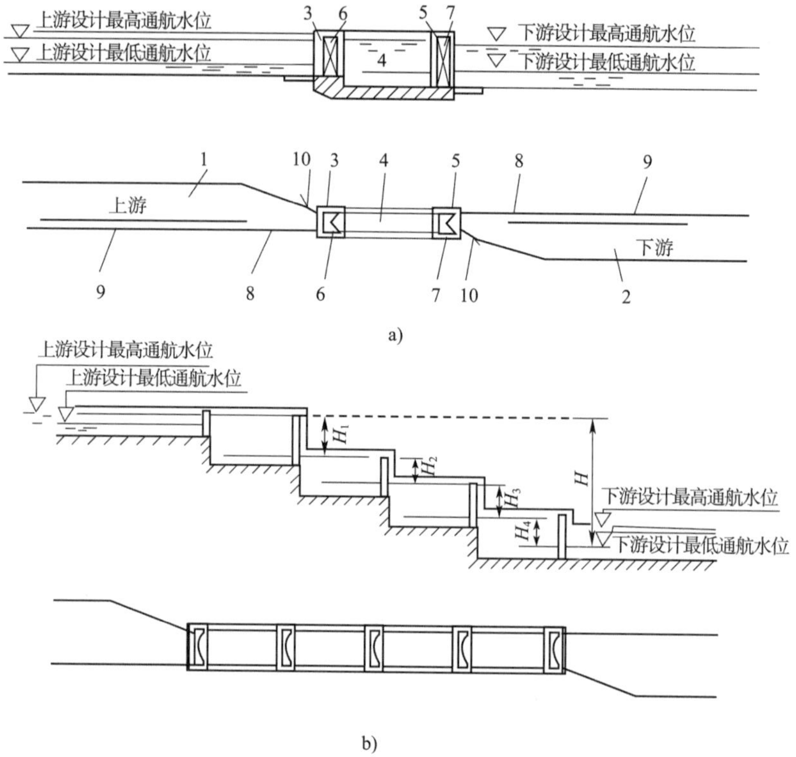

图 3.1-43　单级和多级船闸

a)单级船闸;b)多级船闸

1-上游引航道;2-下游引航道;3-上闸首;4-闸室;5-下闸首;6-上闸门;7-下闸门;8-导航建筑物;9-靠船建筑物;10-辅导航建筑物

(3)单线船闸、双线船闸和多线船闸。根据船闸横向相邻闸室数量,分为单线船闸、双线船闸和多线船闸。在水利枢纽工程中,单线船闸也指在一个枢纽内只建有一座船闸的情况,多线船闸也指在一个枢纽内建有两座及以上船闸的情况,因此在双线船闸和多线船闸中就有并列式双线船闸,以及有两条或以上航线的双线船闸和多线船闸等多种情况。

(4)其他类型的船闸(图 3.1-44)。根据船闸使用特点,还有广室船闸、省水船闸、井式船闸等。

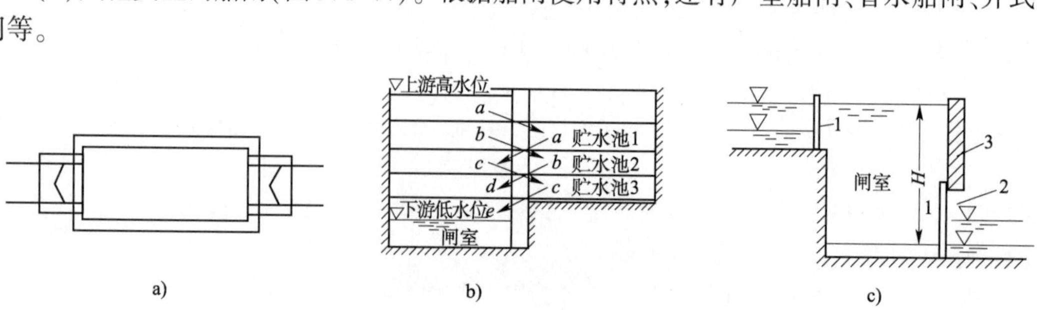

图 3.1-44　其他船闸

a)广室船闸;b)省水船闸;c)井式船闸

1-闸门;2-通航孔道;3-胸墙;H-水头

2. 升船机

升船机由上、下闸首，承船厢(承船车)，支承导向结构和驱动装置等组成，可分为垂直升船机和斜面升船机两大类。升船机的类型很多，大致可以分为以下两类。

(1)干运和湿运。根据承船厢载运船舶的方式不同，分为干运和湿运。干运升船机是船舶支承在承船厢的承台上，一般用于船舶吨位不大的情况；湿运升船机是将承船厢充水，船舶浮载在承船厢内的水体上，用于大吨位的船舶升船机。

(2)垂直升船机和斜面升船机。根据装载船舶的承船厢的运行方式，分为垂直升船机和斜面升船机，在实践中多采用纵向斜面升船机。斜面升船机的承船厢接斜坡道做升降运动，其支承导向结构为倾斜的轨道；垂直升船机的承船厢沿垂直方向升降，其支承导向结构为直立的支架，根据平衡方式，分为均衡重式垂直升船机、浮筒式垂直升船机和水压式垂直升船机。

以垂直升船机为例，说明船舶通过升船机的程序。如船舶向上游行驶，首先承船厢停靠在下闸首，船舶由下游航道进入船厢，然后关闭闸首和船厢闸门，泄去厢头门与闸首工作门之间缝隙水，在驱动装置作用下，承船厢随即上升，并停靠在上闸首，待完成承船厢与上闸首拉紧、密封、充缝隙水后，打开船厢与闸首闸门，船舶随即驶进上游航道。等待下行船舶随即可进入承船厢，依次上述程序反向操作，船舶即可由上游航道进入下游航道。

五、修造船水工工程的分类及组成

船厂中供修造船用的建筑物按其功用可分为上墩下水建筑物和码头两大类，供船舶上墩下水的建筑物按其工作方式可归纳为船台滑道类、船坞类和升降机类。

(一)船台滑道

船舶利用机械设备沿岸坡斜面上墩或下水，或者靠船舶自重沿岸上斜坡面滑行下水，斜面上供船舶上墩下水的专业轨道称为滑道，船舶在岸上修造的场地称为船台，船台与滑道间的连接转换区域为横移区。船台滑道的结构型式可采用实体结构、轨枕道砟结构、架空结构等。根据滑道的用途和设备，目前采用的主要有木滑道、涂油滑道和机械滑道三种。在船舶上墩或水时，船舶纵轴与滑道中心线一致称为纵向滑道；船舶纵轴与滑道中心线垂直称为横向滑道。纵向机械化滑道主要有纵向船排滑道、纵向两支点滑道和纵向斜船架滑道和纵向栈桥滑道等。

木滑道是在天然地基上铺上木梁作为滑道，梁上放置滑板，船体支撑在滑板上，用绞盘或绞车拖曳船舶上墩或下水，如图 3.1-45 所示。木滑道有纵向和横向两类。船舶的修造在倾斜的船台上进行。木滑道的优点是结构简单、造价低；缺点是使用不便，一般用作升降自重在 500t 以下船舶的临时设备。

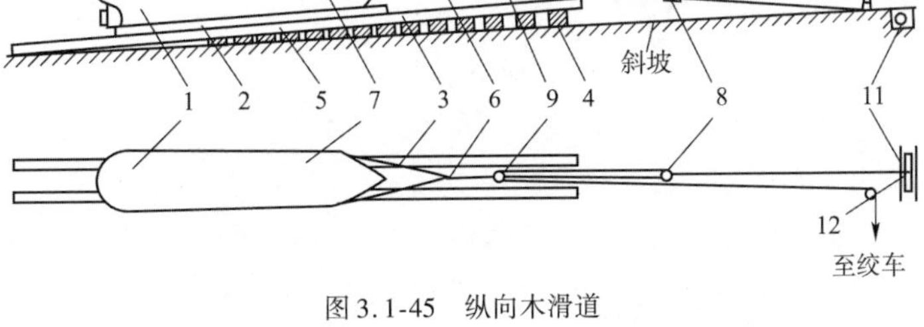

图 3.1-45 纵向木滑道

1-船舶；2-滑板；3-滑道；4-墩架；5-扁钢；6-牵引缆索；7-带缆桩；8-定滑轮；9-动滑轮；10-绞车；11-地龙；12-导向滑轮

涂油滑道是由木滑道发展而来的。由于船舶重量的增大,木滑道地基承载力不足,就需在天然地基上建造一个钢筋混凝土的基础来支撑木质下水滑道并建造岸上船台,如图 3.1-46 所示。船体造好后,在下水滑道上涂上一厚层油脂,上面放滑板,使船体坐落在滑板上,为了控制滑板的滑行,可采用液压制滑机。当油缸内液压降低后,制滑机转动,滑板失去控制,船体即凭自重带着滑板滑下水。这种控制设备沿船长成对布置,一般用 1 ~3 对。这种滑道不设牵引设备,只能用于造船时下水,不能用于修船时上墩,所以称为造船台。特点是结构比较简单,造价比较低廉。

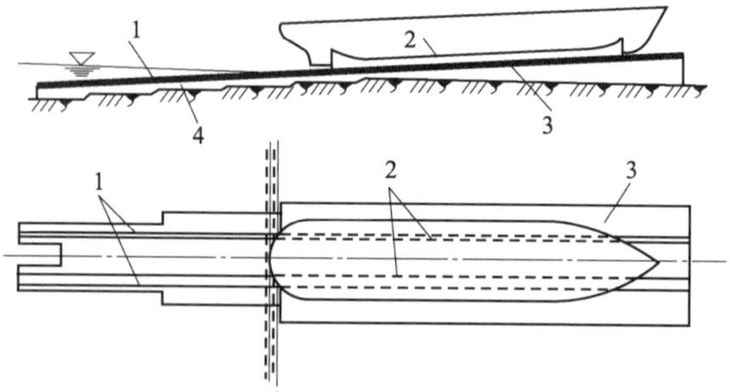

图 3.1-46　纵向涂油滑道

1-下水滑道;2-滑板;3-船台;4-滑道基础

机械化滑道用钢轨代替木质轨道,用车子代替滑板,采用机械操作,利用一个下水滑道可以为若干个船台服务,因而船台集中、船厂总平面布置较紧凑,每个船台的造价亦可降低。机械化滑道具有操纵方便、营运费用低等优点,是目前成批修造船舶时广泛采用的一种设备。机械化滑道分纵向和横向两类,两类滑道一般均由滑道区、横移区和船台区三部分组成,如图 3.1-47所示。

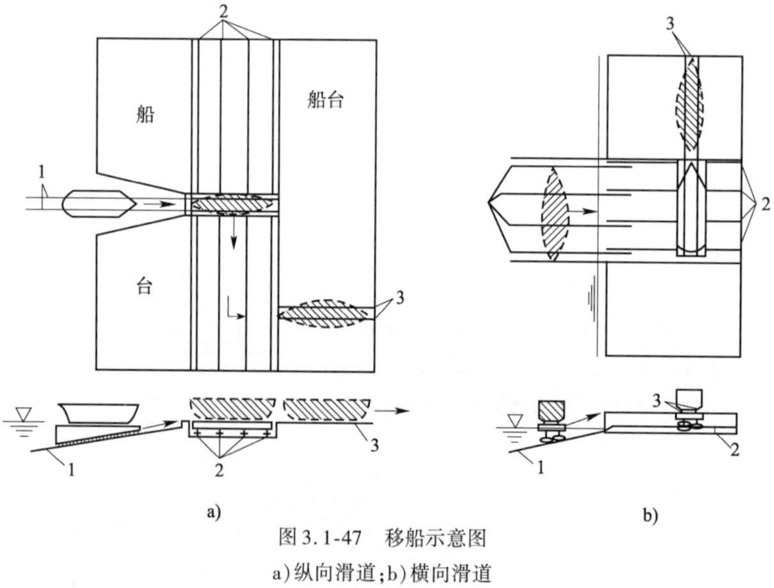

图 3.1-47　移船示意图

a)纵向滑道;b)横向滑道

1-下水轨道;2-横移轨道;3-船台轨道

(二)船坞

船坞是利用灌排水系统使船舶水下部分露出水面的建筑。按在坞内修造的最大船舶载重吨,可分为大型船坞、中型船坞和小型船坞,能修造超过 10 万载重吨(含 10 万载重吨)的船坞为大型船坞;5 万 ~10 万载重吨(含 5 万载重吨)为中型船坞;小于 5 万载重吨为小型船坞。

按船坞的功用主要分为干船坞和浮船坞两种。

干船坞是利用灌排水系统控制水面升降使船舶坐墩或上浮。干船坞是有坞口、坞室、灌排水系统、拖曳系缆设备、垫船设备、动力设备、起重设备、工艺设备以及管网等组成(图3.1-48)。现代干船坞通常为低于地面的三面封闭坞室结构,迎水面设置坞门供船舶进出。船舶进坞前,坞门关闭,由灌水系统向坞内灌水,坞内外水位相同时开启坞门使船舶驶入,关闭坞门后,将坞内水排出,使船舶坐墩,进行船舶的维修或制造,船舶建造或维修完成需出坞时,再向坞内灌水,坞内外水位相同时开启坞门使船舶驶出。

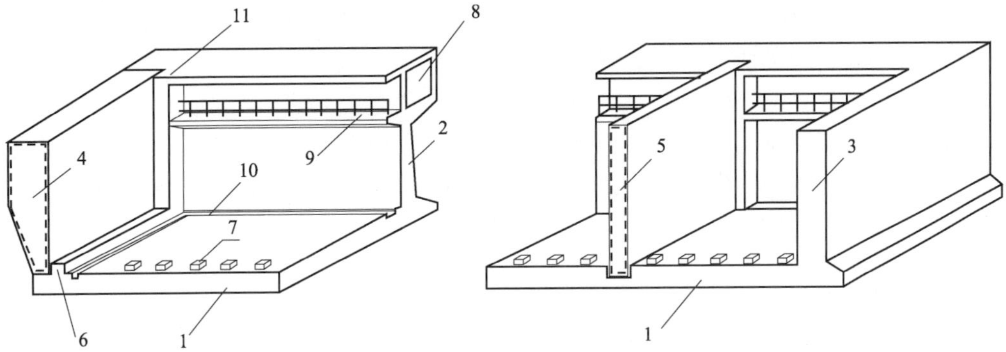

图3.1-48　干船坞组成部分简图

1-坞室底板;2-坞室墙;3-坞室尾墙;4-坞门;5-中间坞门;6-门槛;7-龙骨墩;8-工艺廊道;9-栏杆;10-排水沟;11-门槽

浮船坞是在水中将船舶升降,并在底板上进行修理用的设备,实际上是一种特制的平底船舶,由坞墙、底板和锚系等部分组成。现在广泛采用双墙式浮船坞,其断面为U形,两端开敞。船舶上墩时先向浮坞的舱室内灌水,使坞下沉至满足船舶吃水后,将船舶从坞的一端曳进坞内,然后用水泵排出压舱水,船坞托船上浮,使船体水下部分及浮船坞底板露出水面,便可进行修船作业,如图3.1-49所示。船舶修造完成出坞下水时,向浮坞的舱室内灌水,使坞下沉至满足船舶吃水后,将船舶从坞的一端曳出。一个浮坞仅提供一个船位,当需要多个船位时就要建造多个浮船坞,显然是不经济的。

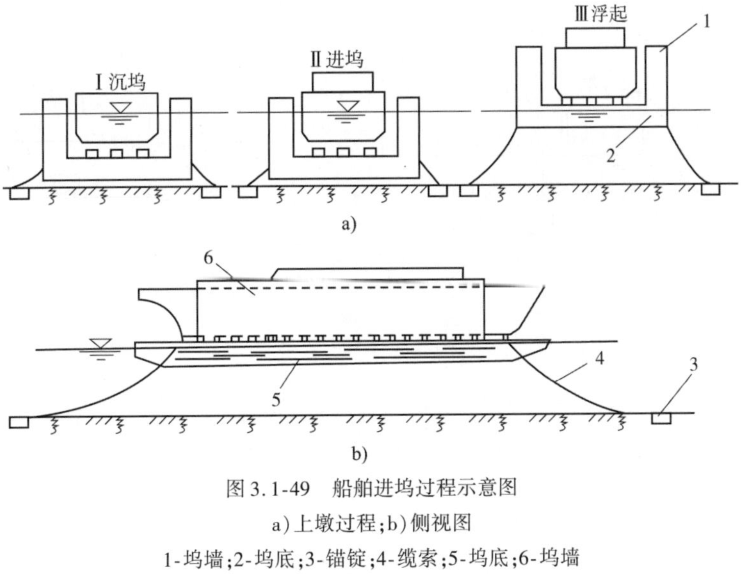

图3.1-49　船舶进坞过程示意图

a)上墩过程;b)侧视图

1-坞墙;2-坞底;3-锚锭;4-缆索;5-坞底;6-坞墙

(三)升船机

升船机主要是利用机械设备垂直升降船舶,使之下水或露出水面进行修理工作的建筑。由承船厢、支撑导向结构、驱动机构、制动装置、升船机闸首、电气控制系统以及其他附属设备组成。升船机按承船厢的运行路线可分为垂直升船机及斜面升船机,按承船厢运载船舶的方式可分为湿运及干运两类,按驱动设备分为卷扬式和液压式两种。对小型船舶甚至可以用起重机垂直升降船舶。图 3.1-50 是一座 2000 吨级卷扬式升降机,在内、外码头间用 20 根钢缆悬挂着一个钢制平台,钢缆的一端由绞车引出,绕过吊点处的定滑轮组和升船平台上的动滑轮组吊住平台。船舶上墩时,升降平台先放在图中虚线位置,将船舶曳进船池,开动两侧的电动绞车使平台升起,船舶即落在平台的支墩上,平台提升至与码头顶面齐平后,将船台车移至船舶下面并用车上的千斤顶将船顶起,船重就移到船台车上,撤出平台支墩,沿轨道将船舶移至船台上进行修理。船舶下水操作程序相反。升船机的特点是占用水域和陆域面积小,操作简便,一台升降机可供许多船台使用。但造价较高,特别是在船体较重和地质条件差时更突出。

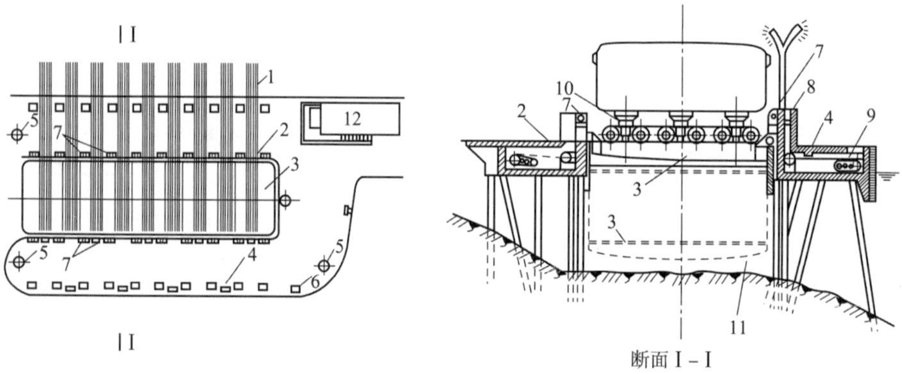

图 3.1-50　卷扬式船舶升降机

1-轨道;2-内码头;3-升降平台;4-外码头;5-绞盘;6-系船柱;7-吊点;8-导轮;9-绞车;10-船台车;11-升船池;12-操纵室

六、地基基础处理工程的分类及组成

地基处理工程有多种不同的处理方法,地基处理方法应考虑土质条件及加载方式、建筑物类型及适应变形能力、施工条件、材料来源、地下水条件和处理费用等因素经多方案比较选定,必要时可联合应用多种地基处理方法。

水运工程中常用的地基处理法可按表 3.1-1 选用。

常用地基处理方法　　表 3.1-1

处理方法		适用范围
换填法		换填厚度一般不大于 4 m 的软土
爆破法	爆破排淤填石	有下卧持力层的厚度一般为 4 ~ 25m 的淤泥、淤泥质土
	水下爆破夯实	水下地基或基础为块石或砾石的地基
加筋垫层法(包括土工织物、格栅、土工网等)		软土地基

续上表

处理方法		适用范围
排水固结法	堆载预压法	淤泥、淤泥质土、冲填土等饱和黏土地基,但不适用于泥炭土
	真空预压法	以黏性土为主的软土地基,必要时可以联合堆载
强夯法和强夯置换法		松软的碎石土、砂土、低饱和度的粉土与黏性土、素填土和杂填土
降水强夯法		深度不超过7m的砂土、粉土、粉质黏土等地基
振冲法	振冲挤密法	砂土及各类散粒材料的填土
	振冲置换法	砂土、粉土、粉质黏土、素填土和杂填土。对于不排水抗剪强度小于20kPa的饱和黏性土应通过试验确定其适用性
砂桩法和挤密砂桩法		饱和黏性土、砂性土、非饱和黏性土、杂填土、松散素填土等
碎石桩法		松散砂性土、软弱黏性土以及液化地基等
水泥搅拌桩法		淤泥、淤泥质土和含水率较高且地基承载力不大于120kPa的黏性土地基
高压喷射注浆法		淤泥、淤泥质土、黏性土、粉土、砂土、素填土和碎石土等地基

(一)换填法

换填法是将基础底面以下一定范围(一般不大于4m)的软弱土挖去,然后回填强度较高、压缩性较低的其他材料,用于提高地基承载力的一种方法。换填材料宜采用碎石土、砂土,陆上换填也可采用塑~坚硬状态的黏性土,有排水要求时,宜采用级配良好的中砂、粗砂,其含泥量不宜大于5%。

(二)爆破法

爆破法是利用炸药爆炸释放的能量达到改良地基和基础的目的。爆破排淤填石法的断面形式和标高应根据防波堤、护岸等建筑物的使用要求进行稳定、沉降验算,并结合施工工艺的可行性确定。爆破排淤填石法置换体材料宜选用含泥量小于10%的10~200kg自然级配开山石。爆破排淤填石法置换体宜落底在下卧持力层上,混合层厚度不宜大于1m。当置换体宽度较宽时,置换体两侧宜落底在下卧持力层上。

(三)加筋垫层法

加筋垫层法是在地基顶面铺设土工合成材料加筋垫层,使得土体与加筋垫层共同工作,从而达到提高地基承载力的目的。土工合成材料加筋垫层宜设置在堤身的底部。软土地基上土工合成材料加筋垫层下宜设置砂垫层,陆上砂垫层厚度不宜小于200mm,水下砂垫层厚度不宜小于500mm。砂垫层宜采用中砂、粗砂,含泥量不宜大于5%。加筋材料上直接抛填块石时,应在垫层上设保护层或加设土工网。

(四)堆载预压法

堆载预压法就是在场地正式使用前,在地基上堆加荷载,使地基的固结沉降基本完成同时提高地基土强度的方法。堆载预压法断面示意图见图3.1-51。

软土厚度不大或含有较多薄粉砂夹层,在设计荷载作用下其固结速率能满足工期要求时,可只设置排水砂垫层,进行堆载预压。软土厚度较大时,应增设塑料排水板或袋装砂井、普通砂井等竖向排水体。

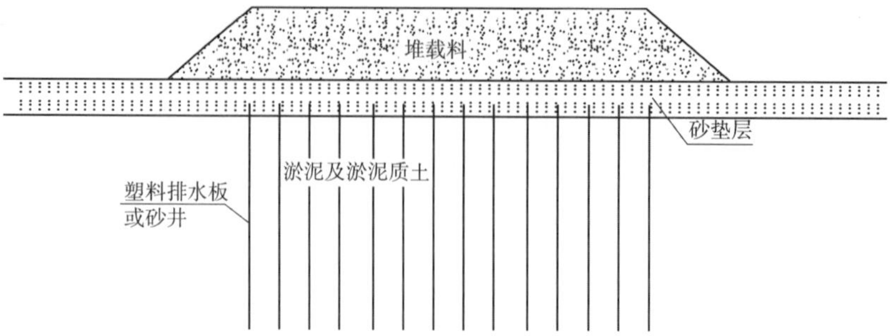

图 3.1-51　堆载预压法断面示意图

(五)真空预压法

真空预压法是在需要加固的软黏土地基内设置砂井或塑料排水带,在地面铺设砂垫层,其上覆盖不透气的密封膜与大气隔绝,通过埋设于砂垫层中带有滤水孔的分布管道,用真空装置进行抽气,在膜内外形成大气压差,使土中的孔隙水发生向竖井的渗流,使孔隙水压力不断降低,而使土逐渐固结,达到提高地基承载力的一种方法。真空预压法断面示意图见图 3.1-52。

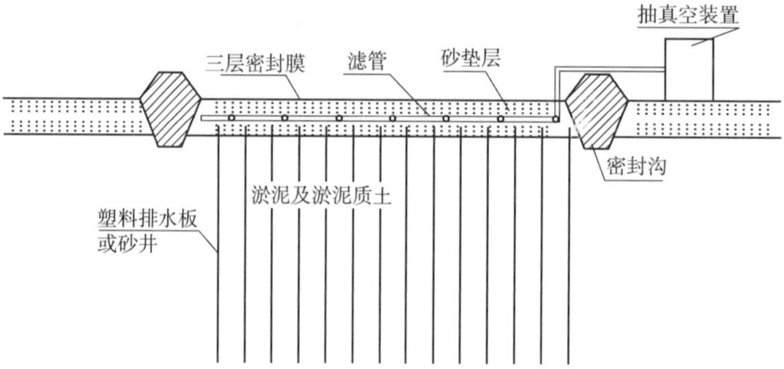

图 3.1-52　真空预压法断面示意图

(六)强夯法和强夯置换法

强夯法和强夯置换法是反复将夯锤提到高处使其自由落下,给地基以冲击和振动能量,将地基土夯实,从而提高地基的承载力、降低其压缩性、改善地基性能的一种地基处理方法。

(七)降水强夯法

降水强夯法的基本原理同强夯法,不同的是在强夯期间,同时采用降水措施的一种地基处理方法。

(八)振冲挤密法和振冲置换法

振冲地基是利用振冲器水冲成孔,填以砂石骨料,借振冲器的水平振动及垂直振动而振密填料,形成砂石桩体与原地基构成复合地基,从而达到提高地基承载力的一种方法。振冲法分为振冲挤密法和振冲置换法两种。振冲置换法适用于不排水,抗剪强度不小于 20kPa 的黏性土、粉土和人工填土等地基;振冲挤密法适用于处理砂土和饱和粉土等地基。

(九)砂桩法和挤密砂桩法

砂桩法和挤密砂桩法是指利用振动或冲击荷载,在软弱地基中成孔后填入砂并将其挤压入土中,形成较大直径的密实砂桩,从而达到提高地基承载力的一种方法。

（十）碎石桩法

碎石桩法的工作原理同砂桩法，只不过是利用碎石替代了砂。

（十一）水泥搅拌桩法

水泥搅拌桩法是按照一定的掺量将水泥固化剂与软土拌和，使之产生一系列物理化学反应，形成抗压强度高、具有整体性和稳定性的水泥土桩，从而达到提高地基承载力的目的的一种方法。

（十二）高压喷射注浆法

高压喷射注浆法是利用钻机钻孔，把带有喷嘴的注浆管插至土层的预定位置后，以高压设备使浆液成为 20MPa 以上的高压射流，从喷嘴中喷射出来冲击破坏土体，使得土粒与浆液搅拌混合，并按一定的浆土比例有规律地重新排列。浆液凝固后，便在土中形成一个固结体与桩间土一起构成复合地基，从而提高地基承载力的一种地基处理方法。

七、沿海、内河导助航设施的分类及组成

航标，即导助航标志，为帮助船舶安全、经济和便利航行而设置的视觉、音响和无线电的助航设施。航标分类，因不同的分类方法和标准而不同。

（一）按航标的工作原理分类

由于航标作用于人的感官不同，传播方法和介质各异，可以分为视觉航标、音响航标和无线电助航设施。

1. 视觉航标

视觉航标，又称目视航标，是固定的或浮动的、直观的助航标志。它具有易辨认的形状与颜色，可安装灯器及其他附加设备。视觉航标一般具有设备简单、维护方便、投资少及使用直观等特点。广泛设置于沿海及内河上，是一种最重要、最基本的助航标志。

视觉航标是人们用肉眼直接观察的助航标志，因此，常用标身的形状、颜色或顶标来区分或表示不同的航标功能，供驾驶员在白天观察使用，而在夜间则以灯质即灯光颜色、灯光节奏、周期来区分识别。

2. 音响航标

音响航标是指能发出声音传送信息以引起驾驶员注意其概略方位的助航标志，一般与视觉航标共同设置，多用于沿海地区。

音响航标，在能见度不良的天气里，发出具有一定识别特征的音响信号，使驾驶员知道船舶概略方位，起警告船舶避免发生危险的作用。

音响航标根据传播介质可分别为空中音响航标和水中音响航标两种。

空中音响航标以空气作为传播介质，是使用最早、最普遍的音响航标。空中音响航标又称雾号。雾号有多种，最初使用的是雾钟、雾锣，安装在灯塔、灯船或浮标上，以人工敲打或借助波浪自行撞击发出音响。目前在沿海重要的视觉航标上常设置气雾号或电雾号。

水中音响航标又称水质音响航标，是借声波或超声波在水中传播，最初是用机械动力敲打发声，近代利用电力振荡器发声，船舶利用声呐测定声音发出的方位、距离。空中音响航标及水质音响航标发出的音响都是用特殊规定的长短声、电码信号传递音响设备传递的。

3. 无线电助航设施

无线电助航设施,是以无线电波传送信息供船舶接收以测定船位的助航标志。

用无线电方法测定船位的基本原理,是建立在电磁波在理想均匀媒质中传播速度恒定、直线传播、在两种媒质的边界面上必然产生反射三个重要特性的基础上。

无线电助航设施能在大雾或恶劣的气候条件下远距离地保证船舶准确测定船位和航行安全。

无线电助航设施包括:无线电指向标、无线电测向仪、雷达应答器、雷达反射器、雷达信标、雷达指向标和卫星导航等。

(二)按航标设置水域分类

按航标设置在不同的水域,又可分类为内河航标(包括湖泊、水库)和海区航标,当航标设在不同地点如岸上或水中时,也可简单地划分为岸标与浮标。

1. 内河航标

内河航标按功能分为航行标志、信号标志和专用标志。航行标志包括过河标、沿岸标、导标、过渡导标、首尾导标、侧面标、左右通航标、示位标、泛滥标、桥涵标;信号标志包括通行信号标、鸣笛标、界限标、水深信号标、横流标、节制闸标;专用标志包括管线标和专用标。

此外,近年来在运河等一些航道上还使用了不少航道标牌,并且受到各方欢迎。

2. 海区航标

海区航标有灯塔、灯桩、灯船、大型助航浮标、灯浮标、立标、导标等标志。海港航标按其功能和配布地点可划分为:

(1)为识别重要港口的位置、确认船舶航行方向和船位而设置的固定和浮动标志,如灯塔、灯桩和立标、灯船、大型灯浮和灯标、导标等。

(2)标示航道、锚地和其他港口水域可航部分外廓线的灯浮和浮标。

(3)设置在防波堤头、突堤码头端部、系船墩桩和其他任何突出于可航水域中建筑物上的灯标和立标。

(4)建在岸上或浅水处的导向标,用于引导船舶通过航道进出港服务。

(5)设在港口附近岛礁、危险物或危险区水域周围,为船舶避航服务的灯浮和浮标。

八、港口设施维护工程的组成及内容

港口设施包括港口主要设施和附属设施,港口主要设施包括码头、防波堤、引堤和护岸、港池、进出港航道、锚地、港区道路与堆场、仓库、港区铁路与装卸机械轨道、防护设施等及其他生产与生产辅助设施;附属设施包括系靠船设施、消防设施和环保设施等。

港口设施维护是指为使港口设施满足安全性、适用性和耐久性要求而在使用期间采取的措施,其内容包括港口设施的使用管理、检测评定、维修养护和档案管理等。港口设施维护应贯彻预防为主的方针,按照“科学管理、合理使用、定期检测、适时维修”的原则,加强对港口设施的检查、检测、评估和维修,保持港口设施处于良好技术状态,努力提高港口设施的安全性、适用性和耐久性。

根据《港口设施维护管理规定(试行)》(交水发〔2012〕728 号)规定,交通运输部负责指导全国港口设施维护管理;省、自治区、直辖市人民政府交通运输(港口)行政管理部门负责辖区内港口设施的维护管理；市、县级人民政府交通运输（港口）行政管理部门负责辖区内港口设施维护管理；港口经营人或所有人负责本单位的港口设施维护管理。

港口设施维护工程的技术标准执行《港口设施维护技术规范》（JTS 310—2013），港口设施结构技术状态分为五个类别，一类为技术状态好、二类为技术状态较好、三类为技术状态较差、四类为技术状态差、五类为技术状态危险。港口附属设施技术状态分为较好和差两个类别。港口设施维护分为保养、小修、中修和大修。具体规定为：

（1）对技术状态为一类和二类的港口设施应根据情况进行保养和小修，保持设施原有的技术状态。

（2）对技术状态为三类的港口设施应根据情况进行中修，对技术状态为四类的港口设施应根据情况立即进行中修或大修。

（3）对技术状态为五类的港口设施应停止使用，并立即进行大修；对于无修复价值的港口设施应报废。

进行港口设施维护设计应编制港口设施维护工程预算。港口设施维护工程预算编制及管理执行《港口设施维护工程预算编制规定》（JTS 117—1—2016）。

九、航道养护工程的组成及内容

航道养护是指为保持航道及其设施达到规定的标准和技术要求，保障航道畅通而进行的各项工作。

内河航道养护应根据航道等级和通航要求确定维护类别，实施分类维护。内河航道维护类别按下列规定划分为三类。

一类维护：昼夜通航的Ⅰ～Ⅳ级航道；昼夜通航且年货运量超过 100 万 t 的Ⅴ～Ⅶ级山区航道；昼夜通航且年货运量超过 300 万 t 的Ⅴ～Ⅶ级平原航道；昼夜通航且年货运量超过 500 万 t 的Ⅴ～Ⅶ级运河航道和水网航道；年客运量超过 100 万人次的航道。

二类维护：条件介于一类维护和三类维护之间的航道维护。

三类维护：季节性通航的Ⅶ级航道的维护。

航道养护工作主要包括：航道维护观测、维护性疏浚、清障、整治建筑物维护以及航运枢纽、过船建筑物、航标设施、船舶基地、码头场站、航道工作船艇等航道设施、设备的运行、监测、检查、保养维护和购置等。

航道养护工作的管理和监督、维护标准与计划、实施管理、技术考核等执行《航道养护管理规定》。航道养护工作造价编制，根据具体内容分别执行不同的造价标准：航道维护观测费用执行《水运工程测量概算预算编制规定》（JTS 116—4）及配套《水运工程测量定额》（JTS 273）；维护性疏浚费用执行《疏浚工程概算、预算编制规定》《疏浚工程预算定额》及配套定额；维护性炸礁清障费用，整治建筑物、过船建筑物、航运枢纽拦河坝维护费用，航道船舶基地、码头场站、工作船艇维护费用执行《内河航运建设工程概算预算编制规定》（JTS 116—1）、《内河航运水工建筑工程定额》（JTS 275—1）及配套定额。

（一）航道维护观测

航道维护观测主要包括航道巡查、航道水位观测、航道整治建筑物观测、浅滩航道维护测量和长河段航道图测绘及航道扫床等。

1. 航道巡查

航道巡查的主要内容是了解航道重点浅滩段水深、航宽等维护尺度变化情况,对航道变化趋势进行预测,以确定相关养护措施。航道巡查周期应根据航道等级、维护类别和航道变化是否频繁等因素,确定一天一巡、三天一巡、五天一巡等等。

2. 航道水位观测

航道水位观测主要是指对固定水位站进行水位观测记录,有时还需根据航道重点航段的水情设置临时水尺,加强水位观测。

3. 航道整治建筑物观测

航道整治建筑物观测主要是查看石坝、护岸等结构受洪水、船舶碰撞等因素的影响后是否完好。

4. 浅滩航道维护测量

浅滩航道维护测量主要是指对航道的重点浅滩进行水深地形测量,准确了解浅滩航道的具体情况,为航道维护提供依据。

5. 长河段航道测量

长河段航道测量主要是对一类维护航道进行测量,为航道维护管理、航标配布、船舶航行、数字航道的更新等提供数字图籍资料。

(二)维护性疏浚、清障

维护性疏浚、清障主要是采取维护性质的疏浚、挖槽、炸礁和清障等工程措施,达到航道尺度标准,保障航道畅通安全。

(三)航道整治建筑物维护

航道整治建筑物维护包括以下内容:

(1)对整治建筑物的状况进行检查,主要检查建筑物现有尺寸与竣工验收的差异,并对受损的情况进行评价。

(2)对受损的建筑物进行维修。

(3)对功能存在明显缺陷的建筑物进行局部改善。

(四)航标维护

航标维护的内容包括航标的设置、调整、检修、保养和维修、航标遥测监控检查等。

1. 航标的设置与调整

航标设置应根据航道水深、航道宽度和弯曲半径的要求,严格按照《内河助航标志》《内河助航标志及其外形尺寸》等有关规范及规定的要求设置。

航标的调整主要是根据航道变化情况和船舶安全航行要求及时调整航标位置和数量。

2. 航标的检查、保养与维修

航标检查的主要内容有标位是否正确,标志是否完好、牢固、整洁和鲜明,锚链上有无缠绕物等,灯器和电源是否正常、有效,夜航检查航标灯质和灯光亮度,查看灯艇、浮鼓有无损伤、积水和锚链磨损程度等。

航标的保养与维修主要内容有岸标清洗,钢质浮标的清洗、除锈、油漆等。

3. 调标、改槽

航道维护的调标、改槽,是根据航道水深变化的情况,主航槽走向发生调整,原有航标位置及数量需根据新航槽进行重新布设，形成新的航槽。

（五）过船建筑物维护

过船建筑物维护内容包括水工建筑物、金属结构物、机电设备、上下游引航道及其他附属设施在运行期间的检查、保养和个别的修理等。

（六）航运枢纽（大坝）维护

航运枢纽拦河坝维护主要是加强拦河闸坝的日常检查监测和保养维修，确保安全度汛。在大坝保护区范围内，严禁爆破作业，不得乱采砂石。

（七）航道船舶基地、码头场站、工作船艇等航道设施的维护

航道船舶基地、码头场站、工作船艇等航道设施的维护，主要是对设施、设备的监测、检查、保养与维修，确保处于完好可使用的正常运行状态。

上述航道养护工作按其性质、复杂程度、规模大小划分为日常养护作业和应急抢通工程。

（1）日常养护作业包括例行养护作业和专项养护工程。这里将专项养护工程划为日常养护作业，目的在于简化实施程序，可以不完全按照基建性航道整治工程程序和办理水上水下施工许可，加快施工。专项养护工程包括：

①规模较大的航道监测、修复、疏浚、清障项目。包括航道长河段测量、船舶密度流量观测、航道浅滩（段）维护性疏浚、炸礁、清散石、清除水上漂浮物等。

②航道设施的监测、修复。包括航标技术改造和更新、整治建筑物的维修加固、水尺的建造、船舶技术改造、船闸技术改造和维修、站房码头技术改造等。

③航道养护设备、航道设施备品备件的采购。主要有航标备用器材购置、船舶更新建造等。

④其他资金规模较大的养护工程。包括站房码头的修缮，航标遥测系统的完善更新，自动水位监测系统的兴建、技术改造等。

（2）应急抢通工程，是指为恢复因自然灾害或突发事件影响航道畅通而实施的工程，可以先实施并保留必要的证明材料，过后申请国家和省应急抢通资金补助。

第二节 码头水工工程的构造

一、码头结构的设计使用年限

设计使用年限是设计规定的结构或结构构件不需进行大修就可按预定目的使用的年限。为正常设计、正常施工、正常使用和维护下所达到的使用年限，所谓正常维护包括必要的检测、防护和维修。

（1）永久性码头结构的设计使用年限应采用50年。

（2）临时性码头结构的设计使用年限可采用临时使用的年限或5～10年。

二、码头结构的安全等级

码头结构设计时，应根据结构失效可能产生的危及人的生命安全、造成经济损失以及影响社会和环境等后果的严重程度，采用不同的安全等级。码头结构安全等级的划分应符合表3.2-1的规定。

码头结构的安全等级　　表 3.2-1

安全等级	失效后果	适用范围
一级	很严重	有特殊安全要求的码头结构
二级	严重	一般的码头结构
三级	不严重	临时性码头结构

码头结构设计应对材料性能、耐久性措施提出要求,并对施工、检测、使用和维护等提出要求。码头应设置一定数量的永久观测点,定期观测码头在施工后期和使用期的沉降、水平位移及倾斜等。

三、高桩码头

(一)桩基

1. 桩基型式

水运工程基桩可按成桩工艺分为打入桩、灌注桩和嵌岩桩三类,各类桩可按下列方法分为不同的形式。

(1)打入桩可按制桩材料分为预制混凝土桩和钢管桩等,其中预制混凝土桩可按桩身结构分为钢筋混凝土桩和预应力混凝土桩,预应力混凝土桩可按桩身截面形状分为预应力混凝土方桩和预应力混凝土管桩等。

(2)灌注桩可按成孔方法分为钻孔灌注桩和挖孔灌注桩等。

(3)嵌岩桩可按成桩方法、结构组成和嵌岩形式等分为灌注型嵌岩桩、灌注型锚杆嵌岩桩、预制型植入嵌岩桩、预制型芯柱嵌岩桩、预制型锚杆嵌岩桩和组合式嵌岩桩等。

2. 桩的选型

桩的形式应根据使用要求、水文条件、地质条件、施工条件、环境条件和耐久性等要求,按安全适用、经济合理的原则选用。

(1)水上工程宜优先采用打入桩。抗弯要求不高时,可选用预应力混凝土方桩,内河工程、小型工程也可选用预制钢筋混凝土方桩;抗弯要求较高,沉桩贯入难度不大时,可采用预应力混凝土管桩;抗弯要求较高,沉桩贯入难度较大或桩长较长时,可采用钢管桩或预应力混凝土管桩与钢管桩组成的组合桩;抗弯要求高或沉桩贯入困难时,宜采用钢管桩。

(2)下列情况宜采用灌注桩:地质条件复杂、岩面起伏较大或地下障碍物较多,打入桩难以下沉时;锤击沉桩时岸坡稳定性不足或附近有重要建筑物,不宜锤击沉桩时;施工条件限制,桩数较少、水域狭窄或水深不足,不宜使用大型水上沉桩设备时;需避免挤土影响时。

(3)岩面以上无覆盖层或覆盖层较薄,宜采用嵌岩桩。当桩在岩面处抗弯要求较高或轴向抗压要求较高时,可采用桩身嵌岩或芯柱嵌岩的类型;以增加桩的抗拔能力为目的时,可采用锚杆嵌岩的类型;当在岩面处抗弯和抗拔要求均较高时,可采用组合式类型。

(二)码头

1. 一般规定

(1)高桩码头结构分段长度和结构宽度应根据使用要求、地质条件、温差、接岸方式等因素综合确定;码头接岸方式(接岸结构型式)应考虑码头宽度、水深、地质条件、施工工序等因素确定,并应采取必要的措施减小接岸结构变形。

(2)在软弱地基上建造高桩码头,当码头后方有大面积回填、临时堆载或码头前沿进行开挖时,应采取减少岸坡土体变形对码头基桩和接岸结构等影响的有效措施。

(3)在冰冻地区建造高桩码头,应考虑防止流冰对混凝土桩基或位置较低的混凝土构件撞击所产生的不利影响的措施。

(4)当码头区域可能发生冲刷时,应考虑冲刷深度对结构的影响,必要时可采取抛石、沉排等保护措施进行护底和护坡。

(5)码头桩台应设置伸缩缝和沉降缝。

(6)梁板式码头分段缝宜采用凹凸缝,沿码头长度方向应紧密接触。当结构承受较大水平荷载时,在分缝截面改变处应适当加强。

2. 构造要求

(1)码头的两端宜设置防冲撞警示桩。受流冰影响地区应考虑流冰对码头基桩的影响,必要时应在码头端部设置防撞设施。

(2)码头采用有轨装卸设备时,分段处的上部结构宜采用悬臂结构。悬臂分缝处宜做成凹凸缝。

(3)码头面应设排水坡和泄水孔。排水坡度可采用5‰~10‰。

(4)码头面应设置磨耗层,磨耗层厚度宜根据流动机械的类型和使用情况确定。磨耗层与面板同时浇筑时其厚度不应小于20mm,分开浇筑时不应小于50mm。磨耗层的混凝土强度等级不应低于C25。

(5)采用大面积现浇面层时,宜采取纤维混凝土、锯假缝等减少混凝土面层不规则裂缝的措施。锯缝间距和位置应根据结构、材料、气温等特点确定,假缝深度不应超过磨耗层的厚度,缝内可采用沥青等材料填充。

(6)预制构件的搁置面宜采用水泥砂浆找平,砂浆厚度宜取10~20mm,砂浆强度等级不宜低于M20。

(7)海港高桩码头结构的布置和构造,宜采取提高结构耐久性的措施,结构的形状、布置和构造应有利于避免水、水汽和有害物质在混凝土表面的积聚,且便于混凝土的振捣和维护。

(8)海港高桩码头可采用混凝土表面涂层、表面硅烷浸渍、环氧涂层钢筋、钢筋阻锈剂、阴极保护等附加防腐蚀措施。附加防腐蚀措施可以单独使用,也可联合使用。

(9)高桩码头前沿易受船、漂流物撞击的部位,宜采取配置附加钢筋、增加混凝土保护层厚度等措施。

(10)高桩码头宜设置检测、维修的通道和空间。在软弱地基上建造高桩码头,当码头后方有大面积回填、临时堆载或码头前沿进行开挖时,应采取减少岸坡土体变形对码头基桩和接岸结构等影响的有效措施。

四、板桩码头

(一)一般规定

(1)板桩码头前墙后的回填料不得采用具有腐蚀性的矿渣或炉渣。墙后原土层或回填料为细颗粒土时,钢筋混凝土板桩之间的接缝应采取防漏土措施。

(2)前墙应设排水孔,排水孔的位置不宜高于设计低水位,在施工条件允许的情况下,宜设在极端低水位附近。

(3)钢板桩、钢拉杆、钢导梁及其附件应进行防腐蚀处理,钢拉杆应预留足够的锈蚀厚度。

(4)帽梁、导梁和胸墙在结构形式变化处、水深变化处、地基土质差别较大处和新旧结构的衔接处,必须设置变形缝。

(二)构造要求

(1)板桩码头前沿挖泥宜在码头后方回填基本完成后分层进行。

(2)前墙后的水下回填宜采用砂、砾石、开山石或块石等透水性较好的材料。

(3)陆上填土应分层压实。

(4)锚碇墙、锚碇板前宜采用强度较高的密实材料换填。换填材料可采用块石或灰土,也可采用其他夯实或振实的土料。块石应码砌或用碎石填充间隙。灰土应分层夯实。换填范围应满足锚碇结构的稳定性要求。

(5)地震基本烈度六度和六度以上的地区,前墙与锚碇结构之间的回填料和原土层应符合下列规定:

①回填料不宜采用粉砂、细砂等易液化的材料。当回填材料不能满足抗液化要求时,应采取加固措施以满足在设计烈度下不液化的要求。

②当原土层为易液化的土时,应换填不液化土料或采取加固措施。

(6)前墙应设排水孔,排水孔的位置不宜高于设计低水位,在施工条件允许的情况下宜设在极端低水位附近。孔径大小和孔间距,应根据前墙前水位变化幅度、前墙透水情况和墙后土质确定。除墙后回填块石的情况外,排水孔处均应设置倒滤设施。

(7)当前墙前的泥面可能被冲刷时宜采取护底措施。

(8)板桩码头的端侧宜采用翼墙封堵。

(9)钢筋混凝土锚碇桩和板桩、钢板桩锚碇和地下连续墙锚碇,应设导梁。导梁可单设在墙后,也可利用锚碇板桩的帽梁作为导梁。单设的导梁,对于钢筋混凝土锚碇板桩,宜采用钢筋混凝土梁;对于钢板桩锚碇板桩,宜采用钢导梁。

(10)帽梁、导梁和胸墙在结构形式变化处、水深变化处、地基土质差别较大处和新旧结构的衔接处,必须设置变形缝。

五、重力式码头

(一)一般规定

(1)重力式码头平面布置可分为岸壁式和墩式。岸壁式码头可采用方块、沉箱、扶壁、坐床式圆筒以及现浇混凝土或浆砌石等结构形式;墩式码头可采用沉箱、方块或坐床式圆筒等结构形式。

(2)当装卸工艺对码头使用期变位有较高要求时,应分析引起变位的有关因素,并宜采取相应的结构或施工措施减少变位。

(3)建筑物的构件材料重度、填料重度和内摩擦角的标准值宜通过试验确定。

(4)当码头前沿底流速较大,地基土有被冲刷的危险时,应采取加大基床外肩宽度、放缓边坡、增大埋置深度等护底措施。

(5)重力式码头墙身必须沿长度方向设置变形缝。重力式码头必须采取防止回填材料流失的倒滤措施。

(6)浆砌石结构的石料饱和单轴抗压极限强度不应低于 50MPa,砌筑用水泥砂浆强度等级不应低于 M10,勾缝水泥砂浆强度等级不应低于 M20。对于内河小型码头,砂浆和石料的强度等级可适当降低。

(7)当码头前沿底流速较大,地基土有被冲刷的危险时,应采取加大基床外肩宽度、放缓边坡、加大埋置深度等护底措施。

(二)构造要求

1. 基础与基槽

(1)重力式码头的基础应根据地基情况、施工条件和结构形式进行处理。

(2)对于岩石地基,当预制构件直接坐落在岩面上时,应以二片石、碎石整平岩面,其厚度不应小于 0.3m;岩面较低时也可采用抛石基床基础。当墙身采用现浇混凝土或浆砌石结构时,可直接坐在岩面上。当岩面向水域倾斜时,墙身砌体下的岩面宜做成阶梯形断面,阶梯断面最低一层台阶宽度不宜小于 1m。

(3)对于非岩石地基,采用水下安装的预制结构时,应设置抛石基床。采用现浇混凝土或浆砌石结构,地基承载力不足时应设置基础,基础可采用块石基床、钢筋混凝土基础板或桩基等形式;地基承载力足够时可设置 100 ~ 200mm 厚的混凝土垫层,其埋置深度应在冲刷线以下并不宜小于 0.5m。

(4)抛石基床根据码头水深、地形和地基情况可采用暗基床、明基床或混合基床等形式,如图 3.2-1 所示。

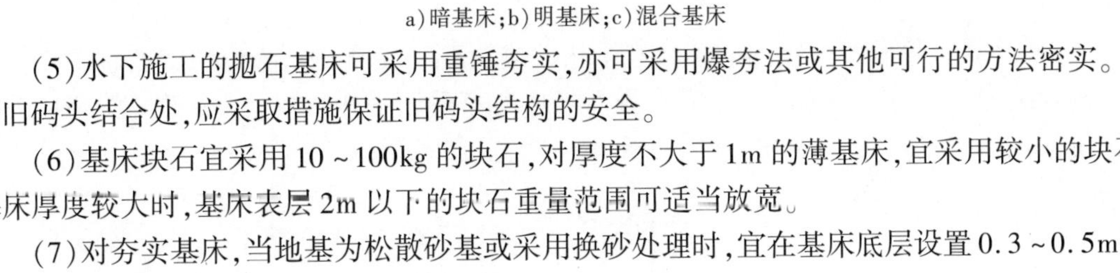

图 3.2-1　抛石基床断面形式图

a)暗基床;b)明基床;c)混合基床

(5)水下施工的抛石基床可采用重锤夯实,亦可采用爆夯法或其他可行的方法密实。在新旧码头结合处,应采取措施保证旧码头结构的安全。

(6)基床块石宜采用 10 ~ 100kg 的块石,对厚度不大于 1m 的薄基床,宜采用较小的块石;基床厚度较大时,基床表层 2m 以下的块石重量范围可适当放宽。

(7)对夯实基床,当地基为松散砂基或采用换砂处理时,宜在基床底层设置 0.3 ~ 0.5m 厚的二片石垫层。

(8)当抛石基床以下采用抛石换填并爆夯密实时,块石重量可采用 1 ~ 500kg,块石饱和单轴极限抗压强度不宜低于 30MPa。

(9)抛石基床应预留沉降量。对于夯实的基床,可仅按地基沉降量预留;对于不夯实的基床,还应考虑基床本身的沉降量。基床顶面预留的向墙后倾斜的坡度,应根据地基土性质、基床厚度、基底应力分布、墙身结构形式、荷载和施工方法等因素确定,其坡度可采用 0 ~ 1.5%。

2. 墙身与胸墙

(1)码头墙身结构底部突出部分与船壳舭龙骨之间的最小净距不应小于 0.3m。

(2)变形缝的缝宽可采用 20 ~ 50mm,做成上下垂直通缝。现浇混凝土或浆砌石部位的变形缝宜用弹性材料填充。变形缝的间距应根据气温情况、结构形式、地基条件和基床厚度确定,宜采用 10 ~ 30m。

(3)码头端部宜设置翼墙或在顺岸方向做成斜坡。当翼墙长度超过 10m 时,应设置变形缝。

(4)卸荷板应采用钢筋混凝土结构。

(5)扶壁、沉箱和空心块体等构件折角处宜设置加强角,其尺寸可采用 150 ~ 200mm。

(6)胸墙应有良好的整体性和足够的强度及刚度,可采用现浇混凝土结构、浆砌块石结构或预制混凝土块体结构。胸墙顶面高程宜预留沉降量。现浇胸墙底部高程不宜低于施工水位。当墙身构件单块长度较大时,胸墙宜增设变形缝,分段长度不宜大于 15m。

(7)胸墙前沿线可比下部预制构件前沿线前移 100 ~ 200mm。扶壁构件应伸入现浇胸墙,伸入长度宜取 100mm。

3. 墙后回填和倒滤层、倒滤井

(1)重力式码头墙后填料宜选用渗水性好的材料,并且必须采取防止回填材料流失的倒滤措施。

(2)抛填棱体的材料可选用块石或当地产量大、价廉、坚固、质轻、内摩擦角大的其他材料。棱体顶面高出墙身不宜小于 0.5m。在棱体的顶面、坡面、胸墙变形缝、卸荷板顶面接缝处应设置倒滤层。

(3)抛石棱体顶面和坡面的表层应抛设 0.5 ~ 0.8m 厚的二片石,其上再设置倒滤层。倒滤层可采用碎石倒滤层或碎石与土工织物结合倒滤层。碎石倒滤层可采用分层或不分层倒滤层。

(4)土工织物的搭接宽度可取 1m。直接设置在墙身接缝处的土工织物宜采用双层结构,土工织物应有较大的垂直渗透系数和伸长率,并应有较高的抗拉、抗撕裂强度和较好的抗老化性能。

(5)重力式沉箱码头沉箱内的填料宜采用砂或块石。沉箱间垂直缝的宽度宜采用沉箱高度的 4‰,但不应小于 50mm。墙后有抛石棱体时可采用平接形式,墙后无抛石棱体时可采用对头接形式,如图 3.2-2 所示。对头接空腔宽度可采用 300 ~ 800mm,腔内应设置倒滤层。

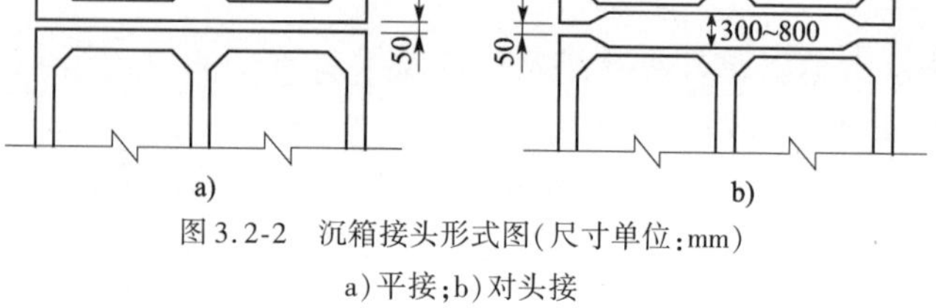

图 3.2-2　沉箱接头形式图(尺寸单位:mm)

a)平接;b)对头接

六、格形钢板桩码头

（一）一般规定

（1）码头格形墙体由采用由圆形主格仓和弧形副格仓组成的结构，如图 3.2-3 所示。

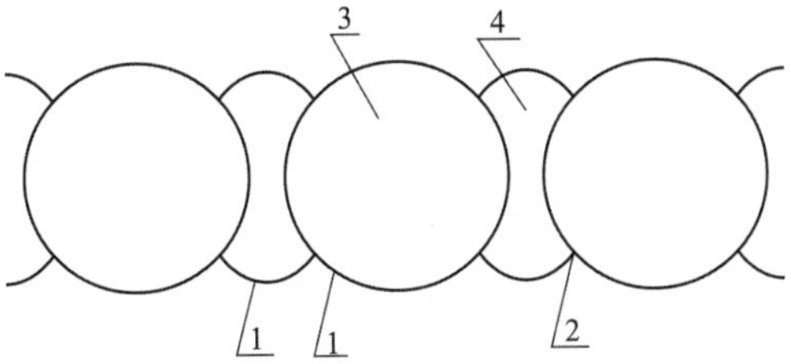

图 3.2-3 圆格钢形板桩结构示意图

1-直腹式钢板桩；2-Y 形连接桩；3-主格仓填料；4-副格仓填料

（2）格形钢板桩应采用直腹式钢板桩，并由锁口连接组成闭合格仓。板桩沉至设计高程后，格仓内应及时回填颗粒料形成连续格形墙体。

（3）当水位变化不大、墙后填土和墙下地基土为砂性土，且地下水渗流量不大时，格仓可不设排水孔；当水位变化较大，或有很大的地下水渗流量时，应设排水孔，其位置宜设置在副格仓的前、后板桩墙上，排水孔高程宜在设计低水位以下。

（4）前板桩的临水面应根据腐蚀环境和设计使用年限采取防腐措施。

（二）构造要求

（1）副格仓连接弧与主格仓之间应采用 Y 形桩连接。

（2）格形墙体前板桩的顶面高程应根据胸墙施工水位确定。格形墙体后板桩顶面高程应根据潮差大小确定，当潮差较大时，不宜降低其顶面高程。

（3）格形钢板桩结构的格形墙体前板桩的设计入土深度，对于中密砂土地基不应小于 4.0m，且不宜大于 6.0m；对于密实砂层不宜大于 3.0m。

（4）对于砂土地基上的格形墙体，后板桩在码头前沿设计泥面高程以下的埋入深度应经计算确定，且应大于 1/8 墙高。当主格仓前、后板桩的底面高程相差大于 3m 时，可采用阶梯形过渡。

（5）格仓填料宜采用中粗砂或砂砾石。若采用粉细砂作填料时，应经过技术论证。不得采用粉土或黏性土作填料。格仓填料宜采用振冲法密实，其相对密度应不小于 60%。墙后填料宜采用砂类土。

（6）砂土（含换填砂）地基上的格形墙体，墙体底面下应设置一定宽度经密实处理的基床，其相对密度应不小于 60%。码头前沿海底或河底存在冲刷时，应考虑增加前板桩的入土深度或采取护底措施。

（7）胸墙应有足够的厚度和宽度。胸墙外侧应设保护格形墙体的悬臂构件。胸墙底板的内侧边缘应在前 Y 形桩后不少于 1.0m。

（8）上部结构沿码头岸壁长度方向应设置变形缝。

七、斜坡码头和浮码头

（一）斜坡码头

（1）斜坡码头和浮码头结构各部分的主要尺度，应根据平面布置及工艺设计的要求，并依据码头所处位置的地形、地质和水文等条件确定。

(2)架空斜坡道和引桥应设置防护栏杆。对车、客流量较大的车客渡码头,斜坡道中间宜设置分隔设施。

(3)在冰冻地区建造斜坡码头和浮码头时应采取防冰措施。

(4)实体坡道的回填材料,在施工水位以上,宜采用透水性好的无黏性材料,并应分层夯实或压实;在施工水位以下,宜采用块石抛填。

(5)实体坡道的倒滤层在施工水位以上宜采用碎石、粗砂或中砂分层铺设,其中碎石层厚度宜为0.15~0.20m,粗砂或中砂层厚度宜为0.1~0.15m;当采用混合倒滤层时,其厚度不宜小于0.40m。在施工水位以下,当施工困难时,可采用天然级配较好的混合倒滤层,其厚度不宜小于0.60m。

(6)实体斜坡道的坡面宜略高出天然地面,其两侧边坡不宜陡于1:2,并应防止坡脚淘刷。

(7)实体坡道的坡面应设置可靠的面层结构。

(8)架空斜坡道纵梁的支座底面应水平。预制的人行道板与纵梁之间应有可靠的连接。搁置纵梁的横梁应采取限制纵梁横向位移的措施。架空斜坡道和固定引桥的纵梁应设端横隔板。

(9)坡顶挡土墙应沿长度方向设置变形缝。坡顶挡土墙置于堤防范围内时,挡土墙底部和背后不得采用透水性材料作为垫层和回填料。

(10)墩台使用的块石、条石应选用新鲜无裂隙的硬质岩石,其饱和单轴抗压极限强度不应低于30MPa,砌筑砂浆强度不应低于M15。

(二)浮码头

(1)钢筋混凝土固定引桥应设置伸缩缝和沉降缝。

(2)钢筋混凝土固定引桥顶面应铺筑磨耗层,磨耗层厚度根据流动机械的类型和使用情况确定。磨耗层与面板同时浇筑时,其厚度不应小于20mm,分开浇筑时不应小于50mm。引桥桥面应设不缓于5‰的横向排水坡。

(3)有可能被洪水淹没或波浪冲击的固定引桥,面板上应适当设置通气泄水篦孔,孔径不宜小于100mm。

(4)活动钢引桥两端应设拉环,并用铁链分别与趸船和支承墩系连。活动钢引桥支承墩墩顶应设置拉环,在支座处宜设置排水坡。

(5)5000吨级及以上浮码头,应设置专门的消能设施。趸船的撑杆系统应设置撑杆和撑杆墩,撑杆宜采用钢结构。钢撑杆两端应设置拉环,并用链条分别与趸船及撑杆系连。撑杆墩不宜作为风暴系缆墩使用。

第三节　防波堤、护岸工程的构造

一、防波堤与护岸结构的安全等级

防波堤与护岸结构设计,应根据结构失效可能产生的危及人的生命安全、经济损失及对社会和环境影响的严重程度,采用不同的安全等级。防波堤与护岸结构安全等级划分应符合表3.3-1的规定。

防波堤与护岸结构安全等级 表3.3-1

安全等级	失效后果	适用范围
一级	很严重	有特殊安全要求的结构
二级	严重	一般结构
三级	不严重	临时性结构

二、防波堤与护岸结构的构造要求

1.防波堤及护岸所用材料要求

(1)防波堤及护岸所用的石料应不成片状、无严重风化和裂纹;单轴饱和极限抗压强度,对于护面块石和需要进行夯实的基床块石应不低于50MPa,对于垫层块石和不进行夯实的基床块石应不低于30MPa。

(2)浆砌石结构,其石料单轴饱和极限抗压强度不应低于50MPa,水泥砂浆的强度等级不应低于M15,当有抗冻要求时不应低于M20,勾缝水泥砂浆强度等级不应低于M20。

2.斜坡式防波堤

(1)斜坡堤堤心材料应符合下列规定:

①斜坡堤堤心的填料,应根据现场条件因地制宜选用。斜坡堤堤心石的填料可采用10~100kg块石,也可采用开山石混合料;对于石料来源缺乏的地区,可采用袋装砂土等代用材料。

②开山石填料的重量可采用300kg以下,对深水斜坡堤可采用800kg以下,开山石应有适当的级配。1~10kg的块石和1kg以下的颗粒含量均应小于10%。

(2)对建于可冲刷地基上的斜坡堤,其坡脚前护底结构的确定应符合下列规定:

①根据堤前波浪产生底流速和沿堤流速,护底结构可采用抛石护底或土工织物软体排护底等型式。

②护底块石可采用两层,厚度不宜小于0.5m。对砂质海底,在护底块石层下宜设置厚度不小于0.3m的碎石层或土工织物滤层。

③当堤前冲刷流速小于2m/s时可采用土工砂肋软体排;大于2m/s时可采用联锁块软体排。

(3)可冲刷地基上的斜坡堤,护面块体或水下棱体的大块石均应抛置于厚度不小于0.5m的小块石垫层或土工织物软体排上。

(4)对建于岩基上的斜坡式防波堤,宜在岩基上开槽或做凸坎,作为护面块体的支撑。对于单层护面块体,开槽深度或凸坎高度不宜小于2/3护面块体高度。

(5)浆砌块石护面层应设置纵、横变形缝和排水孔。变形缝的纵向间距可取5~10m,横向间距可取5m。排水孔的纵、横向间距可取2m,孔径不宜小于100mm。

(6)斜坡堤顶部胸墙应设置变形缝。变形缝的间距应根据气温、结构型式、地基条件等因素确定,可取5~15m。变形缝的宽度可取20~40mm。

(7)斜坡堤堤头段的构造应符合下列规定:

①堤头段的长度可采用15~30m;深水斜坡堤堤头段长度不宜小于堤身高度值的2倍。

②当有缩窄口门宽度的要求时,斜坡堤的堤头段可采用直立式结构。

③堤头段护面块体的重量应大于堤身外坡护面块体重量,也可将堤头段的内外坡度适当放缓。

④堤头段的护底结构应较堤身适当加强。

(8)斜坡堤特殊情况时的构造处理应符合下列规定:

①斜坡堤段与直立堤段的连接处结构应采取加强措施。

②当堤根段出现波能集中时,堤根段和相邻的海岸段应采取加强措施。

③当堤轴线向外拐折形成凹角,或堤轴线向内拐折形成尖凸角时,应采取加强措施。其加强范围不宜小于拐折位置两侧各1倍设计波长值。

3. 直立式防波堤

(1)重力式直立堤抛石基床宜采用10～100kg的块石;基床厚度较大时,顶面3m以下可采用300kg以下的开山石,开山石中1kg以下的颗粒含量不得超过5%。基床可采用重锤分层夯实,也可采用爆夯进行密实处理。

(2)重力式直立堤前护底块石可采用两层,其厚度不应小于0.5m。当护底块石重量大于100kg或沙质海底时,应在护底块石层下设置不小于0.3m厚的碎石垫层或土工织物垫层。

(3)重力式直立堤的上部结构应有足够的刚度和良好的整体性并与墙身结构连接牢固。上部结构的厚度不宜小于1.0m。沉箱堤身的上部结构宜嵌入沉箱,嵌入沉箱的深度不宜小于0.3m。

(4)方块直立堤的混凝土方块重量应满足稳定性要求,当方块重量不能满足稳定性要求时,可在预留孔洞中间灌筑混凝土。

(5)方块直立堤当上层方块的稳定性不足,或当方块墙的层数超过7层时,应预留贯通孔洞并浇筑混凝土。

(6)对有抗震要求的方块直立堤应采取整体加强措施。

(7)方块直立堤方块间垂直缝的宽度可采用20mm。

(8)沉箱直立堤沉箱间垂直缝的宽度宜采用沉箱高度的4‰,但不宜小于50mm,且不宜大于100mm。沉箱间可采用平接或对接。当采用对接时,其空腔宽度可采用0.3～0.8m。

(9)沿直立堤的长度方向应设置变形缝。变形缝应做成上下垂直通缝,其宽度可采用20～50mm。变形缝的间距应根据气温情况、结构型式、地基条件和基床厚度等确定,方块结构可采用10～30m,沉箱结构可利用沉箱间的垂直缝作为变形缝。

(10)直立堤堤头段的构造应符合下列规定。

①堤头段的长度可取堤身宽度的1.5～2.0倍,且不应小于1.0倍堤高。

②堤头段明基床的边坡应比堤身段的边坡适当放缓。

③根据堤前水深和波浪大小,堤头段的基肩可采用四脚空心方块等不同型式的人工块体予以加强。

④堤头段的护底结构应较堤身段适当加强。

4. 斜坡式护岸

(1)易冲刷地基上的护岸,应采取护底措施,护底范围应根据波浪、水流和土质条件确定。护底宜采用块石、软体排或石笼等结构。

(2)内河航道及港口护岸工程护底宽度,应根据冲刷范围和深度计算及岸坡稳定要求确定，护底块石层的厚度不宜小于 2 倍护底块石粒径。

(3)可冲刷地基上的斜坡式护岸，当采用抛石棱体护脚时，其棱体底面应设置厚度不小于 0.5m 的小块石垫层或土工织物软体排。

(4)浆砌块石和现浇混凝土护面，应设置纵、横变形缝和排水孔。变形缝的纵向间距，港口及航道护岸宜取 5 ~ 10m；横向间距可取 3 ~ 5m。排水孔的位置应避开板块中轴，其纵、横向间距可取 2 ~ 5m，孔径可取 50 ~ 100mm，并应设置倒滤层。

(5)内河航道护岸应在肩台处设置格梗，格梗埋深不宜小于 0.5m，护坡应封顶，封顶宽度可取 0.5 ~ 1.0m。

(6)护岸结构应设置倒滤层，倒滤层可采用分层倒滤层、混合倒滤层或土工织物倒滤层。铁丝网护垫、铰接式联锁块等护面结构下宜设置土工织物倒滤层。胸墙应设置变形缝。

(7)允许越浪和基本不越浪的护岸，护肩及临岸地面均应满足极端高水位条件下的波浪、水流冲击的稳定，并应设集、排水设施。内河航道护岸上部斜坡受雨水冲刷严重时，宜在坡顶、平台内侧或与其他建筑物结合部设置排水设施。

5. 直立式护岸

(1)直立式护岸沿长度方向应设置变形缝。变形缝间距根据气温情况、结构型式、地基条件和基床厚度等确定，其间距可取 10 ~ 25m，缝宽可取 20 ~ 50mm，并做成上下垂直通缝。现浇混凝土或浆(灌)砌石护岸结构的变形缝宜采用弹性材料填充。

(2)对建于岩石地基上的现浇混凝土和浆(灌)砌石结构，当基岩面向水域倾斜时，应将基岩面做成阶梯形，且最低一层台阶宽度不宜小于 1.0m。对建于岩石地基上的预制方块、扶壁或沉箱墙体结构应在岩石岩面上采用二片石、碎石进行整平，其厚度不宜小于 0.3m。

(3)非岩石地基上的现浇混凝土和浆(灌)砌石结构，地基承载力不足时应进行地基处理。当地基承载力足够时，宜设置 0.1 ~ 0.2m 厚的碎石、混凝土垫层，其埋置深度应达到冲刷线以下，且埋深不宜小于 0.5m。

(4)直立式护岸采用水下安装的预制结构时，应设置抛石基床。抛石基床应根据水深、地形和地基等情况，采用明基床、暗基床或混合基床。

(5)基槽底宽不宜小于墙体底宽加 2 倍基床厚度。近岸开挖时，开挖坡度应根据稳定计算确定。

(6)当直立式护岸墙体前底流速大、地基土易被冲刷时，应采取适当加大抛石基床外肩宽度、放缓边坡、增加埋深或增加护底宽度等防冲刷措施。

(7)对易受到破碎波冲刷的直立式护岸，其基础埋置深度应达到冲刷线以下 0.5 ~ 1.0m。

(8)冰冻地区的直立式护岸，基础最小埋置深度应在冻结深度以下。

(9)一次出水的单层空心块体护岸，块体间垂直缝设计宽度不应大于高度的 4‰，且不应小于 40mm。墙背后无抛石棱体时应在垂直缝处设置倒滤空腔。

(10)素混凝土空心块体的立壁厚度不得小于 400mm，断面前趾应采用钢筋混凝土结构。无底空心块体宜在顶层及底层配置钢筋混凝土圈梁，并应在腔内回填块石。

(11)卸荷板应采用钢筋混凝土结构。

(12)扶壁间垂直缝设计宽度宜取扶壁高度的 4‰，但不宜小于 40mm。扶壁背后无抛石棱体时，应设倒滤井。内河航道和港口护岸现浇扶壁垂直缝不宜小于 20mm。

(13)现浇混凝土和浆(灌)砌石护岸的趾长与趾高的比值,混凝土宜取 0.7 ~ 1.0;浆(灌)砌石宜取 0.3 ~ 0.5。

(14)浆(灌)砌石墙体顶部,宜设置高度和宽度均不小于 0.3m 的现浇混凝土压顶。

(15)现浇混凝土和浆(灌)砌石墙体应设置排水孔,其大小和位置应根据水位变化情况、填料透水性能和断面形状确定,最下一层排水孔应低于设计低水位,排水孔孔径不宜小于 50mm。排水孔后应设置倒滤设施。

(16)沉箱内的填料宜采用砂或块石,上部结构底部宜嵌入箱内不少于 300mm。

(17)沉箱间垂直缝的宽度宜采用沉箱高度的 4‰,但不宜小于 50mm。

(18)直立式护岸墙后填土或回填砂土时,墙后垂直缝及两侧宜设置土工织物倒滤层,其每侧土工织物的宽度不宜小于 0.5m;墙后设置抛石棱体时,其后方应设置倒滤层。

(19)钢筋混凝土板桩缝宽宜为 20 ~ 30mm。板桩榫槽应采取防漏土措施。

(20)锚桩墙或锚碇板前宜采用承载能力较大的密实材料换填,可采用块石或灰土,也可采用其他夯实或振实的土料。

(21)加筋土岸壁的加筋材料宜采用强度高、延伸率低、抗老化、与填料之间有较大摩擦系数的土工带。

(22)加筋体填料应选择水稳定性好、易压实的土类,严禁采用腐殖土和生活垃圾。

(23)加筋体填料的压实度,距面板 0.8m 以外时,不应小于 93%;距面板 0.8m 以内时,不应小于 90%。

(24)加筋土岸壁面板应设置排水缝或排水孔,间距宜取 4 ~ 6m;排水缝处面板内侧应贴铺无纺土工布滤层并设置厚度不小于 300mm 的碎石排水层。

第四节　航道整治建筑物的构造

航道整治建筑物主要分为堤坝、护岸和固滩三大类。

一、堤坝工程构造

堤坝一般由护底和坝体组成。

1. 坝体

坝体是堤坝的主要结构,一般分为坝身、坝头和坝根。抛石梯形坝身断面尺寸因水流顶冲强度、坝体高度及河床地质条件不同而异。中小河流坝顶宽采用 2 ~ 3m,大河流采用 4 ~ 6m;迎水坡度为 1∶1 ~ 1∶2.5,背水坡度为 1∶1.5 ~ 1∶3。坝顶纵坡一般为 1∶100 ~ 1∶300,特长坝体可结合岸滩高程调整纵坡。

坝头是丁坝(图 3.4-1)、顺坝伸入江中的最前沿,是受水流冲击力最大的部位。特别是丁坝坝头,在坝头一定范围内坝体宜适当加宽,坝头在平面上做成圆滑曲线,其向河心坡度宜取 1∶3 ~ 1∶10,避免坝头处河床产生过大的冲刷坑,导致坝头块石滚落。坝头护底范围,一般坝头前沿较大,下游侧大于上游。坝头部位不宜采用砂袋填心坝。

坝根是指坝体与河岸或洲滩的连接部位,当水位淹过坝顶以后,在坝根的上、下游会形成回流及螺旋流。如果河岸或洲滩不具备很强的抗冲刷性,在连接处容易被水流淘刷,使得坝体与岸坡分离，不仅使整治建筑物失去作用，而且可能使岸坡大面积垮塌，农田冲毁，造成严重后果。因此，对坝根的处理要特别重视。对于根部未守护的岸坡，在其上下游一定范围内应进行护岸。为减少坝根河岸的水流淘刷，坝根附近坝顶纵坡一般为 1∶30 ~ 1∶50。

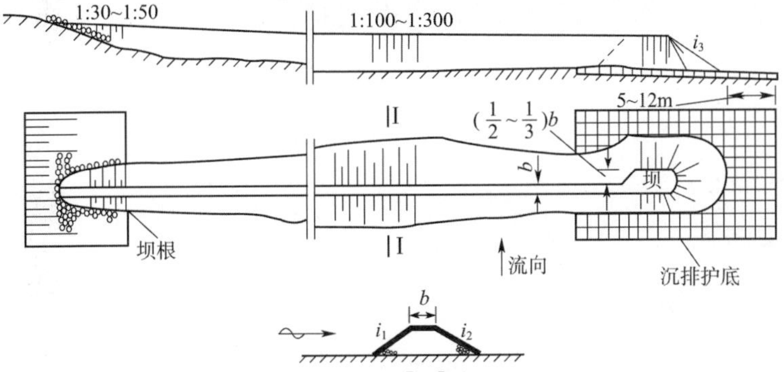

图 3.4-1　丁坝结构示意图

坝体一般采用块石结构。近年来，土工织物充填袋、桩板坝、模袋混凝土及混凝土构件(如沉箱、空心方块、半圆体、圆筒等)也得到不同程度的推广应用，见图 3.4-2 ~ 图 3.4-7。对于有透水功能的坝体可采用桩柳、桩、框架及杩槎等构筑，亦可用混凝土桩。对于采用沉箱、半圆体大型预制件构筑坝体时，应先采用块石整平基础；预制件安装完成后，两侧宜采用抛石棱体进行防护。

坝面在整治水位上、下最容易受流木、流冰及其他漂浮物的撞击而损坏。因此，在流速较大的河流及有流木、流冰的河流，坝面都应采取特别的防护措施，宜采用大块石、浆砌条石、浆砌块石或整体性较好的刚性结构护面。

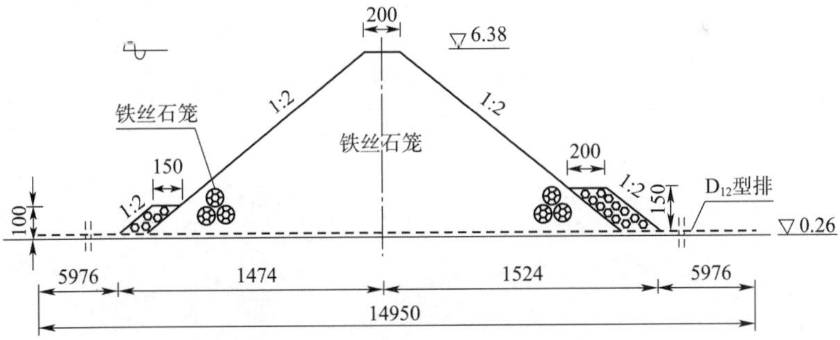

图 3.4-2　抛石笼坝

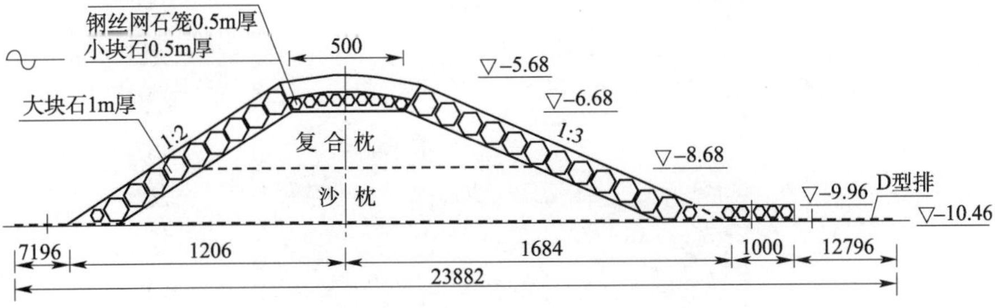

图 3.4-3　沙枕填芯坝

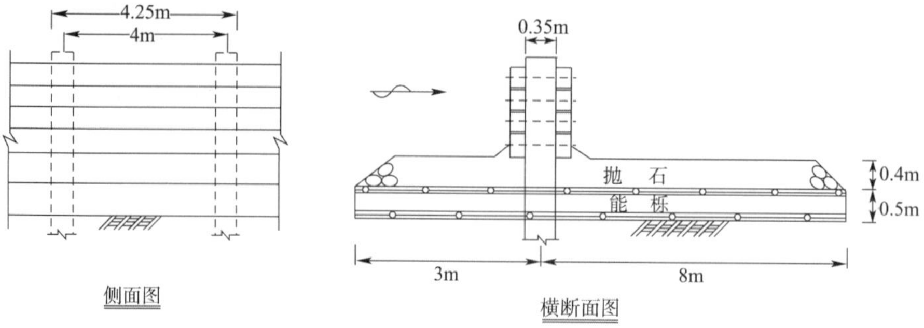

图 3.4-4　桩板坝

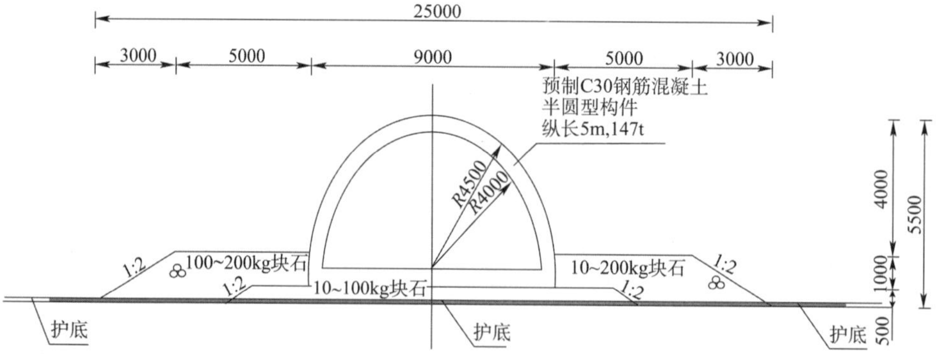

图 3.4-5　半圆体沉箱坝

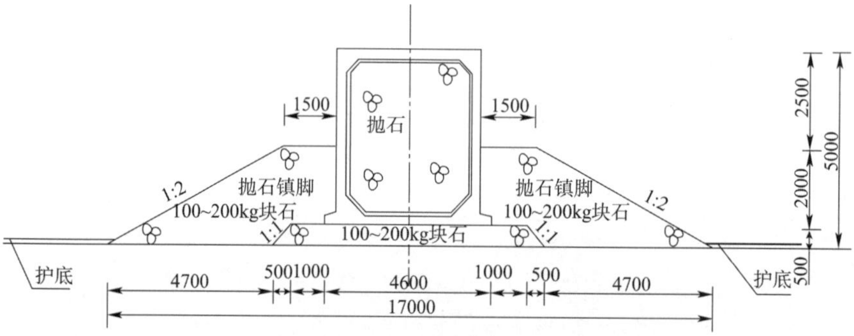

图 3.4-6　框架坝

图 3.4-7　抛石坝

2. 护底

护底是坝体的基础，一般采用土工织物软体排结构，要求能紧贴河床底部，防止基础冲刷，护底范围必要时应通过计算或模型试验确定。在不易冲刷的河床上筑丁坝或顺坝，也可以不护底。

目前应用较为广泛的护底结构主要有两种：一是整体性好、结构强度高的护垫结构，如钢丝石笼垫、铰链排；二是整体性好、适应河床变形能力强的土工织物软体排。对于河床抗冲性较强，堤坝建成后冲刷幅度不大的，可选用前者。

土工织物软体排由排垫和压载体组成。排垫由聚丙烯编织布或长丝机织布加筋而成；压载体或为砂袋、砂肋、混凝土块等。软体排单块宽度一般为15 ~ 40m。为避免在变形过程中软体排错开导致保沙功能丧失，铺设时，单块排体间应搭接一定宽度，一般为 2 ~ 5m。

土工织物软体排在紫外线照射下易发生老化现象。对于铺设后高于枯水位下 2m 以上的软体排应做好防老化工作：一方面选用经过防老化处理的排布；另一方面，排体铺设后应铺设两至三层块石进行覆盖。

二、护岸工程构造

按护岸断面可分为斜坡式护岸、直立式护岸和混合式护岸三种型式。

1. 斜坡式护岸

按照水流对岸坡的作用及施工条件，斜坡式护岸可分为护脚、护坡和滩顶工程三部分。见图 3.4-8。

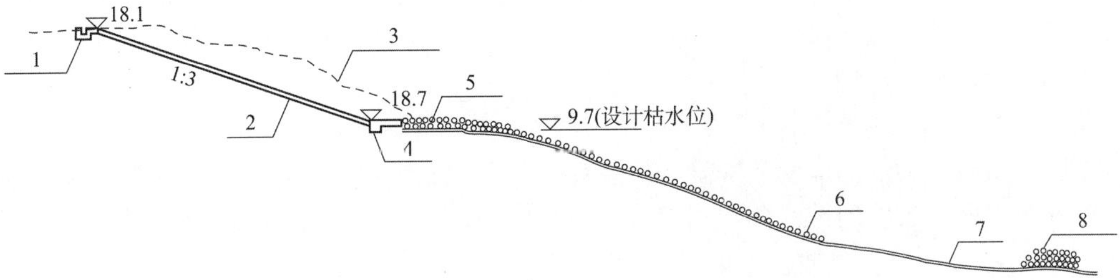

图 3.4-8　斜坡式护岸结构示意图

1-截流沟；2-护坡；3-原地面线；4-脚槽；5-接坡石；6-块石；7-护底；8-备填石

护脚是护岸工程的根基，其稳定与否，决定着护岸工程的成败。护脚工程及其建筑材料要求能抵御水流的冲刷及推移质的磨损，具有较好的整体性并能适应河床的变形，较好的水下防腐性能，便于水下施工并易于补充修复等。经常采用的型式有散抛块石、沉枕沉排、钢丝石笼、混凝土类结构、土工织物模袋等。

抛石护脚工程由接坡石、水下坡面抛石、备填石及稳定加固工程组成。在横断面上的抛石范围，上端一般自设计枯水位水边开始，下端则要根据整治河段河床地形而定，若深泓逼岸，应抛至深泓；若深泓离岸较远，则可抛至河底坡度较缓处即可。水下坡面抛石时，遇地形较陡时，应先抛石补坡，补坡后一般不陡于 1:2。对于河床抗冲性弱的河段，抛石护脚宜先进行沉排护底。沉排护底的主要优点是整体性和柔韧性强，能适应河床变形，同时坚固耐用，具有较长的使用寿命，亦可大大减少后期维护。对于主流顶冲的护岸，可在坡脚处抛投透水框架等混凝土预制构件，降低坡脚近底流速，加强护脚工程的稳定。

护坡工程除受水流冲刷作用外,还要承受波浪的冲击力及地下水外渗的侵蚀。因其处于河道水位变动区,时干时湿,必须要求建筑材料坚硬、密实、能长期耐风化。设计枯水位以上的护坡工程由枯水平台、脚槽、护坡坡面、排水设施等组成。枯水平台、脚槽或其他支承体如支承柱、板桩、框笼结构等,位于护坡工程下部,起支撑坡面不致坍塌的作用。枯水平台在护脚与护坡的交接处,平台高于枯水位 1 ~ 4m,宽一般为 2 ~ 4m;脚槽位于枯水平台内侧,槽顶面与枯水平台齐平,脚槽断面尺寸一般为 1m × 1m(高 × 宽)。枯水平台和脚槽结构一般为干砌块石或铺石。

图 3.4-9　钢丝网格护面

护坡坡面由面层和反滤层组成。反滤层一般由砂、砾石、碎石或土工布等材料成层铺设而成,防止土粒随渗流逸出,厚度为 10 ~ 30cm;面层结构有铺石、砌石、预制混凝土铺砌块、现浇混凝土、模袋混凝土和钢丝网格(图 3.4-9)、生态护坡砖等。相比而言,钢丝网格、生态护坡砖等有空隙结构,在实现护坡功能的同时,更有利于坡面植被的生长和恢复。护面坡度一般不陡于 1∶1.5 ~ 1∶3,面层厚度为 0.08 ~ 0.6m。

排水设施分为排水盲沟和排水明沟(图 3.4-10)。排水盲沟是在坡面以下充填碎、砾石等粗粒材料,主要作用是加速排出岸坡土体内地下水,降低地下水位,其断面形状一般为矩形,尺寸为 0.5m × 0.4m(深 × 宽),平面上呈倒 Y 形,盲沟间距为 10 ~ 30m。对于地下水较为丰富的护岸,盲沟尺寸可适当加大为上宽下窄的梯形,间距适当加密。排水明沟是在坡面上开挖沟道,主要作用是分段排出地表积水、过高的地下水和土壤水,沟道尺寸一般为 0.45m × 0.5m(深 × 宽),浆砌块石砌筑,间距为 100 ~ 200m。

滩顶工程的破坏,除了下层工程的破坏引起外,主要是雨水及地下水的侵蚀所造成,故对上层岸坡也须做一定的处理。一般是将护坡延续至滩顶,在护坡顶部纵向设置截流沟和泄水孔。截流沟与横向布置的排水明沟相连,沟道尺寸为 0.4m × 0.5m(深 × 宽),浆砌块石砌筑。泄水孔由 PVC 管和碎石反滤包组成,间距为 5 ~ 10m。

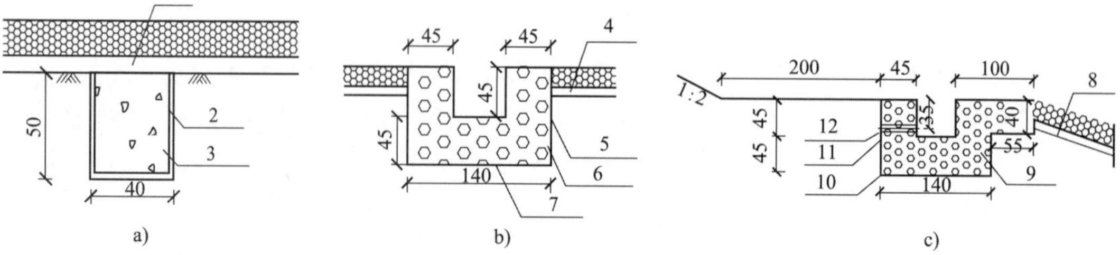

图 3.4-10　排水设施结构图

a)排水盲沟结构图;b)排水明沟结构图;c)截流沟结构图

1-护坡;2-无纺布;3-碎石填充;4-护坡;5-无纺布;6-浆砌块石;7-无纺布;8-护坡;9-浆砌块石;10-无纺布;11-PVC 管;12-碎石反滤包

2. 直立式护岸

直立式护岸一般适用于水深较深和地基较好的情况,由基础和墙身组成。常见的结构型式主要有重力式、衡重式、悬臂式、扶壁式、空箱式和排桩式等。主要有钢板桩、钢和石棉水泥沟槽板、石笼结构、混凝土和砖以及圬工重力挡土墙、预浇混凝土块、加筋土结构等,见图 3.4-11。

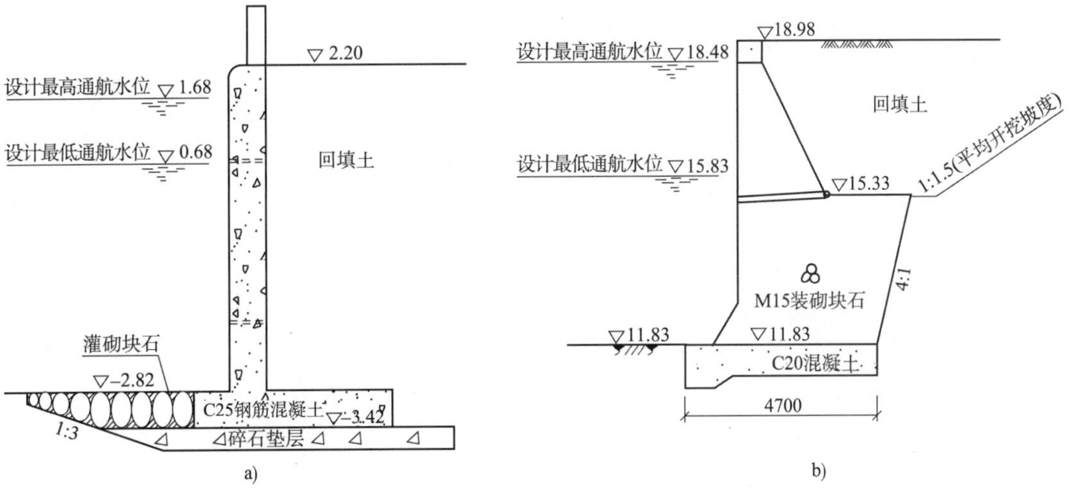

图 3.4-11　直立护岸

a）悬臂式直立护岸；b）衡重式直立护岸

3. 混合式护岸

混合式护岸是由斜坡式和直立式混合的护岸。

三、固滩

固滩按守护部位的不同分为护底、护滩和护坡，主要有散抛体（充填袋、块石和石笼等）、透水构件、散抛石压载软体排、系结软体排（包括砂肋软体排和混凝土系结块软体排）等结构，见图 3.4-12。

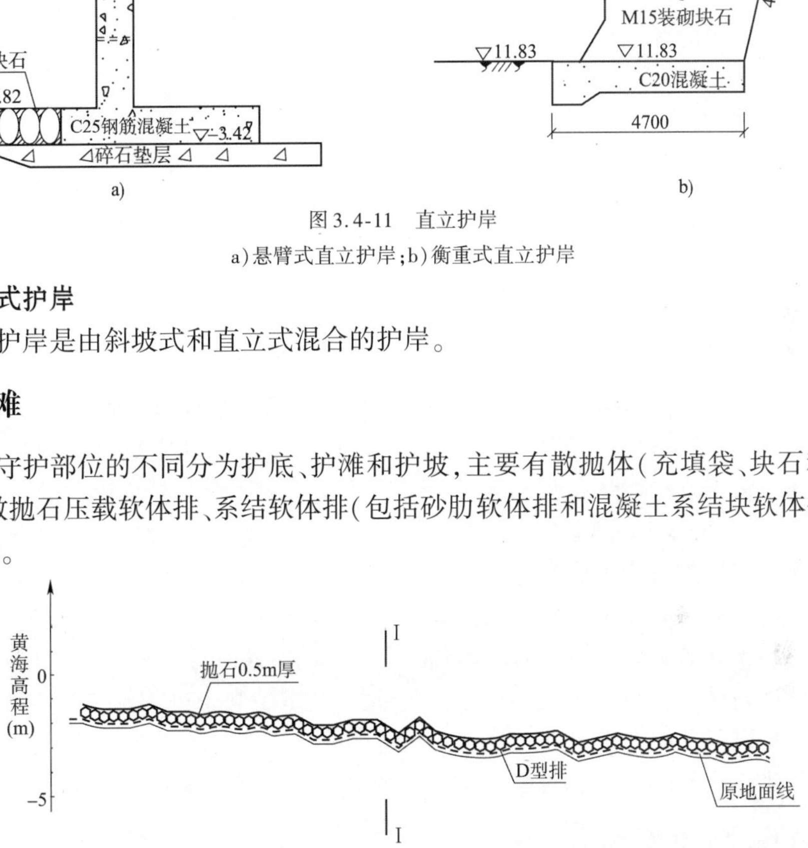

图 3.4-12　固滩结构示意图

对于滩体较为稳定或滩体较高、具备植被生长条件的高滩部位可采用高强仿生快速植生垫结合石笼、促淤网箱等生态型结构。

第五节　船闸的构造

一、综述

船闸是供船舶克服在天然或渠化河流和运河上建坝形成的集中水位差，用水力直接提升船舶过坝的一种通航建筑物。它由上下闸首、闸门、闸室等挡水建筑物和能使闸室水位升降的输水系统、引导船舶进出闸室的上下游引航道组成。

船闸工程主要由船闸主体、上下游引航道、大型临时工程、金属结构、启闭机械、电气与控制系统、生产与辅助建筑物、助航设施、工程观测等单位工程组成。

船闸主体工程和上下游引航道由土石方开挖、基坑开挖、地基与基础、闸首、闸室、引航道、副坝、导航建筑物与护坦、靠船建筑物、护岸、防洪土堤、隔离堤、分水墙、墙后工程、附属设施、工程观测、上下游锚泊地等分部工程组成。

大型临时工程主要由围堰工程及相关的临时工程组成。

金属结构与启闭机械工程由闸门、阀门、拦污栅、台车轨道钢梁制作与安装、船闸启闭装置制造与安装、设备运行系统联合试运行等分部工程组成。

电气及控制系统安装工程由电气系统设备安装、控制系统设备安装、通信和收费系统、电气与控制系统试运行等四个分部工程组成。

生产与辅助建筑物包括管理所的办公楼、生活楼、配电房和门卫,船闸控制楼,闸顶机房、配电房、消防、场地道路和绿化等组成。

助航设施由航标、标志标牌及基础等组成。

二、围堰与导流、截流建筑物

围堰是指在船闸建筑物建设中,为建造永久性水工设施,修建的临时性围护结构,以便在围堰内排水,开挖基坑,修筑建筑物。按与水流的相对位置,可分为横向围堰和纵向围堰,前者围堰轴线方向与水流方向垂直或近于垂直,后者与水流方向平行。按构造和材料分,水运工程中常用的围堰形式分为:土围堰、土石混合围堰、板桩围堰、地连墙、钢板桩围堰等。

施工导流建筑物是为了使水工建筑物能在干地施工,需要用围堰围护基坑,并将河水引向预定的泄水建筑物泄向下游。一类是全段围堰法(即河床外导流),另一类是分段围堰法导流(即河床内导流)。全段围堰法分为:明渠导流、隧洞导流、涵管导流等。分段围堰法,也称分期围堰法或河床内导流,就是用围堰将建筑物分段分期围护起来进行施工的方法。所谓分段就是从空间上将河床围护成若干个干地施工的基坑段进行施工。所谓分期,就是从时间上将导流过程划分成阶段。

三、闸首与闸室建筑物

闸室是由上、下闸首和两侧闸墙围成的箱形空间。主要由闸室墙、底板、系船设备充泄水水廊道和其他辅助设备组成,供船舶安全停泊、升降和通过。

闸首闸首是挡水建筑物,由两侧边墩和闸门构成,设有挡水闸门及其启闭机械,还设有输水廊道和廊道控制阀门及其启闭机械;上闸首是本枢纽挡水前缘建筑物的一部分,将上游引航道与闸室隔开;下闸首是闸室的挡水建筑物,将闸室和下游引航道隔开。

四、挡泄水建筑物

1. 挡水建筑物

为拦截水流、抬高水位、调蓄水量,或为阻挡河水泛滥、海水入侵而兴建的各种闸、坝、堤防、海塘等水工建筑物。船闸的闸首、闸墙和临时性的围堰等,也属于挡水建筑物。不少挡水建筑物兼有其他功能,如溢流坝、拦河闸、泄水闸常列入泄水建筑物。

2. 泄水建筑物

为宣泄水库、河道、渠道、涝区超过调蓄或承受能力的洪水或涝水,以及为泄放水库、渠道内的存水以利于安全防护或检查维修的水工建筑物。常用的泄水建筑物有:

(1)低水头水利枢纽的滚水坝、拦河闸和冲沙闸。

(2)高水头水利枢纽的溢流坝、溢洪道、泄水孔、泄水涵管、泄水隧洞。

(3)由河道分泄洪水的分洪闸、溢洪堤。

(4)由渠道分泄入渠洪水或多余水量的泄水闸、退水闸。

(5)由涝区排泄涝水的排水闸、排水泵站。

五、引航道及靠船建筑物

引航道是连接闸首与主航道的一段静水渠道,供过闸船舶停泊系揽、调顺、会让和安全通畅进出闸室之用。与上闸首相接的为上游引航道,与下闸首相接的为下游引航道,在引航道内设有主、辅导航建筑物和靠船建筑物。一般在靠河、湖、水库侧设防浪隔流建筑物,其上游或下游引航道口门外的水域为引航道口门区。

导航墙是连续的导航建筑物,直接和闸首相连,引导船舶安全顺利进出闸室的水工建筑物。

靠船墩是靠船建筑物,作为工作和牵引通路。

锚地指上、下游引航道外供进、出闸船舶等待过闸、重新编队、更换拖(推)船之用的水域,视使用需要设有靠船、系船及港作拖(推)船等设施。

六、金属结构及启闭机械

1. 闸(阀)门

船闸闸门和阀门按其工作性质可分为工作闸门、检修闸门、事故闸门、工作阀门和检修阀门。

工作闸门是设在上、下闸首上的活动挡水设备。按结构型式可划分为人字闸门、三角闸门、横拉闸门、平面闸门、一字闸门和弧形闸门。

工作阀门按结构型式可划分为平面阀门和反向弧形阀门。

船闸上、下闸首应设置工作闸门和检修闸门。挡工作闸门失事可能引起严重后果时,船闸上闸首应设置事故闸门,并可兼顾检修闸门。

船闸输水廊道应设置工作阀门,根据需要可设置检修阀门和拦污栅。

按制造门叶的资料分为钢闸门、铸铁镶铜闸门、木闸门、钢筋混凝土闸门和组合材料闸门。

2. 启闭机械

启闭机械为开启和关闭闸、阀门的机械设备。启闭机可按不同特征进行分类:

(1)按操作动力可分为人力、电动、液压。

(2)按动力传送方式可分为机械传动和液压传动。机械传动又分为皮带传动、链条传动、齿轮传动和组合传动。液压传动可分为油压传动和水力传动。

(3)按启闭机的安装状况可分为固定式和移动式。

(4)按闸门与启闭机连接方式可分为柔性、刚性和半刚性连接。

(5)按闸门的特征类别分为平面闸门启闭机、弧形闸门启闭机和人字闸门操作机械等。

(6)通常也习惯以其综合的特征命名闸门的操作设备,如螺杆式启闭机、链式启闭机、卷扬式启闭机、液压启闭机、台车式启闭机、门式启闭机(起重机)等。

七、输水系统

输水系统是供船闸灌水和泄水的全部设施,包括进水口、输水廊道、出水口、阀门井、阀门及其启闭机械、效能设施等部分。船闸输水系统一般分为集中输水系统和分散输水系统两大类型。

(1)集中输水系统。闸室灌水、泄水分别通过设在上、下闸首内的输水廊道在闸首处集中进行,又称头部输水系统。

(2)分散输水系统。闸室灌水、泄水由输水廊道通过沿着闸室长度分布于闸室底板或闸墙内的出水口进行。输水廊道上设有输水阀门。

第六节　修造船厂水工工程的构造

一、船台滑道

机械化滑道是修造中小船舶时最常用的一种上墩下水设施,移船用小车进行,用滚动摩擦代替滑动摩擦,故上墩下水省力方便。同时,一条滑道可为若干个船台服务,占用岸线短,工程量少,可提高滑道的使用率,且船台布置比较集中紧凑。

机械化滑道可分为纵向和横向两种,由滑道区、横移区和船台区组成。滑道区是船舶上墩下水的通道,滑道是倾斜的;横移区是船舶从滑道区到船台区的过渡区,可将船舶移到各船位上,其轨道是水平的;船台区是船舶修造的场地,通常设有多个船位,船台区通常是水平的。

船舶的上墩过程为:拉船舶到滑道附近→水上定位→沿滑道向上移船至横移区→船从横移区移至船台→落墩;反之,则为下水过程。

机械化滑道有多种不同类型,其主要区别在于船舶由斜轨转为平轨的方法不同。

1.纵向机械化船台滑道

纵向机械化船台滑道主要有纵向船排滑道、纵向两支点滑道和纵向斜船架滑道和纵向栈桥滑道等。

(1)纵向船排滑道。在纵向船排滑道上,船舶直接坐落在滑道上的船排小车上进行修造。船排小车分整体式和分节式两种。整体式用刚性连杆连接,分节式用钢丝绳连接。分节式船排小车之间的距离可以根据需要调整,适应性强。船排小车的顶面与轨道面平行,如图3.6-1所示,由绞车牵引船排小车完成船舶上墩与下水作业。纵向船排滑道一般水面以上段兼作船台用,少数滑道在两侧布置有船台以提高滑道的使用率。由于船排较低,故滑道可以短些,便于工作与施工和维护,投资较小。其缺点是一条滑道船台只能建造或修理一艘船,而且船舶处于倾斜状态,作业条件较差;船排高度小,在船底工作不方便;船舶下水在尾浮时产生较大的船首压力。故主要用于中小船舶的修造,适于工作量不大和投资有限的情况。

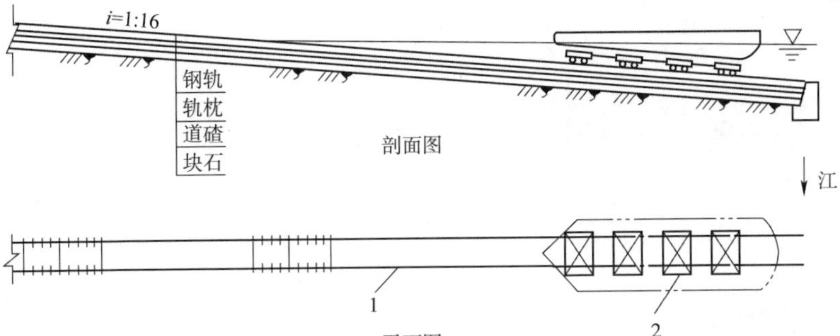

图 3.6-1　纵向船排滑道
1-滑道;2-船排小车

这种滑道形式的优点是:省去了从斜面至水平面的转换装置;船舶直接牵引上横移车,简化了船舶上墩下水的工艺过程,节省了上墩下水的时间;在陆域布置上,所需的纵深较短;投资省等。同时,它也有其缺点:对变坡过渡段轨道安装精度要求较高;对轨道基础的不均匀沉陷要求较严,在变坡过渡段的两侧不能布置船台;随着船舶的增大,横移车增长,过渡段的长度相应增加,轨道数目增多,易引起横移车轮卡轨或磨损加剧的现象;当船舶下水尾浮时,存在船首压力的问题。

(2)纵向两支点滑道。船舶上墩下水时,只用两台小车支承,可以从滑道的斜坡部分直接拉到水平部分。小车之间可用拉杆或链条连接。简单的两支点滑道布置是将船舶从滑道斜坡部分拉到水平部分后,直接在该处修理。为了提高效率,考虑多船位布置,如图 3.6-2 所示,可有以下几种型式。

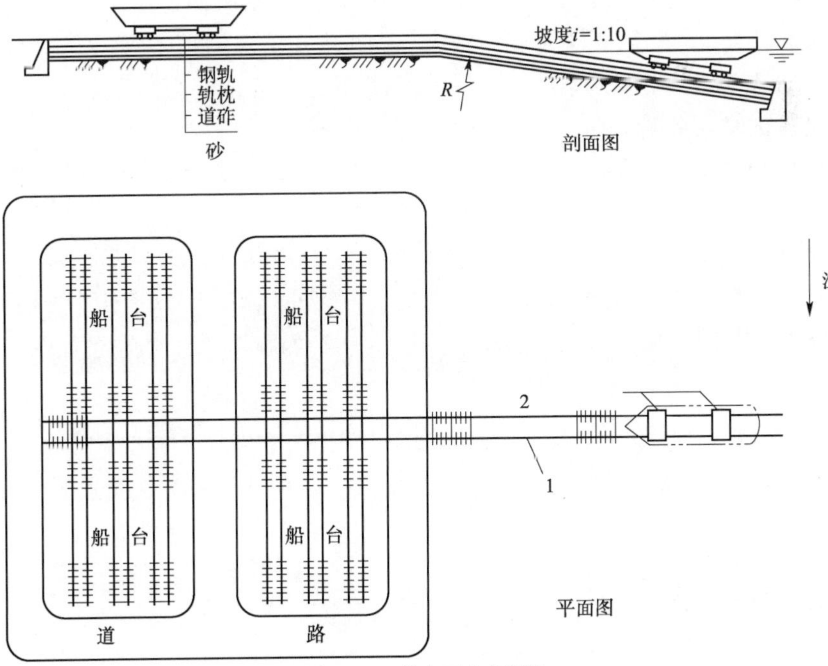

图 3.6-2　纵向两支点滑道
1-滑道;2-双支点小车

①在水平部分串联布置两个船台位置。

②滑道上端设水平横移区和船台区，船舶拉到滑道上端水平部分后，转移到横移轨道的自动或非自动船台小车上，再横移到侧向的船台位置上。

③滑道上端设带坑的横移架，船舶拉到横移架上后，通过横移转运到任一船台。

两支点滑道具有施工方便、设备简单、修造船方便及节省投资等优点。但船舶上墩下水过程中系两点支承，下水尾浮时纵向弯矩较大，故只适用于船舶纵向强度大的小型机动船舶，如小型渔轮、拖轮等。

(3)纵向斜船架滑道。船舶在楔形斜船架和一列随船架的双层车上墩下水，船体始终保持水平状态，使承载船舶的随船架通过布置于同一标高的轨道，将船舶直接载运到水平船台上去或通过横移区运载到任意水平船台上去，如图 3.6-3 所示。

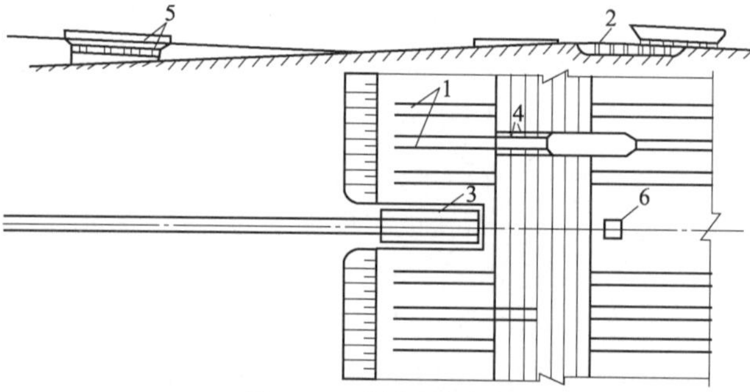

图 3.6-3　纵向斜船架滑道

1-船台;2-横移坑;3-斜船架;4-横移架;5-随船架;6-绞车房

纵向斜船架滑道机械化程度高，操作比较简便。但由于斜架面是水平的，架尾较高，故要求滑道末道水深较大，滑道长，工程量和投资大。为了缩短滑道的长度，可采用弧线形滑道，使滑道末端部分坡度变陡或将架面做成较小的坡度，以减小滑道末端水深。

2. 横向机械化船台滑道

横向机械化船台滑道主要有横向高低轨(轮)滑道、横向梳式滑道、横向伸缩腿滑道、横向整体或分解斜船架滑道和横向回转式下水架滑道等。

(1)横向高低轨滑道。横向高低轨滑道由滑道斜坡部分和横移区两部分组成。下水车在滑道斜坡部分上，临水侧与靠岸侧的走轮各自行走在不同标高的轨道上，从而使车架面处于水平状态。斜坡部分的高低轨道和横移区的相应轨道用同一半径的圆弧平滑地连接，如图 3.6-4 所示。

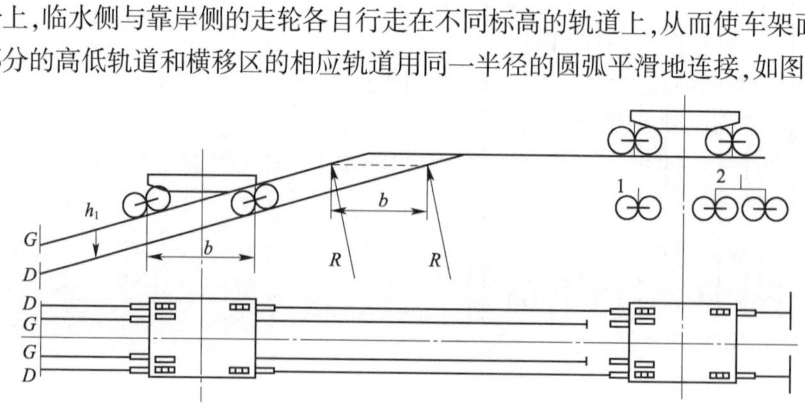

图 3.6-4　横向高低轨滑道

1-单平衡轮;2-双平衡轮

(2)横向高低轮滑道。它是由横向高低轨滑道演变而来。特点是在斜坡和横移区交接处,每组轨道为4根互相交错,形成由滑道转换到横移区的过渡段。为适应这种轨道布置,下水车的每组轮子为8个平衡轮,临水侧的4个平衡轮中,2个高的在内侧悬空,2个低的在外侧支承于斜面钢轨上。当下水车拉到过渡段时,外侧平衡轮将船舶重量转换到内轨的2个平衡轮上,从而使得下水车在斜面上和在水平面上行走时,架面始终为水平状态,如图3.6-5所示。

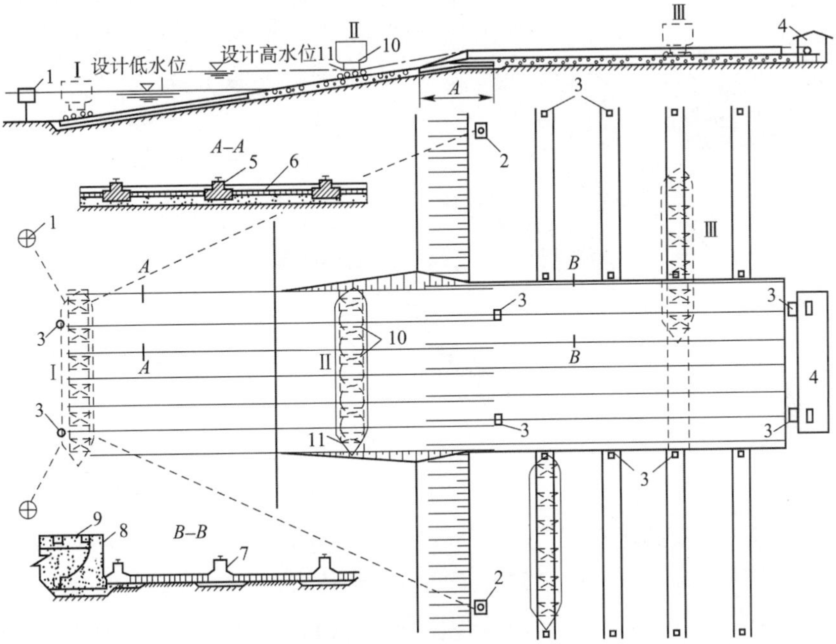

图3.6-5　横向高低轮滑道

Ⅰ-水上定位;Ⅱ-沿斜轨移船;Ⅲ-移船至船台;1-定位浮筒;2-电动绞盘;3-地牛;4-绞车房;5-下水轨道及轨道梁;6-联系梁;7-横移区轨枕;8-横移区挡土墙;9-船台轨道;10-船排小车;11-高低轮下水车

这种形式的优点是滑道和横移区的每组轨道都在同一平面上,仅在过渡段有局部低轨,从而减少了施工的复杂性。其缺点是临水侧的下水车架较高,要求滑道末端水深大;在横移区轨道下留出下水车外侧高腿的凹槽也给施工带来麻烦。

(3)横向梳式滑道。它包括斜坡滑道区和在同一平面的横移区及船台区三部分。船从斜坡滑道到水平横移区轨道用换车方法(从斜架车换上船台车)过渡,“梳式”是指为换车需要,供斜架车行走的倾斜轨道和供船台车行走的水平轨道在岸边处互相间插;船台区和横移区位于同一水平面,它们的轨道互相平交;在横移区和船台区用同一船台车移船,在两区轨道交叉处用转轮(船台车轮)方法转向;下水车采用分段式斜架车,每段车由分设在斜坡滑道顶端的绞车牵引;在横移区和船台区不用绞车牵引移船,而是机动船台车移船,如图3.6-6所示。

梳式滑道的优点:横移区与船台区标高一致,没有横移坑,场地平整,交通方便,船台两侧的起重机可调剂使用,必要时横移区也可兼作船台用;由于滑道区和船台横移区有各自的移船车,两艘船可同时进行移船作业,滑道利用率高;因横移区及船台区的移船采用机动船台车,省掉大量的穿绳工作,场地没有绳索碍事;绞车设在斜坡滑道的顶端,钢丝绳的长度短;滑道上轮压小,对铺轨精度要求较低,有利于采用轨枕道砟基础,便于水下施工可降低造价,工期缩短。梳式滑道的缺点:船台车机构较为复杂,价格高;船舶换车和车轮转向费时;对于尖底船,要按船体线型两次安置墩木，比较麻烦；横移区和船台区钢轨多，轨道平面交叉多，使轨道基础复杂；水下滑道采用轨枕道砟结构，维护保养困难；横移区采用轨枕道砟结构，维护工作量大。

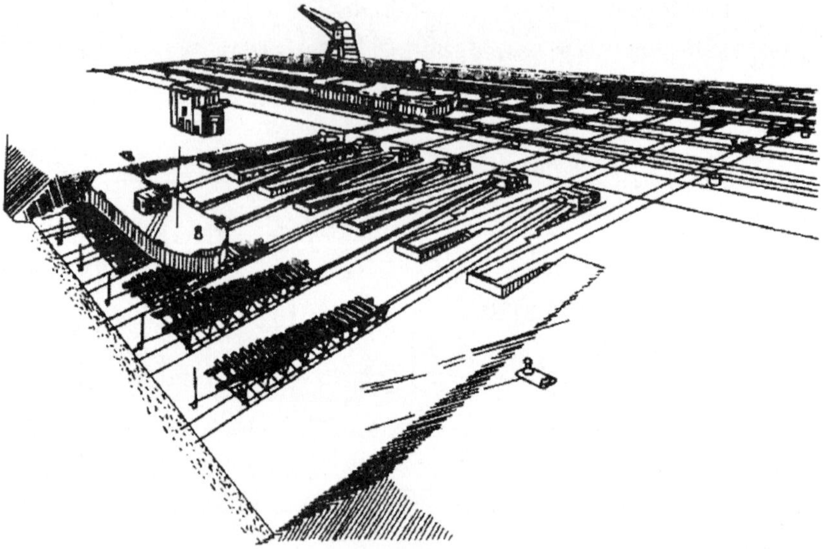

图 3.6-6　横向梳式滑道

3. 纵横向机械化滑道的比较

纵向机械化滑道和横向机械化滑道各有特点，见表 3.6-1。在选择时，需考虑厂区地形、水位变化及施工条件等等因素。在具体选择下水上墩方案时，应详细比较经济技术因素。对于小型船舶的上墩下水，由于重量轻，可有更多方案的选择。

纵向滑道和横向滑道特点比较　　表 3.6-1

项　　目	纵向机械化滑道	横向机械化滑道
占用岸线	短	长
滑道末端水深	大	小
水上定位	较方便	较不方便
船体移船过程受力情况	不受扭，纵向弯矩较大	受扭，纵向弯矩较小
受水流影响	较大	较小
造价	下水滑道总长度短，造价较低	下水滑道总长度长，造价较高

在选择船舶下水上墩方案时，一般应满足以下要求：

(1)船舶下水上墩的有关作业应达到最大限度的机械化。

(2)使用多船位船台时，应保证各船位的船舶都能随时上墩和下水，且不相互妨碍。

(3)拉曳设备应工作可靠且有调速可能，并在许多绞车同时工作的情况下能同步。

(4)船舶下水上墩时应避免承受应力过大，如纵向下水上墩时应避免前支架压力过大。

(5)船舶上墩操作时应与水流逆向，并最大限度地减小水流对船体的作用。因此在流速较大地区，上墩构筑物的布置应使船舶与水流平行或成较小角度。横向滑道上墩船舶虽与水流平行，但流速过大也会影响船舶定位，故有时将横向滑道布置在人工开挖的港池内。

(6)移船设备负荷不均匀性应减到最小程度(如移船设备上装置滚轴平台和液压设施等),使轮压降低,从而降低轨道基础的造价。

(7)滑道的结构应尽量简单,以减少水下工程的复杂性。

4.船台滑道的结构选型

船台滑道的结构型式可采用实体结构、轨枕道砟结构、架空结构等。其结构型式的选择应根据场地自然条件、使用要求、材料来源、施工条件和工期等因素,通过技术经济比较确定。

(1)船台滑道面与原地面高差不大,地基承载力满足要求时纵向斜船台滑道和横向机械化船台滑道宜采用梁板实体结构;横向机械化滑道轨道基础宜采用梁板实体结构或轨枕道砟结构。

(2)船台滑道面与原地面高差不大,地基差、软弱层厚,地基处理费用高时,宜采用桩基梁板实体结构。

(3)船台滑道面高出自然地面较高、地质条件较差的区段,宜采用桩基梁板架空结构。

(4)船台滑道面高出自然地面较高、天然地基(含地基处理)承载力满足要求时,可采用独立基础、条形基础、筏板基础、重力支墩等基础上的梁板架空结构。

船台滑道侧墙挡土结构应根据地址、场地等条件,采用重力式、板状等结构型式。

滑道顶部卷扬机基础可采用重力墩式、桩基承台等结构。

5.船台滑道的构造要求

(1)架空船台滑道的结构构造应符合下列规定。实体船台可由地基(含桩基)上的梁板和侧墙支挡结构组成。梁板宜采用矩形、倒T形或工字形等结构型式。

实体船台梁板可分为中板(含滑道基础梁)和边板,纵向分缝应根据船台宽度、滑道(轨道)布置、荷载大小与分布形式、施工条件等因素合理确定;横向变形缝应根据地基条件、结构形式、工艺荷载及设施布置等因素确定,其间距宜为15~30m。对地基条件较好,工艺荷载及结构形式较单一,采取相应的施工技术措施,经过技术论证,变形缝间距可加大为40~60m。

变形缝可采用平缝或企口缝,宽度宜为20~30mm,宜设置传力杆。无防水闸门斜船台可不设止水措施;有防水闸门和半坞式斜船台的变形缝,应设置止水措施,宜采用橡胶止水带型式。

实体船台板的厚度应通过计算确定。采用钢筋混凝土结构时,土基上的板厚不宜小于300mm;岩基上不宜小于200mm;桩基上不宜小于600mm。

实体船台梁板与地基之间宜设置砂石垫层,厚度宜为200~300mm,砂石垫层上应设置100mm厚混凝土垫层。当地基为承载力较高的硬黏土或密实砂土时,可仅设100mm厚混凝土垫层。

当实体船台梁板结构变形缝处地基应力超过地基承载力时,或者为减小变形缝处地基不均匀沉降,可在变形缝处采用加厚垫层、加设钢筋混凝土垫板或加设企口榫槽等措施。

横向机械化滑道同一组轨道应布置在同一块地基板上,同一组轨道地基梁间应设置联系梁。

轨枕道砟结构的轨枕可采用单轨轨枕或双轨轨枕;轨枕尺寸和间距应根据计算确定,轨枕最小长度不宜小于1.2m,轨枕间距不宜大于700mm。道砟厚度应根据计算确定,最小厚度不宜小于300mm;道砟宜采用20~70mm粒径的碎石,并应具有良好级配。

滑道(轨道)间应设置护面结构,可采用现浇混凝土、预制混凝土块、块石护面等。

水下施工的天然地基滑道基础当岩石地基承载力足够时,设置二片石、碎石整平层,厚度不小于300mm。岩面向水域倾斜时,岩面做成阶梯形断面;非岩石和承载力不足的岩石地基,设置块石基床、预制钢筋混凝土基础等。

水下块石基床应按滑道(轨道)坡度阶梯形抛筑,并应进行分层夯实整平。块石基床构造及施工要求应符合现行行业标准《重力式码头设计与施工规范》的有关规定。

水下施工的天然地基上滑道(轨道)结构宜采用预制钢筋混凝土大板结构、条形基础梁、"井字"梁板结构等。

(2)架空船台滑道的结构构造应符合下列规定。结构段长度宜取30~40m,整体现浇结构取小值,结构缝宽度宜取20~30mm。结构缝的设置应符合现行行业标准《高桩码头设计与施工规范》的有关规定。

架空船台宜采用沿船台纵向设纵梁(无横梁)的单向板布置,可采用预制叠合板型式;也可按柱间设纵横梁系的双向板布置,纵横梁系宜用现浇钢筋混凝土结构。

水下施工的桩基上部结构可采用四根桩支撑的双悬臂单跨"井字"梁(板)或六根桩支撑的双悬臂双跨"日字"梁(板)。

水下施工的重力式支墩结构可采用实心混凝土方块、空心混凝土方块和钢筋混凝土沉箱等。滑道(轨道)宜采用预制钢筋混凝土简支梁板结构型式。

(3)斜船台闸门段的结构构造应符合下列规定。半坞式斜船台的闸门段宜设置水泵房和护岸;有防水闸门的斜船台宜设置排水明沟和集水坑以及护岸。

闸门段长度及口门的轮廓尺寸应根据闸门型式、排灌水设施布置、结构稳定性以及强度等因素确定。口门墩内侧净宽不宜小于斜船台有效宽度。

闸门门槛和门槽可根据水质条件和使用要求,采用花岗岩、不锈钢板或高强度混凝土板镶面。闸门止水支承面应垂直、平整并为整体。

闸门段应设防渗设施,可采用防渗墙、防渗板桩、灌浆帷幕、齿墙及铺盖等结构。防渗墙及防渗板桩的长度及厚度,应根据防渗要求计算确定。

闸门段门墩与上下游的自然岸坡连接处,宜设置一段直壁式护岸相连接。

二、船坞

1.干船坞

干船坞是利用灌排水系统控制水面升降,使船舶水下部分露出水面,坐落在支墩(龙骨墩)上,使船舶起浮下水。

干船坞通常由坞室、坞口、坞门、排灌水系统、拖曳系缆系统、垫船设备、起重设备、动力及公用设施,以及其他设备等组成(图3.6-7)。干船坞的主体结构宜采用钢筋混凝土结构,在当地史料丰富、地基条件良好的条件下,也可采用重力式浆砌石结构。坞室是干船坞的主体,是容纳船体的空厢,实际是修造船体的总成车间。使用上要求坞室有足够的面积、水深和承载能力,此外还需要保持坞室干涸。坞口的作用是固定坞门,因此结构上要有足够强度、不易变形和不发生均匀沉陷。坞门作用是挡水,使用上要有足够的水密性,启闭速度和次数适应生产流程即可,对启闭性能的要求低于船闸闸门。船坞灌水系统包括输水廊道和阀门等设备,它的主要作用是向坞内灌水。排水系统包括大明沟、输水廊道和泵站,其作用是排空坞内的水。灌水系统和排水系统常常结合在一起布设。因船舶进出船坞相对不频繁,对灌排水时间的要求比船闸要低。随着修造船工艺的不断改进与提升,“一条半”造船法、并列造船法等新方法不断涌现,有些新建的大型造船坞可以同时建造两条整船和两条艏段,大型修船坞可以串列修理两条以上的船舶,并可设置中间门灵活调配排灌水的空间。

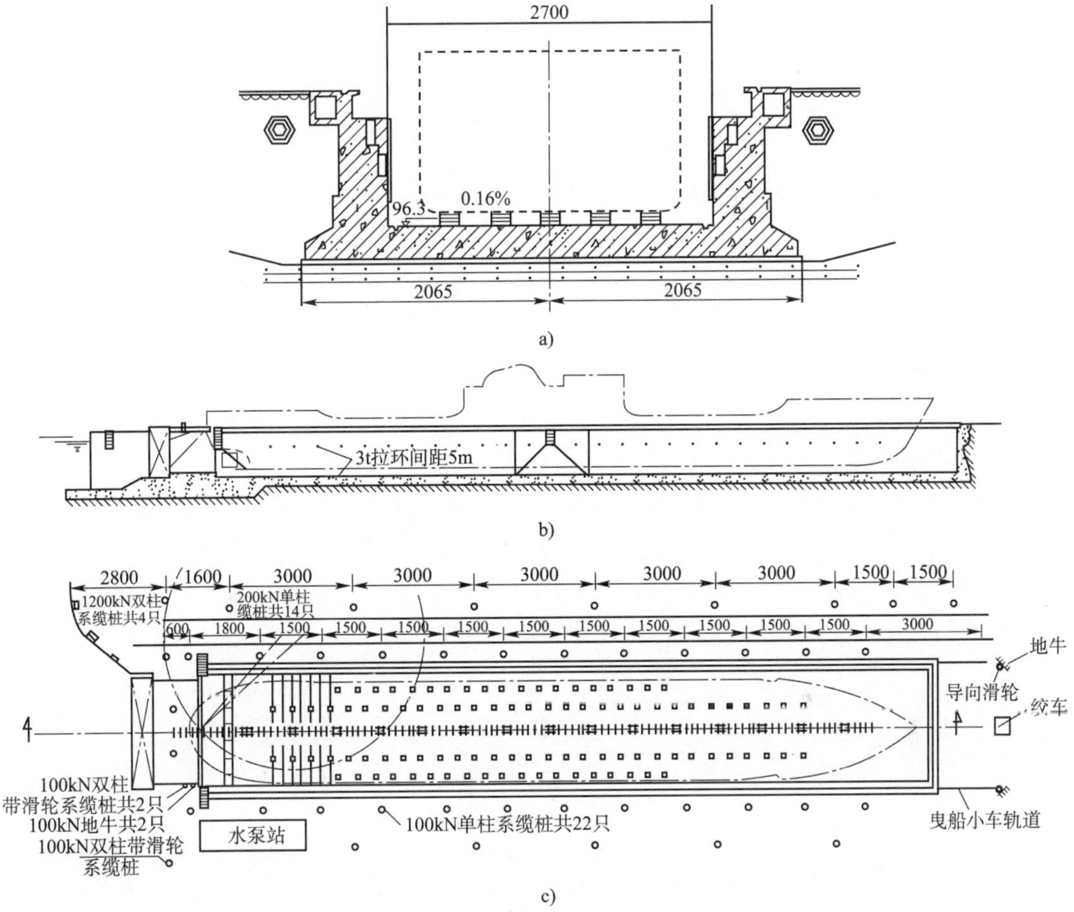

图 3.6-7 干船坞

a)断面图;b)剖面图;c)平面图

影响船坞的结构型式的因素很多,主要是地质条件、水文条件和船舶尺度。按克服地下水浮托力的方式可分为三大类:

(1)重力式:依靠结构的本身重量克服地下水的浮托力[图 3.6-8a)]。

(2)锚拉式:用锚桩、锚索或锚杆将地板锚固于地基,依靠结构锚固力和结构自重克服地下水浮托力[图 3.6-8b)、c)]。

(3)排水减压式:采用地下排水设施部分或全部消除地下水浮托力[图 3.6-8d)]。

坞室和坞口根据坞墙、坞口门墩与底板的连接方式分为整体式和分离式结构。坞口与坞室结构间应设置变形缝;坞室结构沿其长度方向应设置变形缝。变形缝的位置应根据地基条件、结构及基础形式等因素确定,其间距宜采用 15 ~40m,对衬砌式结构不宜大于 15m。

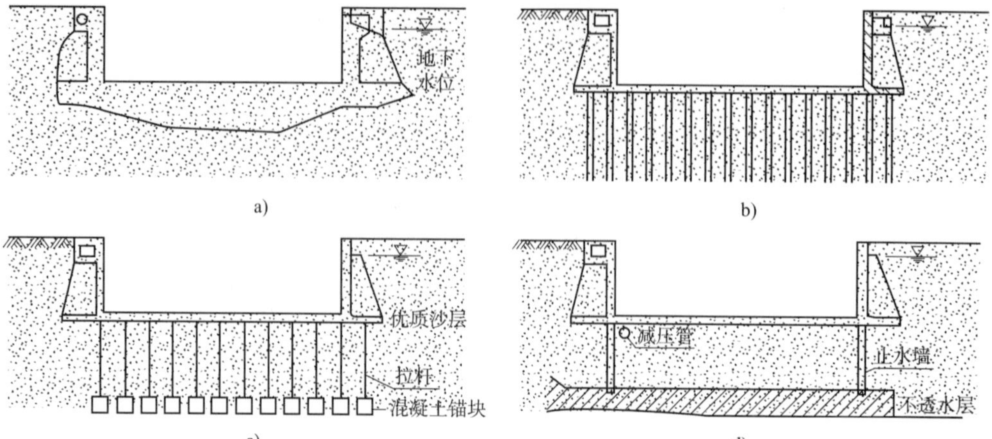

图 3.6-8　船坞坞室的结构型式

a)重力式;b)锚桩式;c)锚杆式;d)排水减压式

坞口宜采用整体式结构型式,整体式坞口宜在底板的适当部位设置施工闭合块,宽度一般为 2 ~ 3m。当整体式坞口施工条件受到限制时可考虑坞口底板与坞口门墩分离施工。分离施工的坞口门墩可采用实体式、空箱式、沉井式及板桩式等结构型式,坞口结构应采取预留插筋、预埋型钢等构造措施,使底板与坞口门墩连接可靠。

坞墙结构型式有重力式、桩基承台式、板桩式、半重力式、混合式和衬砌式结构。重力式坞墙一般采用悬臂式和扶壁式两种。悬臂式坞墙应由立板、前趾板和后趾板组成,当廊道悬出立墙外的尺度较大、廊道后壁顶部设置起重机轨道时,宜设置支持廊道的立柱(图 3.6-9)。扶壁式坞墙应由立板、肋板、前趾板和后趾板组成(图 3.6-10)。

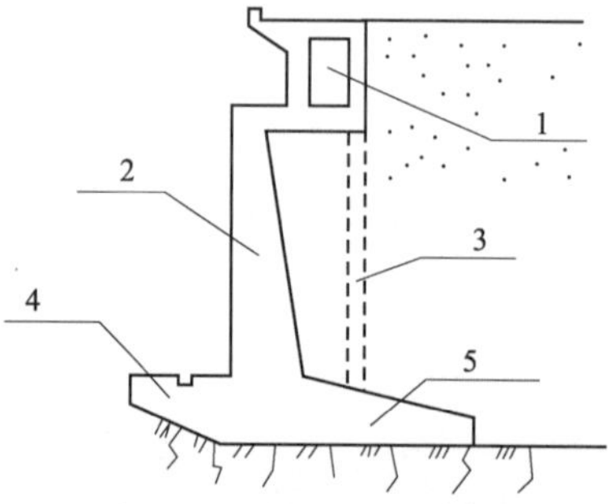

图 3.6-9　悬臂式坞墙示意图

1-廊道;2-立板;3-立柱;4-前趾板;5-后趾板

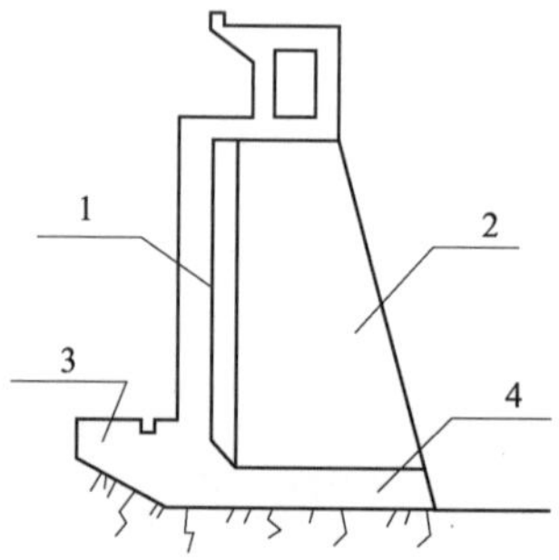

图 3.6-10　扶臂式坞墙示意图

1-立板;2-肋板;3-前趾板;4-后趾板

板桩式坞墙一般按照板桩码头设计施工。桩基承台式坞墙分为低桩承台式和高桩承台式,低桩承台式坞墙的承台部分可采用悬臂式、扶壁式或实体式。半重力式坞墙一般可采用格型钢板桩、钢筋混凝土沉井结构或格型地连墙结构。衬砌式坞墙用于岩面高于坞墙设计顶高程的情况。衬砌式坞墙分有锚衬砌式和无锚衬砌式。

分离式坞室底板可根据坞室尺度、荷载大小及其分布、施工条件以及底板下有关设施(如排水减压管沟等)的布置等因素进行合理分块。

船坞的基桩可采用钢管桩、钢筋混凝土桩、预应力管桩或灌注桩。

坞墙及坞口门墩背后的回填料宜采用砂石类土,当采用黏性土作为回填料时,应根据回填土的物理力学性质及填筑方法，规定回填速率和分层厚度及压实、夯实要求。

船坞的防渗和排水设施应根据水文地质条件、水头、结构型式等因素综合确定。根据减少渗水量及满足渗流稳定的要求设置可靠封闭的空间防渗设施，防渗设施可采用防渗墙、板桩、帷幕、高压喷灌，齿墙、铺盖、防渗土工布和劈裂灌浆等形式。防渗墙可采用混凝土、钢筋混凝土、水泥土、水泥浆、黏土、复合防渗土工膜等材料，防渗板桩可采用钢板桩、钢筋混凝土板桩等，防渗设施也可采用防渗墙和防渗板桩组合的型式。排水减压设施可根据不同情况分别布置在底板下、坞墙背后或其底部等不同部位。底板下排水减压设施可采用四种型式：沟管式排水、排水层排水、减压井排水、同时采用三种排水型式组合排水。渗入排水减压设施中的地下水一般采用汇入船坞泵站排出的方式，对此应设置可靠、耐久的逆止装置，也可采用独立系统排水。排水减压设施应设检查井，建立定期检修、保养制度，确保其正常安全运营。

坞门是干船坞的重要组成部分，主要作用就是挡水。为保证坞内船舶修筑的安全要求，坞门必须具有良好的水密性，且启闭方便。目前采用的主要坞门型式有浮箱式坞门和卧倒式坞门。浮箱式坞门是一个钢制的浮箱，浮箱分为操作舱、压载水舱和潮汐舱等若干个水密隔舱。操纵舱内设有阀门开关和水泵电机，用来控制压舱水的水位；压舱水舱内灌水使坞门下沉，排水使坞门上浮；潮汐舱在临水侧设有空洞，使舱内水位随同水域潮位涨落而升降，维持坞门的稳定。浮箱式坞门与坞口结构独立，坞门开启后将它系在坞口外翼墙前，关闭坞门时由坞口上的电动绞盘将其拖至坞口系缆定位，然后灌水下沉。卧倒式坞门的底部与坞槛用水平轴连接，启闭时坞门绕该轴转动，开启式坞门平躺在坞口的门座上。该种坞门结构简单、操作方便，需要操作人员少，启闭时间段，水密性好，受外部环境条件影响小，造价也较低，但维修不便，承受水压能力较差，门顶宽度小通行条件差，坞门坑易淤积，故卧倒式坞门在坞门启闭频繁的修船坞中使用较多。

2. 浮船坞

浮船坞则是一种特制的带墙的平底船，利用灌水系统向浮坞内灌水，使其下沉到一定深度，此时待修的船舶即可进坞，然后抽出压载水，浮船坞起浮使船舶水下部分露出水面，反之船舶即可下水。

为了提高浮船坞的利用率，还可采用母子船坞的型式（图 3.6-11），母坞专门用于船舶的上墩与下水，子坞专门承载船舶修理。一个母坞可为若干个子坞服务。母坞和双墙式浮船坞相似，也有灌排水设备，子坞类似趸船，其甲板上设有船舶的支墩和脚手架，但没有灌排水设备，船舶上墩时，子坞置于母坞内，在母坞和子坞的舱室内同时灌水，使之下沉至所所需水深，将船舶引入子坞内，然后母坞和子坞先后排水上浮，使子坞载船浮于水面。再把载有船舶的子坞拖至码头面系定，进行修船工作。

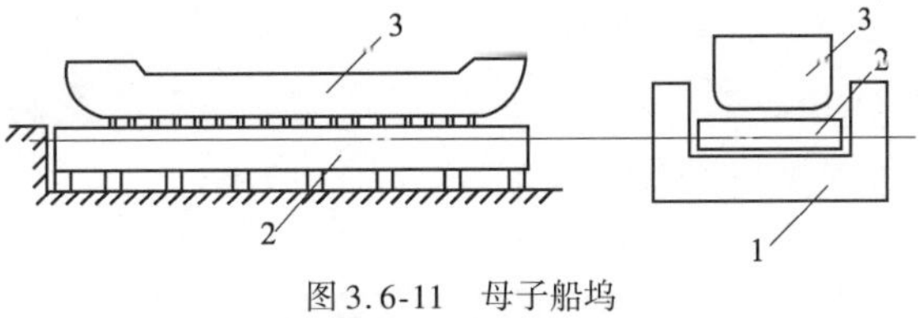

图 3.6-11 母子船坞

1-母船坞；2-子船坞；3-船舶

此外，还有浮船坞—船台组合形式。浮船坞专门作为船舶上岸和下水的设备，船舶修理时需将船舶从浮船坞移至船台上进行。

三、施工围堰与基坑排水

1. 施工围堰

围堰的结构型式较多,船坞围堰可采用钢板桩、沉箱和土石围堰等结构型式。钢板桩围堰宜用于土基;沉箱围堰宜用于承载能力高的地基;土石围堰宜用于当地土石料丰富的情况。

近年来,为了节省投资及避免影响航道通航等目的,因地制宜地创造了许多新颖的围堰结构型式,譬如:采用坞门加临时支撑作为围堰使用及以预先施工的坞口门墩作为拱脚支墩的拱形梁支撑板桩的结构形式等。

船坞围堰虽属临时工程,但由于船坞结构施工期较长及围堰对基坑内施工人员和设备及工程建设的安全具有极其重要的作用,故而工程设计中常按永久性建筑物考虑,其安全度可按较其主体工程降低一级考虑。

围堰轴线的布置应根据地形、地质、水文及施工条件综合考虑,围堰轴线宜布置在地质条件较好、水深较浅的位置。围堰内侧到船坞构筑物之间应根据地质条件和施工场地要求留有一定的安全距离。当坞址临近航道及其他工程设施时,尚应考虑对航行及使用的影响,围堰位置不应妨碍通航。在河道内还要注意由于围堰的修建而导致河道断面缩小造成河道冲刷等影响,围堰位置应避开河床冲刷区域。

围堰应满足挡水的要求,确保基坑内施工的安全。同时尚应与相邻防汛建筑物标高相适应,并保证在校核高水位时堰前波浪的波峰面不超过堰顶。

围堰结构需满足以下要求:

①足够的稳定性和强度。

②当基坑开挖到设计标高时,基坑内不发生管涌和流土。

③渗水量小,便于及时排除。

(1)钢板桩围堰。围堰宽高比取决于围堰结构形式、填料和地基情况。根据国内外工程实例,双排钢板桩围堰的宽高比在 0.9 ~ 1.4,格型钢板桩围堰的宽高比在 0.75 ~ 1.1。当填料为块石时宽高比较小,填料为砂时宽高比较大。

为了排除堰内填料中的水,减小内板桩的受力,在内板桩尽可能低的位置设置排水孔。

(2)土坝式围堰。土坝式围堰实际上是下游无水的土坝,但作为围堰有以下特点:

①土坝式围堰是非永久性建筑物,在结构设计上应考虑便于拆除。

②在施工方法上,土坝式围堰的水下部分与水中填土筑坝相似,水上部分又与碾压式土坝相似,因此,土坝式围堰具有两种土坝围堰的特点。

③在海岸修建干船坞的土坝式围堰应充分考虑海浪的作用。为保证施工期在波浪作用下施工的可能性,往往需首先在迎浪面的一定范围线抛填块石棱体,整个围堰实际为土、石围堰。围堰外坡尚应考虑在设计波浪和水流作用下稳定的护面结构。

2. 基坑

基坑尺度应根据船坞结构尺寸及施工操作所需要的空间确定。基坑施工可采用干开挖或水下开挖,干开挖系在围堰已形成挡水作用后进行开挖,边开挖边排水;水下开挖则一般在尚未修筑围堰时进行,然后修筑围堰形成挡水作用,再进行抽水。

基坑的边坡必须保证在施工期间有足够的稳定性。工程上,为提高边坡的稳定性常采用井点降水法。井点降水法对于渗透系数 $K \geqslant 1\times10^{-4} \sim 1\times10^{-5}$(cm/s)的砂性土类效果显著;对于历时较长的大型工程、渗透系数 $K \geqslant 1\times10^{-5} \sim 1\times10^{-6}$(cm/s)的土类也可考虑采用;对施工期很短的小型工程不适用;对渗透系数 $K < 1\times10^{-7}$(cm/s)的土类一般不适用。

当采用水下开挖基坑时,分阶段进行基坑抽水的坑内水位下降速率,应根据围堰堰体和地基的透水性、坑内水位骤降对边坡稳定的影响等因素确定。

基坑施工中尚应注意以下几点:

(1)对于风化岩地基及易风化软化的地基,基坑开挖时应保留一定厚度的保护土层,以防止暴露时间过长而造成地基的风化和泡水软化,待浇筑混凝土结构时再开挖至设计标高。

(2)基坑内应做好排水,以保证良好的施工条件,防止基坑地基的软化。

(3)应尽量截断基坑与四周地表水、地下水的联系,必要时采用截水措施。

第七节 地基基础处理工程的构造

地质条件复杂、重要的地基处理工程,应在有代表性的场地上按照选用的地基处理方法进行现场试验或试验性施工,进行必要的测试,检验设计参数和处理效果,优化设计和指导施工。当达不到设计要求时,应查明原因,采取措施或修改设计。地基处理工程对周围环境、生态、景观或建筑物产生不利影响时,应对影响程度进行分析评估。有危害时,应采取防护措施。

一、堆载预压法

1. 一般规定

(1)排水砂垫层的砂料宜采用含泥量不大于5%且渗透系数不小于 5×10^{-3}cm/s 的中砂、粗砂,在干施工情况下,砂垫层可用砂沟代替。经充分论证并现场试验后,中砂、粗砂紧缺地区可采用其他材料。

(2)在预压区边缘应设置排水沟,在预压区内宜设置与砂垫层连接的排水盲沟,盲沟交叉位置设置集水井,集水井中的积水超过一定水位应及时排到预压区外排水沟中。

(3)加载坡肩线范围应不小于建筑物基础外缘所包围的范围。

堆载预压法断面示意如图 3.7-1 所示。

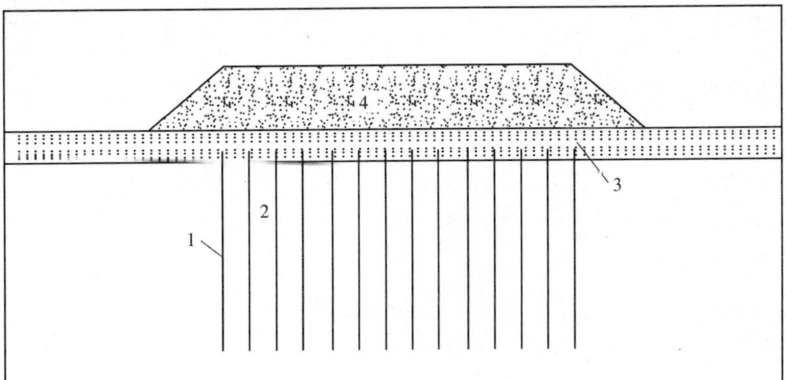

图 3.7-1 堆载预压法断面示意图

1-塑料排水板或砂井;2-淤泥及淤泥质土;3-砂垫层;4-堆载料

2. 技术要求

(1)软土厚度不大或含有较多薄粉砂夹层,在设计荷载作用下其固结速率能满足工期要求时,可只设置排水砂垫层,进行堆载预压。软土厚度较大时,应增设塑料排水板或袋装砂井、普通砂井等竖向排水体。

(2)预压荷载应根据使用要求确定,可取建筑物或堆场的基底压力作为预压荷载。实际施加的荷载应包括预压荷载和由于高程不足而回填或补填的土重。当在设计预压荷载下,规定时间内不能满足加固要求时,可采用超载预压。

(3)加载速率应与地基土的强度增长相适应,加载各阶段应进行地基稳定验算。

(4)堆载预压加载时地基变形的控制标准应符合下列规定:

①水平位移每昼夜不应大于 5mm。

②对设置竖向排水体的地基,基底中心的沉降每昼夜不应大于 15mm;对天然地基,基底中心的沉降每昼夜不应大于 10mm。当加固的地基土很软且深厚时,上述标准可适当放宽。

(5)以地基稳定为控制因素的工程,必要时应在加载的不同阶段进行十字板剪切强度试验和钻取土样进行室内土工试验,验算地基的稳定性。

(6)卸载时加固深度范围内地基平均固结度不宜小于 80%。

二、真空预压法

1. 一般规定

(1)真空预压的加固范围应大于拟建建筑物基础外缘所包围的范围,真空预压的加固范围较大时应分区加固,分区面积宜为 20000 ~ 30000m^2。

(2)加固区边线与周边建筑物和地下管线等的距离,应根据土质情况和建筑物重要性确定,且不宜小于 20m。当距离较近时,应根据实际情况采取相应的保护措施。

(3)对以沉降控制的真空预压,卸载标准应根据地基沉降量、残余沉降量、平均应变固结度和沉降速率确定;对以地基承载力或稳定性控制的真空预压,卸载标准应根据地基土强度、平均应变固结度和沉降速率确定。卸载时加固深度范围内的地基平均应变固结度不宜小于 80%。

(4)抽真空设备宜采用射流泵,设备宜均匀布置在加固区四周,必要时也可适量布置在加固区中部,每台抽真空设备的控制面积宜为 900 ~ 1100m^2。

(5)砂资源缺乏地区,可将塑料排水板和滤管直接连接后铺膜进行真空预压处理。

(6)当加固区表层为较厚的新吹填超软土层时,可考虑采用二次处理的方法:先打设塑料排水板至新吹填超软土层底部,将塑料排水板和滤管直接连接后铺膜抽真空,待新吹填超软土层强度有一定程度提高后再进行常规的真空预压处理。

(7)当采取一定措施后,可利用表层 0.5 ~ 0.8m 厚的软土层作为密封层,将塑料排水板和滤管连接后直接进行真空预压加固。

真空预压法断面示意如图 3.7-2 所示。

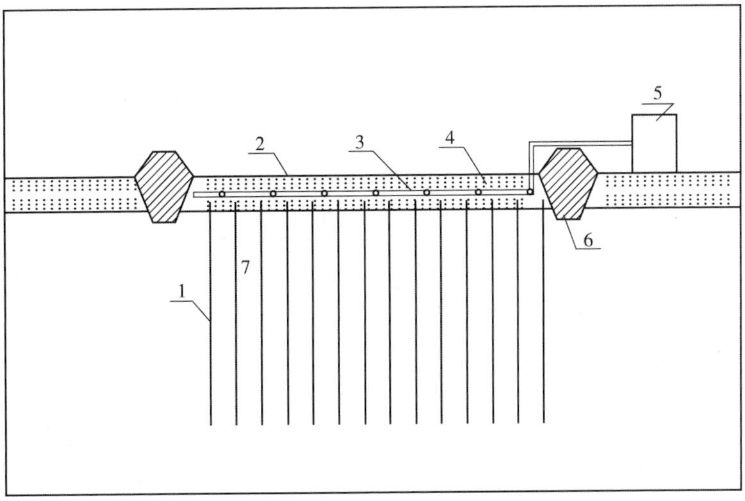

图 3.7-2　真空预压法断面示意图

1-塑料排水板或砂井;2-三层密封膜;3-滤管;4-砂垫层;5-抽真空装置;6-密封沟;7-淤泥及淤泥质土

2. 技术要求

(1)对于边界密封条件良好的淤泥、淤泥质土或黏土地基,真空预压荷载设计值不宜小于85kPa;当加固区土层条件复杂时,真空预压荷载设计值不宜小于80kPa。

(2)当真空预压荷载小于预压荷载设计值时,可采用真空联合堆载预压,当残余沉降量或加固时间不满足工程要求时,可采用超载预压。

(3)真空联合堆载预压应提出分级加载要求,加载过程中地基向加固区外的侧向位移速率不应大于5mm/d。

(4)水平排水垫层应具有良好的透水性和连续性。水平排水垫层宜采用含泥量不大于5%的中砂或粗砂,厚度不宜小于0.4m。

(5)水平排水垫层中应设置排水滤管,滤管横向间距宜为6~7m,纵向间距宜为30~40m。

(6)垂直排水系统宜穿透软土层,但不应进入下卧透水层。软土层深厚时,对以地基承载力或稳定性控制的工程,打设深度应超过危险滑动面以下3m;对以沉降控制的工程,打设深度应满足工程对地基残余沉降量的要求。

(7)垂直排水系统宜采用塑料排水板,间距宜为0.7~1.3m。

三、强夯法

1. 一般规定

(1)强夯置换墩的深度应根据土质条件决定,除厚层饱和粉土外应穿透软土层到达较硬土层上,深度不宜超过9m。

(2)强夯置换的夯锤宜选用细长的柱状夯锤。

(3)强夯置换材料可用极配良好的块石、碎石、矿渣、建筑垃圾等坚硬颗粒材料,粒径大于300mm的颗粒含量不宜超过全重的30%,最大粒径不应大于600mm。

(4)强夯置换处理区表面宜铺设一层厚度不小于500mm的压实垫层,垫层材料可与墩体相同,粒径不宜大于100mm。

2. 技术要求

典型强夯法夯点布置见图 3.7-3。

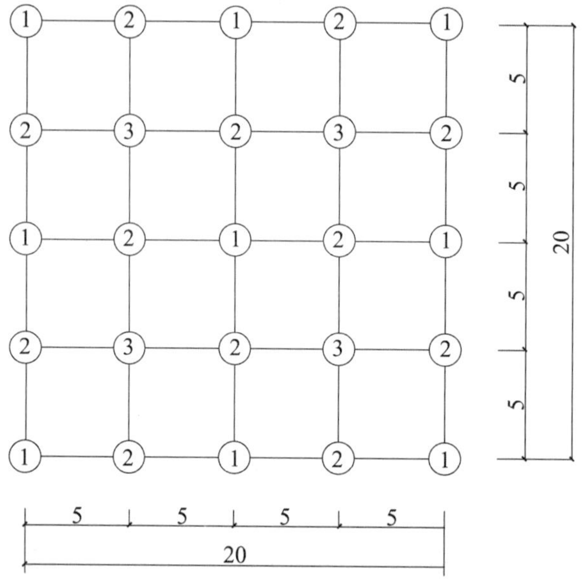

图 3.7-3　典型强夯法夯点布置平面图

(注:圆圈中数字代表施工顺序)

(1)强夯法和强夯置换法处理范围应大于建筑物基础范围,每边超出基础外缘的宽度宜为设计处理深度的 1/2 ~ 2/3,且不宜小于 3m。

(2)击夯击能应根据要求的加固深度经现场试夯或当地经验确定。

(3)夯点宜采用正方形或梅花形布置,间距宜为 5 ~ 10m,处理深度较深或单击夯击能较大的工程取较大值。

(4)单点夯击遍数应根据地基土的性质确定,宜采用 2 ~ 3 遍,对渗透性弱的细粒土夯击遍数可适当增加。后一遍夯点应选在前一遍夯点间隙位置。单点夯击完成后再以低能量满夯 2 遍。

(5)两遍之间的间歇时间应根据土中超静孔隙水压力的消散时间确定,缺少实测资料时,可根据地基土的渗透性确定。对于渗透性差的黏性土地基,两遍之间的间歇时间不宜少于 3 ~ 4 周,粉土地基的间歇时间不宜少于 2 周,对于碎石土及砂土等渗透性好的土可连续夯击。

(6)强夯置换时单点夯击击数和处理深度应根据现场试验确定。强夯置换形成的墩底部穿透软弱土层,且达到设计墩长,累计夯沉量为设计墩长的 1.5 ~ 2.0 倍;强夯置换设计时应预估地面抬高值,并在试夯时校正。

(7)当强夯区附件有建筑物、设备及地下管线等时,应采取防振或隔振措施,并设置监测点。

四、振冲置换法

1. 一般规定

(1)柱体材料应选用含泥量不大于 50% 的碎石,结合当地材料来源也可用卵石、角砾、圆砾等硬质材料。

(2)柱的直径应根据设计所需的面积置换率和柱间距确定,宜采用0.8~1.2m。

(3)在桩顶和基础之间宜铺设一层300~500mm厚的碎石垫层。

2. 技术要求

振冲置换法施工示意图见图3.7-4。

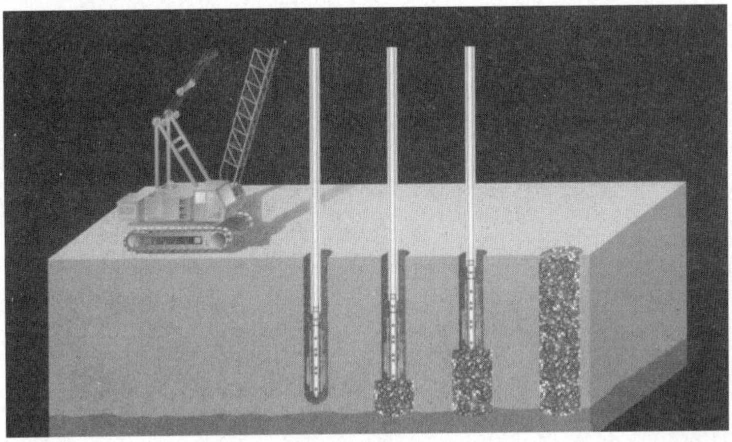

图3.7-4 振冲置换法示意图

(1)处理范围应根据建筑物基础结构形式、受力特点及建筑物的重要性和场地条件确定,宜在基础外缘扩大2~3排桩,对可液化地基,应在基础外缘扩大3~4排桩。

(2)桩位布置形式应根据处理面积和基础形式确定。处理面积较大时,宜用等边三角形布置;对独立长条形基床及其他基础,宜用正方形、矩形或等腰三角形布置。

(3)桩间距应根据荷载大小、原土的抗剪强度和桩径确定,可选1.5~2.5m。荷载大、桩径小或原土的强度低时宜取小间距。对桩端未达相对硬层的短桩,应取小间距。

(4)桩长不宜小于4m。软弱土层较薄时,桩应穿过软弱土层至相对硬层;软弱土层深厚时,应按建筑物地基的变形允许值确定。可液化地基的桩长应按照抗震要求。

五、深层拌合法

1. 一般规定

(1)用水泥搅拌桩法处理偏酸性软土、泥炭土和腐殖土或有机质含量较高的软土、地下水具有侵蚀性的软基时,应通过现场试验确定其适用性。

(2)搅拌桩复合地基应在基础和桩之间设置垫层。垫层厚度可取200~300mm,其材料可选用中砂、粗砂、极配碎石等,最大粒径不宜大于20。对基础有防渗要求建筑物,应采用低强度等级的素混凝土垫层或有一定强度的水泥土垫层。采用水泥土垫层时土料宜使用黏性土,水泥掺量不应小于20%。

(3)壁式拌合体的壁间宽度应根据稳定性和地基承载力的要求确定,其短壁深度应根据其抗剪强度要求确定,且不宜小于3m。

(4)块式拌合体的体积,应按拌合体四周拌合土桩搭接交点的连线所包围的面积乘以拌合体的深度计算。

2. 技术要求

(1)壁式拌合体的平面及断面尺寸示意图见图3.7-5。

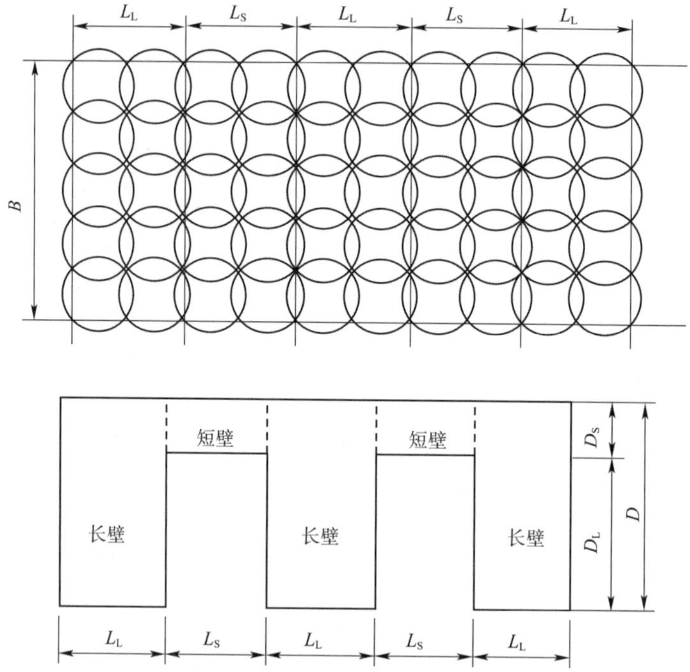

图3.7-5　壁式拌合体尺寸示意图

L_L-长壁宽度;L_S-短壁宽度;B-拌合体宽度;D-长壁深度;D_S-短壁深度;D_L-长短壁深度差

(2)陆上水泥搅拌桩设计应符合下列规定。

①搅拌桩平面布置可根据地基土性质、地基处理的目的、上部结构形式及对地基作用的荷载条件等综合分析后采用柱式、壁式、格栅式或块式等加固形式。

②搅拌桩直径宜为0.5~0.7m,当需要搭接时,搭接宽度不宜小于20mm。

(3)水下水泥搅拌桩设计应符合下列规定。

①搅拌桩平面布置应根据地基土性质、地基处理的目的、上部结构形式及对地基作用的荷载条件等综合分析后采用柱式、壁式或块式,具体应通过技术经济比较确定。

②搅拌桩的直径不得小于1.0m。相邻桩的搭接宽度不应小于桩径的1/6,且不得小于200mm。

③当拌合体作为重力式基础时,拌合体顶部有设有抛石基床,厚度不应小于0.5m,且不应大于1.5m。拌合体应设置结构缝,结构缝的间距不宜小于8m。

④拌合体的宽度和深度应根据强度、稳定性和地基承载力的要求计算确定,并应满足构造要求。

第四章　工程材料与工程机械、船舶

第一节　工程主要材料的分类

一、按材料来源分

(1)外购材料:指由施工企业自行在市场上采购的材料,或由建设单位(或业主)按合同规定直接供应的材料,如钢材、水泥、化工材料、五金、燃料机械零配件等。

(2)自采加工材料:指由承包人自行组织人员进行采集加工的砂、石、土等自采材料。

二、按材料在设计和施工生产过程中所起的作用分

(1)主要材料:主要是指工程中使用的构成产品或工程实体的各种量大或昂贵的材料,如钢材、水泥、石油沥青、石灰、砂、石料等。

(2)次要材料:指相对于主要材料而言,用量较少的各种材料,如电焊条、铁钉、铁丝等。

(3)周转性材料:主要是指在施工生产作业过程中,可以反复多次地周转使用的材料,如模板、脚手架、支架、拱盔、钢轨、钢丝绳、铁件以及配套的附件。

(4)辅助材料:指有助于产品和工程实体的形成或便于施工生产的顺利进行而使用的材料,它们不构成工程实体,如油燃料、氧气、脱模剂、减水剂。

(5)金属设备:如门式起重机、提升架等。

三、按使用功能分类

(1)结构材料:如混凝土、钢筋、型钢、木材等。

(2)防水材料:如土工膜、紫铜止水片、膨胀水泥防水混凝土等。

(3)胶凝材料:如石膏、石灰、水玻璃等。

(4)装饰材料:如天然石材、建筑陶瓷制品、装饰玻璃制品、装饰砂浆、装饰水泥、塑料制品等。

(5)防护材料:如钢材覆面、码头护舷等。

(6)隔热保温材料:如石棉板、矿渣棉、泡沫混凝土、泡沫玻璃、纤维板等。

第二节　主要材料的特性及标准

一、钢材

(一)钢材的分类

(1)按冶炼方法分:平炉钢、氧气转炉钢和电炉钢。

(2)按脱氧程度分:镇静钢(代号 Z)及特殊镇静钢(代号 TZ)(脱氧充分)和沸腾钢(代号 F)(脱氧不充分),以及半镇静钢(代号 b)(介于脱氧充分和脱氧不充分之间)。

(3)按化学成分分:碳素钢(含碳量小于 0.25% 的为低碳钢、0.25% ~0.60% 的为中碳钢、大于 0.60% 的为高碳钢)和合金钢(合金元素总含量小于 5% 的为低合金钢、5% ~10% 的为中合金钢、大于 10% 的为高合金钢)。

(4)按用途分:结构钢、工具钢和特殊钢(如不锈钢、耐热钢、耐酸钢等)。

(5)按形状分:板材、管材、线材、型材等。

(二)钢材的力学性能

1. 抗拉性能

抗拉性能是钢材最重要的性能,表征抗拉性能的主要技术指标有:屈服点、抗拉强度及伸长率。它们均与拉伸试验得出的应力—应变图有关。

(1)屈服点。拉伸进入塑性变形屈服段 BC,称屈服下限 C 下所对应的应力为屈服强度屈服点,记作 σ_s。设计时,一般以 σ_s 作为强度取值的依据。对屈服现象不明显的钢材,规定以产生 0.2% 残余变形时的应力 $\sigma_{0.2}$ 作为屈服强度。

(2)抗拉强度。应力—应变图中(图 4.2-1),曲线最高点对应的应力 σ_b 称为抗拉强度。在设计中,屈强比 σ_s/σ_b 有参考价值。在一定范围内,屈强比小则表明钢材在超过屈服点工作时可靠性高,较为安全。

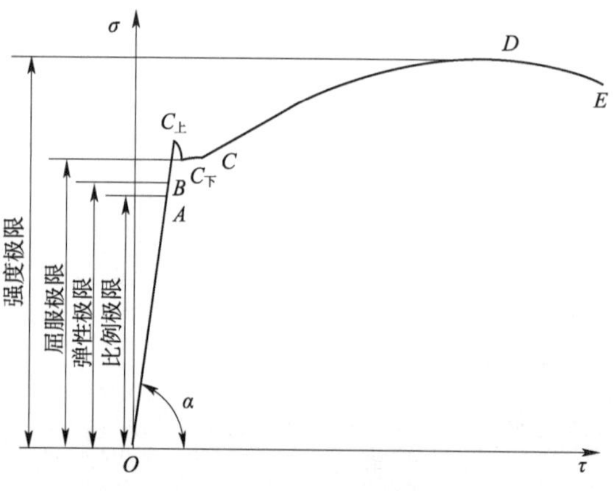

图 4.2-1　应力—应变图

(3)伸长率。试件在拉断后,其标距部分所增加的长度与原标距长度的百分比,称为伸长率。试件拉断后标距部分的长度以 L_1 表示,原标距长度以 L_0 表示,则伸长率 δ 为:

$$\delta = \frac{L_1 - L_0}{L_0} \times 100\% \tag{4.2-1}$$

δ 表征了钢材的塑性变形能力。δ 值还与试件的 L_1/d_0 值有关(d_0 为试件直径)。常用 $L_0/d_0=5$ 及 $L_0/d_0=10$ 两种试件,相应 δ 分别记作 δ_5 与 δ_{10},对同一种钢材,$\delta_5>\delta_{10}$。

2. 冷弯性能

冷弯性能是指钢材在常温下承受弯曲变形的能力,它表征在恶劣变形条件下钢材的塑性,是钢材的一项重要工艺性能。试件冷弯示意图见图4.2-2。试件按规定条件弯曲,若弯曲处的外表无裂痕、裂缝或起层,即认为冷弯性能合格。

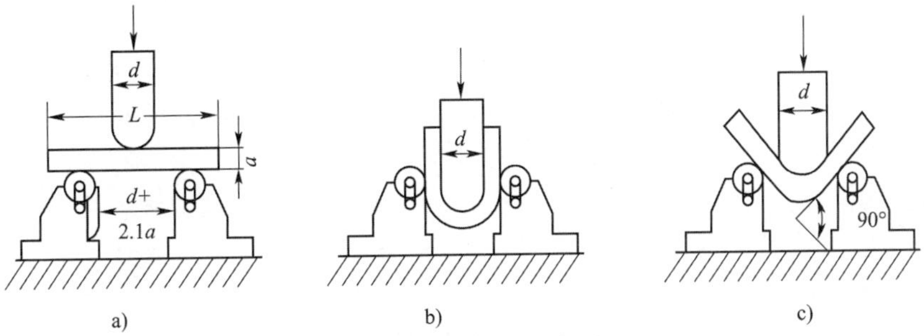

图4.2-2　试件冷弯示意图

a)装好的试件;b)弯曲180°;c)弯曲90°

3. 冲击韧性

冲击韧性是指钢材抵抗冲击荷载的能力。钢材的化学成分、组织状态、内在缺陷及环境温度等都是影响冲击韧性的重要因素。钢材的冲击韧性随温度的下降而降低,当温度下降到某一范围时,呈脆性断裂,这种现象称为冷脆性。发生冷脆时的温度成为脆性临界温度,其数值越低,说明钢材的低温冲击韧性越好。

4. 抗疲劳性

材料在交变应力作用下,在远低于抗拉强度时突然发生断裂,称为疲劳破坏。疲劳破坏的危险应力用疲劳极限表示,其含义是:试件在交变应力下工作,在规定的周期基数内不发生断裂的最大应力。

5. 可焊性能

可焊性主要指焊接后在焊缝处的性质与母材性质的一致程度。影响钢材可焊性的主要因素是化学成分及含量。

(三)常用建筑钢材

常用建筑钢材通常可分为钢结构用钢和钢筋混凝土结构用钢筋。钢结构用钢主要有普通碳素结构钢和低合金结构钢。品种有型钢、钢管和钢筋。型钢中有角钢、工字钢和槽钢。

钢筋混凝土结构用钢筋,按加工方法可分为:热轧钢筋、热处理钢筋、冷拉钢筋、冷拔低碳钢丝和钢绞线;按表面形状可分为光面钢筋和螺纹;按钢材品种可分为低碳钢、中碳钢、高碳钢和合金钢等。我国钢筋按强度可分为Ⅰ、Ⅱ、Ⅲ、Ⅳ、Ⅴ五类级别。

(四)钢材的防锈

当钢材表面与环境介质发生各种形式的化学作用时,就可能遭到腐蚀,如与O_2、SO_2、H_2S等腐蚀性气体作用而被氧化。防止钢材锈蚀的方法通常是采用表面刷防锈漆。常用底漆有:红丹、环氧富锌漆、铁红环氧漆等;面漆有:灰铅油、醇酸磁漆、酚醛磁漆等。薄壁钢材可采用热浸镀锌或镀锌后加涂塑料涂层,这种方法防锈效果好,但造价高。

同时,钢结构也经常采用阴极保护法:在钢结构表面附加较活泼的金属或外加电流取代钢材的腐蚀,该方法常用于水下或地下结构。

(五)钢材的标准及选用

1. 钢结构用钢

钢材广泛应用于水运工程结构的主体及主要钢构件,如码头钢管桩、钢板桩及拉杆、钢引桥、趸船及钢支撑、船闸钢闸门等。

水运工程钢结构宜采用普通碳素结构钢、普通低合金结构钢或桥梁用低合金钢,其质量应符合现行国家标准《碳素结构钢》(GB 7700)和《低合金高强度结构钢》(GB 1591)及现行行业标准《桥梁用碳素钢及普通低合金钢　钢板技术条件》(YB 168)的有关规定。

承重结构的钢材,应根据结构重要性、荷载特征、连接方法及其环境特点等不同情况选择钢号和材质,并应具有抗拉强度、伸长率、屈服强度和碳、硫、磷含量的合格保证,必要时尚应具有冷弯试验的合格保证。

水运工程结构的主体及主要钢构件一般采用 Q235 或 Q345 钢。钢结构用钢材的选用,以冶炼方法和浇铸来区分钢材品质,平炉钢和氧气转炉钢优于碱性空气转炉钢,镇静钢优于沸腾钢。

从钢结构的受力状况、焊接结构与非焊接结构的区别和使用时的温度条件这几个方面来选用钢材。

(1)直接承受动力荷载的重要焊接结构,在各种温度下都不采用沸腾钢;但非焊接的同类结构只在温度等于或低于 -20℃的条件下才不采用沸腾钢。

(2)其他直接承受动力荷载的非焊接结构在各种温度下均可采用沸腾钢,但焊接结构只能在温度高于 -20℃的条件下才可采用沸腾钢。

以上结构均不可采用碱性空气转炉钢。

(3)承受静力荷载或间接承受动力荷载结构,温度高于 -15℃条件下可采用空气转炉 3 号镇静钢,非焊接结构在温度高于 -30℃条件下可采用空气转炉沸腾钢。

2. 钢筋混凝土结构用钢筋

钢筋质量应符合现行国家标准《钢筋混凝土用钢　第 1 部分:热轧光圆钢筋》(GB 1499.1)、《钢筋混凝土用钢　第 2 部分:热轧带肋钢筋》(GB 1499.2)、《钢筋混凝土用余热处理钢筋》(GB 13014)、《冷轧带肋钢筋》(GB 13788)和《预应力混凝土用钢棒》(GB 4463)的有关规定,环氧树脂涂层钢筋尚应符合现行行业标准《环氧树脂涂层钢筋》(JC 3042)的有关规定,碳素钢丝、钢绞线的质量应符合现行国家标准《预应力混凝土用钢丝》(GB/T 5223)、《预应力混凝土用钢绞线》(GB/T 5224)的有关规定。

(1)热轧钢筋。热轧钢筋是水运工程中用量最大的钢材品种之一,主要用于钢筋混凝土结构和预应力钢筋混凝土结构的配筋。

热轧光圆钢筋的强度等级为 R_{el}≥300MPa、R_m≥420MPa,强度等级代号为 HPB300。它的强度较低,但具有塑性好,伸长率高(A≥25%),易弯折成型,容易焊接等待点,可用作中、小型钢筋混凝土结构的主要受力钢筋、构件的箍筋,钢、木结构的拉杆等。

普通热轧带肋钢筋:按屈服强度特征值分为 400、500、600 级,强度等级代号有 HRB400、HRB500、HRB600 及 HRB400E、HRB500E(E 为“地震”的英文首位字母,使用于对抗震有要求的结构)。其强度较高,塑性和可焊性均较好。普通热轧带肋钢筋作为钢筋混凝土结构的受力钢筋,可广泛用于大、中型钢筋混凝土结构的主筋。

细晶粒热轧钢筋：在热轧过程中通过控轧和控冷工艺形成的细晶粒钢筋，其晶粒度为9级或更细。强度等级代号为HRBF400、HRBF500及HRBF400E、HRBF500E，主要作为高强度钢筋使用。

(2)冷轧钢筋、预应力混凝土用热处理钢筋。

①冷轧带肋钢筋。冷轧带肋钢筋是热轧圆盘条经冷轧或冷拔减径后在其表面冷轧成三面有肋的钢筋。冷轧带肋钢筋代号为"LL×××"。第一个L为"冷"字汉语拼音首字母；第二个L为"肋"的汉语拼音首字母，后面三位阿伯数字表示钢筋抗拉强度等级数值。

②预应力混凝土用热处理钢筋。预应力混凝土用热处理钢筋，指用热轧中碳低合金钢筋经淬火、回火调质处理的钢筋，代号为RB150。通常有直径为6mm、8.2mm、10mm的三种规格，抗拉强度$\sigma_b > 1500MPa$、屈服点$\sigma_{0.2} > 1350MPa$、伸长率$\delta_{10} > 6\%$。使用时应按所要求长度切割，不能用电焊切割，也不能焊接，以免引起强度下降或脆断。热处理钢筋具有高强、高韧性和高握裹力的优点，主要用于预应力混凝土桥梁结构。

热处理钢筋的设计强度取标准强度的0.8倍，先张法和后张法预应力结构的张拉控制应力分别为标准强度的0.7倍和0.65倍。热处理钢筋在预应力结构中使用，具有与混凝土黏结性能好，应力松弛率低，施工方便等优点。

(3)冷拉低碳钢筋和冷拔低碳钢丝。对于低碳钢和低合金高强度钢，在保证要求延伸率和冷弯指标的条件下，进行较小程度的冷加工后，既可提高屈服极限和强度极限，又可满足塑性的要求。

①冷拉钢筋是用热轧钢筋进行冷拉而制得。

②用直径6.5或8mm的碳素结构钢热轧盘条，在常温下经冷拔工艺拔制而成的直径为3mm、4mm或5mm的圆截面钢丝.称为冷拔低碳钢丝。建筑用冷拔低碳钢丝按力学性能分为甲、乙两级。甲级钢丝又按其抗拉强度分为Ⅰ、Ⅱ两组。甲级钢丝主要用于小型预应力构件；乙级钢丝一般用于焊接或绑扎骨架、网片或箍筋。

用作预应力混凝土构件的钢丝，应逐盘取样进行力学性能检验，并判定级别和组别，以便合理安排使用。

(4)预应力钢丝、刻痕钢丝和钢绞线。预应力钢丝是以优质高碳钢圆盘条经等温淬火并拔制而成。预应力钢丝的直径为2.5~5mm，抗拉强度为1500~1900MPa。

预应力钢丝应具有强度高、柔性好、松弛率低、耐腐蚀等待点，适用于各种特殊要求的预应力混凝土。预应力钢绞线具有强度高、与混凝土黏结性能好、断面积大、使用根数少；在结构中排列布置方便，易于锚固等优点，多使用于大跨度、重荷载的混凝土结构。

预应力钢丝、刻痕钢丝和钢绞线均具有强度高、塑性好、使用时不需接头等优点，适用于大荷载、大跨度及曲线配筋的预应力混凝土结构。

二、水泥

(一)主要技术指标

水泥是混凝土工程中的重要原材料之一，水运工程中普遍应用的水泥主要为通用硅酸盐水泥，水泥的性能应满足《通用硅酸盐水泥》(GB 175)的要求。通用硅酸盐水泥的主要技术指标要求包含化学指标、碱含量以及物理指标。

1. 化学指标要求(表 4.2-1)

水泥的化学指标　　表 4.2-1

<table>
<tr><th>品　种</th><th>代号</th><th>不溶物(%)</th><th>烧失量(%)</th><th>三氧化硫(%)</th><th>氧化镁(%)</th><th>氯离子(%)</th></tr>
<tr><td rowspan="2">硅酸盐水泥</td><td>P·Ⅰ</td><td>≤0.75</td><td>≤3.0</td><td rowspan="3">≤3.5</td><td rowspan="3">≤5.0①</td><td rowspan="8">≤0.06③</td></tr>
<tr><td>P·Ⅱ</td><td>≤1.50</td><td>≤3.5</td></tr>
<tr><td>普通硅酸盐水泥</td><td>P·O</td><td>—</td><td>≤5.0</td></tr>
<tr><td rowspan="2">矿渣硅酸盐水泥</td><td>P·S·A</td><td>—</td><td>—</td><td rowspan="2">≤4.0</td><td>≤6.0②</td></tr>
<tr><td>P·S·B</td><td>—</td><td>—</td><td>—</td></tr>
<tr><td>火山灰质硅酸盐水泥</td><td>P·P</td><td>—</td><td>—</td><td rowspan="3">≤3.5</td><td rowspan="3">≤6.0②</td></tr>
<tr><td>粉煤灰硅酸盐水泥</td><td>P·F</td><td>—</td><td>—</td></tr>
<tr><td>复合硅酸盐水泥</td><td>P·C</td><td>—</td><td>—</td></tr>
</table>

注:①如果水泥压蒸试验合格,则水泥中氧化镁的含量(质量分数)允许放宽至6.0%。

②如果水泥中氧化镁的含量(质量分数)大于6.0%时,需进行水泥压蒸安定性试验并合格。

③当有更低要求时,该指标由买卖双方协商确定。

2. 碱含量要求

水泥中碱含量按 $Na_2O + 0.658K_2O$ 计算值表示。若使用活性骨料,用户要求提供低碱水泥时,水泥中的碱含量应不大于0.60%或者买卖双方协商确定。

3. 物理指标要求

(1)凝结时间。硅酸盐水泥初凝不小于45min,终凝不大于390min。

普通硅酸盐水泥、矿渣硅酸盐水泥、火山灰硅酸盐水泥、粉煤灰硅酸盐水泥和复合硅酸盐水泥初凝不小于45min,终凝不大于600min。

(2)安定性。沸煮法合格。

(3)强度。不同品种不同强度等级的通用硅酸盐水泥,其不同龄期的强度应符合表4.2-2要求。

水泥不同龄期的强度(MPa)　　表 4.2-2

<table>
<tr><th rowspan="2">品　种</th><th rowspan="2">强度等级</th><th colspan="2">抗压强度</th><th colspan="2">抗折强度</th></tr>
<tr><th>3d</th><th>28d</th><th>3d</th><th>28d</th></tr>
<tr><td rowspan="6">硅酸盐水泥</td><td>42.5</td><td>≥17.0</td><td rowspan="2">≥42.5</td><td>≥3.5</td><td>≥6.5</td></tr>
<tr><td>42.5R</td><td>≥22.0</td><td>≥4.0</td><td rowspan="2">≥7.0</td></tr>
<tr><td>52.5</td><td>≥23.0</td><td rowspan="2">≥52.5</td><td>≥4.0</td></tr>
<tr><td>52.5R</td><td>≥27.0</td><td>≥5.0</td><td rowspan="3">≥8.0</td></tr>
<tr><td>62.5</td><td>≥28.0</td><td rowspan="2">≥62.5</td><td>≥5.0</td></tr>
<tr><td>62.5R</td><td>≥32.0</td><td>≥5.5</td></tr>
</table>

续上表

品　种	强度等级	抗压强度		抗折强度	
		3d	28d	3d	28d
普通硅酸盐水泥	42.5	≥17.0	≥42.5	≥3.5	≥6.5
	42.5R	≥22.0		≥4.0	
	52.5	≥23.0	≥52.5	≥4.0	≥7.0
	52.5R	≥27.0		≥5.0	
矿渣硅酸盐水泥 火山灰硅酸盐水泥 粉煤灰硅酸盐水泥 复合硅酸盐水泥	32.5	≥10.0	≥32.5	≥2.5	≥5.5
	32.5R	≥15.0		≥3.5	
	42.5	≥15.0	≥42.5	≥3.5	≥6.5
	42.5R	≥19.0		≥4.0	
	52.5	≥21.0	≥52.5	≥4.0	≥7.0
	52.5R	≥23.0		≥4.5	

注：复合硅酸盐水泥已取消32.5水泥。

(4)细度。硅酸盐水泥和普通硅酸盐水泥的细度以比表面积表示，不小于300m^2/kg；矿渣硅酸盐水泥、火山灰硅酸盐水泥、粉煤灰硅酸盐水泥和复合硅酸盐水泥的细度以筛余表示，其80μm方孔筛筛余不大于10%或45μm方孔筛不大于30%。

4.品质判定规则

当化学指标、物理指标中的安定性、凝结时间和强度指标均符合要求时为合格品；当化学指标、物理指标中的安定性、凝结时间和强度中的任何一项技术要求不符合标准时为不合格品。

(二)外加剂

水运工程中常用的外加剂主要有减水剂、早强剂、引气剂、膨胀剂、速凝剂、阻锈剂、缓凝剂等。

(1)减水剂是指在保持混凝土稠度不变的条件下，具有减水增强作用的外加剂。它是一种表面活性剂，加入混凝土中能对水泥颗粒起分散作用，从而把水泥凝聚体中所包含的水释放出来，使水泥达到充分水化。

(2)早强剂是指能提高混凝土早期强度，并对后期强度无显著影响的外加剂。通过对水泥水化过程所产生的综合的物理、化学作用，能显著提高混凝土拌合物的工艺性能和硬化混凝土的物理力学性能。早强剂多用于抢修工程和混凝土的冬季施工。

(3)引气剂：混凝土搅拌过程中加入引气剂，能引入大量分布均匀的微小气泡，阻塞有害的毛细孔通道，从而减少拌合物的泌水离析，改善和易性，提高抗渗性、抗冻性和耐久性。

(4)膨胀剂是指与水泥、水拌合后经水化反应生成钙矾石、钙矾石和氢氧化钙或氢氧化钙，使混凝土产生膨胀的外加剂。主要用于补偿混凝土收缩，常与减水剂一起配制地脚螺栓灌浆料，设备安装时的坐浆材料及混凝土接头等，还可用于防水工程，防止大体积混凝土的收缩裂缝，也可用于预应力混凝土，调整掺量以控制膨胀值。

(5)速凝剂主要用于冬季滑模施工及喷射混凝土等需要速凝的混凝土工程。

(6)阻锈剂是以离子态或气态吸附到钢筋表面,由于钢筋的电场非常强,因此这些阻锈剂分子是朝向钢筋方向吸附的,到达钢筋表面后即与钢筋反应形成类似铁锈的化学膜,但这一化学膜是相当钝化的,不会像铁锈一样容易溶于水而流失,从而起到阻锈作用。

(7)缓凝剂是指延缓混凝土凝结时间,并对后期强度发展无不利影响的外加剂,主要用于大体积混凝土、炎热条件下施工的混凝土或长距离运输的混凝土和某些在施工操作上需要保持较长处理混凝土时间的项目。

水运工程外加剂的品质应符合现行国家标准《混凝土外加剂》(GB 8076)、《混凝土膨胀机》(GB 23439)、《混凝土外加剂应用技术规范》(GB 50119)的有关规定。所掺的外加剂其引入的氯离子含量不宜大于胶凝材料的 0.02%。

混凝土外加剂的应用应符合现行国家标准《混凝土外加剂应用技术规范》(GB 50119)。

三、木材

(一)木材的分类

土木建筑工程用木材,通常以三种材型供货,即:

原木:伐倒后经修枝并截成一定长度的木材。

板材:宽度为厚度的三倍或三倍以上的型材。

枋材:宽度不及厚度三倍的型材。

板材及枋材,统称锯材。锯材按国家标准分为特种锯材和普通锯材两个级别。普通锯材根据其缺陷又分为一等、二等和三等三个等级。

对于承重结构用木材,按受力要求分成三级,即Ⅰ、Ⅱ、Ⅲ级。Ⅰ级材用于受拉或受弯构件;Ⅱ级材用于受弯或受压弯构件;Ⅲ级材用于受压构件及次要受弯构件。

(二)木材的物理力学性质

1. 木材的物理性质

(1)含水量。木材的含水量以含水率表示,即木材中所含水重量占干燥木材重量的百分比。木材中所含水分可分为自由水与吸附水两种。自由水是存在于细胞腔与细胞间隙中的水分,它与木材的容重、燃烧性、干燥性和渗透性有关;吸附水是被吸附在细胞壁内的水分,它是影响木材强度和胀缩的主要因素。

潮湿的木材能在较干燥的空气中失去水分,干燥的木材也能从周围空气中吸收水分。新伐木材的含水率常在 35% 以上,风干木材的含水率为 15% ~20%,室内干燥的木材含水率一般为 8% ~15%。

(2)湿胀干缩。木材具有显著的湿胀干缩性。当木材从潮湿状态干燥至纤维饱和点时,其尺寸不改变,继续干燥,即当细胞壁中吸附水蒸发时,则发生体积收缩。反之,干燥木材吸湿时将发生体积膨胀,直至含水量达到纤维饱和点时为止,此后含水量继续增大也不再膨胀。因木材构造不匀各个方向的胀缩也不一样,在同一木材中,沿弦向胀缩最大,径向次之,纤维方向最小。

2. 木材的力学性质

木材的力学性质是指木材在外力作用下,在变形和破坏方面所表现出来的性质。主要包括：弹性、塑性、蠕变、抗拉强度、抗压强度、抗弯强度、抗剪强度、冲击韧性、抗劈力、抗扭强度、硬度和耐磨性等。

木材的力学性质的各向异性：与一般的钢材、混凝土等材料不同，木材属于生物材料，其构造的各向异性导致其力学性质的各向异性。

（三）木材的强度

因木材结构不匀，其强度有顺纹与横纹之分。

1. 抗压强度

当作用力与木材纤维方向平行时的抗压强度为顺纹抗压强度。顺纹抗压强度较高，仅次于顺纹抗拉和抗弯强度。当作用力与木材纤维方向垂直时的抗压强度为横纹抗压强度，它比顺纹抗压强度低得多，其比值随树种而异，一般针叶树横纹抗压强度约为顺纹的10%，阔叶树为15%～20%。

2. 抗拉强度

木材顺纹受拉破坏时，往往木纤维未拉断而纤维间先被撕裂。顺纹抗拉强度为顺纹抗压强度的2～3倍，但因木材有木节、斜纹等疵病，故木材的实际顺纹抗拉能力比顺纹抗压还低。

3. 抗弯强度

木材受弯时，梁的上部应力是顺纹抗压，下部为顺纹抗拉，而在水平面上则受剪切。木材抗弯为顺纹抗压强度的1.5～2倍。

4. 抗剪强度

木材剪切分顺纹剪切、横纹剪切、横纹切断三种。

顺纹剪切力方向与纤维方向平行，它使木材的一部分沿纤维方向和另一部分分开。木材顺纹抗剪强度很小，一般为同一方向抗压强度的15%～30%。横纹剪切力方向与纤维方向垂直，而剪切面和纤维方向平行，其强度比顺纹剪切还低。横纹切断，剪切力方向、剪切面均与木材纤维方向垂直，其强度为顺纹剪切强度的4～5倍。

木材各强度大小的关系，见表4.2-3。

木材各强度大小关系（以顺纹抗压为1）　　表4.2-3

抗压		抗拉		抗弯	抗剪	
顺纹	横纹	顺纹	横纹		顺纹	横纹切断
1	1/10～1/3	2～3	1/20～1/3	3/2～2	1/7～1/3	1/2～1

5. 影响木材强度的主要因素

（1）含水量的影响：木材的强度随其含水量变化而异。含水量在纤维饱和点以上变化则强度不变；在饱和点以下变化，则含水量降低（即吸附水减少），木材强度增大。反之，强度减小。

（2）负荷时间的影响：木材在外力作用下会产生等速蠕滑，其在长期荷载下不引起破坏的最大强度称为持久强度。木材的持久强度一般为极限强度的50%～60%。

（3）温度的影响：木材强度随环境温度升高而降低。当温度由25℃升到50℃时，针叶树抗拉强度降低 10% ~15%,抗压强度降低 20% ~24%。

(4)疵病的影响:木材在生长、采伐、保存过程中所产生的缺陷统称疵病,主要疵病有木节、斜纹、裂纹、腐朽等,使木材的物理力学性质受到影响。

四、砂石

(一)碎石(粗骨料)

碎石一般采用花岗岩、砂岩、石英岩、玄武岩等,经人工或机械破碎而成。碎石的颗粒形状对混凝土的质量影响甚为重要,最好的颗粒形状是接近正方形的小立方体石块,片状或针形者都不宜用以拌制高强度的混凝土。

水运工程配制混凝土应采用质地坚硬的碎石、卵石或碎石和卵石的混合物作为粗骨料。并符合以下规定。

(1)混凝土用粗骨料强度可采用岩石抗压强度及压碎值两种方法进行检验,有争议时采用抗压强度进行检验。

(2)根据混凝土强度等级和混凝土有无抗冻要求,对粗骨料的针片状含量、山皮水锈颗粒含量和颗粒密度三个指标提出了具体要求。

(3)粗骨料粒径应符合以下要求:不大于 80mm、不大于构件截面最小尺寸的 1/4、不大于钢筋最小净距的 3/4、不大于保护层厚度的 4/5、南方地区浪溅区不大于保护层厚度的 2/3。

(4)海水环境严禁采用碱活性粗骨料。

(二)砂(细骨料)

砂子的颗粒直径在 0.15 ~5.0mm。由于产地不同,可分为河砂、海砂和山砂。按加工方法又分为天然砂和机制砂。砂子按其直径划分为三种:粗砂平均直径不小于 0.5mm,中砂平均直径不小于 0.35mm,细砂平均直径不小于 0.25mm。

水运工程拌制混凝土应采用质地坚固、粒径在 5mm 以下的砂作为细骨料。并符合以下规定。

(1)海水环境严禁采用活性细骨料,淡水环境工程中所用细骨料具有碱活性时,应采用碱含量小于 0.6% 的水泥。

(2)对于浪溅区、水位变动区的钢筋混凝土,海砂中的氯离子含量不宜超过胶凝材料的 0.07%。

(3)对于预应力混凝土不宜采用海砂,采用海砂时,海砂中的氯离子不宜超过胶凝材料的 0.03%。

(4)当采用特细砂、人工砂或者混合砂时,应符合 JGJ 52 的有关规定。

(三)回填用砂石

水运工程中需要大量的回填材料,回填材料种类繁杂,一般是就地取材,有条件的地方常用砂子回填,最好选用中粗砂,其泥土或杂质含量要符合设计要求。

水运工程所用石料主要有花岗岩、玄武岩、石灰岩、砂岩等天然岩石。

常用石料的分类和加工要求详见第六章表 6.2-8。

常用天然岩石的性能、用途见表 4.2-4。

常用天然岩石的性能、用途　　表4.2-4

名称	主要性能			在水运工程中的主要用途
	项目		指标	
花岗岩	表观密度(kg/m³)		2500～2700	浆砌块石结构、花岗岩镶面的混凝土板块、抛石棱体、砌石护坡、干船坞坞口外表镶面、砌石的堆场地坪和路面混凝土粗骨料
	相对密度		2.6～3.3	
	强度(MPa)	抗压	120～250	
		抗折	8.5～15.0	
		抗弯	13～19	
	吸水率(%)		0～0.5	
	膨胀系数(10^{-6}/℃)		5.6～7.34	
	耐用年限(a)		75～200	
玄武岩	表观密度(kg/m³)		2800～2900	护坡、混凝土的粗骨料
	密度		2.9～3.3	
	抗压强度(MPa)		100～500	
石灰岩	表观密度(kg/m³)		1000～2600	抛石基床、抛石棱体、抛石堤、砌石护坡、混凝土粗骨料
	相对密度		1.2～2.9	
	强度(MPa)	抗压	20～140	
		抗折	1.8～20	
		抗弯	7～14	
	吸水率(%)		2～6	
	膨胀系数(10^{-6}/℃)		6.75～6.77	
	耐用年限(a)		20～40	
砂岩	表观密度(kg/m³)		2200～2700	除黏土质砂岩不用外，其他质砂岩的用途同上
	相对密度		2.4～2.9	
	抗压强度(MPa)		47～250	
	吸水率(%)		2～7	
	膨胀系数(10^{-6}/℃)		9.02～11.2	
	耐用年限(a)		20～200	
	耐用年限(a)		20～200	

五、土工织物

土工织物是用高分子聚合物为基础原料制成的织物，可用于岩土工程和土木工程。现已在水运工程建筑物中广泛使用。

码头后方抛石棱体与回填料之间，过去是铺填反滤层以防细微颗粒回填料的流失。但反滤层施工比较复杂,如施工质量不好,反滤效果就难以保证。采用土工织物代替传统的砂石粒状反滤层的优点是:土工织物是均匀连续的,不必担心因滤层不连续而失去作用;施工方便,特别是在形状复杂的断面上更加明显;不会发生粒状反滤层的滚滑问题。

建于软基上的斜坡式防坡堤,在其堤基表面铺设土工布,可减少堤基差异沉降和侧向位移,增加堤基的整体稳定;在土工布以上堤身荷载的作用下,土工布下面软基中的水可沿其排出;能隔离堤身填料与堤基软土,避免填料与软土混合,既节约填料,又防止了软土挤入填料中而降低填料的抗剪强度。

另外,土工织物充填袋内充填细砂或其他材料填筑形成护岸或斜坡堤的堤心;土工模袋内充填混凝土作为护岸或斜坡堤的表面覆盖层。

1. 土工织物原材料

水运工程使用的土工织物可选用聚酯、聚酰胺、聚丙烯、聚乙烯和聚乙烯醇等高分子聚合物纤维制造。

水运工程中严禁使用掺有天然纤维的土工织物。

水运工程中使用的土工布,宜选用掺入防老化材料的聚丙烯土工布或复合加筋土工布。

2. 土工织物分类及性能

土工织物按其形态和制造方法分为纺织土工布、机织土工布、非织造(无纺)土工布、复合土工布及其相关产品等种类。使用中应根据工程要求、使用环境和施工条件等合理选用。

(1)编织土工布:由片状薄膜开条成扁条状或再加捻,采用不同机型的织机编织的布状材料。具有加筋、隔离和防护功能,宜用于加筋垫层、固滩护底或缝制土工织物充填袋等。

(2)机织土工布:由一种或两种以上纱线,用织机织成的布状材料。具有加筋、隔离、反滤和防护功能,宜用于加筋垫层、土工织物滤层工程或缝制土工模袋。

(3)非织造(无纺)土工布:由各种化学纤维的长丝或短纤,用不同的工艺流程和不同的机械设备加工成的片状材料。具有反滤、隔离、排水功能,宜用于土工织物滤层工程或与编织土工布、机织土木布复合。

(4)土工模袋:用纱线机织成的双层起模板作用的连续或单独的袋状材料。具有柔性模板功能,其内压力充填流动性混凝土(砂浆),硬化后形成混凝土(砂浆)板块。宜用于护岸、围堤和河道整治中大面积护坡、护底工程。

(5)土工带:经挤压拉伸或复合加筋拉伸形成的条带状抗拉材料。具有加筋功能,宜用于直立式加筋土岸壁工程。

(6)土工网:经过挤压或用条带、粗股条编织成的具有较大孔眼的网目结扣的平面或三维网状材料。具有加筋、防护功能,宜与机织土工布、无纺土工布等联合用于加筋垫层、土工织物滤层等工程,或用于编造石笼。

(7)在工程应用中对土工织物及相关产品的性能指标要求应包括下列内容:

①产品形态指标:材质、幅度、每卷的长度等。

②物理性能指标:单位面积(或单位长度)质量、厚度、有效孔径(或开孔尺寸)等;渗透系数等;耐久、抗老化要求。

③力学性能指标:抗拉强度、延伸率、撕裂强度、顶破强度、与岩土间的摩擦系数等。

第三节　混凝土的特性、配合比

一、水运工程混凝土的应用标准与分类

(一)水运工程混凝土的应用标准

水运工程混凝土结构在设计和施工过程中,主要要依据和遵循的规范标准是:《水运工程混凝土结构设计规范》(JTS 151)、《水运工程混凝土施工规范》(JTS 202)、《水运工程混凝土质量控制标准》(JTS 202—2)、《水运工程混凝土试验规程》(JTJ 270)、《海港工程混凝土结构防腐蚀技术规范》(JTJ 275)。大体积混凝土施工时,还要遵循《水运工程大体积混凝土温度裂缝控制技术规程》(JTS 202—1)。

(二)混凝土的分类

1. 按所使用的胶凝材料划分

分为水泥混凝土、沥青混凝土、聚合物混凝土等。其中使用最多的是以水泥为胶凝材料的水泥混凝土。

2. 按表观密度大小划分

混凝土按照表观密度的大小可分为:重混凝土、普通混凝土、轻质混凝土。这三种混凝土不同之处就是骨料的不同。

干表观密度大于2600kg/m^3 的重混凝土,是采用高密度骨料(如重晶石、铁矿石、钢屑等)或同时采用重水泥(如钡水泥、铅水泥等)制成,主要用于辐射屏蔽;干表观密度为2000 ~ 2500kg/m^3 的普通混凝土,是由天然砂、石为骨料和水泥配制而成,是目前土木建筑工程中常用的承重结构材料;干表观密度小于2000kg/m^3 的轻混凝土,是指轻骨料混凝土、无砂大孔混凝土和多孔混凝土,主要用于保温和轻质结构。

3. 按施工工艺划分

分为泵送混凝土、喷射混凝土、真空脱水混凝土、水下混凝土、预应力混凝土、造壳混凝土(裹砂混凝土)、碾压混凝土、自密实混凝土、压力灌浆混凝土(水下预填骨料升浆混凝土)、热拌混凝土、太阳能养护混凝土等。

4. 按用途划分

分为防水混凝土、防射线混凝土、耐蚀混凝土、装饰混凝土、耐热混凝土、补偿收缩混凝土、抗冻混凝土等。

此外,还有按掺合料来划分、按抗压强度和按水泥用量来划分等。

从抗裂的角度可分为普通混凝土和大体积混凝土,从工作性能分可分为普通混凝土和高性能混凝土。

二、普通水泥混凝土的原材料组成

混凝土是由胶凝材料、水和粗、细集料及具有特定性能的外加剂按适当比例配合、拌制而成,经一定时间硬化而成具有一定强度的人造石材。混凝土作为一种建筑材料,具有抗压强度高、可塑性好、就地取材方便和经济性好等特点。组成普通水泥混凝土的原材料主要包括水

泥、水、粗骨料、细骨料和外加剂五种原材料,根据各自种类和比例不同,所配制出的水泥混凝土性能相应的有所变化。

三、混凝土的性质

(一)混凝土的和易性

1. 和易性定义

和易性系指混凝土拌合物易于施工操作(拌合、运输、浇灌、捣实)并能获得质量均匀、成型密实的性能。

水运工程混凝土拌合物的和易性能具体要求是:混凝土拌合物的和易性必须满足设计和施工;混凝土的和易性应按坍落度、泌水性、离析和捣实难易程度综合评定。

2. 和易性指标

目前尚没有能够全面反映混凝土拌合物和易性的测定方法。水运工程混凝土拌合物稠度的指标有扩展度和维勃稠度两种。根据《水运工程混凝土质量控制标准》(JTS 202—2)中的规定,混凝土拌合物稠度宜采用坍落度或维勃稠度表示,其检测方法应依据《水运工程混凝土试验规程》(JTJ 270)执行。

(二)混凝土的凝结时间

水泥的水化反应是混凝土产生凝结的主要原因,但是混凝土的凝结时间与配制该混凝土所用水泥的凝结时间并不一致,因为水泥浆体的凝结和硬化过程要受到水化产物在空间填充情况的影响。因此水灰比的大小会明显影响其凝结时间,水灰比越大,凝结时间越长。混凝土的凝结时间,还会受到其他各种因素的影响,例如环境温度的变化、混凝土中掺入某些外加剂(缓凝剂或速凝剂等)等,将会明显影响混凝土的凝结时间。

水运工程规定硅酸盐水泥初凝不小于 45min、终凝不大于 390min。普通硅酸盐水泥、矿渣硅酸盐水泥、火山灰硅酸盐水泥、粉煤灰硅酸盐水泥和复合硅酸盐水泥初凝不小于 45min、终凝不大于 600min。

混凝土拌合物的凝结时间通常是用贯入阻力法进行测定的,所使用的仪器为贯入阻力仪。水运工程混凝土拌合物凝结时间测定依据《水运工程混凝土试验规程》(JTJ 270)执行。

四、混凝土的力学性质

1. 混凝土的立方体抗压强度与强度等级

按照标堆的制作方法制成边长为 150mm 的立方体试件,在标准养护条件(温度 20 ± 3℃,相对湿度 90% 以上)下,养护到 28d,依照标准的测定方法测定其抗压强度值称为混凝土立方体试件抗压强度,简称立方体抗压强度。而立方体抗压强度只是一组试件抗压强度的算术平均值,并未涉及数理统计和保证率的概念。立方体抗压强度标准值是按数理统计方法确定,具有不低于 95% 保证率的立方体抗压强度。

混凝土的强度等级(表 4.3-1)是根据立方体抗压强度标准值来确定的。强度等级表示中的"C"为混凝土强度符号。"C"后面的数值,即为混凝土立方体抗压强度标准值。

混凝土强度等级 表 4.3-1

普通混凝土	C15	C20	C25	C30	C35	C40	C45	C50	C55	C60	C70	C80
引气混凝土	C15	C20	C25	C30	C35	C40	C45	C50	C55	—	—	—

2. 混凝土的抗拉强度

混凝土是非均质的脆性材料，直接受拉时，很小的变形就要开裂。它在断裂前没有残余变形，是一种脆性破坏。混凝土的抗拉强度只有抗压强度的 1/10 ~ 1/20，且强度等级越高，该比值越小。所以，混凝土在工作时，一般不依靠其抗拉强度。在设计钢筋混凝土结构时，不是由混凝土承受拉力，而是由钢筋承受拉力。但是混凝土的抗拉强度对减少裂缝很重要，有时也用来间接衡量混凝土与钢筋的黏结强度。

目前，许多国家都是采用劈裂抗拉试验方法，间接地求得混凝土抗拉强度，称为劈裂抗拉强度。

五、混凝土的抗冻性、耐久性

（一）混凝土的耐久性

混凝土的耐久性是指混凝土结构在设计规定的环境作用和维修、实际使用条件下抵抗各种破坏因素的作用，长期保持强度和外观完整性的能力。

《水运工程混凝土施工规范》（JTS 202）规定：混凝土除强度和拌合物性能必须满足设计和施工要求外，尚应具备所需的抗冻性、抗渗性、抗蚀性、防止钢筋锈蚀和抵抗冰凌撞击的性能。

《水运工程混凝土质量控制标准》（JTS 202—2）规定：水运工程混凝土耐久性应包括抗冻性、抗渗性、防止钢筋腐蚀和防止碱骨料反应等性能。混凝土应根据其所处的环境、在建筑物上的部位等使用条件进行耐久性设计。

（二）混凝土的抗冻性

混凝土的冻融破坏是指混凝土中的水分经受冻融循环后，产生微细裂缝，致使表层混凝土剥落，从接近表层的部分发生破坏，而逐渐使混凝土损坏的现象。

《水运工程混凝土质量控制标准》（JTS 202）中规定，混凝土抗冻性能检测方法应依据《水运工程混凝土试验规程》（JTJ 270）有关规定执行。

混凝土的抗冻性应按（20 ± 2）℃水中养护 28d 标准试件所能经受的最大冻融循环次数确定，并以抗冻等级表示。有掩护条件的水位变动区及浪溅区下部 1m 范围、无掩护条件的设计高水位至设计低水位之间有抗冻要求的混凝土的抗冻等级，按表 4.3-2 的规定选取，码头面层混凝土应选用比同一地区低 2 ~ 3 级的抗冻等级。

混凝土抗冻等级 表 4.3-2

所在地区	海水环境		淡水环境	
	钢筋混凝土 预应力混凝土	素混凝土	钢筋混凝土 预应力混凝土	素混凝土
严重受冻地区（最冷月月平均气温低于 −8℃）	F350	F300	F250	F200

续上表

所在地区	海水环境		淡水环境	
	钢筋混凝土 预应力混凝土	素混凝土	钢筋混凝土 预应力混凝土	素混凝土
受冻地区(最冷月月平均气温 -8 ~ -4℃)	F300	F250	F200	F150
微冻地区(最冷月月平均气温 -4 ~0℃)	F250	F200	F150	F100

注:①试验过程中试件所接触的介质应与建筑物实际接触的介质相同。
②开敞式码头结构和防波堤等建筑物混凝土宜选用高 1 级的抗冻等级或采取其他措施。

六、混凝土的配合比设计

(一)混凝土配合比设计的基本要求

水运工程混凝土配合比设计的主要依据是《水运工程混凝土施工规范》(JTS 202)。对于普通混凝土配合比设计参照该规范规定执行,混凝土配合比设计应满足工程设计和施工要求,并应经济合理。混凝土配合比应根据原材料性能及对混凝土的技术要求进行计算,并经试验试配调整后确定。

(二)混凝土配合比设计的步骤

1. 计算配制强度

混凝土施工配置强度通常按下式计算:

$$f_{cu,0} = f_{cu,k} + 1.645\sigma$$

标准差 σ 可以根据《水运工程混凝土施工规范》(JTS 202)进行计算或者直接从表 4.3-3 中选取。

混凝土强度标准差的平均水平　　表 4.3-3

强度等级	< C20	C20 ~ C40	> C40
混凝土强度标准(MPa)	3.5	4.5	5.5

2. 水胶比选取

用建立强度与水胶比关系曲线的方法求水胶比,通过试拌不同水胶比的混凝土拌合物,依据其 28d 强度建立水胶比与强度的关系曲线,从曲线上选取对应的水胶比。对于有耐久性要求的混凝土,按强度要求得出的水胶比还应与耐久性规定的水胶比相比较,选取其中较小的水胶比进行计算。

3. 用水量选取

依据所用砂石情况及设计坍落度确定所需用水量,并可参照上述规范和表 4.3-4 选取。

用水量选用值(kg/m^3)　　表 4.3-4

坍落度(mm)	碎石最大粒径(mm)			
	30	40	63	80
10 ~ 30	185	170	160	150

续上表

<table>
<tr><td rowspan="2">坍　落　度
(mm)</td><td colspan="4">碎石最大粒径(mm)</td></tr>
<tr><td>30</td><td>40</td><td>63</td><td>80</td></tr>
<tr><td>30~50</td><td>195</td><td>180</td><td>170</td><td>160</td></tr>
<tr><td>50~70</td><td>210</td><td>195</td><td>185</td><td>175</td></tr>
</table>

注：①采用卵石时，用水量可减少 10~15kg/m³。

②采用粗砂时，用水量可减少 10kg/m³；采用细砂时可增加 10kg/m³。

③掺外加剂后的用水量按外加剂的减水率进行计算调整。

4. 胶材用量计算

根据确定的水胶比以及用水量计算所需胶凝材料总量。对于有耐久性要求的混凝土，其胶凝材料总量还需满足规范和表 4.3-5 的要求，选取两者中胶凝材料较大的进行试配。

海水环境按耐久性要求的最低胶凝材料用量(kg/m³)　　表 4.3-5

<table>
<tr><td rowspan="2" colspan="2">环 境 条 件</td><td colspan="2">钢筋混凝土、预应力混凝土</td><td colspan="2">素 混 凝 土</td></tr>
<tr><td>北方</td><td>南方</td><td>北方</td><td>南方</td></tr>
<tr><td colspan="2">大气区</td><td>320</td><td>360</td><td>280</td><td>280</td></tr>
<tr><td colspan="2">浪溅区</td><td>400</td><td>400</td><td>280</td><td>280</td></tr>
<tr><td rowspan="4">水位变动区</td><td>F350</td><td>400</td><td rowspan="4">360</td><td>400</td><td rowspan="4">280</td></tr>
<tr><td>F300</td><td>360</td><td>360</td></tr>
<tr><td>F250</td><td>330</td><td>330</td></tr>
<tr><td>F200</td><td>300</td><td>300</td></tr>
<tr><td colspan="2">水下区</td><td>320</td><td>320</td><td>280</td><td>280</td></tr>
</table>

注：有耐久性要求的大体积混凝土，胶凝材料用量应按混凝土的耐久性和降低水泥水化热综合考虑。

5. 砂率选择

参照规范和表 4.3-6 或者依据经验确定最佳砂率。混凝土最佳砂率是在保持胶凝材料用量和其他条件相同的情况下，坍落度最大的拌合物对应的砂率。

砂 率 选 用 值(%)　　表 4.3-6

<table>
<tr><td rowspan="2">碎石最大粒径
(mm)</td><td colspan="8">近似胶凝材料用量(kg/m³)</td></tr>
<tr><td>200</td><td>225</td><td>250</td><td>275</td><td>300</td><td>350</td><td>400</td><td>450</td></tr>
<tr><td>20</td><td>38~44</td><td>37~43</td><td>36~42</td><td>35~41</td><td>34~40</td><td>32~38</td><td>30~36</td><td>28~34</td></tr>
<tr><td>40</td><td>36~42</td><td>35~41</td><td>34~40</td><td>33~39</td><td>32~38</td><td>30~36</td><td>28~34</td><td>26~32</td></tr>
<tr><td>63</td><td>33~39</td><td>32~38</td><td>31~37</td><td>30~36</td><td>29~35</td><td>27~33</td><td>26~32</td><td>25~31</td></tr>
<tr><td>80</td><td>32~38</td><td>31~37</td><td>30~36</td><td>29~35</td><td>28~34</td><td>26~32</td><td>25~31</td><td>24~30</td></tr>
</table>

注：①采用卵石时，砂率可减少 2%~4%。

②采用引气剂时，空气含量每增加 1%，砂率可减少 0.5%~10%。

③采用细砂时，砂率可减少 3%；采用粗砂时，砂率可增加 3%。

6. 砂/石用量计算

水运工程通常采用绝对体积法计算砂石用量。混凝土总体积除去拌合水体积、胶凝材料体积以及假定的含气量即为骨料所占体积。然后结合砂率即可算出各自的用量。

7. 配合比试配

经理论计算之后进行试配、调整,确定后的配合比应满足施工要求的坍落度以及其他拌合物性能要求,并成型强度试件以及耐久性检测试件。一般要做多组试件。

8. 确定最终配合比

根据试配性能、强度以及耐久性检测结果选取满足设计要求的经济合理的配合比。

第四节　常用施工机械、船舶及适用范围

一、土石方机械

土石方施工机械主要有挖掘机(包括正铲、反铲、拉铲、抓铲)、装载机、铲运机、压路机、平地机、推土机及钻机等。常用土方机械的作业特点及适用范围见表 4.4-1。

常用土、石方机械性能表　　表 4.4-1

机械名称	作业特点	适用范围	辅助机械
正铲挖掘机	开挖停机面以上土方,挖方高 1.5m 以上	大型管沟及千方以上的挖土	推土机、自卸汽车
反铲挖掘机	开挖停机面以下土方,可装车和甩土	管沟、基槽及基坑	推土机、自卸汽车
拉铲挖掘机	可开挖停机面以下的土方,开挖半径较大,可用于水下挖掘	基坑、基槽及排水不良区域作业	推土机、自卸汽车
抓铲挖掘机	可挖沉井内土方,可装车,可甩土	开挖直井、基槽、地连墙	自卸汽车
装载机	开挖停机面以上土方和装车作业	外运多余土、石方	推土机、自卸汽车
推土机	推平、运距 80m 以内推土	场地平整,拖羊足碾	
铲运机	运距 800m 内的挖运土,填筑堤坝	场地平整,运距 100 ~ 800m 的土方挖运	推土机
平地机	适用于大面积场地平整	公路、机场稳定层整平	推土机和摊铺机

(一)挖掘机

挖掘机是土方施工机械中比较典型的设备,其功能除了挖掘以外,还可以把挖斗更换成震动破碎机、抓斗等设备,大大扩展了挖掘机的使用范围。

挖掘机按照规模大小的不同可以分为大型挖掘机、中型挖掘机和小型挖掘机;按照行走方式的不同可分为履带式挖掘机和轮式挖掘机;按照传动方式的不同可分为液压挖掘机和机械挖掘机。

挖掘机的主要技术性能参数是铲斗容量、发动机功率、操作重量、挖掘深度或挖掘半径。铲斗容量从小到大,一般的 0.6 ~ 6.0m^3,小型机有 0.01m^3。而挖掘深度与铲斗容量相关,功率一定情况下,斗容越大,工作半径越小。挖掘机的型号就是以斗容来命名的。

国际上挖掘机的生产向大型化、微型化、多功能化、专用化和自动化的方向发展。电子技术尤其是计算机技术的广泛应用,使挖掘机有了自动化的控制系统,也使挖掘机向高性能、自动化和智能化方向发展。例如,坡度控制系统(3D 智能引导系统)是一个精确平整系统,通过安装在挖掘机上的传感器,操作人可以在驾驶室的显示器很直观地观察铲斗的位置,从而准确、快速地进行挖掘或者平整(边坡修整)作业,其优势在水下作业中尤为显著。

(二)推土机

推土机主要用于地面找平、推平、场地平整、筑堤等工况,也可以作为堆料以及混合料的搅拌等。推土机可分为履带式和轮胎式两种。履带式推土机附着牵引力大,接地比压小,爬坡能力强,但行驶速度低。轮胎式推土机行驶速度高,机动灵活,作业循环时间短,运输转移方便,但牵引力小,适用于需经常变换工地和野外工作的情况。

推土机按用途可分为通用型及专用型两种。通用型是按标准进行生产的机型,广泛用于土石方工程中。专用型用于特定的工况下,有采用三角形宽履带板以降低接地比压的湿地推土机和沼泽地推土机、水陆两用推土机、水下推土机、船舱推土机、无人驾驶推土机、高原型和高湿工况下作业的推土机等。

推土机在外观造型、驾驶室内部舒适性和节能环保等方面不断提高。操纵系统逐渐向挖掘机、汽车行业靠近,以减轻驾驶员的劳动强度。仪器仪表采用三级报警的电子监控装置及故障自动诊断装置,驾驶室采用密闭、带空气过滤装置的空调驾驶室,最大限度地满足驾驶人员的人性化要求。

推土机的功率和它的型号是相对应的,推土机的型号一般有下列几种:TY120、TY140、TY160、TY180、TY220 等。其中,T 表示推土机、Y 表示液压式;120、140、160、180、220 等表示马力。

(三)铲运机

铲运机是一种使用范围很广的土方施工机械,适用于中等运距(100 ~ 600m)和道路坡度不大条件下的大量土方转移工程。铲运机可按照斗容大小分类:小容量($3m^3$)以下、中容量($4 \sim 14m^3$)、大容量($15 \sim 30m^3$)和特大型($40m^3$)以上四种;按卸土方式可分为:强制式、半强制式、自由式三种;按操纵系统可分为绳索滑轮式和液压操纵式两种;按行走方式可分为拖式、半拖式和自行式三种。

(四)压实机械

压实机械一般可分:静力碾压机械,如光轮压路机、羊足碾及各式压滚;振动碾压机械,即利用专门振动机械以一定频率和振幅往复滚压;夯实机械,包括各种振动夯和冲击夯。

一般大面积黏性土的碾压,宜采用拖式羊足碾、拖式平碾、轮胎压路碾及蒸气或柴油压路机;砂性土和杂填土的压实宜用振动压路机。

振动式压实机械以机械激振力使材料颗粒在共振中重新排列而密实,其特点是振动频率高,对黏结性低的松散土石,如砂土、碎石等压实效果较好。

夯实机械按结构和工作原理分为自由落锤式夯实机、振动平板夯实机、振动冲击夯实机、爆炸式夯实机和蛙式夯实机。液压夯实机可以安装在装载机或挖掘机上,快速实现垂直夯实、处理松软场地或地基等。

通常,振动压路机的最佳碾压速度为 3 ~ 6km/h,最佳压实层厚度 0.3 ~ 0.5m。而冲击压实技术为高振幅、低频率,结合了冲击夯实和压实两种功能,每次填方厚度可达 1～1.5m,压实速度高达 12km/h,并较大地增加了对土石方的压实功能。

(五)装载机

装载机常用于土、石方铲运,根据用途不同可以换装各种形状的铲斗,还可以换装起重装置等。在运距不大的情况下,装载机可作为铲运设备单独使用。运距较大时装载机与自卸汽车匹配作业较为合理,其匹配数量以设备斗容量、运距和生产量三者平衡为宜。

二、起重及垂直运输机械

(一)起重机械

起重机是施工中不可缺少的机械设备,根据其构造和性能的不同,一般可分桥式类型起重机械和臂架类型起重机,缆索式起重机等。桥架类型起重机械如梁式起重机、龙门起重机等。臂架类型起重机如固定式回转起重机、塔式起重机、汽车起重机、轮胎起重机、履带起重机等。

起重机械的基本参数有起重量、起升高度、跨度或幅度、生产率、各机构的工作速度和工作类型等。此外轨距和轮距、自重、外形尺寸、最大轮压等也是重要参数。

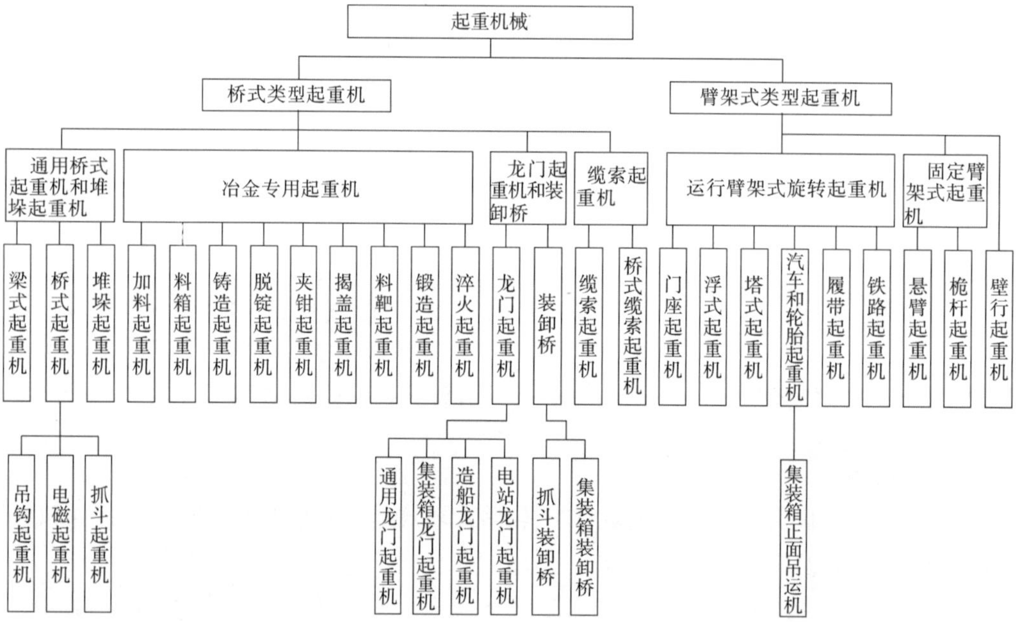

1. 汽车起重机

汽车起重机的起重设备安装在载重汽车底盘上,利用汽车发动机作为动力,其行驶的驾驶室与起重的操纵室是分开的。汽车起重机行驶速度高,越野性能好,适用于流动性大的作业场所,对路面的破坏性很小,缺点是吊重时必须用支腿,不能负荷行驶,对工作场地要求较高。

汽车起重机的主要技术性能参数除与其他起重机类似的之外,还有行驶性能如最大行驶速度、最大爬坡能力和最小转弯半径等。汽车起重机按起重量大小可分为轻型、中型和重型和特重型。起重量在20t以内的为轻型、50t及以上的为重型、100t及以上为特重型；按起重臂形式可分为桁架臂和箱形臂两种。目前液压传动的汽车起重机较为普遍。

2. 轮胎式起重机

轮胎式起重机是起重机构安装在加重型轮胎和轮轴组成的特制底盘上的一种全回转式起重机，是兼有汽车起重机和越野起重机特点的高性能产品。

汽车起重机属于交通管理许可上路车辆，配挂汽车牌照，可以在公路上行驶，外形上可以看到有多组轮胎，调遣非常方便；轮胎起重机属于场内机动车辆，属于国家安监部门管理车辆，挂场内机动车牌照，如果上公路行驶需要事先到交通管理部门办理临时上路手续。二者的共同特点是：吊臂可以自由伸缩调整长度，吊重作业时需要将四个支腿伸出将吊机支稳。轮胎起重机在平坦地面上可不用支腿进行小起重量吊装及吊物低速行驶。目前大型轮胎起重机的吊重能力达到150t甚至更大。

3. 常用履带式起重机

履带式起重机由回转台和履带行驶机构两部分组成，在回转台上装有起重臂、动力装置、绞车和操纵室，在其尾部还装有平衡重，回转台能绕中心枢轴做360°整周旋转，履带架既是行驶机构，也是起重机的支座。

履带式起重机的基本特点是：吊臂是轻型桁架结构、调整吊臂长度需要拆解、整体重心低、行走机构为履带、可以吊物移动行走，适合在施工现场使用，调遣时需要拆零后用拖车拖带。目前大型履带吊起吊重量达400t左右。

4. 塔式起重机

塔式起重机是一种塔身竖立、起重臂回转的起重机，它的优点是由于起重臂与竖直的塔身构成F型结构，这种结构形式能够保证较大的回转半径，可最大限度地靠近建筑物；另外起重臂的支座位于塔顶部，塔身又高，因此可以保证较大的起重高度；起重机在轨道上还可以带负荷运行，移动灵活；不需要拉设缆风绳、便于吊装；此外，由于驾驶室设在塔身上部，操作人员可以看到安装过程，有利于起重吊装的安全作业。但当塔机超过它的独立高度时，要架设附墙装置以增加塔机的稳定性，附墙装置要按照塔机说明书的要求架设。

塔式起重机的种类繁多，按有无行走机构分有行走塔式和自升塔式；按起重能力分，起重量在0.5～3t为轻型、3～15t为中型、15～40t为重型。还有快速安装式塔式起重机QTK、固定式塔式起重机QTG、爬升式塔式起重机QTP、轮胎式塔式起重机QTL、汽车式塔式起重机QTQ、履带式塔式起重机QTU等。

（二）卷扬机

卷扬机又叫绞车，是用卷筒缠绕钢丝绳或链条提升或牵引重物的轻小型起重设备。卷扬机分为手动卷扬机、电动卷扬机及液压卷扬机三种，现在以电动卷扬机为主。它由卷筒、滑轮和钢丝绳组成，电力驱动的还有电机。卷扬机按照运行速度分有快速、慢速和调速卷扬机。

液压卷扬机用于起重机械类的如汽车吊、履带吊、高空作业车、林业起重机，港口船舶类的如港口吊、浮船吊、挖泥船、克令吊、吊艇架，以及用于大型起重设备如石油钻机、海上石油钻井平台，桩工机械类的旋挖钻机、凿岩钻机、岩心钻机、静液压压桩机等。

三、基础工程机械

(一)打桩机械及打桩锤

1. 打桩机械

打桩机由桩锤、桩架、起吊设备、动力设备及移动装置等组成。桩锤依附在桩架前部两根平行的竖直导杆(俗称龙门)之间,用提升吊钩吊升。桩架为一钢结构塔架,在其后部设有卷扬机或依靠履带吊等设备,用以起吊桩和桩锤。桩架前面有两根导杆组成的导向架,用以控制打桩方向,使桩按照设计方位准确地贯入地层。打桩机的基本技术参数是冲击重量、冲击动能和冲击频率。

桩架按结构特点分为滚管式、轨道式、步履式和履带式等;桩架按其与桩锤配合作业的特性分为支承式、悬挂式、悬吊式等;按沉桩的导向杆型式又可分为无导杆式、悬挂导杆式、和固定导杆式等。液压步履桩架以步履方式移动桩位和回转,造价低,但转移不方便。全液压履带式桩架具有移动方便、对场地适应性强、动力可靠等特点。

打桩工程按其工作原理可分为冲击式、振动式和静压式等。静压沉桩是利用无振动、无噪声的静压力将预制桩压入土中的沉桩方法,适用于软土、淤泥质土、粉质黏土等地质。与普通打桩相比,可以减少振动对地基和邻近建筑物的影响。

2. 打桩锤

桩锤按运动的动力来源可分为落锤、蒸汽锤、柴油锤、液压锤和振动锤等。冲击式桩锤中普遍应用的是柴油打桩锤,它具有结构简单、操作维修方便等优点,其缺点是噪声与排气污染大,环保要求高的区域禁止使用。液压锤具有自身能量转换效率高、打桩能量传递效率高、噪声低、无污染等优点。液压打桩逐步得到广泛应用,已成为打桩机发展的主流。

液压锤组的组成有液压动力站和控制系统、液压管路和信号电缆、液压锤。液压锤能量能够在 5% ~100% 的范围内实施无级或有级调节。利用锤体上的传感器,通过信号电缆传输,在控制台可以测量以下数据:冲击块的速度、提升的高度、桩的贯入度、锤击次数、每次打击能量、液压油的流量。液压锤还具备控制系统的自诊断功能和限位功能,并可实现无线遥控和远距离数据传输。

振动式桩锤按动力可分为电动和液压两种,前者动力是耐振电动机,后者是柴油发动机驱动液压泵—马达系统;主要由原动机(动力)、振动器、夹桩器和减振器组成。

振动式桩锤广泛用于各种基础工程的沉拔桩施工,尤其适用于各类钢桩和钢筋混凝土预制桩的沉、拔作业。与相应的桩架配套后,也可用于混凝土灌注桩、石灰桩、砂桩等各种类型的地基处理作业。振动桩锤有如下特点:可用于沉桩、拔桩;使用方便,施工速度快,成本低;结构简单,维修保养方便;与柴油打桩锤相比,噪声低,无大气污染。

打桩工程中锤型的选择应根据地质、桩身结构强度、桩的承载力和锤的性能,并结合施工经验或试桩情况确定。

(二)钻孔机械

施工中常用的钻机为冲击钻机、回转钻机和旋挖钻机。

冲击钻的垂直度比较好,但冲击力较大、容易塌孔、充盈系数偏大,冲击振动对周围声音较大,动力功率大、耗电量高,钢丝绳消耗大,成孔速度慢,效率低;回旋钻施工无噪声、无振动、无挤压,机具设备简单,操作方便,费用较低,但成孔速度慢、效率低,用水量大、泥浆排放量大、污染环境,扩孔率较难控制;旋挖钻成孔速度快、质量高,钻机为全液压驱动,电脑控制,能精确定位钻孔、自动校正钻孔垂直度和自动量测钻孔深度,最大限度地保证钻孔质量,还可配挂长螺旋钻、地下连续墙抓斗、振动桩锤等,实现多种功能。

钻孔施工应根据地质情况、设计桩长、桩径以及施工条件选择钻机类型,同时应兼顾施工工期、经济成本等影响因素。

(三)地基加固机械

水运工程中常用的地基加固方法有真空预压法、堆载预压法、真空联合堆载法、强夯法、振冲法、深层水泥搅拌法、旋喷法以及挤密砂桩法等。对应的施工机械有射流真空泵、强夯机、振冲器、深层水泥搅拌机等。

强夯机按夯击能大小可以分为低能级(3000kN·m以下)、中能级(3000~6000kN·m)和高能级(6000kN·m以上)。不同能级具有不同冲击影响深度,能级越高,影响深度越大,施工效率越高。按其结构形式分有变幅臂式和固定臂式两种。强夯机未来将在自动脱钩技术、臂架减振技术、易损件保护技术以及智能控制技术等方面得到较大发展。

振冲器型号有30kW、40kW、55kW、75kW、100kW、130kW、150kW、180kW、200kW以上等。振冲施工除振冲器外,尚有行走式起吊装置、泵送输水系统、控制操纵台等设备。

深层水泥搅拌机有中心管喷浆方式和叶片喷浆方式两种。主要由动力部分(潜水电机)、搅拌部分(搅拌轴和搅拌头)以及输浆部分(中心管和输浆管)组成。还有配套的水泥浆制备系统和起吊设备等。搅拌头有单轴、双轴、三轴和多轴等。

(四)地下连续墙施工机械

地下连续墙施工机械目前广泛采用的成槽设备主要有液压抓斗、液压铣槽机、多头钻(亦称为垂直轴型回转式成槽机)、旋挖钻机等。液压抓斗主要分为钢索型、全导杆型、混合型(半导杆型)三种。冲击钻机及回转冲击反循环钻机特别适用在深厚漂石、孤石等复杂地层施工,特点是对地层的适用性强,成本较低,但工效低下。

完成地下连续墙成槽施工的配套机械设备还有泥浆搅拌机、泥浆泵、除砂器等。

四、其他工程机械

(一)水平运输机械

1. 载货汽车

载货汽车,一般称作货车,又称作卡车,指主要用于运送货物的汽车,有时也指可以牵引其他车辆的汽车。绝大部分货车都以柴油发动机作为动力来源,但有部分轻型货车使用汽油、石油气或者天然气。载货汽车依公路运行时厂定最大总质量(GA)分为微型货车(≤1.8t)、轻型货车(1.8t<GA≤6t)、中型货车(6t<GA≤14t)、重型货车(GA>14t)。

2. 自卸汽车

自卸汽车的发动机、底盘及驾驶室的构造和一般载重汽车相同,其车箱可以后向倾翻或侧向倾翻。自卸汽车的主要技术参数是装载质量,并标明装载容积。自卸汽车按装载质量分为轻型自卸汽车(小于3.5t)、中型自卸汽车(3.5~8t)和重型自卸汽车(大于8t)。

3. 平板拖车组

平板拖车组由底盘、起重装置、托举牵引装置、液压系统、电控系统、车体与工具箱等组成,具有水平运输、起吊、拽拉和托举牵引等多项功能。平板拖车用于工厂、码头、港口、仓库等场区内外大宗货物周转运输,属于非标产品,根据不同需求量身定制,有用于运输重量或尺寸大的设备构件的工矿平板拖车、用于狭小区域方便运输的四轮转向平板拖车、工业用尾板牵引平板拖车、重型平板拖车、超低牵引平板拖车以及其他特种平板拖车等。

4. 轨道运输机械

用于沉箱出运的专用设备有横纵移车、胶囊台车、斜架车等。

横纵移车由车体(腹板板梁结构)和走轮组成,几节串联起来,两列之间用杆件连接成整体。搭载沉箱的横纵移水平运输由卷扬机或步进式顶推器沿轨道完成。

斜架车为板架结构的金属构架,外形呈梯形,两条主纵梁为四腹板形式,主纵梁间由平面桁架相连。斜架车由陆上的卷扬机控制沿斜坡滑道上的轨道下滑,用于将由纵移车移至斜架车上的沉箱溜放下水。

胶囊台车由多个台车单元组合而成,每个台车单元包括车架和车轮,安装在车架上的顶升承托箱体,设置在箱体内的顶升胶囊,以及安装在顶升承托箱体上方并可由顶升胶囊托举的沉箱托举板。顶升承托箱体上设置有压力水管道,管道与箱体内部的顶升胶囊的管道口相连通。沉箱顶升是通过向置于箱体中活塞腔内的特制胶囊注水膨胀来实现的。沉箱水平运移则由液压顶推系统驱动胶囊台车完成。

(二)混凝土及灰浆机械

1. 混凝土搅拌机

混凝土搅拌机主要由搅拌筒、加料和卸料机构、供水系统、原动机、传动机构、机架和支承装置等组成。按工作性质分间歇式和连续式;按搅拌原理分自落式和强制式,强制式中又分为卧轴式、立轴式。按安装方式分固定式和移动式;按搅拌筒结构形式分为梨式、鼓筒式、双锥、圆盘立轴式和圆槽卧轴式等。

卧轴式搅拌机又分为单卧轴和双卧轴两种,常用的规格为:$0.5m^3$、$1m^3$、$1.5m^3$、$2m^3$、$2.5m^3$、$3.0m^3$ 等,它是指混凝土出料能力。水运工程常用的搅拌机为双卧轴强制搅拌机。

立轴式搅拌机又分为单立轴和行星立轴两种,常用的规格有 $1m^3$、$1.5m^3$、$2m^3$ 等。

2. 水泥混凝土搅拌站

混凝土搅拌站是混凝土生产的必须设备,能力大小用每小时最大生产量表示。

搅拌站是一个封闭的设备厂房结构,规模和能力都比较大,至少有两台搅拌主机、搅拌配料采用单阶式或双阶式。单阶式是指主要原料的砂、石配料计量都在搅拌站顶部进行,因此搅拌站上面一般是砂石储料仓,砂石计量是通过开关料仓底部仓门的"开、关"控制直接计量,效率高,占地面积小,原料有比较高的保温性和防雨性能,一般搅拌站应用在大型的永久性或半永久预制厂。双阶式计量是指砂石料计量完以后再通过皮带机或提升斗二次提升送进搅拌机。

混凝土搅拌站生产线设备主要包括搅拌机、配料机、水泥仓和螺旋输送机、输送带、微机控制室等。

混凝土搅拌站的生产效率指标执行的是建筑机械标准,简单计算是用搅拌机的规格乘以

60 而得到，比如：$2m^3$ 主机的生产效率指标为 $60 \times 2 = 120m^3/h$。

先进的混凝土搅拌站要求绿色环保，减少噪声、粉尘对环境的污染，采用湿混凝土分离回收和污水处理设备；采用高精度称量系统、高精度传感器、全自动微机控制系统，实现生产管理资源共享及远程监控。

3. 散装水泥车

散装水泥车是利用本车动力驱动空气压缩机，将压缩空气经管道送入密封罐体下部的气室，使气室流态化床的物料体悬浮成流态状。当灌内压力达到额定值时打开卸料阀，流态化物料通过管道流动而进行输送。

散装水泥车底盘采用载货汽车底盘改装，另外还有取力箱、空气压缩机、罐体、空气管道、卸料装置等。散装水泥车的规格有 $38m^3$、$40m^3$、$56m^3$、$68m^3$、$75m^3$、$80m^3$ 等。

4. 混凝土搅拌运输车

混凝土搅拌运输车由汽车底盘和混凝土搅拌运输专用装置组成。其专用装置主要包括取力器、搅拌筒前后支架、减速机、液压系统、搅拌筒、操纵机构、清洗系统等。

混凝土搅拌运输车用途是把搅拌站的混凝土拌合物装载并运输到使用现场，该种车辆相当一台移动自落式滚筒搅拌机，在运输过程中混凝土储存罐不停地转动，因此具有对混凝土的二次搅拌功能，以保证混凝土质量。

混凝土搅拌运输车是以搅拌罐的容积大小衡量运输能力的，实际运输混凝土的数量要对搅拌罐的容积乘 0.7 的系数，如：一台 $9m^3$ 的混凝土搅拌运输车实际能够运输的混凝土数量为 $6m^3$ 左右。常用的混凝土搅拌运输车容量为 $6m^3$、$8m^3$。

混凝土搅拌运输车重心高，行车路况复杂，使用时应注意行驶稳定性，防止侧翻。搅动行驶时，最高车速不得高于 50km/h。

5. 混凝土输送泵及混凝土输送泵车

混凝土输送泵，又名混凝土地泵，由泵体和输送管组成。它是一种利用压力将混凝土沿管道连续输送的机械。主要分为闸板阀混凝土输送泵和 S 阀混凝土输送泵。混凝土输送泵主要技术参数有输送排量、出口压力、电机功率和分配阀形式。国家新标准引用了混凝土输送泵的能力指数概念（以 $MPa \cdot m^3/h$ 为度量单位），即混凝土输送泵的实际出口压力与每小时实际输送量之乘积，该值越大，其能力指数也越大，电机的功率也将越大，由此实现大排量、高扬程的目的。

混凝土输送泵车作用是利用车载混凝土泵，将混凝土搅拌运输车的混凝土通过布料臂，泵送到需要的位置，混凝土输送泵车的能力指标为 m^3/h 和布料臂的长度。

（三）其他专用机械

1. 钢筋机械

钢筋加工机械种类繁多，按其加工工艺可分为强化、成形、焊接、预应力等四类。

钢筋强化机械主要包括钢筋冷拉机、钢筋冷拔机、钢筋冷轧扭机、冷轧带肋钢筋成型机等；钢筋成型机械主要包括钢筋调直切断机、钢筋切断机、钢筋弯曲机、钢筋网片成型机等；钢筋焊接机械主要有钢筋对焊机、钢筋点焊机、钢筋网片成型机、钢筋电渣压力焊机、钢筋气压焊机等；钢筋预应力机械主要有电动油泵和千斤顶等组成的拉伸机和镦头机。

近年来我国钢筋加工机械得到快速发展，钢筋数控弯箍机、钢筋切断生产线、钢筋弯曲生产线、钢筋网焊接生产线、钢筋笼焊接生产线、钢筋三角梁焊接生产线、钢筋封闭箍筋焊接机等高效自动化生产设备逐步得到推广应用,实现了钢筋加工机械的原料输送、加工组焊、成品收集的全过程智能化控制。

2. 木工机械

木工加工机械有木工圆锯机、带锯机、平刨床、压刨床、木工榫头机、打眼机、裁口机、榫槽机、砂边机、砂光机、木材烤干机等。

电子技术、数控技术等新技术的发展,带来了木工机械的自动化、柔性化、智能化和集成化,机床品种不断增加,技术水平不断提高。例如联合了锯、铣、钻、开榫、砂光等功能的双端铣床;多种加工工艺联合的封边机;集中了多种切削加工工序的数控加工中心等。

3. 金属结构加工机械

金属结构加工专用机械有剪板机、折弯机、切割机、钻床、冲床、铣床、矫正机、坡口机、组立机、抛丸机、喷砂机、渗锌炉等。新技术、新设备中有数控切割机、数控三维钻床、数控折弯机等。

焊接机械有手工电弧焊机、CO_2气体保护焊机、埋弧焊机、氩弧焊机。

4. 动力机械

动力机械主要包括柴油发电机组、空气压缩机等。

柴油发电机组由柴油发动机、发电机、励磁调节装置、联轴器、配电控制装置和底盘等组成。按其底盘形式或移动方式可分为汽车式、挂车式、拖动式和无移动装置等。按照使用条件可分为陆用、船用、挂车式和汽车式。柴油发电机组选择时应考虑机械与电气性能、机组的用途、负荷的容量与变化范围、机组的使用环境条件(包括海拔高度、气候条件、噪声)、自动化功能等因素。

空气压缩机广泛应用于各种类型的凿岩机、装岩机、潜孔钻等工作中,按其驱动方式可分为电动式和机动式两种,按排气量可分为大型($60 \sim 100m^3/min$)、中型($10 \sim 40m^3/min$)、小型($<10m^3/min$)。

5. 泵类机械

水泵按其作用原理可分为叶轮式、容积式和其他类型,叶轮泵有离心泵、轴流泵和混流泵等。按其叶轮的级数可分为单级泵和多级泵。水泵的技术参数有流量、吸程、扬程、功率等。工程中大量应用的水泵有离心泵、潜水泵等。离心泵按主轴的安放状态分为卧式和立式两种。潜水泵可分为干式、半干式、充油式和湿式几种类型。

工程中应用的泵类机械还有砂浆泵、砂泵、泥浆泵等。

6. 预应力拉伸机及张拉设备

先张法和后张法中预应力拉伸机及张拉设备所用油泵、外接油管相同,但千斤顶有所不同,前者采用顶推式,后者一般采用拉杆式、穿心式和锥锚式。

目前广泛采用的预应力智能张拉系统,通过计算机预设张拉工艺参数,实现张拉全过程的张拉力和伸长值实时校准、过程数据自动采集与分析、张拉结果实时上报、与信息管理中心数据传输和远程控制。系统由预应力智能张拉仪、智能千斤顶、自带无线网卡的笔记本电脑、高压油管等组成。

五、挖泥船

(一)耙吸挖泥船

耙吸挖泥船是水力式挖泥船中自航、自载式挖泥船,除了具备通常航行船舶的机具设备和各种设施外,还有一整套用于耙吸挖泥的疏浚机具和装载泥浆的泥舱,以及舱底排放泥浆的设备等。耙吸挖泥船装备有耙头挖掘机具和水力吸泥装置。在它的舷旁安装有耙臂(吸泥管),在耙臂的后端装有用于挖掘水下土层的耙头,其前端用弯管与船上的泥泵吸入管相连接。耙臂可做上下升降运动,其后端能放入水下一定深度,使耙头与水下土层的疏浚工作面相接触。通过船上的推进装置,使该挖泥船在航行中拖曳耙头前移,对水下土层的泥沙进行耙松和挖掘。泥泵的抽吸作用从耙头的吸口吸入挖掘的泥沙与水流的混合体(泥浆)经吸泥管道进入泥泵,最后经泥泵排出端装入挖泥船自身设置的泥舱中。当泥舱装满疏浚泥沙后,停止挖泥作业,提升耙臂和耙头出水,再航行至指定的抛泥区,通过泥舱底部所设置的泥门,自行将舱内泥沙卸空;或通过泥舱所设置的吸泥管,用船上的泥泵将其泥浆吸出,经甲板上的排泥管系与输泥浮管或岸管,将泥浆卸至指定区域或吹泥上岸。然后,驶返原挖泥作业区,继续进行下一次挖泥作业。耙吸挖泥船简要构造见图4.4-1。

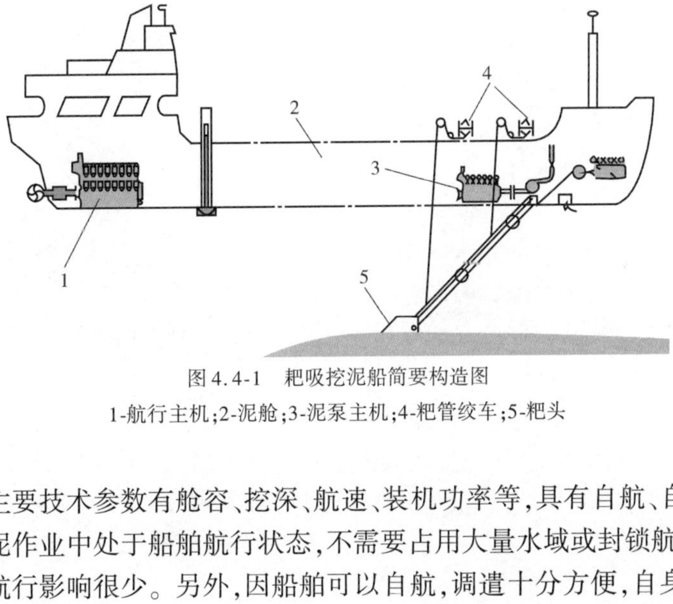

图4.4-1　耙吸挖泥船简要构造图

1-航行主机;2-泥舱;3-泥泵主机;4-耙管绞车;5-耙头

1.技术性能

耙吸挖泥船主要技术参数有舱容、挖深、航速、装机功率等,具有自航、自挖、自载、自抛和自吹的性能。挖泥作业中处于船舶航行状态,不需要占用大量水域或封锁航道,施工中对在航道中的其他船舶航行影响很少。另外,因船舶可以自航,调遣十分方便,自身能迅速转移至其他施工作业区。耙吸挖泥船最早多用于疏浚中挖掘淤泥和流沙等。近年来,由于疏浚技术的发展,耙吸挖泥船性能得到不断改进,如安装各种新型耙头、各种不同形式的耙齿,以及运用高压冲水和潜水泵等,也能够挖掘水下的黏土、密实的细沙,以及一定程度的硬质土和含有相当数量卵石、小石块的土层等。耙吸挖泥船也存在一些不足之处,主要是在挖泥作业中,由于船舶是在航行和漂浮状态下作业,所以挖掘后的土层平整度要差一些,超挖土方往往比其他类型的挖泥船要多一些。

耙吸挖泥船一般以其泥舱的容量来衡量挖泥船的大小,小型耙吸挖泥船的舱容仅有几百立方米,而大型挖泥船舱容达到几千立方米至几万立方米,目前世界上最大的耙吸挖泥船舱容已达

46000m³,最大挖深已超过100m。耙吸挖泥船根据船舶的泥舱容量分为四级。泥舱容量$q<4000m^3$的为小型耙吸挖泥船;泥舱容量$4000m^3 \leqslant q<9000m^3$的为中型耙吸挖泥船;泥舱容量$9000m^3 \leqslant q<17000m^3$的为大型耙吸挖泥船;泥舱容量$q \geqslant 17000m^3$的为超大型耙吸挖泥船。

耙吸挖泥船的主要疏浚构件有:耙头、泥泵、泥舱、溢流系统等。另外,耙吸挖泥船还可装有排岸装置、耙臂泵、边抛管等构件。

2. 生产率计算

(1)耙吸挖泥船挖、运、抛施工运转时间小时生产率可按下列公式计算:

$$W_{耙吸1}=\frac{q_1}{\sum t}=\frac{q_1}{\frac{l_1}{v_1}+\frac{l_2}{v_2}+\frac{l_3}{v_3}+t_1+t_2} \tag{4.4-1}$$

$$q_1=\frac{G-\gamma_w \times q}{\gamma_0-\gamma_w} \tag{4.4-2}$$

式中:$W_{耙吸1}$——耙吸挖泥船挖、运、抛施工运转时间小时生产率(m^3/h);

q_1——泥舱装载土方量(m^3);

$\sum t$——施工循环运转小时(h);

l_1——重载航行段长度(km);

v_1——重载航速(km/h);

l_2——空载航行段长度(km);

v_2——空载航速(km/h);

l_3——挖泥长度(km);

v_3——挖泥航速(km/h),根据疏浚土土质确定;

t_1——抛泥及抛泥时的转头时间(h);

t_2——施工中转头及上线时间(h);

G——泥舱中装载的泥浆总质量(t),可按装舱前后的船舶吃水求得;

γ_w——现场水的密度(t/m^3);

q——泥舱装载的泥浆体积(m^3);

γ_0——疏浚土体的天然密度,即原状土密度(t/m^3)。

(2)耙吸挖泥船挖、运、吹施工运转时间小时生产率可按下式计算:

$$W_{耙吸2}=\frac{q_1}{\sum t}=\frac{q_1}{\frac{l_1}{v_1}+\frac{l_2}{v_2}+\frac{l_3}{v_3}+t_3+t_2} \tag{4.4-3}$$

式中:$W_{耙吸2}$——耙吸挖泥船挖、运、吹施工运转时间小时生产率(m^3/h);

q_1——泥舱装载土方量(m^3);

$\sum t$——施工循环运转小时(h);

l_1——重载航行段长度(km);

v_1——重载航速(km/h);

l_2——空载航行段长度(km);

v_2——空载航速(km/h);

l_3——挖泥长度(km)；

v_3——挖泥航速(km/h)，根据疏浚土土质确定；

t_3——耙吸挖泥船吹泥总时间(h)，由挖泥船吹泥所需时间以及挖泥船与吹泥管线连接装置的接卡、解离所需时间两部分组成；

t_2——施工中转头及上线时间(h)。

(3)耙吸挖泥船边抛或旁通施工运转时间小时生产率可按下列公式计算：

$$W_{耙吸3} = Q \times \rho \times \delta \times \eta \tag{4.4-4}$$

$$\rho = \frac{V_1}{V_2} \times 100\% = \frac{\gamma_m - \gamma_w}{\gamma_0 - \gamma_w} \times 100\% \tag{4.4-5}$$

式中：$W_{耙吸3}$——耙吸挖泥船边抛或旁通施工运转时间小时生产率(m^3/h)；

Q——抛出舷外的泥浆流量(m^3/h)；

ρ——抛出舷外的泥浆浓度(%)；

δ——有效出槽系数，为泥浆入水后所含泥沙实际输出槽外的比率，通过观测与分析，并参考类似工程的经验数据确定；

η——考虑转头等因素的时间系数；

V_1——原状土体积(m^3)；

V_2——泥浆体积(m^3)；

γ_m——泥浆密度(t/m^3)；

γ_w——现场水的密度(t/m^3)；

γ_0——原状土密度(t/m^3)。

(二)绞吸挖泥船

绞吸挖泥船是水力式挖泥船中较普遍的一种，是目前世界上使用较广泛的挖泥船。绞吸挖泥船是用装在绞刀桥梁前端的松土装置——绞刀，将水底泥沙不断绞松，同时利用泥泵工作产生的真空和离心力作用，从吸泥口及吸泥管吸进泥浆，通过排泥管输送到卸泥区。其特点是能够将挖掘、输送、排出和处理泥浆等疏浚工序一次完成，能够在施工中连续作业。绞吸挖泥船简要构造见图4.4-2。

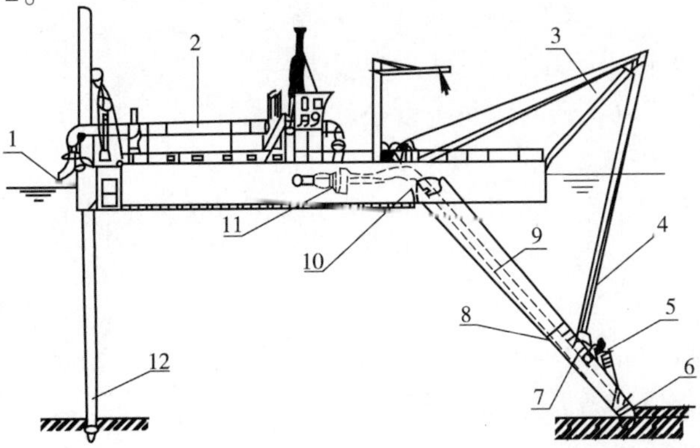

图4.4-2　绞吸挖泥船简要构造图

1-浮管连接头；2-排泥管；3-绞刀架吊架；4-绞刀架起落钢缆；5-绞刀马达；6-绞刀；7-边锚缆；8-绞刀架；9-吸泥管；10-吸泥管套筒；11-泥泵；12-定位桩

1. 技术性能

绞吸挖泥船是目前世界上拥有数量最多的一种挖泥船,其主要技术参数有标称生产率、总装机功率、泥泵功率、绞刀功率、吸排泥管径、挖深、排距等。为了增加其挖泥深度和提高吸泥能力,应将泥泵安装在船体内尽可能低的位置或在绞刀架上安装潜水泵,加装潜水泵的绞吸挖泥船,其深水挖泥产量一般可以明显提高。

不同技术参数的绞吸挖泥船,其生产能力差别很大。最小的绞吸挖泥船,其生产率为 40 ~ 80m^3/h,泥泵的功率为 70kW 左右,绞刀功率只不过近 10kW,最大挖深仅数米;现代的大型绞吸挖泥船,其挖泥产量已高达 5000m^3/h 以上,目前世界上最大的绞吸挖泥船总装机功率已达 28000kW,绞刀功率达到 7000kW 左右,最大挖深已达到了 36m。绞吸挖泥船根据船舶的装机总功率分为四级。船舶装机总功率 $N<5000$kW 的为小型绞吸挖泥船;船舶装机总功率 5000kW$\leqslant N<10000$kW 的为中型绞吸挖泥船;船舶装机总功率 10000kW$\leqslant N<20000$kW 的为大型绞吸挖泥船;船舶装机总功率 $N\geqslant 20000$kW 的为特大型绞吸挖泥船。

绞吸挖泥船的主要疏浚构件有:绞刀,桥架,泥泵,钢桩,横移系统,吸、排泥管等。

2. 生产率计算

绞吸挖泥船生产率分挖掘生产率和泥泵管路吸输生产率两种,两者之中,取其较小者代表其生产率。因为绞吸挖泥船施工的特点就是挖掘与吸输同时完成,两者是相互制约的。

(1)挖掘生产率。挖掘生产率主要与挖掘的土质、绞刀功率、横移绞车功率等因素有关,按下式计算:

$$W = 60K \times D \times T \times v \tag{4.4-6}$$

式中:W——绞刀挖掘生产率(m^3/h);

D——绞刀前移距(m);

T——绞刀切泥厚度(m);

v——绞刀横移速度(m/min);

K——绞刀挖掘系数,与绞刀实际切泥断面积等因素有关,可取 0.8 ~ 0.9。

(2)泥泵管路吸输生产率。泥泵管路吸输生产率主要与土质、泥泵特性和管路特性有关,按下式计算:

$$W = Q \times \rho \tag{4.4-7}$$

式中:W——泥泵管路吸输生产率(m^3/h);

ρ——泥浆浓度,按原状土的体积浓度公式计算;

Q——泥泵管路工作流量(m^3/h)。

对于安装了流量计和密度计的挖泥船,其泥浆浓度 ρ 可根据以下公式换算:

$$\rho = \frac{\gamma_m - \gamma_w}{\gamma_s - \gamma_w} \times 100\% \tag{4.4-8}$$

式中:γ_m——泥浆密度(t/m^3);

γ_s——土体的天然密度(t/m^3);

γ_w——当地水的密度(t/m^3)。

当挖泥船在新工地施工时,应通过试挖获得最佳生产率,并确定优化的泥泵转速、绞刀前移量、切泥厚度、绞刀转速和横移速度等操作参数。

(三)链斗挖泥船

链斗挖泥船至今已有两百多年历史,是机械式挖泥船中最早的一种。链斗挖泥船一般在船体的首部或尾部中央开槽部位安装由斗桥、斗链(无斗链式泥斗直接相连)和泥斗所组成的挖泥机具。在疏浚作业中,将斗桥的下端放入水下一定深度,使之与疏浚土层相接触。然后在斗桥上端的上导轮驱动下,使斗链连续运转,通过斗链上安装的各个泥斗,随斗链转动而对土层的泥沙进行挖掘。泥沙经挖掘后装入泥斗,再随斗链转动沿斗桥提升出水面,并传送至上端的斗塔顶部。当泥斗到达斗塔顶部,经过上导轮而改变方向后,斗内的泥沙在自身的重力作用下,从泥斗倒入斗塔中的泥井。倒入泥井的泥沙经过两边的溜泥槽排出挖泥船的舷外,倒入泥驳之中。链斗挖泥船简要构造图见图4.4-3。

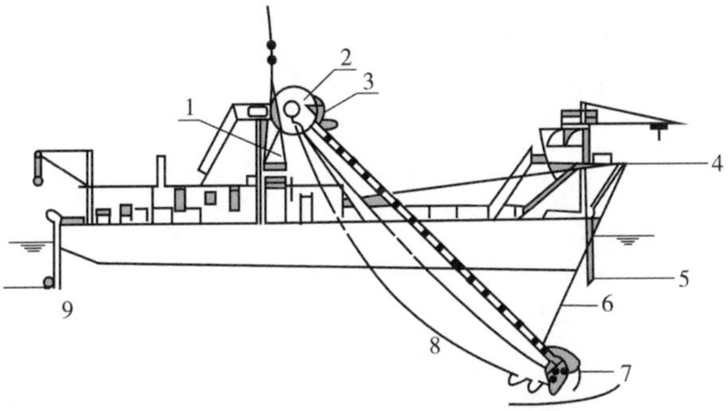

图4.4-3 链斗挖泥船简要构造图

1-溜泥槽;2-上导轮;3-斗桥支承轴;4-艏锚缆;5-边锚缆;6-吊头桥钢缆;7-下导轮;8-斗桥;9-水下导缆装置

1. 技术性能

链斗挖泥船的主要技术参数有标称生产率、斗容、挖深、泥斗转速等。为了适应某些特殊疏浚工程,链斗挖泥船有时可以根据需要加以改装,如调换斗链和泥斗、减少斗容,可增加泥斗强度;或在一定数量泥斗之间,间隔加装挖掘和松动泥层的粗齿,用以挖掘硬质土层、软岩石和预处理后的碎石等;适当加长斗桥和斗链的长度,或在上导轮和斗桥之间的空当中加设一段附加斗桥,从而提高链斗挖泥船的浚深能力。链斗挖泥船均采用可变速装置,使之在挖泥作业中改变不同的斗速和切削力,以适应挖掘各种不同土质。

不同技术参数的链斗挖泥船,其生产能力差别很大。最小型链斗挖泥船的生产能力只有$10m^3/h$左右,而现代大型链斗挖泥船的每小时挖泥量可达$1000m^3$以上。链斗挖泥船根据其小时生产率分为小型和大型两级,生产率$\leq 500m^3/h$的为小型链斗挖泥船;生产率$>500m^3/h$的为大型链斗挖泥船。

链斗挖泥船的主要疏浚构件有:斗桥、泥斗、斗链等。

2. 生产率计算

链斗挖泥船运转时间小时生产率可按下式计算:

$$W=\frac{60n\times c\times f_m\times f_\theta}{B} \tag{4.4-9}$$

式中:W——链斗挖泥船运转时间小时生产率(m^3/h);

n——斗链运转速度(斗/min),可采用表4.4-2中的数值;

c——泥斗容积(m^3);

f_m——泥斗充泥系数,可采用表 4.4-3 中的数值;

f_θ——斗桥的倾斜系数,可根据实际挖深按图 4.4-4 读取;

B——岩土的搅松系数,可采用表 4.4-4 中的数值。

链斗挖泥船在各相应条件下的斗链运转速度　　表 4.4-2

土质类别	斗链运转速度 n(斗/min)	土质类别	斗链运转速度 n(斗/min)
极软土	25～28	极硬土	12～15
软土	18～32	碎石	8～12
硬土	15～18	弱而易碎的岩石	3～5

注:1. 加长斗桥的链斗挖泥船可适当减小 n 值。

2. 功率高于平均值的链斗挖泥船可适当增大 n 值。

3. 功率低于平均值的链斗挖泥船可适当减小 n 值。

4. 黏性土类可适当减小 n 值。

各类土的链斗充泥系数　　表 4.4-3

土质类别	f_m	土质类别	f_m
硬黏土	0.90	中砂	0.70
中黏土	0.85	细砂	0.60
软黏土	0.80	爆破后的碎石	0.40
粗砂	0.80	弱而易碎的岩石	0.20

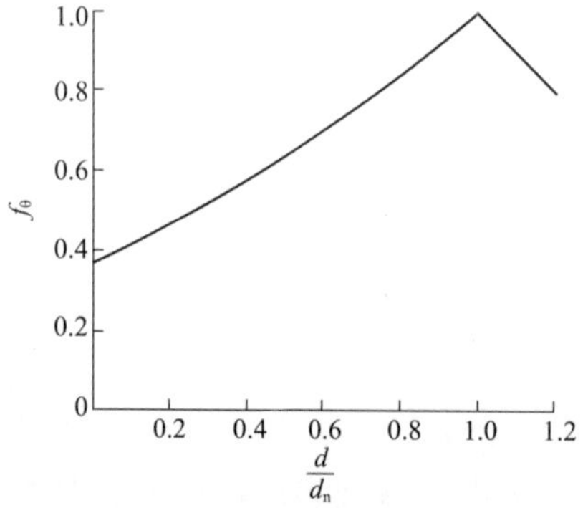

图 4.4-4　链斗挖泥船倾斜系数 f_θ 与挖深 d 和 d_n 的比例关系图

d-实际挖深;d_n-斗桥倾斜角度 45°时的挖深

岩土的搅松系数 B　　表 4.4-4

土质种类	搅松系数 B	土质种类	搅松系数 B
硬质岩石(R_c > 30MPa,需爆破)	1.50～2.00	砂(松散～中密)	1.05～1.15
软质岩石(15MPa < R_c ≤ 30MPa,需爆破)	1.40～1.80	淤泥	1.00～1.10
软质岩石(R_c < 15MPa,不爆破)	1.25～1.40	黏土(硬～坚硬)	1.15～1.25

续上表

土质种类	搅松系数 B	土质种类	搅松系数 B
砾石(密实)	1.35	黏土(中软～硬)	1.10～1.15
砾石(松散)	1.10	淤泥质土	1.00～1.10
砂(密实)	1.25	砂、砾石、黏土混合物	1.15～1.35
砂(中密～密实)	1.15～1.25	—	—

3. 辅助船舶的选配

采用斗式挖泥船和吹泥船施工时，应根据施工条件选配泥驳。水上抛泥时，应配开底泥驳；对黏性土，宜选用舱壁较陡的开底或开体泥驳；吹泥船吹泥时，宜配满底泥驳；在外海抛泥，宜选用自航开底或开体泥驳。

泥驳所需数量，可按下式计算：

$$N=\frac{\left(\frac{l_1}{v_1}+\frac{l_2}{v_2}+t_0\right)\times B\times W}{q_1}+n_{\mathrm{B}} \tag{4.4-10}$$

式中：N——配备的泥驳数量；

l_1——挖泥区至卸泥区的航程(km)；

v_1——重载航速(km/h)；

l_2——卸泥区至挖泥区的航程(km)；

v_2——轻载航速(km/h)；

t_0——装泥、卸泥、转头及靠离挖泥船时间的总和(h)；

W——挖泥船运转时间小时生产率(m^3/h)；

q_1——泥驳装载量(m^3)；

n_{B}——备用泥驳数量；

B——岩土的搅松系数，可按表4.4-4确定。

(四)抓斗挖泥船

抓斗挖泥船属机械式挖泥船，在船上通过吊机，使用一只抓斗作为水下挖泥的机具。抓斗挖泥船的形式多样，用途甚广，大多数为非自航式。抓斗挖泥船的形式虽多，但基本的工作原理相同。在挖泥船的船体上，安装有一台或多台进行水下泥沙挖掘和抓取的机械装置。它运用安装于钢缆上的抓斗，并依靠抓斗自由落体的重力作用，放入水中一定深度，通过抓斗插入泥层和闭合，来挖掘和抓取泥沙。然后，通过操纵船上旋转式起重机械，将装满泥沙的抓斗提升出水面一定高度，回转至预定位置的上方，开启抓斗，将挖掘的泥沙直接卸入靠驳在挖泥船舷旁的泥驳。卸空后的抓斗，再通过起重机的回转，返回至挖泥点旁，进行下一次挖泥作业，如此周而复始地循环作业。抓斗挖泥船简要构造见图4.4-5。

1. 技术性能

抓斗挖泥船使用较为广泛，抓斗挖泥船的主要技术参数有斗容、挖深、抓斗提升速度等。抓斗挖泥船可以通过更换抓斗的提升和启闭钢缆长度，来满足施工中不同挖掘深度的需要。另外，与其他类型挖泥船相比，抓斗挖泥船的设备简单，挖泥机械的磨损部件少，船舶的造价也较低廉。

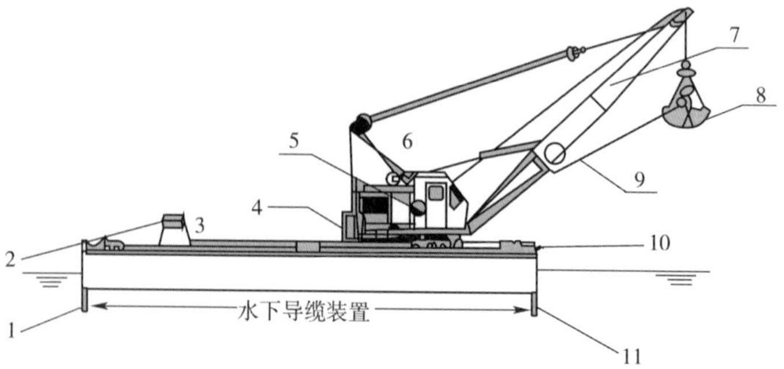

图 4.4-5　抓斗挖泥船简要构造

1-边缆;2-船尾缆;3-绞车;4-吊杆俯仰钢缆滚筒;5-抓斗升降、启闭风缆滚筒;6-A 形架;7-吊杆;8-抓斗;9-抓斗稳定索;10-船首缆;11-边缆

抓斗挖泥船一般以抓斗斗容来衡量其生产能力的大小,目前世界上最大的抓斗挖泥船斗容已达 200m^3,抓斗挖泥船按其配置的设计斗容分为三级,设计斗容 <8m^3 的为小型抓斗挖泥船;设计斗容 8m^3 ~20m^3 的为中型抓斗挖泥船;设计斗容 >20m^3 的为大型抓斗挖泥船。

抓斗挖泥船的主要疏浚构件有:抓斗、起重机、定位锚或钢桩等。

2. 生产率计算

抓斗挖泥船的挖掘量不是单纯依靠挖泥船上的动力,而首先是依靠抓斗下落时的冲力破土以及入土深度的大小,应根据不同土质选用不同类型和不同重量系数的抓斗。

抓斗挖泥船运转小时生产率可按下式计算:

$$W = \frac{n \times c \times f_m}{B} \tag{4.4-11}$$

式中:W——抓斗挖泥船运转小时生产率(m^3/h);

n——每小时抓取斗数;

c——抓斗容积(m^3);

B——岩土的搅松系数,可采用表 4.4-4 中的数值;

f_m——抓斗充泥系数,对于淤泥可取 1.2 ~1.5;对于砂或砂质黏土可取 0.9 ~1.1;对于石质土可取 0.3 ~0.6。

(五)铲斗挖泥船

铲斗挖泥船属机械式挖泥船,在船上通过铲斗挖掘机,使用一只铲斗作为水下挖泥的机具。铲斗挖泥船按旋回装置可分为全旋回室式、半旋回室式和转盘式;按铲斗挖掘方向又分为正铲挖泥船和反铲挖泥船,铲斗挖泥船大多数为非自航式。铲斗挖泥船的形式虽多,但基本的工作原理相同。在挖泥船的船体上,安装有一台旋转式铲斗挖掘机。它利用挖掘机吊臂上斗柄前端的铲斗伸入水中,然后通过牵引钢缆将其斗柄推进,使铲斗处于开挖位置,接着收紧铲斗起升钢缆,使铲斗切入泥土进行挖掘。挖掘后的提升是靠收进起升钢缆及吊臂的变幅钢缆来进行的,然后将装满泥砂的铲斗提升出水面至适当高度,由旋回装置转至卸泥处或泥驳上,运用钢缆拉开斗底门卸泥。卸空后的铲斗再旋回至开挖位置,如此循环作业。铲斗挖泥船简要构造见图 4.4-6。

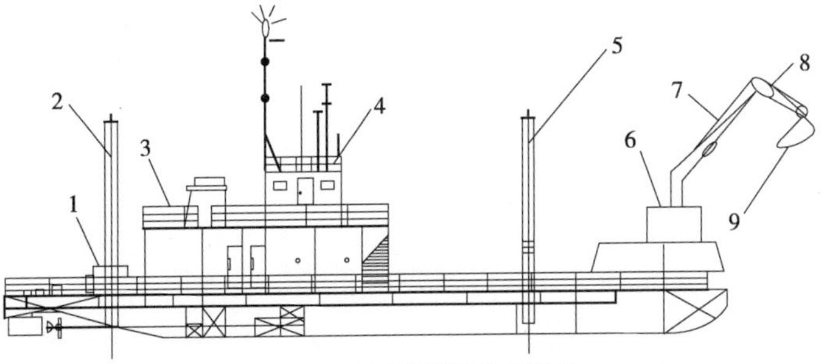

图4.4-6　铲斗挖泥船简要构造

1-钢桩台车；2-钢桩；3-动力室；4-控制室；5-钢桩；6-反铲机驾驶室；7-大臂；8-小臂；9-铲斗

1. 技术性能

铲斗挖泥船主要技术参数有斗容、挖深等。大型铲斗挖泥船对海况具有较强的适应能力。铲斗挖泥船挖掘能力强，施工作业采用钢桩定位，占用水域小、施工精度高、挖深受限制。

铲斗挖泥船一般以铲斗斗容来衡量其生产能力的大小，斗容范围一般为 $1 \sim 30\text{m}^3$，正铲挖泥船挖深一般不超过15m，反铲挖泥船挖深一般不超过25m。目前，世界上最大的反铲挖泥船最大斗容为 40m^3，最大挖深可达32m。

铲斗挖泥船的主要疏浚构件有：铲斗、铲斗机和定位钢桩等。

2. 生产率计算

铲斗挖泥船运转小时生产率可按下式计算：

$$W = \frac{n \times c \times f_{\text{m}}}{B} \tag{4.4-12}$$

式中：W——铲斗挖泥船运转小时生产率（m^3/h）；

n——每小时铲取斗数；

c——铲斗容积（m^3）；

B——岩土的搅松系数，可采用表4.4-4中的数值；

f_{m}——铲斗充泥系数，可采用表4.4-5中的数值。

各类土的铲斗充泥系数　　表4.4-5

土质类别	f_{m}
砂	0.90
中黏土	0.72
砾石	0.60
硬黏土	0.40
预处理的/易碎岩石	0.33
弱石	0.30

注：疏浚土层厚度较薄时，铲斗的充泥系数可适当减小。

（六）钢耙船

钢耙船又称钢扒船、扒石船。其在首部或两舷设有专门的钢扒及其起落设备，用以将淤积在内河浅水航道上的泥沙和卵石扒向两旁，由斜伸架、钢耙和机动船体组成。钢耙船的主要疏浚构件有钢耙等。

六、起重船

工程上常用的起重船船体结构与打桩船一样都是箱型结构,大多数不具备自航能力,调遣和施工需要拖轮的帮助。起重船可以分为变幅式、回转式、固定式三种形式。其主要技术性能参数有起重量、起重高度和起重作业工作半径或称之为舷外跨距。

(一)变幅式起重船

变幅式起重船是水工施工中最常见的起重船之一,此种船型具有结构简单、起重量大的特点。它的起重臂杆只能俯仰,使用中水平方向的移动和起吊位置调整,依靠移船绞车的操作和起重臂的变幅动作完成。

变幅式起重船的起重臂以单个为主要形式,大吨位起重船也有两个相同或两个以上相同结构的组合形式;起重钩头一般有 2 个或 2 个以上主钩,1 ~ 2 个副钩,以及 1 ~ 2 个起重量相对较小的杂用钩头;移船绞车一般需要 6 台或以上(港作起重船除外)。

起重量较小的 100 ~ 500t,起重量较大的有 1000 ~ 5000t,目前最大的有 12000t。

(二)回转式起重船

回转式起重船起重臂杆可以旋转和仰俯,因此具有灵活方便的优势,吊装效率要比变幅式起重船高,但是起吊重量相对要小,非常适用于中小型构件的吊装,比如码头梁、板的安装施工。

(三)其他形式起重船

固定式起重船的起重臂为固定结构,不能变幅和转动。安装定位和作业需要移船绞车和锚泊系统完成。采用全回转舵桨推进装置、艏侧推进器的固定式起重船,具有水平横移和定位能力,工作效率高。固定式起重船可以在一定范围内完成预制构件出运、运输和安装作业,起重量大,起吊高度高。

平台式起重船也是一个多功能海上自升式施工平台,由平台船和起重机组成,集运输、安装、打桩、起重等多功能于一体。

全回转自航起重船可以在无限海区航行和作业,应用先进的电力推进和动力定位系统,可在深水海洋进行船舶自动精确定位、精确导航。

七、打桩船

打桩船按照工作原理分为变幅式打桩船、回转式打桩船、平台式打桩船、摆动式打桩船、静压式打桩船和吊打式简易打桩船六种。

(一)变幅式打桩船

变幅式打桩船主要由箱型船体、直立桁架结构的打桩架、桩架变幅系统三大部分组成,并配备必要的动力系统、锚泊设备(绞车、锚和定位桩)以及打桩锤等。

目前的打桩船一般不具备自航能力,施工和调遣离不开拖轮的帮助,在施工时还需要起锚艇配合起锚移船驻位。

变幅式打桩船(图 4.4-7)主要设备有桩架变幅油缸、吊桩绞车、吊锤绞车、锤启动绞车、移船绞车及杂用绞车等,机舱有柴油发电主机和辅机电站以及停泊发电机。

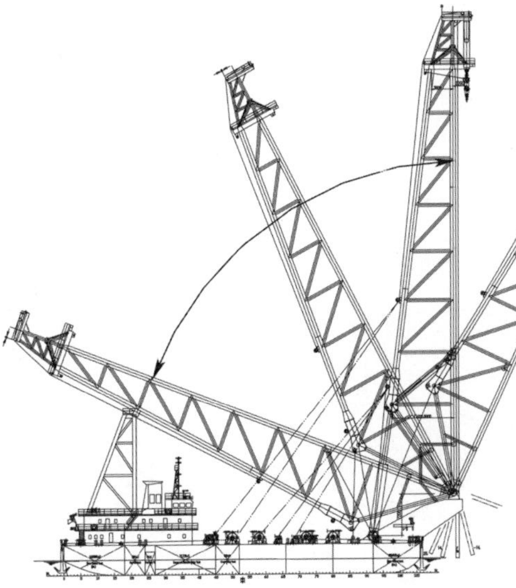

图 4.4-7　变幅式打桩船示意图

桩架为直立桁架结构，上方是用于吊桩的主钩和副钩，前方是龙口（导轨），龙口的作用是保证打桩锤锤击时与桩的轴线一致。为长途拖航安全，打桩船一般设有桩架放倒装置。

桩架上还设有抱桩器（也叫背板），其作用是保证桩在起吊进入龙口后对桩可靠定位。抱桩器桩架上下各有一个，当打桩架比较高施打长桩时，桩架的中间位置还需要设置一个中间抱桩器，保证长桩在打桩过程中防止出现“弓形”变形。

打桩作业还有配套的替打也称为桩帽，它在打桩锤和桩之间，使用时需要填充缓冲材料和一个缓冲垫块。替打的作用主要是有效地传递桩锤打击能量并适当延长桩锤对桩的做功时间，也可以讲是为了有效地保证桩的贯入度同时要保证桩顶的结构安全。

目前，国内最大的打桩船技术性能为桩长 110m + 水深，最大直径 5m，最大桩重 500t。另外，打桩船都配置了 GPS 远距离打桩定位系统，具有预设桩位、可视定位操作和施工作业记录报表等功能，可以实现全天候海上施工。

（二）全回转打桩船

回转式打桩船除了具有变幅式打桩船的基本功能外，还可以使桩架水平回转，从而可以在打桩船的两侧进行桩的起吊。实际上就是全旋转式起重机悬挂了一套打桩架，即成为全旋转式打桩船。而全回转式起重机吊臂顶部与桩架相铰接，可以使桩架向上滑动升高；桩架的下部采用液压伸缩支撑装置，可调节桩架至吊机间的跨距和桩架变幅。同时，该液压式支撑还设有桩架调偏性能。因此，具有打桩效率高、抗风浪能力强等突出优点，但船舶造价和运行成本比较高。全回转打桩船示意见图 4.4-8。

（三）平台式起重打桩船

平台式起重打桩船实际上就是自升式施工平台船，以及配套的吊桩打桩设备，由自升式平台船、打桩导架、起重机和打桩锤等组成，自升式平台船具有可以自行升降的支撑定位桩，一般采用吊打工艺及液压打桩锤。自升式施工平台船也是一个多功能海上自升式施工平台，集运输、安装、打桩、起重等多功能于一体（图 4.4-9）。

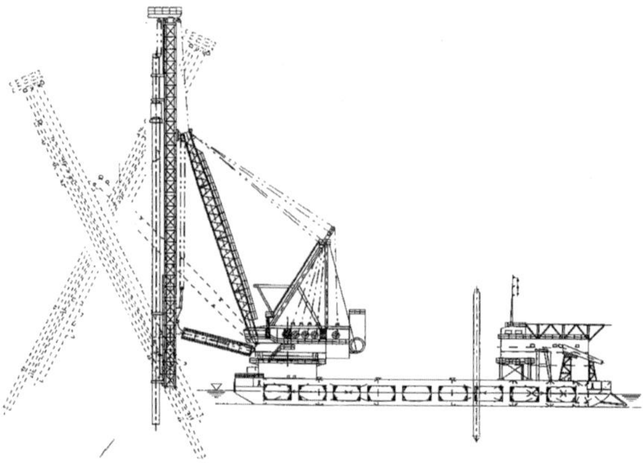

图 4.4-8 全回转打桩船示意图

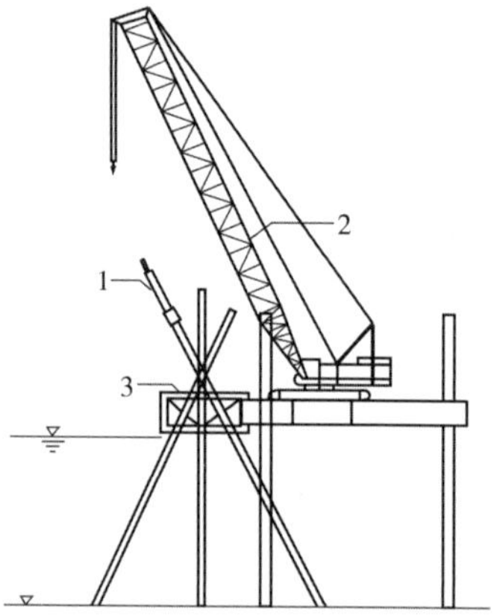

图 4.4-9 平台船沉桩作业示意图
1-桩锤;2-吊机;3-打桩导架

八、拖轮

(一)拖轮的类型

拖轮是水工工程施工作业不可缺少的船舶,用于各种非自航式工程船舶、装载船舶和浮式构件的拖带运输,以及施工区域内拖带、驻位和其他协助作业等。

(1)拖轮航行能力按航行区域一般分为:

①远洋施轮:可在无限航区拖带作业。

②近海拖轮:可在离岸不超过 200n mile 或有特殊规定的离岸距离内拖带作业。

③沿海拖轮:可在离岸不超过 20n mile 内拖带作业。

④港内拖轮:可在遮蔽水域和港内拖带作业。

⑤内河拖轮:只允许在内河拖带作业。

(2)按推进方式可分为:常规舵桨拖轮、全回转拖轮等。

(3)拖轮的拖曳装备主要有:拖缆机、拖钩和拖缆桩三种。

(4)拖轮的能力大小一般按照主机的总功率区分,通常主机总功率越大拖力越大。

(5)拖轮具有较大功率的主机、较强的船体结构、较高效率的推进器和较大的舵面积,配置有拖曳装备等,具有良好的稳性和操纵性能。

(二)拖轮的作业方式

(1)拖轮作业,一般是指由拖轮对被拖船(构件)实施拖曳的航行任务,常见的方法有吊拖、傍(帮)拖、顶推和组合拖四种方式。

水运工程施工中经常采用吊拖和傍(帮)拖,两种方式也可以组合使用;被拖船(构件)具有顶推装置的也可以采用顶推的方式。

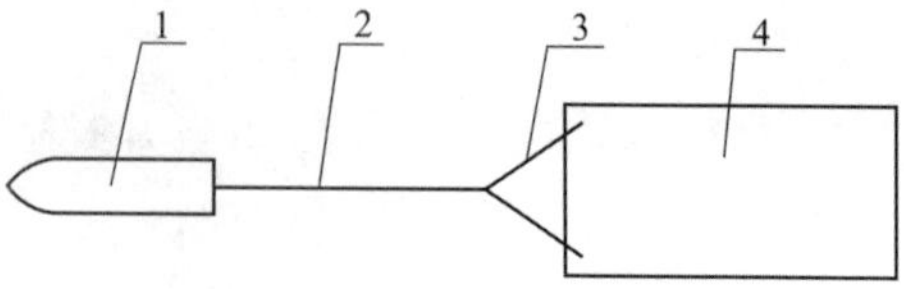

图 4.4-10 吊拖示意图
1-拖轮;2-主拖缆;3-龙须缆;4-被拖船/物

(2)吊拖。吊拖的要素是拖轮的选配、主拖缆选择、龙须缆选择,多数情况下主拖缆选择钢丝缆,龙须缆也选择钢丝缆或钢链。主要应用于长途拖带工况,形式见图 4.4-10。

(3)傍(帮)拖。傍(帮)拖的要素是拖轮的选配、拖缆选择。主要应用于短距离、港内和施工现场驻位工况,拖带方式见图4.4-11。

(4)顶推。顶推主要应用于内河、港内和施工现场驻位工况,被顶推物的高度不能影响拖轮的视线,顶推拖轮是专门的一种船型,基本特点是船艏为圆弧型或平头型,拖带方式见图4.4-12。

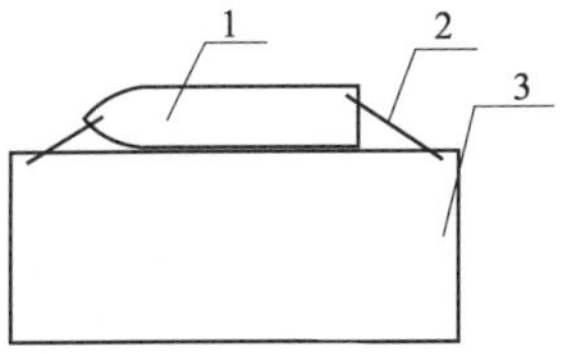

图4.4-11　傍拖示意图

1-拖轮;2-傍拖缆;3-被拖船/物

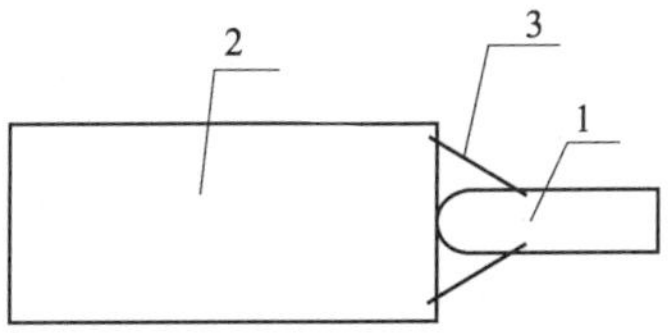

图4.4-12　顶推傍拖示意图

1-拖轮;2-被拖船/物;3-顶推缆

(5)组合拖。组合拖一般是两艘或两艘以上拖轮完成的,主要用于单艘拖轮的拖力不足或特殊被拖物的特殊要求情况下。

(三)船舶调遣和拖航

1. 船舶(构件)调遣设备的配备

拖轮完成拖航任务必须保证本身的拖缆机、拖钩、带缆桩性能可靠正常。拖轮必须配备主拖缆和备用拖缆,还应当配备与主拖缆相同强度的龙须缆,以及配备三角板、卸扣等。

2. 船舶调遣和拖航前的工作

(1)封舱加固:拖轮、被拖船舶和装载物(构件、设备、材料等)均应按要求和必要的设计计算做好封仓加固。

(2)船舶海上拖航检验:主管部门对封仓加固情况、信号装置、证书情况等的检验。

(3)船用资料:常用海图、潮汐表、航海天文历等。

九、其他工程船舶

(一)驳船

1. 方驳

方驳也叫甲板驳船,是水运工程施工常用船舶,其特点是设备简单、吃水浅、载货量大,构件在甲板以上存放和运输,船舶的形状为箱型船体结构,不具备自航能力。

(1)方驳的用途。

①方驳主要用于水工结构件的运输,配合起重船和打桩船现场施工。

②方驳还可以临时组装陆用吊机或安装船用克令吊,组成一艘多功能作业船,在施工现场进行施工准备、绑扎钢筋、支拆模板等作业。

③可以在方驳上临时安装混凝土搅拌设备,组成混凝土搅拌船进行施工。

④可以与其他设备组装成排水板打设船、铺排船、砂桩船、CDM船、钻爆船等。

目前水工行业中的方驳数量很大,常见的装载量从600～5000t不等。

(2)方驳装载的形式与要求。方驳装载时应禁止超宽、超高和超载。一般规定在距离两舷2m宽范围内和保证锚机、绞车能够安全作业的区域内允许装载货物。装载时还应注意不得妨碍锚缆、拖缆和靠离泊位作业,不得妨碍两舷信号灯光的通视。

方驳装、卸载时应注意对称和均匀,各种装载的形式与要求见表 4.4-6。

各种装载的形式与要求　　表 4.4-6

包　装	装载种类	装载形式与要求
构件块体	混凝土桩、梁、板混凝土护面体、钢构件	按甲板的负荷和构件尺寸、重量等情况配载。对近距离运输的块体装载,一般可不用绑扎或顶拉稳固。但对高宽比大的梁和长距离运输的块体装载都需要绑扎或顶拉稳固
机械设备	各种施工机械与设备	按甲板的集中负荷或经甲板舱内局部加强后装载。装载后的机械或设备,其底盘和转动杆件,如吊杆等必须以焊件顶、拉、支撑稳固
散装	块石、碎石、卵石砂、渣石土、煤	散装块石的周边要采取码垛稳固,并可提高装载,其他小粒径的装载周边,一般均设有临时挡墙以提高其装载,煤一般装在舱内
捆、散装	圆钢、工字钢、槽钢、板材、钢轨、钢管、木材、钢筋混凝土管	长形的散装或捆的各种材料,要顺船首、尾向平放装载,并应绑扎稳固,对大口径有管头的铸铁管和钢筋混凝土管,应排列紧密,管头应倒正间开,并垫以尺寸相当的方木,以防管头损伤和滚动
袋装	水泥、白灰	袋装材料一般都是码垛装载,基本形式有三种: 压缝码垛,垛形稳固,可提高装载,但通风差; 垂直码垛,通风好,为稳固垛形,每 6 ~ 7 层可将袋口通向码垛; 纵横压缝码垛,垛形稳固,但操作费工,适用于顶垛和边垛
桶装	沥青、油类	铁桶、鼓形桶装,一般应桶口向上直立紧密交错排列,底部要平整,层间要铺木板,层多时应绑扎稳固

预制构件的装载,要依据所选用方驳载重吨位、甲板尺寸、允许负荷及装运构件的形状、尺寸、重量等条件,经计算确定配载方式。一般情况下,如扶壁、梁、混凝土方块等大型预制构件,摆放一层,混凝土板最多摆放 3 层。

方驳在装载各种构件前,首先应根据构件的情况在甲板上铺设一定的方木,方木的作用是:防滑、找平、分散荷载应力;根据甲板上装载的情况,对超过甲板和构件设备强度的部位,进行船体结构加固。

2. 自航甲板驳和自航仓驳

自航甲板驳是自带动力的甲板驳船,为多用途甲板运输货船,主要航行于沿海各港口之间,用于散装类货物的驳运,也可用于集装箱及大件运输。由于航行需要其船底为流线型。

自航甲板驳主要由船体、动力系统、舵系、电控系统、传送系统等组成。按其装载能力分小型、中型和大型三种。

自航仓驳与自航甲板驳的不同之处主要是用货仓装载货物,因此增加了料仓和提升系统。

横鸡趸是香港地区常用的一种配置卷扬起重设备的自航仓驳,可进行安装、运输、开挖、抛填等水上作业。用于材料和构件运输、构件运输安装、砂石运输抛填等。

3. 泥驳

泥驳用于配合各种挖泥船施工,装载运输泥、砂、石等,分为自航与非自航泥驳,开体泥驳和开底泥驳。也可进行码头、防波堤等砂石料运输抛填作业。

开体泥驳由两片船体组成,用铰链连接,两片船体从纵中开启卸泥,其开启和关闭用液压设备控制。目前,自航开体泥驳采用全回转螺旋桨、双主机及艏推装置,作业灵活机动。

开底泥驳中部设置一个或多个泥舱,船舱底部设置数个方形底门,底门通过链条或液压机构开闭。为了泥、砂等顺利倾倒,船舱侧壁一般为倾斜的。

(二)浮船坞与半潜驳

浮船坞和半潜驳主要用于运输水运工程中的大型构件和设备,以及可漂浮物体的运输和下潜起浮。主要能力指标是举力和有效潜深。举力是指能够安全接运物体的最大载重能力。有效潜深是指半潜驳最大下潜深度,减掉船体与下潜物体底部的不小于0.5m 的安全距离。

浮船坞主要由主船体、连续坞墙、灌排水设备、锚泊设备、起重机械和动力设备等组成。船体为方形箱型结构,主船体和坞墙内部主要是压载水舱。通过向舱内灌水或排水,可使浮船坞下沉或浮起。半潜驳与浮船坞的主要区别是没有两侧的连续坞墙,其四角为四个箱体塔楼,塔楼内设置压载水舱和部分动力设备。

浮船坞和半潜驳一般为非自航式,规格主要以举力大小区分,国内沿海和近海施工的浮船坞和半潜驳举力主要有 3000t、4000t、5000t、6000t、10000t 等。远洋运输的自航式半潜船有1 万 t、1.5 万 t、2 万 t、5 万 t 等。

(三)整平船

用于水运工程基床抛石整平的整平船有坐底式、漂浮式、平台式等形式。

漂浮式深水整平船由工作母船、水下整平机和监测系统三大部分组成。工作母船是整平机的载体和工作基站。调遣作业时工作母船作为整平机的运载工具,将整平机收起在船体中部方孔内,由拖船拖曳母船调遣转场。水下整平机由工作母船上的设备操纵和控制作业,工作母船提供整平石料和动力。

坐底式抛石整平船的主体部分由上下两层非对称的回字形箱体组成,位于下层箱体艏艉底部,有一个八字形贯通开口,使船舶可在基床任一部位坐底;回字形箱体中间是整平机,由整平框架和刮刀小车两部分组成,具有抛石、整平、检测多项功能。

自升平台式深水抛石整平船的四个桩腿可实现船舶自身升降,船舶上的整平管沿着横梁做前进和左右移动,附带的皮带机提供整平石料,整平管端在移动过程中完成了基床的抛石和整平作业。

(四)其他专用船

1. 混凝土搅拌船

混凝土搅拌船由母船、砂石骨料及水泥和粉煤灰等粉料贮存系统、混凝土配料及计量系统、混凝土搅拌系统和混凝土出料及布料系统组成,通常评价混凝土搅拌船的能力主要从船舶性能、生产能力、生产效率和出布料方式与能力考虑。

混凝土搅拌船的生产能力通常指一次满载原料可以生产常用最高强度混凝土的一次最大方量(不包括中间过驳上料)。常见的混凝土搅拌船出布料方式有吊机吊斗出料、皮带机出料、泵送布料杆出料等。

混凝土搅拌船一般是利用方驳的船体改造或建造类似于方驳的平板驳,其中的内仓用于混凝土骨料仓和贮水仓等。

2. 砂桩船

砂桩船是利用振动锤将砂管打入软基一定深度形成砂桩以实现软基加固的一种船舶。砂桩船分为非挤密砂桩船和挤密砂桩船两种。非挤密砂桩船形成的砂桩未经打回方式进行扩径;挤密砂桩船是利用套管的自重、砂重、气压和振动锤的振动力将砂和原有土壤紧固在一起,并通过打回的方式进行扩径,使原有土壤的密度增大、地基承载力增强而达到软基加固目的的一种专用船舶。

砂桩船主要由船体、船舶锚泊和移动系统、管架系统、提升绞车系统、供砂装置、供气和供水系统、动力装置及自动化施工管理系统等部分组成。

3. DCM 船

DCM 船即深层水泥搅拌船用于水上加固构筑物地基,由箱型船体,即方驳、处理机、制浆输浆系统、动力系统、船舶定位系统、控制监测系统等组成。

深层搅拌机(俗称处理机)包括螺旋钻驱动机构、钻杆、拌和头(有单头、双头和多头)等;制浆输浆系统包括水泥仓、制浆泵、压浆泵等。

控制监测系统由数据采集设备、计算机和控制监测软件组成,可实时控制采集钻桩深度、钻杆电流、钻杆倾角、泥浆流速、水泥浆密度等信息。

4. 铺排船

铺排船是进行水上铺设软体排施工的专用船舶,利用铺排船也可进行充砂袋的水上施工。主要结构由箱型船体、铺排系统、起吊设备和动力系统组成。

铺排船为箱型船体,即方驳,不具备自航能力;起吊设备用于完成施工材料如排布、混凝土预制块或混凝土联锁块等的转运;铺排系统主要设备由加工平台、滑板、卡排梁、卷排筒、导排筒、吊架、移船绞车、测量定位系统和铺排控制系统等组成。

5. 钻爆船

钻爆船用于水运工程的水上炸礁施工作业。目前国内外钻爆船主要有浮式、支撑助桩的浮式、自升式平台三种类型,其主要的区别在于移船定位方式的不同。

浮式钻爆船为箱型船体,即方驳,不具备自航能力,移船定位依靠船舶的锚泊系统。船舶舷侧安装钻机,舷外施钻,钻机的安装有固定式和移动式。

支撑助桩的浮式钻爆船的稳船方式除了具有浮式钻爆船移船方式外,船体配有 2 ~4 根液压收缩式支撑助桩可伸到河床,起辅助稳船作用,可提高船舶的稳定性和定位精度。

自升式平台钻爆船的船体为长方形框架结构,平台的中央开口作为钻孔区。

6. 锚艇

锚艇也叫起锚艇或叫抛锚艇,主要用于大型工程船舶起抛锚,吊装输泥砂管及船舶短途拖带等。其特点是船身较小,而功率较大。除与拖轮相似的船体、拖钩外,还设置有起抛锚设施,包括起重扒杆、立式绞盘或卧式起锚机、系缆绞车等。

第五章　工程施工组织与施工技术

第一节　水运工程施工组织设计

一、概述

(一)施工组织设计的概念与作用

施工组织设计是以施工项目为对象编制的,用以指导施工的技术、经济和管理的综合性文件。

通过施工组织设计的编制,可全面分析工程项目的施工条件,根据施工活动的客观规律,进行施工总体部署,确定施工方案、施工顺序,安排施工进度、制定施工质量、安全管理文明施工和职业健康的措施、控制施工费用。还可以计算出施工所需要的人、机、料等各种资源以及各种临时设施。实践证明,科学的施工组织设计是建设工程得以顺利实施的保证。

(二)施工组织设计的分类和内容

施工组织设计按编制对象,可分为施工组织总设计和单位工程施工组织设计。

施工组织总设计:以若干单位工程组成的群体工程或特大型工程项目为主要对象编制的施工组织设计。对整个工程项目的施工过程起统筹规划、重点控制的作用。

单位工程施工组织设计:以单位工程项目为主要对象编制的施工组织设计,对单位工程施工起指导和制约的作用。

施工组织设计还可以按照编制阶段的不同,分为投标阶段施工组织设计和实施阶段施工组织设计。

施工组织设计文件编制包括编制依据、工程概况、自然条件、施工特点与难点、施工总体部署及施工进度计划、施工现场平面布置、施工组织、主要施工方案(施工工艺)、施工进度计划和资源及资金需求计划、施工技术和施工质量保证措施计划、安全生产和职业健康保证措施计划、文明施工和环境保护及节能减排措施计划、附图等多项内容。

(三)施工组织设计的编制原则和步骤

1. 施工组织设计的编制必须遵循工程建设程序并应符合下列原则

(1)"谁施工谁编制谁负责"原则:施工组织设计原则上应由负责承担施工的项目部(施工单位)负责编制。

(2)"技术可行、经济合理和工艺适用"原则;施工组织设计必须符合项目施工环境条件和规范标准,必须满足合同文件、设计文件,选择成熟(成功)可行的工艺技术方案,积极推广应用"四新"和吸收国内外先进技术;同时必须确保项目工期、成本目标的实现。

(3)"预控风险,动态管理"原则:施工组织设计必须贯彻"安全第一,预防为主"的方针,增强项目风险的意识和风险预防、预控能力。在项目实施过程中,应根据项目实施条件、环境等变化,实行动态管理,适时完善工艺技术方案。

2. 施工组织设计的编制步骤

(1)成立施工组织设计编制小组,制订施工组织设计编写计划并明确落实计划完成责任人。一般由项目经理或项目总工担任编制小组组长。

(2)组织编制小组成员熟悉合同文件,了解工程的范围、内容、技术标准、管理目标及要求等,如有疑问或不清楚的,应书面向相关部门或业主提出答疑诉求。

(3)组织施工图纸核对审查,复核计算工程数量。

(4)组织项目实施条件及现场实地勘察调查工作,完成调查报告编制。

(5)根据设计图纸、技术规格书要求,结合工程特点、自然条件和合同条件进行施工方案(施工工艺)制定。

(6)结合主要施工方案(施工工艺)和施工总体部署进行施工总平面布置和施工工序流程安排。

(7)根据合同工期和施工流程编制施工进度计划。

(8)根据合同要求、工程特点和施工企业自身情况确定施工组织模式。

(9)根据总平面布置、主要施工方案(施工工艺)、施工组织模式和施工进度计划,配置合理的满足施工要求的施工人员、施工设备、施工材料、临时设施和资金等资源。并根据施工总进度计划再细化工程施工所需材料、构件、设备,劳动力、施工船机、设备、器具等主要资源及资金需求计划,明确名称、数量、规格、性能、要求及使用时间。

(10)根据国家相关规定和企业职业健康质量体系文件,结合项目工程特点,编制安全生产、职业健康保证措施计划,文明施工、环境保护、节能减排措施计划和质量保证计划。

(11)编制合同或业主要求的其他内容(如一些特殊要求)。

(四)施工组织设计的编制依据

施工组织设计应以下列内容作为编制依据:

(1)与工程建设有关的法律、法规和文件。

(2)国家现行有关标准和技术经济指标。

(3)工程所在地区行政主管部门的批准文件,建设单位对施工的要求。

(4)工程施工合同或招标投标文件。

(5)工程设计文件和技术规格书。

(6)工程施工范围内的现场条件,工程地质及水文地质、气象等自然条件。

(7)与工程有关的资源供应情况。

(8)施工企业的生产能力、机具设备状况、技术水平等。

(五)施工组织设计编制和审批程序

施工组织设计一般应在开工前编审完毕。施工组织设计的编制应在项目经理的领导下,由项目总工程师组织项目经理部的人员分工协作进行编写,在项目部内部充分讨论确定工艺的基础上,由项目总工程师组织汇总、协调和审查,以保证各项内容的正确性及相互关系的协调性。

施工组织设计经项目经理审查后,应报企业审定。工程开工之前,将经企业技术负责人签发批准的施工组织设计报送业主和工程监理单位。所报送的施工组织设计，经监理工程师审核确认后才能正式批准开工。

当项目规模特别大、技术复杂难度高时，企业技术负责人应组织企业内外部专业人员进行施工组织设计的编制、讨论和审查。

经审批的施工组织设计，必须严格遵照执行。施工过程中，若遇施工条件、合同要求、设计变更等重大变化时，应按照编制审批程序及时补充或修改施工组织设计。

二、水运工程施工组织设计的要求和主要内容

(一)施工组织设计要求

(1)符合《水运工程施工通则》(JTS 201)的有关规定，满足施工合同或招标文件中有关工程进度、质量、安全、环境保护、造价等方面的要求。

(2)积极开发、使用新技术和新工艺，推广应用新材料和新设备。

(3)坚持科学的施工程序和合理的施工顺序，采用流水施工和网络计划等方法，科学配置资源，合理布置现场，采取季节性施工措施，实现均衡施工，达到合理的经济技术指标。

(4)采取技术和管理措施，推广建筑节能和绿色施工。

(5)与质量、环境和职业健康安全三个管理体系有效结合。

(二)施工组织设计内容

1.单位工程施工组织设计内容

(1)编制依据

内容包括：国家批准的基本建设计划文件名称及编号；建设单位主管部门批件的文号；招标文件及签订的工程承包合同名称及文号；工程项目初步设计或施工图及设计变更通知单、图纸会审记录；采用的规范、标准的名称。

(2)工程概况

内容包括：工程地理位置、工程规模、结构型式及主要尺度、工艺流程、工程造价及主要技术经济指标、主要实物工程量、合同要求(质量、工期、安全、变更、奖惩等)、自然概况(气象、水文、地震等)、工程地质概况(钻孔平面布置图、地质剖面图、柱状图、各土层物理力学指标等)。

(3)施工总体安排

内容包括：工程特点和难点、施工总体部署和施工组织(项目组织机构设置、职能部门和人员职责、施工区段及施工队伍)、施工顺序和流程、主要资源配置及说明、关键节点工期及相关措施等。

(4)工序施工方法

内容包括：工序名称、工序内容、施工方法、质量标准、技术组织措施、典型施工计划安排(典型施工目的要求、主要施工方法及进度安排、技术组织措施、记录表格及填写要求)。

(5)施工进度计划

内容包括：施工进度计划表(要按工序列出)或画出施工网络图。重点标明各关键工程的衔接、建筑工程与设备安装工程的衔接及关键控制工期等。

(6)各种资源需要量计划

内容包括：建筑材料(工程用料和施工用料)数量及使用计划、预制构件加工单位及使用

计划、船舶机具使用计划、劳动力使用计划(特殊工种应注明)及培训计划等。

(7)各项技术组织措施计划

内容包括:保证质量措施(现场质量保证体系及质量管理点计划等),保证施工安全、职业健康和环保措施(防台、防汛、用电、船舶拖带、水上或高空作业等方面),文明施工保证措施,保证施工进度及冬、雨季施工措施,降低成本措施以及施工风险防范措施等。

(8)临时设施和临时工程计划

内容包括:临时设施和临时工程设计图和计划,实施安排;临时工程费用等。

(9)施工总平面布置图

内容包括:已有建筑物、构筑物、管线、电缆;拟建永久性建筑物、构筑物、管线、电缆;临时供水、供电、施工道路、排水系统、通信线路;施工用大型临时工程和测量基线、水准点等。分别用粗、细、虚、实不同线条绘出。

2. 疏浚工程施工组织设计的内容

除了与上述相同的内容之外,疏浚工程施工组织设计有一些特殊的需要注意强调的内容。

(1)泥土处理。

说明泥土处理的方法和位置,在施工总平面图中标出,并注明有关参数和制定施工措施。

(2)施工船舶选择与配套。

施工船舶选择与配套,主要应考虑土质、水文气象、工程量、工期、疏浚水域和水深、泥土处理方法、施工条件等因素。辅助船舶及设备的配套,要考虑挖泥船施工能力及施工中的实际需要进行配套的最优组合,以达到经济合理和安全生产目的。

(3)施工方法及工艺。

①应明确挖泥顺序、挖泥方向、挖泥方法及设备运转和施工工艺参数。施工方法选择应结合设备性能、疏浚土质、施工水域及干扰、工期要求等条件统筹考虑。

②施工顺序应根据设备性能和工程要求科学合理安排,并应结合分层、分条、分段的情况以示意图表示。

③施工工艺应根据设备性能、土质、吹距、浪高等选择耙头、绞刀、抓斗、泥舱装舱档位进行调整。

(4)附属工程设计。

①附属工程包括排泥场围堰、泄水口、排水道,水陆排泥管线,水位站、防污设施等。

②排泥管线设计包括水上、水下及陆域(包括滩地)管线。

(5)工程进度计划的编制应以实际能做到的超深、超宽、边坡开挖量计算工程量,安排施工形象进度。

(6)主要燃材料及备配件的供应。

工程实施中需要的主要材料及备配件(特别是磨损件)供应计划,应包括规格、数量要求及供应时间、地点、方式,要有保证工期进度的超前考虑。

(三)施工条件、环境调研

1. 实施条件分析

(1)自然条件分析

阐述工程地理位置、周边环境和水文气象、工程地质条件等自然环境对工程实施的影响。

(2)市场条件分析

阐述当地材料、设备租赁及劳动力等市场条件对工程实施的影响。

(3)设备条件分析

分析工程实施所需大型设备情况及我方自有设备在工程所在区域的分布和使用情况。

(4)合同、顾客的特殊要求对工程实施的影响

合同、顾客和政府的特殊要求包括顾客提供结构材料、指定供应商、分包商、采用商品、对某分项/工序的特殊验收标准等。

(5)技术标准(规范)分析

分析项目要求采用的标准及规范的特殊要求。

2. 施工环境调查内容

(1)自然环境(气象、水文、地质、地形、地貌)。

(2)社会环境(地方法规、风土人情、民风民情、治安民生、征地拆迁、对项目支持度等)。

(3)施工环境(交通运输、供水供电、通信、办公生活、设备、劳动力等资源)。

(4)现场环境(主材地材供应、测量控制网、取弃土场、临时用地、主要结构位置状况、邻近建筑物、施工水域和避风锚地、远距离调遣和大型构件运输等)。

(5)项目实施难点和主要干扰、影响因素(游行、罢工等)。

(6)项目存在的不确定因素或主要风险(地下管线和限高等)。

(四)施工方案研究

根据工程特点、安全和质量要求、工期要求、施工环境和施工条件,对项目所采用的施工组织模式和具体施工工艺、施工船机配置进行具体研究。

施工方案在编制时应集思广益、科学论证、不断优化比选,确保技术可行,符合项目实际和公司生产能力、管理要求等,从技术上确保不发生重大安全、质量事故。

对于危险性较大的分部工程、分项工程和采用“四新”的施工项目编制专项施工方案。必要时应组织召开项目重大技术方案讨论会或进行试验验证等。

(五)施工资源及施工组织计划

施工资源是指施工过程中耗费的构成工程实体和有助于工程实体形成的各资源。包括人工、材料、施工船舶和机械、施工临时设施和施工辅助措施。

施工组织计划是工程项目开始实施时制定的工作计划,主要包括:人员、设备、材料等资源的进场计划和临时设施及现场各个分项工程开工计划。

(六)施工组织设计对造价的影响

施工组织设计确定了施工资源,它是工程造价编制的主要依据,一个工程项目的施工方案是否先进,施工进度计划安排是否合理,施工资源是否配置最优,都决定了项目的造价高低,决定了施工单位的成本。

三、临时工程及施工措施

(一)临时工程及施工保障措施的概念

临时工程设施是指为满足项目施工和管理需要,确保工程项目顺利完成而自行建造的各种临时或辅助工程(包括施工现场设施、临时工程和临时设施)。

施工保障措施是指为了保证工程项目实施的顺利进行而制定和采取的各种预防风险发生或保证问题得到解决的方法(如为了保证施工安全而采取的安全护栏、人行通道,为了保证混凝土质量的保温措施等)。

(二)临时工程内容及其规定

1. 水运工程的大型临时工程

主要包括构件预制厂及堆场、混凝土搅拌站、混合集料拌合站、沥青搅拌站、钢筋加工场、大型临时仓库、石料开采和碎石加工场、构件起重吊装运输设备基础(如门式起重机、塔吊等)、临时供水供电管线和设施、设备行驶道路、陆地施工设备摆放场地、施工便道、施工栈桥、水上施工平台、临时码头工程、临时基坑支护和临时防护工程、临时航道、沉箱养生池(水上寄放场地)等。

2. 临时设施应符合下列要求

(1)国家有明确规定或专业性较强的大型临时设施(如临时码头、临时栈桥、基坑支护等),可能存在较大技术安全风险的临时设施(如二层及以上的框架或砖混结构房屋等)原则上由有资质的专业公司(设计院)进行设计和施工。

(2)专业/特种设备(如门式起重机)的设计、制造、装拆、使用等必须符合国家、行业或地方的相关规定。

(3)存在较大风险的大型临时设施(如深基坑支护、施工便桥、施工平台、现浇支架及地基、挂篮、架桥机等)应进行结构受力、安全稳定计算及验算,并须符合国家或行业的相关规定。

(4)临时工程、临时设施完工后应组织进行内部或外部验收,验收合格和符合相关规定后方可投入使用。

第二节　水运工程施工技术

一、疏浚工程施工技术

疏浚工程按其疏浚区域不同分为沿海港口港池航道疏浚和内河港口港池航道疏浚,按其疏浚性质和任务不同分为基建性疏浚和维护性疏浚。基建性疏浚是为新辟航道、港口等或为增加它们的尺度、改善航运条件,具有新建、改建、扩建性质的疏浚工程;维护性疏浚是为维护或恢复某一指定水域原定的尺度而清除水底淤积物的疏浚工程。吹填工程是指将挖泥船挖取的泥沙,通过排泥管线输送到指定地点进行填筑的作业。施工质量等应满足《疏浚与吹填工程施工规范》(JTS 207)的要求。

(一)耙吸挖泥船施工

1. 施工方法与工艺流程

耙吸挖泥船施工可采用装舱溢流、抽舱不溢流、边抛、旁通等方法,也可吹填或直接装驳施工。

(1)下列情况宜采用装舱溢流施工:

①溢流对施工区周边水域不会造成长期不利影响。

②疏浚区、调头区、抛泥区和抛泥航行区能满足挖泥船重载航行和掉头的需要。

(2)下列情况应采用抽舱不溢流施工：

①疏浚污染土。

②溢流对施工区周边海产养殖等有严重影响。

③溢流对施工区周边水域造成长期不利影响。

④疏浚不易在泥舱内沉淀的粉土、粉砂、流动性淤泥且施工区水流不能将溢流土有效带出施工区。

(3)下列情况可采用边抛或旁通施工：

①在紧急情况下，突击疏浚航道浅段，迅速增加水深。

②施工初期水深不能满足挖泥船装舱的吃水要求，须开挖施工作业面或作业通道。

③施工区水动力条件好，水流足以将疏浚的泥沙携带出挖槽。

耙吸挖泥船采用挖运抛或挖运吹施工方式，即空载航行至挖泥区，减速后定位上线下耙挖泥，通过离心式泥泵将耙头挠松的泥土吸入泥舱内，满舱后起耙，航行到抛泥区或吹填驻船水域后，开启泥舱底部的泥门抛泥或打开抽泥舱内疏浚土泥门吹填，然后空载航行至挖泥区，进行下一循环的挖泥施工。工艺流程见图5.2-1。

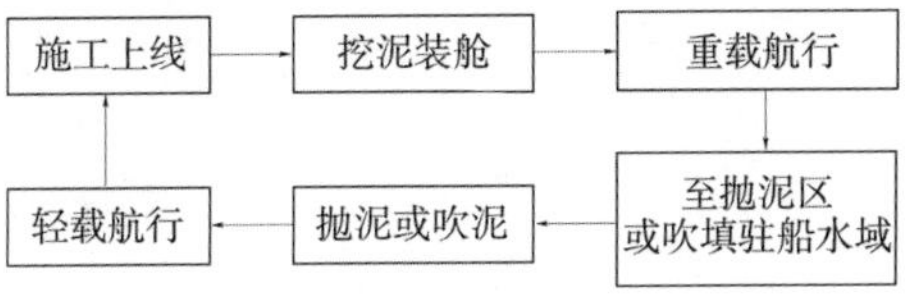

图5.2-1　耙吸挖泥船施工工艺流程图

2. 耙吸挖泥船适宜的工程

(1)风浪较大的外海工程。

(2)航道疏浚。

(3)工程量大、运距远的大型工程。

(4)管沟开挖、海滩养护。

(5)水域开阔的内河工程。

(6)淤泥、软黏土和松散砂等。

3. 耙吸挖泥船不适宜的工程

(1)平面尺度受约束、限制的水工建筑物附近、码头端角部与转角部位、挖槽长度短的工程等。

(2)特别坚硬的黏性土和岩石。

(3)杂物和垃圾大量聚集的地区。

(4)对疏浚悬浮物特别敏感的地区。

(二)绞吸挖泥船施工

1. 施工方法与工艺流程

绞吸挖泥船施工方法根据设备性能和施工条件分为以下几种。

(1)只装有对称双钢桩的绞吸挖泥船采用对称钢桩横挖法施工。

(2)只装有台车和双钢桩的绞吸挖泥船采用钢桩台车横挖法施工。

(3)只装有三缆定位设备的绞吸挖泥船采用三缆定位横挖法施工。

(4)同时装有台车、双钢桩和三缆定位设备的绞吸挖泥船,在水域宽阔、风浪较大的地区和挖掘土质较软、挖泥定位精度要求不高时,采用三缆定位横挖法施工;水域狭窄、挖掘岩石或坚硬土质、挖掘基槽等精度要求较高时采用钢桩台车横挖法施工。

(5)同时装有台车、单钢桩和三缆定位设备的绞吸挖泥船,在水域宽阔、风浪较大的地区和挖掘土质较软、挖泥定位精度要求不高时,采用三缆定位横挖法施工;水域狭窄、挖掘岩石或坚硬土质、挖掘基槽等精度要求较高时采用单桩双锚四缆施工法施工。

(6)只装有锚缆横挖设备的绞吸挖泥船采用锚缆横挖法施工。

绞吸挖泥船主要工艺流程见图5.2-2。

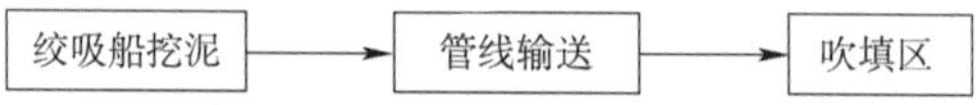

图5.2-2　绞吸挖泥船主要工艺流程图

2. 绞吸挖泥船适宜的工程

(1)吹填工程。

(2)疏浚土二次转吹。

(3)港池、泊位及基槽疏浚。

(4)新建航道的疏浚。

(5)清淤工程。

(6)软岩疏浚。

(7)海滩养护。

(8)淤泥、黏土、砂、砾石等。

3. 绞吸挖泥船不适宜的工程

(1)航运繁忙区域的疏浚。

(2)风浪较大的外海工程。

(3)杂物和垃圾大量聚集的地区。

(三)链斗挖泥船施工

1. 施工方法与工艺流程

链斗挖泥船主要施工方法有:斜向横挖法、扇形横挖法、十字形横挖法、平行横挖法等。

(1)当施工区水域条件好,挖泥船不受挖槽宽度和边缘水深限制时,应采用斜向横挖法施工。

(2)挖槽狭窄、挖槽边缘水深小于挖泥船吃水时,宜采用扇形横挖法施工。

(3)挖槽边缘水深小于挖泥船吃水,挖槽宽度小于挖泥船长度时宜采用十字形横挖法。

(4)施工区水流流速较大时,可采用平行横挖法施工。

链斗挖泥船主要工艺流程见图5.2-3。

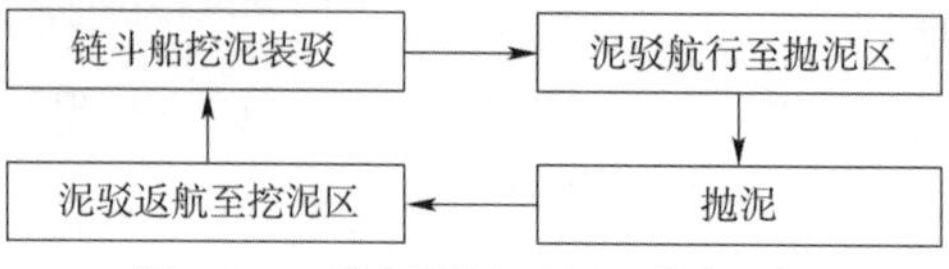

图5.2-3　链斗挖泥船主要工艺流程图

2. 链斗挖泥船适宜的工程

（1）港池、泊位及基槽疏浚。

（2）新建航道的疏浚。

（3）软黏土、砂和硬黏土、砾石、卵石、强风化岩等。另外，链斗挖泥船还能根据工程需要与吹泥船或绞吸船等联合施工，进行吹填造陆。

3. 链斗挖泥船不适宜的工程

（1）航运繁忙区域的疏浚。

（2）风浪和水流流速较大的外海工程。

（四）抓斗挖泥船施工

1. 施工方法与工艺流程

抓斗挖泥船一般采取纵挖法施工，采用锚泊定位，船位顺流布设。船首设左右边锚各一只，船尾设交叉八字锚一只，缆长则根据施工区水域条件（工况和土质情况）而定。一般首缆长度不少于200m，其余各缆不少于100m。施工采用分条进行，每条挖宽为船舶宽度，开挖时按顺序排斗。在船宽范围内全部挖遍后，绞首缆机、松艉缆机船舶前移，船舶前移距离根据抓斗挖泥船斗容大小及挖掘量定，一般2～6m，依次往复。

抓斗挖泥船主要工艺流程见图5.2-4。

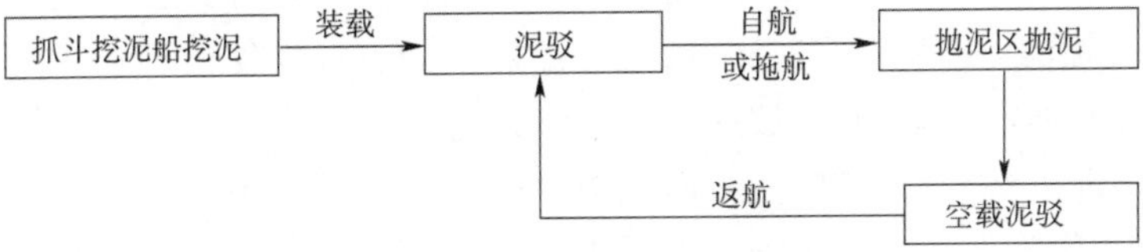

图5.2-4　抓斗挖泥船主要工艺流程图

2. 抓斗挖泥船适宜的工程

（1）码头、防波堤、沉管、海底管线等各类基槽的开挖。

（2）码头泊位、港池、航道的疏浚。

（3）碎石、风化岩的开挖。

（4）清礁、水上障碍物清除等。

3. 抓斗挖泥船不适宜的工程

（1）航运繁忙区域的疏浚。

（2）风浪较大的外海工程。

（五）铲斗挖泥船施工

1. 施工方法与工艺流程

铲斗挖泥船应采用纵挖法施工，正铲挖泥船宜位于已开挖区域顺挖槽前进挖泥，反铲挖泥船宜位于未开挖区域顺挖槽后退挖泥。铲斗挖泥施工进点定位时，先放一前钢桩大致定位，再用铲斗与前后钢桩调整船位。作业时，对坚硬土质、风化岩采取推压和提升铲斗同步挖掘法；对软质土及质量要求高的工程采用推压制动、提升铲斗挖掘法。在挖掘坚硬的土质和风化岩时，采用隔斗挖泥法。当开挖泥层厚度过厚时，分层进行开挖，分层的厚度由斗高和土质决定，不超过1.8～2.0斗高。铲斗挖泥船主要工艺流程见图5.2-5。

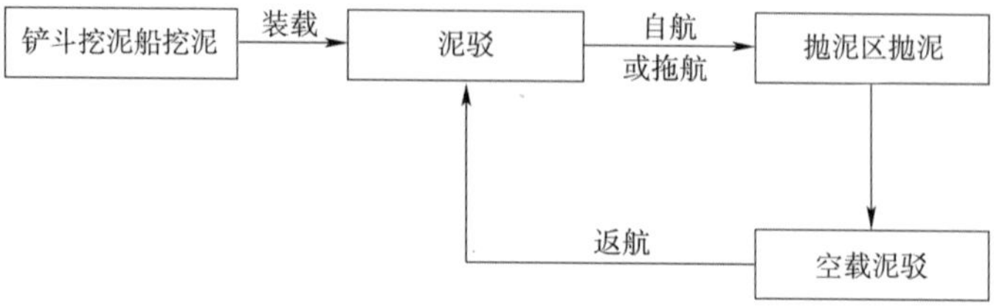

图 5.2-5　铲斗挖泥船主要工艺流程图

2. 铲斗挖泥船适宜的工程

(1)除流动性淤泥外的各种土质的挖掘,包括珊瑚礁、卵石、砾石、风化岩、经碎石装置或爆破预处理后的碎岩石等坚硬土质。

(2)清理围埝、拆除坝根、打捞沉物、水上障碍物清除等。

(3)狭小水域、港池、码头岸壁、码头基槽、过江管道、电缆深沟等特殊工程。

3. 铲斗挖泥船不适宜的工程

(1)航运繁忙区域的疏浚。

(2)风浪较大的外海工程。

(六)钢耙船

钢耙船船舶机动灵活,施工操作方便,适用于水急、滩浅河段的航道维护疏浚。钢耙船通常采用顺流施工。施工时,钢耙船逆流航行至浅滩上游起点,操作钢耙切入河床,顺流拖耙将沙石拖至下游深槽,然后起吊钢耙,按此循环操作到达疏浚目的。施工也可由浅滩航道的航槽中心线开始,由浅滩上游顺流拖耙,然后由航槽中心线逐步向航道两侧拖耙,将耙松的砂卵石拖耙到航道外侧。钢耙船一般用于施工水深小于 4m,流速 1.5 ~ 3.0m/s,河床为小卵石、沙夹卵石,碍航浅区的厚度小于 0.3m 的浅滩、急滩航道的疏浚。

(七)吹填工程施工

吹填工程常用的施工方式见表 5.2-1。

吹填工程常用的施工方式　　表 5.2-1

序号	船舶设备组合方式	适用条件及优缺点	说　明
1	绞吸船直接吹填	适用于内河或风浪较小的海区,生产效率高,成本低,对土壤适应性强。抗风性能较差。最大排距约 5km	为了增加运距,可设接力泵,必要时也可以将两条绞吸船串联
2	斗式船—泥驳—吹泥船—吹填	适用于内河或风浪较小的海区、砂质土、黏性土的吹填区工程。运距一般为 5 ~ 15km。抗风性能差。挖流动性淤泥效果差	非自航泥驳需要与拖轮配套使用;吹泥船排距不够时,可增加泵站
3	耙吸船—吹填	适用于取土区风浪大、运距远的工程。施工过程中能改善砂性土的质量,成本较高	耙吸船应具有吹填装置

续上表

序号	船舶设备组合方式	适用条件及优缺点	说　　明
4	耙吸船—储砂池—绞吸船—吹填	适用于取土区风浪大、运距远、吹填量大的工程。施工过程中能改善砂性土的质量	储砂池的位置与大小应满足绞吸船输送和施工强度的要求，并应选在回淤、冲刷小的地方。池内外水深应满足所有施工船舶吹填、抛砂施工作业需要
5	斗式船—泥驳—储砂池—绞吸船—吹填	适用于内河或风浪较小的海区和吹填量大的工程。设备配套复杂，时间利用率较低	
6	耙吸船—泥驳—吹泥船—吹填	适用取土区于内河、风流小、运距远的工程。能改善砂土的质量	耙吸船应具有装驳的设施
7	斗式船—泥驳—吹泥船—泵站—吹填	适用于运距远、吹程高的长期性的疏浚土处理与吹填造地相结合的工程。施工环节复杂，故障多，时间利率低	—

(八)水下炸礁工程施工

水下炸礁分为水下钻孔爆破和水下裸露爆破两种方式。水下炸礁施工流程见图5.2-6。

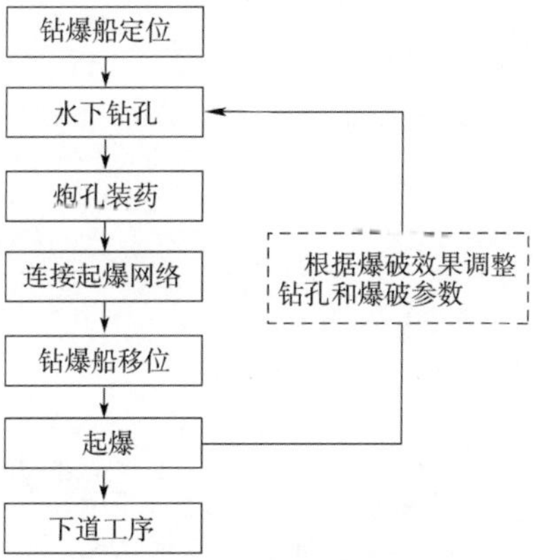

图5.2-6　水下炸礁施工流程图

1. 水下钻孔爆破

(1)钻爆船和钻爆平台应采取锚缆式定位或定位桩定位，确保船位稳定，防止走锚、滑桩和套管移位。

(2)施工船舶锚缆布置应满足施工和通航安全要求，砂卵石河床和流速超过3m/s的急流河段施工，宜采取在岸上设地锚方式系缆，通航一侧艏横缆宜采用沉链方式，定位完成后应对伸入航道的锚缆进行水深探摸检查。

(3)施工宜按先下游后上游，先深水后浅水的顺序进行，并根据水位变化适时调整。

(4)施工船舶定位宜采用卫星定位系统，钻孔过程中应校核、监控船位。

(5)水下钻孔布置宜采用矩形或梅花形布孔。炮次间的排距应根据地质和爆破参数确定，宜为设计排距的1.4～1.6倍，复杂地质应通过试爆开挖后确定。

(6)水下礁石有夹层、孤石等复杂地质时,宜先对上层岩石进行钻爆,清渣后进行下一层岩石的钻爆;水下礁石有覆盖层时,应采取护孔管隔离措施,覆盖层超过 1m 时,先清除覆盖层,再进行钻孔作业。

2. 水下裸露爆破

(1)水下裸露爆破宜采用船投法,施工顺序应从深水到浅水,由下游向上游。

(2)爆破药包捆绑配重物宜采用块石或沙袋。

(3)水下裸露爆破每炮次的横向搭接宜为 1 ~ 2m;纵向搭接宜为 0.5 ~ 1m。

(4)爆破药包排列宜采用双串药包,每个药包应设双雷管起爆体,使用并串并联复式电爆网路。

(5)大面积裸爆炸药包投放宜在投药船两舷采用翻板同步投放,零星清炸孤礁可采用双串药包用交叉绳连接投放。

二、码头水工工程施工技术

码头水工工程施工应符合《码头结构施工规范》(JTS 215)的有关规定。

(一)高桩码头施工

高桩码头按照上部结构可分为梁板式、无梁板式、墩式、多层式、浮式和柔性靠船桩式等结构形式。按照桩基形式主要分为打入桩(钢管桩、预应力大管桩、PHC 管桩和预应力方桩)和灌注桩(嵌岩桩、锚定桩)。

高桩码头的施工内容主要包括基槽开挖,桩基施工(打入桩、灌注桩),梁板构件预制、吊运和安装,现浇混凝土结构施工,接岸结构与岸坡施工等。下面就这几方面内容分别叙述其施工技术。

高桩码头的施工流程见图 5.2-7。

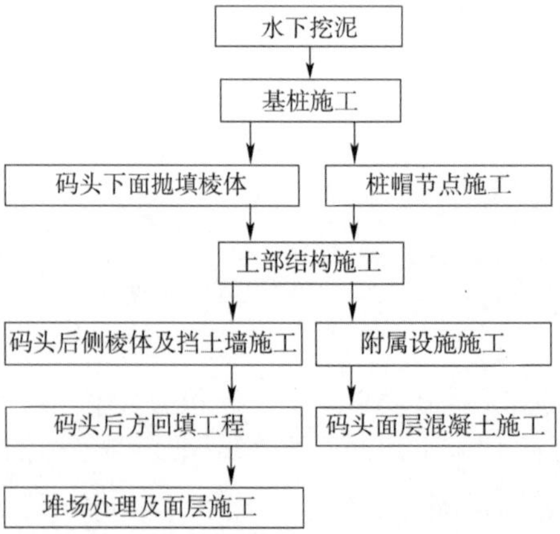

图 5.2-7　高桩码头施工流程图

1. 基槽开挖施工

(1)一般要求。

①挖泥前,应进行挖泥区水深测量,绘制水深断面图,并按设计要求合理确定开挖施工工艺、合理选用施工船机。

②边坡开挖宜采用阶梯形分层挖泥。

③开挖超深值应满足设计要求。

④挖泥过程中岸坡出现变位、变形异常时,应采取必要应对措施。

⑤挖泥完毕后,应复测开挖范围的水深断面,绘制水深断面图,按设计和桩基施工要求检查开挖质量。

(2)施工测量。

①基槽挖泥作业平面位置控制采用 DGPS 测量定位法。

②开挖范围的水深断面采用 GPS 结合测深仪的方法。

③在没有 GPS 和测深仪时,可以采用设立导标和水砣打水的方法。

(3)基础开挖设备选型及配置。

①基础开挖船机设备主要考虑基槽的地质情况(土质的硬度),基槽的水深、长度、宽度等条件以及施工现场水域的风浪(波高和周期)、水流速等。要能满足现场的施工要求。

②设备的配置数量主要考虑工程数量和单位设备施工工效、要能满足施工进度要求。

③一般基槽开挖主要选择抓斗式挖泥船配以自航式泥驳,根据现场情况也可以选择耙吸式挖泥船、绞吸式挖泥船等其他设备。

(4)施工方法。

①基槽开挖根据挖泥船的船型和性能,确定采用分段、分层、分条的开挖方式。

②开挖前,确定分层厚度、分层层数,按确定的方向进行开挖。

③开挖过程中要勤对平面位置、勤测水深,防止超挖或欠挖。

④挖至设计标高后,要核对土质是否与设计要求相符。

2. 制桩

钢管桩、预应力大管桩、PHC 管桩和预应力方桩都要在专门的加工厂家(车间)或者预制场制作,通过出运码头吊装装船,一般采用方驳运至施工现场。

(1)钢管桩制作。

①钢管桩制作应根据使用要求和生产条件选用卷制直焊或螺旋焊缝形式。采用转板机将钢板加工成与桩直径大小一致的钢管并进行焊接成型。

②制作钢管桩所用的钢材应符合设计要求及有关标准并应有出厂合格证。

③钢板放样下料时应根据工艺要求预留切割、磨削刨边和焊接收缩等的加工余量。钢板卷制前,应清除坡口处有碍焊接的毛刺和氧化物。

④钢管桩可在工厂整根制作或工厂分段制作后在现场陆上拼接。钢管桩分段长度可按最大运输能力选择。

⑤管节拼装定位应在专门台架上进行。台架应平整、稳定,管节对接应保持在同一轴线上进行,多管节拼接应减少累积误差。

⑥钢管桩加工完毕后,要进行除锈和喷涂等防腐处理。

(2)预应力方桩制作。

①预应力方桩制作在永久或临时预制厂(场)制作。设立专用张拉台座,采用先张法工艺制作。张拉台座结构应进行专项设计,并应具有足够的强度、刚度和稳定性。

②桩身混凝土浇筑必须连续进行,不得留有施工缝。

③预应力放张时混凝土强度和弹性模量应符合设计规定;设计未规定时,混凝土强度不应

低于设计强度等级值的 80%,弹性模量不应低于混凝土 28d 弹性模量的 80%。

④利用充气胶囊制桩时,在使用前应对胶囊进行检查,漏气或质量不合格者不得使用,并应采取有效措施控制胶囊上浮或偏心。

⑤桩身混凝土采用潮温养护时,养护时间不应少于 14d,龄期不应少于 28d;采用常压蒸养时,龄期不应少于 14d。

(3)先张法预应力混凝土管桩制作。先张法预应力混凝土管桩制作流程图见图 5.2-8。

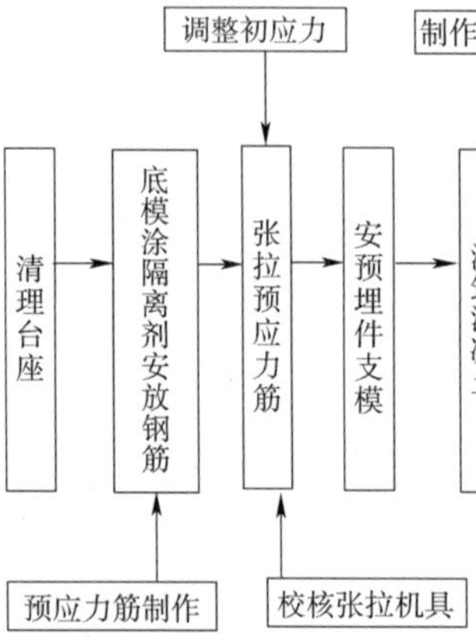

图 5.2-8　先张法预应力混凝土管桩制作流程图

①先张法预应力混凝土管桩制作采用先张离心成型工艺。

②钢模板是管桩制作的重要工具,钢模质量应符合现行行业标准《先张法预应力混凝土管桩钢模》(JC/T 605),钢模结构应满足强度和刚度要求,筒体应选用强度高、弹性和焊接性能好的材料。模板应平整光滑,筒体合缝口应平顺严密。

③管桩用钢棒应采用热镦工艺,钢棒镦头部位的强度不得低于该材料抗拉强度的 90%;管桩用钢绞线应采用 P 型锚具。

④预应力筋应沿圆周均匀布置用滚焊机按设计尺寸制作成型。

⑤管桩采用离心成型工艺,离心速度宜分为低速、中低速、中速、高速四个阶段。

⑥预应力钢筋放张时,管桩的混凝土抗压强度不得低于 45MPa。

⑦管桩养护可采用自然养护、常压蒸汽养护和高温高压蒸汽养护的蒸养工艺。蒸汽养护制度应根据试验确定。

(4)后张法预应力混凝土管桩制作。

①后张法预应力混凝土管桩是指先制作管节,然后将管节通过张拉预应力钢绞线以及对张拉孔进行灌浆成型制作而成的管桩。

②管节成型采用离心、振动、辊压复合成型法。

③混凝土布料应均匀、饱满、连续进行,一次完成。

④管节脱模后水养护 7d 或潮湿养护 10d。水养池养护管节应使用淡水,水面高于管节最高处应大于 20mm。

⑤管节拼接时混凝土抗压强度应达到设计要求,且龄期应大于 14d,管节应符合现行行业标准《水运工程质量检验标准》(JTS 257)的有关规定。

⑥钢绞线的质量要求、检验规则和试验方法等应符合现行国家标准《预应力混凝土用钢

绞线》(GB/T 5224)的有关规定。

⑦钢绞线锚具和夹具应具有可靠的锚固性能、足够的承载能力和良好的适用性,检验规则和试验方法等应符合现行国家标准《预应力筋用锚具、夹具和连接器》(GB/T 14370)的有关规定,其结构型式应符合后张法预应力混凝土管桩设计构造要求。

⑧黏结剂固化后,龄期14d的黏结剂胶体抗压强度不应小于70MPa,抗拉强度不应小于30MPa,拉伸强度不应小于10MPa。试验应按现行国家标准《树脂浇铸体性能试验方法》(GB/T 2567)等有关规定执行。

⑨钢绞线应采用应力控制法张拉,并校核钢绞线的伸长值。张拉控制应力应符合设计要求。钢绞线需超张拉时控制应力值不应大于钢绞线强度标准值的0.75倍。

⑩张拉应分二次进行。第一次张拉后,管桩不得吊运或移动。第二次张拉时黏结剂抗压强度值应大于30MPa,且第二次张拉控制力值与设计张拉力值的允许偏差不得大于3%。

⑪孔道压浆顺序宜先压下层孔道逐渐向上层孔道进行。水泥浆由桩的一端向桩的另一端压送,压浆应缓慢、均匀地进行,不得中断,出浆口流出浓浆后关闭出浆口阀门,并应保持0.4~0.6MPa压力不少于2min,确保浆体密实性。水泥浆体初凝后方可拆除保压阀门。

3. 沉桩施工

沉桩是基桩工程中的关键工序,影响因素较多,技术比较复杂。当地质情况复杂,且缺乏沉桩经验时,一般要根据设计和施工要求,在施工前进行试沉桩,以检验能否穿过硬土层、桩尖打入持力层深度和最后贯入度、沉桩设备性能、桩身结构强度是否与沉桩条件相适应,从而合理地确定沉桩方法,选择合适的沉桩设备、桩位控制方法,保证沉桩质量。

(1)桩基工程施工前应进行下列工作。

①对施工区域有碍沉桩的水下管线、沉排或抛石棱体等障碍物进行处理。

②编制桩基施工顺序图,安排基桩生产制作运输计划。

③结合沉桩允许偏差,校核各桩是否相碰。

④根据设计要求,明确施工期针对打桩振动可能影响岸坡稳定和邻近建筑物安全所采取的措施。

(2)沉桩方法。沉桩方法,根据其克服土壤阻力的机理不同,可分为锤击法、震动法、射水法和压入法。在港口工程中一般采用锤击法,有时也采用震动法或锤击法、震动法辅以射水法,很少采用压入法。

①锤击法沉桩是利用锤的断续冲击,使桩的周围土体不断受挤压剪切破坏,桩逐渐下沉的沉桩方法。其中关键的设备是锤。锤击法用的锤主要是液压锤和柴油锤。液压锤能量传递效率高,无污染,冲程好控制,但造价较高;柴油锤结构较简单,但不宜控制冲程,锤击噪声大,有油烟和残油飞溅。

②震动法沉桩是在桩顶与震动锤之间做刚性连接,构成震动体系。震动时桩周围土体也发生震动,土的结构遭受破坏,减少沉桩阻力,从而使桩逐渐下沉的沉桩方法。

震动锤有液压震动锤和电力震动锤。

③射水法沉桩是在桩的内部或外部设射水管,用高压水破坏桩尖处的土层,消除桩尖阻力(当采用外排方式时,泥浆沿桩身外壁涌出泥面,可减少桩与周围土之间的摩阻力),使桩在自重的作用下或在自重和其他力(如锤击力)的联合作用下,逐渐下沉的沉桩方法。

④静压沉桩法是通过转向滑轮,借助桩架(船)重和压重,把桩静压入土中的沉桩方法。

(3)沉桩船机设备的选择。

①沉桩工艺应根据现场情况和水文条件选择,可采用打桩船、吊打或自升式平台等。长周期波频发或波浪条件恶劣时宜采用自升式平台沉桩。

②打桩船机设备应根据地质条件、现场施工条件、桩的长度和直径、桩端进入持力层深度、持力层标准贯入击数、气象水文条件、环保要求等情况并结合工艺方案选定。

③根据选用的船机性能、桩长和施工时水位变化情况,检查沉桩区泥面高程和水深是否符合沉桩要求。

④沉桩定位可采用前方交会测量定位或 GPS 卫星定位。

⑤打桩船应满足沉桩作业对其稳定性的要求。同时应根据桩位平面布置及打桩船尺寸,检验打桩船能否顺利进行沉桩。对墩式码头,应考虑打桩船转向移位的可能性。

⑥沉桩船的桩架,应满足吊重要求,并具有足够的架高。架高按下式确定:

$$H \geqslant L + H_1 + H_2 + H_3 - H_4 \tag{5.2-1}$$

式中:H——水面以上桩架有效高度(m);

L——桩长(m);

H_1——桩锤及替打高度(m);

H_2——吊锤滑轮组的高度(m);

H_3——富裕高度(m),一般取 1 ~ 2m;

H_4——施工水深(m)。

⑦锤型的选择。锤击沉桩时,锤型的选择应根据地质条件、桩身结构强度、单桩承载力、锤的性能,并根据试桩及试沉桩的结果,以及结合施工经验确定。缺乏经验时,可用打桩分析软件分析桩的可打性。

(4)替打设计。替打应按使用要求进行设计。为满足反复锤击的要求,替打应具有一定刚度。替打长度应满足:打斜桩时,替打出龙口的长度不宜超过其本身长度的二分之一;打直桩时,不宜超过其本身长度的三分之二。当替打兼作送桩时,替打留在龙口内的长度可适当减少。

替打上部应设锤垫。桩垫应厚薄均匀,并具有一定的厚度。采用纸垫时厚度宜为 100 ~ 120mm,沉桩困难时为 150 ~ 200mm;采用木垫时宜为 50 ~ 100mm;采用其他材料其厚度可根据经验或试验确定。

(5)GPS 打桩定位系统定位沉桩流程。

打桩船驻位→装桩方驳驻位→桩面上画刻度→索桩扣→吊桩→移船就位→立桩入龙口→关闭下背板→戴上替打→调整龙口斜度→测量定位→桩自沉→微调偏位→解开吊索→压锤→打开背板→锤击沉桩→打桩记录→停止锤击→起吊锤和替打→测桩偏位→移船进入下一根桩的施工。

(6)沉桩要求。

①预制桩沉桩前宜进行试沉桩。试沉桩应确定桩端沉至设计高程的可行性、沉桩施工的锤型和停锤标准。

②沉桩前应对照沉桩顺序图逐根检查桩的数量、规格、外观质量及运输中损伤情况,不满足设计要求的应及时采取技术措施。

③打桩船水上沉桩应根据桩位布置图、地形、水深、风向、水流和船舶性能等情况展开。

④桩位偏位过大或沉桩异常时,应停止沉桩,分析原因,及时与设计单位联系协商解决。

⑤严禁在已沉放的桩上系缆。已沉桩的区域应设置明显标志,夜间应设置警示灯。

(7)吊打桩。

①采用常规设备沉桩工艺受到限制时,可选择吊打沉桩工艺。

②吊打沉桩施工的起重船宜选用全回转式起重船,其起重能力、起重高度和外伸距离应适应吊打时的起重工况。

③吊打沉桩施工的桩锤,可选择液压锤、震动锤或柴油锤。锤型选择应根据地质、桩身结构强度、桩的承载力和锤的性能,并结合施工经验和试沉桩情况确定。

④吊打过程中吊打锤笼、替打或夹具、桩三点应保持在同一轴线上。

(8)夹桩。

①夹桩的作用是通过夹桩木加强桩之间的联系,增加抗风浪的能力,防止桩身折裂。同时也可以将夹桩木(钢材)作为临时承重结构,可在其上支立模板和搭设临时脚手等。

②沉桩结束后应及时夹桩,夹桩时严禁拉桩。

③夹桩可采用摩擦式夹桩、吊挂式夹桩等形式。

④夹桩结构应根据受力情况进行设计,必要时应做现场加载试验。

⑤施工荷载较大时,可用吊挂式夹桩;桩距较大且桩顶高程距施工水位较小时,可用钢梁或上承式桁架结构夹桩,并应根据施工荷载,对钢梁、桁架、吊筋螺栓及其部件进行设计。

⑥有台风大浪或洪水等预报时,应检查夹桩设施是否牢固可靠,必要时应采取相应的防范措施。

4. 灌注桩(嵌岩桩、锚定桩)**施工**

灌注桩(嵌岩桩、锚定桩)施工内容主要包括:施工平台搭设、钢护筒制作和埋设、泥浆系统设置、桩机钻孔或冲孔、泥浆循环和清孔、钢筋笼安放、水下混凝土浇筑等。

(1)灌注桩(嵌岩桩、锚定桩)的使用范围。根据规范规定,港口工程在下列情况下宜采用灌注桩:

①地质条件复杂、岩面起伏较大或地下障碍物较多,打入式桩难以下沉时。

②单桩荷载较大,采用打入式桩不经济时。

③岸坡稳定性不足或附近有重要建筑物,不宜锤击沉桩时。

④施工条件限制,桩数较少、水域狭窄或水深不足,不宜使用大型水上沉桩设备时。

(2)水上施工平台设计及施工。

①平台尺寸应能满足钻孔设备的布置、操作、移动和混凝土浇筑的要求,平台顶标高的确定应考虑施工期水位、潮位、波浪和钻孔工艺等因素。

②平台应具有足够的稳定性,应能承受施工设备、材料和人员的荷载,并能承受水流力、波浪力、风力和施工船舶系靠力等荷载。

③平台结构应考虑装拆方便和成桩后下一步工序的施工。

④平台应具有安全生产设施,并设立航行警示标志。

(3)护筒制作及埋设。

①护筒宜采用钢板焊接。钢护筒应具有一定的强度和刚度,壁厚应综合考虑下沉深度、护

筒长度、直径、地质条件和下沉工艺等因素,并不宜小于 5mm。当需要穿过硬土层时,应在端部加强。

②护筒内径应根据护筒长度、埋设的垂直度和钻机的性能等因素确定,并不宜大于设计桩径 300mm。

③护筒的埋设一般和平台支承桩同时施工。

④护筒可采用振动下沉、锤击下沉或静压下沉等方法埋设,并应设立定位和导向设施,保证下沉精度。

⑤护筒的顶标高应高出施工期最高潮位或水位 1.5 ~ 2.0m,并应考虑波浪的影响。护筒埋深应综合考虑地质条件、护筒使用功能和稳定要求,通过计算比较确定。置入不透水层或较密实的砂卵石层的护筒长度不宜小于 1.0m。

(4)泥浆系统设置。

①泥浆系统泥包括了泥浆配制、循环(泥浆泵)和净化系统,净化方法有沉淀池和机械设备两种,目前大部分采用泥浆净化装置。

②泥浆由水、黏土(膨润土)和添加剂组成。具有浮悬钻渣、冷却钻头、润滑钻具,增大静水压力,并在孔壁形成泥皮,隔断孔内外渗流,防止坍孔的作用。调制的钻孔泥浆及经过循环净化的泥浆,应根据钻孔方法和地层情况来确定泥浆稠度,泥浆稠度应视地层变化或操作要求机动掌握,泥浆太稀,排渣能力小、护壁效果差;泥浆太稠会削弱钻头冲击功能,降低钻进速度。

(5)桩机钻孔或冲孔。钻孔桩成孔的方法可分为冲击钻孔、回转钻孔和旋挖钻孔。施工中常用的钻机为冲击钻机、回转钻机和旋挖钻机。

①冲击钻孔主要适用于卵(漂)石土、岩层中钻孔。其主要机具设备大致分为两类:一类为冲击钻孔整套设备,本身配有钻架、起吊及冲击等设备;一类为由带有离合器的双筒卷扬机组成的简易冲击钻具,其钻架由简易杆件组成。按照泥浆的循环方式,冲击钻又可分为冲击正循环钻和冲击反循环钻。

②回转钻孔可分为正循环回转钻孔、反循环回转钻孔。其特点是泥浆循环方式不同,压入泥浆为正循环,抽泥浆为反循环。正循环适用于黏土,粉土,细,中、粗砂等各类土层;反循环适用于黏性土、砂性土、砂卵石和风化岩层,但卵石粒径不得超过钻杆内径的 2/3,且含量不大于 20% 。

③旋挖钻机适用于砂性土、砂卵石和风化岩层,目前国内常用的为德国生产的 BG 系列旋挖钻机和意大利生产的 R 系列旋挖钻机。

(6)泥浆循环和清孔。

①除在岩石和全黏土层中成孔或采用全护筒护壁成孔外,成孔均应采用外加泥浆护壁。同时在钻孔过程中不断进行泥浆循环,将孔渣带出孔外。

②钻孔终孔后,应立即进行清孔。清孔方法可根据土层性质、沉渣厚度要求和机具设备条件分别选用掏渣筒清孔、换浆清孔、抽浆清孔或喷射清孔等方法。

③清孔可分两次进行。清孔是在安装钢筋笼之前进行的。施工时要严格控制第一次清孔的质量,把绝大部分沉渣(包括较大的泥块)都返出孔外。第二次清孔是在下完钢筋笼和导管以后利用导管进行的清孔,目的是清除这段时间里从泥浆中沉淀到孔底或是被钢筋笼撞下去的泥块沉渣。

④清孔完毕后,应从孔底取出泥浆样品,进行性能指标试验,必须全部符合设计和规范要求后才能灌注混凝土。

(7)钢筋笼安放。

①钢筋笼根据长度、重量等采用履带吊等起重设备安装。

②清孔后,钢筋笼应及时准确吊装就位,下放钢筋笼时应防止碰撞孔壁。当下放困难时,应查明原因,不得强行下放。

③分段制作的钢筋笼可采用电焊连接或机械连接。同一断面接头数量不应大于钢筋笼主筋数量的50%。

(8)混凝土浇筑。

①水上灌注桩混凝土浇筑采用导管法施工。其基本原理是:混凝土拌合物在一定的落差压力作用下,通过密封连接的导管进入到初期灌注的混凝土下面,顶托着初期灌注的混凝土及其上面的泥浆逐步上升,形成连续密实的混凝土桩身。

②首灌在水下灌注混凝土中是最重要的一步,这一步直接关系到整根桩的质量。混凝土运到现场以后,按照事先的计算,得出首灌混凝土量,然后将足够量的混凝土盛放到漏斗中,保证首灌混凝土浇筑后埋管深度大于1.0m。

5. 梁板构件预制、吊运和安装

(1)预制场地建设。高桩码头的梁、板等预制构件有非预应力构件和预应力构件。构件预制可在永久性预制场或临时预制场进行。高桩码头中的梁、板等构件预应力筋均为直线型,因此可采用先张法或后张法施工。预制数量大时一般采用先张法施工。

①预制场地应根据施工工艺要求合理布置,减少场地内搬运和工序间的干扰,节约用地、保护环境。

②张拉台座结构应进行专项设计,并应具有足够的强度、刚度和稳定性。

③构件台座地基承载力和变形应满足构件预制要求。

④临时性预制场地应满足下列要求:

A. 靠近施工现场,有贮存场地,道路畅通;临近水域,便于出运构件。

B. 岸坡稳定,地基有足够承载力,不产生有害的不均匀沉降。

C. 受水位变化和风浪的影响小,易于排水。

D. 利用原有码头面作预制场地时,构件及施工机械的荷载不超过码头的设计荷载。

E. 对周边环境的不利影响少。

(2)梁板构件预制的钢筋工程。

①预制构件所用的钢筋、钢绞线、钢丝等材料的品种、规格和数量应满足设计要求,其性能和质量,应符合国家现行有关标准的规定。钢绞线应符合现行国家标准《预应力混凝土用钢绞线》(GB/T 5224)的规定;钢丝应符合现行国家标准《预应力混凝土用钢丝》(GB/T 5223)的规定;螺纹钢筋应符合现行国家标准《预应力混凝土用螺纹钢筋》(GB/T 20065)的规定。

②预应力筋的制作、预应力张拉与放张机具设备、预应力施加与放张等应符合现行行业标准《水运工程混凝土施工规范》(JTS 202)的有关规定。

③钢筋调直宜采用机械方法,也可以采用冷拉方法,并应符合下列规定。

A. 当采用冷拉法调直钢筋时,HPB235、HPB300 牌号钢筋的冷拉率不宜大于4%,

HRB335、HRB400 牌号钢筋和 KL400 钢筋的冷拉率不宜大于 1%。

B. 经机械调直的钢筋,表面不得有明显擦伤,不应有局部弯曲。

④受力钢筋的接头形式应按设计要求采用,若设计无要求时,钢筋宜采用焊接接头和机械连接接头,也可采用绑扎接头,但绑扎接头的钢筋直径不宜大于 25mm,且不得用于轴心受拉和小偏心受拉构件中。

⑤钢筋骨架应有足够的稳定性,受力钢筋不应产生位置偏移。钢筋的交叉点宜用铁丝扎牢。预制吊装的钢筋骨架或钢筋网还应具有足够的刚度。

⑥预应力筋的下料长度应根据预应力筋种类、张拉方式和锚固方式经计算确定,并应考虑锚夹具厚度、千斤顶长度、焊接接头和墩头或其他型式锚头的预留量、冷拉伸长值、弹性回缩值、张拉伸长值、台座长度、构件长度、构件间距和连接杆长度等因素。

⑦钢筋在车间加工成型后,运至作业线进行绑扎。先进行预应力筋连接,连接后再进行非预应力筋绑扎。先张法预应力板需在预应力筋张拉应力控制在 80% 左右后再绑扎钢筋骨架,绑扎时工人尽量避免踩在预应力筋上作业,预应力筋过密可在其上铺上木板,以保持预应力筋受力均匀。

⑧预应力筋张拉所用的张拉梁,应按预应力筋的布置、根数、张拉荷载、张拉条件等因素经过计算选定。设计时,除应满足强度、刚度要求外,尚应考虑操作简便等因素。

(3)梁板构件预制的模板工程。

①一般规定。

A. 模板设计方案应满足混凝土结构或构件体型、施工分层或分段的要求,并应满足混凝土施工方案所确定的浇筑顺序、浇筑方式、浇筑速度和施工荷载等控制条件的要求。

B. 模板设计应对模板及支撑的材料、制作、安装与拆除工艺提出具体要求。

②底模。

A. 底模一般采用混凝土结构,预制数量少时,也可采用木底模或用组合钢模板拼装式底模。无论采用何种底模,根据它与侧模的拼装方式,可分为平式底模(底托帮)或凸式底模(帮包底)。

B. 底模和侧模之间贴防水胶带纸或高密度海绵条做止浆处理。

③侧模板。

A. 梁、板等构件侧模可采用木模板、钢模板、组合钢模板或钢木组合模板。

B. 模板安装和拆除根据其重量可以人工安装拆除、吊机(门吊、塔吊、履带吊或汽车吊等)配合人工安装拆除。

C. 模板安装必须保证连接严密,支顶牢固,不漏浆。

D. 模板拆除时,结构或构件混凝土的强度应达到设计要求,当设计无具体要求时,拆除模板不得损伤混凝土表面及棱角(一般宜在浇注后 24h 进行)。

(4)梁板构件预制的混凝土工程。

①混凝土的拌制由混凝土搅拌站集中搅拌。混凝土搅拌应按配料单配料,不得任意更改。

②混凝土应搅拌均匀。自全部材料装入搅拌机起,至开始卸料时止,其连续搅拌的最短时间应按搅拌设备出厂说明书的规定,并经试验确定。

③混凝土运输应采用搅拌车,在运距较短时可使用自卸汽车。运输工具在使用前应喷水润湿,但不得留有积水。混凝土在运输过程中应避免发生离析、漏浆、泌水和坍落度损失较大

等现象。运至浇筑地点后,如有上述现象发生,应进行二次拌制。二次拌制时,不得任意加水。必要时可同时加水和胶凝材料或减水剂,保持水胶比不变。

④如条件限制,混凝土也可以采用吊罐运输或皮带机运输,但应符合《水运工程混凝土施工规范》(JTS 202)规定。

⑤混凝土的浇筑应连续进行。如因故中断,允许间歇时间应根据混凝土硬化速度和振捣能力经试验确定。

⑥混凝土振捣一般采用插入式振捣器,振捣顺序宜从近模板处开始,先外后内,移动间距不应大于振捣器有效振捣半径的1.5倍。振捣器的作用半径应根据试验确定,缺乏试验资料时,可采用250~300mm。插入式振捣器至模板的距离不应大于振捣器有效半径的1/2,并应避免碰撞钢筋、模板、芯管、充气胶囊和各种预埋件等。

⑦混凝土必须分层浇注,每层厚度不超过30cm,且待每层混凝土充分振捣完毕后才能继续进行上一层混凝土的浇注,上层混凝土浇注在下层混凝土初凝前完成。为保证上下层混凝土结合的整体性,振捣器应插入下层混凝土5cm。

⑧混凝土浇筑至顶部时,宜采用二次振捣及二次抹面,如有泌水现象,应予排除。

⑨混凝土浇筑完毕后应及时加以覆盖,结硬后保湿养护。养护方法应根据构件外型选定,宜采用洒水、土工布覆盖浇水、包裹塑料薄膜、喷涂养护液进行养护。当日平均温度低于+5℃时,不宜洒水养护。

⑩硅酸盐水泥、普通硅酸盐水泥混凝土潮湿养护时间不少于10d,矿渣硅酸盐水泥、火山灰质硅酸盐水泥、粉煤灰硅酸盐水泥混凝土养护时间不少于14d。

(5)预制构件吊运、存放及装驳。

①预制构件在预制场内吊运、转堆一般采用吊机(门吊、塔吊、履带吊或汽车吊等)配以平板车进行。

②预制构件装驳一般采用起重船或吊机(门吊或履带吊)吊装,自航或非自航方驳装载。

③预制构件吊运时的混凝土强度应符合设计要求。

④预制构件采用绳扣吊运时,其吊点位置相对设计规定位置偏差不应超过±200mm。采用钢丝绳捆绑时,应采取避免钢丝绳损坏构件棱角的有效措施。

⑤构件存放场地宜平整且有足够承载力。多层堆放预制构件时,其堆放层数应根据构件强度、地基承载力、垫木强度和存放稳定性确定。各层垫木应位于同一垂直面上,其位置偏差不应超过±200mm。

⑥驳船装运预制构件时应对船体进行严格检查,甲板强度应满足要求,装载应均衡,并满足船体稳定性的要求。

⑦陆上运输预制构件时,各支点位置应符合设计要求,并应防止过大震动。

(6)预制构件安装。

①高桩码头预制构件安装一般采用起重船(全回转扒杆或固定扒杆起重船)起吊安装。采用全回转扒杆起重船安装速度快,效率高。

②在没有起重船时也可以采用大型吊机上方驳的方法安装。

③构件安装应结合施工工艺,合理选择安装船机和吊具,编制预制构件装驳和安装顺序图,按顺序图装驳。

④预制构件安装搁置面应平整,预制构件与搁置面间接触紧密。

⑤安装后构件稳定性较差或可能遭受风浪、水流作用或船舶碰撞等影响时,应及时采取加固措施。

6. 现浇混凝土结构施工

高桩码头现浇混凝土结构施工内容主要包括:桩帽现浇、纵横梁现浇、节点现浇、面板现浇、墩台现浇。主要施工流程包括:夹桩(或反吊)铺底模、绑扎钢筋、立侧模和封头模板、浇筑混凝土、拆模养护。

(1)模板工程。

①底模板。

A. 桩帽、墩台和没有桩帽的纵横梁的底模板支撑可以采用夹桩木(围囹)、直接在钢管桩上焊接牛腿和从桩顶反吊等工艺。

B. 有桩帽的纵横梁和非叠合板的面板的底模板支撑,可以采用在桩帽或纵横梁上预埋螺栓上牛腿和反吊等工艺。

C. 底模板结构应进行专门设计,具有足够的强度、刚度和稳定性,并可靠地承受新浇混凝土的自重力、施工中产生的荷载,模板变形应在允许范围内。

D. 底模板结构可采用钢结构模板或钢木结合结构。

②侧模板。

A. 侧模板一般立在底模板或底支撑上,采用侧包底形式,用对拉螺杆配以斜撑固定。

B. 侧模板结构可采用钢结构模板或钢木结合结构、体积较小的桩帽也可以采用木模板。

③底模板和侧模板的安装和拆除一般采用小型的旋转扒杆起重船(横机趸)或方驳吊机人工配合进行。拆除后的模板放在驳船或横机趸上,清除杂质并保养后供下一结构使用。

(2)钢筋工程。

①钢筋一般在钢筋车间加工成型,用小型运输船(平板驳)或横机趸运输至施工现场。有时也可以直接用平板车陆上运输至现场后,采用吊机吊至需要使用的结构部位,人工绑扎。

②钢筋与模板之间应设置垫块,垫块的间距和支垫方法应能确保钢筋在混凝土浇筑过程中不发生位移。

③钢筋骨架应有足够的稳定性,受力钢筋不应产生位置偏移。钢筋的交叉点用铁丝扎牢。

(3)混凝土工程。

①混凝土的拌制由陆上混凝土搅拌站或水上搅拌船集中搅拌,直接泵送或通过运输平板驳配搅拌罐或者采用搅拌车陆运运送至浇筑点。

②高桩码头上部结构的混凝土现浇工艺可以采用吊罐浇筑、地泵浇筑、泵车浇筑等工艺。对于桩帽等体积较小的构件可以采用吊罐浇筑,对于墩台、面板等体积较大的可以采用地泵或泵车泵送混凝土浇筑。

③码头大面积面层混凝土施工应采取控裂措施。现场浇筑时应采取防雨、防晒、防风、防冻等措施。浇筑完成后宜采用覆盖或蓄水等养护措施。装配整体式结构应先浇筑纵横梁节点及预制板接缝处的混凝土,再浇筑码头面层混凝土。

④混凝土浇筑工艺应满足分层铺摊和振捣要求。面板混凝土除了可以采用插入式振捣器振捣外,还可以采用平板振捣器振捣。混凝土振捣、养护可以参照预制工艺执行。

⑤墩台等体积较大的结构可以采用分层分块浇筑，并采取必要的大体积混凝土控裂措施。

7. 接岸结构与岸坡施工

顺岸布置的连片式满堂式的高桩码头，一般都有接岸结构与岸坡施工。接岸结构与岸坡施工的主要施工内容有：岸坡开挖、基槽回填砂、抛填护面石、挡墙施工等。

(1)岸坡开挖。岸坡开挖一般与基槽挖泥同步进行，开挖工艺、使用船机设备等可以参照基槽开挖执行。

(2)基槽回填砂。

①基槽回填砂一般采用皮带运砂船运砂，到达现场定位后用船上皮带机回填。有条件的也可以用小型开底驳回填或者小型绞吸船直接吹填。

②接岸结构岸坡回填不宜采用由岸向水域方向倾倒推进的施工方法。

(3)抛填护面石。

①抛填护面石可以采用小型开体驳、横机趸、吊机上方驳等方式抛填。

②抛填护面石施工时要注意掌握水流方向和速度，避免对已经施工完成的桩基造成损伤。

③抛填护面石施工顺序应该由低往高、由海侧向岸侧进行。

(4)挡墙施工。

①挡墙一般是钢筋混凝土结构或浆砌块石结构，也有采用板桩结构的。

②钢筋混凝土结构或浆砌块石结构都可以按常规干施工。

③板桩结构挡墙可以参照板桩码头施工方法实施。

(二)重力式码头

重力式码头平面布置可分为岸壁式和墩式。岸壁式码头可采用方块、沉箱、扶壁、坐床式圆筒以及现浇混凝土或浆砌石等结构形式；墩式码头可采用沉箱、方块或坐床式圆筒等结构形式。

重力式码头施工内容主要包括：基础施工(基槽开挖、基槽抛石、基床夯实、基床整平)，构件预制(沉箱、圆筒、扶壁、空心块体、实心方块)，构件吊运及安装(沉箱、圆筒、扶壁、空心块体、实心方块)，胸墙施工，抛填棱体和倒滤层、倒滤井施工，回填施工。

沉箱码头施工流程见图5.2-9。

1. 基础施工

(1)基槽开挖。

①基槽开挖可参照高桩码头基槽开挖执行。

②基槽挖至设计深度时，应对土质进行核对，发现地质情况与设计要求不符时，应及时研究解决。

③基槽土质为岩石时，一般采用爆破方式开挖。爆破一般采用炸礁船进行，首先定位钻孔，在水下装炸药，然后起爆。爆破后采用抓斗式挖泥船清除。爆破期间需要水上警戒。

④使用爆破方式开挖岩石基槽时，应根据周边环境和环保要求选择施工方案。爆破开挖水下岩石基槽，浅点处整平层的厚度不应小于0.3m。

(2)基槽抛石。

①基槽抛石可分为基床抛石和换填抛石。

②基槽抛石一般采用开体驳配定位方驳和平板驳配挖掘机相结合的方式，开体驳配定位

方驳多用于粗抛,平板驳配挖掘机主要用于精抛和补抛。对于基床厚度较小的基槽抛石,采用平板驳配挖掘机抛即可(图 5.2-10)。

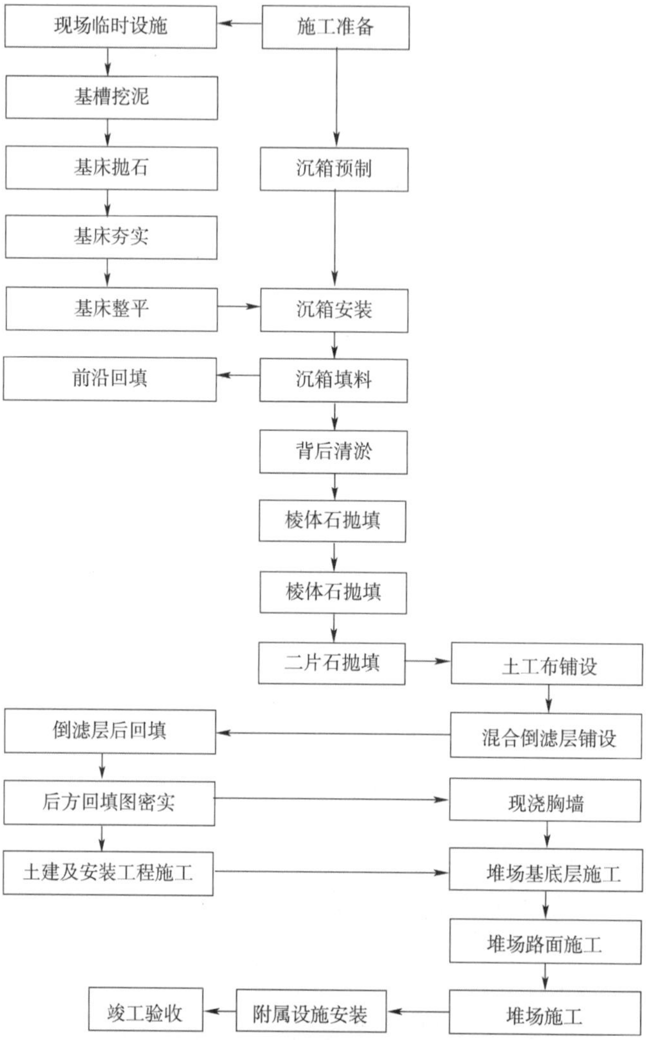

图 5.2-9　沉箱码头施工流程图

图 5.2-10　平板驳配置挖掘机抛石

③抛石前应检查基槽尺寸有无变动,有显著变动时应进行处理。当基槽底含水率小于

150%或重度大于 12.6kN/m^3 的回淤沉积物厚度大于 0.3m 时,应清淤。有换填抛石并有夯实措施时,基槽底面回淤沉积物的厚度限值可适当放宽。

④基槽抛石应满足设计文件的要求,施工时应考虑水流、风、波浪和水位对抛石位置的影响,抛石船位宜根据试抛确定。基槽抛石应勤测水深。

⑤基床块石重量、材质、强度应满足设计要求。

⑥抛石基床应预留沉降量。对于夯实的基床,可仅按地基沉降量预留,其数值可根据试夯资料或当地经验确定;对于不夯实的基床,还应考虑基床本身的沉降量。

(3)基床夯实。

①水下抛石基床的密实方法,可采用的有重锤夯实法、自行沉实法、预压法和爆破密实法(简称爆夯法)、振动夯实法。

②重锤夯实法一般采用抓斗挖泥船或方驳上安设吊机(或卷扬机)吊重锤进行夯实作业。

③基床重锤夯实时应分层、分段夯实,每层厚度宜基本相等,每层夯实后的厚度不宜大于 2m,夯击能量较大时,分层厚度可适当加大。分段夯实的搭接长度不应小于 2m。

④爆破密实法(简称爆夯法)是在距水下基床顶面一定高度的水中,悬吊炸药包。若干个等重的药包呈网状布置,用导爆索串联(或串并联)引爆。炸药爆炸后产生巨大能量传递给基床块石而压密并相互错动从而降低空隙率,达到密实的要求。

⑤爆夯法密实基床与重锤夯实法比,它具有施工简单、工期短、节省投资等优点,在条件许可的情况下,采用爆夯法密实基床质量是有保证的。

⑥爆破密实法一般采用平板驳配潜水员水下安放炸药进行。爆破期间需要水上警戒。

⑦基床爆夯应符合现行行业标准《水运工程爆破技术规范》(JTS 204)的有关规定。夯沉量可根据地基状况、基床厚度、石料规格等因素,控制在抛石层厚的 10% ~15%。

⑧振动夯实法用的很少,属于比较新的工艺,需要专门的船机设备(液压振动锤系统)。但如果振动夯实和振动夯平结合起来,完全可以代替潜水员完成水下整平作业,因此,振动夯实具有广阔的发展前景。

⑨基床重锤夯实如图 5.2-11 所示。

(4)基床整平。

①抛石基床的整平可分为粗平、细平和极细平。大型构件底面尺寸大于或等于 30m^2 时,其基床可不进行极细平。

②基床整平一般采用整平船装载石料就位,通过浮鼓式漏斗向水下送石料,潜水员水下人工埋设导轨并用刮刀梁进行整平。

③基床整平也可以采用专门的整平船或平板驳配水下整平机进行。

④基床整平时,对于块石间不平整部分,宜用二片石填充,对二片石间不平整部分宜用碎石填充,其碎石层厚度不应大于 50mm。

2. 构件预制

(1)基本规定。

①预制构件场的布置应满足前述对预制场地的有关要求。场内水平运输可采用起重设备、气囊、台车等运输工艺,运输场地应经验算有足够的强度和稳定性。如场地地基承载力或稳定性不满足要求,需要进行地基处理(如台车和门吊轨道梁基础采用桩基等)。

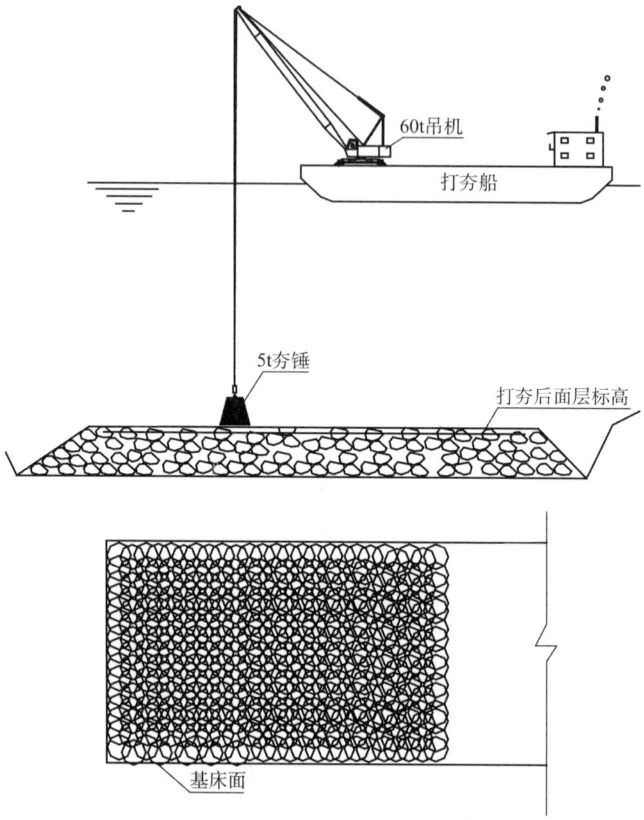

图5.2-11　基床重锤夯实示意图

说明:各种颜色圈为一次,四次为一遍,八次为两遍(八夯次)

②沉箱、圆筒、扶壁、空心块体等大型构件如采用气囊、台车等运输工艺出运上驳,需要专用出运码头。

③方块混凝土地坪底模的允许高差不宜大于5mm,扶壁、沉箱和其他带底板的大型构件混凝土地坪底模的允许高差不宜大于10mm。底模表面应采取脱模措施,不应采用油毡(或类似性质)等降低预制件底面摩擦系数的材料作脱模层。

④扶壁、空心块体、圆筒和沉箱等混凝土结构可整体或分层预制。分层预制时施工缝不宜设在水位变动区、底板与立板的连接处、吊孔处及吊孔以下1m范围内。施工缝及钢筋接头的处理,应符合现行行业标准《水运工程混凝土施工规范》(JTS 202)的有关规定。

(2)模板工程。

①预制构件模板可采用整体模板、滑模或翻模等形式。

②整体模板是指混凝土构件浇筑时,主体模板一次到位,使混凝土可连续浇筑一次形成单位构件的模板体系。高度较高的沉箱等构件的整体模板一般是外模板一次安装到顶,内模板随混凝土的浇筑逐层安装到顶(内模板分层高度一般为3.0~4.0m)。

③滑模工艺是指施工时在建筑物的底部沿其结构边缘安装好竖向模板和操作平台,利用液压提升设备不断使模板向上滑升至混凝土浇筑分层高度,逐步完成混凝土浇筑,实现结构连续成型的模板。

④翻模工艺是指利用已浇筑并达到一定强度的钢筋混凝土、外模板及爬架作为承力结构

支承及提升工作平台，当平台提升到位后，拆卸最低一节模板并提升至顶节模板上，逐步完成构筑物的混凝土浇筑，使结构连续成型的作业。

⑤沉箱、圆筒、扶壁、空心块体等大型构件的模板一般都比较重，根据实际情况可以采用门吊、塔吊或履带吊起吊安装和拆除。

⑥滑模工艺模板是一个整体，在滑空以后需要整体平稳起吊及平移，一般采用门吊安装和拆移。

⑦沉箱、圆筒、扶壁、空心块体等大型构件的内外钢模板，一般是采用钢桁架或型钢作为受力构件的整体式钢模板体系。

(3)钢筋工程。

①沉箱、圆筒、扶壁、空心块体等大型构件的钢筋在加工车间开料加工。采用整体模板和翻模板预制工艺时，一般设立钢筋绑扎架，用吊机(门吊、塔吊、履带吊等)将钢筋吊上钢筋绑扎架上绑扎成型，然后用吊机将钢筋网片吊到底模上绑扎定位。

②沉箱、圆筒、扶壁、空心块体等大型构件分隔仓内设钢筋绑扎辅助钢架，根据沉箱等构件的外墙和隔墙的竖向钢筋平面位置，制作悬挂竖向钢筋的通长钢架，并在钢架上设置滑轮组，用以起吊竖向钢筋。

③钢筋绑扎顺序为：绑扎底板钢筋、安放绑扎钢筋辅助钢架、绑扎竖向钢筋、逐层绑扎水平钢筋、安装通水孔、绑扎加强筋、绑扎转角钢筋、成型后拼装外模板、吊出辅助钢架、拼装内模。

④采用滑模工艺的钢筋绑扎一般需要大量的劳动力，除了底层钢筋是一次加工绑扎成型外，其他钢筋都是在混凝土浇筑过程中随着模板的一边滑升一边绑扎。采用滑模工艺的钢筋绑扎搭接头很多，所以钢筋损耗量也较大。

(4)混凝土工程。

①混凝土的基本规定参照高桩码头相应部分执行。

②沉箱、圆筒、扶壁、空心块体等大型构件混凝土浇筑可采用吊罐下料和混凝土泵车两种工艺。一般是用混凝土泵车，通过布料杆的竖向软管将混凝土直接输入模内。

③当采用滑模工艺时，混凝土的塌落度小一些对浇筑有利，一般采用吊罐下料。

3. 构件吊运及安装

(1)基本规定。

①码头上部结构梁、板等预制构件的吊运安装可参照高桩码头相应部分执行。

②构件安装前，应对基床和预制件进行检查，不符合技术要求时，应予修整和清理。

③重力式块体起吊吊孔应设置在靠近重心的上方，吊孔尺度、受力钢筋、加强圈梁应根据块体型式和重量等确定。

④确定安装设备的起重能力时，应考虑吊具重量和预制件底板与预制场地面的黏结力。

⑤沉箱下水、浮运和沉放应符合下列规定：

A. 混凝土强度应满足设计要求。

B. 沉箱溜放、漂浮、浮运和沉放时，沉箱底部的富裕水深应根据自然条件和施工要求确定，并满足设计和安全的要求。

C. 沉箱的干舷高度应按计算公式进行校核，并结合浮运过程沉箱倾角与干舷富裕高度、波高等因素确定。当沉箱干舷高度不满足要求时，可采用密封舱顶等措施。

D. 根据施工情况复核沉箱的浮游稳定性。沉箱靠自身浮游稳定时,必须验算其以定倾高度表示的浮游稳定性,并满足设计和安全的要求。

(2)吊运和安装工艺。

①沉箱、圆筒、扶壁、空心块体等大型构件场内水平运输可采用起重设备、气囊、台车等运输工艺。

②沉箱和圆筒(有底)下水可采用滑道、浮船坞、半潜驳、干坞或吊运等工艺。现在主要采用浮船坞和半潜驳工艺较多。

③沉箱采用浮船坞或半潜驳工艺下水应符合下列规定。

A. 下潜区的水深应满足下式要求:

$$H > T + h_1 + h_2 + h_3 + h_4 \tag{5.2-2}$$

式中:H——下潜区水深(m);

T——沉箱的浮游稳定吃水(m);

h_1——浮船坞或半潜驳型深(m);

h_2——台车总高度与轨道高度之和或垫块高度(m);

h_3——起浮时沉箱底面与台车垫木顶面或垫块顶面的富裕水深(m),可取 0.3 ~0.5m;

h_4——浮船坞或半潜驳与下潜区底面富裕水深(m),可取 0.5 ~1.0m。

B. 浮船坞或半潜驳最大潜深不满足式(5.2-2)的要求时,可采用起重船或浮筒助浮。拖至深水处时,应再压载至满足沉箱自身浮游稳定要求。

④沉箱上浮船坞或上半潜驳可采用有轨台车、无轨台车或气囊搬运等工艺。

⑤浮船坞或半潜驳下潜时,下潜区波高不宜大于 1.0m,风速不宜大于 6 级,流速宜小于 1.0m/s,能见度宜大于1000m。浮船坞或半潜驳宜顺流驻位下潜,沉箱移离浮船坞或半潜驳的方向宜与水流方向一致。

⑥扶壁,空心块体和实心方块出运安装一般采用大型门吊或起重船起吊装驳,方驳运至现场,再采用起重船安装。

⑦沉箱、圆筒、扶壁、空心块体等大型构件安装好后应及时进行箱内(空腔)或扶壁后回填,回填料应满足设计要求。回填砂一般采用皮带砂船运至现场,皮带机输送入空腔或扶壁后方。回填石头一般采用平板驳上挖掘机进行。

4. 胸墙施工

(1)基本规定。

①胸墙宜采用分层、分段浇筑。施工缝应符合现行行业标准《水运工程混凝土施工规范》(JTS 202)的有关规定。

②扶壁码头的胸墙施工宜在扶壁底板上回填压载后进行。

③直接在填料上浇筑胸墙混凝土时,应在填料密实后浇筑。

④现浇胸墙混凝土时,混凝土振捣应在水位以上进行,混凝土初凝前不宜被水淹没,否则应采取防止淘刷的措施。

⑤墩式重力式码头胸墙施工一般都是水上进行,可参照高桩墩式码头墩台施工工艺执行。

(2)模板工程。

①胸墙模板设计时除应考虑常规荷载外,尚应考虑波浪力和浮托力。

②岸壁式重力式码头后方回填可以跟随墙身施工实施，所以胸墙施工可以在陆上进行。

③胸墙模板采用4mm厚左右的钢板作面板，槽钢作立柱和围囹制成定型钢模。采用履带吊机装拆模板。

(3)混凝土工程。

①混凝土由搅拌站集中拌制，采用搅拌车从搅拌站运至浇注点，履带吊机加吊罐入仓或泵车直接泵送入仓。用插入式振捣器振捣。

②重力式码头胸墙混凝土一般都属于大体积混凝土，需要采取控裂措施。浇筑应按一定的厚度、次序、方向分层进行。

③胸墙分层浇筑时，上下层浇筑的间隔时间尽量短，减少新老混凝土之间因约束而产生的裂缝。

5. 抛填棱体和倒滤层、倒滤井施工

(1)棱体抛填前应检查基床和岸坡有无回淤或塌坡，必要时应进行清理。

(2)棱体抛填时应采取措施防止墙身变位过大，抛填应与墙身安装相配合。

(3)空心块体、沉箱、圆筒和扶壁安装缝宽度大于倒滤材料粒径时，接缝或倒滤井应采取防漏措施，临水面宜采用加大倒滤材料粒径或加混凝土插板，临砂面宜采用透水材料临时间隔。

(4)棱体和倒滤层抛填可采用水陆结合的方法。陆上有条件回填的由陆上直接回填，陆上无法回填的则采用小型开体驳或平板驳配挖掘机抛填。

(5)采用土工织布倒滤材料时，其质量应符合设计要求，并按要求对材料进行抽检。

6. 后方回填施工

(1)倒滤层完成后，应及时进行后方回填，回填的方法可分为陆上回填和水上吹填。

(2)墙身后填料的物理力学指标和回填时间、顺序、方向和速率应符合设计要求。衡重式码头墙后回填宜与码头墙身施工同步。墙身为空心块体、扶壁、圆筒和沉箱结构时，宜先在墙身内部填充填料。

(3)采用开山石回填时，在码头墙后应回填质量较好的开山石料，细颗粒含量应符合设计要求。

(4)当干地回填施工采用黏土回填时，填料应分层压实，每层填土的虚铺厚度，用人工夯实不宜大于0.2m，用机械夯实或碾压不宜大于0.4m；填土表层应留排水坡。

(5)墙后采用吹填时，按下列规定执行。

①码头内外水位差不应超过限值。

②排水口应远离码头前沿，其口径尺寸和高程应根据排水要求和沉淀效果确定。

③吹泥管口宜靠近墙背，以便粗颗粒填料沉淀在近墙处。

④吹泥管口距离倒滤层坡角的距离不宜小于5m，必要时可通过试吹确定。

⑤在墙前水域取土吹填时，应控制取土地点与码头的最小距离和取土深度。

⑥围堰顶高程宜高出填土顶面0.3～0.5m，其断面尺寸应经设计确定。

⑦吹填过程中，应对码头后方的填土高度、内外水位、位移和沉降进行观测，如码头发生较大变形等危险迹象，应立即停止吹填，并采取有效措施。

(三)板桩码头

板桩码头是码头建筑物主要结构型式之一,其特点是依靠板桩入土部分的横向土抗力和安设在上部的锚碇结构来保持其整体稳定性。板桩码头结构主要由板桩墙、拉杆、锚碇结构、帽梁、导梁及附属设备组成。

板桩码头的前墙可采用钢板桩、钢筋混凝土板桩或地下连续墙结构。在实际工程中,为了增加前墙的刚度和改善其受力条件,有时候也采用钢管桩和钢板桩的组合作为前墙的(管板组合)。板桩码头主要是采用钢板桩结构。

板桩码头的主要施工内容有:钢板桩加工、储运和防腐(或混凝土板桩预制);板桩墙施工(地下连续墙施工);胸墙、帽梁和导梁施工;锚碇结构与拉杆施工;回填施工;码头前沿挖泥。

板桩码头的施工方法和施工顺序应根据设计要求、结构特点、工程地质、现场地形、作业环境和施工条件等因素综合确定。

1. 钢板桩加工、储运和防腐

(1)钢板桩在专业生产厂家加工,一般经过海运运送到施工现场。运至施工现场的钢板桩要进行拼装组合,焊加劲板、焊拼缝、热处理校正等工作。

(2)钢板桩进场应具有产品出厂质量证明文件,钢板桩的品种、规格和材质应按批次进行验收,其结果应满足设计要求,并符合现行国家标准和合同的规定。进口钢板桩尚应检查商检报告。

(3)进场的钢板桩应进行钢板桩的化学成分及机械性能检验,并应进行钢板桩长度、宽度、腹板厚度、端部直角差、弯曲矢高、重量和锁口通畅性等的检验。

(4)钢板桩接长、组合钢板桩和异形钢板桩的加工制作除应满足设计要求、符合国家现行标准《钢结构工程施工质量验收规范》(GB 50205)、《钢结构焊接规范》(GB 50661)的有关规定。

(5)钢板桩水平吊运时其吊点应按照设计要求,当设计无要求时,钢板桩水平吊运时宜采用四点吊,吊点应在保证正负弯矩相同位置。

(6)当使用拖车运输时,车长应满足支承点的间距要求,必要时使用托架支承。

(7)钢板桩涂层防腐应符合下列规定:

①防腐涂层的品种和质量应满足设计要求并应符合国家现行标准的规定。

②防腐涂层及相应的表面处理应满足设计要求,海水环境中尚应符合现行行业标准《海港工程钢结构防腐蚀技术规范》(JTS 153—3)的有关规定。

③涂层施工时应及时测定湿膜厚度以保证干膜厚度。每层涂料必须干燥后方可涂下一层。

④对在起吊和沉桩过程中损坏的涂层应及时进行修补,修补的涂层应与原涂层相同或配套。受潮水影响部位应采用快干涂料。

⑤除防腐涂层外,钢板桩也可采用牺牲阳极保护,阳极块应牢固地安装在钢板桩上并应与钢板桩进行短路连接。

2. 混凝土板桩预制和储运

(1)混凝土板桩可在固定预制场或临时预制场制作,其施工流程和方法可参照混凝土方桩执行。

（2）板桩凸榫和桩端斜角方向应考虑板桩墙起始沉桩的位置及方向。桩身抹面侧应朝向迎水面。

（3）桩身混凝土应连续浇筑，不得留有施工缝。

（4）板桩的榫槽应完整、平顺，不得有明显破损。

（5）钢筋混凝土板桩的起吊应符合下列规定。

①起吊时板桩的混凝土强度应满足设计要求。当设计无要求时，应大于设计强度的70%。

②吊点位置应符合设计规定，偏差不宜超过200mm。吊索与桩身的夹角不得小于45℃。

③钢筋混凝土板桩的堆存场地应平整、坚实，并应根据堆垛情况验算地基承载力。垛位布置应便于桩的起吊和运输。

（6）钢筋混凝土板桩采用吊机（门吊、履带吊等）起吊，一般采用驳船或平板车运输至现场。

（7）驳船甲板或平板车上应铺设垫木，垫木的顶面应保持在同一平面，上下层的垫木应在同一垂线上。

3. 板桩墙施工

（1）根据施工现场实施条件，钢板桩（混凝土板桩）可采用水上施打，也可陆上施打。

（2）水上施打板桩一般采用打桩船或平台船进行，方驳装桩。陆上施打板桩一般采用大型履带吊辅以导向架吊打或采用步履式打桩机施打。

（3）板桩沉桩所用的打桩机、打桩船或平台船应具有足够的起重能力和起吊高度。施工场地和施工水域的条件应满足打桩机械作业或船舶吃水的要求。

（4）板桩沉桩可采用锤击沉桩、振动沉桩或压入沉桩等方法。沉桩方法应根据土质条件、板桩品种、板桩断面和沉入深度等确定，并应选择适宜的桩锤和设备。在密实的土层中沉桩有困难时，可采取钻孔松土或水冲等辅助沉桩措施。

（5）锤击沉桩工艺可以选用柴油打桩锤或液压打桩锤。振动沉桩可选用液压震动锤或电动震动锤。

（6）混凝土板桩宜采用单根依次插入。钢板桩一般采用屏风式插入，采用阶梯式或间隔式沉桩。

（7）组合式钢板桩沉桩应采用先沉主桩、后沉辅桩的间隔沉桩方法。

（8）板桩沉桩应以桩端设计高程作为主要控制标准。

（9）相邻钢板桩必须连锁；相邻钢筋混凝土板桩间不得脱榫。

（10）板桩陆上采用导向架施工见图5.2-12。

4. 地下连续墙施工

（1）现浇地下连续墙施工。

①槽段开挖前，沿连续墙纵向轴线位置构筑导墙，导墙一般采用现浇混凝土结构，也可采用钢制或预制混凝土装配式结构。导墙混凝土强度等级不宜低于C20，深度一般为1.2～1.5m。

②成槽工艺可以采用旋转切削多头钻、导板抓斗、冲击钻等。施工时应视地质条件和筑墙深度选用。一般土质较软、深度在15m左右时，可选用普通导板抓斗；对密实的砂层或含砾土

层可选用多头钻或加重型液压导板抓斗;在含有大颗粒卵砾石或岩基中成槽,可以选用冲击钻。

图 5.2-12　板桩陆上导向架施工

③成槽时宜按单元槽段逐段开挖。单元槽段的长度应满足设计要求。当设计无要求时,单元槽段的划分应根据现场地质条件、地面荷载、混凝土的供应能力、吊机的起吊能力等。

④成槽时采用泥浆护壁,泥浆可用膨润土或稀土为主要成分进行配制。当采用黏土时,宜选用黏粒含量大于 50%、塑性指数大于 20 的黏土。配制泥浆前应进行配合比试验。

⑤钢筋骨架采用整体制作,在平台上成型,并应在其两侧面加焊保护层垫板,垫板与槽壁间应留 20~30mm 间隙。垫板宜采用薄钢板制作。

⑥槽段钢筋骨架采用大型履带吊起吊安放,吊点布置应根据吊装工艺确定,在吊装过程中,钢筋骨架不得产生不可恢复的变形。

⑦水下混凝土浇筑工艺与灌注桩相同,可参照执行。

(2)预制地下连续墙。

①预制地下连续墙的导墙、护壁泥浆和成槽的施工与现浇地下连续墙工艺相同,可参照执行。成槽宽度宜比墙板设计厚度富余 100~150mm。

②地下连续墙墙板预制和储运的施工与钢筋混凝土板桩预制工艺相同,可参照执行。

③安装墙板前槽段内的护壁泥浆应采用自凝泥浆进行置换,自凝泥浆终凝后的无侧限抗压强度应不低于地下连续墙处原状土的无侧限抗压强度。

④墙前开挖和墙后回填应在自凝泥浆达到设计强度后进行。

5. 胸墙、帽梁和导梁施工

(1)胸墙、帽梁和导梁施工可以采用水上施工或者陆上施工,水上施工工艺可以参照高桩码头上部结构进行,陆上施工工艺可以参照重力式码头施工工艺进行。

(2)板桩墙嵌入胸墙或帽梁的深度和钢筋伸入长度应满足设计要求,并应对其嵌入部分的表面进行处理。

(3)胸墙和帽梁的分段长度应满足设计要求。分缝的位置不宜设置在板桩锁扣处。

(4)施工水位以下的胸墙混凝土浇筑宜采用水密模板且应在抽干水后进行;导梁一般使用水下不分散混凝土进行浇筑;或根据结构特点、水位变化和施工条件等采取其他相应措施。

(5)钢导梁所用型钢种类、规格和材质应满足设计要求,并符合国家现行标准的规定。

(6)钢板桩沉桩后应及时安装钢导梁。钢导梁应与钢板桩的凸面贴合,对间隙大于 10mm 的部分,应夹垫钢垫板。

6. 锚碇结构与拉杆施工

(1)锚碇结构可采用锚碇板、锚碇墙、锚碇桩、锚碇桩墙或锚碇叉桩等型式。锚碇墙宜采用现浇钢筋混凝土墙,也可采用由预制钢筋混凝土板安装或插入而成的连续墙,也可以采用钢板桩作为锚定墙。

(2)钢筋混凝土结构的锚碇板和锚碇地下连续墙的施工工艺可参照地下连续墙执行。

(3)拉杆是板桩墙和挡墙之间的传力构件,是管板桩码头重要的构件之一,因此钢拉杆的安装是管板桩码头工程的关键工序。拉杆采用钢拉杆。

(4)钢拉杆制作应符合下列规定。

①制作钢拉杆的钢材与焊接材料的品种、规格和材质应满足设计要求,并应符合现行国家产品标准的规定。

②同一批钢拉杆的同类组件应使用同一牌号的钢材制造。

③钢拉杆各组件的加工和焊接应满足设计要求,并应符合现行国家标准《钢结构工程施工质量验收规范》(GB 50205)和《钢结构焊接规范》(GB 50661)的有关规定。

(5)钢拉杆在吊运和堆存过程中应避免碰伤螺杆丝扣和使拉杆产生过大变形。

(6)钢拉杆安装应符合下列规定。

①钢拉杆应在前墙后侧回填施工前进行安装。

②钢拉杆安装应顺直。陆地安装时,钢拉杆宜采用垫块支垫,垫块间距宜为3~5m。水上或陆上架空安装时应按设计要求支垫。

③张紧拉杆应在锚碇板或锚碇墙前的回填完成且前墙、胸墙、导梁和锚碇结构的混凝土强度达到设计要求后进行。

④拉杆宜先采用旋紧螺母或张紧器初步调整拉杆长度,再施加设计要求的预拉力,使全部拉杆逐步拉紧,各钢拉杆初始拉力应相同。

⑤当前墙后的回填高程接近拉杆的设计高程时,应再次对拉杆的拉力进行调整,使各拉杆受力均匀并达到预拉力设计值。

⑥最终紧固后的拉杆螺纹应至少外露2~3个丝扣。

7. 回填施工

(1)板桩码头的回填施工可以采用水上抛填或陆上回填。水上抛填可采用皮带砂船皮带机抛填,陆上回填采用常规施工工艺。

(2)板桩码头后方回填的时间、顺序和速率应满足设计要求,按先回填锚碇结构前土体,再回填前墙后土体,最后进行上部大面积回填的顺序进行施工。

(3)板桩码头后方回填时,应加强前墙变形监测。

(4)回填料不得采用具有腐蚀性的材料,其质量应满足设计要求。

(5)前墙后的回填应与拉杆的安装和张紧施工相协调。当需要在拉杆安装前回填部分棱体时,应采取防止前墙发生过大变形和位移的措施。

(6)前墙后的回填应按照从前墙向后方推进的原则进行,回填应均匀。

(7)回填时不得损坏拉杆和拉杆外敷包裹层。

(8)回填及压实应沿与拉杆平行的方向进行。

8. 码头前沿挖泥

(1)码头前沿挖泥可以采用水上和陆上相结合的工艺进行。陆上可采用长臂挖掘机在码头前沿开挖,水上一般采用抓斗船配泥驳进行。

(2)码头前沿的挖泥应在码头主体结构施工完成后进行。

(3)码头前沿挖泥应按设计要求顺序进行施工,一般在码头后方回填基本完成后进行。

(4)码头前沿的挖泥在码头全长方向应均匀进行。当开挖厚度较大时应分层进行,分层的厚度不应大于 1.5m。

(四)格型结构码头

格形结构码头一般采用插入式格形钢板桩结构,这种结构在我国的应用较少,20 世纪 90 年代曾在广州新沙港采用过这种结构,最近在港珠澳大桥香港人工岛岸壁工程中采用了这种结构。

主格体施工一般采用陆上或水上整体组拼,水上整体振沉吊打工艺,副格体采用水上拼插,分批振沉的工艺。陆上整体组拼总体施工工艺流程见图 5.2-13。

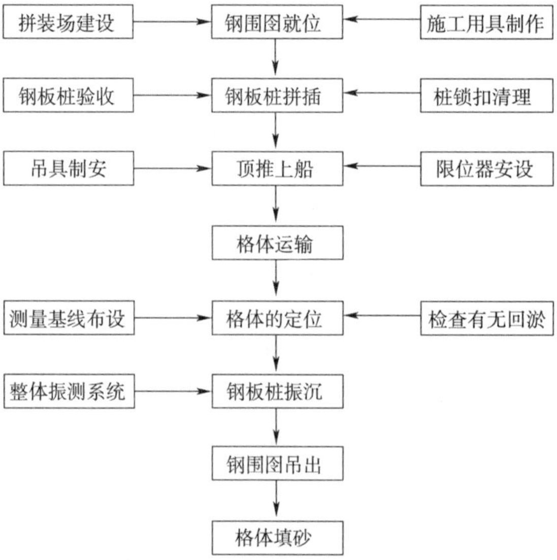

图 5.2-13　主格体施工工艺流程图

1. 钢板桩存放和检验

(1)格形钢板桩结构采用的直腹式超长钢板桩刚度小,转运和存放时要严格控制场地平整度和设置垫木,堆放高度不超过 1.2m,每排钢板桩之间的净距大于 30cm。长度较大的钢板桩吊运或竖立时应用吊架或两台吊车抬吊,防止钢板桩在直接起吊过程发生挠曲变形。

(2)钢板桩检验。

①在钢板桩进场前,检查钢板桩的直线度、锁口形状、钢板桩形状和叠层裂纹。

②钢板桩机械性能检验:化学成分及机械性能检验、Y 形连接桩纵向弯曲矢高的检验、Y 形连接桩及异形桩的焊缝质量检验、锁口拉力试验以及钢板桩长度、宽度、腹板厚度、端部直角差、弯曲矢高、重量等的检验。

(3)Y 形桩的制作:为保证副格体与主格体衔接位置,现场进行 Y 形连接桩焊接,同时 Y 形桩顶口预留出夹桩器作业的空间,待钢板桩打设完成后再焊接该部分的 Y 形连接桩。

2. 施工导架、吊具设计、振锤选择

(1)主格体施工导架即钢围囹为桁架结构,分为下围囹、上围囹及上层操作平台三部分。下围囹固定在台座上,作为主格体拼装下部定位架,见图 5.2-14。

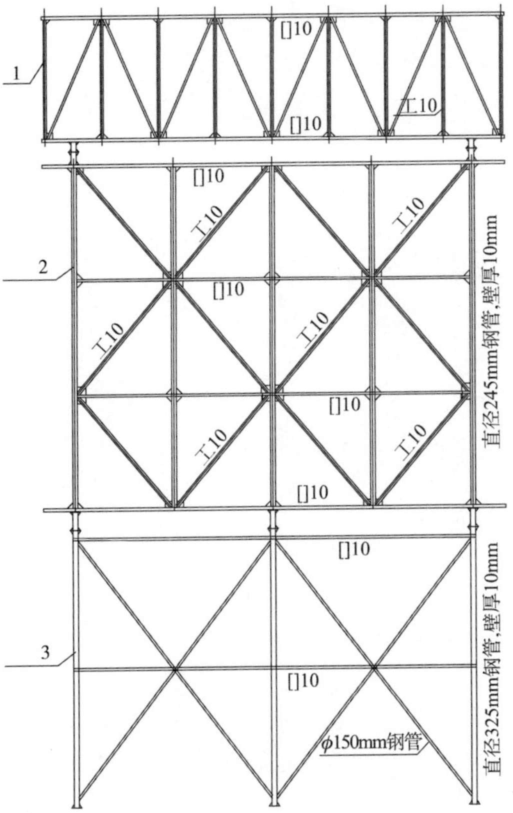

图 5.2-14　钢围囹结构安装示意图

1-上层操作平台;2-上围囹;3-下围囹

下钢围囹用于在主格体拼装和运输过程中支撑上围囹,下围囹立柱的底座与钢台座直接焊接牢固;立柱顶托法兰盘上设有螺栓孔位置,与上围囹底座孔位一致,用高强螺栓连接。上围囹主框架由主桁架、次桁架、连接杆三部分组成。

(2)主格体环形吊架用于吊装上层操作平台和上围囹,其圈梁是采用钢板焊接而成的箱型结构,一般吊架上层设置 8 个吊点、下层设置 16 个吊点。

(3)选择电动振动锤组成振沉体系,某工程选用 32 台 DZPJ-150 型电动振动锤组成了主格体振沉体系,DZPJ-150 型电动振动锤的主要性能见表 5.2-2。

DZPJ-150 型电动振动锤主要性能表　　表 5.2-2

电机功率(kW)	偏心力矩(N·m)	振动频率(r/min)	激振力(kN)	空载振幅(mm)	锤重(kg)	允许拔桩力(kN)
150	0 ~ 2500	620 ~ 980	0 ~ 1078	18	15500	600
备注	振动锤与减振器一体,其中锤重 14.5t,减振器 1t;锤高 3m,减振器高 1m					

经核算确定采用 DZPJ-150 振动锤每次打 5 根桩,按照最大时 4 片标准桩 +1 片 Y 型桩计算,振动锤偏心力矩 2500N · m,激振力 1078kN,锤重 15.5t,导梁重 1t,夹桩器重 0.67t。

(4)主格体整体振沉系统环形吊具下面等距挂设电动振动锤,每个振动锤通过圆弧形振动导梁连接夹桩器。每个锤、导梁、夹桩器为一个振动系统单元,每个单元的电缆和液压管集中在操作平台上,形成控制集束连接到起重船上的控制系统。通过控制每一单元振动系统的振动锤,对应的液压夹桩器直接作用到每根钢板桩,整个系统有效地实现格体整体振沉(图 5.2-15)。

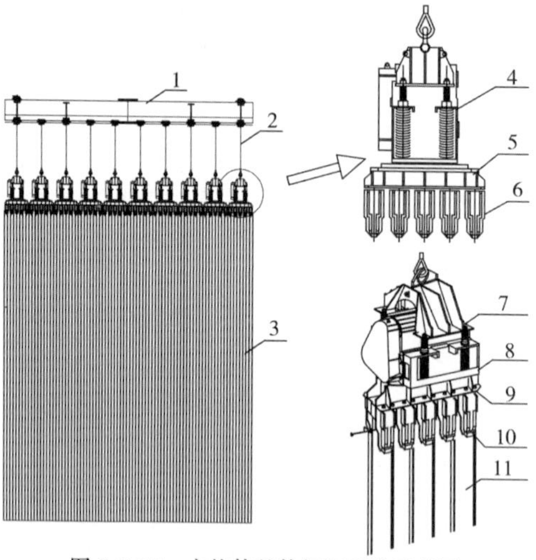

图 5.2-15　主格体整体振沉系统示意图

1-环形吊架;2-钢丝绳;3-格形钢板桩;4-振动锤;5-振动导梁;6-夹桩器;7-振动锤减振器;8-振动锤;9-振动导梁;10-液压夹桩器;11-钢板桩

(5)副格体定位导向架现场安装,并作为操作平台。导向架上设钢吊担装置,方驳吊机起吊导向架,通钢管横穿定位钢管桩的预留孔进行固定(图 5.2-16)。

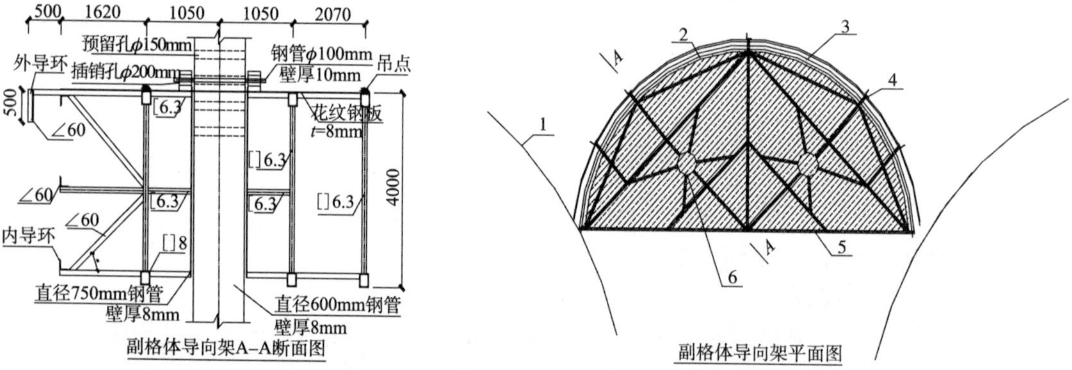

图 5.2-16　副格体导向定位架结构示意图

1-主格体钢板桩;2-内导环;3-副格体钢板桩;4-外导环;5-插桩平台;6-定位钢管桩

3. 主格体格形钢板桩陆上组拼

(1)钢板桩起吊竖立时应用两台吊车抬吊(图 5.2-17)。

(2)钢板桩拼插先安装 Y 形桩用作定位桩,桩位应与现场起重船吊装格体沉放时的方位一致,用经纬仪校正桩位和垂直度。Y 形桩底部对准组拼台座桩位,底口临时焊接加固在台座上,Y 形桩顶口焊接 10 号槽钢固定在上层操作平台顶部。以此根 Y 形桩为起点拼插其余的格体桩。拼插至其他 Y 形桩位置时,要复测桩位初步获取副格体组拼施工参数。

钢板桩底口用楔形定距块卡入台座的环形凹槽内临时固定,桩顶通过在上层操作平台上设置插销式顶推装置临时挂设加固并限位,防止倾覆和控制固定每根钢板桩位置,有效地保证格体的整体尺度。

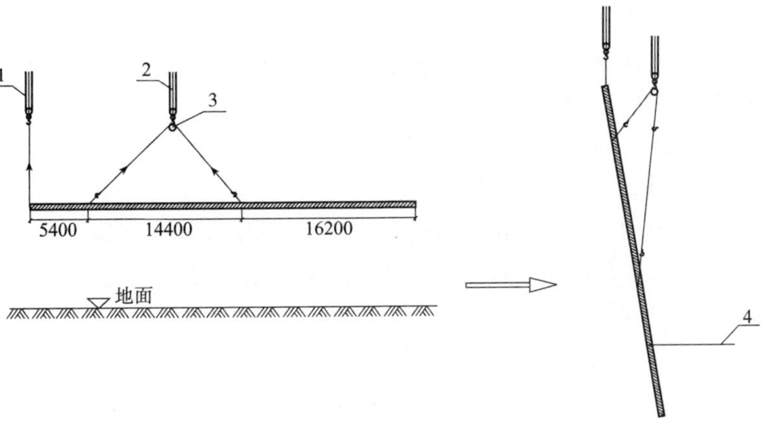

图 5.2-17　钢板桩吊装示意图

1-塔吊;2-25t 汽车吊;3-滑轮;4-牵引绳

4. 主格体出运

(1)施工准备:

①确定潮汐、波浪、水流和气象等情况是否满足出运和振沉作业窗口要求。

②运输船舶采用浮船坞或半潜驳,船坞甲板上设有封车固定装置,顶部设有系缆桩,可进行格体顶部固定,保证运输过程中的安全性。

③拆除拼装阶段台座固定、支撑等设施。

(2)平移上船采用液压顶推轨道台车纵移方式至浮船坞甲板预定位置,然后封车加固。主格体平移上船立面如图 5.2-18 所示。

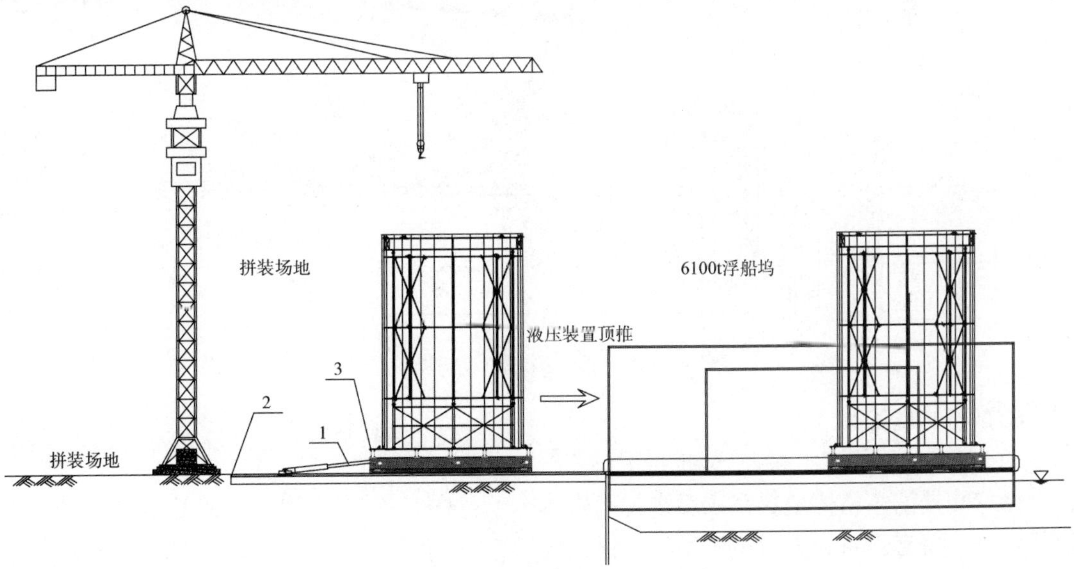

图 5.2-18　主格体平移上船立面示意图

1-顶推装置;2-台车轨道;3-台车 + 台座

5. 主格体吊装及振沉(图 5.2-19)

(1)船舶就位:起重船先在准备施打格体位置驻位,浮船坞拖运至安装水域抛锚驻位。

(2)吊具安装:吊具由钢结构吊架、钢索和振沉系统组成。振动锤均匀布置悬挂于环形吊架上,每个振动锤下设置 1 套圆弧形振动导梁连接几套夹桩器。每个夹桩器对准对应的每根钢板桩中心,对位后液压控制夹紧格体每一片桩。

(3)吊起格体:检查各个部位的紧固程度后开始起吊。用大型起重船把整个主格体连同上围囹和操作平台一起吊起 30 ~ 50cm,检查夹桩设备、联动系统和上部吊架等,出现倾斜时通过升降起重船两个吊钩调整使整个体系处于平衡状态。起重船继续起吊格体,高于下围囹 1m 高度后起重船绞缆,退出浮船坞。

(4)格体打设:格体的定位打设易受风、波浪、潮流等因素影响,应在较大潮流流速到来之前预留出将格体打入土中至少 1m 的时间,使格体初步具备抵挡水流冲击的锚固力。

①粗定位沉放:GPS 初步定位起重船位置和船体朝向,起重船缓慢沉放格体,至距离基础面 20 ~ 30cm 时停止下沉,测量人员到上层操作平台精确测量定位,满足安装精度时格体在自重状态下沉放至一定高度,稳定后再次观测定位精度,满足规范要求方可继续沉放。

②起重船随振沉格体下沉缓慢下放吊钩,并控制起重船负荷保持在一个稳定的加载区间,振沉 1 ~ 2m 时复测格体位置,满足要求方可继续振沉至设计标高。

③复测后起重船吊出钢围囹,皮带砂船及时向格内回填砂,起重船移位开始下一组施工。

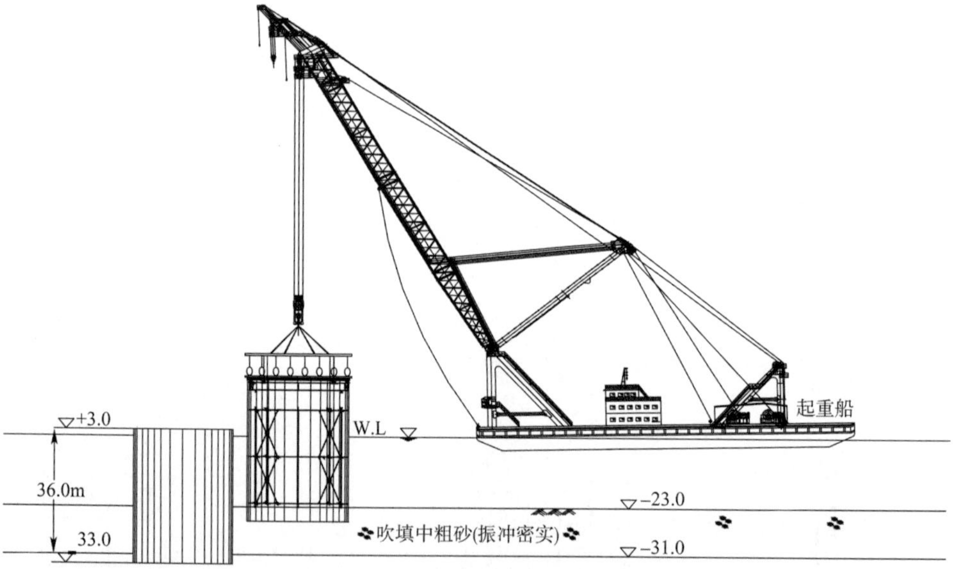

图 5.2-19　格体振沉示意图

6. 副格体施工

(1)副格体采用水上拼插,分批振沉的工艺。

两座相接的主格体填料完成后进行副格体施工,对称一对副格体同时施工,配置两套施工船机设备。每套设备为方驳吊机吊振动锤系统,另外一个方驳吊机配合钢板桩起吊作业。

(2)副格体钢围囹安装:安装前测出 Y 形连接桩的径向和环向的偏差、倾斜度和偏角,钢围囹安装位置应根据实测结果确定。

①采用方驳吊机吊振动锤打设定位钢管桩。

②方驳吊机将钢围囹导架安放到两根定位钢管桩上,并用钢管横穿将其固定。

(3)副格体拼插振沉

①由两端开始向中间拼插副格体钢板桩,并及时进行临时固定。

②采用1台振动锤连接几个液压夹桩器分批振沉。施工时注意保持振动锤和钢板桩垂直以避免钢板桩倾斜和扭绞。

钢板桩振沉采用分散间隔、循环往复的方法,以使格体的位置精度、圆度和格体桩的垂直度得到保证,每次振沉下沉量不宜过大。

7. 格内回填及振冲密实

(1)采用皮带砂船回填至格仓内,填料应落在格体中心,以防格体填充不均造成侧倾和变形,并预留一定的振沉下降量。填料应及时以确保格体的整体稳定。

(2)方驳吊机吊振冲器按设计要求的间距进行振冲,并通过现场试验验证调整确定。

三、防波堤、护岸工程施工技术

防波堤和护岸是港口工程的重要组成部分,是港口的主要防护建筑物。防波堤和护岸按结构型式可分为斜坡堤和直立堤。斜坡堤堤身两侧均为斜坡面,一般适用于水深相对较浅、地质条件差,当地又盛产石料的地区。当用混凝土人工块体护面时,也用于水深、波浪大的地区。直立式防波堤堤身两侧均为直立墙,一般用于水深、地质条件好的地区。直立式护岸结构形式与重力式码头相似。防波堤施工应符合《防波堤设计与施工规范》(JTS 154)的有关规定。

防波堤、护岸工程施工技术主要叙述防波堤施工,护岸施工工艺可以参照防波堤工艺并结合《港口及航道护岸工程设计与施工规范》(JTJ 300)要求执行。

(一)斜坡式结构

斜坡式防波堤和护岸结构形式相似,区别仅仅在于护岸的内侧回填形成了陆域,一般不需要护面,而防波堤则内外侧都是临水(与码头结合在一起的除外),并都有护面。

斜坡式结构主要施工内容有:垫层与地基处理、堤身填筑、护面、上部结构。

1. 垫层与地基处理

(1)斜坡式结构的地基处理有多种方式:挖泥置换(回填砂或石头)、爆炸排淤填石、打排水板、打砂桩或碎石桩。

(2)挖泥施工工艺可以参照码头基槽开挖工艺执行。

(3)打排水板、打砂桩或碎石桩等施工工艺可以参照软基处理执行。

(4)爆炸排淤填石法是在抛石体前方一定位置的淤泥中,在一定深度处埋设群药包,爆炸后在爆炸空腔压力及振动作用下,原淤泥结构解体,受到整体破坏,并利用其迅速平衡原持重状况,使石块向爆坑内坍塌,达到块石置换淤泥的目的。继续抛石形成完整的抛石体,从而使防波堤、护岸堤等稳定的一种施工方法。

(5)砂垫层抛填一般采用开底泥驳或者皮带砂船实施,定位方驳定位。

(6)土工织物加筋垫层铺设一般采用铺排船铺排。采用全球卫星定位系统同步测量软体排铺设的轨迹和相邻排体间的搭接长度。

2. 堤身填筑

(1)堤身填筑施工方法应根据施工现场的条件决定,可以采用全部由陆上推进的施工方法,也可以采用全部由水上施工的方法(主要使用于离岸的岛式防波堤),还可以采用水陆结合的方法。

(2)防波堤陆上推填施工,一般采用自卸汽车直接从石场将石料运至堤头进行直卸,采用履带式推土机或履带式装载机进行推填。

(3)防波堤水上抛填施工,一般采用开体驳停靠石料出运码头,由自卸汽车直接向卸料槽卸料,直接装驳运至现场,采用定位方驳定位抛填的施工方法粗抛。采用平板驳架跳板直接搭接出运码头,运输车辆进入驳船船舱直接卸料,运输石料至现场补抛或精抛。

(4)堤心石和垫层石理坡一般采用长臂挖掘机进行抛理的施工方法,对于挖掘机作业位置(如坡脚处)的垫层块石及护底块石采用大型履带吊配梅花抓斗进行吊安。

(5)软土地基上的填筑应符合下列规定:

①当堤两侧有块石压载时,应先抛压载块石,后抛堤身。

②当堤心抛石有挤淤要求时,应从堤身断面中部逐渐向两侧抛填。

③当在土工织物加筋垫层或软体排上抛石时,应先抛填保护层,再按照有利于拉紧土工织物的顺序进行抛填。

(6)水上抛填应考虑水深、水流和波浪等自然条件对块石产生漂流的影响,一般通过试抛确定抛石船的驻位。当施工区域水深较深,水下部分采用开体驳抛填时按照先粗抛、再细抛的原则施工。

(7)当堤身填筑采用陆上推进法抛填时,浅水区域可一次推填到顶,深水区域应根据水深、地基土强度、波浪影响程度和设计要求,一次或多次推填到顶。

(8)当采用爆炸排淤法抛填时,堤心石的抛填与爆炸排淤施工应符合现行行业标准《水运工程爆破技术规范》(JTS 204)的规定。堤心两侧塞起的淤泥包,在进行下一工序施工前应予以清除。

(9)每段堤心石抛填后,应及时理坡并覆盖垫层块石及护面层。堤心石的暴露长度不宜大于50m。

3. 护面施工

(1)护面块体预制可以参照码头部分小型构件预制工艺执行,同时满足《水运工程混凝土施工规范》要求。

(2)护面块体安装可以通过对安装距离及护面块体重量的计算,选择采用履带吊进行陆上安装或采用起重船(履带吊机上方驳)进行水上安装。

(3)护面块体运输一般采用平板车陆上运输或平板驳(方驳)水上运输。

(4)护面块体安放,一般有规则安放和随机抛填两种。

①四脚空心块、栅栏板因外形对称,均按规则安放一层。

②扭王字块体或扭工字型块体低潮位水下部分一般按理论计算量定点、定量随机抛填;水上部分也可按理论计算定点、定位随机抛填,也可使全部块体的竖杆朝向坡脚规则安放。

③四角锥体可规则安放,即下层正放(三个脚朝下,一个脚朝上),一列块体两脚朝向坡脚、一列块体一脚朝向坡脚相间排列。其上层块体正放,个别如因垫层不平,块体相互倾斜,块

体间空隙小,也可倒放(一脚朝下,三脚朝上),但不宜超过上层总数的20%。

④护面人工块体陆上安放工艺见图5.2-20。

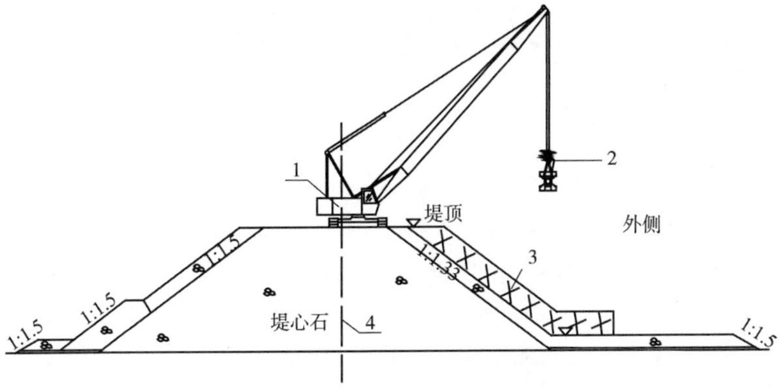

图5.2-20　护面人工块体陆上安放工艺图示

1-150t吊机;2-块体;3-块体;4-防波堤中心线

4. 上部结构

(1)斜坡堤的上部结构宜在抛石堤身和地基沉降基本稳定后施工,并应按设计要求和沉降观测资料预留后期沉降量。

(2)现浇混凝土胸墙或压顶块的模板,应考虑施工期波浪作用。胸墙或压顶块与抛石堤身接触处应防止漏浆。

(3)现浇混凝土胸墙(挡浪墙)施工工艺可以参照重力式码头胸墙施工工艺执行。

(二)直立式结构

(1)直立式结构施工主要包括基础施工(基槽开挖、基床抛石、基床夯实和基床整平),堤身施工(沉箱、空心方块、圆筒等构件预制安装,箱内回填),上部结构施工(现浇胸墙或挡浪墙)。

(2)直立式结构与重力码头结构相似,施工工艺可以参照重力式码头执行。

(3)防波堤作为防护建筑物,其本身在施工过程中易遭受风浪的袭击而破坏。直立式结构基本上都需要水上施工,而防波堤在建造过程中没有掩护,所处位置往往又是风浪较大的地方,施工船机一般都要求抵抗风浪能力较强,同时也要细致分析项目所在地的风浪资料,结合气象部门的风浪预报,充分利用风浪较小的作业窗口时间,合理安排工序。

(三)其他型式结构施工

1. 其他型式防波堤结构型式

其他型式防波堤结构型式主要有混合式防波堤、半圆型防波堤、桩基透空式防波堤和沉箱墩式透空堤。

(1)混合式防波堤。通常所说的混合式防波堤,实际上就是高基床的重力式直立堤,它一般适用于水深较大,但是地基承载能力又有限的情况,以期综合利用斜坡式防波堤和重力式直立堤两者的优点,最大限度地回避两者的缺点,达到防护性和经济性的最佳平衡。

(2)半圆型防波堤(图5.2-21)。通常所说的半圆型防波堤,是指以半圆形构件或半圆形沉箱为主要挡浪、消能结构的防波堤。其结构自重较轻,对地基承载力要求不高;自身结构平衡性好,对填料配重要求不高。但是极端水文气象条件下消能效果有限,在设置多重防护体系的港口中更适合作为不以港内泊稳条件为设计目标的最外道堤防。

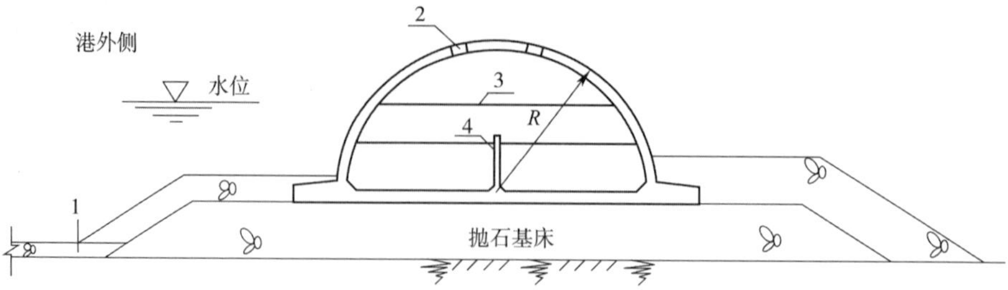

图 5.2-21　半圆型沉箱防波堤图示

1-护底块石;2-滞砂孔;3-横隔墙;4-纵隔墙

(3)透空式防波堤。大量的理论和实验研究表明,波浪的能量主要分布在水体表层,在水体上部 2 倍与 3 倍波高的水层厚度内集中了 90% 和 98% 的波能。透空式防波堤就是探求适应波能这一分布特点而开发的一类防波堤,目前主要有桩式透空堤和沉箱墩式透空堤两种。

2. 施工方法

(1)由前述可知,混合式防波堤实际上就是高基床的重力式直立堤,所以混合式结构施工可以参照斜坡式结构和直立式结构的施工工艺执行。

(2)半圆型防波堤除了堤身是钢筋混凝土的半圆体以外,其他构造与直立式结构基本相同,所以基础部分可以参照执行。半圆体的预制安装与空心方块等构件的施工工艺也可以参照执行。

(3)对于设计有充填压载要求的半圆形沉箱,构件安装后应及时进行箱内充填。充填应对称、均匀。充填完成后应立即对充填孔进行封堵,并应确保封堵严密、牢固。

(4)桩式透空堤可参照高桩码头施工工艺实施。

(5)沉箱墩式透空堤可参照重力码头施工工艺实施。

(四)人工岛施工技术

人工岛有各种不同的使用目的,港区的人工岛是港口的一部分或为港口配套服务;港珠澳大桥口岸人工岛和桥隧人工岛是公路工程的一部分;机场人工岛是布设机场跑道和配套设施的陆域部分;还有采用人工岛作为钻采平台和存储加工设施陆域的石油天然气工程,进行城市建设开发和旅游度假设施建设的市政工程,进行农业生产或工厂配套建设工程等。

这些工程所处的水文地质、环境条件与水运工程相近,施工工艺和船机设备与水运工程中的基本一致,围堤和岛壁结构类似于水运工程中的防波堤和护岸,陆域形成和地基加固类似于水运工程的疏浚吹填造陆及相应的地基处理。

因此,人工岛施工可参照防波堤与护岸、疏浚吹填造陆以及地基处理相关技术内容进行。

四、航道整治建筑物施工技术

(一)概述

航道整治建筑物主要有堤坝、护岸和固滩三大类。筑坝在内河地区一般分为丁坝、顺坝、锁坝、潜坝和鱼嘴等形式;沿海及潮汐河口地区分为突堤、岛堤和导流堤等几种形式。

丁坝、顺坝和护岸:采用充填袋填心坝坝体或抛石堤心等结构;充填袋外加盖无纺布,一般外层采用块石护面(采用铁丝笼块石将坝面块石连接成整体),受波浪影响较大的地区还采用人工块体护面;坝体坡脚设置抛石棱体。

护滩和护底的排体结构一般采用土工织物软体排,护滩排体结构采用混凝土系结块软体排或混凝土联锁块软体排。

突堤、岛堤和导流堤等采用抛石堤心、充填砂袋、模袋固化土、特殊形状的预制构件(半圆体、半圆沉箱、齿形构件等)等结构。

航道整治工程施工应符合《航道整治工程施工规范》(JTS 224)的有关规定。

航道整治建筑物施工技术将分别从水上铺设软体排、充填袋装砂施工、水上抛石施工以及护面施工等方面进行论述。

(二)水上铺设软体排

水上铺设软体排施工是将压载物固定在土工织物软体排垫上,形成土工织物与压载物的混合排体,采用专用的铺排船将排体沉入水底的施工技术。

水上铺设软体排施工流程如图 5.2-22 所示。

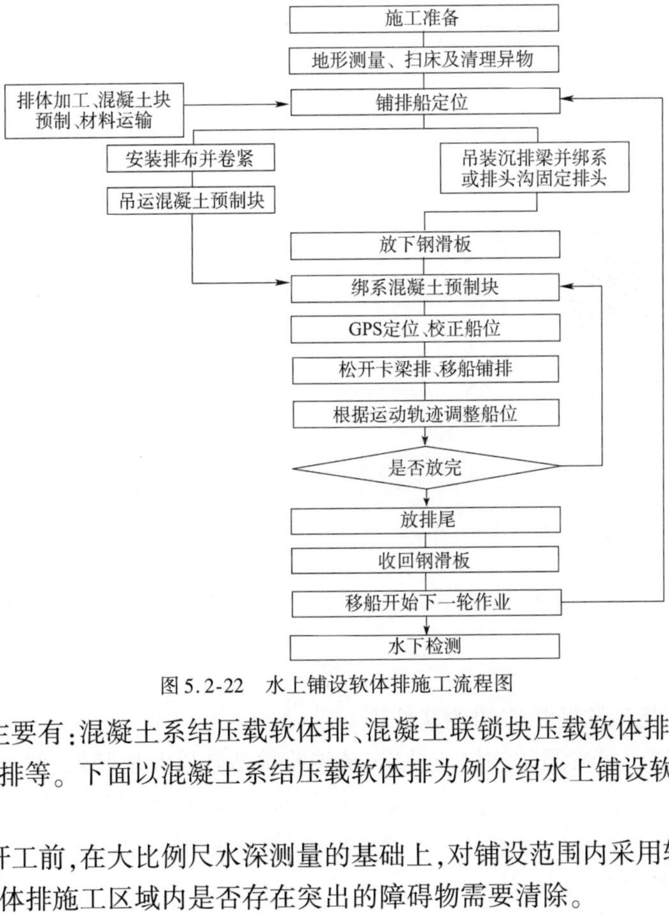

图 5.2-22　水上铺设软体排施工流程图

软体排结构主要有:混凝土系结压载软体排、混凝土联锁块压载软体排、散抛石压载软体排、砂肋压载软体排等。下面以混凝土系结压载软体排为例介绍水上铺设软体排施工工艺。

1. 扫床施工

软体排铺设开工前,在大比例尺水深测量的基础上,对铺设范围内采用软式扫具拖底扫测清障,并确认在软体排施工区域内是否存在突出的障碍物需要清除。

2. 排布制作

排布一般由排垫、加筋条和系结条缝制而成,排垫一般采用单层聚丙烯编织布或机织布与无纺布针刺复合(机织布在上、无纺布在下)制作,系结压载软体排排布基本结构见图 5.2-23。

排布在工厂集中生产后运往施工现场。排布的质量、规格及技术参数应满足设计要求。排布的运输、装卸应避免碰、擦而引起的划破损伤,并进行遮盖,以防紫外线的照射影响。

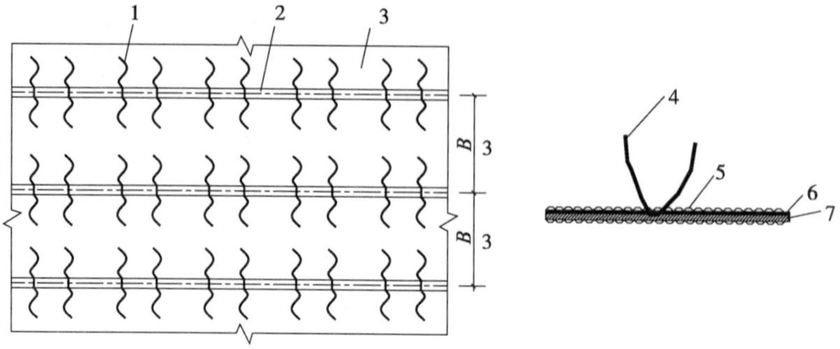

图 5.2-23　系结压载软体排排布基本结构图

1-系结条;2-加筋条;3-排垫;4-系结条长(位于排垫与加筋条之间);5-缝合线;6-加筋条;7-排垫

3. 铺排船定位

铺排船定位一般采用“六锚定位”法,根据铺排方向与水流方向不同,可分为垂直水流铺排和顺水流铺排,锚缆布置示意见图 5.2-24、图 5.2-25。

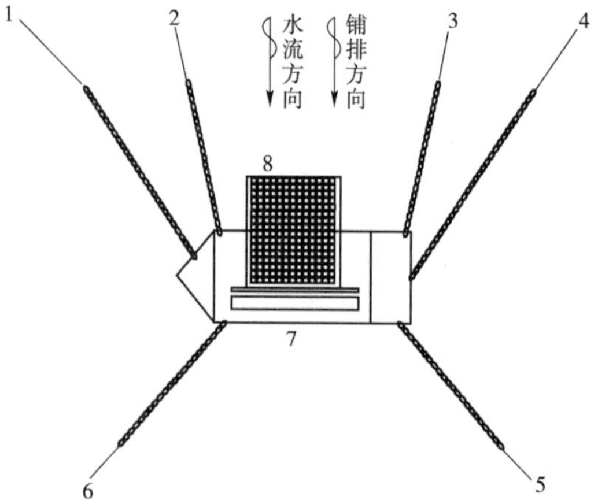

图 5.2-24　顺水流铺排锚缆布置示意图

1-艏主锚;2-右舷艏边锚;3-右舷艉边锚;4-艉主锚;5-左舷艉边锚;6-左舷艏边锚;7-铺排船;8-出排舷

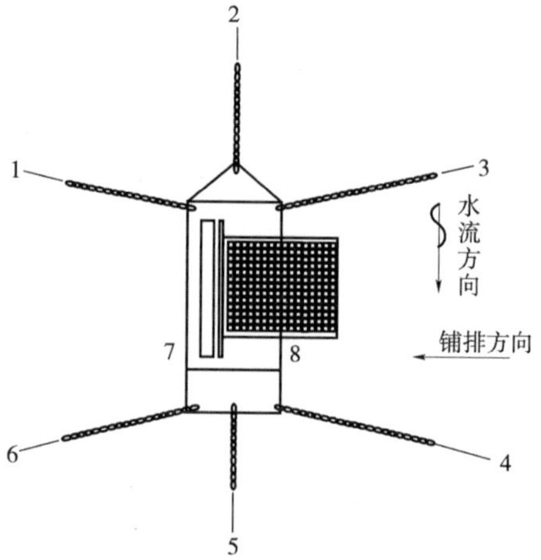

图 5.2-25　垂直水流铺排锚缆布置示意图

1-左舷艏边锚;2-艏主锚;3-右舷艏边锚;4-右舷艉边锚;5-艉主锚;6-左舷艉边锚;7-铺排船;8-出排舷

4. 排头固定

铺排施工若能与岸相接时,可以采用在岸边打木桩牵引排头,或者挖排头沟通过压载方式固定排头。排头位置位于江中而不与岸相接时,排头固定采用系排梁方法。首先将铺排船钢滑板放置水平,然后系排梁与排布首端用排头绳连接,最后缓慢放下钢滑板,随着钢滑板角度加大,当系排梁自重大于软体排与甲板间的摩擦力后,系排梁带动软体排沉入水底,以达到固定排头的目的,见图 5.2-26。

5. 卷排、系结压载块

吊机将排布吊至甲板上,将排布展开,排尾拉环和滚筒上钢缆相系,启动滚筒开关将排布自动卷入滚筒,直到排头布平展在翻板前沿。卷排期间,用人力绷紧排布,使滚筒上排布无皱折,平铺在甲板和翻板上的排布,用人力拉平、拉直,防止排布皱折、收缩。

排体展开后预制块吊至铺排船工作平台上,人工进行系结压载块工作。

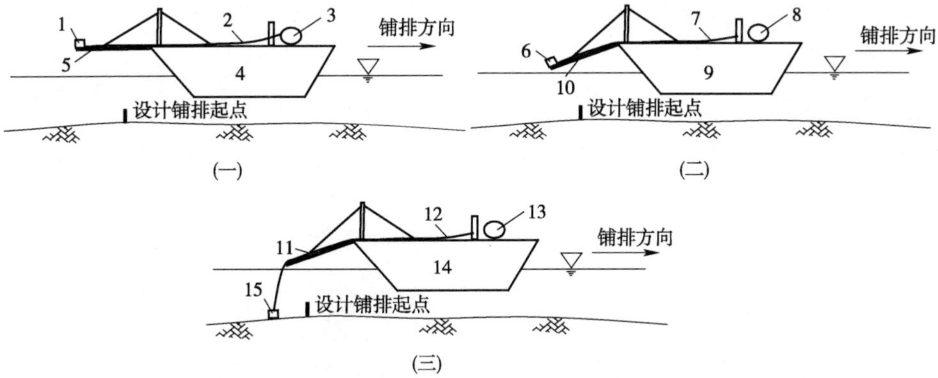

图 5.2-26 系排梁沉放过程示意图

1-沉排梁;2-软体排;3-卷排梁;4-铺排船;5-钢滑板;6-沉排梁;7-软体排;8-卷排梁;9-铺排船;10-钢滑板;11-钢滑板;12-软体排;13-卷排梁;14-铺排船;15-沉排梁

6. 排体铺设

放松卡排梁和卷排筒,启动铺排船绞锚设施,铺排船在测量定位仪的监控下沿设计铺排轨迹平行移动,使软体排反向同步入水。

按上述程序,软体排成型与移动铺排船交错进行,实现软体排连续铺设,见图 5.2-27。

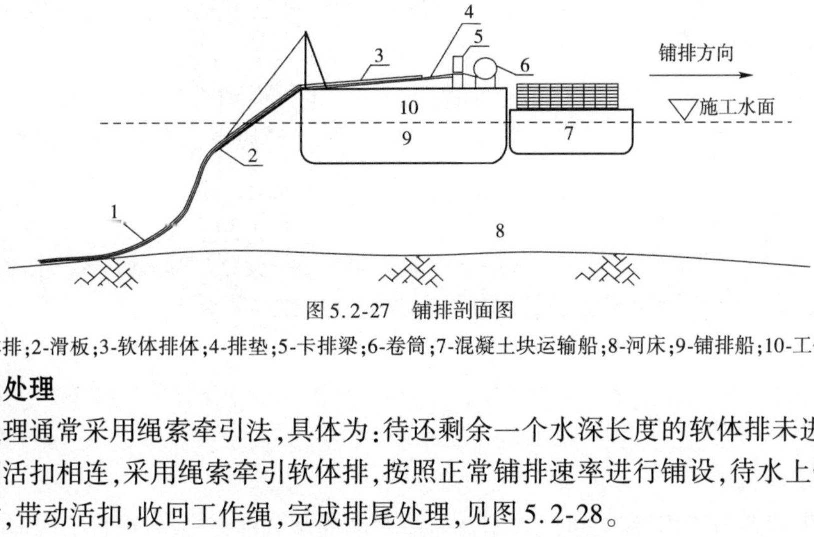

图 5.2-27 铺排剖面图

1-软体排;2-滑板;3-软体排体;4-排垫;5-卡排梁;6-卷筒;7-混凝土块运输船;8-河床;9-铺排船;10-工作平台

7. 排尾处理

排尾处理通常采用绳索牵引法,具体为:待还剩余一个水深长度的软体排未进行铺设时,工作绳采用活扣相连,采用绳索牵引软体排,按照正常铺排速率进行铺设,待水上铺排完成该区域施工时,带动活扣,收回工作绳,完成排尾处理,见图 5.2-28。

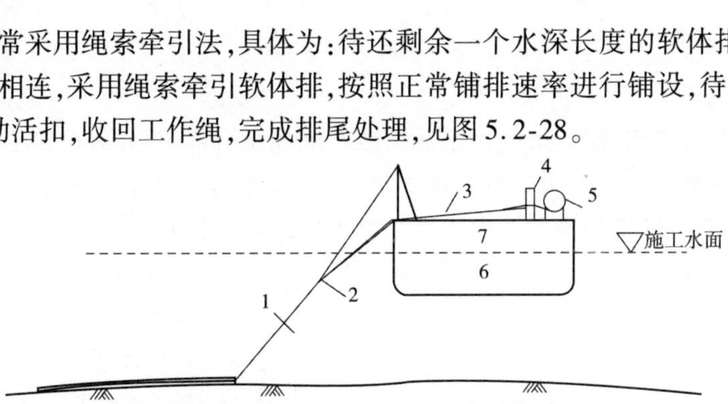

图 5.2-28 排尾处理示意图

1-尼龙绳;2-滑板;3-钢丝绳;4-卡排梁;5-卷筒;6-铺排船;7-工作平台

8. 水下检测

铺排水下检测主要检测排布的搭接宽度和铺排范围,常用的检测方法有潜水员水下探摸摄像检测、浮标倒垂法和声呐检测法。

(三)充填袋装砂施工

1. 土工织物选用

一般每层(只)充填袋装砂堤心袋体的两端(按堤心横断面)1.5 ~ 1.7m 的长度内,采用编织布加无纺布的复合土工布,防止施工过程中砂被波浪淘刷。除顶层袋体的上面层全部使用复合土工布外,其余各层袋装砂袋体的上、下面层均采用编织土工布。

2. 袋体缝制

充填袋缝制采用流水拼缝作业法,砂袋缝制成扁平长条形,袋顶一般按 5m × 5m 的间距缝制充砂袖口,以留作插充砂管之用。砂袋宽度和厚度按设计断面尺寸而定,砂袋长度则根据施工地区潮汐、流速、流向和作业船舶的吃水情况确定。

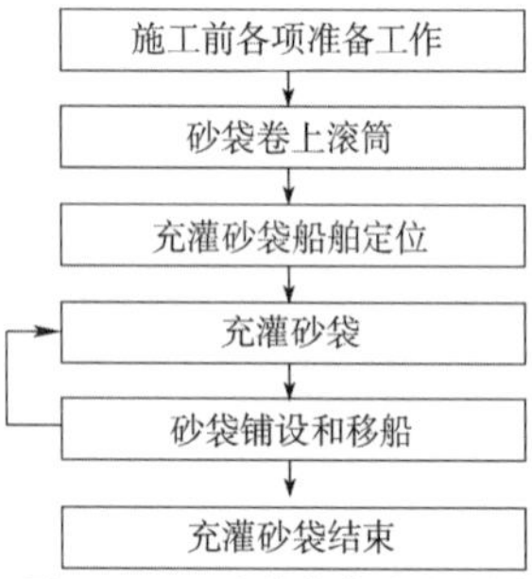

图 5.2-29　充填袋装砂流程图

3. 充填袋装砂堤心充灌及铺设施工工艺

充填袋装砂堤心充灌及铺设施工流程见图 5.2-29。

采用“水上充灌,水下成型”的施工工艺。其流程为:将袋体卷在滚筒上;通过高压水枪将砂稀释,同时用泥浆泵取砂,通过输砂管道,经砂袋袖口充灌砂袋。待充灌适量的砂后,将袋头沉放着地,袋头固定后,边充砂边移船进行砂袋的铺设。砂袋逐段充灌,分层铺设直至达到设计的要求。

袋装砂入水形式为船体舷侧入水,采用纵向铺设(平行堤轴线),纵向推进的作业顺序。

充灌砂袋的施工受风浪、流速、水位影响较大,尽量选择风平浪静、流速较缓的平潮期间进行施工。

(四)水上抛石施工

近年来,航道整治工程抛石施工从最早的人工抛石,发展到后来的船载挖掘机抛石、网兜抛石、泥驳抛石,以及专用抛石船舶抛石施工工艺。

1. 人工抛石

人工抛石主要施工船舶有定位船和运石船,运石船一般为自航平板驳船。运石船系靠在抛石定位船旁,随定位船一起移动,现场测量块石的水下漂移距离后,人工边抛石边测量。

2. 船载挖掘机抛石

船载挖掘机抛石主要施工船舶有定位船、运石船和挖掘机。运石船与定位船系缆连接,挖掘机过渡到运石船石料堆上进行挖掘和抛石作业,并采用测深仪检查抛石高程,见图 5.2-30。

挖掘机上运石船后,首先将块石粗平、挤紧,以便于挖掘机在块石堆上行走,确保船舶和挖掘机的稳定性。然后,挖掘机在块石堆上沿运石船甲板边缘抛石;抛投完毕后,挖掘机返回定位船,运石船松缆离去。挖掘机在运石船上作业时,应均匀对称卸料,防止船舶倾斜。

3. 网兜抛石

网兜抛石采用深舱驳运输块石,全回转浮吊船利用钢丝网兜作载体进行水上抛石,见图 5.2-31。

(1)块石装船前在深舱驳货舱底错位重叠铺设多层钢丝网兜,深舱驳停靠于码头,自卸运料车直接将块石倒入深舱驳货舱内。

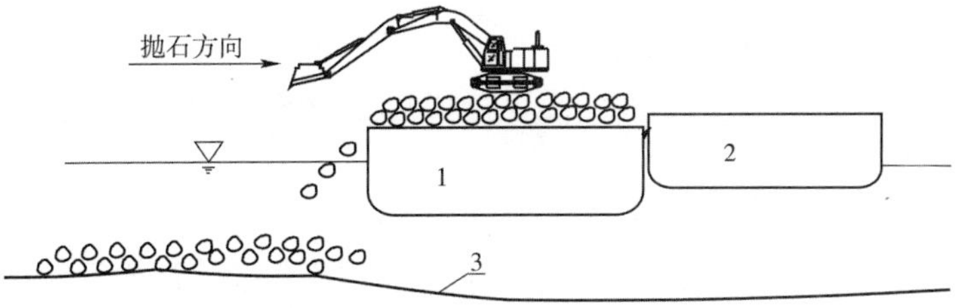

图 5.2-30 船载挖掘机抛石剖面图
1-块石运输船;2-定位船;3-河床

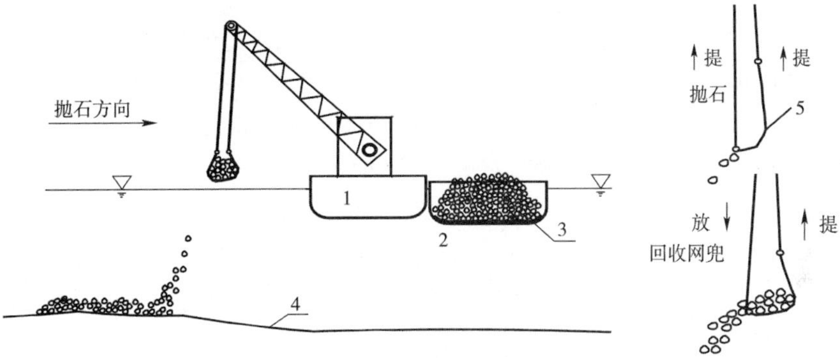

图 5.2-31 网兜抛石过程示意图
1-浮吊船;2-块石运输船;3-钢丝网兜;4-河床面;5-网兜

(2)装石深舱驳船系靠在已完成定位的浮吊船旁,将网兜挂在吊钩上,吊机提升装石网兜至抛石区域,通过调整吊机的大小排钢丝绳,一松一紧,网兜发生倾斜,块石从网兜内滑出,最后吊机收回网兜。如此反复操作,完成水上抛石。

4. 泥驳抛石

开体泥驳在出石码头上装石,运至施工地点。泥驳系靠在定位船上,启闭液压油缸,泥驳船体张开,将块石抛入指定地点。

(1)泥驳抛石对水深要求高,抛石前应经常测量水深,防止因水深变浅,抛石后河床抬高导致泥驳搁浅的危险。

(2)泥驳一次性抛投量大,精确确定船舶驻地,提高抛石到位率。

(3)抛石平整度较差,适合粗抛,不适用于精细抛石。

5. 专用抛石船抛石

目前在用的专用抛石船有两种,一种为料斗抛石专用船,另一种为抛石管专用船(图 5.2-32)。

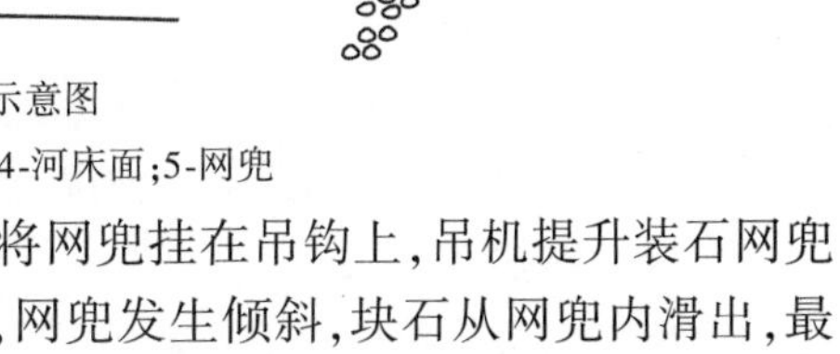

图 5.2-32 抛石管专用船作业示意图
1-料斗;2-溜槽;3-运输船;4-声呐;5-定位船

(1)料斗抛石专用船操作流程

①抛石船抛锚和定位后,运石船停靠于抛石船舷侧。

②测出抛石前原地面高程,估算单元段理论抛石量。

③抓斗起重机从运石船中抓石运卸至抛石船甲

板上堆存;装载机把石料运至抛石料斗内。

④下降抛石料斗至设定高程后倾翻抛石,设定高程与抛石底面留有 1 ~ 2 m 的富余高度。

⑤测深仪检测抛石高程后进行进行定点定量精抛、补抛作业,直至满足设计规范要求。

(2)抛石管专用船操作流程

①施工前采用多波束对原地面进行水深测量,并绘制断面图,计算每个断面抛填量。

②运石船靠泊已完成定位的抛石管专用船,挖掘机将石料装入溜槽后,石料沿溜管自落至抛填底面。抛石过程中,通过溜槽顶部 GPS 与底部的测深仪控制抛填高程。

③溜槽在抛石管专用船滑道上移动实现不同点位抛填施工。

(五)护面施工

航道整治工程中的护面型式很多,在此仅介绍四面六边形透水框架和钢丝网护面施工。

1. 四面六边形透水框架施工

四面六边形透水框架为透空的四面六边形钢筋混凝土预制构件,按预制工艺分为杆件拼装和整体成型两种。按安装方法可分为水上抛投和滩面摆放。

(1)水上抛投。透水框架在预制场预制好后,将框架重叠在一起装船运输,框架运输船停靠定位船,最后实施水上抛投作业。抛投作业方式有人工抛投和机械抛投两种。机械抛投一般采用专用吊具进行安装,可数个框架同时安装,专用吊具按照设计要求的框架抛投间距和数量进行制作。

(2)滩面摆放。杆件拼装式框架是将预制框架杆件装船运至施工现场进行焊接拼装,最后人工进行摆放。整体成型框架则将成品运至现场,采用机械或人工进行框架摆放。

2. 钢丝网护面施工

航道整治工程护面中的钢丝网护面也叫雷诺护垫,是一种由六边形双绞合钢丝网制成的网垫结构,钢丝网是采用低碳镀锌并覆塑的钢丝经机械编织而成。按要求制作的网箱结构,在施工现场用石料填充后,常用于岸坡防护、河床护底等防冲刷工程,其结构具有柔性、透水性、整体性、环境亲和性等特点,可提高河床边坡的稳定性、保护河床防止冲刷(图 5.2-33)。

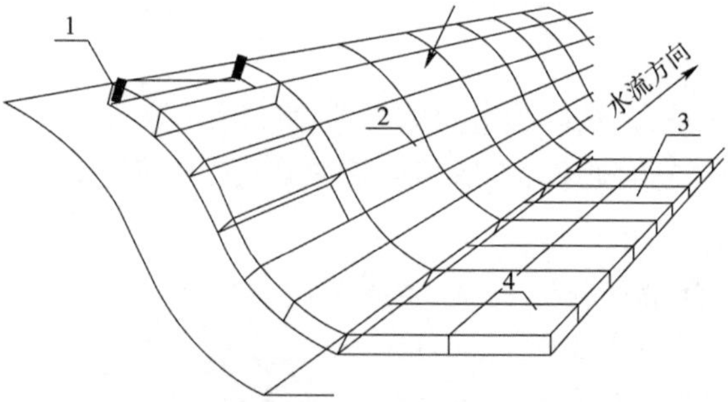

图 5.2-33　护垫摆放方向及加订木桩示意图

1-木桩;2-隔板;3-护底;4-隔板

(1)雷诺护垫组装:展开护垫,翻起边板,用点扎形式固定隔板与边板及边板与端板。

(2)雷诺护垫安装:将雷诺护垫按照设计要求紧密整齐摆放。雷诺护垫用于坡面防护时隔板要平行于水流方向摆放,用于护底、护坦时隔板垂直于水流方向摆放。坡面较陡或者坡面较光滑容易引起护垫下滑时,应在坡顶加木桩固定。用点扎的方式将相邻护垫连接好。

（3）石料装填：石料可为卵石、片石或块石；装填方式可采用人工装填，也可采用半人工半机械化进行装填作业。坡面上施工时，为防止石料下滑造成隔板弯曲，石料需从坡脚往坡顶方向进行装填；同时相邻隔板、边板两侧的石料也宜同时进行装填。

考虑到石头的沉降，装填时应有一定的超高。

（4）封盖作业：按照间距要求用绞合钢丝将盖板与边板、端板、隔板连接在一起。

五、船闸施工技术

船闸施工内容和施工流程主要包括：围堰与截流、基坑降水与开挖、船闸主体施工、引航道及靠船建筑物施工、墙后回填、金属结构制作运输与安装、闸门与设备安装、启闭机械安装、联合调试与试运行等。船闸施工应符合《船闸工程施工规范》（JTS 218）的有关规定。

（一）围堰及截流

1. 围堰

围堰是指在工程建设中，为建造永久性设施，修建的临时性围护挡水结构。其作用是防止水和土进入建筑物的修建位置，以便在围堰内排水、开挖基坑、修筑建筑物。除作为正式建筑物的一部分外，围堰一般在用完后拆除。

围堰按填筑材料可分为：预留土堤围堰、土围堰、土石围堰、草土围堰、木（板）桩围堰、钢板桩围堰、锁口管柱围堰、混凝土围堰（预应力混凝土板桩、钢筋混凝土地下连续墙、重力式）。

土围堰、土石围堰的防渗结构形式有土质心墙和斜墙、混凝土心墙和斜墙、钢板桩心墙及其他防渗心墙结构。

围堰的填筑速度应满足安全度汛标准，以及施工各时段的挡水要求，并应在各种运行水位工况下保证已施工堰体的稳定和安全。

2. 截流

截流是堵截河水迫使其流向预定通道的工程措施，在施工导流中截断原河床水流，最终把河水引向导流泄水建筑物，从而在河床中全面开展主体建筑物的施工。截流是在河床中修筑横向围堰工作的一部分。

（二）基坑开挖

基坑的开挖方法应根据设备条件、基坑尺寸、弃土运距和土（岩）层性质等因素决定。一般分为陆上开挖和水下开挖。

1. 陆上开挖

土石方开挖按自上而下分区、分层、台阶法组织机械化平行流水作业。开挖施工程序为：开挖准备及基坑排水→原始地形测绘及测量放样→道路修建→清表或清淤→分层进行土方、砂卵石开挖→强风化岩层石方开挖→中风化岩层石方边坡预裂爆破→中风化岩层石方梯段爆破开挖→结构基础保护层开挖→建基面清理验收。

自上而下分层开挖，分层厚度为 3 ~ 4m，同一层面开挖施工按照“先土方开挖，后石方开挖，再边坡喷锚支护”的顺序进行，使开挖面同步下降。

（1）土方开挖。土方采用液压挖掘机开挖，自卸汽车运渣到弃渣场。比较分散的土料，先采用推土机集料后，再采用反铲装车运往弃渣场。土方开挖边坡每开挖 2 层（即 6m）修整一次，避免形成高边坡后修整困难。边坡修整采用反铲粗修，留一定的余量人工精修。

土方边坡开挖接近设计坡面时,按设计边坡预留 20 ~ 30cm 厚度的削坡余量,再人工修整,至设计要求的坡度和平整度。开挖至基坑底面时,应预留 50cm 保护层,于底板立模时再突击挖除。

雨天施工时,施工台阶略向外倾斜,以利排水。

(2)石方开挖。石方开挖包括石渣开挖和基础石方开挖。

开挖自上而下分层,分层高度6m 左右。陡于1∶1 的岩石开挖边坡,采取先周边预裂爆破,再爆破开挖区的顺序。一般石方开挖采用梯段微差控制爆破技术,排间或孔间微差顺序爆破,控制单响药量;为进一步减小爆破振动对边坡的影响和对已形成预裂面的破坏,并有效解决预裂面挂边问题,在边坡梯段爆破孔与预裂孔中间设缓冲爆破孔,缓冲孔和边坡梯段爆破孔同时爆破,控制爆破振动对边坡的影响。临近建基面预留 1.5m 保留岩体,按保护层开挖方法施工。保护层采用一次钻爆法。

2. 水下开挖

水下开挖即疏浚,应包括挖泥船、输泥设备和运泥设备等。疏浚设备应根据工程规模、建设要求、现场水域条件、岩土的可挖性、管道输送适应性、现场的自然与环境条件等影响因素进行选择。

(三)船闸建筑物施工

1. 封底

封底施工工序流程:基底清理及验槽→测量放样→混凝土浇筑→养护。

2. 底板

底板施工工序流程:测量放样→底板模板制作、安装→底板钢筋制作绑扎(闸墙倒角或边墩、门槛、格梁等钢筋插筋)→止水及预埋件安装→底板浇筑→养护。

3. 闸首段廊道和边墩

闸首段廊道和边墩施工工序流程:测量放样→廊道、边墩(空箱)模板制作、安装→廊道、边墩(空箱)钢筋制作、安装→止水和预埋件埋设→廊道边墩(空箱)混凝土浇筑、养护→二期混凝土浇筑→养护。

4. 闸室墙

闸室墙施工工序流程:测量放样→闸室墙模板制作、安装→钢筋制作、安装→止水和预埋件埋设→混凝土浇筑、养护→二期混凝土浇筑→养护。

(四)引航道及靠船建筑物施工

1. 导航墙及护坦

导航墙施工工序流程:测量放样→基槽验收(高程、轴线、前沿线)→模板制作、安装→钢筋制作绑扎(止水、钢包角、钢护木、防雷接地等预埋件制作、安装)→伸缩缝制作、安装→混凝土浇筑→养护。

2. 靠船墩及护岸

靠船墩及护岸施工工序流程:测量放样、基底高程→基槽验收(高程、轴线、前沿线)→钢筋制作绑扎(钢包角、钢包角、钢护木制作安装)→模板制作、安装混凝土浇筑→养护。

3. 护坡

(1)金属网垫护坡施工工序流程:测量放样→场地整平→土方开挖→削坡整平→铺设土

工布→铺设金属网护垫→铺设金属网箱格梗→人工冲填块石→闭合网盖。

(2)模袋混凝土护坡施工工序流程:模袋铺设→压载固定→模袋充灌→锚槽→养护。

(五)墙后回填

1. 墙后回填施工工序

施工工序流程:备料→摊铺→压实→检测。

2. 墙后回填施工要点

(1)混凝土达到设计强度的75%(或根据设计要求)以上、结构变形观测稳定,墙身拉条孔、裂缝处理完成,方可以开始墙后回填。

(2)两侧墙后回填土须对称上升,分层摊铺压实。回填料回填参数应由土工试验确定。回填过程中进行现场取样检测,确保质量。两侧边墩(墙)后的回填土须对称同步上升,其两侧填土高差不宜超过1m。回填土顶高程应根据设计要求控制,并满足边墩独立稳定需要。

(3)墙后回填应先进行试验段施工,确定合适的回填工艺及碾压机械、碾压顺序、碾压遍数、松铺系数等。

(4)压实机械应顺墙后碾压,不得垂直墙背方向行走碾压。

(5)回填前应清除基面杂物、边坡杂草,被水浸泡的土方应挖除换填干土。

(6)墙后倒滤层及排水设施需待回填土回填至相应层次后采取反开挖方式施工,必须确保填料填筑密实,排水管接头严格按照设计要求施工。

(7)根据船闸主体变形观测方案,墙后回填过程中应对底板沉降、墙身位移进行观测,观测点布设、观测频率根据批准的观测方案确定。

(六)金属结构制作和安装

金属结构制作包括工作闸(阀)门、检修闸(阀)门、拦污栅、浮式系船柱等的制作。

1. 工作闸门制作

(1)工作闸门由承重结构、支承系统、止水系统、安全保护系统、润滑系统及工作桥等几大部分组成。其中门体承重结构由挡水面板、主横梁、水平次梁、纵向隔板、背拉杆及门轴柱和斜接柱组成。

(2)工作闸门埋件制作包括:门轴柱埋件、门槛埋件、顶枢埋件、底枢埋件、防撞块埋件等。埋件制作工艺流程:准备工作→下料→焊接件焊接→变形校正→机加工→预组装→检验→防腐→验收出厂。

2. 工作阀门制作

(1)工作阀门制作包括门叶结构,以及主滚轮、反向滑块、止水、侧滚轮等零部件制作。

(2)工作阀门门槽包括主轨、反轨、门楣、侧止水预埋件、底槛等,采用钢板、不锈钢复合钢板、型钢或铸钢等组合焊接结构制作。

3. 检修工作闸(阀)门制作

(1)检修工作闸(阀)门制作包括门叶结构,以及主滑块、反向滑块、止水、侧轮、充水阀等零部件制作,门叶整体制作。

(2)检修工作闸(阀)门门槽包括主轨、反轨、门楣、底槛等,采用钢板、型钢等组合焊接结构。其门槽结构与工作阀门门槽类似,其制作技术措施参照工作阀门门槽的制作工艺执行。

4. 拦污栅制作

拦污栅主梁、边梁等梁系采用埋弧自动焊焊接,液压校边机校直。

拦污栅埋件制作工艺与质量控制,参照工作阀门埋件制作执行。

5. 浮式系船柱制作

浮式系船柱主要由浮筒、上部系船架、纵横向滚轮支承装置、埋件等组成。

浮筒是浮式系船柱的主要组成部分,浮筒的制作工艺流程:材料检验复核→钢材矫正→钢材表面处理→划线、切割、坡口加工→工艺评定→零构件制作→浮筒制作→浮筒内侧防腐→总组装→焊接→校正→质量检验→水压试验→防腐→成品出厂。

船闸浮式系船柱预埋件结构与工作阀门门槽结构类似,其制作技术措施参照工作阀门门槽制作执行。

6. 防腐蚀

防腐蚀作业包括三项内容:喷砂除锈、喷锌、涂装。

7. 运输

金属结构运输控制金属结构变形,应做好以下工作:

(1)金属结构放置时,避免运输过程中的相互挤压变形,可采用垫木、橡皮等隔开。同时应考虑运输过程中的冲击,绑扎要牢固。

(2)运至工地后,在卸货过程中操作要谨慎,注意轻拿轻放,防止变形。

8. 工作闸门安装

(1)工作闸门安装的内容包括:门槽埋件、门叶结构、底枢、顶枢、支垫、枕垫、止水装置等。工作闸门安装工艺流程:底枢埋件安装→底枢结构调整安装→门叶结构调整安装→门叶焊接→焊缝检查及无损检测→埋件安装(底槛、枕座、顶枢埋件等)→顶枢结构安装→背拉杆安装→支垫、枕垫、止水装置等附件安装→闸门无水启闭试验。

(2)闸门试验。

①确保启闭机已安装完毕且推拉杆与门叶连接好,注意清理门叶支、枕垫块间及门槽上杂物和障碍物,并检查拉杆连接情况。

②闸门做无水情况下的全行程启闭试验。

③试验时注意检查底、顶枢转动情况,有无卡阻情况,止水橡皮有无损伤等。

9. 工作(检修)阀门、检修闸门安装

(1)安装工艺流程:门叶结构调整安装→门叶焊接→焊缝检查及无损检测→运转件安装→埋件安装→止水装置等附件安装→闸门无水启闭试验。

(2)试验。门叶下闸到底后,施工人员用钢板尺和塞尺检查底水封和侧水封密实情况,使各项数据符合设计要求,确保闸门不漏水。

10. 拦污栅安装

(1)埋件安装。预埋件结构与检修阀门门槽结构类似,其制作技术措施参照检修阀门门槽制作执行。

(2)栅体安装。

①埋件必须安装完毕,混凝土强度已达到要求。安装埋件时搭设的临时脚手架中间部分拆除完毕,埋件两边清理干净。

②利用汽车吊把栅叶吊至栅槽内，将底节栅叶锁定。

③吊装上节栅叶与下节连接，然后提高栅叶去除锁定后下放栅叶到底。

(3)拦污栅的试验。拦污栅栅体吊入栅槽后，应做升降试验，检查栅体在槽中的运行情况，应做到无卡阻和拉杆连接可靠。

11. 浮式系船柱安装

(1)场地布置和运输吊装方法。施工场地在闸室底，埋件拉运到现场后直接堆放在闸室内用汽车吊安装。此项工作最好在进行闸室底板开挖浇筑前完成。

(2)技术要求。

①系船柱及其导槽埋设件的安装，应按施工图纸的规定进行。

②系船柱的导槽中心线的里程偏差、系船柱纵、横向导轮的轨道承压面接头处的错位、系船柱的埋设件安装，浮筒安装前应按设计要求和规范规定对密封焊缝进行无损探伤检查和水密性复检等。

③系船柱所有横向导轮的支承面应当调整到同一平面上，同侧的纵向导轮的支承面也应当调整到同一平面上，其误差不得大于施工图纸的规定。

④涂装。

(3)埋件安装。

①检查埋件是否因运输、制作缺陷等原因而发生变形。

②清理工作场地，放出安装所需的高程点，槽中点、里程等。

(4)浮式系船柱的试验。

①在无水情况下，将浮式系船柱整体吊入导槽做升降试验，检查浮筒在槽中的运行情况应无卡阻。

②系船柱下水后，需检查系缆点离水面的高度是否符合施工图纸的要求，不符合时需及时调整。

(七)启闭机械

1. 液压启闭系统安装

(1)液压启闭机安装。安装液压启闭机偏差应符合《水利水电工程启闭机制造、安装及验收规范》(SL 381)的规定和设计的要求。

①把油缸固定座吊入安装位置就位。经初检、中检、终检合格后，交土建专业浇筑二期混凝土。二期混凝土强度达到设计要求后即可进行油缸的安装。

②油缸吊入油缸固定座安装就位，活杆塞与闸门吊耳连接。把闸门放到全关位置，在保证闸门能严密关闭后，活塞与油缸下端盖之间留有 10mm 左右的间隙。吊装油缸时应根据液压缸的直径、长度和重量决定支点或吊点个数以防止油缸变形。

③油缸调好后把底座焊在基础板上，焊接时按设计要求进行，抗剪板应在启闭机与一期埋件安装调整好并可靠固定后，顶紧启闭机 U 型架的支脚进行焊接。

④液压启闭机安装好后，应对未防腐或损伤的部分刷油漆进行防腐蚀处理。

(2)液压启闭机系统泵站的安装。

①安装前应检查电机等处螺栓是否松动，油箱是否有碰坏、变形等现象。如出现此类现象应做相应的调整、校正处理。

②安装前用清洁柴油清洗各连接部分零件。

③用经纬仪、钢丝线等工具放出动力泵站的横向中心线和纵向中心线、高程等。

④将整个泵站吊起放入安装位置安装就位。

⑤用水准仪等工具调动泵站的各个边角使其高程符合设计和规范要求。

⑥液压油箱安装完成后,应进行清洗和清理。经初检、中检合格后,报监理工程师进行终检确认合格后,浇筑二期混凝土。

⑦将电控柜吊入电控柜房位置安装就位,连接各线路。

(3)液压启闭系统管道安装。

①配管前,油缸总成、液压站及液控系统设备已正确就位,所有的管夹基础埋件完好。

②按制造厂提供的安装图样和技术文件要求进行配管和弯管,管路凑合段长度应根据现场实际情况确定。管路布置应尽量减少阻力,布局应清晰合理,排列整齐。

③全部管路配制完成后,才允许正式安装。

④液压管路系统安装完毕后,应使用冲洗泵进行油液循环冲洗。

⑤管材下料应采用锯割方法,不锈钢管的焊接应采用氩弧焊,弯管应使用专用弯管机,采用冷弯加工。

(4)液压启闭机的试运转。液压启闭机安装完毕后,液压启闭机专业应进行以下项目的试验:

①对液压系统进行耐压试验。在各试验压力下保压 10min,检查压力变化和管路系统漏油、渗油情况,整定好各溢流阀的溢流压力。

②在活塞杆吊头不与闸门连接的情况下,做全行程空载往复动作试验三次,用以排除油缸和管路中的空气,检验泵组、阀组及电气操作系统的正确性,检测油缸启动压力和系统阻力、活塞杆运动应无爬行现象。

③在活塞杆吊头与闸门连接而闸门不承受水压力的情况下,进行启门和闭门工况的全行程往复动作试验三次,设定和调整好闸门开度传感器、行程极限开关及电、液元件的设定值,检测电动机的电流、电压和油压的数据及全行程启闭的运行时间。

④在闸门承受水压力的情况下,进行液压启闭机额定负荷下的启闭运行试验。检测电动机的电流、电压和系统压力及全行程启闭运行时间,启闭过程应无超常振动,启停应无剧烈冲击现象。

⑤电气控制设备应先进行模拟动作试验,再做联机试验。

2. 门式起重机制作及安装

门式起重机的制造、安装应符合《水运工程质量检验标准》(JTS 257)及《水利水电工程启闭机制造安装及验收规范》(SL 381)中的有关规定,并按高标准者执行。

门机安装中选择的吊装设备和吊装方法应满足最重件的吊装。

(1)轨道安装,根据施工图样尺寸,测量放样轨道安装的中心和高程。

(2)行走机构和下横梁吊装。

(3)门腿吊装:门腿吊装利用履带吊吊装,连接好螺栓后调整门腿的垂直度并用工字钢加固。在门腿内侧用钢丝绳拉缆风,防止门腿倾倒,在随后吊装主梁时可用手拉葫芦进行门腿垂直度调节,方便主梁就位。

(4)主梁拼装及吊装。

①主梁拼装。

②主梁吊装。

吊装主梁前应在门腿法兰面处焊好临时平台及爬梯，然后再吊装主梁与两侧门腿连接。根据履带吊起吊能力布置设备位置，并挂好合适长度的钢丝绳。两台履带吊同时吊起主梁，调整主梁水平，升高主梁，高度超过门腿后，分别摆臂杆使主梁到达门腿上方，落下主梁进行螺栓连接。

(5)门架调整。吊完主梁后接长臂杆，然后吊装马鞍连接梁。把主梁与连接梁合成整体，测量主梁各项技术指标符合设计、规范要求。

(6)小车吊装。小车吊装前首先考虑吊装重量是否在起重设备起吊能力范围内，尽可能把小车及其附件在地面组装，然后吊上去，避免过多的高空作业。根据水流方向及小车布置，选择合适的吊装位置。

(7)栏杆、驾驶室及其他的附属设备吊装。分别吊装爬梯、栏杆、驾驶室、大、小车缓冲器、扫轨板、车挡等部件，并调整其符合设计要求。在不影响大件吊装的情况下，可先将此类小件先安装在大件上并随大件一起吊装。

(8)电气设备安装及穿绕钢丝绳。

3. 门式起重机试运转

(1)试运转前按规范要求进行各项检查工作。

(2)门式起重机空载试验。

(3)门式起重机荷载试验。

门机空载试验完成后，各机构运转正常才能进行负载试验，负载试验先进行静负荷试验，再进行动负荷试验。

①试验重物及吊装工具。试验重物采取满足静载试验 1.25 倍时须有的重量。

②静荷载试验。静荷载试验结束后，起重机各部分不能有破裂，连接松动或损坏等影响性能和安全的质量问题出现。

③动荷载试验。动载荷试验的目的主要是检查门机及其制动器的工作性能。

起升 110% 的额定荷载做试验荷载，试验时按设计要求的机构组合方式，同时开动两个机构，做重复的起动、运转、停车、正转、反转等动作，延续时间至少应达到 1h。

4. 桥式起重机制作和安装

(1)桥机安装。桥式起重机的制造、安装除严格按照经审查同意后的施工图外，还必须符合《水运工程质量检验标准》(JTS 257)及《水利水电工程启闭机制造安装及验收规范》(SL 381)中的有关规定，并按高标准者执行。

桥机在制造、安装及调试完并投入使用时，生产厂家应提供详细的使用说明书。

桥机大梁有混凝土结构和钢箱梁结构。钢箱梁结构的安装同门机主梁吊装。

(2)轨道安装。根据施工图样尺寸，测量放样轨道安装的中心和高程。

(3)台车组装工艺要点。

①台车架组装应在已铺设好的一段标准轨道上进行。

②对于单个车轮，在其下端梁连接后即将其组合成一体，然后连同车轮吊放至轨道上。若有均衡台车的组合车轮，则可分别将均衡台车放至轨道上，再吊装整根的下端梁与其组装。

③当整个台车架组合成一体后，要全面检查台车架的几何尺寸，误差不得超过施工图

的规定。待台车架组合尺寸全部调整合格后,才允许各组合接头的正式铆接、螺栓连接或焊接。

④行走机构安装时以对称两个主动行走轮实际位置为基准,用拉钢线的方法定出传动轴中心及高程,以此来安装和调整减速器的位置,使减速器传动轴的中心和高程与理论传动中心一致,检查合格后将减速器基础螺栓固定,分段安装各传动轴,并以手转动减速快速轴,让车轮正反向旋转一周以上,转动时应轻松灵活无卡阻。

(4)桥机试运转。

①试运转前按规范要求进行各项检查工作。

②空载试验。起升机构和行走机构(小车和大车)按规范的规定检查机械和电气设备的运行情况,应做到动作正确可靠、运行平稳、无冲击声和其他异常现象。

③静载试验。对主、副钩进行静载试验,以检验启闭机的机械和金属结构的承载能力。试验荷载依次采用额定荷载的 70%、100% 和 125%。

④动载试验。试验荷载依次采用额定荷载的 100% 和 110%。

(八)航标工程

1. 航标工程基础

基础施工工序:基坑开挖→预埋件安装固定→混凝土浇筑→混凝土养护。

2. 里程牌和界桩

施工工序:里程牌和界桩预制→安装→油漆喷涂。

3. 标志标牌

施工工序:标志标牌制作生产→测量定位→基础开挖及混凝土浇注→安装标志立柱→吊装标志板→调校→清扫标志板→清理现场。

4. 杆型标志

施工工序:杆型标志制作生产→测量定位→基础开挖及混凝土浇注→安装杆型标志→调校→清理现场。

5. 桥涵标及桥柱灯

施工工序:测量定位→预埋构件定位→预埋构件定位→安装→调试。

6. 浮标工程

施工工序:浮标制作→测量定位→安装→调试运行。

(九)电气工程

1. 电气设备安装

电气设备安装包括:电缆线路安装、低压电气设备安装、接地系统施工、灯杆安装、高低压柜的安装。

2. 电气设备调试

电气设备调试包括:供配电及电力监控系统调试、室外照明系统调试、自动控制系统调试、电气设备联合调试、视频监控系统和广播系统调试、收费(调度)系统调试。

(十)联合调试与试运行

1. 联合调试

(1)机电设备联合调试工作分为单闸首设备(闸阀门、启闭机械等)联动调试、无水系统联合调试、有水系统联合调试3个阶段进行。

(2)船闸联合调试按下述顺序进行:设备安装→设备单机调试→单闸首设备联动调试→无水系统联合调试→有水系统联合调试。

(3)系统联合调试工作严格依照设计单位提出的机电设备联合调试大纲进行。

(4)机电设备安装和单项设备调试完成后,通过联合调试,对船闸结构及启闭机设备、监控系统的联合运行性能进行检测和调试,对集中控制系统及所有的船闸辅助设备的联合运行功能(包括技术性能)进行验证和进一步调试完善,并对船闸的运行过程和土建工程运行状况进行检验,为船闸的试运行做好准备。

(5)无水系统联合调试是在单闸首联合调试完成后进行,主要是对船闸各种设备在集中控制条件下,模拟船闸运行状态,按船队上行、下行连续过闸程序(逐级和分组同步)进行联动(包括补水、单边输水),并做一定的事故模拟验证与调试,在调试中检测信息传输、设备动作程序、动作闭锁条件、设备运行参数、联动协调功能、故障、事故保护与显示功能等的正确性、灵敏度和实时性。

(6)有水系统联合调试是在无水联合调试完成后,通过抽水供水按设计的水位差分级进行闸门水力学特性及止水效果测试,侧重有水状态各设备整体联动运行调试与检测。

2. 放水后试运行

(1)试运行应在业主方要求的运行条件下进行。

(2)试运行持续时间为无故障连续运行72h,如果试运行由于承包人提供的仪器与设备故障而中断,试运行要重新进行。如果由于非承包人的原因使试运行中断,运行时间的计算方法由业主方和承包人商定。

(3)重复调试工作,并最后校准各参数值,进行试运行,试运行时间由监理工程师确定。

(4)试运行结束后,将最终确定的、成熟的PLC程序下载,做好备份。

六、修造船厂水工工程施工技术

(一)船台

1. 概述

船厂常用的船台为纵向倾斜船台,其中分为陆上段和水下段。水下段有的采用半坞式,与船坞施工工艺相同;有的采用滑道与船台相接,施工工艺与滑道相同。

船台地基有天然地基和人工地基(工程上常用的桩基)等形式。

2. 船台施工工艺

(1)船台施工主要工艺流程:围堰形成→基坑止水→基坑排水→地基处理→基础施工→土方开挖→船台板混凝土浇注→轨道梁施工→两侧挡墙施工→附属设施安装。

(2)桩基础主要为钢管桩、预制打入桩和灌注桩等型式。

(3)船台板块混凝土采用分块施工,沿船台坡度从下至上浇筑混凝土。为防止船台板表面裂缝产生,应采取温控措施并做好养护。

(4)船台附属设施主要包括门机轨道安装、管道安装、泵机安装及防汛钢闸门安装等。

3. 滑道施工工艺

(1)滑道水下段的轨道梁,一般采用井字形构件,分为预制安装在水下抛石整平基床上、预制安装在重力墩式基础(预制安装钢筋混凝土方块或沉箱)上、在桩基础上安装后浇筑水下混凝土桩帽等方式,或在围堰内现浇轨道梁的方式。桩基础采用打入桩或灌注桩。

采用抛石基床、沉箱或方块作为水下滑道基础时,应在基础沉降稳定后安装轨道梁。

(2)井字梁预制完成后,将钢轨安装调整好,然后一起进行水上安装。预制及加工井字梁等构件时应严格按设计规范要求控制和检查,确保达到钢轨安装调整要求。

(3)井字梁安装,可采用起重船吊装加千斤顶精调工艺,或平台整体提升安装工艺。

起重船吊装井字梁放置在基础顶面的千斤顶上,完成初步定位,三维千斤顶进行精调。安装调整时采用"倒垂法"进行测量定位和从水下到水上的"引测法"进行高程测量控制。

"倒垂法"即在安装井字梁上设置一个钢架,钢架上部有一个控制倒垂线的浮桶,当垂线连接至钢轨中心时,用浮桶自然使倒垂线保持垂直的方法来测量调整井字梁偏差。

平台整体提升安装工艺,可完成井字梁安装和测量定位工作,同时又可免受风浪影响。

(4)井字形构件在桩基础上安装后,水下支立模板,浇筑水下混凝土桩帽;也可采用"套箱"围堰形成干施工条件浇筑混凝土桩帽。

(二)船坞

1. 概述

船坞结构型式有重力式、锚拉式、排水减压式等,相应各有其施工内容和工艺。

干船坞结构一般采用干法施工,先修建围堰挖基坑,排除基坑内的水,然后进行坞体施工。但当地基条件复杂、排除基坑水困难时,采用湿法施工更方便可行,先安装坞墙沉箱,然后进行沉箱基础水下升浆混凝土和地基止水等施工,形成基坑内或坞墙内干施工条件。

2. 围堰施工与基坑排水

(1)船坞干施工,修筑围堰和做好止水和防渗是关键。

围堰的型式有:土(充砂袋)围堰 + 黏土芯墙或钢板桩防渗墙,双排钢板桩对拉围堰 + 中间防渗填料,方块单排钢板桩围堰,沉箱或方块结构 + 止水措施围堰,格式钢板桩围堰,地下连续墙围堰兼做坞墙等。

围堰施工关键是止水和防渗。基坑周边地基止水防渗措施有旋喷桩、压力注浆、水泥搅拌桩等,沉箱或方块结构基础止水防渗措施有压力注浆或升浆等。钢板桩锁口止水常用锯末加黄油等材料。

(2)基坑降排水。

①首先根据基坑的面积和围堰合拢后的水位计算和选择抽水泵,一般选择功率大的离心泵,离心泵设置在基坑内的浮驳上抽水,通过管路排至围堰外。

②抽水过程要注意观测坞坑水位的变化,是否有漏水现象,并及时处理。抽水速度不宜过快,一般每小时水面降低不大于 10cm,以防边坡由于水力坡降过大而造成失稳。同时抽水过程中应加强对围堰的变形观测。

③采用放坡形式的基坑时,为保证边坡和围堰的稳定及干施工,基坑外周边设置轻型井点降水,抽水设备采用射流泵,基坑内设置降水管井,抽水设备采用深井泵。

④船坞干施工土方开挖和坞体施工期间,需要进行基坑维持性降水,基坑内应根据总体施工安排,分级布置排水明沟、排水管和集水井。

3. 土方工程和基础处理

基坑内的土方开挖，根据工程具体情况可采用挖泥船水上开挖、水力冲挖和挖掘机开挖，以及几种开挖工艺结合的方法。开挖前，可布置降水井抽出土壤中的地下水，以方便开挖。开挖时，应做好基坑和围堰的安全监测，包括变形监测、应力应变监测和水位监测等。

土方开挖应根据总体施工安排和基坑安全监控要求，采取分区、分层的方法。淤泥层开挖时可采用化学固化、物理固化等方法，也可采用网格式回填开挖道路后挖掘机开挖或水力冲挖的方法。遇有岩层爆破时，应采取浅孔、密布、控制一次装药量等措施保证基坑安全。

基础处理根据地质情况有置换法（回填块石夯实或浇注块石混凝土）、旋喷桩、压力注浆、水泥搅拌桩、打入桩或灌注桩等方法。

4. 混凝土工程

控制混凝土质量、力求做到不渗不裂是船坞主体工程施工的最终目标。因此，应从以下几个方面采取措施。

（1）混凝土原材料：采用低水化热水泥；砂的细度模量在 2.7 ~ 2.8；粗骨料采用二级配（有条件时采用三级配）；水灰比控制在 0.45 以下；单掺或双掺粉煤灰、矿粉等掺合料。

（2）做好施工总体部署和进度计划，预先对船坞主体结构分区、分块、分层进行策划。划分原则为平行流水、均衡生产。

坞口处工程量大、结构复杂，还布置有输水廊道和泵房，应先安排坞口段施工。

（3）船坞为大体积混凝土施工，施工工艺应进行专门设计，进行温度应力计算，制定温度和裂缝控制方案，具体包括：浇筑时间尽量安排在温度较低季节；设闭合块；掺加膨胀剂；控制层与层之间的间歇期；采取保温降温和温度监测等措施，控制混凝土内外温差在 25℃以内；保证潮湿或浇水养护持续时间等。

5. 减压排水和附属设施施工

（1）排水减压设施有沟管式排水、减压井排水、排水层排水、混合式排水等形式。排水管、透水层、减压井等施工应做到材料和半成品的严格检验、操作过程精细、防污染等。无砂混凝土施工应特别注意覆盖洒水养护和成品的保护、防污染等。

（2）船坞附属设施主要有廊道工艺管道、泵房设备、坞门等。

①干船坞的坞门类型有浮箱式坞门、横拉式坞门、气控式卧倒门等。坞门制作分为在建船坞内建造和其他场地建造；坞门安装有浮式安装和起重设备吊装；起重设备吊装则根据制作场地情况又分为在建船坞龙门吊安装和起重船安装。

浮式安装是指在坞内建造的坞门和坞体完工后，向坞内注水使坞门起浮移动就位，调控坞门舱内压水或压缩空气完成安装调试、启闭试验等，再拆除围堰。

②主泵（轴流泵或混流泵功率较大）的安装精度要求较高（主要是泵轴与主电机轴的同心度），需要采取诸如坐浆法，框架式水平仪、听声法和百分表测控，楔铁调整等满足要求。

6. 船坞湿法施工

船坞湿法施工是在干法施工难以实现的情况下研究的一种技术。它的主要类型有船坞底板预填骨料压浆混凝土重力式结构湿法施工，兼作围堰的直立坞墙或坞口基床压浆混凝土湿法施工，围堰堵口沉箱基床压浆混凝土湿法施工等。

船坞湿法施工形成的止水系统分三部分：岩石或土层内止水（帷幕灌浆或旋喷桩）、基床止水(形成升浆混凝土)和结构分缝止水(结合腔内混凝土、橡胶止水带、止水板)。

船坞结构湿法施工升浆混凝土施工流程:

(1)首先进行沉箱基床抛石,块石基床的孔隙率在 40% 以上(可不夯实)。

(2)抛石基床分段和基床坡肩铺设土工布,作为隔断形成封闭的升浆单元,然后回填石渣覆盖土工布铺设面。

(3)整平沉箱基床(碎石粒径 80 ~ 150mm),安装沉箱,浇筑沉箱之间结合腔内混凝土。

(4)基床上锤击升浆管造孔,搅拌机制浆、砂浆泵输送压浆进入基床块石空隙内。

七、陆域形成与软基加固

(一)陆域回填与吹填

1. 陆域形成

陆域形成最初是采用土方平衡的方法,利用开挖土方回填天然高程不足的地方,或削除丘陵山地而形成平整的陆域;近年来,随着水运工程建设规模的扩大和城市经济发展的需要,土地资源受限而疏浚填筑技术不断进步,采用直接围海造陆的方法形成陆域,以获取更大的发展空间和降低土地占用成本。

围海造陆的两个主要工作,一是围海,形成围堰或围堤,在水运工程中,就是修筑防波堤或护岸;二是造陆,也就是采用回填或吹填的方法,在已经围护好的水域、滩涂或低洼地带形成满足使用需要的陆域。吹填是指利用船机设备自水下开挖取土,通过泥泵、排泥管线输送至指定区域填筑陆域的方法。

2. 陆域回填

(1)土的分类和性质。在一般定额中,按土石坚硬程度、开挖方法和开挖工具,将土分为八类(表 5.2-3)。

土的工程分类表　　表 5.2-3

土的分类	土的级别	土(岩)的名称	压实系数 f	密度(kg/m^3)	开挖方法及工具
一类土(松软土)	Ⅰ	略有黏性的砂土;粉土腐殖土及疏松的种植土;泥炭(淤泥)	0.5 ~ 0.6	600 ~ 1500	用锹、少许用脚蹬或用板锄挖掘
二类土(普通土)	Ⅱ	潮湿的黏性土和黄土;软的黏土和碱土;含有建筑材料碎屑,碎石、卵石的堆积土和种植土	0.6 ~ 0.8	1100 ~ 1600	用锹、条锄挖掘,需用脚蹬,少许用镐
三类土(坚土)	Ⅲ	中等密实的黏性土或黄土;含有碎石、卵石或建筑材料碎屑的潮湿的黏性土和黄土	0.8 ~ 1.0	1800 ~ 1900	主要用镐、条锄挖掘,少许用锹
四类土(砂砾坚土)	Ⅳ	坚硬密实的黏性土或黄土;含有碎石、砾石(体积在 10% ~ 30% 重量在 25kg 以下石块)的中等密实黏性土和黄土;硬化的重盐土;软泥灰岩	1.0 ~ 1.5	1900	全部用镐、条锄挖掘,少许用撬棍挖掘

续上表

土的分类	土的级别	土(岩)的名称	压实系数f	密度(kg/m^3)	开挖方法及工具
五类土（软石）	Ⅴ～Ⅵ	硬的石炭纪黏土；胶结不紧的砾岩；软的、节理多的石灰岩及贝壳石灰岩；坚实的白垩；中等坚实的页岩、泥灰岩	1.5～4.0	1200～2700	用镐或撬棍、大锤挖掘，部分使用爆破方法
六类土（次坚石）	Ⅶ～Ⅸ	坚硬的泥质页岩；坚实的泥灰岩；角砾状花岗岩；泥灰质石灰岩；黏土质砂岩；云母页岩及砂质页岩；风化的花岗岩、片麻岩及正常岩；滑石质的蛇纹岩；密实的石灰岩；硅质胶结的砾岩；砂岩；砂质石灰质页岩	4～10	2200～2900	用爆破方法开挖，部分用风镐
七类土（坚石）	Ⅹ～ⅩⅢ	白云岩；大理石；坚实的石灰岩、石灰质及石英质的砂岩；坚硬的砂质页岩；蛇纹岩；粗粒正长岩；有风化痕迹的安山岩及玄武岩；片麻岩；粗面岩；辉绿岩；玢岩；中粗正常岩	10～18	2500～2900	用爆破方法开挖
八类土（特坚石）	ⅩⅣ～ⅩⅥ	坚实的细粒花岗岩；花冈片麻岩；闪长岩；坚实的玢岩、角闪岩、辉长岩、石英岩；安山岩、玄武岩；最坚实的辉绿岩、石灰岩及闪长岩；橄榄石质玄武岩；特别坚实的辉长岩、石英岩及玢岩	18～25以上	2700～3300	用爆破方法开挖

土的性质包括土的可松性、压缩性和压实沉陷量。

(2)土方的计算和调配。陆域回填首先要做好土方工程量计算和土方调配平衡工作。

土方调配平衡目的是在土方运输的吨(挖填方量)·公里值为最小的目标下，确定挖填土方调配平衡。因此需要统筹规划，力求把好土应用于回填质量较高的地区；结合其他建筑物的施工，或开挖其他土方或留土作为回填料；选择适当的调配方向、运输路线、运输机具，使土方运输通畅，无对流和乱流现象等。

(3)挖运土。

①场地开挖边坡应通过计算确定，如设计无规定，对使用期在一年以内、地质条件良好、土质均匀、无地下水、高度在10m以内的临时边坡坡度可参照表5.2-4选用。

临时挖方坡度值　　表 5.2-4

岩土类别		边坡值
砂土(不包括细砂、粉砂)		1:1.25 ~ 1:1.50
一般黏性土	坚硬	1:0.75 ~ 1:1.10
	硬塑	1:1.0 ~ 1:1.15
碎石类土	充填坚硬、硬塑黏性土	1:0.50 ~ 1:1.0
	充填砂土	1:1.0 ~ 1:1.50
硬质岩石	微风化	1:0.1 ~ 1:0.35
	中风化	1:0.2 ~ 1:0.50
	强风化	1:0.35 ~ 1:0.75
软质岩石	微风化	1:0.35 ~ 1:0.75
	中风化	1:0.50 ~ 1:1.00
	强风化	1:0.75 ~ 1:1.25

②土方开挖机械主要有推土机、铲运机、单斗挖土机(正铲、反铲、拉铲、抓铲)、多斗挖土机、装载机等,其中以推土机、液压反铲、装载机、铲运机使用最为广泛。土方运输一般采用自卸汽车,包括了运输与卸土两道工序。卸下的土再用推土机等机械推平。

土方开挖的机械选择,应根据工程规模(开挖断面、范围、深浅)、土质、地下水、开挖机械性能以及现场施工条件而定。

推土机适用于开挖一 ~ 三类土,经济运距 50m 以内,效率最高运距 30m 内。多用于:平整场地,开挖浅坑,移挖作填,回填坑、沟,堆筑矮的堤埂,配合其他土方机械进行平整、集中、清理、修路开道等。正铲挖土机适合于开挖含水率不大于 27% 的一 ~ 四类土,以及爆破后的岩石块、冻土块。反铲挖土机适用于开挖一 ~ 三类的砂土和黏土。

③挖土一般先采取降排水措施,修建施工道路及修整工作面;运土一般采用 4 ~ 15t 自卸汽车,配履带推土机卸土场平整,运土需修建运土道路,并加以施工期维护,运输车双向行驶时,路宽 8m 左右。

(4)填土和压实。

①填土土料应按照设计要求选择,同时应注意有机质含量大于 8% 的土,仅用于无压实要求的填方;淤泥和淤泥质土,一般不能用作填料,但在软土和沼泽地区,经过处理,含水率符合压实要求后,可用于填方中的次要部位。

②填土土料应严格控制含水率。当土的含水率大于最佳含水率范围时,应采用翻松、晾晒、风干法降低含水率,或采取换土回填,均匀掺入干土或其他吸水材料等措施降低含水率;如含水率偏低,可洒水润湿,以达到最佳含水率。

③压实机械的选择,应根据土壤类别、土壤湿度、压实层厚度、压实标准、施工现场和设备

条件等因素确定。一般大面积黏性土的碾压,宜采用拖式羊足碾、拖式平碾及压路机;砂性土壤和杂填土的压实宜采用振动压路机。在缺乏碾压机械时,也可用拖拉机、推土机压实,对密度要求不高的壤土,可利用运土工具结合运土进行压实。

④填土应预留一定的沉降量,压实分层回填碾压;压实时碾迹应重叠0.5～1.0m,上下层错茬不应小于1.0m;压实时机械先轻后重,先低速后高速,先静后振,以保证压实均匀。

3. 吹填造陆

(1)吹填方法和设备。吹填造陆采用绞吸挖泥船通过泵管压力输送、耙吸式挖泥船直吹或泵管输送及其他方法。

①绞吸挖泥船一般配置三台泥泵,泥泵之间可串联输送,其输送距离远,对于超长距的水力输送还可设置接力泵站、接力泵船。

②耙吸式挖泥船可采用艏吹装置直接吹填至吹填造陆区域,也可连接泵管输送。

③还可用挖泥船挖泥装入泥驳,冲水对泥驳内泥沙进行稀释,使用吹泥船和排泥管线输送至吹填区,此方法适合运距较远或水下布设管线困难时采用。

④另一种方式是挖泥船或泥驳将泥沙抛填至吹填区附近的水下储泥坑中,再用吹泥船和排泥管线输送至吹填区,但此方法流失量较大,经济性差,适合在流速较小水域采用。

(2)开工准备工作。吹填工程开工前要做好详细的现场调查踏勘,现场清理,确定管线敷设方案,围堰、排水口和排水通道的施工,监测设施设置等工作。

①现场调查踏勘工作包括测量复核拟建工程的水深和地形情况、勘察分析拟开挖的土质情况、调查当地气象、水文、抛泥区情况,以及当地的船舶修理能力、物资供给能力、船舶停靠能力、避风场地等情况,依据这些资料选择合适设备,编制施工方案和施工组织设计。

②吹填围堰一般分为永久性围堰、准永久性围堰和临时性围堰。

永久性围堰、准永久性围堰的结构形式常采用斜坡式、直立式和混合式。斜坡式一般用于水深浅、地质差,石料丰富的地区,常采用天然块石、混凝土方块和各种人工护面块体作护面;直立式一般采用方块、沉箱、板桩等形式形成完全直立面的临海侧,一般用于水深大、基础好的地区,其临海侧可兼作码头使用。混合式是以上两种形式的结合,兼有二者的特点。

临时性围堰主要用于隔堤和陆上围堰,其作用是阻挡吹填区内泥沙的外流,使泥沙在吹填区中沉积,可采用土、石、板桩或其混合料等筑成。

围堰按照建设进度可分为一期围堰、二期围堰等。吹填围堰高度较大并有条件进行分层吹填、分层处理时,可利用吹填土料修筑围堰,按分层筑堰、分层吹填的方式进行设计施工。

临时围堰的主要结构形式有黏土围堰、土工织物充填袋围堰、混合材料围堰(砂、石、土混合料)、抛石围堰、板桩围堰等。

③排水口应根据吹填与排水流量,吹填土颗粒,吹填区面积、形状及容量以及外部环境等因素综合分析确定位置、结构形式和数量,以满足吹填土沉淀快、土质均匀、平整度好、流失少,排出水含泥量低,水位调整方便等要求。

排水口有溢流堰式排水口、薄壁堰式排水口、埋管式排水口、闸管组合式排水口,以及在此基础上改进的可调节高度的堰内埋管式排水口、虹吸管式排水口、分级组合式排水口等。

(3)吹填施工。吹填施工应根据工程规模、施工强度、吹填土性、吹填厚度、吹填距离、吹填区容量和平整度要求等因素选择吹填方法和配置设备,并应符合《疏浚与吹填工程施工规范》(JTS 207)的有关规定。

吹填施工作业包括排泥管敷设、接力泵(船)站设置、施工船舶展布、施工过程的统筹协调、进度质量监控、流失量与沉降量的观测等。

泥管由排泥钢管或排泥胶管、水上浮体、排气阀、锚鼓(漂)等组成。

排泥管线基本形成与特点见表 5.2-5。

排泥管线基本形式与特点　　表 5.2-5

形　式	作　用	特　点	适用范围
水上管线	连接挖泥船与固定管线,随同挖泥船可在一定范围内移位施工	适应挖泥船与固定管线的连接,适应水上漂移、活动、折弯,管线更换、修复较容易;易受风浪、水流影响,妨碍水上交通,摩擦阻力较大	适用于流速和浪高在一定限度之内,水深满足水上管线吃水的水域
水下管线	连接水上管线与陆上管线,减少水上管线长度	受水流和波浪影响小,不影响水上交通,成本低,摩擦阻力较小;但敷设、起浮操作较复杂,管线更换、修复难度大	适用于水上输泥距离远、需避免对水上交通干扰的水域
陆上管线及吹填区管线	连接水上管线或水下管线,将泥浆输送至吹填区域	一般由排泥钢管组成,间隔连接一段胶管,以适应地形变化;管线更换、修复简单,摩擦阻力较小	适用于陆域吹填区

①接力泵大多选用离心式泥泵,既可并联,又可串联工作。

②取土区与吹填区,应根据设备性能、输泥距离、土质分布等因素确定分区分层。软基上进行吹填应根据设计要求和现场观测数据,控制吹填加载速率。

4. 软基加固

陆域形成的回填土或吹填土源种类具有不确定性、性状不均一、已经遭到扰动破坏等特性,且为确保水力吹填的工效掺入了大量的水,形成陆域后从自然环境上和时间上均难以自然固结。因而往往需要采取软基加固尤其是排水固结等措施,使其具备一定的强度,才完成全部陆域形成工作。软基加固施工应符合《水运工程地基基础施工规范》(JTS 206)的有关规定。

软基加固的方法很多,如表 5.2-6 所示。

软基加固方法及分类　　表 5.2-6

<table>
<tr><th colspan="4">类　别</th><th>具　体　方　法</th></tr>
<tr><td rowspan="7">物理加固法</td><td rowspan="3">换填处理</td><td colspan="2">挖除换填法</td><td>全部挖除换填法、部分挖除换填法</td></tr>
<tr><td colspan="2">强制换填法</td><td>重力强制换土法(如抛石挤淤法)</td></tr>
<tr><td colspan="2">爆破换填法</td><td>爆破挤淤法</td></tr>
<tr><td rowspan="4">密实处理</td><td colspan="2">表层密实处理法</td><td>表层夯实法;
重锤夯实法;
碾压法;
表层振实法</td></tr>
<tr><td rowspan="3">深层密实处理</td><td>排水固结法</td><td>排水砂垫层法(最大排水距离一般 <5m)
堆载预压法;
真空预压法;
真空预压联合堆载预压法;
降水预压法(包括各类井点降水);
电渗法</td></tr>
<tr><td>冲击密实法</td><td>强夯法;
爆破挤密振实法</td></tr>
<tr><td>振密挤实法</td><td>振动水冲法(振冲法);
挤密砂桩法;
石灰桩挤密法;
灰土桩挤密法</td></tr>
<tr><td colspan="4">化学加固法</td><td>水泥系拌和法;
石灰系拌和法;
旋喷法(高压喷射注浆法);
灌浆法(包括各种灌浆材料)</td></tr>
<tr><td colspan="4">其他方法</td><td>土工聚合物法等</td></tr>
</table>

(二)强夯法

1. 强夯法及其特点和适用性

强夯法是将十几吨至上百吨的重锤,提升至几米至几十米的高处自由落下,对土体进行动力夯击,地基被强制压密(缩),从而提高地基土的强度并降低其压缩性的一种加固方法。

强夯法的优点是所用设备少、施工简便、加固速度快;缺点是机械磨损大、震动大。

强夯法主要适用于粒径大于 0.05mm 的粗颗粒土,如砂土、碎石土、山皮土、粉煤灰、杂填土、回填土、低饱和度的粉土和黏性土、微膨胀土和湿陷性黄土等软基加固。

2. 强夯技术参数

强夯加固地基要根据现场地质情况、工程具体要求和施工条件,根据经验或通过现场试夯选定有关技术参数。

强夯技术参数包括:锤重、落距、夯击点布置及间距、夯击击数、夯击遍数、两遍之间的间歇时间、平均夯击能、加固范围及深度等。

(1)锤重(W)和落距(h)是影响加固效果的重要因素,它直接决定每一夯击的夯击能和加固影响深度,它们之间的关系如下式:

$$H = K \times \sqrt{W \times h} \tag{5.2-3}$$

式中:H——加固影响深度(m);

W——夯锤重(t);

h——落距(m);

K——系数,一般采取 0.4 ~0.7。

(2)夯击点的布置方式,在大面积地基加固中,一般采取梅花形或正方形网格排列。夯点间距,根据建筑结构类型、土层厚度和土质条件(或通过试夯)确定。

3. 强夯法实施要点

(1)夯锤一般选取扁圆台形,用钢筋混凝土、铸钢或几层厚钢板焊接而成。夯锤底稍向上凸起,并设置多个上下贯通的排气孔。起重机常采用履带式起重机加自动脱钩装置。

(2)施工前场地应平整,地下水位高的饱和性土与宜液化流动的饱和砂质土铺 0.5 ~2m 厚的中(粗)砂、砂砾或片石等做垫层,以避免设备下陷和消散强夯产生的孔隙水压力。

(3)大面积、复杂地质及重要工程,夯前应进行试夯。试夯面积不小于 20cm ×20m。根据试夯结果,修正所选定的技术参数。

(4)强夯施工宜在干旱季节进行,雨季施工应采取措施排除强夯场地积水,冬季施工要消除冻土块,以免影响强夯效果。

(5)要检查夯锤有无偏心,防止夯坑倾斜;夯击过程中如发现夯坑过于倾斜应及时平整;每夯一遍后,要用新土或坑边土填平,测夯沉量。

(6)强夯范围内或周边有建筑物时,应根据建筑物结构特征和夯击能的大小,分析有无发生震害的可能,如有则须采取相应的隔离措施,如挖隔震沟等。

4. 加固检验

一般采用十字板、静(动)力触探和标准贯入等现场原位检验。必要时进行静载试验。

(三)真空预压法

1. 真空预压法及其特点和适用性

真空预压法就是在大气压力系统作用下,土中孔隙水由排水板(管)排出,孔隙水压力降低并转化为有效应力,使土体固结,从而有效地提高地基的承载力和减少沉降量。

真空预压法适用于一般软黏土、超软黏土。对堆场、仓库、空港、道路等使用荷载较小、非集中荷载的区域较为适用。加固时间较长,成本较低。

真空预压施工流程见图 5.2-34。

2. 真空预压法施工要点

(1)铺砂垫层或复合垫层。承载力很小的软黏土(或超软黏土)上铺设垫层时,一般是先铺脚手板作为车道板,后用人力车、载重量小(1t 左右)的翻斗车铺砂或渣石;铺复合垫层时,先铺荆笆或竹笆、土工布,后在其上铺脚手板作为车道,再铺砂或石渣。

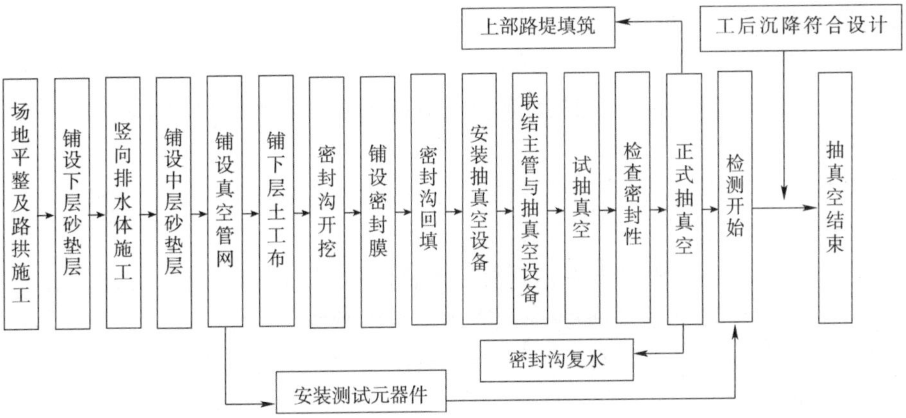

图 5.2-34　真空预压施工流程

(2)打设袋装砂井或塑料排水板。

①一般采用轻便的轨道式门式打设机。这种打设机,下铺枕木,既可扩散应力适应软土地基,又可移动一次打设数根袋装砂井或塑料排水板,从而加快打设速度。

②打设袋装砂井时,导管的末端可设重复使用的活动桩尖,或在导管前端套上一次性混凝土桩尖。当导管打至预定标高后,将已装好的砂袋从导管侧面的开口送入导管。边送边振动,使砂在自重作用下充满砂袋,避免出现缩径或断井现象。随之灌水,以便顺利拔起导管。

③打设塑料排水板时,在导管下沉之前,从导管上部开口处送入塑料排水板,伸出导管底与桩靴连接好,待导管打至预定标高后,上拔导管至地面,剪断塑料排水板。

④不论是袋装砂井或是塑料排水板,其顶端应高出垫层底 30cm 以上,孔周边塌陷的漏斗应及时用砂填满,以确保袋装砂井或塑料排水板与垫层有可靠的连通,同时避免抽真空时漏斗处下陷。

(3)埋设水平向分布滤管。分布滤管多采用条形排列,与集水管相连,以便抽真空过程中使真空度在整个加固区内分布均匀。可采用钢管或塑料管打孔外包土工布做滤管。滤管一般埋设在水平排水层中,管上有 10 ~ 20cm 砂覆盖层为宜。

(4)铺设密封膜。密封膜材料要求密封性好、来源容易、价格便宜。一般采用聚氯乙烯薄膜即可。密封膜一般宜铺 2 ~ 3 层,膜周边采用挖沟折铺,也可采用平铺。不论采用何种方法,均要使膜与软土接触有足够的长度,确保有足够的渗径,周边密封处应有一定的压力,使其有良好的气密性。

(5)按工艺要求,将射流真空泵、真空管路按密封要求连接好,进行抽真空。当膜下真空度达到 0.05 ~ 0.06MPa 以上时,检查确认密封系统不存在问题后,开始覆水。覆水高度一般为 20 ~ 30cm。在抽真空过程中,要求观测泵、真空管、膜内及土体内各深度的真空度、土层的深层沉降、地表总沉降、土层沿深度的侧向位移、孔隙水压力等的变化。当达到预定技术要求(一般泵及膜内真空度应分别达到 93kPa 和 73kPa 以上,即相当于 $9.3t/m^2$ 和 $7.3t/m^2$ 以上)后停止抽真空,并测读以上项目变化,检验和评价预压结果。

(四)堆载预压法

堆载预压法就是在堆载压力系统作用下,土中孔隙水由排水板(管)排出,孔隙水压力降低并转化为有效应力,使土体固结,从而有效地提高地基的承载力和减少沉降量。与真空预压法一样都属于排水固结法的一种。

堆载预压法适用于一般软黏土。对仓库、堆场道路及工民建的地基均适用。堆载后,使地基产生附加应力,对稳定不利,需根据稳定分析,分级加载。需用使用大量堆载料,一堆一卸费时费工。

堆载预压的操作流程包括铺砂垫层或复合垫层、打设袋装砂井或塑料排水板、铺水平排水层(覆盖砂)以及分级堆载。

堆载预压的材料一般以散料为主,如石料、砂、砖等。大面积施工时,通常采用自卸汽车与推土机联合作业。对超软地基,第一级荷载宜用轻型机械或人工作业。

堆载的顶面积不小于建筑物的底面积,堆载的底面积也应适当扩大,以保证建筑物范围内的地基得到均匀加固。

施工的关键问题是严格控制加荷速率,保证在各级荷载下地基的稳定性;同时要避免部分堆载过高而引起地基的局部破坏。对超软黏土地基要注意避免对土的扰动和破坏。

(五)振冲挤密法

1. 振冲挤密法及其适用范围

振冲挤密法是在振冲器反复水平振动和冲水的作用下,周围土体在径向的一定范围内出现瞬间的结构破坏,抗剪强度降低,土颗粒重新排列,相对密度提高,以达到提高强度、减少沉降、防止液化的加固目的。

振冲挤密法适用于砂性土。从粉细砂到含砾粗砂,只要小于0.005mm的黏粒含量不超过10%,都可得到显著的挤密效果;若黏粒含量大于30%,则挤密效果明显降低。

2. 振冲挤密法参数选择

振冲挤密法须选定的参数包括孔位布置、孔位间距、填料粒径和填量。这些参数应按密实度要求、地基土质和施工条件,根据经验和现场试验进行选定。

(1)孔位布置。根据加固的面积大小和形状选定。加固面积大时一般按梅花形状布置;加固面积小时或条形时,一般按正方形布置。

(2)孔位间距。振冲孔位的间距视砂土的颗粒组成、密实要求、振冲器的功率而定。砂的粒径越细,密实要求越高,则间距应越小。实践证明,对大面积处理,大功率的振冲器挤密影响范围大,单孔控制面积较大、速度快,因而具有更高的经济效益。

(3)填料。填料的作用一是填充在振冲器上提后砂层中可能留下的孔洞;另外利用填料作为传力介质,在振冲器的水平振动下通过连续加填料,将砂层进一步挤压加密。

对中粗砂,振冲器上提后,由于孔壁易坍落能自行填满下方的孔洞,从而可以不加填料,就地振实;但对细砂,必须加填料才能获得较好的效果。

填料可用粒径为0.5~5cm的粗砂、砾石、碎石、矿渣等材料。填料粒径越粗,挤密效果越好,但应与振冲器的功率相适应。

3. 振冲挤密法施工要点

(1)施工机具。主要机具是振冲器、操纵振冲器的吊机和水泵。吊机一般多用履带式起重机,水泵可选用流量为20~30m^3/h、水压0.6~9MPa的水泵。振冲器的原理是利用电机旋转,一组偏心块产生一定频率和振幅的水平向振动力。压力水通过空心竖轴从振冲器下端喷口喷出。

(2)准备工作。在进行振冲之前,要检查水压、电压和振冲器空载电流,确认正常后才能进行振冲作业。

(3)振密工艺。粉细砂中振冲造孔时水压和水量都不必很大,水量过大或压力太高必然会使孔口回水量增大、流速增高,从而将带出大量细颗粒使地面淤高,增加填料量,并不能真正起到挤密的效果。水压一般采用400~600kPa,供水量一般采用200~400L/min。成孔速率不宜过快,一般控制1~2m/min。孔底达到设计标高后,将水压和水量减少至维持孔口有一定回水量,但没有大量细颗粒带走的程度。

填料的方法有连续填料和间断填料两种。连续填料是振冲至设计深度后,不提出振冲器,由下而上边振冲边填料;间断填料是振冲至设计深度后,提出振冲器,分层填料分层振冲,分层厚度与振冲器功率大小有关。中粗砂层中振冲时利用中粗砂自行塌落代替外加填料。这一方法特别适用于振密人工回填或吹填的大片砂层。

4.效果检验

振冲挤密后的挤密效果检验,通常采用挖坑取样,直接测定和计算砂层的表观密度、孔隙比、相对密度等指标;也可做标准贯入度试验或动力触探试验,间接推算砂层的密实程度。根据振冲前、后的数据对比,判断加固效果。必要时还可用载荷试验取得加固后的承载力。

(六)深层水泥拌和法(CDM工法)

1.深层水泥拌和法(CDM工法)及其特点

(1)深层水泥拌和法(CDM工法)是通过特制的深层搅拌机(俗称处理机),在地基深处就地将软土和水泥浆强制搅拌,利用水泥与软土之间的物理—化学反应,使软土具有整体性、水稳性和一定强度的一种加固方法。

水泥和软土拌和在一起,经水解和水化反应,生成水化物,形成凝胶体,析出大量的钙离子(Ca^{2+})。水泥的各种水化物生成后,有的自身继续硬化,形成水泥石膏架;有的则与周围具有一定活性的黏土颗粒发生一系列反应,增强水泥的强度。

(2)深层水泥拌和法(CDM工法)的优点。

①被加固的软基,可在短期内获得设计强度,从而大幅度缩短工期。

②能可靠的保证获得所需的设计强度。该方法系根据地基土性确定水泥掺量,可以保证加固土体的设计强度。

③加固的地基加载后变形极小,对上部结构无有害影响。

④适用范围广。不仅适用于陆上和海上,而且对土质软、加固深度大、靠已有建筑物或构筑物近等不利条件下均可施工。深层水泥拌和法(CDM工法)是在原地基上进行加固的,挖泥、弃土等量极少,一般不会污染土质,而且施工时振动轻、噪声小,对周围环境无不良影响。

(3)深层水泥拌和法(CDM工法)除用于地基加固外,还可作为开挖时的止水壁、挡土墙等临时设施使用。

2.深层水泥拌和法(CDM工法)加固地基的型式

加固地基的型式,按加固出来的形状有块式、壁式、格子式、桩式和相切式(图5.2-35)。加固时采用哪种型式一般根据上部结构的要求,并考虑经济性、合理性等条件进行选择。

3. 深层水泥拌和法(CDM 工法)施工要点

(1)试验表明加固效果与土质有关。一般认为,对含有高岭土、多水高岭土、蒙脱石等矿物的黏性土,加固效果较好;对含有伊里石、氯化物和水铝英石等矿物的黏性土加固效果较差;特别是有机质含量高、酸碱度(pH 值)较低的黏性土的加固效果更差。为此,在加固前必须对土性进行认真分析。

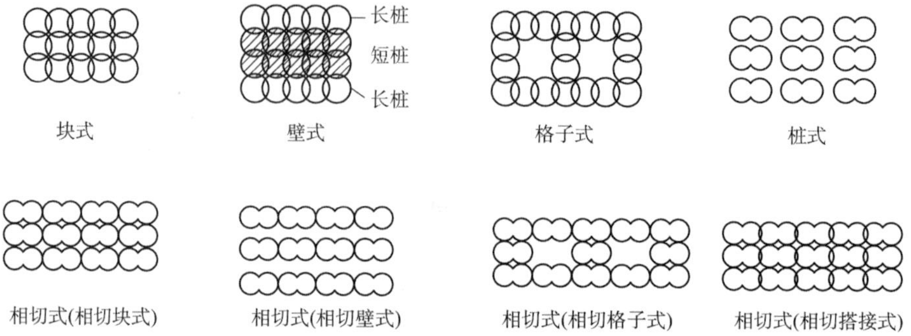

图 5.2-35 CDM 工法型式示例

(2)通常采用普通硅酸盐水泥和高炉矿渣水泥作为加固料。对有机含量较多的土壤需要采用特殊水泥。外加剂多用缓凝型 AE 减水剂。

(3)每立方米土中的水泥用量和水泥浆的水灰比取决于土质、土的天然含水率、水泥标号和对水泥土要求的强度。一般是根据钻探资料分层取土样,在室内分别做多种配合比设计,进行选定,然后在现场进行典型试验,钻取芯样进行复验、调整。

(4)施工操作程序。

①深层水泥拌和(CDM)船组通过自动定位系统就位。

②搅拌翼降至海底泥面上。

③搅拌翼贯入土中,在达到喷浆标高时注入水泥浆,旋转搅拌。

④搅拌翼达到底标高,水泥浆停止注入后搅拌 90s。

⑤引拔搅拌翼。

⑥拔出搅拌轴,移至下一指定位置。

(5)施工中一定要充分搅拌,使土破碎后的土团小,灰浆能均布于土团周围,从而减小水泥土结构强度的离散性,以提高其宏观的总体强度;要在处理机的转速和升降速度为一定时,严格控制输浆量,确保每层土的水泥用量不小于设计配合比所确定的值。

4. 深层水泥拌和法质量检验

地基加固后,一般应钻取芯样,分段截成一定尺寸的试件,在室内做无侧限抗压强度试验。综合分析、判定加固体是否满足设计要求。

第六章　水运工程计量

第一节　水运工程计价依据

一、水运工程造价标准体系及适用范围

(一)水运工程造价标准体系

工程造价标准,是建筑产品生产过程中计量、计价、定价的统一规定。是工程建设标准的重要组成部分,它包括工程造价范畴的定额、计价定价规定、规则、办法等。

水运工程造价标准已全部纳入《水运工程建设标准体系表》。2018 年版的水运工程造价标准分为 A 工程管理类造价标准、B 工程建设类造价标准、C 工程维护类造价标准,详见表 6.1-1 ~ 表 6.1-3。

A 工程管理类造价标准　　表 6.1-1

序号	标准体系号	标准项名称	标准代码	状态
1	A. 10. T. 1	水运工程定额编写规定	JTS 111—2013	现行
2	A. 10. T. 2	水运工程工程量清单计价规范	JTS 271—2008	现行
3	A. 10. T. 3	水运工程建设项目投资估算编制规定	JTS 115—2014	现行
4	A. 10. T. 4	水运工程概算预算编制规定		
5	A. 10. T. 4-1	沿海港口建设工程概算预算编制规定	交水发〔2004〕247	现行
6	A. 10. T. 4-2	内河航运建设工程概算预算编制规定	JTS 116—1—2014	现行
7	A. 10. T. 4-3	远海区域水运建设工程概算预算编制规定	JTS/T 119—2018	现行
8	A. 10. Z1. 1	港口设施维护工程预算编制规定	JTS 117—1—2016	现行
9	A. 10. Z2. 1	航道养护工程预算编制规定		

B 工程建设类造价标准　　表 6.1-2

序号	标准体系号	标准项名称	标准代码	状态
1	B. 10. T. 1	水运工程勘察及测量观测定额		
2	B. 10. T. 1-1	水运工程测量及观测定额		
3	B. 10. T. 1-1-1	水运工程测量定额	JTS 273—2014	现行
4	B. 10. T. 1-2	水运工程测量观测费用计算办法		
5	B. 10. T. 1-2-1	水运工程测量概算预算编制规定	JTS 116—4—2014	现行

续上表

序号	标准体系号	标准项名称	标准代码	状态
6	B.10.T.1-3	水运工程地质勘察定额		
7	B.10.T.1-4	水运工程地质勘察费用计算办法		
8	B.10.T.1-5	水运工程勘测船舶机械及仪器艘(台)班费用定额		
9	B.10.T.2	水运工程混凝土和砂浆材料用量定额	JTS 277—2014	现行
10	B.10.T.3	水工建筑及设备安装工程费用计算办法		
11	B.10.T.4	内河航运工程定额		
12	B.10.T.4-1	内河航运水工建筑工程定额	JTS 275—1—2014	现行
13	B.10.T.4-2	内河航运设备安装工程定额	JTS 275—3—2014	现行
14	B.10.T.4-3	内河航运工程船舶机械艘(台)班费用定额	JTS 275—2—2014	现行
15	B.10.T.4-4	内河航运工程参考定额	JTS/T 275—4—2014	现行
16	B.10.T.5	疏浚工程定额	交基发〔1997〕246	现行
17	B.10.T.5-1	疏浚工程船舶艘班费用定额		
18	B.10.T.5-2	疏浚工程费用计算办法		
19	B.10.T.6	围堤吹填工程定额		
20	B.10.T.6-1	围堤吹填工程船舶机械艘(台)班费用定额		
21	B.10.T.6-2	围堤吹填工程费用计算办法		
22	B.10.T.7	水运工程模拟试验定额		
23	B.10.T.7-1	水运工程数学模型试验研究参考定额	JTS/T 274—1—2011	现行
24	B.10.T.7-2	水运工程物理模型试验定额		
25	B.10.T.8	远海区域水运工程定额		
26	B.10.T.8-1	远海区域水工建筑工程定额	JTS/T 292—1—2018	现行
27	B.10.T.8-2	远海区域水工建筑工程船舶机械艘(台)班费用定额	JTS/T 292—2—2018	现行
28	B.10.T.8-3	远海区域水工建筑工程参考定额	JTS/T 292—3—2018	现行
29	B.10.T.9	远海区域疏浚与吹填工程定额		
30	B.10.T.9-1	远海区域疏浚与吹填工程费用计算办法		
31	B.10.T.9-2	远海区域疏浚与吹填工程船舶艘班费用定额		
32	B.10.T.10	沉船清除打捞工程定额		
33	B.10.T.10-1	海上沉船清除打捞工程计价办法	JTS 118—2017	现行
34	B.10.T.10-2	海上沉船清除打捞工程定额	JTS 291—1—2017	现行
35	B.10.T.10-3	海上沉船清除打捞工程船舶机械艘(台)班费用定额	JTS 291—2—2017	现行
36	B.10.T.10-4	内河沉船清除打捞工程定额		
37	B.10.T.11	水运工程试验检测定额		

续上表

序号	标准体系号	标准项名称	标准代码	状态
38	B. 10. T. 11-1	水运工程室内试验检测定额		
39	B. 10. T. 11-2	水运工程现场试验检测定额		
40	B. 10. T. 12	水运工程施工定额		
41	B. 10. T. 13	水运工程项目工期定额		
42	B. 10. Z1. 1	沿海港口工程定额	交水发〔2004〕247	现行
43	B. 10. Z1. 1-1	沿海港口水工建筑工程定额		
44	B. 10. Z1. 1-2	沿海港口装卸机械设备安装工程定额		
45	B. 10. Z1. 1-3	沿海港口工程船舶机械艘(台)班费用定额		
46	B. 10. Z1. 1-4	沿海港口工程参考定额		
47	B. 10. Z2. 1	航标工程定额		
48	B. 10. Z2. 1-1	沿海航标工程定额		
49	B. 10. Z2. 1-2	内河航标工程定额		
50	B. 10. Z2. 1-3	航标工程船舶机械艘(台)班费用定额		
51	B. 10. Z2. 1-4	航标工程费用计算办法		

C 工程维护类造价标准　　表 6. 1-3

序号	标准体系号	标准项名称	标准代码	状态
1	C. 10. T. 1	水运工程检测与监测定额		
2	C. 10. T. 1-1	航道整治建筑物检测与监测定额		
3	C. 10. T. 1-2	通航建筑物检测与监测定额		
4	C. 10. Z1. 1	港口维护工程定额		
5	C. 10. Z1. 1-1	港口设施维护工程预算定额		
6	C. 10. Z1. 1-2	港口设施维护工程船舶机械艘(台)班费用定额		
7	C. 10. Z2. 1	航道养护工程定额		
8	C. 10. Z2. 1-1	航道养护预算定额		
9	C. 10. Z2. 1-2	航道养护船舶机械仪器艘(台)班费用定额		
10	C. 10. Z2. 1-3	界河航道养护专项定额		
11	C. 10. Z3. 1	通航建筑物维护定额		

(二)水运工程造价标准适用范围

根据交通运输部《港口建设管理规定》和《航道建设管理规定》,政府投资的港口及航道工程均应按照专业划分和工程范围执行相应的造价标准。对于船厂建设工程,由于船厂建设工程造价标准的管理主体部分发生变化,费用及定额水平、价格要素等已经多年未作修订,目前船厂水工工程采取的方式是,执行相应沿海及内河的编制规定、配套定额和工料机价格要素,仅对船厂工程特有的定额项目执行其消耗量水平。

水运支持系统中的港口航道和港口航道设施维护工程，目前可参考执行相应造价标准。

1. 工程建设各阶段适用的造价标准

现行水运工程造价标准可满足水运工程建设项目可行性研究阶段、设计阶段、工程交易及实施阶段的工程造价管理。工程各阶段应执行或参考的相应造价标准见表 6.1-4。

工程各阶段应执行或参考的相应造价标准　　表 6.1-4

序号	建设阶段	适用的造价标准
1	可行性研究阶段	依据《水运工程建设项目投资估算编制规定》和沿海港口、内河航运和远海区域相应定额，参考《沿海港口建设工程投资估算指标》
2	初步设计阶段	沿海港口、内河航运和远海区域水运工程概算预算编制规定及配套定额(一本两用)
3	施工图设计阶段	沿海港口、内河航运和远海区域水运工程概算预算编制规定及配套定额(一本两用)
4	招投标阶段	依据《水运工程工程量清单计价规范》及企业定额，参考沿海、内河和远海造价标准
5	施工阶段	依据《水运工程工程量清单计价规范》及企业定额，参考沿海、内河和远海造价标准
6	竣工验收阶段(含审计)	依据《水运工程工程量清单计价规范》及企业定额，参考沿海、内河和远海造价标准

2. 价标准适用的工程范围和建设阶段

按水运工程建设项目的管理性质和实际需求，现行水运工程造价标准在不同工程范围、不同建设阶段的适用性，如表 6.1-5 所示。

现行水运工程造价标准适用的工程范围和阶段　　表 6.1-5

<table>
<tr><th rowspan="2">序号</th><th rowspan="2">造价标准名称</th><th rowspan="2">适用工程范围</th><th colspan="5">工程阶段适用性</th></tr>
<tr><th>可行性研究</th><th>初设施工图</th><th>招投标</th><th>工程实施</th><th>竣工验收及审计</th></tr>
<tr><td rowspan="2">1</td><td>水运工程建设项目投资估算编制规定</td><td>水运工程</td><td>依据</td><td></td><td></td><td></td><td></td></tr>
<tr><td>沿海港口建设工程投资估算指标</td><td>沿海港口</td><td>参考</td><td></td><td></td><td></td><td></td></tr>
<tr><td rowspan="5">2</td><td>沿海港口建设工程概算预算编制规定</td><td rowspan="4">沿海港口及船厂水工</td><td rowspan="4">参考</td><td rowspan="4">依据</td><td rowspan="4">参考</td><td rowspan="4">参考</td><td rowspan="4">参考</td></tr>
<tr><td>沿海港口水工建筑工程定额</td></tr>
<tr><td>沿海港口装卸机械设备安装工程定额</td></tr>
<tr><td>沿海港口工程船舶机械艘(台)班费用定额</td></tr>
<tr><td>沿海港口工程参考定额</td><td>沿海港口及船厂水工</td><td>参考</td><td>参考</td><td>参考</td><td>参考</td><td>参考</td></tr>
<tr><td>3</td><td>水运工程混凝土和砂浆材料用量定额</td><td>水运工程</td><td>参考</td><td>依据</td><td>参考</td><td>参考</td><td>参考</td></tr>
<tr><td rowspan="5">4</td><td>内河航运建设工程概算预算编制规定</td><td rowspan="4">内河航运</td><td rowspan="4">参考</td><td rowspan="4">依据</td><td rowspan="4">参考</td><td rowspan="4">参考</td><td rowspan="4">参考</td></tr>
<tr><td>内河航运水工建筑工程定额</td></tr>
<tr><td>内河航运设备安装工程定额</td></tr>
<tr><td>内河航运工程船舶机械艘(台)班费用定额</td></tr>
<tr><td>内河航运工程参考定额</td><td>内河航运</td><td>参考</td><td>参考</td><td>参考</td><td>参考</td><td>参考</td></tr>
</table>

续上表

序号	造价标准名称	适用工程范围	工程阶段适用性				
			可行性研究	初设施工图	招投标	工程实施	竣工验收及审计
5	疏浚工程概算预算编制规定 疏浚工程预算定额 疏浚工程船舶艘班费用定额	沿海内河疏浚工程	参考	依据	参考	参考	参考
6	水运工程测量概算预算编制规定 水运工程测量定额	独立计算的水运工程测量	参考	依据	参考	参考	参考
7	远海区域水运建设工程概算预算编制规定 远海区域水工建筑工程定额 远海区域水工建筑工程船舶机械艘(台)班费用定额 远海区域水工建筑工程参考定额	远海水运工程	参考	依据	参考	参考	参考
8	远海区域疏浚工程计价暂行办法 远海区域疏浚工程参考定额 远海区域疏浚工程船舶艘班费用参考定额	远海疏浚工程	参考	依据	参考	参考	参考
9	港口设施维护工程预算编制规定	港口工程	参考	依据	参考	参考	参考
10	海上沉船清除打捞工程计价办法 海上沉船清除打捞工程定额 海上沉船清除打捞工程船舶机械艘(台)班费用定额	海上公益性沉船清除打捞	参考	依据	参考	参考	参考
11	水运工程工程量清单计价规范	水运工程	—	—	依据	依据	依据

3. 按建设区域划分

根据水运工程建设特性，按照水运工程所在区域的自然条件及工程建设基本技术特征的不同，水运工程造价标准的适用范围划分为沿海、内河、远海，各区域界定参见表6.1-6。

水运工程造价标准适用区域参考表 表6.1-6

沿海区域	内河区域	远海区域
我国境内入海河流口门及以下、沿海(包括海南岛、长山列岛、舟山群岛)和沿海海域海岛(含人工岛)建设的港口工程、沿海航道工程、船厂水工工程、水运支持系统工程和水运其他工程	我国境内江河、湖泊水域及入海河流口门以上水域建设的内河航运工程(内河港口工程、内河航道整治工程、内河航道疏浚工程、航运枢纽工程、通航建筑物工程和其他航道附属设施工程)、内河船厂水工工程、水运支持系统工程和水运其他工程	我国境内的远海岛礁水运建设工程

二、水运工程估算、概算预算编制规定

(一)编制规定的分类和作用

现行水运工程估算、概算预算编制规定主要包括:《水运工程建设项目投资估算编制规定》《沿海港口建设工程概算预算编制规定》《内河航运建设工程概算预算编制规定》《疏浚工程概算预算编制规定》《远海区域水运建设工程概算预算编制规定》《港口设施维护工程预算编制规定》等,详见水运工程造价标准体系表。编制规定的分类和作用如下:

1. 按阶段

(1)《水运工程建设项目投资估算编制规定》,适用于水运工程建设项目预可行性研究阶段和工程可行性研究阶段投资估算的编制。

(2)《沿海港口建设工程概算预算编制规定》以及内河航运、疏浚、远海区域建设工程概算预算编制规定,适用于初步设计、施工图设计、设计变更阶段的概算、预算编制。

2. 按专业

(1)《水运工程建设项目投资估算编制规定》,适用于全部水运工程。

(2)《沿海港口建设工程概算预算编制规定》,适用于沿海港口建设工程,对于非港口建设的其他水工工程,也可参照使用。

(3)《内河航运建设工程概算预算编制规定》,适用于内河航运建设工程(内河港口工程、内河航道整治工程、内河航道疏浚工程、航运枢纽及通航建筑物工程和其他航道附属设施工程以及内河修造船厂水工工程)。

(4)《疏浚工程概算预算编制规定》,适用于航道、港池等疏浚工程,陆域吹填工程和维护性疏浚工程可参照使用。

(5)《远海区域水运建设工程概算预算编制规定》,适用于远海区域岛礁水运建设工程。

(6)《港口设施维护工程预算编制规定》,适用于港口设施维护工程。

(7)《水运工程测量概算预算编制规定》,适用于水运工程陆域和水域工程测量。

(8)《海上沉船清除打捞工程计价办法》,适用于政府投资的公益性沉船清除打捞工程,不适用于商业沉船打捞。

3. 按工程建设区域

(1)《沿海港口建设工程概算预算编制规定》,适用于沿海港口建设工程,对于沿海非港口建设的其他水工工程,也可参照使用。

(2)《内河航运建设工程概算预算编制规定》,适用于内河航运建设工程。

(3)《远海区域水运建设工程概算预算编制规定》,适用于远海区域岛礁水运建设工程。

4. 按体系层级

按层级分类的编制规定,详见造价标准体系表。

(1)管理类编制规定。

①《水运工程建设项目投资估算编制规定》,属于管理类造价标准,适用于全部水运工程。

②《水运建设工程概算预算编制规定》(在编),属于管理类造价标准,是在现行《沿海港口建设工程概算预算编制规定》(交水发〔2004〕247 号)、《内河航运建设工程概算预算编制规定》(JTS 116—1—2014)和《疏浚工程概算、预算编制规定》(交基发〔1997〕246 号)的基础上汇

总编制，适用于沿海和内河区域水运建设工程。其中“工程费用计算规则”作为编制规定的附件，分为水运工程工程费用计算规则、疏浚工程工程费用计算规则。

“水运工程工程费用计算规则”适用于沿海港口、内河航运及船厂水工工程的水工建筑物工程、陆域建(构)筑物工程和航道整治工程(疏浚工程除外)以及相关配套或附属工程，陆域形成(吹填工程除外)及地基处理工程，设备购置、设备及大型金属结构制作安装工程等工程费用的计算。

“疏浚工程工程费用计算规则”适用于沿海港口、内河航运及船厂水工工程的疏浚工程及吹填工程。

本书按现行《沿海港口建设工程概算预算编制规定》《内河航运建设工程概算预算编制规定》《疏浚工程概算预算编制规定》分别介绍。

③《远海区域水运建设工程概算预算编制规定》《港口设施维护工程预算编制规定》属于管理类造价标准，分别适用于远海工程和港口设施维护工程。

(2)建设类编制规定。

《水运工程测量概算预算编制规定》《海上沉船清除打捞工程计价办法》等，属于建设类造价标准，作为下一层级的计价办法，分别适用于各自专业工程计价。

(二)水运工程建设项目投资估算编制规定

1. 适用范围

适用于新建、改建和扩建的水运工程建设项目预可行性研究报告和工程可行性研究报告投资估算的编制，交通运输支持系统的水运工程可参照执行。

2. 总说明

(1)在确定水运工程建设项目投资估算的工程费用时，应根据本编制规定按照相应专业的工程费用标准计算；在编制投资总估算和计算工程建设其他费用、预留费用、建设期贷款利息时应执行本规定。

(2)对于水运工程建设项目中独立列项的其他专项费用，应参照相关规定、标准，单独编制专项估算，汇入总估算。

(3)港口工程、航道工程的投资估算编制除应符合本规定外，尚应符合交通运输部《港口建设项目预可行性研究报告和工程可行性研究报告编制办法》和《航道建设项目预可行性研究报告和工程可行性研究报告编制办法》等规定。

(4)投资估算是可行性研究报告的组成部分，应由可行性研究报告编制单位负责编制。投资估算的专业负责人、审核人员应具有交通运输部认定的水运工程造价人员职业资格。

3. 主要内容

(1)投资估算编制依据。

①国家及省级人民政府发布的有关法律、法规规范、规章、规程等。

②建设项目可行性研究报告的有关内容。

③本规定及有关定额、计费标准、估算指标等。

④工程所在地的材料、构(配)件、零件、半成品或成品及各种设备器材的市场价格；行业或当地建设主管部门颁布的材料信息价格和相关文件规定等。

⑤设备的市场价格。

⑥银行利率、汇率、物价指数及其他有关资料等。

(2)投资估算文件组成。投资估算文件主要由封面、扉页、目录、编制说明、估算表格等组成。

(3)投资估算项目及费用构成。水运工程建设项目投资总估算,应包括建设项目筹备至竣工验收的全部建设费用。按其构成划分如下:工程费用(第一部分费用)、工程建设其他费用(第二部分费用)、预留费用(第三部分费用)、建设期贷款利息、专项估算。

①工程费用。工程费用系指构成建设项目工程实体及设备购置安装所必需的投资,以及为完成工程采取的各类工程措施费用。工程费用应由建筑工程费、设备购置费、安装工程费等组成。费用项目内容及计算办法应执行水运工程相应编制规定。

②工程建设其他费用。工程建设其他费用是指从建设项目自筹建起到工程竣工验收交付使用止的整个建设期间、除建筑安装工程费用和设备购置费以外的、为保证建设顺利完成和交付使用后能够正常发挥效用而发生的各项费用。费用项目内容及计算办法应执行水运工程相应编制规定。

(4)附录。包括投资估算文件格式、本规定用词说明。

(三)内河航运建设工程概算预算编制规定

1. 适用范围

(1)适用于内河水域及入海河流口门以上水域新建、改建、扩建的内河航运建设工程(内河港口工程、内河航道整治工程、内河航道疏浚工程、航运枢纽工程、通航建筑物工程和其他航道附属设施工程以及内河修造船厂水工工程),交通运输支持系统的水运工程可参照执行。

(2)编制及管理内河航运建设工程初步设计概算和施工图预算的依据,也可作为编制工程标底、投标报价、竣工结算的参考依据。

(3)编制单位工程概算预算工程费用时,应按下列原则执行:

①一般水工工程、陆域构筑物工程、堆场道路工程、整治建筑物工程、大型土石方工程、设备及大型钢结构制作安装工程,设备购置、机修和其他生产设备的购置及安装工程等执行本规定配套定额和费用计算标准。

②对于入海河流以潮汐影响为主(潮流界以下)河段的上述工程,其单位工程建筑安装工程费用计算可参照执行《沿海港口水工建筑工程定额》《沿海港口装卸机械设备安装工程定额》及相应配套定额和施工取费标准。

③疏浚和航道测量工程执行《疏浚工程概算、预算编制规定》及配套定额以及《航道测量工程定额》。

④其他专业工程,分别执行有关专业的直接费定额和相应的工程费用计算标准。

⑤计算建设项目总概算的其他费用、预留费用、建设期贷款利息等费用时,应执行本规定。

2. 总说明

(1)编制规定与《内河航运水工建筑工程定额》《内河航运设备安装工程定额》《内河航运工程船舶机械艘(台)班费用定额》《水运工程混凝土和砂浆材料用量定额》等配套使用。

(2)计算建设项目总概算的工程建设其他费用、预留费用、建设期贷款利息时应执行本规定。

(3)对于内河航运工程建设项目中需要单独组织实施或需要地方及其他行业管理的配套

项目等,应按相关规定、标准,单独编制专项概算,并汇入总概算。

3. 主要内容

(1)概算编制及管理。

①总概算编制及管理的一般规定。工程概算是初步设计文件的重要组成部分,应由具有相应资质的项目设计单位编制。从事内河航运工程概算的主要编制、审查和管理人员应具有相应的职业资格。

概算编制必须严格执行国家的方针政策和有关规定,根据工程所在地的建设条件、设计及施工方案,合理选用定额、费用标准和价格等各项编制要素;编制依据应有效准确,概算应完整、正确、客观、合理地计列建设项目概算的各部分费用项目及内容。

建设项目总概算应包括项目从筹建到竣工验收所需的全部建设费用。

总概算应控制在建设项目工程可行性研究投资总估算范围内。概算经批准后是建设项目投资的最高限额,是筹措资金、安排建设项目实施计划、签订建设项目总承包合同的依据,也是考核设计经济合理性的依据。

由多个设计单位共同承担建设项目设计工作时,应由总体设计单位负责协调确定概算的编制原则和依据、统一材料价格水平,汇总总概算,并应对全部概算的编制质量负责;参与设计单位应对所承担设计对应范围内的工程概算负责。

使用外币的建设项目,应根据本规定编制全部折算内币后的概算,需要时尚应同时编制内币和外币概算。外币汇率应以概算编制时中国人民银行公布的汇率为准。

②概算编制依据。概算的编制依据,主要包括国家的有关法令及法规、初步设计文件、本规定及各有关定额和规定、生产厂家的设备出厂价格、地方颁布的材料、半成品及各种设备器材的价格或工程所在地基建主管部门颁布的材料预算价格及有关规定、工程所在地的材料市场价格。

③概算文件组成。概算文件主要由封面、扉页、目录、编制说明、概算表格及附件等组成。概算表格分为主要表格和辅助表格,主要表格是概算文件的主要组成部分,应随概算文件一并报送;辅助表格可作为辅助性概算文件根据管理需要一并报送。

④概算管理。项目管理单位应认真执行项目总概算。如单项或单位工程必须增加投资时,可在工程费用范围内调剂解决,调剂确有困难时,应分析原因,按相应程序办理,使用预留费用解决。

在建设过程中,由于政策调整、不可预见因素、重大设计变更等原因导致原概算不能满足工程实际需要,必须突破总概算时,应由原设计单位按照相关规定编制调整概算。

建设单位应根据项目总概算,做好投资的使用和管理,加强对各项工程经济资料的收集和分析。

(2)施工图预算编制及管理。

①施工图预算编制及管理的一般规定。施工图预算是施工图设计文件的组成部分。进行施工图设计时,可根据设计划分的单位工程编制预算。

预算可由承担设计任务的设计单位编制或委托有相应资质能力的造价咨询机构编制。

预算编制应严格执行有关规定,根据施工图设计,客观考虑工程所在地的建设条件和施工组织设计或施工方案等,合理选用定额、确定费用标准和价格等各项编制要素,客观、准确地反映工程内容。

按预算承包的工程,其预算应是确定工程造价、签订工程建设合同和办理工程结算的基础。实行施工招标的工程,预算可作为编制工程最高投标限价或标底的基础。在设计单位内部,预算应是考核施工图设计经济合理性的依据。

预算应控制在初步设计概算范围内。如单位工程预算突破相应概算时,应分析原因,对施工图设计中不合理部分进行修改,对其合理部分可在总概算范围内调剂解决。

②预算编制依据。预算的编制依据,主要包括国家有关的法令及法规、施工图设计和施工组织设计、本规定及有关定额和规定、地方颁布的材料价格或工程所在地基建主管部门颁布的材料预算价格及有关规定、工程所在地的材料市场价格。

③预算文件组成。预算文件主要由封面、扉页、目录、编制说明、预算表格及附件等组成。预算表格分为主要表格和辅助表格,主要表格是预算文件的主要组成部分,应随预算文件一并报送;辅助表格可根据需要一并报送。

④预算管理。建设单位应根据设计要求,按相应技术标准对预算文件进行审核。

(3)内河航运建设工程费用。

①水工建筑和设备及大型钢结构安装工程费。主要包括单位工程概预算费用的组成,直接工程费、间接费的计算及规定,利润及税金的计算及规定等。

②设备购置费。主要包括设备原价、运杂费等计算及规定。

对于航运枢纽建设工程中的电站等有关部分设备购置费,其构成及计算办法,应执行相关专业造价标准。

③机修及其他生产设备安装工程费。主要包括各类机修设备安装工程费及设备基础费计算指标及规定。

④临时工程及施工措施费。临时工程及施工措施费系指建设项目在建设期限内,为保证工程的正常施工而必须兴建或采取的、永久性工程费用及工程建设其他费用中未列入的、有单独设计(含施工组织设计)文件的各类临时工程和各类必要施工措施所需的费用。

(4)内河航运建设工程其他费用。主要包括依据国家基本建设法律法规、相关规定列入工程建设其他费用中的费用项目,工程建设技术标准、规范规程规定需计列的费用项目以及工程建设中必须发生的相关费用项目。

(5)预留费用。主要包括基本预备费和物价上涨费。

(6)建设期贷款利息。系指建设项目投资中分年度使用国内贷款或国外贷款部分,在建设期内应归还的工程贷款利息。国外贷款部分,其利息按外币计列。

(7)附录。主要包括各类建设项目单项、单位工程的划分,概预算表格样式。

4. 关于潮流界和潮区界

潮流界是指涨潮水流所能到达的上界,其上为单向流,其下为双向流,超过此界,潮流已不再继续往上行进;潮流界以上一段河道虽为单向流,但径流仍受到潮流的顶托,水位随潮汐涨落而产生升降,水位升降的最上游末端称潮区界。潮区界和潮流界的位置并非固定不变,随着河道径流流量大小和潮汐强弱在一定范围内变动。例如,长江年平均潮流界在江阴附近,洪季潮流界在天生港附近,枯季潮流界在三江营附近,年平均潮区界在铜陵沙,洪季平均潮区界在黑沙洲,枯季平均潮区界在大通。珠江下游为河网,情况更为复杂,各主干水道的潮区界、潮流界见《港口与航道水文规范》(JTS 145)相关表格。

河口河段划分示意图见图6.1-1。

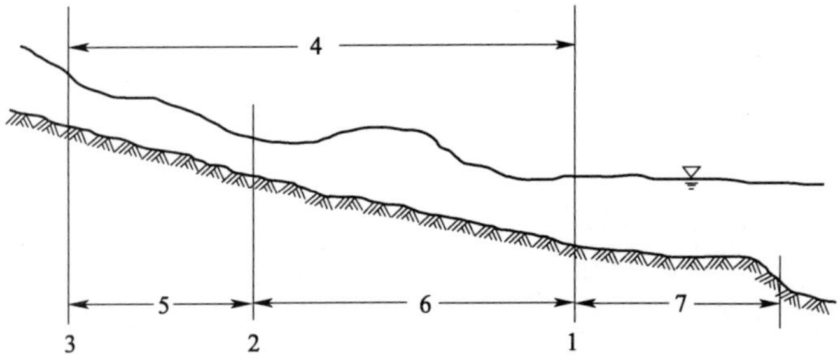

图6.1-1　河口河段划分示意图

1-河口口门;2-潮流界;3-潮区界;4-感潮河段;5-河口河流段;6-河口潮流段;7-口外海滨段

(四)沿海港口建设工程概算预算编制规定

鉴于沿海港口建设工程概算预算编制规定正在修编(沿海、内河、疏浚合并),本书仅做简单说明。

1.适用范围

适用于新建、改建和扩建的入海河流口门及以下、沿海(包括海南岛、长山列岛、舟山群岛)和沿海海域海岛(含人工岛)的港口建设工程,非港口建设的其他水工工程,如沿海航道工程、船厂水工工程、水运支持系统工程和水运其他工程可参照使用。

编制单项或单位工程概预算时,一般水工工程、港区陆域构筑物工程、港区堆场道路工程、港区土石方工程、装卸机械设备、港作车船、机修及其他生产设备的购置和安装工程,执行本规定。

2.总说明

本规定与《沿海港口水工建筑工程定额》《沿海港口装卸机械设备安装工程定额》《沿海港口水工建筑及装卸机械设备安装工程船舶机械艘(台)班费用定额》《水运工程混凝土和砂浆材料用量定额》等配套使用。

工程费用中建筑安装工程费的其他直接费、间接费的费率按一类、二类工程类别制定。

3.主要内容

(1)概算编制及管理,包括:

①总概算编制及管理的一般规定。

②概算编制依据。

③概算编制内容。

④概算文件组成。

⑤概算的审批及管理。

(2)施工图预算的编制及管理。

(3)水工建筑和设备购置及安装工程费。

①水工建筑工程及装卸机械设备安装工程费。施工取费分类标准:按不同的工程类型划分为几类取费标准:一般水工工程、陆域构筑物工程、堆场道路工程、大型土石方工程、装卸机械设备安装工程。

②设备购置费。

③机修及其他生产设备安装工程费。

④临时工程费。

⑤其他:指按国家规定和工程建设需要,应计入工程费用的项目及费用。

(4)港口建设工程其他费用。

(5)预留费用。

(6)建设期贷款利息。

(7)附录。

(五)疏浚工程概算预算编制规定

鉴于疏浚工程概算预算编制规定正在修编(沿海、内河、疏浚合并),本书仅做简单说明。

1. 适用范围

(1)适用于航道、港池等疏浚工程。陆域吹填工程和维护性疏浚工程可参照使用。

(2)本规定与《疏浚工程预算定额》《疏浚工程船舶艘班费用定额》配套使用;是编制及管理疏浚工程初步设计概算、施工图预算的依据,也可作为编制工程标底、投标报价、竣工结算的依据。

2. 总说明

(1)直接工程费采用统一的基价计算,其工料机的市场价格与基价的差价列入专项费用。

(2)编制疏浚工程概算时,可根据施工条件,合理套用《疏浚工程预算定额》,计算出疏浚工程费用后乘以扩大系数 1.05。

3. 主要内容

(1)疏浚工程费用项目构成:

①直接工程费,包括定额直接费、其他直接费、现场经费。

定额直接费包括:挖泥、运泥、吹泥费,开工展布、收工集合费,管线和管架安拆费。

其他直接费包括:卧冬费,山区航道施工增加费,疏浚测量费,施工浮标抛撤及使用、维护费,浚前扫床费,施工队伍调遣费。

②间接费,包括企业管理费、财务费用。

③利润、专项费用、税金。

(2)附录,包括疏浚工程各项费用计算表、山区航道施工增加费费率表、调遣期间自航船舶航速表、疏浚工程船舶及辅助船舶准备与结束调遣艘班数量表、疏浚工程概预算表格等。

4. 使用中应注意的问题

(1)对于单一疏浚工程项目,其总概算中的其他费用、预留费用等费用执行相应沿海港口或内河航运建设工程概算预算编制规定。

(2)对于综合性水运工程中的疏浚工程,应作为单项(单位)工程项目,汇入建设项目的工程费用中,并执行相应概算预算编制规定。

(六)港口设施维护工程预算编制规定

1. 适用范围

本规定适用于港口设施维护工程预算的编制及管理。港口设施维护工程是指为使港口设施满足安全性、适用性和耐久性要求,在使用期内进行维修使其恢复或完善技术状态的工程,其中维修包括小修、中修、大修及进行的检测、防护、必要的拆除和恢复等。

港口设施包括港口主要设施和附属设施。港口主要设施包括码头、防波堤、引堤和护岸、港池、进出港航道、锚地、港区道与堆场、仓库、油与液体化工储罐、港区铁路与装卸机械轨道、防护设施等,以及其他生产与生产辅助设施;港口附属设施包括系靠船设施、消防设施、防护设施和环保设施等。

2. 总说明

(1)港口设施维护工程的工程费用,应根据各专业工程费用标准计算:

水工建筑工程、装卸机械设备安装工程应按本规定和水运工程定额执行。

疏浚工程应按疏浚工程有关费用标准和定额执行。

其他专业工程可按相应费用标准和定额执行。

编制维护工程概算时,工程费用按本规定计算并根据设计深度考虑概算扩大系数等因素。

(2)工程建设其他费用、预留费用应按本规定执行。

3. 主要内容

(1)预算编制一般规定。

①维护工程预算应包括维护工程自前期准备至竣工验收所发生的各项费用,包括开展检测、评估、研究、试验、勘察、设计、咨询、施工、监理及管理等所需费用,以及为完成维护工程采取的必要措施所需的费用,不应包括由于维护工程实施引起的其他间接损失。

②预算编制应根据维护工程设计内容,结合工程特点、施工条件和施工组织、施工方案等,合理选用定额、费用标准和价格等各项编制要素,应客观反映维护工程及费用项目内容。

(2)总预算费用项目组成。总预算费用应由工程费用、工程建设其他费用、预留费用等组成。

(3)工程费用。工程费用应包括工程实体、临时工程和各类工程措施所需费用,包括建筑工程费、安装工程费、设备购置费。

维护工程单位工程划分为:疏浚工程、水工建筑物工程、地基处理工程、装卸机械轨道工程、道路堆场工程、油与液体化工储罐工程、生产与辅助建筑物工程、给水排水工程、采暖通风供热动力工程、供电照明工程、控制工程、信息与通信工程、机修和供油工程、消防工程、环境保护工程、交通工程、导助航设施工程、临时工程及施工措施、其他工程。

(4)工程建设其他费用。工程建设其他费用应根据维护工程和建设管理需要计列,包括建设单位管理费、勘察检测费、设计费、监理费、研究试验费、招标费、其他相关费用。

①勘察检测费,包括勘察费、检测及评估费。其中检测及评估费指为维护工程所开展的各类专项检测与评估,主要包括现场踏勘、制定专项检测纲要、进行水上水下检测、开展专项评估及组织专家评定等所需费用。

②设计费。维护工程设计主要包括维护工程本身的设计,以及依据国家现行标准和实际需要,为保障设计工作开展所必需进行的、与维护工程本身相关联的设计验算计算及复核等工作。

费用内容主要包括进行项目设计、编制设计文件、造价控制文件、竣工图文件,以及进行工程专项咨询服务等所需费用。费用计算时,应根据维护工程设计实际情况和工程规模较小、设计施工条件复杂、关联影响多、设计范围相对扩大等特点合理确定。

③其他相关费,主要包括扫海费、审计费等费用。

(5)基本预备费。应考虑维护工程的复杂程度,按实际需求计列,费用可按 5% ~7% 计算。

4. 使用中应注意的问题

(1)预算编制说明特别应注意施工条件和施工环境说明,如主要施工及生产干扰、施工环境状态等。

(2)应注意建筑安装工程取费费率与新建工程费率的差异,包括临时设施,冬雨季及夜间施工增加费、材料二次倒运费、施工辅助费、施工队伍进退场费、外海工程拖船费、企业管理费等费率。

(3)设备拆除工程的施工取费,可参照相应建筑安装工程费率或施工取费费率,根据实际情况在本规定的基础上进行调整。

(4)建设单位管理费应根据建设管理的实际情况,以工程费用总和为基础按本规定的费率表计算,应注意与新建工程费率的差异。

三、水运工程定额

(一)沿海港口水工建筑工程定额

1. 适用范围

适用于新建、改建和扩建的入海河流口门及以下、沿海(包括海南岛、长山列岛、舟山群岛)和沿海海域海岛(含人工岛)的港口建设工程,非港口建设的其他水工工程,如沿海航道工程、船厂水工工程、水运支持系统工程和水运其他工程可参照使用。

2. 总说明

(1)一本两用。定额为一本两用,既可编制初步设计概算,也可编制施工图预算。定额子目的划分以施工图设计深度为准,并兼顾了初步设计的深度要求。编制预算时,可根据各章的有关规定直接使用本定额;编制概算时,需在套用本定额计算出定额直接费、基价定额直接费后加乘扩大系数。

(2)定额的工程(工作)内容,是典型项目在正常的施工条件和作业时间,符合安全规定、劳动组织配备基本合理的情况下完成该分部分项工程完整过程所发生的全部工程(工作)内容。

(3)本定额是根据正常的施工条件,并按常用的工程结构、常规的施工工艺选型制订的,使用时一般不得调整。本定额中列有多工艺的定额项目,在使用时应根据施工条件设计或施工组织设计合理使用。

(4)时间要素按 8 小时工作制计算,包括直接参加施工的人工船机消耗和各种辅助、以及因受潮汐(水位)影响的工作时间缩短而相应增加的人工、船机消耗。

3. 定额主要内容

定额共分 6 章:土石方工程、基础工程、混凝土及钢筋混凝土构件预制安装工程、现浇混凝土及钢筋混凝土工程、钢结构制作及安装工程、其他工程。

第一章土石方工程,共分六节,包括陆上开挖工程、陆上铺填工程、水下挖泥工程、水上抛填工程、水下炸礁工程、砌筑工程。

第二章基础工程，共分四节，包括基础打入桩工程、基础灌注桩工程、地下连续墙工程、软土地基加固工程。

第三章混凝土及钢筋混凝土构件预制安装工程，包括桩梁板构件、重力式构件及钢筋加工三部分。桩梁板构件分为预制、安装两节，构件安装分为水上安装和陆上安装；重力式构件包括沉箱、圆筒、扶壁、方块以及挡浪墙、胸墙和护面块体等。

第四章现浇混凝土及钢筋混凝土工程，共分三节，包括陆上现浇混凝土工程、水上现浇混凝土工程、水下混凝土工程及其他，编制工程概预算时应根据施工条件或施工组织设计合理选用。

第五章钢结构制作及安装工程，主要包括工程主体钢结构、施工用大型专用工具性钢结构及防腐保护三部分，适用于大型钢结构制作、安装工程和施工用大型专用工具性钢结构工程。

第六章其他工程，主要包括成品件（钢轨、系船柱、橡胶护舷）安装、一般金属结构件制作安装、止水缝处理、制安木护舷等辅助工程项目，适用于成品件、一般金属结构件和辅助工程项目制作安装工程。

《沿海港口工程参考定额》包括格形钢板桩码头、水上钻孔灌注桩、航道整治建筑物、大管桩（B 型）、水上陆上深层水泥拌合体、其他、静载试桩等。本定额纳入的项目为参考性定额，使用时应根据定额的特定条件及工程内容参考使用。

4. 工程量计算规则

执行《沿海港口水工建筑工程定额》时的工程量计算应区分不同工程、按相应计算规则计算。如：

（1）基础打入桩工程。打桩工程量按设计断面、长度，直桩、斜桩、同节点双向双叉桩、墩台式基桩及引桥长度大于 500m 的码头基桩的根数分别计算。

（2）软土地基加固工程。堆载预压的堆载材料工程量按设计规定的工程量计算，如设计无规定时可按堆载材料的自然坡度 1:1 计算。

（3）混凝土及钢筋混凝土构件预制安装工程。编制概算时，钢筋混凝土桩预制工程量可按设计体积参照消耗量系数考虑备桩工程量。

（二）内河航运水工建筑工程定额

1. 适用范围

适用于内河水域及入海河流口门以上水域新建、改建、扩建的内河航运建设工程（内河港口工程、内河航道整治工程、内河航道疏浚工程、航运枢纽工程、通航建筑物工程和其他航道附属设施工程以及内河修造船厂水工工程）初步设计概算及施工图预算的编制，也可作为其他阶段造价文件编制的依据。交通运输支持系统的水运工程可参照执行。

2. 总说明

（1）一本两用。既可编制初步设计概算，也可编制施工图预算。定额的项目（分项工程部位）划分是以施工图设计深度为准，并兼顾了初步设计的深度要求。如初步设计的深度达不到本定额项目划分的程度，直接使用有困难时，可根据工程的施工条件设计将有关定额项目加以合并或综合，换算后使用，但定额水平不得调整。

（2）本定额按 8 小时工作制制定，并考虑了正常的洪、枯水影响。定额中还包括了场内的转移、工序搭接、自然因素影响、配合质量检查以及其他必要的施工消耗时间。除另有规定外，使用时一般不应调整。

3. 定额主要内容

本定额包括土方工程、基础工程、混凝土和钢筋混凝土构件预制安装工程、现浇混凝土及钢筋混凝土工程、整治建筑工程、辅助工程、脚手架工程和其他工程共 8 章。其主要内容如下：

(1)土石方工程：主要分为人力土方工程、机械土方工程、基槽挖泥工程、石方工程、陆上铺筑抛填工程、水上抛填工程、砌筑工程、锚喷及支护工程等 8 节内容。

(2)基础工程：主要分为基础打入桩工程(包括钢筋混凝土方桩、管桩、板桩，钢管桩、钢板桩等桩基工程，陆上和水上两种施工方式)、基础灌注桩工程(包括陆上和水上两种成桩方式)、地下连续墙(包括陆上和水上两种浇注方式)、软土地基加固工程(包括陆上强夯、打设袋装砂井、打设塑料排水板、堆载预压、真空预压、打碎石桩及粉喷桩等施工方式)、钻孔灌浆工程(包括钻灌浆孔、帷幕灌浆、固结灌浆、化学灌浆等施工方式)、沉井基础工程共 6 节内容。

(3)混凝土及钢筋混凝土构件预制安装工程：主要分为混凝土和钢筋混凝土构件预制及安装工程、钢筋工程共 2 节内容。

(4)现浇混凝土及钢筋混凝土工程：主要包括通航建筑物水工工程、挡泄水建筑物水工工程、港口水工工程的现浇混凝土及钢筋混凝土，以及钢筋加工等定额。

(5)整治建筑工程：主要分为炸礁工程(包括水上和陆上两类炸礁)、筑坝工程、护岸工程共计 3 节内容。

(6)辅助工程：包括系船柱安装、轨道安装、小型金属结构制作和安装、护舷安装、止水、伸缩缝、桥梁支座等辅助工程定额。

(7)脚手架工程：包括钢管脚手架、简易竹脚手架、满堂脚手架、斜道钢管脚手架和综合脚手架定额。

(8)其他工程：包括围堰、施工排水、临时道路、临时给水工程、拆除工程及道路工程等定额。

(9)《内河航运工程参考定额》系根据近年来内河航运工程中出现的新技术、新工艺、新材料、新设备编制而成，适用于内河航运工程。包括现浇混凝土工程、整治建筑物工程和航标工程等 3 节内容。参考定额纳入的项目为参考性定额，使用时应根据定额的特定条件及工程内容参考使用。

4. 工程量计算规则

执行《内河航运水工建筑工程定额》时的工程量计算应区分不同工程、按相应计算规则计算。如：

(1)土石方工程。开挖及回填工程的工程量应根据开挖或回填的设计断面以体积计算，并应按施工规范规定的超深、超宽及增放坡度计算施工增加量，回填工程还应考虑沉降量。

(2)基础工程。基础灌注桩：成孔工程量应按设计量与施工增加量之和计算，混凝土工程量应按设计量与施工增加量之和计算。

(3)混凝土及钢筋混凝土构件预制。预制工程量应根据设计图纸以体积计算。

(三)内河航运设备安装工程定额

1. 适用范围

(1)适用于内河航运建设工程的钢闸(阀)门及大型钢结构制作安装工程、启闭机安装工程、港口装卸设备安装工程及起重设备安装工程初步设计概算及施工图预算的编制。也可用于其他阶段造价文件的编制。

(2)航运枢纽建设工程中的电站等设备安装工程,执行水利水电工程相关定额;其他通用设备执行《全国统一安装工程预算定额》。

2. 总说明

(1)本定额应与《内河航运建设工程概算预算编制规定》(JTS 116—1)、《内河航运工程船舶机械艘(台)班费用定额》(JTS 275—2)及《水运工程混凝土及砂浆材料用量定额》(JTS 277)配套使用。

(2)一本两用,编制施工图预算时,可直接使用本定额;编制初步设计概算时,在套用本定额计算后乘以1.05~1.10概算扩大系数。

3. 主要内容及说明

定额主要包括钢闸(阀)门及大型钢结构制作工程、钢闸(阀)门及大型钢结构安装工程、启闭机安装工程、装卸及起重运输设备安装工程等共4章。

(1)钢闸(阀)门及大型钢结构制作工程定额。包括人字闸门制作、提升平板门制作、三角闸门制作、横拉闸门制作、平板定轮闸门制作、检修闸门制作、承船车(顶平车)车架制作、闸门埋设件制作、金属结构油漆、金属结构喷锌(铝)等定额。

(2)钢闸(阀)门及大型钢结构安装工程定额。包括人字闸门安装、提升平板闸门安装、三角闸门(弧形门)安装、平板定轮闸门安装、承船车安装、闸门埋设件安装、拦污栅、闸门压重物等定额。

(3)启闭机安装工程定额。主要包括:液压直推式启闭机安装、液压四连杆式启闭机安装、卷扬式启闭机安装、螺杆式启闭机安装、横拉闸门齿板式启闭机安装、升船机卷扬式牵引设备等定额。

(4)装卸及起重运输设备安装工程定额。主要包括:双梁桥式起重机安装、单梁桥式起重机安装、门座式起重机安装、门式起重机安装、梁式起重机安装、固定起重机安装、固定皮带机安装、螺旋送料机安装、缆车安装、趸船安装等定额。

(四)水运工程混凝土与砂浆材料用量定额

1. 适用范围

本定额是水运工程配套定额,适用于沿海港口及内河航运建设工程。是编制工程概算、预算时确定混凝土与砂浆材料用量及费用的依据,其他相关工程可以参考使用。

2. 总说明

(1)本定额为计算混凝土单价的计价标准,属工程定额之配套定额。

(2)在《水运工程混凝土与砂浆材料用量定额》(交水发〔2004〕247号发布)的基础上,依据交通运输部《水运工程混凝土施工规范》(JTS 202)及有关标准,并考虑水运工程混凝土及砂浆的实际情况制定。

3. 主要内容

主要包括普通混凝土、抗冻混凝土的配合比定额,水泥砂浆、特种砂浆配合比定额,以及补充定额和参考定额。

(1)普通混凝土分为普通半干硬性混凝土、普通泵送混凝土、水下灌注混凝土。

(2)抗冻混凝土分为抗冻半干硬性混凝土、抗冻泵送混凝土。

(3)砂浆分为水泥砂浆和特种砂浆,特种砂浆分为环氧砂浆、硫磺砂浆、沥青砂浆、钢屑砂浆四种。

(4)补充定额:分为大粒径混凝土、碾压混凝土。可用于航运枢纽工程采用四级配混凝土时混凝土配合比的费用计算。

(5)参考定额:分为高强混凝土、M60 水泥灰浆、钢筋混凝土管桩黏结剂(拼接)配合比。参考定额供编制水运工程概预算时参考使用。

4. 使用中应注意的问题

(1)本定额是计算混凝土或砂浆时所需费用的依据,主要作用是计价。定额所给出的配合比,是经过对选型项目的分析、归纳,对试验数据的综合后,采用简化或等效计算方法计算得出的。与实际的混凝土配合比设计不同,应注意实际配合比设计与定额配合比的区别。

(2)混凝土配合比定额,主要包括胶凝材料以水泥为准的基准混凝土、外加剂以萘系减水剂为准的泵送混凝土、水下灌注混凝土和抗冻混凝土,使用时应根据设计要求选用相应定额。

在本定额基础上添加掺合料时,应按设计要求根据规范考虑水泥的取代用量并编制混凝土调整单位估价表。当采用高性能混凝土及其他有特殊要求的混凝土时,应按配合比设计编制混凝土补充单位估价表。

(3)本定额为 1m^3 混凝土或砂浆体积的材料用量,定额已包括了组成混凝土的材料在施工拌合场地范围内的倒运和操作损耗,以及砂、石筛洗的损耗,砂用量已考虑了自然条件下含水增加的体积,使用时不论砂和碎石的实际容重及含水率多少,均不做调整。

(4)关于调整混凝土坍落度问题。使用中应注意定额给出的不同混凝土的基准坍落度与设计(或施工工艺要求)的差异,根据编制规定,混凝土及砂浆要按照设计要求调整规格(包括坍落度调整),一般情况下,往往对强度等级比较注意,而忽略了坍落度的应用条件,应在概算、预算、招投标等阶段予以关注。

定额中混凝土坍落度的确定及调整原则如下:

①半干硬性混凝土坍落度以 30mm 为准,设计坍落度在基准范围之外时,坍落度每增减 10mm,水泥用量相应增减 2%。

②泵送混凝土坍落度以 140 ~ 160mm 为准,水下灌注混凝土坍落度以 190 ~ 220mm 为准,设计坍落度在基准范围之外时,坍落度每增减 10mm,水泥用量相应增减 1.5%。

(5)本定额按强度等级要求编制(抗冻混凝土已考虑了抗冻要求),如定额中水胶比不能满足耐久性要求时,应根据《水运工程混凝土施工规范》(JTS 202)及相关规范对按耐久性要求的水胶比最大允许值进行调整,并按以下公式调整水泥用量(其他材料不做调整):

(半干硬、泵送、水下灌注)混凝土水泥用量

=(定额用水量/耐久性要求的水胶比最大允许值)×1.01

(6)使用本定额时,应按设计要求的混凝土强度等级查用。当设计强度等级、抗冻等级与

本定额分档不一致时,应以设计指标中的高值为准套用相应定额。

(7)本定额所给出的计算方法,不适用于计算高性能混凝土配合比。

(五)沿海港口水工建筑工程船舶机械艘(台)班费用定额

1. 总说明

(1)本定额是《沿海港口水工建筑工程定额》的配套定额。

(2)本定额未包括的施工机械项目,可参照《全国统一施工机械台班费用编制规则》编写补充台班单价。

2. 主要内容

船机定额的内容分两部分:

第一部分工程船舶:打桩船,打桩船(锤),起重船,挖泥船,混凝土搅拌船,驳船,拖轮,浮坞,钻孔炸礁船,打夯船、钻探船,辅助船舶、潜水组。

第二部分工程机械:土石方机械,水平运输机械,起重及垂直运输机械,打桩钻孔机械,木作、钢筋、混凝土机械,钢结构加工及焊接机械,动力机械,泵类机械,地下工程机械,其他机械。

3. 费用组成及计算方法

(1)第一类费用。

①基本折旧费:指施工船舶、机械设备在规定的使用期限内,陆续收回其原始价值所需的费用。

②船舶检修费:指施工船舶使用到达规定的检修间隔期,应进行检修以恢复其正常功能所需的费用。

③机械大修费:指施工机械使用到达规定的大修间隔期,应进行大修以恢复其正常功能所需的费用。

④船舶小修费:指施工船舶使用到达规定的小修间隔期,必须进行小修以维护其正常功能所需的费用。

⑤船舶航修费:指施工船舶在使用过程中经常性保养维修所需的费用。

⑥机械经修费:指施工机械除大修理外的各级保养和临时故障排除所需的费用。

⑦辅助材料费:指施工船舶在使用中辅助材料的消耗、工属具及替换设备的修理更新、低值易耗品的摊销,润滑油、液压油料、擦拭材料等所需的费用。

⑧船舶管理费:指船舶专业管理单位用于船舶市场、安全等管理所需的费用。

⑨安拆及辅助设施费:安拆费指机械本体不可分割的辅助装置或附属设施在现场的组装、拆卸所发生的人工、材料、配合机具等费用,以及试运转所需费用;辅助设施费指施工机械辅助设施的折旧、搭设、拆除等费用。

(2)第二类费用。包括施工船舶、机械的定员人工费用、动力费用及船舶定员饮用水费用。

人工工资,系指船员、司机和机械使用工人的工资。

动力费,系指施工船舶和机械在使用过程中所消耗的燃料、电力及淡水费用。

4. 使用中应注意的问题

(1)打桩船已包括了正常情况下通用背板、替打的费用。

(2)潜水组的组成。

潜水组的组成包括:潜水人员 1 组(潜水员 2 + 辅助工 3);空压设备 1 套(潜水员作业用);减压设备 1 套(潜水员必要的设备);工作船 1 艘(59kW 机动艇)。

由于潜水组的工作特性和工作台班组成与船舶或机械不同,所以潜水组的工作台班以组日为单位,按照人工、船机、减压设备的一定比例组成。经测算的大致比例是,人工:船机:减压设备 =20:67:13。

(3)该定额中所列特、大型机械安拆费用表是根据《全国统一施工机械台班费用编制规则》编制,使用时可根据当地的实际价格进行换算。

(4)住宿船及轻型井点每昼夜按一个艘(台)班计算。

(六)内河航运建设工程船舶机械艘(台)班费用定额

1. 总说明

(1)本定额是《内河航运水工建筑工程定额》(JTS 275—1)及《内河航运设备安装工程定额》(JTS 275—3)的配套定额,与上述定额配套使用。

(2)本定额每艘(台)班均按 8 小时工作制制定,已综合考虑了辅助时间等因素,使用时不得调整。

(3)本定额费用项目遵从于《全国统一施工机械台班费用编制规则》。

(4)本定额未包括的施工机械项目,可参照《全国统一施工机械台班费用编制规则》编写补充台班单价。

2. 主要内容

本定额内容包括两部分:

第一部分工程船舶:包括挖泥船、打桩船(锤)、起重船、拖轮、驳船、整治、炸礁船、机动艇、锚艇、其他船舶等。

第二部分工程机械:包括土石方机械、水平运输机械、起重及垂直运输机械、基础工程机械、混凝土、钢筋及木作机械、钢结构加工及焊接机械、动力机械、泵类机械、其他机械等。

3. 费用组成及计算方法

本定额的费用内容由一类费用、二类费用和车船税及相关费组成,各费用组成如下:

(1)一类费用,包括基本折旧费、船舶检修费、机械大修费、船舶小修费、船舶航修费、机械经修费、辅助材料费、船舶管理费、安拆及辅助设施费。

(2)二类费用,包括施工船舶、机械的定员人工费用、动力费用及船舶定员饮用水费用。

(3)车船税及相关费,指按照国家车船税及车船检验的相关法律法规,专门用于车船税及检验等所需的费用。

4. 使用中应注意的问题

(1)定额中的一类费用和车船税及相关费使用时不得调整;二类费用分为基价和市场价,市场价单价应按实际市场价格进行调整。

(2)强夯机台班已包括了履带式起重机、夯砣及吊钩配件的费用。

(3)施工船机的停置艘(台)班费按以下方法计算:

施工船舶停置艘班费 = 基本折旧费 + 航修费 + 1/2 辅助材料费 + 车船税及相关费 + 人工费 + 10% 燃料费 + 淡水

潜水组停置组日费 = 使用组日费 × 80%

施工机械停置台班费 = 基本折旧费 + 经修费 + 安拆及辅助设施费 + 人工费 + 车船税及相关费。

(七)疏浚工程预算定额

1. 适用范围

本定额适用于航道、港池等疏浚工程。吹填工程和维护性疏浚工程可参照使用。

2. 总说明

(1)本定额是编制疏浚工程施工图预算的依据,编制疏浚工程概算时,可根据施工条件,合理套用《疏浚工程预算定额》,计算出疏浚工程费后乘以扩大系数 1.05。

(2)疏浚工程预算定额是挖泥船在标准配套船舶情况下,在一定的工况、岩土级别、泥土处理、运距(吹距)等条件下,挖一万方土所需各类型船舶的艘班数,简称万方艘班数定额。

(3)工况,根据施工所在地(自取泥地点至卸泥地点的整个作业面)的条件和施工船舶的适应能力,按客观影响时间占施工期总时间的百分率(简称客观影响时间率),即客观影响时间率,划分一至七级工况。

(4)编制预算时,应根据施工区的土质、工程量、工期、自然条件、浚挖深度、水域条件、泥土处理方法、船舶性能等因素综合考虑,选择经济合理的疏浚方式及工程船舶。

(5)若挖泥区的土质有两种或两种以上级别时,其相关的工程量、平均挖深等边界条件应按土质级别分别计算。

3. 主要内容

包括自航耙吸式挖泥船、绞吸挖泥船、链斗挖泥船、抓斗铲斗挖泥船、吹泥船、其他共六章定额。

(1)第一章自航耙吸式挖泥船,按仓容划分,包括基本定额、超深定额、超运距定额、增转头定额。

(2)第二章绞吸挖泥船,按名义生产效率划分,包括基本定额和超挖深定额。

(3)第三章链斗挖泥船,按名义生产效率划分,包括基本定额和超运距定额。

(4)第四章抓斗、铲斗挖泥船,按斗容划分,包括基本定额、超挖深和超运距定额。

(5)第五章吹泥船,按名义生产效率划分。

(6)第六章其他,包括开工展布、收工集合,架设及拆除排泥管架定额。

4. 工程量计算

工程量计算,按交通运输部《疏浚工程土石方计量标准》(JTJ/T 321—96)计算,其中:

(1)疏浚工程:以水下自然方计算,包括断面方、超深超宽和施工期回淤量。

(2)吹填工程:以吹填方换算成水下自然土方量计算;包括超填、固结、沉降及流失的土方量。

5. 使用定额时应注意的问题

(1)疏浚工程船舶的选择,应根据挖泥船对疏浚岩土的可挖性、挖泥船对自然影响的最大适应能力、挖泥船主要尺寸及施工所需水域条件、泥土的处理方式及工程量与工期的要求等因素进行选择。

(2)定额下注有“挖深 × ×以内”的指挖泥船的最大挖深仅为 × ×m,故没有超深定额。

(3)平均挖深应小于最大挖深。

(4)现行疏浚定额关于疏浚岩土的工程特性和分级,与《疏浚与吹填工程设计规范》(JTS 181—5)中的工程特性和分级规定不一致,使用中应予以注意。

(八)疏浚工程船舶艘班费用定额

1.总说明

(1)疏浚工程船舶艘班费用定额是编制疏浚工程预算的依据,适用于航道工程、港池等疏浚工程,吹填工程和维护性疏浚工程可参照使用。

(2)各类耙吸、绞吸、链斗、抓(铲)斗挖泥船以及吹泥船、拖轮、泥驳、锚艇、机艇、住宿船等按艘班计费;泵站和排泥管线按台班计费;冲砂船、钢耙船、供应船(驳)、铁方驳、趸船、修理船等均按天计费。

(3)船舶在准备调遣或结束调遣期间,以及被拖船舶(主机不运转和泥驳无装载时)在调遣期间均按停置艘班计费。

(4)排泥管线安拆费按次数计费。

2.主要内容

包括自航耙吸式挖泥船、绞吸挖泥船、链斗挖泥船、抓斗铲斗挖泥船、吹泥船及泵站、泥驳、辅助船舶、冲砂船、管线等艘台班定额,共27项273个定额子目,以及船舶年使用艘班定额表、工况变化时艘班定额燃料消耗量调整表、自航船舶航行期间油耗表等附表。

3.艘班费用组成及计算方法

(1)船舶使用艘班定额费用组成。船舶使用艘班费用定额由一类费用和二类费用组成。

①一类费用。

基本折旧费:指船舶在规定的使用期限内陆续收回其原值的费用。

检修费:指船舶达到规定的检修间隔期必须进行检修所需的费用。

小修费:指船舶达到规定的小修间隔期必须进行小修所需的费用。

保修费:指船舶达到规定的保修间隔期必须进行保修所需的费用。

材料费:指船舶在使用中淡水、液压油料、擦拭材料的消耗以及工属具和低值易耗品的更新等费用。

②二类费用,包括人工费和材料费。

人工费、材料费和电费在本定额中均采用统一基价,超出基价部分统一计算价差。

A.人工费:

$$人工费=\frac{定员\times 船员月平均人工费\times 12}{年定额使用艘班数} \tag{6.1-1}$$

B.燃料费:艘班费用定额表中挖、吹泥船和施工拖轮的燃料消耗量按标准工况(四级工况)计算。

$$燃料费=艘班燃料消耗量\times 燃料单价 \tag{6.1-2}$$

式中,燃料单价是指当地供油点的价格,加上运杂费(包括送到船上去的费用)和单位储存费。

C.电费,按当地规定的预算价格计算。

(2)排泥管线费用。排泥管线费用由以下两部分组成:

①排泥管线使用台班费：排泥管线包括岸管、浮管、水下管三部分，按使用台班计算费用，使用台班包括基本折旧费、修理费和维护费三项内容。

②排泥管线使用安拆费：包括岸管、浮管和水下管安拆费。

(3)船舶停置艘班费。除住宿船外，船舶停置艘班费根据以下公式计算：

$$停置艘班费 = 折旧费 \times 50\% + 保修费 + 材料费 \times 40\% + 部分燃料费 + 艘班人工费 \tag{6.1-3}$$

式中，部分燃料费，980～1450m^3/h 绞吸挖泥船按使用艘班燃料费的4%计算，其余船舶均按使用艘班燃料费的10%计算(住宿船的停置艘班费同使用艘班费)。

4. 沿海区域类别划分

Ⅰ类：渤海、黄海，包括辽宁、河北、山东和江苏沿海。

Ⅱ类：东海，包括上海、浙江和福建沿海。

Ⅲ类：南海，包括广东、广西、海南沿海。

四、水运工程工程量清单计价规范

为规范水运工程建设市场，形成公开公平公正的竞争环境，统一水运工程工程量清单的计价方法，推进工程量清单招标投标方式在水运行业的广泛应用，2008 年交通运输部组织制定了《水运工程工程量清单计价规范》(JTS 271)。

(一)适用范围

(1)本规范适用于国内港口工程、航道工程、修造船厂水工工程以及与之配套的水运建设工程的工程量清单编制和工程计价活动。

使用国有资金投资的建设工程发承包，必须采用工程量清单计价；非国有资金投资的建设工程，宜采用工程量清单计价。

(2)本规范与《水运工程标准施工招标文件》(JTS 110—8)配套使用。

(二)总说明

(1)根据水运工程建设的实际情况，依照《中华人民共和国招标投标法》和现行国家标准《建设工程工程量清单计价规范》(GB 50500)制定本规范。

(2)考虑水运工程市场情况和计价特点，以规范水运工程计价行为，统一水运工程工程量清单计价的编制和计价计量方法为出发点，便于操作、便于管理。

(3)以统一编码、统一项目名称、统一计量单位、统一工程数量、统一项目特征等为基本原则。

(三)主要内容

《水运工程工程量清单计价规范》(JTS 271)主要内容包括：总则、术语、工程量清单编制、工程量清单计价、工程量清单格式、工程量清单计价格式，以及附录 A 工程量清单表式、附录 B 工程量清单计价表式、附录 C 水运工程工程量清单项目、附录 D 水运工程工程量计算规则。

1. 术语

(1)工程量清单：表现拟建工程的分项工程项目、措施项目和其他项目的名称及相应数量的明细。

(2)项目编码:采用 12 位阿拉伯数字表示。

(3)综合单价:完成工程量清单中一个质量合格的规定计量单位项目所需的直接费、间接费、利润和税金,并考虑风险因素的价格。

(4)一般项目:为完成工程项目施工,招标人要求计列的、不以图纸计算工程数量的费用项目,或发生于该工程施工准备和施工过程中招标人不要求列示工程数量的措施项目和其他项目。

(5)计日工项目:为完成招标人临时提出的合同范围以外的零散工作,即不能以实物量计量的所需的人工、材料、船舶机械综合单价。

(6)暂列金额:招标人为暂列项目和可能发生的合同变更而预留的费用。用于工程合同签订时尚未确定或者不可预见的所需材料、工程设备、服务的采购,施工中可能发生的工程变更、合同约定调整因素出现时的合同价款调整以及发生的索赔、现场签证确认等的费用。

2. 工程量清单编制

(1)工程量清单是表现拟建工程的分项工程项目、措施项目和其他项目的名称及相应数量的明细。由分项工程工程量清单、一般项目清单和计日工项目清单组成。

分项工程工程量清单、一般项目清单项目的编码采用 12 位阿拉伯数字表示。

(2)分项工程量清单。

由序号、项目编码、项目名称、计量单位、工程数量、项目特征构成。主要是:

①工程内容应包括完成对应清单项目的全部可能发生的具体工作。

②项目特征应对工程项目的要求进行具体准确的描述。

③项目名称应根据招标工程和附录 C 中的项目名称及工程内容、项目特征确定。

④工程量应按附录 D 中的工程量计算规则计算,工程数量应以设计图纸净尺度为准。

⑤分项工程量清单发生附录 C 未列项目时,可作补充(在相应的专业项目类中按规定增列编码及相应的清单项目内容)。

(3)一般项目清单和计日工项目清单。一般项目清单和计日工项目清单应根据招标工程的具体情况列项。一般项目清单的编码规则和项目补充方法与分项工程量清单相同。

3. 工程量清单计价

(1)实行工程量清单计价招标投标的水运工程,其招标标底和投标报价的编制、合同价款的确定与调整、工程价款的结算均应按本规范执行。

(2)工程量清单计价应包括按招标文件规定的分项工程量清单费用、一般项目清单费用、计日工项目清单费用等全部费用。

(3)工程量清单计价应采用综合单价。

(4)投标报价应根据招标文件中的工程量清单和有关要求、现场施工条件以及施工方案或施工组织设计按照企业施工能力和技术水平进行编制。

(5)安全文明施工费、规费和税金应按国家有关部门的规定计算,不得作为竞争性费用。

(6)工程量清单的合同结算工程量,除另有约定外,应按本规范和合同文件约定的有效工程量进行结算。

(7)在合同履行过程中,工程量或单价由于设计变更或工程量清单漏项等原因发生变化时,应按本规范规定和合同约定调整。

4. 工程量清单及其计价格式

清单文件分为工程量清单文件和工程量清单计价文件。

工程量清单文件是由工程建设项目招标人发出的一套反映拟建工程综合内容的、以分项工程项目加一般项目及计日工清单及其他文件组成、表现名称规格及相应数量明细的文件,是招标文件的重要组成部分。

工程量清单计价文件是投标人根据招标文件、工程量清单、施工条件、自身综合能力等,按照清单计价规范要求编制的造价文件。

(1)工程量清单格式及内容。

①工程量清单文件应由封面、总说明、工程量清单项目汇总表、分项工程量清单、一般项目清单、计日工项目清单和招标人供应材料设备表等内容组成。

②分项工程量清单填写应满足下列要求:

A. 项目编码按本规范规定填写,本规范附录C中特征项目码十至十二位由编制人自001起顺序编码。

B. 项目名称根据附录C的项目编码名称确定,结合工程实际情况设置特征项目名称。

C. 计量单位的选用和工程量的计算按附录C的规定执行。附录C中有两个计量单位的,根据需要选用其中一个。

(2)工程量清单计价格式及内容。

①工程量清单报价文件应由封面、工程量清单项目总价表、分项工程量清单计价表、一般项目清单计价表、计日工项目清单计价表、分项工程量清单综合单价汇总表、综合单价分析表和主要材料价格表等组成。

②分项工程量清单计价表填写应满足下列要求:

A. 表中的序号、项目编码、项目名称、计量单位、工程数量按招标人提供的分项工程量清单中的相应内容填写。

B. 投标人填写表中列明的所有需要填写的单价和合价,未填写的单价和合价,视为此项费用已包含在工程量清单的其他单价和合价中。

③一般项目清单计价表中的序号、项目名称应按招标人提供的一般项目清单中相应内容填写,并应填写相应项目的金额和合计金额。

④计日工项目计价表中的序号、人工、材料、船舶机械的名称、规格型号以及计量单位应按招标人提供的计日工项目清单中相应内容填写,并应填写相应项目的单价及合价。

5. 工程量计算规则

工程量计算规则按专业工程分为疏浚工程、测量工程、导航助航设施工程、土石方工程、地基与基础工程、混凝土工程、钢筋工程、金属结构制作安装工程、设备安装工程及其他工程共十部分。

(1)除本规范另有规定外,施工过程中损耗或扩展而增加的工程量不得计算在工程量清单的工程数量中,所发生的费用可在工程单价中考虑。

(2)工程量清单的工程项目应按照设计图纸、工程部位和分部分项工程顺序依次排序。

(3)水工工程与陆域工程界线的划分应根据工程部位、结构要求确定,并应以保证水工建筑物结构及各组成部分的完整性为原则。

(4)水工工程应以施工水位为界,划分水上工程和水下工程。

(四)使用中应注意的问题

(1)计价规范围绕“统一的编码、统一的项目名称、统一的计量单位、统一的工程内容、统一的项目特征”,给出相对统一的计价规则。

(2)工程量清单计价的重要特征。

①对工程估价和费用计算依据不做约定,即对形成工程量清单项目的计价过程采用何种定额、标准、方法不做约定。

②自主报价,报价方可以根据工程项目的实际需求和企业自身的技术、经济与管理等资源配置情况,发挥自身的资源优势和计价策略参与计价活动。

(3)对于清单工程量计算规则的准确理解与合理应用的基础,是熟练理解运用水运工程概算预算分部分项乃至工序工程量的计算规则、办法。

五、水运工程标准施工招标文件

为统一水运工程招标投标文件格式,提高水运工程招标投标文件编制质量,规范水运工程招标投标活动,促进形成统一开放、竞争有序的水运工程建设市场,在国家发改委、交通部等九部委《〈标准施工招标资格预审文件〉和〈标准施工招标文件〉》(2007年第56号令)的基础上,在总结我国水运工程招标投标的实践经验基础上,根据我国水运建设工程的发展需要,结合水运工程建设行业特点,经深入调查研究、广泛征求意见,制定《水运工程标准施工招标文件》(JTS 110—8)。

(一)适用范围

本标准文件适用于港口工程、航道工程、修造船厂水工工程以及与之相配套的水运工程的招标投标。

(二)总说明

(1)本标准文件应与九部委《标准施工招标资格预审文件》《标准施工招标文件》配套使用,形成完整的施工招标文件。

(2)本标准文件预留空格处应结合招标工程的实际情况由招标人选择填写,不需要填写时应在空格处用“/”标示;其余部分应不加修改地引用。

(3)本标准文件中的“竣工验收”是指水运工程的“交工验收”。

(4)本标准“工程量清单”应符合现行行业标准《水运工程工程量清单计价规范》(JTS 271)的有关规定。

(5)本标准文件第六章“图纸”由招标人根据行业标准、招标项目具体特点和实际需要编制,并与“投标人须知”“通用合同条款”“专用合同条款”“技术标准和要求”相衔接。

(6)本标准文件第七章“技术标准和要求”由招标人根据行业标准施工招标文件的示例、招标项目具体特点和实际需要编制。“技术标准和要求”中的各项技术标准应符合国家强制性标准,不得要求或标明某一特定的专利、商标、名称、设计、原产地或生产供应者,不得含有倾向或者排斥潜在投标人的其他内容。如果必须引用某一生产供应者的技术标准才能准确或清楚地说明拟招标项目的技术标准时，则应当在参照后面加上"或相当于"字样。

(三)主要内容

本标准共分四卷7章，第一卷包括第1~5章，第二卷包括第6章，第三卷包括第7章。每章列出了水运工程相对于九部委《标准施工招标文件》的部分单独规定；未做单独规定的内容，应按照《标准施工招标文件》。

(1)第一章，列出了招标公告(未进行资格预审)，投标邀请书(适用于邀请招标)，投标邀请书(代资格预审通过通知书)三种形式的部分内容规定。

(2)第二章投标人须知，列出了投标人须知前附表。

投标人须知前附表，用于进一步明确正文中的未尽事宜，由招标人根据招标项目具体特点和实际需要编制和填写，但务必做到与招标文件中的其他章节衔接，并不得与正文内容矛盾。

(3)第三章评标办法，列出了综合评估法的评标办法前附表。

①评标办法必须在招标文件中明示，《水运工程标准施工招标文件》明确了综合评估法前附表内容。采用经评审的最低投标价法时，按照九部委《标准施工招标文件》相应内容执行。

②综合评估法一般适用于招标人对招标项目的技术、性能标准有特殊要求的招标项目，或技术较为复杂的水运工程招标项目。

③行业标准施工招标文件和项目招标人编制的施工招标文件，应不加修改地引用《标准施工招标文件》中的"评标办法"正文内容；评标办法前附表由项目招标人根据招标项目具体特点和实际需要编制，应详细列明评审因素、标准，进一步明确正文中的未尽事宜，但务必与招标文件中其他章节衔接，没有列明的因素和标准不得作为评标的依据。

(4)第四章合同条款及格式，列出了第二节水运工程专用合同条款的部分内容格式，以及第三节合同附件格式中的合同协议书格式。例如：

①一般约定，包括合同文件优先顺序、合同协议书、图纸和承包人文件等内容。

②发包人义务，包括提供施工场地、协助承包人办理证件和批件、组织设计交底、其他义务等。其他义务包括办理航行通告、抛泥区许可证等施工所需的各种手续。

③监理人，包括监理人的职责和权力。

④承包人，包括保证施工和人员的安全、其他义务等。其他义务如：承包人应支付为获得施工许可证及到港船舶检验等有关证件所需的费用；办理应由承包人办理的施工许可所需的各种证件、批件和其他审批手续。

⑤开工竣工，包括异常恶劣的气候条件。

异常恶劣的气候条件是指水运工程水域施工作业难以正常进行或须采取其他补救措施才能进行的气候条件。一般是指：

A. 持续高温：连续三日日最高气温38℃以上。

B. 持续低温：连续三日日最低气温－20℃以下。

C. 大风天气：施工水域日风力在6级以上且持续时间不少于4h，或阵风大于8级。

D. 暴雨天气：日降雨量50mm及以上，或降雨强度大于20mm/h。

E. 暴雪天气：日降雪量10mm及以上。

F. 流速或波浪：内河 3.5m/s 及以上流速，海上 2m 及以上的大浪和强浪。

G. 水淹：施工场地大部或全部被潮水、洪水或雨水淹没超过 1 天。

H. 大雾：定点施工船舶能见度小于 50m 的雾天超过 1 天；运动船舶按有关规定。

(5)第五章工程量清单，执行《水运工程工程量清单计价规范》(JTS 271)。

(6)第六章图纸：

按照水运工程的门类，将图纸划分为五大类工程，包括港口工程、沿海航道工程、内河航道工程、枢纽及通航建筑物工程、船厂水工工程。所列出的必要图纸，是依据港口工程和航道工程初步设计文件编制规定。图纸还应包括设计说明及技术要求。

(7)第七章技术标准和要求：

①技术标准。技术标准是指由国家、行业和地方政府颁布的标准、规范、规定或规程和为实施某项工程特为制定的专项标准、规定或规程。

招标人应在招标文件中明示本工程中所采用的主要工程建设技术标准。

所采用的工程建设技术标准应按给定的格式并以类别、专业或单项工程为序，逐一填写，列出使用的全部技术标准目录。

②技术要求，包括通用技术要求和专用技术要求。

编写技术要求应以国家现行工程施工和质量检验标准为依据，不得低于《水运工程质量检验标准》的要求。

A. 通用技术要求。包括：通用工程，疏浚与吹填工程，码头与岸壁工程，防波堤与护岸工程，道路与堆场工程，船闸工程，船坞、船台与滑道工程，航道整治工程，航标工程，设备安装工程。

B. 专用技术要求。

a. 采用专项标准的技术要求；

b. 采用新技术、新结构、新材料、新设备的相关技术要求；

c. 为达到工程质量目标或对工程安全、环保有特殊要求的相关技术要求；

d. 对采用规范中某一条款的取值范围赋予定值的技术要求；

e. 相关质量检验标准和施工规范之外的技术要求；

f. 其他技术要求等。

C. 附件，为技术要求案例。包括重力式圆沉箱码头主体工程、集装箱空箱堆场工程、航道整治工程 1 号丁坝单位工程三个案例。案例仅做参考，不做编制依据。

第二节　水运工程定额工程量计算规则

一、概述

(一)基本概念

1. 工程计量的含义

工程量计算是工程计价活动的重要环节，是指建设工程项目以工程设计图纸、施工组织设计或施工方案及有关技术经济文件为依据，按照相关工程的国家标准计算规则、计量单位等规定，进行工程数量的计算活动，在工程建设中简称工程计量。

由于工程计价的多阶段性和多次性，工程计量也具有多阶段性和多次性。工程计量包括设计阶段的定额工程量计算规则中工程量的计算，包括招标阶段工程量清单编制中工程量的计算，也包括投标报价以及合同履约阶段的变更、索赔、支付和结算中工程量的计算和确认。工程计量工作在不同计价阶段过程中有不同的具体内容，如在设计阶段主要依据设计图纸和定额工程量计算规则确定分项项目和措施项目的工程数量，招标阶段主要依据施工图纸和清单工程量计算规则确定分项项目的工程数量；在施工阶段主要依据合同约定、施工图纸及清单工程量计算规则对已完成工程量进行计算和确认。

2. 工程量的含义

工程量是工程计量的结果，是指按一定规则并以物理计量单位或自然计量单位所表示的建设工程各分项工程项目、措施项目或结构构件的数量。物理计量单位是指以公制度量表示的长度、面积、体积和重量等计量单位。如购置预应力混凝土管桩以“米”为计量单位，混凝土以“立方米”为计量单位等。自然计量单位指建筑成品表现在自然状态下的简单点数所表示的个、根、件、块等计量单位。如构件安装工程可以以“件”为计量单位；桩基工程可以以“根”为计量单位等。

准确计算工程量是工程计价活动中最基本的工作，一般来说工程量有以下作用：

（1）工程量是确定建筑安装工程造价的重要依据。只有准确计算工程量，才能准确计算工程相关费用，合理确定工程造价。

（2）工程量是承包方生产经营管理的重要依据。工程量是编制项目管理计划，安排工程施工进度，编制材料供应计划，进行工料分析，编制人工、材料、机具台班需要量，进行工程统计和经济核算的重要依据。也是编制工程形象进度统计报表，向工程建设发包方结算工程价款的重要依据。

（3）工程量是发包方管理工程建设的重要依据。工程量是编制建设计划、筹集资金、编制工程招标文件、工程量清单、建筑工程预算、安排工程价款的拨付和结算、进行投资控制的重要依据。

（二）工程量计算规则

1. 水运工程工程量计算规则

工程量计算规则是工程计量的主要依据之一，是工程量数值的取定方法。采用的定额或规范不同，工程量计算规则也不尽相同。在计算工程量时，应按照规定的计算规则进行，水运工程的工程量计算规则主要有：

（1）定额工程量计算规则。定额工程量是按照定额编制工程概预算时，根据定额的工程量计算规则、按照设计工程量、图纸及设计文件、相关规范、施工方案和施工组织设计所确定的工程数量。采用该计算规则计算工程量除了依据施工图纸外，一般还要考虑施工方法、施工工艺和施工质量要求，要考虑施工余量。水运工程定额工程量一般包括设计工程量（图纸工程量）、施工附加量（因施工工艺、规范、技术等增加的工程量）、施工措施工程量。

水运工程定额依据施工规范、检验标准等对工程量计算办法作了十分明确的规定，而这种规定与设计图纸的净量又存在一定的差异，这种差异体现在施工附加量上。此外，水运工程施工项目有不同的施工方法，而每一种施工方法又有相应的施工措施，例如水上灌注桩的施工平台措施,可分为桩基平台、筑岛平台等型式,不同的型式费用不同,这些施工措施项目的工程量,也是定额工程量的组成部分。

水运工程定额工程量计算比较复杂,后述章节分别叙述沿海港口水工建筑及内河航运建设工程、疏浚工程的定额工程量计算规则。

(2)工程量清单计价规范的工程量计算规则。《水运工程工程量清单计价规范》(JTS 271)的附录 D 水运工程工程量计算规则,用于规范招投标工程计量行为,统一各专业工程量计算规则。

该规范明确规定,除本规范另有规定外,施工过程中损耗或扩展而增加的工程量不得计算在工程量清单的工程数量中,所发生的费用可在工程单价中考虑。

采用该工程量计算规则计算的工程量一般为施工图纸的净量,不考虑施工余量。但需要单独设计的大型特殊施工措施(如基坑或围堰)可单独作为清单工程量项目。

工程量清单计价规范的工程量(以下称清单工程量)计算规则详见第三节。

2. 水运工程定额工程量与清单工程量的基本区别

(1)计算口径不同。

一是清单工程量为图纸净量,定额工程量则包含了考虑一定的施工方法、施工工艺和现场实际情况的施工余量。如挖土方,清单工程量为图纸断面方量,定额工程量则包括放坡及工作面等的开挖量,即包含了为满足施工工艺要求而增加的施工余量。

二是清单工程量一般为工程实体工程量,定额工程量还应包含施工措施工程量。清单工程量一般不需要考虑具体的施工方法、施工工艺和施工现场的实际情况。

当施工措施属于需要单独设计的大型特殊施工措施时,清单工程量也可单独列出施工措施工程量。

(2)用途不同。工程量清单计算规范中的清单工程量主要用于编制招标工程量清单、用于结算中的工程计量等;而定额工程量主要用于编制工程概预算。

(3)计算依据、项目划分和综合的工作内容不同。清单工程量的计算应执行《水运工程工程量清单计价规范》(JTS 271)附录 D 水运工程工程量计算规则的相关规定,应按分部分项工程计算工程数量。清单工程量项目划分一般是基于"综合实体"进行设置的,体现功能单元,包括的工作内容往往不止一项(即一个功能单元可能包括多个施工单元或者一个清单项目可能包括多个定额项目)。例如:水上灌注桩清单工程量,以混凝土方为计量单位,可包括定额工程量中的施工平台、钢护筒、成孔、浇筑混凝土、泥浆、桩头处理、检测管预埋及检测孔回灌等项目。

定额工程量的计算应执行《沿海港口水工建筑工程定额》《内河航运水工建筑工程定额》或《疏浚工程定额》中的工程量计算规则,按定额子目工序计算工程量。定额项目划分一般是基于施工工序进行设置的,体现施工单元,包括的工作内容相对单一。

(三)定额工程量计算依据

定额工程量的计算依据包括定额中规定的工程量计算规则,经审定的设计文件及图纸,相关规范、经审定的施工方案和施工组织设计。

(1)水运工程定额规定的工程量计算规则,如沿海港口水工建筑工程定额工程量计算规则、内河航运水工建筑工程和设备安装工程定额工程量计算规则、疏浚工程定额工程量计算规则等。

(2)设计文件及图纸,主要用于计算设计工程量(图纸工程量)。施工图纸全面反映建构筑物的结构构造、各部位的尺寸及工程做法,是工程量计算的基础资料和基本依据。

(3)相关规范,主要用于计算施工附加量(因施工工艺、规范、技术等增加的工程量)。

(4)施工方案和施工组织设计,主要用于计算施工措施工程量。施工图纸主要表现拟建工程的实体项目,分项工程的具体施工方法及措施应按施工组织设计或施工方案确定。如计算挖基础土方,施工方法是采用人工开挖,还是采用机械开挖,基坑周围是否需要放坡、预留工作面或做支撑防护等,应以施工方案为计算依据。

(四)定额工程量计算一般说明

1.工程量计算顺序

为了避免漏算或重算,提高计算的准确程度,工程量的计算应按照一定的顺序进行。具体的计算顺序应根据具体工程来确定,一般有以下几种顺序:

(1)按图纸顺序计算。根据图纸排列的先后顺序,由平面图到结构;每个专业图纸由前向后,按"先平面—再立面—再剖面;先基本图—再详图"的顺序计算。

(2)按定额分项的顺序计算。按定额的章、节、子目次序,由前向后,逐项对照,定额项与图纸设计内容能对上号时就计算。

(3)按施工顺序计算。按施工顺序计算工程量,可以按先施工的先算,后施工的后算的方法进行。如按基础或下部结构(基础处理、桩基础)—上部结构—上部辅助设施等顺序进行计算。

2.水工工程与港区陆域工程划分界限

码头后填料与陆域工程在设计图纸中往往连为一体,但这两者却属于不同的单位工程,计算工程量时应分开计算。

(1)水工工程与陆域工程分界线一般划分原则:

①根据施工条件、施工工艺、工程部位、结构要求,由设计人员划分。

②以保证水工结构及各组成部位的完整性为原则。

③某些结构部位,其施工过程对水工结构的质量安全影响较大,应同属水工工程范围。

④须采用水上施工工艺的分部分项工程,均属水工工程范围。

(2)对各种结构形式的水工工程与陆域工程的界限按以下方法划分:

①桩基码头:以后方挡土墙结构后坡脚线的垂直面为界。

②板桩码头:以锚碇板(或其他锚碇结构)后缘边线的垂直面为界,锚碇板下如有基础,则以基础后缘边线的垂直面为界。

③重力式码头:以倒滤层外坡脚线与地面交点的垂直面为界,如无倒滤层,则以码头前沿高度(即基床顶面至码头面)的两倍范围为界。

④引堤、栈(引)桥:以接岸点结构后缘边线的垂直面为界。

⑤护岸:直立式护岸(无棱体)以护岸高度的两倍范围为界,斜坡式护岸或有棱体的直立式护岸,以棱体或倒滤层外坡脚线与地面交点的垂直面为界;护坡的水工工程范围为护坡结构本身。

码头后填料如设计没有划分棱体与场地填方的界限时,由设计人员根据回填料的物理力学指标定出棱体的范围,或按码头两倍高度确定其宽度,据以计算工程量。

二、沿海港口水工建筑及内河航运工程定额工程量计算规则

沿海港口水工建筑工程定额(简称沿海水工定额)与内河航运水工建筑工程定额(简称内河水工定额),分别列有工程量计算规则,本书对两者相同的项目合并说明,对具有各自特点的项目分别叙述。并对沿海港口水工建筑工程参考定额、内河航运设备安装工程定额(简称内河安装定额)的工程量计算规则单独说明。

(一)土石方工程

水运工程的土石方工程通常工程量比较大,对水运工程造价影响也较大。

开挖、铺填和抛填工程的工程量应根据开挖或铺、抛填的设计断面以体积计算,并应按相应规范规定的超深、超宽及增放坡度计算施工增加量(水下基床抛填工程量除按设计尺度计量外,还应考虑基槽开挖超挖引起的超填增加量);铺、抛填工程还应考虑沉降量。

1. 一般规定

(1)自然方、松方和实方。自然方是指未经扰动的自然状态的土方;松方是指自然方经过人力或机械开挖松动过的土方或备料堆置土方;实方是指回填并经过压实后的填筑方,又称填筑方、图纸方、压实方。

一般挖方按自然方计,若开挖的是经扰动后的松土,则按松方计;填方计量单位为实方。土石自然方和松、实方换算系数见表 6.2-1、表 6.2-2。设计断面方即指按设计断面计算出的挖方量(自然方)和填方量(实方)。

土方自然方和松、实方换算　　表 6.2-1

土类级别	陆上土方			水下土方	
	自然方	松方	实方	自然方	松方
	m^3				
Ⅰ	1	1.25	0.85	1	1.18
Ⅱ	1	1.25	0.85	1	1.25
Ⅲ	1	1.35	0.85	1	1.43
Ⅳ	1	1.45	0.95	1	1.50
砂	1	1.07	0.94	—	—

石方自然方和松、实方换算　　表 6.2-2

岩石级别	自然方	松方	实方
	m^3		
Ⅴ ~ Ⅵ	1	1.35 ~ 1.45	1.31
Ⅶ ~ Ⅸ	1	1.40 ~ 1.60	1.31
Ⅹ级以上	1	1.45 ~ 1.80	1.31

(2)定额工程量单位。

①陆上开挖定额单位,除注明外均为自然方。

②陆上铺填定额单位,除注明外均为实方(即填筑方、图纸方、压实方)。

③水下挖泥定额单位,均按自然方计。

④水上抛填定额单位,除有注明外均为抛填体积方(即设计断面方)。

⑤砌筑定额单位,除有注明外均按砌筑体积计。

(3)挖泥水深按下式计算:

$$\text{挖泥水深} = \text{施工水位} - \text{挖槽的设计底标高} + \text{平均允许超深} - \frac{1}{2} \times \text{平均泥层厚度} \tag{6.2-1}$$

(4)水下抛填水深应按下式计算:

$$\text{水下抛填水深} = \text{施工水位} - \text{设计挖槽底标高} - \frac{1}{2} \times \text{基床厚度} \tag{6.2-2}$$

(5)施工水位应采用设计文件提供的数值。当设计文件未做明确规定时,施工水位可按下列要求确定:

①有潮港采用工程所在平均高潮位以下 1m 取定。

②无潮港采用工程所在地施工季节的历年平均水位。

③内河航道工程,应根据工程类型和相关水文规范,考虑项目规模、施工能力和工期后确定。

2. 水下基槽开挖

(1)水下基槽开挖计算可采用横断面积法,开挖工程量为设计断面净尺寸加超深、超宽量计算。计算图示见图 6.2-1。

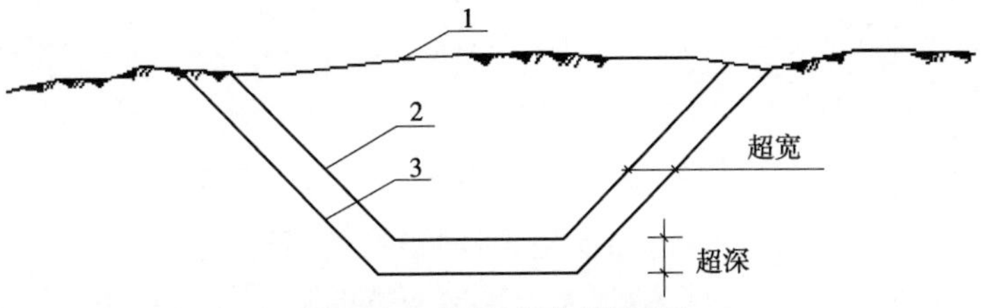

图 6.2-1　水下挖泥典型断面图

1-天然地面;2-设计断面线;3-计算断面线

土石方工程施工规范中规定不允许欠挖,由于受船机本身性能及人员操作所限,施工时很难刚好开挖成设计断面形状,特别是水下挖泥,难免有一定的偏差,所以施工中允许一定尺寸的超挖,计算工程量时应根据港口工程质量检验标准和有关施工技术规范所规定的超深、超宽、增放坡度及正值误差计算所增加的工程量。

(2)水下基槽挖泥超挖量。水下基槽挖泥按抓斗挖泥船开挖确定超深超宽值,允许超深超宽值按表 6.2-3 计取。

(3)水下基槽炸礁超挖量。炸礁工程量,按设计断面净尺寸加超深、超宽量计算。清渣工程量一般按炸礁工程量计。超深超宽值按施工规范如下:

长条形:超深 0.5m 和每边超宽 1.0m 计算。

独立墩:超深 1.0m 和每边超宽 2.0m 计算。

非岩石地基水下基槽开挖允许偏差　　表 6.2-3

<table>
<tr><th rowspan="2">序号</th><th rowspan="2" colspan="3">项　　目</th><th colspan="2">允许偏差(m)</th></tr>
<tr><th>有掩护水域</th><th>无掩护或离岸 500m 以上水域</th></tr>
<tr><td rowspan="7">1</td><td rowspan="7">平均超深</td><td colspan="2">4m³ 以下斗容</td><td>0.3</td><td>0.5</td></tr>
<tr><td rowspan="2">4 ~ 8m³ 斗容</td><td>Ⅰ、Ⅱ类土</td><td>0.8</td><td>0.8</td></tr>
<tr><td>Ⅲ、Ⅳ类土</td><td>0.5</td><td>0.5</td></tr>
<tr><td rowspan="2">8 ~ 13m³ 斗容</td><td>Ⅰ、Ⅱ类土</td><td>1.0</td><td>1.0</td></tr>
<tr><td>Ⅲ、Ⅳ类土</td><td>0.8</td><td>0.8</td></tr>
<tr><td rowspan="2">13 ~ 18m³ 斗容</td><td>Ⅰ、Ⅱ类土</td><td>1.5</td><td>1.5</td></tr>
<tr><td>Ⅲ、Ⅳ类土</td><td>1.0</td><td>1.0</td></tr>
<tr><td rowspan="7">2</td><td rowspan="7">每边平均超宽</td><td colspan="2">4m³ 以下斗容</td><td>1.0</td><td>1.5</td></tr>
<tr><td rowspan="2">4 ~ 8m³ 斗容</td><td>Ⅰ、Ⅱ类土</td><td>2.0</td><td>2.0</td></tr>
<tr><td>Ⅲ、Ⅳ类土</td><td>1.5</td><td>2.0</td></tr>
<tr><td rowspan="2">8 ~ 13m³ 斗容</td><td>Ⅰ、Ⅱ类土</td><td>2.2</td><td>2.5</td></tr>
<tr><td>Ⅲ、Ⅳ类土</td><td>1.7</td><td>2.2</td></tr>
<tr><td rowspan="2">13 ~ 18m³ 斗容</td><td>Ⅰ、Ⅱ类土</td><td>2.5</td><td>3.0</td></tr>
<tr><td>Ⅲ、Ⅳ类土</td><td>2.0</td><td>2.5</td></tr>
</table>

注：①在无掩护水域，当挖泥水深大于或等于 20m 或抓斗斗容大于 $18m^3$ 时，其平均超深、超宽允许偏差值可根据实际情况适当加大。

②河港小型码头基槽挖泥平均超深、超宽允许偏差值应适当减小。

③链斗式挖泥船平均超深、超宽允许偏差值分别为 0.4m、1.5m。

3. 陆上土方

陆上土方工程量，除另有规定外应按设计要求以体积计算，工程量计算应符合下列规定：

(1)坡度陡于 1:2.5 的陆上坡面开挖，应按岸坡挖土方计算。

(2)槽底开挖宽度在 3m 以内且槽长大于 3 倍槽宽的陆上开挖工程可按地槽计算。

(3)不满足第(2)条规定且坑底面积在 $20m^3$ 以内的陆上开挖工程，应按地坑计算。

(4)洞室土方开挖分为平洞、斜井、竖井土方开挖工程，工程量计算应符合以下规定。

①洞室断面积大于 $2.5m^3$、水平夹角不大于 6°的，工程量应按平洞土方开挖计算。

②洞室断面积大于 $2.5m^3$、水平夹角不大于 6° ~ 75°的，工程量应按斜井土方开挖计算。

③洞室断面积大于 $2.5m^3$、水平夹角大于 75°且深度大于上口短边长度(或直径)的，工程量应按竖井土方开挖计算。

(5)除岸坡、地槽、地坑、洞室以外的陆上开挖应按一般挖土方计算。

(6)平均高差在 0.30m 以内的陆上土方挖填，应按场地平整计算。

(7)夹有孤石的土方开挖，大于 $0.7m^3$ 的孤石应按石方开挖计算。

(8)开挖地坑、地槽工程量应按设计要求及放坡坡度计算。当设计未提供放坡系数时，可按表 6.2-4 参数选用。

土方工程放坡系数参考表　　表6.2-4

土壤类别	挖深(m)	系数
Ⅰ、Ⅱ类	≥1.20	1:0.33～1:0.75
Ⅲ类	≥1.50	1:0.25～1:0.67
Ⅳ类	≥2.00	1:0.10～1:0.33

注：①挖深指坑、槽上口自然地面至槽底、坑底面的垂直高度。

②坑、槽中土壤类别不同时，应分别按其挖深、放坡系数，依不同土质厚度加权平均计算。

③计算放坡时，在交接处的重复工程量可不扣除。

(9)土方开挖各类槽、坑的计算长度，应根据自然地面起伏状况划分成若干段，每段长度一般不宜大于10m。

(10)土方开挖工程量不应计算工作面开挖小排水沟、修坡、铲坡、清除草皮、工作面范围内的小路修筑、交通安全以及必需的其他辅助工作等。

(11)陆上填方的边坡应采用设计文件提供的数值，当设计未提供边坡值时，可按表6.2-5确定。

陆上填方的边坡系数表　　表6.2-5

序号	土的种类	临时填方		永久填方	
		填方高度(m)	边坡系数	填方高度(m)	边坡系数
1	黏土、亚黏土、泥灰岩土、亚砂土、细砂	≤8	1:1.25	≤6	1:1.5
2	黄土、类黄土	≤6	1:1.50	≤6	1:1.5
3	中砂、粗砂	≤12	1:1.25	≤10	1:1.5
4	砾石、碎石土	≤12	1:1.25	≤12	1:1.5
5	易风化的岩石	—	—	≤12	1:1.5
6	轻微风化的、尺寸在25cm以内的石料	≤6	1:0.75	≤6 6～12	1:1.33 1:1.5
7	轻微风化的、尺寸大于25cm石料，边坡选用最大石块，分类整齐铺砌	≤5	1:0.5	≤12	1:1.0
8	轻微风化的，尺寸大于40cm的石料，其边坡分排整齐，紧密铺砌	—	—	≤5 5～10 >10	1:0.5 1:0.65 1:1.0

(12)土方分类定义。

碎石土：粒径大于2mm的颗粒质量超过总质量50%的土。

砂土：粒径大于2mm的颗粒质量不超过总质量50%，且粒径大于0.075mm的粒径质量超过总质量的50%的土。

粉土：粒径大于0.075mm的颗粒质量不超过总质量的50%，且塑性指数小于或等于10的土。

淤泥性土:在静水或缓慢的流水环境中沉积,天然含水率大于 36%,且大于液限,天然孔隙比大于或等于 1.0 的黏性土。

冲填土:由水力冲填的淤泥性土、砂土或粉土。

素填土:由碎石类土、砂土、粉土、黏性土等堆积的填土。

杂填土:含有建筑垃圾、工业废料或生活垃圾的填土。

4. 陆上石方

陆上石方工程量,除另有规定外,应按设计要求以体积计算,工程量计算应符合下列规定:

(1)设计坡度陡于 1:2.5 且平均开挖厚度小于 5m 的,工程量应按坡面石方开挖计算;

(2)沟槽底宽在 7m 以内且长度大于 3 倍宽度的,工程量可按沟槽计算;

(3)不满足第(2)条规定且底面积小于 $200m^3$、深度小于坑底短边长度或直径的,工程量按基坑计算;

(4)洞室石方开挖分为平洞、斜井、竖井石方开挖工程,工程量计算应符合以下规定:

①洞室断面积大于 $5m^3$、水平夹角不大于 6°的,工程量应按平洞石方开挖计算;

②洞室断面积大于 $5m^3$、水平夹角不大于 6° ~75°的,工程量应按斜井石方开挖计算;

③洞室断面积大于 $5m^3$、水平夹角大于 75°且深度大于上口短边长度(或直径)的,工程量应按竖井石方开挖计算;

(5)除岸坡、地槽、地坑、洞室以外的陆上石方开挖应按一般挖石方计算;

(6)开挖沟槽、基坑石方应按设计要求的放坡坡度计算,当设计文件未提供放坡系数时,可按表 6.2-6 参数选用。

石方工程放坡系数参考表　表 6.2-6

岩石类别	风化程度	开挖深度			
		≤4m	≤8m	≤12m	≤15m
硬质岩石 (Ⅹ~ⅩⅢ级)	微风化	1:0.10	1:0.20	1:0.30	1:0.35
	中等风化	1:0.20	1:0.35	1:0.45	1:0.50
	强风化	1:0.35	1:0.50	1:0.65	1:0.75
软质岩石 (Ⅴ~Ⅸ级)	微风化	1:0.35	1:0.50	1:0.65	1:0.75
	中等风化	1:0.50	1:0.75	1:0.90	1:1.00
	强风化	1:0.75	1:1.00	1:1.15	1:1.25

(7)不允许破坏岩层结构的陆上保护层石方开挖,设计坡度不陡于 1:2.5 的,工程量应按底部保护层石方开挖计算;设计坡度陡于 1:2.5 的,工程量应按坡面保护层石方开挖计算;陆上石方开挖保护层厚度应按设计要求计算,当设计文件未提供时,保护层厚度可按表 6.2-7 参数选用。

陆上石方开挖保护层厚度参考表　表 6.2-7

保护层名称	软质岩石 (Ⅴ~Ⅶ级以上)	中等硬度岩石 (Ⅷ~Ⅸ级以上)	坚硬岩石 (Ⅹ级以上)
垂直保护层(m)	2	1.5	1.25

5. 陆上铺填和水上抛填

(1)码头、护岸后的铺填或抛填工程,工程量应分别按棱体和场地铺、抛填工程计算;棱体的计算范围应根据设计要求确定，条件不具备的，可按码头、护岸的二倍高度确定棱体计算宽度，据以计算工程量。

陆上铺填和水上抛填的地基沉降量由设计单位根据实际情况和有关资料确定，计入工程量。铺填工程量应按设计要求以体积计算，铺填工程量均不应扣除预埋件和面积在 $0.2m^3$ 以内的孔洞所占体积。

(2)关于铺填抛填工艺。陆上铺填工艺的“直接来料铺筑”，系指铺筑材料直接运达铺筑现场，即卸料前都属于材料价范围。

水上抛填工艺中：“方驳抛填”系指施工单位使用本单位方驳，并负责装船以及工地范围内的运输和抛填工作；“民船装运抛”系指材料发包给其他运输机构负责装船、运输和抛填，施工单位只需派人指挥抛填和进行水下检查工作，材料单价应包括装船、运输和抛填费用；“外租船抛填”系指租用其他运输机构船只，施工单位负责装船以及工地范围内的运输和抛填工作，材料单价应计算到工地范围装船码头的材料堆场为准。

(3)关于铺填抛填料石料。铺填抛填石料的分类和加工要求见表 6.2-8。

常用石料的分类和加工要求　　表 6.2-8

序号	类别名称	形　状	加工要求	规格尺寸	用　途
1	开山石混合料	形状不规则的块状	用爆破法直接开采	单块质量为 10 ~ 100kg 或 800kg 以下混合级配	抛填
2	二片石	形状不规则的块状小粒径	用爆破法直接开采出，经筛选	粒径为 80 ~ 150mm	整平
3	砌筑块石	至少具有一个平面的块状石	用爆破法或裂劈法直接开采出，对外露面或四周稍加修凿	大致方正，厚度不小于 250mm，宽度为厚度的 1.0 ~ 1.5 倍，长度为厚度的 1.5 ~ 4.0 倍	护坡或一般砌筑物
4	锥形块石	具有平底，形似截头锥形	采用块石按设计要求经粗琢加工	底部平面尺度不小于 100mm × 100mm，顶部尺度不限，但不可为尖形，高度与底面积之比不宜过大，且不得呈斜锥形	
5	条石	近似长方六面体	由岩体或大块石料按设计要求开劈并经粗琢加工	表面平整，长度方向顺直，各面相互垂直，长度不小于宽度的 3.0 ~ 5.0 倍	
6	粗料石	形状规则的六面体	由岩体或大块石料开劈，并经粗略修凿或经粗加工	外形方正，表面不允许凸出，凹入深度不大于 20mm，厚度不小于 200mm，宽度不小于厚度，长度不小于厚度的 1.5 倍	
7	半细料石	形状规则的六面体，或按设计要求	按设计要求经细加工	表面不允许凸出，凹入深度不大于 10mm，尺寸同粗料石	有景观等特殊要求的砌筑物
8	细料石		按设计要求经细加工	表面不允许凸出，凹入深度不大于 2mm，尺寸同粗料石	

6. 码头基床工程量

(1)基床抛石工程量。基床抛石工程量按设计断面方加上预留地基沉降量。基槽超挖部分的回填量,应计入工程量。

预留地基沉降量,对于夯实的基床,可仅按地基沉降量预留,其数值可根据试夯资料或当地经验确定;对于不夯实的基床,还应考虑基床本身的沉降量。

(2)基床夯实工程量。基床夯实一般分为重锤夯实和爆破夯实。

①重锤夯实。基床夯实工程量应根据设计要求按体积计算。条件不具备的,应按墙身底面尺寸各边加宽 1.0m 确定。基床厚度较大时,锤夯时应分层夯实,每层厚度宜基本相等,每层夯实后的厚度不宜大于 2m;夯击能量较大时,分层厚度可适当加大。若分层抛石、夯实,夯实范围应按分层处的应力扩散线各边加宽 1.0m 确定。基床夯实范围示意图见图 6.2-2(摘自《码头结构施工规范》(JTS 215))。

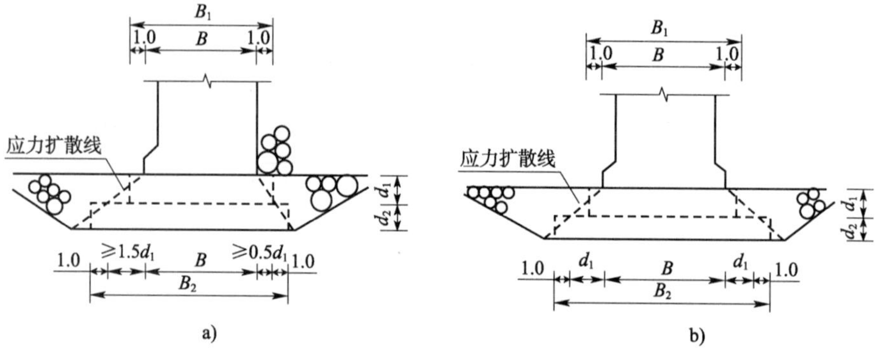

图 6.2-2　基床夯实范围示意图(尺寸单位:m)

a)墙后有填土;b)墙后无填土

B_1-d_1 层夯实范围;B_2-d_2 层夯实范围;B-墙底宽;d_1、d_2-抛石基床夯实分层厚度

②爆破夯实。爆破夯实适用于厚基床,分层夯实厚度不宜大于 12m。爆夯工程量按抛石基床的断面方(m^3)计算。

(3)基床整平。抛石基床的整平可分为粗平、细平和极细平。细平定额中包括了粗平工作全部施工过程,极细平定额中包括了粗平及细平的全部施工过程,使用时不得合并。大型构件底面尺寸大于或等于 $30m^2$ 时,基床可不进行极细平。

基床整平工程量应根据设计要求按面积计算。条件不具备的,可按下列办法计算:

①粗平时,按建构筑物底面尺寸各边加宽 1.0m 计算;有护面块体时,按压脚块底边外加宽 1.0m 计算;对于码头基床包括全部前肩范围。

②细平时,按建构筑物底面尺寸各边加宽 0.5m 计算;有护面块体时,按压脚块底边外加宽 0.5m 计算;对于码头基床包括全部前肩范围。

(4)基床理坡工程量应以面积计算。

7. 砌筑

(1)砌筑工程量按设计砌体外形尺寸以体积计算。砌筑工程量均不应扣除预埋件和面积在 $0.2m^2$ 以内的孔洞所占体积。

砌体表面加工应按设计要求计算砌体表面展开面积。

砌体砂浆勾缝应按不同的砌体材料区分平面、斜面、立面、曲面以及平缝、凸缝,分别按砌体表面展开面积以面积计算。

砌体砂浆抹面应按不同厚度区分平面、斜面、立面、曲面、拱面，分别按砌体表面展开面积以面积计算。

(2)砌体形状分类参考规则如下：

①砌体表面与水平夹角大于30°时为立面。

②夹角小于或等于30°时为斜面。

③夹角等于0°时为平面。

④“曲面”指呈圆弧状的砌体表面。

⑤“拱面”指悬空的砌体底部表面。

(3)砌筑的石料规格标准如下：

块石：每块体积一般为0.01～0.05m^3，长度为宽度的2～3倍，形状不规则。

毛条石：一般为长方形，长度在60cm以上，四楞方正，表面凸凹不超过20mm。

粗料石：毛条石经过修边、加工、外露面方正，各相邻面正交，表面凸凹不超过10mm，石料厚度不少于30cm，长度不少于厚度的两倍。

细料石：外露面四楞方正，表面凸凹不超过5mm，石料厚度不少于20cm，长度不少于厚度的两倍。

8. 喷浆混凝土

喷浆混凝土工程量应按设计喷浆厚度以面积计算(回弹及施工损耗量已包括在定额中)。

9. 土石方级别划分标准

土石方开挖的难易程度直接决定了其开挖单价的高低，因此不同类别的土石方要分别计算其工程量。陆上土方、水下土方、石方的级别详见表6.2-9～表6.2-11。

土壤分类表　　表6.2-9

土壤类别	土质名称	自然湿重度(kg/m^3)	外形特征	开挖方式
Ⅰ	砂土、种植土	1650～1750	疏松，黏着力差或易透水，略有黏性	用锹或略加脚踩开挖
Ⅱ	壤土、淤泥、含草根种植土	1750～1850	开挖时能成块，并易打碎	用锹需用脚踩开挖
Ⅲ	黏土、干燥黄土、干淤泥、含少量砾石黏土	1800～1950	粘手，看不见砂粒或干硬	用镐、三齿耙开挖或用锹需用力加脚踩开挖
Ⅳ	坚硬黏土、砾石混黏性土、黏性土混碎卵石	1900～2100	土壤结构坚硬，将土分裂后能成块状或含黏粒砾石较多	用镐、三齿耙等工具开挖

挖泥船挖泥土壤分类表　　表6.2-10

土壤类别	名称或特征	标贯击数N	液性指数I_L
Ⅰ	淤泥、淤泥混砂、软塑黏土、可塑黏土、可塑亚黏土、可塑亚砂土	≤8	≤1.5
Ⅱ	砂、硬塑黏土、硬塑亚黏土、硬塑亚砂土	≤15	≤0.25
Ⅲ	坚硬黏土、砂夹卵石、坚硬亚黏土、坚硬亚砂土	≤30	≤0
Ⅳ	强风化岩、铁板砂、胶结的卵石和砾石	>30	—

注：Ⅰ、Ⅱ类土壤以液性指数为主要判别标准。

岩石分级表　　表 6.2-11

岩石级别	岩石名称	实体岩石自然湿度时的平均重度(kg/m^3)	净钻时间(min/m) 用 ϕ30mm 合金钻头凿岩机打眼	用 ϕ30mm 淬火钻头凿岩机打眼	用 ϕ25mm 钻杆,人工单人打眼	极限抗压强度(MPa)	强度系数 f
V	1. 砂藻土及软白垩岩	1500	—	≤3.5	≤30	≤20	1.5~2
	2. 硬的石炭纪的黏土	1950					
	3. 胶结不紧的砾岩	1900~2200					
	4. 各种不坚实的页岩	2000					
VI	1. 软、有孔隙、节理多的石灰岩及贝壳石灰岩	2200	—	4 (3.5~4.5)	45 (30~60)	20~40	2~4
	2. 密实的白垩	2600					
	3. 中等坚实的页岩	2700					
	4. 中等坚实的泥灰岩	2300					
VII	1. 水成岩卵石经石灰质胶结而成的砾岩	2200	—	6 (4.5~7)	78 (61~95)	40~60	4~6
	2. 风化节理多黏土质砂岩	2200					
	3. 坚硬的泥质页岩	2800					
	4. 坚实的泥灰岩	2500					
VIII	1. 角砾状花岗岩	2300	6.8 (5.7~7.7)	8.5 (7.1~10)	115 (96~135)	60~80	—
	2. 泥灰质石灰岩	2300					
	3. 粗土质砂岩	2200					
	4. 云母页岩及砂质页岩	2300					
	5. 硬石膏	2900					
IX	1. 软、风化较甚的花岗岩、片麻岩及正长岩	2500	8.5 (7.8~9.2)	11.5 (10.1~13)	157 (136~175)	80~100	8~10
	2. 滑石质的蛇纹岩	2400					
	3. 密实的石灰岩	2500					
	4. 水成岩卵石经硅质胶结的砾岩	2500					
	5. 砂岩	2500					
	6. 砂质石灰质的页岩	2500					
X	1. 白云岩	2700	10 (9.3~10.8)	15 (13.1~17)	195 (176~215)	100~120	10~12
	2. 坚实的石灰岩	2700					
	3. 大理岩	2700					
	4. 石灰质胶结质密砂岩	2600					
	5. 坚硬的砂质页岩	2600					

续上表

岩石级别	岩石名称	实体岩石自然湿度时的平均重度（kg/m^3）	净钻时间(min/m) 用 ϕ30mm 合金钻头凿岩机打眼	用 ϕ30mm 淬火钻头凿岩机打眼	用 ϕ25mm 钻杆，人工单人打眼	极限抗压强度（MPa）	强度系数 f
XI	1. 粗粒花岗岩	2800	11.2（10.9～11.5）	18.5（17.1～20）	240（216～260）	120～140	12～14
	2. 特别坚实的白云岩	2900					
	3. 蛇纹岩	2600					
	4. 火成岩卵石经石灰质胶结的砾岩	2800					
	5. 石灰质胶结坚实砂岩	2700					
	6. 粗粒正长岩	2700					
XII	1. 有风化痕迹的安山岩及玄武岩	2700	12.2（11.6～13.3）	22（20.1～25）	290（261～320）	140～160	14～16
	2. 片麻岩、粗面岩	2600					
	3. 特别坚实的石灰岩	2900					
	4. 火成岩卵石经硅质胶结的砾岩	2600					
XIII	1. 中粒花岗岩	3100	14.1（13.4～14.8）	27.5（25.1～30）	360（321～400）	160～180	16～18
	2. 坚实的片麻岩	2800					
	3. 辉绿岩	2700					
	4. 玢岩	2500					
	5. 坚实的粗面岩	2800					
	6. 中粒正长岩	2800					
XIV	1. 特别坚实细粒花岗岩	3300	15.5（14.9～18.2）	32.5（30.1～40）	—	180～200	18～20
	2. 花岗片麻岩	2900					
	3. 闪长岩	2900					
	4. 最坚实的石灰岩	3100					
	5. 坚实的玢岩	2700					
XV	1. 安山岩、玄武岩、坚实角闪岩	3100	20（18.3～24）	46（40.1～60）	—	200～250	20～25
	2. 最坚实的辉绿岩及闪长岩	2900					
	3. 坚实辉长岩及石英岩	2800					
XVI	1. 钙钠长石质橄榄石质玄武岩	3300	>24	>60	—	>250	>25
	2. 特别坚实的辉长岩、辉绿岩、石英岩及玢岩	3000					

注：凿岩机打眼工作气压为4.5个标准大气压。

(二)基础工程

1. 基础打入桩工程量

水运工程基础打入桩包括钢筋混凝土方桩、钢筋混凝土管桩、钢管桩、钢筋混凝土板桩、钢板桩等。

(1)基础打入桩工程量计算的关键要素：

土质类别：指桩入土土质类别判定。

桩的类别：指桩型和桩位置的判定。

断面型式：指截面形状和尺寸划分。

(2)名词解释：

直桩：斜度小于或等于 8:1 的基桩。

斜桩：斜度大于 8:1 的基桩。

叉桩：在同一节点由一对不同方向的斜桩组成的基桩。

同节点双向叉桩：在同一节点中由两对不同方向叉桩组成的基桩组。

墩台式基桩及引桥墩基桩(含直、斜、叉桩)：独立墩或独立承台结构体下的基桩或含三根及三根以上斜桩且不与其他基桩联系的其他结构体下的基桩，该处独立墩、独立承台、其他结构体系指建(构)筑物建成前不与其他结构体发生联系的结构体。

长引桥码头基桩：引桥设计纵向中心线岸端起点至码头前沿线最远点垂线的距离大于 500m 时的码头部分的基桩(含直桩、斜桩及水上同节点双向叉桩)。

深送桩：当桩顶标高在地面以下超过 2m 的桩。

长替打：替打长度大于 3m(即超过打桩船配备的一船常规替打长度)。

(3)打桩工程量应根据土壤级别，按设计断面、长度，区分直桩、斜桩、同节点双向双叉桩、墩台式基桩及引桥长度大于 500m 的码头基桩的根数分别计算。

(4)预制钢筋混凝土方桩如设计需要铁桩尖时，每根桩可增列 14.5kg 的铁件费用和 16kg 的钢材消耗量。

(5)施打组合桩(钢筋混凝土管桩与钢管桩组合)时，执行钢筋混凝土管桩定额。

(6)水运工程中若有试桩工程的，其工程量单独计算。

(7)基础打入桩的土质类别应按表 6.2-12 划分。

基础打入桩土质级别划分表　　表 6.2-12

土类 / 级别	黏性土			砂性土	碎石土		风化岩
	黏土、亚黏土	亚砂土		标准贯入击数 N			
	液性指数 I_L	液性指数 I_L	标准贯入击数 N		角砾、圆砾	碎石、卵石	标准贯入击数 N
一	≥0.5	≥0.5	≤15	≤20	—	—	—
二	<0.5	<0.5	15~30	20~50	稍密、中密	稍密	≤50
三	≤0	≤0	>30	>50	密实	中密、密实	50~80

注：①黏性土类中的亚砂土在工程土壤级别判定时，对于 I_L 或 N 满足一个指标即可判定。

②黏性土中，第四纪晚更新世 Q3 及以前沉积的黏性土(即老黏土)，当 $N>15$ 时，按三级土判定。

2. 基础灌注桩(陆上)工程量计算办法

沿海水工的灌注桩定额工程量计算正在修订,本书以内河水工定额为准。

(1)灌注桩的土类按成孔难易程度划分为六类。

Ⅰ类土:塑性指数大于10的黏土、粉质黏土,以及粉土、淤泥质土、冲填土。

Ⅱ类土:砂土、混合土。

Ⅲ类土:粒径2~20mm的颗粒含量超过总质量50%的角砾、圆砾土质,以及粒径20~60mm的颗粒含量不超过总质量20%的碎石、卵石土质。

Ⅳ类土:粒径20~200mm的颗粒含量的超过总质量20%的碎石、卵石土质;粒径200~500mm的颗粒含量不超过总质量10%的块石、漂石土质以及杂填土。

Ⅴ类土:中等风化程度及以上的软质岩石或强风化的硬质岩石,包括粒径大于500mm的颗粒含量超过总质量10%的块石、漂石土质。

Ⅵ类土:中等风化程度及以下的硬质岩石或微风化的软质岩石。

(2)成孔工程量应按设计量与施工增加量之和计算。定额中的孔深指护筒顶到桩底(设计标高)的深度。成孔定额中同一孔内的不同土质,不论其所在深度如何,均执行总孔深定额。

灌注桩孔深、设计桩长、入土深度关系图见图6.2-3。

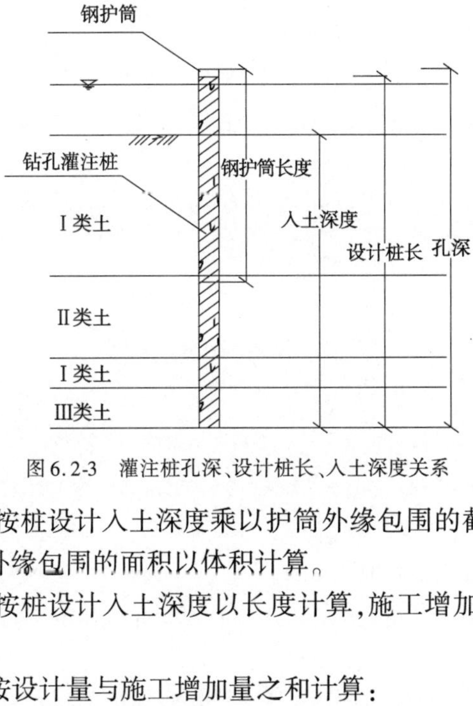

图6.2-3　灌注桩孔深、设计桩长、入土深度关系

①人工成孔设计量应按桩设计入土深度乘以护筒外缘包围的截面面积以体积计算,施工增加量按20cm乘以护筒外缘包围的面积以体积计算。

②机械成孔设计量应按桩设计入土深度以长度计算,施工增加量按设计桩径数值的1/2以长度计算。

(3)混凝土工程量应按设计量与施工增加量之和计算:

①设计量按设计桩径、桩长以体积计算。

②采用机械成孔工艺的,施工增加量可按凿顶高度0.80m与超深1/2桩径长度之和乘以设计桩横断面积计算;采用人工成孔、导管法浇筑水下混凝土工艺的,施工增加量可按凿顶高度0.80m与超深20cm之和乘以设计桩横断面积计算。

③机械成孔灌注水下混凝土定额已包括水下混凝土扩孔等因素的损耗量,不应另计。

(4)灌注桩施工平台工程量应按施工条件或施工组织设计以面积计算。条件不具备时,编制概算可按每根桩陆上 $12m^2$、水上 $24m^2$ 估算;编制预算时应按施工组织设计要求计算。

施工平台一般可采用岛式平台、支承桩平台、浮式平台和移动式自升平台等形式,应按不同形式的平台分别计算。处于浅水区且地层土质较好时,可采用岛式平台;处于深水区时,可采用支承桩平台;处于风浪和潮差较大的水域以及岩基岩面无覆盖层或覆盖层较薄时,可采用移动式自升平台;内河和湖泊地区,在水流平稳和水位升降缓慢等自然条件下,经论证后可采用锚碇稳固的船舶或浮箱作为施工平台。

(5)钢护筒。

①护筒顶高程和埋深:

护筒埋深不应小于 1.0~2.0m。陆域或边滩采用开挖埋设护筒时,护筒顶高程应高出地下水位 1.5~2.0m,并高出地面 300mm 以上。

受水位影响的河滩上埋设护筒时其顶部高程应高于施工水位 1.5~2.0m,并考虑钻孔桩施工期间水位的涨幅影响,埋设深度应穿透河滩淤泥层或抛石层进入稳定土层 1m 以上。

海域护筒的顶高程应高出施工期最高潮位或水位 1.5~2.0m,并应考虑波浪的影响。护筒埋深应综合考虑地质条件、护筒使用功能和稳定要求,通过计算比选确定。进入不透水层或较密实的砂卵石层的护筒长度不宜小于 1.0m。

当钻孔内有承压水时,护筒顶高程应高于稳定后的承压水位 1.5~2.0m。

②护筒宜采用钢板焊接。钢护筒壁厚应综合考虑下沉深度、护筒长度、直径、地质条件和下沉工艺等因素,并不宜小于 5mm。

护筒内径应根据护筒长度、埋设的垂直度和钻机的性能等因素确定,并不宜大于设计桩径 300mm。

护筒内径计算公式:

$$D \geq d + LJ + S$$

式中:D——护筒内径(mm);

d——设计钻孔直径(mm);

L——护筒长度(mm);

J——护筒下沉允许倾斜度,可取 1%;

S——钻头摆动的富余量,可取 50mm。

当护筒计算内径与设计钻孔直径之差大于 300mm 时,护筒内径与设计钻孔直径之差取 300mm。

斜桩成孔应使用全护筒,或护筒应进入岩层,并能满足其稳定要求且护筒底口不会出现严重渗漏,护筒直径宜比设计桩径大 50mm,护筒上口宜呈喇叭状。

③钢护筒的工程量按设计重量计算,设计重量为加工后的成品重量,包括加劲肋及连接用法兰盘等全部钢材重量。当设计未提供钢护筒重量时,可参考表 6.2-13 的重量计算,桩径不同时可内插计算。

每米护筒重量　　表 6.2-13

桩径（cm）	80	100	120	150	200	250
每米护筒重量（kg/m）	133.80	167.00	231.30	280.10	472.80	580.30

④护筒穿过较厚抛石层或抛石棱体时，宜采用双护筒。

⑤水上钢护筒定额按全部摊销考虑。如设计可回收，应按设计计算回收数量。

3. 地下连续墙工程量计算办法

沿海水工的地下连续墙定额工程量计算正在修订，本书以内河水工定额为准。

地下连续墙工程量应根据成槽土类、混凝土强度等级，按设计延米、宽度、槽深以体积计算。

（1）地下连续墙土类，按成槽的难易程度和土壤颗粒级配组成划分为三类：

Ⅰ类土：塑性指数大于 10 的黏土、粉质黏土，包括粉土、淤泥质土、冲填土，以及标准贯入击数等于或小于 10 的土层。

Ⅱ类土：砂土、混合土，以及标准贯入击数大于 10 小于或等于 30 的土层。

Ⅲ类土：粒径 2～20mm 的颗粒含量超过总质量 50% 的角砾圆砾的土质，以及粒径 20～60mm 的颗粒含量不超过总质量 20% 的碎石、卵石土层。标准贯入击数大于 30、小于或等于 50 的土层。

当成槽穿过Ⅰ、Ⅱ类土层时，如Ⅱ类土层各层厚度之和超过设计墙深的 50% 时，按Ⅱ类土计算。不足上述规定时按Ⅰ类土计算。

（2）成槽工程量应按设计量与超深增加量之和计算。设计量应按设计延米、宽度、槽深以体积计算；超深增加量按设计底标高增加 0.20m 计算。

（3）地下连续墙混凝土工程量应按设计量与施工增加量之和计算。设计量应按设计墙体体积计算；施工增加量按超深与增加高度之和 0.70m 计算，即超深 0.20m、凿顶 0.50m。

（4）导墙截面尺寸应根据结构型式、地基条件和施工荷载等通过计算确定。导墙顶面应高出地面 50～100mm，并应保证泥浆液面高出地下水位 500mm 以上。临水施工时，导墙顶高程应高出施工高水位 500mm 以上。导墙可采用采用现浇混凝土结构或预制结构。

4. 软土地基加固工程量计算办法

沿海水工的软土地基加固定额工程量计算正在修订，本书以内河水工定额为准。

（1）堆载预压工程量。

①堆载预压工程量根据不同的预压荷载、堆载料要求以面积计算。

②堆载材料工程量按设计要求以体积计算，如设计未明确放坡系数时，可按堆载材料的自然坡度 1:1 计算，汽车运输坡道最大坡度 13.5°、坡道面宽 4m、坡道边坡 1:1.5 计算。

③堆载体材料的重度值应按实际确定，条件不具备的，可参考以下重度（t/m^3）：土 1.35、砂 1.42、山皮土 1.43、砂夹石 1.61。

（2）真空预压工程量。真空预压工程量根据不同的真空预压要求以面积计算。

当采用黏土密封墙进行边缘密封时，黏土密封墙应单独计算。黏土密封墙宜采用双排搅拌桩，直径不宜小于 0.7m，搭接宽度不宜小于 0.2m。

排水砂垫层应单独计算工程量,排水砂垫层一般选用含泥量不大于5%的中粗砂。

(3)砂桩工程量按设计量与土体沉降增加量之和以体积计算;设计量按桩径和桩长以体积计算,原土体沉降增加量应按相应规定计算;砂桩宜采用中粗砂,含泥量不应大于5%。

(4)塑料排水板工程量应按设计每根长度区分型号以长度计算,其中A型≤15m、B型≤25m、C型≤35m、D型≤50m。规范要求伸出排水垫层0.2m/根的长度已包含在定额消耗量中。

(5)打碎石桩工程量按设计桩长以长度计算,应区分振冲法和振动沉管法分别计算,水域施工和陆域成孔困难的工程,宜采用振动沉管法;桩体材料含泥量不应大于5%。

(6)粉喷桩工程量按设计桩长以长度计算。

(7)陆上强夯工程量应根据不同的夯击能量、每$100m^3$的最终夯点数、点夯击数、普夯遍数及击数,按设计强夯加固面积计算。夯坑填料应单独以体积计算;强夯置换法的墩体材料应单独以体积计算,置换材料应按设计要求。

(8)软土地基加固如需试验,应单独计算工程量。

5. 钻孔灌浆(内河航运定额)

(1)钻孔灌浆的钻孔工程量应根据设计、钻孔角度、岩石级别或砂砾石层类别及孔深等,按设计进尺以长度计算。

(2)钻孔灌浆的灌浆工程量应根据设计、灌浆材料、岩体透水率或灌浆干料耗量,按设计灌浆深度以长度计算。

(3)灌浆压力大于或等于3MPa为高压灌浆,小于1.5MPa为低压灌浆,其余为中压灌浆。

(4)基础岩石层帷幕灌浆和基础松散岩层固结灌浆的岩体透水率,可根据地质勘察压水试验确定。

(5)环氧灌浆、甲凝灌浆、丙凝灌浆中的灌浆工程量应根据不同的灌浆材料、裂缝部位、缝宽和缝深以长度计算。

(6)压水试验工程量应按试段计算。

(7)高压摆喷灌浆工程量应根据设计、土类级别按累计进尺计算。

6. 沉井

(1)沉井的井壁、封底、填心、封顶等工程量应按定额有关章节的规定分别计算。

(2)沉井下沉工程量应根据设计图纸、整体下沉深度、土类划分按设计沉井平面投影面积乘以下沉深度以体积计算。

(三)混凝土及钢筋混凝土构件预制安装工程

(1)混凝土及钢筋混凝土构件预制工程量应按设计图纸,区分不同构件形状、重量等特征以体积计算。

(2)混凝土工程量不应扣除构件中的钢筋、铁件、螺栓孔、三角条、吊孔盒、马腿盒等所占体积,除注明者外亦不扣除单孔面积$0.2m^3$以内孔洞所占的体积。

(3)预制混凝土空心方桩、管桩、空心大板和箱型梁等构件的工程量,应扣除中空体积。

(4)混凝土预制构件工程量除按设计图纸计算外,还应按相应构件施打或安装定额中所列构件损耗增加量一并计入预制工程量。

①在编制概预算时,混凝土桩预制工程量应考虑桩基打设所需备桩工程量,相应工程量可

按基础工程章打桩定额中的打桩消耗系数计算;沿海水工建筑、内河水工建筑分别参照表6.2-14及表6.2-15消耗量。

沿海港口水工建筑混凝土桩预制消耗系数表　表6.2-14

桩类		土壤级别				
		一级土	一~二级土之间	二级土	二~三级土之间	三级土
钢筋混凝土方桩、管桩、板桩、锚碇桩		1.020	1.025	1.030	1.035	1.040
水冲打钢筋混凝土桩		1.020	1.020	1.020	1.020	1.020
深送桩	5m以内	1.030	1.035	1.040	1.045	1.050
	8m以内	1.050	1.055	1.060	1.065	1.070

内河航运水工建筑混凝土桩预制消耗量系数表　表6.2-15

桩类		土壤级别		
		一级土	二级土	三级土
钢筋混凝土方桩、管桩、板桩、锚碇桩	水上打桩	1.02	1.03	1.04
	陆上打桩	1.01	1.015	1.02
水冲打钢筋混凝土桩		1.02	1.02	1.02
深送桩	5m以内	1.03	1.04	1.05
	8m以内	1.05	1.06	1.07

②在编制概预算时,内河航运工程的矩形混凝土块(主要包括坝面、坡面块体)的预制、堆放、运输工程量,可按设计工程量乘以构件砌筑消耗系数1.02计算;异形混凝土块体(主要包括扭王字块、扭工字块以及相类似的构件)和透水框架等构件的预制、堆放、运输、安装工程量,可按设计工程量乘以构件安装消耗系数1.01计算。

在编制概算时,沿海水工工程护面块体预制、堆放、运输、安装数量可参照设计数量加损耗计入工程量。

(5)构件安装工程量按件、个、根、块等计算。

(6)构件安装定额均不包括接缝、节点的工程内容,发生时另行计算工程量。

(7)单件体积小于0.5m^3的预制混凝土小型构件的预制和安装工程量,应区分不同构件类型等特征以体积或件计算。

(8)超过六个面的混凝土块体工程量,应按异形块体以体积计算。

(9)钢筋工程量应按设计图纸量与进入混凝土体积中的架立钢筋用量之和以重量计算。定额中包括对焊、张拉、切割损耗,如需搭接焊、帮条焊、搭接绑扎时,其搭接部分钢筋亦应计入钢筋工程量中。

(10)沉箱预制按形状分为矩形、圆形、异形(如带消浪孔沉箱),预制及安装工程量应分别按设计图纸,区分不同构件类型等特征,扣除格仓部分,以体积或件计算(图6.2-4)。

(11)构件的水下储存应根据施工条件设计或施工组织设计计算储存次数及数量。

(12)防波堤及护岸护面块体工程量计算:

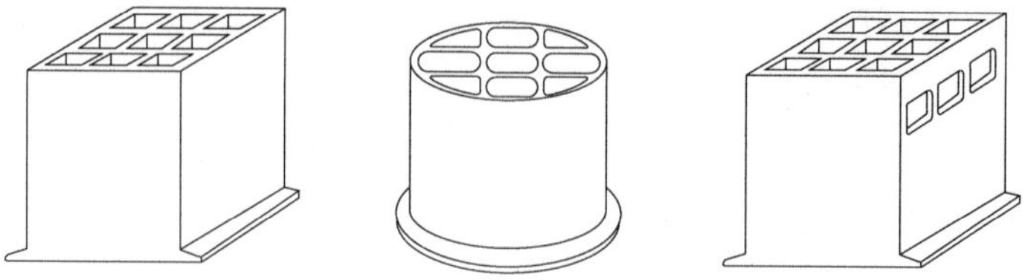

图 6.2-4　沉箱类型

a)矩形;b)圆形;c)异形

可依据《防波堤与护岸设计规范》(JTS 154),查找附录 C 图表计算。按照设计确定的块体重量,查找“块体重量与块体个数表”,查得 100m² 块体个数;查找“块体重量与块体混凝土量表”,查得 100m² 块体混凝土量 Q。例如扭王字块,见图 6.2-5、图 6.2-6。

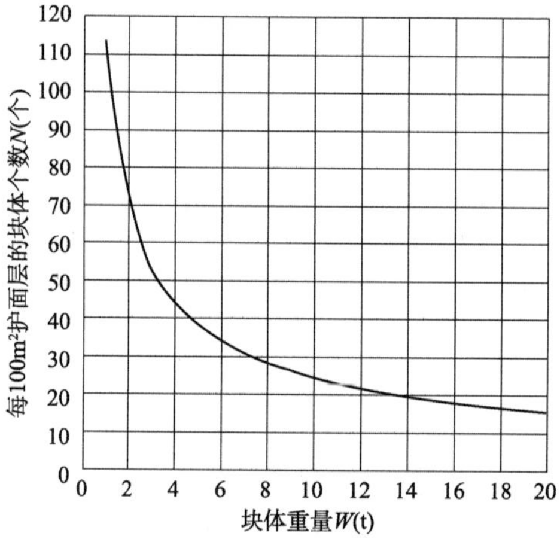

图 6.2-5　扭王块的块体重量 W 与个数 N(随机安放 1 层)

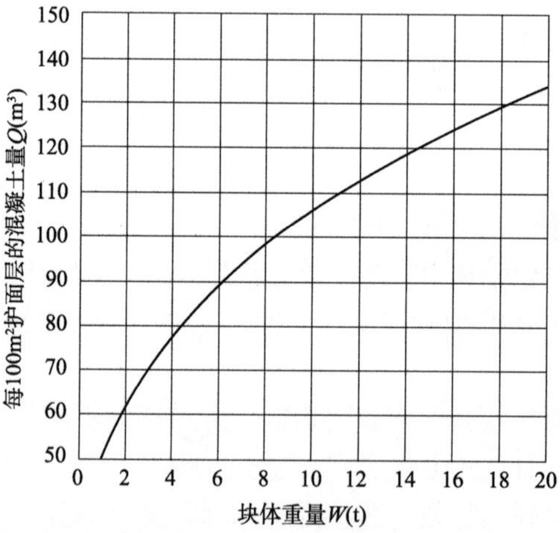

图 6.2-6　扭王块的块体重量 W 与混凝土量 Q(随机安放 1 层)

(四)现浇混凝土及钢筋混凝土工程

(1)混凝土及钢筋混凝土的工程量应根据设计图纸、浇筑部位及混凝土强度、抗冻、抗渗等级以体积计算。

(2)混凝土工程量不应扣除钢筋、铁件、螺栓孔、三角条、吊孔盒、马腿盒等所占体积和单孔面积在 0.2m^3 以内的孔洞所占体积。

(3)陆上现浇混凝土基础。

①独立基础工程量根据断面型式以体积计算。

②带形基础工程量根据断面型式以体积计算;其中有肋带形基础的肋高与肋宽之比在4:1以内时按有肋带形基础计算;超过 4:1 时底部按板式基础计算,底板以上部分的肋按墙计算。

③无梁式满堂基础的扩大脚或锥形柱墩并入满堂基础内计算工程量;箱式满堂基础按无梁式满堂基础、柱、梁、板等项目分别计算工程量。

④除块型以外其他类型的设备基础分别按基础、柱、梁、板等项目计算。

(4)陆上现浇混凝土柱。

①柱高自柱基上表面算至顶板或梁的下表面,有柱帽时柱高自柱基上表面算至柱帽的下表面。

②牛腿并入柱身体积计算。

(5)陆上现浇混凝土梁。

①基础梁按全长计算体积。

②主梁按全长计算,次梁算至主梁侧面,横梁按全长计算,纵梁算至横梁侧面。

③梁的悬臂部分并入梁内一起计算。

④梁与混凝土墙或支撑交接时,梁长算至墙体或支撑侧面。

⑤梁与主柱交接时,柱高算至梁底面,梁按全长计算。

⑥梁板结构的梁高算至面板下表面。

(6)陆上现浇混凝土板。

①有梁板按梁板体积之和计算。

②无梁板按板和桩帽体积之和计算。

③平板按板混凝土实体体积计算。

④伸入支撑内的板头并入板体积内计算。

(7)陆上现浇混凝土墙。

①墙体的高度由基础顶面算至顶板或梁的下表面,墙垛及突出部分并入墙体积内计算。

②墙体按不同形状、厚度分别计算体积。

(8)预制梁、板、柱的接头和接缝的现浇混凝土工程量应单独计算。

(9)翻车机房基础。

①翻车机房基础混凝土按不同结构部位分为底板、墙体、梁、板、柱等分别计算体积。

②当单侧翼板长度为墙身厚度的 2.5 倍以上时按带翼板墙计算;当单侧翼板长度为墙身厚度的 2.5 倍以下时按出沿墙计算,其翼板及出沿部分并入墙身体积计算。

③翻车机房基础的扶壁并入与其连接的墙体体积内计算。

④底板、墙体等为防渗而设置的闭合块混凝土单独计算工程量。

(10)陆上现浇混凝土廊道、坑道、沟涵、管沟工程量,应将底板、墙体、顶板合并整体计算。

(11)陆上现浇混凝土拨车机基础、牵引器基础、夹轮器基础、带排水沟的挡土墙工程量,按不同作用可分别整体计算。

(12)陆上现浇混凝土池。

①池底板、池壁、顶板分别计算。

②池底板的坡度缓于1:1.7按平面底板计算,陡于1:1.7的按锥形底板计算。

③池壁高度从底板上表面算至顶板下表面,带溢流槽的池壁将溢流槽并入池壁体积计算。

(13)陆上现浇混凝土卸车坑。

①底板、墙体、梁、面板、漏斗分别计算。

②火车轨道梁和框架梁单独计算,其他梁按断面型式分别计算。

③漏斗按整体计算,并算至墙体或梁的侧面。

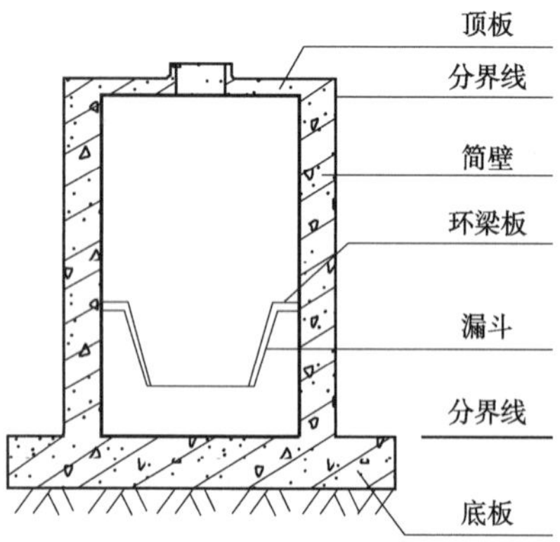

图6.2-7　筒仓结构示意图

(14)陆上现浇混凝土筒仓。

①筒仓底板上的各种支座混凝土并入底板计算。

②底板顶面以上至顶板底面以下为筒壁,筒壁工程量计算扣除门窗洞口所占体积;各仓间连接部分并入筒壁计算。

③钢制漏斗的混凝土支座环梁及板,算至筒壁内表面;现浇混凝土漏斗将环梁、板并入漏斗一并计算。

④筒仓顶板、进料口和顶面设备支座混凝土一并计算(图6.2-7)。

(15)通航建筑物及挡泄水建筑物混凝土。

①闸首混凝土工程量。以闸首底板与边墩的施工缝为界划分边墩和底板,分别计算工程量。

带输水廊道的实体边墩以廊道顶标高以上1.5m为界,带输水廊道的空箱边墩以廊道顶板顶标高为界,分别计算工程量。

闸首的门槛、检修平台、消力槛等并入底板计算,帷幕墙单独计算。

边墩顶部的悬臂板、胸墙、挡浪墙、磨耗层、踏步梯等工程量单独计算。

②闸室混凝土工程量。分离式闸室以底板与闸墙竖向分缝处分界,整体式闸室以底板与闸墙连接处底板顶标高为界划分闸墙与底板;分离式和整体式闸室示意图见图6.2-8。

墙体顶部的靠系船设施、廊道以及墙体上的阶梯可并入墙体计算。

③平底板工程量应包括齿槛体积;空箱底板应包括隔墙、分流墩、消力梁及面板,孔洞体积应扣除;反拱底板的拱部结构应按反拱底板计算,拱上结构应按梁计算。

④闸墙和系船墩上的系船环、系船钩等孔洞体积不应扣除。

⑤边墩、闸墙与其他混凝土构件交接时除另有说明外,其他混凝土构件均应计算至边墩和闸墙外表面。

⑥消力槛、消力齿、消力墩、消力梁、消力格栅等工程量,应分别计算;消力池如直接设置在底板上,可并入底板计算工程量。

⑦二期混凝土工程量应单独计算。

⑧升船机基础工程量应按轨道梁、连系梁、滑轮井、绳槽、车挡、托辊墩等分别计算。

⑨泄水闸底板、闸墩、溢流坝、溢流面、厂房等工程量应分别计算。

(16)其他现浇混凝土工程量计算。

①胸墙、导梁及帽梁的工程量,不扣除沉降缝、锚杆、预埋件、桩头嵌入部分的体积。

②挡土墙、挡浪墙的工程量,不扣除各种分缝体积。

③堆场地坪、道路面层,按不同厚度分别计算,不扣除各种分缝体积。

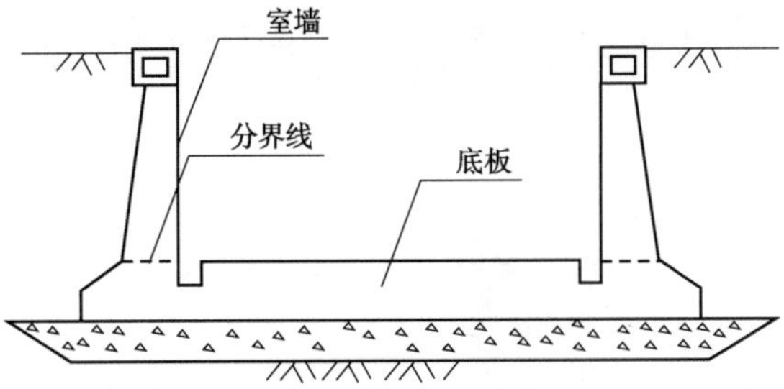

a)

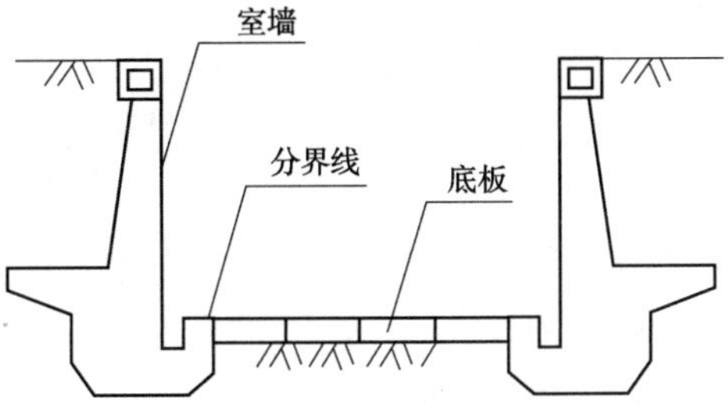

b)

图 6.2-8　闸室示意图

a)分离式闸室;b)整体式闸室

(17)碾压混凝土工程量应按设计图纸以体积计算。

(18)回填混凝土工程量应按设计图纸或实际测量尺寸以体积计算。

(19)水上现浇混凝土构件工程量应区分不同形状按设计图纸以体积计算。

(20)水上现浇混凝土桩帽、帽梁、导梁工程量不扣除桩头嵌入部分的体积。

(21)水上现浇混凝土桩基式墩台、墩帽、台身、支座工程量不扣除桩头嵌入部分体积。

(22)水上现浇混凝土码头面层、磨耗层工程量不应扣除分缝体积。

(23)水上现浇预制构件的接缝、节点、堵孔工程量,应按不同接缝种类以体积计算。

(24)水下现浇混凝土工程量应按设计图纸要求以体积计算。

(25)钢筋工程量应按设计图纸量与进入混凝土体积中的架立钢筋用量之和以重量计算。定额中包括对焊、切割损耗,如需搭接焊、帮条焊、搭接绑扎时,其搭接部分钢筋亦应计入钢筋工程量中。

(五)整治建筑工程(内河航运建设工程)

1. 炸礁及清渣工程

炸礁及清渣工程量,按设计断面净尺寸加超深、超宽量计算,超深超宽值可按表 6.2-16 确定。

炸礁及清渣超深超宽参考表　　表 6.2-16

爆破分类	陆上爆破	水下钻孔爆破	水下裸露爆破
超深(m)	0.2	0.4	0.5
每边超宽(m)	—	1.0	2.0

2. 筑坝工程

筑坝工程量应按设计断面量与坝体的沉降量之和,以体积计算。

混凝土预制及现浇工程工程量的计算应按混凝土章节相应规定执行。

3. 护岸工程

护岸工程量应按设计断面计算。

(六)脚手架工程

(1)脚手架工程量应根据使用要求按相应定额单位计算。

(2)安全网按挑出的水平投影面积计算。

(3)应注意预制及现浇混凝土脚手架,沿海水工预制及现浇混凝土定额包含了一般脚手架费用,内河水工预制及现浇混凝土定额未包含脚手架费用。详见定额使用说明章节。

(七)钢结构制作及安装工程(沿海水工)

(1)定额金属结构件制作的工程量,均按设计图纸钢材重量计算,所需电焊条等的重量均已包括在定额中,不得另行增加工程量。

(2)除锈刷油、包覆玻璃钢的工程量,均按设计图纸计算。

(3)金属结构件无损探伤的施工检验方法,依据设计图纸要求取定。无损探伤的工程量,按设计图纸计算。

(八)其他工程(沿海水工)

(1)各种成品件(钢轨、系船柱、橡胶护舷)安装的工程量,均按设计图纸计算。

(2)金属结构件制作安装的工程量,均按设计图纸钢材重量计算。螺栓、电焊条等重量均已包括在定额中,不得另行增加工程量。

(3)钢材重量的计算,按设计图纸主材的几何尺寸计算重量,不扣除切肢、断边的重量,多边形按外接矩形计算。

(4)木结构制作安装工程量,均按设计图纸用料量计算。

(5)橡胶护舷安装定额,均已包括了预埋铁件的工程量。

(九)沿海港口水工建筑工程参考定额工程量计算规则

1. 格形钢板桩码头

(1)格体的钢板桩工程量按设计提供的根数计算。

(2)码头基槽及格形钢板桩码头格体内抛填砂,执行《沿海港口水工建筑工程定额》第一章土石方工程的工程量计算办法。

2. 水上、陆上深层水泥拌合体

(1)水上深层水泥拌合法定额中水泥消耗量已考虑了成桩时的搭接状况,工程量按设计加固体断面乘以设计长度计算。

(2)陆上深层水泥拌合桩工程量按设计加固体断面乘以设计长度计算。

(3)粉喷桩定额按单桩不搭接考虑,工程量按设计加固体断面乘以设计长度乘以 1.06 系数计算。

3. 静载试桩工程的计算办法

(1)每次调遣开、封舱艘班计算办法,详见表 6.2-17。

(2)不需要封舱的被拖船舶调遣时的准备艘班。

每次调遣开、封舱艘班计算办法　　表 6.2-17

调遣船舶名称	需要封舱的船舶计费艘班数		拖轮使用艘班数
	使用	停置	
打桩船	4	12	3(1228kW)
起重船	4	8	3(1228kW)
拖轮	—	8	2(294kW)

打桩船、起重船在内河施工时的调遣和出海施工时不需要封舱时的调遣准备工作所发生的费用按 1 个使用艘班和 3 个停置艘班计算。

(3)调遣过程中拖轮以及被拖工程船舶使用艘班和停置艘班的计算。

①每次调遣拖轮的使用艘班不分海上或内河均按下式计算：

$$\text{使用艘班} = \left[\frac{2 \times \text{单程拖航里程(km)}}{5 \times 1.852} + \frac{2 \times \text{单程拖航里程(km)}}{10 \times 1.852}\right] \div 8 \tag{6.2-3}$$

②被拖工程船舶的停置艘班按下式计算：

$$\text{停置艘班} = \frac{2 \times \text{单程拖航里程(km)}}{5 \times 1.852} \div 24\text{(小数进位取整)} \tag{6.2-4}$$

(十)内河航运设备安装工程

1. 钢闸(阀)门及大型钢结构制作工程

(1)金属结构制作工程量以重量计算。

(2)钢材重量应按设计图纸计算,不扣除切肢、断边及孔眼的重量。多边形或不规则形钢板应按外接矩形计算。

(3)除锈、刷涂料工程量应按设计要求以展开面积计算。

(4)闸阀门、拦污栅制作工程量,应根据不同的门型、单扇门重,按钢结构本体、止水件、防腐处理等分别计算。门重包括门体重量和安装于门叶上的运转支撑件的重量。

2. 钢闸(阀)门及大型钢结构安装工程

(1)钢闸门的安装,应按不同的规格、能力及结构型式,分别以吨或台计算。

(2)各类钢阀门的安装、闸门埋件、拦污栅安装工程量,均按设计重量计算;承船车以台计算。

3. 启闭机安装工程工程

(1)各类启闭机工程量安装应按设计以套计算。

(2)启闭机电动机接线端子以内应按启闭机安装计算。

(3)启闭机设备的轨道铺设应单独计算。

4. 装卸及起重运输设备安装工程

(1)各类设备机械安装工程量应按不同的规格、能力、高度及重量,分别以台、套或重量计算。

(2)趸船以艘计算。

三、疏浚工程定额工程量计算规则

疏浚工程定额工程量计算规则,适用于航道和港池挖泥工程。基槽等有结构要求的挖泥工程量,按照沿海港口或内河航运定额工程量计算规则中的水下挖方定额工程量计算规则。港池与基槽的界限一般以港池设计底标高为界。

(一)疏浚岩土工程特性和分级

1.一般规定

(1)疏浚岩土应根据影响疏浚机具的挖掘、提升、输移泥土处理等工序作业难易程度的工程特性进行分级。

(2)疏浚岩土工程特性指标应包括判别指标和辅助指标判别。判别指标着重考虑挖掘岩土的难易程度,并以此为主分析岩土性质状态,确定岩土分类级别。辅助指标则视施工工序要求结合分析,并用以辅助土的分级。

2.岩石类

(1)疏浚岩石的工程特性指标应以岩块的单轴抗压强度为判别指标,并将小于30MPa的岩石分为"稍强"和"弱"两级。对部分软质岩石、全风化和强风化岩石及珊瑚礁等相对较松软的岩石,可采用标准贯入击数测试判别。

(2)当单轴抗压强度大于或等于30MPa的岩石必须挖除时,应先行爆破、击碎等预处理。对于标准贯入击数$N>30$的疏浚岩石,应根据挖泥船的实际挖掘能力和施工经济性进行综合考虑,必要时也可先采取爆破、击碎等预处理。

3.土类

(1)有机质土及泥炭应以天然重度为判别指标。

(2)淤泥土类中的浮泥、流泥按其存在状态合并列为"流态"级别,其工程特性应以天然重度为判别指标。淤泥列为"很软"级别,其工程特性应以标准贯入击数和天然重度为判别指标,并以天然含水率、孔隙比、液性指数、抗剪强度、附着力为辅助指标。淤泥质土的工程特性与黏性土相似,归并于黏性土类。

(3)黏性土类的工程特性应以标准贯入击数和天然重度为判别指标,其中以标准贯入击数为主分为"软""中等""硬""坚硬"四种状态级别,并以液性指数、抗剪强度、附着力为辅助指标。

(4)粉土类中的黏质粉土其工程特性与黏性土相似,应归并于黏性土类,砂质粉土的工程特性与砂土相似,应归并于砂土类。

(5)砂土类的工程特性应以标准贯入击数和天然重度为判别指标,其中以标准贯入击数为主分为"极松""松散""中密""密实"四种状态级别,并以相对密度为辅助指标。砂土的级配状况应以砂土的不均匀系数C_u及曲率系数C_c进行评价。

(6)碎石土类宜以重型动力触探击数$N_{63.5}$及密实判数DG为判别指标,分为"松散""中密""密实"三种状态级别。对埋深较大、土层厚度较大的碎石土宜以超重型动力触探击数N_{120}测定其密实度,测定结果应换算成重型动力触探击数$N_{63.5}$。

对于粒径基本上属于块石、漂石为主的碎石土,当不便或无法有效使用动力触探击数测试时,可用密实判数区分其状态级别。

碎石土的骨架颗粒含量及排列情况、充填物成分及填密情况、胶结性等,可用以辅助分析。

碎石土的级配良好状况以砾石的不均匀系数C_u及曲率系数C_c进行评价。

4. 土类疏浚岩土工程特性及分级表(6.2-18)

疏浚岩土工程特性及分级(一)　　表 6.2-18-1

岩土类型	级别	状态	强度及结构特征	判别指标					辅助指标				
				标贯击数	抗剪强度	天然重度	液性指数	标贯击数	液性指数	抗剪强度	附着力	相对密度	烧灼减量
				N	τ (kPa)	γ (kN/m^3)	I_L	N	I_L	τ (kPa)	F (g/cm^3)	D_r	Q_I (%)
有机质土、泥炭、淤泥类	1	流动~极软	可能是密实的或松软的,强度和结构在水平或垂直方向上可能相差很大,并存在气体	—	—	$\gamma<16.6$	$I_L>1.0$	—	—	—	弱50~150,中等150~250,强>250,附着力越大越难开挖	—	Q_I(%)≥5
淤泥质土类	2	软	极易用手指捏成型	—	—	$\gamma\leq17.6$	$I_L>0.75$	$N\leq4$	—	$\tau\leq25$			—
黏性土类	3	中等	稍用力捏可成型	—	$\tau\leq50$	$\gamma\leq18.7$	—	$N\leq8$	$I_L\leq0.75$	—			
	4	硬	手指需用力捏才成型	—	$50<\tau\leq100$	$\gamma\leq19.5$	—	$N\leq15$	$I_L\leq0.50$	—			
	5	坚硬	不能用手指捏成型,可用大拇指压出凹痕	—	$\tau>100$	$\gamma>19.5$	—	$N>15$	$I_L<0.25$	—			
砂土类	6	松散	较容易将12mm钢筋插入土中	$N\leq10$	—	$\gamma\leq18.6$	—	满足 $C_u\geq5$、$C_c=1\sim3$ 为良好级配的砂(SW);不能满足以上条件的为不良级配的砂(SP);相同条件下级配越好越密实				$D_r\leq0.33$	—
	7	中等	用2~3kg重锤很容易将12mm钢筋打入土中30mm	$N\leq30$	—	$\gamma\leq19.6$	—					$D_r\leq0.67$	
	8	密实	用2~3kg重锤可将12mm钢筋打入土中30mm	$N>30$	—	$\gamma>19.6$	—					$D_r>0.67$	—

注:本表摘引自《疏浚与吹填工程设计规范》(JTS 181—5)中表5.3.10-1。

疏浚岩土工程特性及分级(二)　　表 6.2-18-2

岩土类型	级别	状态	强度及结构特征	判别指标				辅助指标
				重触击数	抗剪强度	标贯击数	抗压强度	颗粒级配
				$N_{63.5}$	τ(kPa)	N	R_c(MPa)	
碎石土类	9	松散~中密	骨架颗粒含量小于总质量的70%,呈混乱或交错排列,大部分不接触或部分连续接触,充填物包裹大部分骨架颗粒,且呈疏松或中密状态	$N_{63.5}\leq20$	DG≤70	—	—	满足 $C_u\geq5$、$C_c=1\sim3$ 为良好级配的砾石(GW);不能满足以上条件的为不良级配的砾石(GP);相同条件下级配越好越密实
	10	密实	骨架颗粒含量大于70%,呈交错排列,连续接触,或只有部分骨架颗粒连续接触,但充填物呈紧密状态	$N_{63.5}>20$	DG>70	—	—	

续上表

岩土类型	级别	状态	强度及结构特征	判别指标				辅助指标
				重触击数	抗剪强度	标贯击数	抗压强度	颗粒级配
				$N_{63.5}$	τ(kPa)	N	R_c(MPa)	
岩石类	11	弱	锤击声哑，无回弹，有深凹痕，手可捏碎，揿镐可挖掘，浸湿后，可捏成团	—	—	$N<50$	$R_c \leq 5$	—
	12	中等	锤击声哑，无回弹，有凹痕，锤击易碎，浸湿后，手可掰开	—	—	—	$R_c \leq 15$	—
	13	强	锤击不清脆，无回弹，有凹痕，锤击较易击碎，揿镐难挖掘，浸湿后，指甲可刻出印痕	—	—	—	$R_c \leq 30$	—

注：C_u-不均匀系、C_c-曲率系数。

本表摘引自《疏浚与吹填工程设计规范》(JTS 181—5)中表 5.3.10-2。

5. 现行疏浚定额与现行设计规范疏浚岩土分类及分级对比

现行定额根据《疏浚岩土分类标准》(JTJ/T 320—96)进行分类、分级，共分 6 类 15 级。现行定额与《疏浚与吹填工程设计规范》(JTS 181—5)中关于疏浚岩土的工程特性和分级不一致，详见表 6.2-19，使用中应予以注意。

现行定额与新规范疏浚岩土级别对比　　表 6.2-19

现行 1997 定额

名称	级别	判别指标
有机质土	0	$\gamma<12.8$
淤泥土类	1	$\gamma<14.9$
	2	$N<2$、$\gamma<16.6$
黏性土类	3	$N\leq 4$、$\gamma<17.6$
	4	$N\leq 8$、$\gamma<18.7$
	5	$N\leq 15$、$\gamma<19.5$
	6	$N>15$、$\gamma<19.5$
砂土类	7	$N\leq 4$、$\gamma<18.3$
	8	$N\leq 10$、$\gamma\leq 18.6$
	9	$N\leq 30$、$\gamma\leq 19.6$
	10	$N>30$、$\gamma>19.6$
碎石土类	11	$N_{63.5}<7$、$DG<65$
	12	$N_{63.5}=7\sim18$、$DG=65\sim70$
	13	$N_{63.5}>18$、$DG>70$
岩石类	14	$N<50$、$R_c\leq 10$
	15	$R_c<30$

新规范 JTS 181—5

名称	级别	判别指标
有机质土、泥炭、淤泥类	1	$\gamma<16.6$ $I_L>1.0$
淤泥质土类	2	$\gamma\leq 17.6$，$I_L>0.75$
黏性土类	3	$\tau\leq 50$、$\gamma\leq 18.7$
	4	$50<\tau\leq 100$、$\gamma\leq 19.5$
	5	$\tau>100$、$\gamma>19.5$
砂土类	6	$N\leq 10$、$\gamma\leq 18.6$
	7	$N\leq 30$、$\gamma\leq 19.6$
	8	$N>30$、$\gamma>19.7$
碎石土类	9	$N_{63.5}\leq 20$、$DG\leq 70$
	10	$N_{63.5}>20$、$DG>70$
岩石类	11	$N<50$、$R_c\leq 5$
	12	$R_c\leq 15$
	13	$R_c\leq 30$

注：N-标准惯入击数、$N_{63.5}$-重型动力触探锤击数、γ-天然重度(kN/m^3)、I_L-液性指数，τ-抗剪强度、R_c-抗压强度(MPa)、DG-密实判数。

(二)疏浚工程量计算

1. 疏浚工程量计算概述

(1)疏浚工程量计算应以地质柱状剖面图分别计算各级土水下自然方的工程量。工程量应包括设计工程量、超宽工程量、超深工程量、根据自然条件与施工工期计入的施工期回淤工程量。断面计算详见图6.2-9。

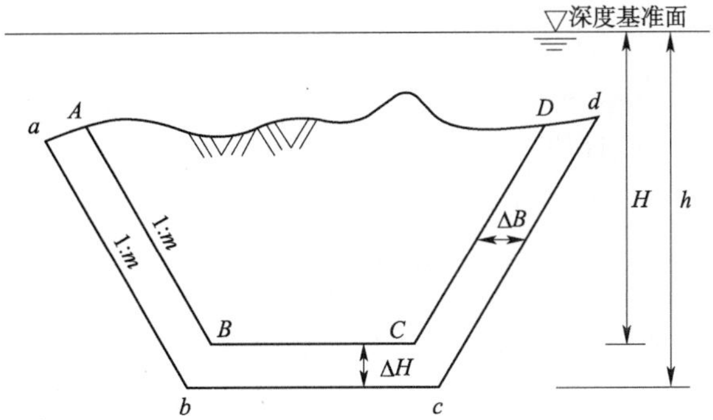

图6.2-9　疏浚工程量计算断面示意图

ABCD-设计断面;*abcd*-工程量计算断面;Δ*B*-计算超宽;Δ*H*-计算超深;1:*m*-设计坡比;*H*-设计深度;*h*-计算深度

(2)工程量常用计算方法包括断面面积法、平均水深法、网格法等。为了保证相同的计算精度,在同一工程中的同一阶段计算时,一般应采用同一种计算方法。边坡较陡的区域、拓宽不多的挖槽,应采用断面面积法计算。

(3)挖泥工程边坡值的确定应以设计图为准,当设计未提供边坡值时,可参考表6.2-20确定。

各类土质的水下边坡坡比表　　表6.2-20

土质类别	坡比(1:*m*)	土质类别	坡比(1:*m*)
基岩	1:0.2～1:1.0	中等及软黏土	1:3.0～1:5.0
块石	1:1.0～1:1.5	密实及中密砂土	1:3.0～1:5.0
弱胶结碎石	1:1.5～1:2.5	松散及松散砂土	1:5.0～1:10.0
卵石	1:2.5～1:3.0	很软淤泥	1:5.0～1:10.0
坚硬及硬黏土	1:2.0～1:3.0	流态淤泥	1:20.0～1:50.0

注:1. 对端部有纵向边坡的基槽或挖槽,其端坡坡比与横断面边坡坡比相同。

2. 用耙吸挖泥船施工时,端坡的坡比可适当放缓。

(4)疏浚测图图纸应符合规定的图比、测深线间距、测深点间距。疏浚测量图比、测深线间距、测深点间距见表6.2-21,复杂地区可适当增加测深线和测点。

疏浚测量图比、测深线间距、测深点间距　　表6.2-21

工程类别	图比	测深线间距				内插水深点最大间距	
		硬地质		中、软地质			
		沿海	内河	沿海	内河	沿海	内河
航道疏浚测量	1:1000～1:5000	图上10mm	图上10mm	图上15mm	图上10mm	图上7mm	图上7mm
港池疏浚测量	1:1000～1:2000						
泊位疏浚测量	1:500～1:1000						
水下基槽开挖	1:500～1:1000	5m		5m		图上5mm	
吹填区测量	1:500～1:2000	20～25m				图上10mm	

2. 断面面积法

断面面积法的工程量,包括挖槽计算底边线范围内的工程量与挖槽两侧边坡的工程量之和;挖槽端部有端坡时,还应计算两端端坡的工程量。

(1)计算断面的间距宜按表 6.2-18 规定的测深线间距选取,挖槽的起点、转折点、终点以及不同类别土质的界面处均应布设计算断面。

(2)挖槽端坡部分,除底端线及坡顶线应布设计算断面外,在此两断面之间至少应插入一个计算断面。如用底端线与坡顶线两处的断面面积求算端坡部分的平均断面面积,会产生较大误差,如在其间插入一个断面后,就可明显减少此一误差。

(3)计算断面应与挖槽纵轴线垂直,不能垂直布设时,其每边的超宽值按下式计算:

$$\Delta b' = \frac{\Delta b}{\sin\alpha} \tag{6.2-5}$$

式中:$\Delta b'$——计算断面与挖槽边线斜交时的计算超宽值(m);

Δb——计算超宽值(m);

α——计算断面与挖槽边线小于 90°的交角(m)。

(4)挖槽断面工程量应按下式计算:

$$V = \frac{A_0 + A_1}{2}L_1 + \frac{A_1 + A_2}{2}L_2 + \cdots + \frac{A_{n-1} + A_n}{2}L_n \tag{6.2-6}$$

式中:　V——挖槽工程量;

$A_0, A_1, \cdots, A_n$——各计算断面上需挖除的面积(m^2);

$L_1, L_2, \cdots, L_n$——A_0与A_1、A_1与A_2,…,A_{n-1}与A_n计算断面间的间距(m),即各断面间的轴线长度。

3. 平均水深法

(1)平均水深法计算工程量时,应符合下列要求:

挖槽计算底边线和分段线上的水深点均应参与这些线条范围内的挖槽平均水深计算。

计算挖槽底边线或底端线的平均水深时,应取计算边线外测图上 0.5cm 范围内的一个水深点参与计算;若边线上有超过计算深度的水深点,该点按计算深度值参与计算。

挖槽内图上有孤立的 1~2 个水深点超过计算深度时,按计算水深值计算平均水深;当图上有连续出现两个以上水深点超过计算深度时,这些水深值不参与计算平均水深,其占有的大于计算深度的面积从挖槽面积中扣除。

(2)挖槽端部无边坡时,挖槽断面工程量应按下列公式计算:

$$V = V_m + V_s \tag{6.2-7}$$

$$V_m = B' \times D \times L \tag{6.2-8}$$

$$B' = B + 2(\Delta B - m \times \Delta H) \tag{6.2-9}$$

$$V_s = \frac{1}{2} \times m \times D_l^2 \times L_l + \frac{1}{2} \times m \times D_r^2 \times L_r \tag{6.2-10}$$

式中:V——挖槽断面工程量(m^3);

V_m——无端坡时,挖槽计算底边线范围内的疏浚工程量(m^3);

V_s——无端坡时,挖槽两侧边坡的疏浚工程量(m^3);

B'——挖槽计算底宽(m);

D——挖槽计算底边线范围内的平均疏浚厚度(m)；

L——挖槽计算底边线的平均长度(m)；

B——挖槽设计底宽(m)；

ΔB——计算超宽值(m)；

m——边坡系数；

ΔH——计算超深值(m)；

D_l、D_r——挖槽左、右计算底边线上的平均疏浚厚度(m)；

L_l、L_r——挖槽左、右计算底边线的长度(m)。

(3)挖槽端部有边坡时，挖槽断面工程量应按下列公式计算：

$$V = V'_m + V'_s + V'_E \tag{6.2-11}$$

$$V'_m = B' \times D \times [L + 2(\Delta L - m \times \Delta H)] \tag{6.2-12}$$

$$V'_s = \frac{1}{2}m \times D_l^2 [L_l + 2(\Delta L - m \times \Delta H)] + \frac{1}{2}m \times D_r^2 [L_r + 2(\Delta L - m \times \Delta H)] \tag{6.2-13}$$

$$V'_E = \frac{1}{2}m \times B_u \times D_u^2 + \frac{2}{3}m^2 \times D_u^3 + \frac{1}{2}m \times B_0 \times D_0^2 + \frac{2}{3}m^2 \times D_0^3 \tag{6.2-14}$$

式中：　V——挖槽断面工程量(m^3)；

V_m——无端坡时，挖槽计算底边线范围内的疏浚工程量(m^3)；

V_s——无端坡时，挖槽两侧边坡的疏浚工程量(m^3)；

V'_E——无端坡时，挖槽两侧边坡的疏浚工程量(m^3)；

B'——挖槽计算底宽(m)；

D——挖槽计算底边线范围内的平均疏浚厚度(m)；

L——挖槽计算底边线的平均长度(m)；

ΔL——计算超长值(m)；

m——边坡系数；

ΔH——计算超深值(m)；

D_l、D_r——挖槽左、右计算底边线上的平均疏浚厚度(m)；

L_l、L_r——挖槽左、右计算底边线的长度(m)；

$\Delta L - m \times \Delta H$——实际底边线超长值(m)，如挖槽只一端有端坡时，只需加一个 $\Delta L - m \times \Delta H$；

B_u、B_0——上下计算底端线的宽度；

D_u、D_0——上下计算底端线上的平均疏浚厚度。端坡两侧边角处各点的泥层厚度按该底端线上的平均泥层厚度。

4. 网格法

网格法计算过程为：先计算每个角点需挖除的泥层厚度和各方格、小块中的平均泥层厚度，并分别计算出各方格和小块中的工程量然后将其汇总。

(1)按水深测图测点间距分成计算网时，网格形状可为正方形或长方形，其边长为水深测图两相邻测点间的间距，并应符合下列规定：

①四个顶角的水深值为实测值。如因测图测点点距偏差而顶点处无测点时，可用插值。

②计算区的工程量按下式计算：

$$V = \sum \Delta V \quad (6.2\text{-}15)$$

$$\Delta V = \Delta A[(H_{21} + H_{22} + H_{23} + H_{24}) - (H_{11} + H_{12} + H_{13} + H_{14})]/4 \quad (6.2\text{-}16)$$

式中：V——计算区工程量(m^3)；

ΔV——计算网格工程量(m^3)；

ΔA——计算网格面积(m^3)；

H_{21}、H_{22}、H_{23}、H_{24}——网格计算点设计水深(m)；

H_{11}、H_{12}、H_{13}、H_{14}——网格计算点浚前水深(m)。

(2)按一定距离按正方形分成计算网时应符合下列规定：

①按图上距离 10cm 将疏浚区划分为 10cm×10cm 的方格以及周边小块，分别计算每格和每小块的工程量，然后将其相加得出计算区的工程量。

②每格和每小块的工程量按下式计算：

$$\Delta V = \Delta A(H_2 - H_1) \quad (6.2\text{-}17)$$

式中：ΔV——每格和每小块的工程量(m^3)；

ΔA——计算网格或小块面积(m^2)；

H_1、H_2——网格或小块的浚前水深和设计水深值(m)。

5. 当需要分段计算挖槽工程量的规定

(1)对于分期施工的挖槽，按其工期进行分段。

(2)对于几何形态有变化的挖槽，按其变化的特征处进行分段。

(3)对于连续多泊位的码头，按其泊位的分界线进行分段。

(4)对于具有不同类别土质的挖槽，按不同类别土质在平面上的分界线进行分段。

(5)对于不具备上述特点的长直挖槽，按其挖槽宽度的 3～5 倍长度进行分段。

6. 超宽、超深工程量按船舶类别及型号分别计算(表 6.2-22)

应注意《疏浚与吹填工程设计规范》(JTS 181—5)超宽、超深已略有修改。

不同疏浚船舶超宽、超深表　　表 6.2-22

船型	耙吸挖泥船		绞吸挖泥船		链斗挖泥船		抓斗挖泥船			铲斗挖泥船	
规格	舱容(m^3)		装机总功率(kW)		斗容(m^3)		斗容(m^3)			斗容(m^3)	
	≥9000	<9000	≥5000	<5000	≥0.5	<0.5	≥8	4～8	<4	≥4	<4
超深(m)	0.55	0.50	0.40	0.30	0.35	0.30	0.60	0.50	0.40	0.40	0.30
超宽(m)	6.0	5.0	4.0	3.0	4.0	3.0	4.0	4.0	3.0	3.0	2.0

注：①在斜流、泡漩水等不良流态地区，挖槽计算超宽值应增加 1～2m；疏挖块石的计算超深值可适当增加。

②对端部有纵向端坡的基槽和挖槽，其计算超长值可与计算超宽值相同，端坡的坡比可与横断面边坡坡比相同；用耙吸挖泥船施工时，端坡的坡比可适当增加。

③内河小型疏浚设备施工时，其计算超深和计算超宽值可适当减少。

④本表摘引自《疏浚与吹填工程设计规范》(JTS 181—5)中表 E.0.1。

7. 施工期回淤

(1)疏浚工程的回淤强度及回淤工程量宜选用下列方法确定：

①利用该地区历年维护疏浚施工的资料分析推算；

②利用该地区多年回淤观测资料分析推算；

③经验公式计算，计算方法如下：

$$V_n = \frac{KTS}{1000} \tag{6.2-18}$$

式中：V_n——施工期间的自然回淤土方量（m^3）；

K——施工期平均回淤率（mm/d）；

T——施工期总天数（d），取整数；

S——施工区域的总面积（m^2），包括边坡在内。

④利用水文、气象、土质相类似的其他地区的回淤资料分析推算。

（2）回淤严重、水动力条件复杂的地区，还应进行数学、物理模型试验研究确定回淤强度和回淤工程量。必要时应通过试挖回淤观测研究确定。

（3）有骤淤出现的港口、航道，应分别计算正常年份的回淤量以及发生骤淤后增加的集中回淤量。有条件时，应给出挖槽回淤量的空间及时间分布。

（4）施工期回淤强度和回淤量应结合施工期间的水文泥沙条件、工期和疏浚方式确定。

（三）吹填工程量

（1）吹填工程量应包括吹填区容积量、原地基沉降量、超填工程量和吹填土进入吹填区后的流失量。吹填区容积量要扣除吹填区围（子）堰等的体积。吹填设计工程量应按下式计算：

$$V = \frac{V_1 + \Delta V_1 + \Delta V_2}{(1 - P)} \tag{6.2-19}$$

式中：V——吹填设计工程量（m^3）；

V_1——吹填容积量，即吹填区设计高程与原始滩面之间的容积（m^3）；

ΔV_1——原地基沉降量，即竣工验收前因吹填土荷载造成吹填区原地基下沉而增加的工程量（m^3）；

ΔV_2——超填工程量（m^3），根据吹填工程的高程平均允许偏差值计算；

P——吹填土进入吹填区后的流失率（%），根据土的粒径、泄水口的位置、高度及距排泥管口的距离、吹填面积、排泥管的布设、吹填高度及水力条件等具体施工条件和经验确定。

原地基沉降量可根据原地基地质钻探资料和地基加固的方法，按现行行业标准《水运工程地基设计规范》（JTS 147）计算或根据经验确定。

吹填工程的高程平均允许偏差，若工程完工后吹填平均高程不允许低于设计吹填高程，高程平均允许偏差值可取 +0.20m；若工程完工后吹填平均高程允许有正负偏差，高程平均允许偏差值可取 ±0.15m。

（2）吹填工程量计算方法包括断面面积法、网格法、平均高程法。一般情况下，表面积为狭长形的吹填区一般可采用断面面积法；大面积的吹填区一般可采用网格法或平均高程法。

第三节　工程量清单计算规则

一、工程量清单格式

(1)工程量清单应采用《水运工程工程量清单计价规范》(JTS 271)规定的统一格式。

(2)工程量清单文件应由封面、总说明、工程量清单项目汇总表、分项工程量清单、一般项目清单、计日工项目清单和招标人供应材料设备表等内容组成。

(3)工程量清单封面应由招标人、编制单位盖章,由招标人法人代表、编制单位水运工程造价人员签字盖章,其格式见表 6.3-1。

表 6.3-1

________________工　程
工 程 量 清 单
招　标　人________________(单位盖章)
法定代表人或授权代理人________________(签字盖章)
编制单位________________(单位盖章)
水运工程造价人员及资格证书编号________________(签字盖章)
编制时间________________

(4)工程量清单总说明应包括下列内容:

①招标工程概况,包括建设规模、工程特征、计划工期、施工现场和交通运输情况、自然地理条件、环境保护要求等。

②工程招标范围。

③工程量清单编制依据。

④工程质量、材料、施工等特殊要求。

⑤招标人自行采购材料的名称、规格、型号、数量等。

⑥其他需要说明的问题。

(5)工程量清单汇总表包括一般项目、单位工程分项工程量清单、计日工项目等清单组成内容,其格式见表 6.3-2。

工程量清单项目汇总表　　表 6.3-2

工程名称:　　第　页　共　页

序　号	项 目 名 称	备　注
一	一般项目	
二	单位工程	
(一)	……	
(二)	……	
…	……	
三	计日工项目	

(6)分项工程项目清单应包括序号、项目编码、项目名称、计量单位、工程数量、项目特征,其格式见表6.3-3。

分项工程量清单

表6.3-3

单位工程名称:

第 页 共 页

序 号	项目编码	项目名称	计量单位	工程数量	项目特征

①项目编码采用十二位阿拉伯数字表示,其中一至九位应按照计价规范的规定设置,十至十二位由编制人根据招标工程的工程量清单项目特征设置,自001起顺序编码。

②项目名称应与项目编码对应,根据招标工程和计价规范中的项目名称及工程内容、项目特征确定;注意应以附录中的项目名称为基础,考虑该项目的规格、型号、材质等特征要求,结合拟建工程的实际情况,使其工程量清单项目名称具体化、细化,以反映影响工程造价的主要因素。

③计量单位除另有规定外,应满足下列要求:

A.按长度计算的项目以"米"计。

B.按面积计算的项目以"平方米"或"平方千米"计。

C.按体积计算的项目以"立方米"或"万立方米"计。

D.按重量计算的项目以"千克"或"吨"计。

E.按自然计量单位计算的项目以"个""根""件""台""套""组"等计。

F.没有具体工程数量的项目以"项"计。

G.以米、平方米、平方千米、立方米、万立方米、千克、吨等为计量单位的,保留小数点后两位小数,第三位数字四舍五入。

H.以个、根、件、台、套、组、项等为计量单位的,取整数。

④工程数量的计算应按计价规范中的工程量计算规则执行,工程数量应以设计图纸净尺度为准。

⑤项目特征应对工程项目的要求进行具体准确的描述,根据计价规范规定的项目特征结合技术规范、设计图纸,按照工程结构、部位、地质水文条件、材质及规格、强度、安装要求等进行表述和说明。

(7)一般项目清单应根据招标工程的具体情况列项,一般项目是为完成工程项目施工,招标人要求计列的、不以图纸计算工程数量的费用项目或发生于该工程施工准备和施工过程中招标人不要求列示工程数量的措施项目和其他项目,其格式见表6.3-4。

一般项目清单

表6.3-4

工程名称:

第 页 共 页

序 号	项目编码	项目名称

(8)计日工项目是为完成招标人临时提出的合同单位以外的零散工作,即不能以实物量计量的所需的人工、材料、船舶机械费用,其格式见表6.3-5。

计日工项目清单

表6.3-5

工程名称：　　　　　　　　　　　　　　　　　　　　　　　　第　页　共　页

序　号	名　称	规格(工种)	计量单位	数　量
1	人工		工日	
2	材料			
3	船舶机械		艘(台)班	

①人工按工种,材料和船舶机械按名称和规格型号分别填写。

②选择计量单位时,人工以工日、材料以常用计量单位、船舶机械以艘班或台班分别填写。

(9)招标人供应材料设备表(表6.3-6),应填写材料或设备名称、规格型号、计量单位、数量、单价和交货地点,并应在备注栏内说明材料或设备供应的其他条件。

招标人供应材料设备表

表6.3-6

工程名称：　　　　　　　　　　　　　　　　　　　　　　　　第　页　共　页

序号	名称	规格型号	单位	数量	单价	交货地点	备注

应填写材料设备名称、规格型号、计量单位、数量、单价和交货地点,并应在备注栏内说明材料设备供应的其他条件。

二、工程量清单项目编码

工程量清单项目编码是分项工程量清单和一般项目清单名称的阿拉伯数字标识,采用十二位阿拉伯数字。由左至右一至九位为统一编码,其中一、二位为水运工程行业码;三、四位为专业工程顺序码;五、六位为分类工程顺序码;七、八、九位为分项工程顺序码;十至十二位为特征项目顺序码。

项目编码结构见图6.3-1(以土石方工程项目清单为例)。

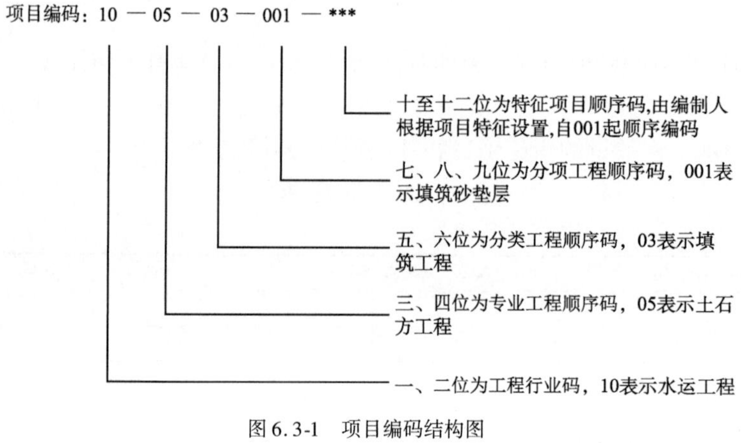

图6.3-1　项目编码结构图

三、清单工程量计算规则

水运工程清单工程量的计算应执行《水运工程工程量清单计价规范》(JTS 271)附录 D 水运工程工程量计算规则的相关规定。清单工程量计算规则按专业工程分为疏浚工程、测量工程、导航助航设施工程、土石方工程、地基与基础工程、混凝土工程、钢筋工程、金属结构制作安装工程、设备安装工程及其他工程共十部分。

清单工程量计算规则和概预算工程量计算规则的区别详见本章第二节。两者的计算规则既有不同的条目,也有相同的条目。本节重点介绍两者不用的条目和重点条目,其他相同的条目详见本章第二节定额工程量计算。

(一)一般规定

(1)工程量计算应依据下列文件:

①招标文件及设计图纸。

②技术规范、工程质量检验标准。

③经有关部门批准的技术经济文件。

(2)除计价规范另有规定外,施工过程中损耗或扩展而增加的工程量不得计算在工程量清单的工程数量中,所发生的费用可在工程单价中考虑。

(3)工程量清单的工程项目应按照设计图纸、工程部位和分部分项工程顺序依次排序。

(4)水工工程与陆域工程界线的划分应根据工程部位、结构要求确定,并应以保证水工建筑物结构及各组成部分的完整性为原则。

(5)水工工程应以施工水位为界,划分水上工程和水下工程。

(二)疏浚工程

(1)挖泥工程量应按设计图纸计算净量。

(2)疏浚岩土的分类分级应根据疏浚岩土的勘察报告和岩土试验报告确定,并应符合现行行业有关标准的规定。

(3)对于有自然回淤的施工区域,施工期回淤量可在工程单价中考虑。

(4)招标人应在招标文件中明确计算工程量的方法。

(5)在同一施工区域出现不同疏浚岩土级别时,应分别计算工程量。

(6)吹填工程量应按设计图示轮廓尺寸,扣除吹填区围(子)堰等的体积,计算有效净量,原土体的沉降应计入工程量;吹填土体的流失、固结量等可在工程单价中考虑。

(三)测量工程

测量工程的工程量,应按设计图示区域、图比要求,按面积计算。

(四)导助航设施工程

导助航设施工程工程量的计算,应按不同分类和不同结构型式分别计算。

(五)土石方工程

(1)土类、岩石级别划分应符合现行行业有关标准的规定,并应区分不同级别分别计算工程量。

(2)土石方开挖及回填工程量应按设计图纸计算净量,回填工程的原土体的沉降应计入工程量。

(3)开挖沟槽、基坑土石方应按设计图纸计算工程量,当设计文件未提供放坡系数时,可按规范内的表格确定。

土方开挖各类槽、坑的计算长度应根据自然地面起伏状况划分成若干段每段长度一般不宜大于 10m。

(4)按设计图纸计算铺填工程量时,不应扣除预埋件和面积在 0.20m^2 以内的孔洞所占的体积。

(5)水下抛填工程应计入原土沉降增加的工程量。

(六)地基与基础工程

(1)基础打入桩应根据不同的土质类别、桩的类别、断面型式、桩长,以根或体积计算混凝土桩工程量,以根或重量计算钢桩工程量。

(2)基础打入桩设计文件要求试桩时,试桩工程量应单独计算。

(3)基础灌注桩成孔工程量按不同的设计孔深、孔径、土类划分,以根或体积计算;孔深按地面至设计桩底计算。

(4)灌注桩混凝土工程量根据不同的混凝土强度等级,按设计桩长、桩径计算;扩孔因素不计入工程量。

地下连续墙工程量应根据成槽土类、混凝土强度等级,按设计延米、宽度、槽深以体积计算。

(5)软土地基加固堆载预压工程量的计算应满足下列要求:

①堆载预压工程量根据不同的预压荷载、堆载料的要求以面积计算。

②堆载材料用量以体积计算。

③设计文件未明确堆载材料放坡系数时,放坡系数按 1∶1 计算。

④原土体的沉降,应单独计算工程量。

(6)深层水泥搅拌加固水下基础工程,应根据不同的水深、加固深度、土质类别,按设计加固体积计算。加固单元体之间的空隙部分不扣除,搭接部分亦不增加。

(7)钻孔灌浆中的钻孔工程量应根据设计图纸、钻孔角度、岩石级别或砂砾石层类别、孔深、孔径,按设计进尺计算长度。

(8)钻孔灌浆中的灌浆工程量应根据设计图纸、灌浆材料、岩体吸水率或灌浆干料耗量,按设计灌浆深度以长度计算。

(9)软土地基加固如需试验,应单独计算工程量。

(七)混凝土工程

混凝土及钢筋混凝土的工程量应根据设计图纸、浇筑部位及混凝土强度、抗冻、抗渗等级以体积计算。不应扣除钢筋、铁件、螺栓孔、三角条、吊孔盒、马腿盒等所占体积和单孔面积在 0.2m^2 以内的孔洞所占体积。

(八)钢筋工程

(1)现浇、预制构件的钢筋工程量应根据不同材质分别按设计图纸以重量计算。

(2)设计图纸未标示的搭接钢筋、架立钢筋、空心方桩胶囊定位钢筋,灌注桩、地下连续墙悬吊钢筋及其他加固钢筋等的工程量可在工程单价中考虑。

（九）金属结构制作安装工程

（1）金属结构制作工程量应按设计图纸以重量计算。

（2）钢材重量应按设计图纸计算，不应扣除切肢、断边及孔眼的重量。多边形或不规则形钢板应按外接矩形计算。

（十）设备安装工程

（1）港口装卸、配套设备安装工程量，应按不同的规格、能力、高度及重量，分别以台、套或重量计算。

（2）航运枢纽设备安装工程量，按其不同的规格、能力及结构型式，分别以台、套、扇或重量计算。

（3）修造船厂设备安装工程量，按其不同的规格、能力及结构型式，分别以台、套、扇或重量计算。

（4）启闭机与电气设施安装工程量应按设计图示数量计算。启闭机电动机接线端子以内应按启闭机安装计算；启闭机设备主体第一个外接法兰或管接头以外的管道铺设以及设备用油应单独计算。

（5）启闭机设备的轨道铺设应单独计算。

（6）航运枢纽发电主要设备，由设备本体和附属设备及埋件组成，其安装工程量应按设计图示数量计算。

（7）航运枢纽滑触线、水力机械辅助设备、发电电压设备、发电机—电动机静止变频启动装置、发电电压母线、接地装置、高压电气设备、一次拉线、控制保护测量及信号系统设备、直流系统设备、电工试验室设备等其他机电设备安装工程量，应按设计图示数量计算。

（8）用电系统设备、照明系统、电缆敷设、计算机监控系统设备、计算机管理系统设备、工业电视系统设备、通信系统设备、消防系统设备、通风空调采暖及其监控设备、机修设备、电梯设备等其他机电设备安装工程量应按设计图纸计算。

（9）航运枢纽安全监测设备安装工程量应按各种仪器设备的种类规格分别计算。

（十一）其他工程

（1）土工织物、尼龙编织布及竹笆、荆笆的铺设工程量，应按设计图纸以覆盖面积计算。材料搭接工程量可在单价中考虑。

（2）栽植树木、乔灌木、竹类、攀缘植物、水生植物等工程量，应按设计图示品种以数量或面积计算。

（3）栽植绿篱类工程量，应按设计图示品种以长度计算。

（4）栽植片植绿篱、色带、花卉及植草等工程量，应按设计图示品种以面积分别计算。

（5）伐树及挖树根工程量，树身直径在0.20m以上的应按不同的树身直径，以棵计算。

（6）挖除树身直径在0.20m以内的小树及竹（苇）根，铲草皮等工程量，应按面积计算。

（7）拆除混凝土及钢筋混凝土工程量，应按体积计算。

（8）拆除土石堤、围埝、砌体等工程量，应按体积计算。

（9）清理障碍物工程量，应按设计图示或实际测量结果按相应计量单位计算。

（10）拔钢板桩工程量应按不同桩长以根或重量计算。

（11）预应力锚索工程的工程量应按嵌入结构体的有效设计长度，以根或重量计算。

第四节　水运工程估算、概预算计价方法

一、水运工程造价费用组成

水运工程建设项目的投资构成包括:工程费用、工程建设其他费用、预留费用、建设期利息、专项造价。工程费用包括建筑工程费、安装工程费、设备购置费;工程建设其他费用包括建设用地用海费、建设理费、监理费、勘察设计费、研究试验费等;预留费用包括基本预备费和物价上涨费。详见表 6.4-1。

鉴于沿海港口建设工程概算预算编制规定正在修编(与内河航运建设工程合并),本书以内河航运工程为例。

总概算费用构成(内河航运工程为例)　　表 6.4-1

<table>
<tr><td rowspan="29">建设项目总概算</td><td rowspan="3">第一部分
工程费用</td><td colspan="2">建筑工程费</td></tr>
<tr><td colspan="2">设备购置费</td></tr>
<tr><td colspan="2">安装工程费</td></tr>
<tr><td rowspan="22">第二部分
工程建设
其他费用</td><td rowspan="3">建设用地用海费</td><td>建设用地征用费</td></tr>
<tr><td>建设用地、用海使用费</td></tr>
<tr><td>其他</td></tr>
<tr><td rowspan="2">建设管理费</td><td>项目单位开办费</td></tr>
<tr><td>项目单位经费</td></tr>
<tr><td rowspan="4">前期工作费</td><td>可行性研究费</td></tr>
<tr><td>研究试验费</td></tr>
<tr><td>勘察观测费</td></tr>
<tr><td>其他</td></tr>
<tr><td rowspan="4">勘察设计费</td><td>勘察费</td></tr>
<tr><td>设计费</td></tr>
<tr><td>设计文件第三方技术咨询费</td></tr>
<tr><td>其他</td></tr>
<tr><td colspan="2">监理费</td></tr>
<tr><td colspan="2">研究试验费</td></tr>
<tr><td colspan="2">招标费</td></tr>
<tr><td colspan="2">引进技术和设备材料其他费</td></tr>
<tr><td rowspan="3">生产准备费</td><td>联合试运转费</td></tr>
<tr><td>人员培训及提前进厂费</td></tr>
<tr><td>办公和生产生活家具购置费</td></tr>
<tr><td colspan="2">竣工验收前相关费</td></tr>
<tr><td colspan="2">其他相关费用</td></tr>
<tr><td rowspan="2">第三部分
预留费用</td><td colspan="2">基本预备费</td></tr>
<tr><td colspan="2">物价上涨费</td></tr>
<tr><td colspan="3">建设期利息</td></tr>
<tr><td colspan="3">专项概算</td></tr>
</table>

二、建筑安装工程费用

建筑安装工程费用是水运工程投资构成中工程费用的重要组成部分，该费用反映出水运工程的技术特征和工程实体的投资特性。水运工程建筑安装工程费用组成，目前主要分为沿海港口建设工程、内河航运建设工程、疏浚工程几种不同构成。

（一）沿海港口及内河航运建筑安装工程费用构成

沿海港口及内河航运建筑安装工程的单位工程费用，由直接费、间接费、利润、税金和专项费用费等组成，直接费由定额直接费和其他直接费组成，间接费由规费和企业管理费组成。沿海港口、内河航运建筑安装工程费用构成分别见表 6.4-2-1、表 6.4-2-2。

沿海港口建筑安装单位工程费用组成　　表 6.4-2-1

<table>
<tr><th colspan="2">费 用 项 目</th><th colspan="2">费用项目组成</th></tr>
<tr><td rowspan="14">单位建筑安装工程费用</td><td rowspan="9">直接工程费</td><td rowspan="3">定额直接费</td><td>人工费</td></tr>
<tr><td>材料费</td></tr>
<tr><td>施工船机使用费</td></tr>
<tr><td rowspan="6">其他直接费</td><td>临时设施费</td></tr>
<tr><td>冬雨夜施工增加费</td></tr>
<tr><td>材料二次倒运费</td></tr>
<tr><td>施工辅助费</td></tr>
<tr><td>施工队伍进退场费</td></tr>
<tr><td>外海工程拖船费</td></tr>
<tr><td rowspan="2">间接费</td><td>企业管理费</td><td></td></tr>
<tr><td>财务费用</td><td></td></tr>
<tr><td>利润</td><td></td><td></td></tr>
<tr><td>税金</td><td></td><td></td></tr>
<tr><td>专项费用</td><td></td><td></td></tr>
</table>

内河航运建筑安装单位工程费用组成　　表 6.4-2-2

<table>
<tr><th colspan="3">费 用 项 目</th><th>费用项目组成</th></tr>
<tr><td rowspan="9">单位建筑安装工程费用</td><td rowspan="9">直接费</td><td rowspan="3">定额直接费</td><td>人工费</td></tr>
<tr><td>材料费</td></tr>
<tr><td>施工船舶机械使用费</td></tr>
<tr><td rowspan="6">其他直接费</td><td>安全文明施工费</td></tr>
<tr><td>临时设施费</td></tr>
<tr><td>冬季雨季及夜间施工增加费</td></tr>
<tr><td>材料二次倒运费</td></tr>
<tr><td>施工辅助费</td></tr>
<tr><td>施工队伍进退场费</td></tr>
</table>

续上表

<table>
<tr><th colspan="3">费 用 项 目</th><th>费用项目组成</th></tr>
<tr><td rowspan="8">单位建筑安装工程费用</td><td rowspan="5">间接费</td><td rowspan="4">规费</td><td>社会保险费</td></tr>
<tr><td>住房公积金</td></tr>
<tr><td>工程排污费(已改为环境保护税)</td></tr>
<tr><td>其他</td></tr>
<tr><td colspan="2">企业管理费</td></tr>
<tr><td colspan="3">利润</td></tr>
<tr><td colspan="3">税金</td></tr>
<tr><td colspan="3">专项费用</td></tr>
</table>

鉴于沿海港口建筑安装工程相关费用构成正在修编,本书以内河航运建设工程为例进行说明,并单独说明沿海港口建筑安装工程的特殊费用组成。

1. 定额直接费

定额直接费是指施工过程中耗费的构成工程实体和有助于工程形成的各项费用,包括人工费、材料费和施工船舶机械使用费。

(1)人工费。人工费指按规定支付给从事建筑安装工程施工的生产工人和附属生产单位工人的各项费用。主要包括计时工资或计件工资、奖金、津贴补贴、加班加点工资及特殊情况下支付的工资等。

(2)材料费。材料费指施工过程中耗用的构成工程实体的材料、辅助材料、构(配)件、零件、半成品或成品和周转材料摊销的费用。材料费应按各类材料单价乘以相应定额消耗量的累加之和计算;材料价格分为国内材料和进口材料。

①国内材料价格组成:

$$国内材料单价 = [(材料原价 + 运杂费) \times (1 + 场外运输损耗率(\%))] \times [1 + 采购及保管费费率(\%)]$$

②进口材料价格组成。进口材料价格组成见表6.4-3,材料价格按照相应规定、标准或办法计算。

进口材料价格组成　　表6.4-3

名　　称	内　　容	计 算 办 法
进口材料原价	指材料的外币到岸价(CIF)	按有关标准计算
国内接运保管费	指进口材料从到达港口运到施工现场仓库或指定堆放地点的运杂费及保管费等费用,如合同规定的进口和材料的到岸价为舱底价时,还应包括卸船费	以进口材料原价外币金额和现行外汇牌价折算成人民币后,按2%～5%计算
从属费用	指外贸手续费、中国银行手续费、外国银行手续费、海关关税、增值税、海关监管手续费、商品检验费等	按国家有关规定或贷款协定计算

(3)施工船舶及机械使用费。施工船舶机械使用费指施工船舶机械作业时所发生的施工船舶和施工机械使用费;费用及计算按以下规定执行:

①施工船舶机械使用费按相应施工船舶机械艘(台)班单价乘以相应工程定额的施工船舶和机械艘(台)班用量的累加之和计算。

②施工船舶机械艘(台)班单价根据相应工程船舶机械艘(台)班费用定额计算;司机及机械使用工、船员的定额人工单价包括工资、奖金、津贴补贴、加班加点工资及特殊情况下支付的工资等。

2. 其他直接费

其他直接费指定额直接费以外、一般情况下施工过程中发生的直接用于工程的、非工程实体的直接费用。主要包括安全文明施工费、临时设施费、冬季雨季及夜间施工增加费、材料二次倒运费、施工辅助费、施工队伍进退场费等。

(1)安全文明施工费。安全文明施工费指施工单位为完成工程施工,发生于施工前和施工过程中用于安全生产、文明施工及环境保护等方面的费用,费用及计列按以下规定执行:

①安全生产费指施工现场为完善和改进安全施工条件所需的各项费用,费用内容按照有关规定执行。

②文明施工费指施工现场文明施工所需的费用。

③环境保护费指按环保部门规定,施工现场开展环境保护相关工作所需的费用。

④费用按各类工程的基价定额直接费乘以1.5%计列。

(2)临时设施费。临时设施费指施工单位为进行建筑安装工程施工所必须搭设的基本生活和生产用的临时建(构)筑物和其他临时设施所需的费用。费用内容主要包括工地范围内的临时宿舍、库房、工棚、办公室,生活及管理区域内的水、电、路、管线等临时设施的搭设、维修、拆除及摊销费用。费用按各类工程的基价定额直接费乘以相应费率计算。

(3)冬季雨季及夜间施工增加费。冬季雨季及夜间施工增加费指施工单位在冬季对工程的一般保护、在雨季及夜间施工所需的费用。费用内容主要包括工程越冬需要采取的一般性防寒、保温暖措施,在雨季施工需要采取的防雨、防潮措施,在夜间施工的照明设施的摊销及照明用电等费用。但不包括冬季施工措施性费用、采用蒸汽及其他措施养护混凝土构件等费用,以及属于企业管理费开支的值班人员夜餐津贴和现场一般照明等费用。费用按各类工程的基价定额直接费乘以相应费率计算。

(4)材料二次倒运费。材料二次倒运费指施工单位因施工场地条件限制而发生的材料、构配件、半成品等一次运输不能到达堆放地点,必须进行二次或多次搬运所需的费用。费用及计算按以下规定执行:

①费用按各类工程的基价定额直接费乘以相应费率计算。

②航道整治炸礁工程的材料二次倒运费包括火工产品的多次转运费用(不包括按相关规定或管理部门要求所需的各种运输费用)。

③材料二次倒运费不包括大宗材料的季节性备料所需的费用,季节性备料转运费可根据备料数量、倒运距离和方式按相关标准或办法计算。

④大型土石方工程不计算此项费用。

(5)施工辅助费。施工辅助费指施工单位在施工过程中根据技术标准和需要,为保障工程正常施工所进行的必要的辅助性工作所需的费用,主要包括生产工具用具使用费、检验试验费、工程定位复测点交及场地清理费、爆破测震及扫床费等,费用及计算按以下规定执行:

①生产工具用具使用费指施工生产所需不属于固定资产的生产工具及检验试验用具等的购置、摊销和维修费,以及支付给生产工人自备工具的补贴费。

②检验试验费指施工单位对建筑材料、构件和建筑安装物进行一般鉴定、检查所需的费用,包括自设实验室进行试验所耗用的材料和化学用品费用等,以及技术革新和研究试验费。不包括新结构、新材料的试验费,对构件做破坏性试验及其他特殊要求检验试验的费用,以及由建设单位委托检测机构进行检测的费用,对此类试验、检测所需的费用,在工程建设其他费用中计列;对施工单位提供的具有合格证明的材料进行检测不合格的,该检测费用由施工单位支付。

③爆破测震及扫床费,指水下炸礁工程中为观测爆破产生的震波对周围环境的影响以及交工前扫床验收所需的费用。

④费用按各类工程的基价定额直接费乘以相应费率计算。

(6)施工队伍进退场费。施工队伍进退场费指施工单位承担工程施工使用的施工船舶机械进入和退出施工现场及派出部分施工力量一次往返调遣所需的费用。费用内容主要包括调遣期间职工工资、差旅交通费、施工船舶机械、工具器具、周转材料和生产及管理用具的调遣和运杂费,以及施工船舶机械在调遣时需要封舱、开舱,拆卸、复原等费用。费用按各类工程的基价定额直接费乘以相应费率计算。

(7)外海工程拖船费(沿海港口建筑安装部分)。外海工程拖船费指码头、防波堤、栈(引)桥等工程使用挖泥船、打桩船、起重船、打夯船等大型工程船舶在外海施工时,由于风浪、水流等原因不能连续驻船作业,必须拖回临时停泊地而发生的船舶拖运费。

3.规费

规费指根据国家法律、法规规定,由施工单位必须缴纳的费用。规费组成及内容应符合表6.4-4 规定。

规费项目组成及内容表 表6.4-4

序号	项目名称		内容
1	社会保险费	基本养老保险费	指企业按规定标准为职工缴纳的基本养老保险费
2		基本医疗保险费	指企业按照规定标准为职工缴纳的基本医疗保险
3		工伤保险费	指企业按照规定标准为职工缴纳的工伤保险费
4		失业保险费	指企业按照国家规定标准为职工缴纳的失业保险费
5		生育保险费	指企业按照规定标准为职工缴纳的生育保险费
6	住房公积金		指企业按规定标准为职工缴纳的住房公积金
7	工程排污费		已改为环境保护税
8	其他		指根据国家或省级人民政府规定计列的其他规费项目

(1)社会保险费和住房公积金按工程所在地相应规定计列,条件不具备的,编制概算预算时按各类工程的基价定额直接费乘以相应费率计算,但不作为实际缴费的依据。

(2)其他,指上述规费外,根据国家及省级人民政府的规定必须缴纳的其他规费。其他规费计算时应列明依据文号、名称和计算方法等。

4. 企业管理费

企业管理费包括施工单位为组织施工生产和经营管理所需的费用。费用主要包括管理人员工资、办公费、差旅交通费、固定资产使用费、工具用具使用费、劳动保险和职工福利费、劳动保护费、工会经费、职工教育经费、财产保险费、财务费、税金及其他。

费用按各类工程的基价定额直接费、其他直接费之和乘以相应费率计算。费用主要包括以下内容：

(1)管理人员工资指按规定支付给管理人员的计时工资、奖金、津贴补贴、加班加点工资及特殊情况下支付的工资等。

(2)办公费指企业管理办公用文具、纸张、账表、印刷、邮电、书报、会议、水、电、烧水和集体取暖(包括现场临时宿舍取暖)等所需费用。

(3)差旅交通费指职工因公出差、工作调动的差旅费、住勤补助费,市内交通费和误餐补助费,职工探亲路费,劳动力招募费,职工离退休、退职一次性路费,工伤人员就医路费,工地转移费以及管理部门使用的交通工具的油料、燃料等费用。

(4)固定资产使用费指管理和试验部门及附属生产单位使用的属于固定资产的房屋、设备仪器等的折旧、大修、维修或租赁等所需费用。

(5)工具用具使用费指企业管理使用的不属于固定资产的家具、交通工具和消防用具等的购置、维修和摊销费用。

(6)劳动保险和职工福利费指由企业支付的职工退职金、按规定支付给离休干部的经费,集体福利费、夏季防暑降温、冬季取暖补贴、上下班交通补贴等费用。

(7)劳动保护费指企业按规定发放劳动保护用品所需费用。如工作服、手套以及在有碍身体健康的环境中施工的保健费用等。

(8)工会经费指企业按规定应计提的工会经费。

(9)职工教育经费指按规定比例计提,企业为职工进行专业技术和职业技能培训,专业技术人员继续教育、职工职业技能鉴定、职业资格认定以及根据需要对职工进行各类文化教育所需的费用。

(10)财产保险费指施工管理用财产、车辆等保险费用。

(11)财务费指企业为施工生产筹集资金或提供预付款担保、履约担保、职工工资支付担保等所需的各种费用。

(12)税金指企业按规定缴纳的房产税、车船使用税、土地使用税、印花税等税金。

(13)其他,指上述项目以外的其他必要支出所需费用。包括技术转让费、技术开发费、业务招待费、绿化费、广告费、公证费、法律顾问费、审计费、咨询费、上级管理费等。

5. 利润

利润指施工单位完成所承包工程应取得的盈利。利润应按各类工程的基价定额直接费、其他直接费和间接费的企业管理费之和乘以相应费率计算。

6. 税金

税金目前依据交通运输部办公厅交办水〔2016〕100 号文关于印发《水运工程营业税改征增值税计价依据调整办法》进行计算,包括增值税及附加税。鉴于水运工程增值税计算方法正在修改,本书对〔2016〕100 号文中的增值税不做详细说明。

7. 专项费用

专项费用指在工程实施中发生的一定工作量或费用性支出,如施工过程中工程构件及大型设备运输的过路、过桥、过闸等发生和缴纳的费用。应根据工程、工作或费用内容按相应标准计算,一般情况下应计算税金。

(二)疏浚工程建筑工程费用构成

疏浚工程费用由直接工程费、间接费、利润、专项费用、税金组成。具体构成见图 6.4-1。

疏浚工程费用构成正在修编,本书仅做简单说明。

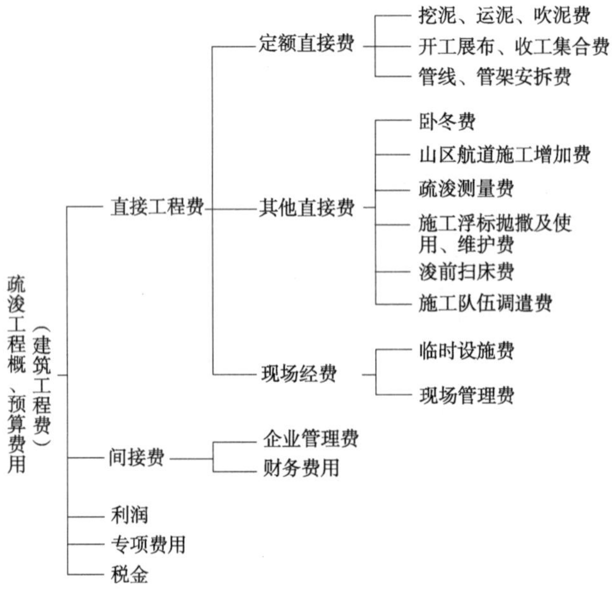

图 6.4-1　疏浚工程费用构成示意图

1. 直接工程费

疏浚工程的直接工程费由定额直接费、其他直接费和现场经费组成。

(1)定额直接费。疏浚工程定额直接费是指施工过程中消耗的构成工程实体和有助于工程形成的各项费用,包括挖泥、运泥、吹泥费,开工展布、收工集合费,管线和管架安拆费。

①挖泥、运泥、吹泥费。挖泥、运泥、吹泥费是指在挖泥、运泥、吹泥过程中各种船舶和排泥管的使用费。编制概预算时,按疏浚工程相关定额计算,费用内容包括人工、材料、施工船舶费用。

②开工展布、收工集合费。开工展布、收工集合费是指船舶进退场的费用。

③管线和管架安拆费。管线和管架安拆费是指架设及拆除钢木排泥管架的费用。

(2)其他直接费。其他直接费指疏浚工程定额直接费以外施工过程中发生的直接费。

①卧冬费:指各种船舶在烟台和黄河以北地区(包括烟台和黄河以北地区)施工时因卧冬需要所增加的费用。

②山区航道施工增加费:指挖泥船在山区河流航道上施工时因洪水期流速大、影响工效所增加的费用。

③疏浚测量费:指浚前、浚中、浚后的测量费。

④施工浮标抛撤及使用、维护费:指浮标的抛撤、使用及维护所发生的费用。

⑤浚前扫床费:指新建工程因对水下情况不明,需在施工前扫床所发生的费用(不包括清理障碍物和扫床船舶的调遣费)。

⑥施工队伍调遣费:指施工船舶、设备等根据建设任务需要,非成建制地由原施工地点(或由基地)至另一施工地点所发生的往返调遣费用。

费用内容包括:被调遣船舶准备、结束调遣和执行调遣中的船舶艘班费及封舱、启舱、改装、拆除、复原所发生的费用以及管线、人员、设备、仪器、材料的调遣费等。

(3)现场经费。现场经费是指为施工准备、组织施工生产和管理所需要费用,内容包括临时设施费和现场管理费。

①临时设施费:指施工企业为进行疏浚工程施工所必需的生活和生产用的临时建筑物、构筑物和其他临时设施费用。内容包括临时设施(如水位站、临时工棚等)的搭设、维修、拆除费或摊销费;

②现场管理费:指企业在现场为组织和管理工程所需的费用。

2. 间接费

疏浚工程间接费由企业管理费和财务费用组成。

(1)企业管理费。疏浚工程企业管理费是指施工企业为组织施工、生产经营活动所发生的管理费用。

(2)财务费用。疏浚工程财务费用指企业为筹建资金而发生的各项费用,包括企业经营期间发生的短期贷款利息净支出、汇兑净损失、调剂外汇手续费、金融机构手续费以及企业筹集资金发生的其他财务费用。

3. 利润

疏浚工程利润指按规定的利润率计算的利润,即按直接工程费与间接费之和的7%计算。

4. 专项费用

疏浚工程专项费用指需要独立计算的费用,包括燃料价差、人工费价差、高原津贴、特区津贴、疏浚土废弃物倾倒费、航养费、过闸费等费用。

5. 税金

税金指增值税。

三、设备购置费用

设备购置费用指为满足水运建设项目投产营运需要,根据设计要求,购置达到固定资产标准的生产设备,或低于固定资产标准但属于设计明确列入设备清单的购置费用,以及工器具、备品备件等所需的费用。

本书仍按现行编制规定,生产家具购置费列入第二部分的生产准备费。

对于采用设备供货、安装及调试承包方式的设备购置,其设备购置包括设备购置、安装等全部费用。

航运枢纽工程中的电站等有关部分的设备购置费的构成及计算,可参照水利水电等相关定额标准。

设备购置费分为国产设备购置费和进口设备购置费。

(一)国产设备购置

国产设备购置费主要包括设备原价(含工器具、备品备件)、运杂费、运输保险费及采购保管费等。国产设备购置费内容组成见表6.4-5。

国产设备购置费内容组成表　　表6.4-5

项目名称	内容及说明
设备原价 (或供应价格)	1. 设备出厂价格指设备生产厂现行出厂价格,非标设备应按合同价格或生产厂实际价格(不包括非标设计费)确定; 2. 如为供应价格,尚应包括供销部门手续费、包装费; 3. 备品备件指设备在投产运行初期所必需配置的易损零部件、专用替换材料等所需费用
运杂费	指设备自来源地运至安装现场所需的运杂费用(含设备抵安装现场后至安装前的设备二次转运费用)。主要包括运输费、包装费、装卸费等
运输保险费	指设备的国内运输保险费用
采购保管费	指采购及保管设备过程中所需的各项费用。主要包括采购保管部门工作人员的人工费、工具用具使用费、办公费、差旅交通费等,仓库或转运站等固定资产折旧费(租赁费)、检修费、技术安全措施费等,采购保管中必要的检验试验费,供销部门手续费等

(二)进口设备购置费

进口设备购置费主要包括设备原价、国内接运保管费和从属费用等。一般情况下,进口设备购置费费用包含:设备原价、国内接运保管费、从属费用。

设备原价,指设备(含备品备件)的外币到岸价(CIF)。

国内接运保管费,指进口设备从到达港口运到施工现场仓库或指定堆放地点的运杂费及保管费等费用,如合同规定的进口和设备的到岸价为舱底价时,还应包括卸船费。

从属费用,指外贸手续费、中国银行手续费、外国银行手续费、海关关税、增值税、消费税、海关监管手续费(对减免保税货物收取)、车辆购置附加费、商品检验费等。

(三)工器具购置费

工器具购置费应根据设计提出的清单计算;条件不具备的,可按不同建设项目的生产设备购置费乘以相应费率计列。

(四)其他

备品备件、机修及其他生产设备应根据设计提出的清单计算。

四、工程建设其他费用构成

工程建设其他费用是指从建设项目自筹建起到工程竣工验收交付使用止的整个建设期间、除建筑安装工程费用和设备购置费以外的、为保证建设顺利完成和交付使用后能够正常发挥效用而发生的各项费用。

本书依据现行《内河航运建设工程概算预算编制规定》中的工程建设其他费用进行说明。

(一)建设用地(用海)费用

建设用地(用海)费用,系指根据国家相关法律、法规,为进行水运工程建设所需的建设用地(用海)征用费、建设用地(用海)使用费、森林植被恢复费和其他有关费用。

1. 建设用地征用费

系指根据国家相关法律规定，征用工程建设用地和施工用地所需的费用。

2. 建设用地(用海)使用费

系指根据国家相关法律法规，经有关部门批准获得土地(海域)使用权所需的建设用地(用海)使用费及相关费用等。

3. 森林植被恢复费

系指依据国家、省级人民政府发布的法律法规、政策规定，对工程建设征地占用的林地缴纳森林植被恢复所需的费用。

4. 其他

系指依据国家、省级政府相关规定需要计列的建设用地所需的其他有关费用。

(二)建设单位管理费

建设单位管理费，指项目单位为组织完成项目工程建设，自工程可行性研究报告审批、核准或备案之日起至项目竣工验收之日止的建设期内所需的项目建设管理性质费用。主要包括项目单位开办费和项目单位经费等；各项费用应符合下列规定：

(1)项目单位开办费，指新组建的项目单位为保证正常开展管理工作所需的初始费用。费用内容主要包括办公和生活临时用房、车船和办公生活设备、其他用具用品购置或租赁所需的费用，以及用于开办工作所需的其他费用。

(2)项目单位经费，指项目单位对工程建设实施日常管理所需的经常性费用。费用内容主要包括不在原单位发工资的工作人员工资及相关费用(主要包括工资、工资性补贴、施工现场津贴、职工福利费、社会保险费和住房公积金等)，办公和差旅交通费、劳动保护费、工具用具使用费、固定资产使用费、办公和生活用品购置费、零星固定资产购置费，招募生产工人费，技术图书资料费(含软件)，业务招待费，合同契约公证费、法律顾问费，咨询费，竣工验收费，土地使用税、房产税、车船税、印花税，水电费、信息通信费、采暖费等，以及其他管理性质支出所需的费用。

(三)前期工作费

前期工作费，指政府投资工程建设项目在工程可行性研究报告审批之前、企业投资工程建设项目在核准或备案之前所发生的费用。主要包括可行性研究费(或项目申请书编制费)、研究试验费、勘察观测费及其他。

(1)可行性研究费(或项目申请书编制费)指在建设项目前期工作中，编制和评审评估项目建议书或预可行性研究报告、工程可行性研究报告(或项目申请书)等所发生的费用。

(2)研究试验费指项目前期建设方为建设项目提供或验证设计咨询数据、资料等进行必要的研究试验，以及按照设计咨询要求必须进行试验、验证等工作所发生的费用。

(3)勘察观测费指项目前期为保证项目实施所必须进行的勘察、观测等工作所发生的费用。

(4)其他，主要包括为完成项目前期各项工作所发生的咨询、评估、论证和管理等所发生的费用。

(四)勘察设计费

勘察设计费指初步设计、施工图设计等阶段，对工程项目进行勘察、设计、专项咨询、编制

造价控制文件等所需的费用,主要包括勘察费、设计费、设计文件第三方技术咨询费及其他。各项费用应符合下列规定:

(1)勘察费指进行各类工程勘察所需的费用。

(2)设计费指进行建设项目设计和编制初步设计文件、施工图设计文件、非标准设备设计文件、编制相应造价文件,以及编制竣工图文件、进行工程专项咨询等所需的费用。

(3)设计文件第三方技术咨询费指根据相关规定,为保证工程设计质量,由第三方对初步设计文件、施工图设计文件进行技术审查咨询,以及对造价文件进行专项审查咨询所需的、由项目单位支付的费用。

(4)其他,指为建设项目勘察设计所进行的其他工作所需的费用。如勘察设计专项评审、咨询会议、设备采购技术规格书编制等。

(五)监理费

监理费指根据国家相关规定和工程建设需要,由监理人开展建设工程监理与相关服务、施工期环境监理等所需的费用。主要包括建设工程施工监理服务费、其他相关服务费及施工期环境监理费等,各项费用应符合下列规定:

(1)建设工程施工监理服务费指开展建设工程施工阶段的质量、进度、费用控制管理和安全生产监督管理,合同、信息等方面协调管理等服务所需的费用。

(2)其他相关服务费指为建设项目勘察、设计、保修等阶段提供相关服务所需的费用。

(3)施工期环境监理费指根据环境保护审批要求,环境监理单位实施工程施工环境监理等相关服务所需的费用。主要包括施工期环境监测费、环境跟踪监测等。

(六)研究试验费

研究试验费指项目建设期间,为工程建设提供或验证设计参数、资料等进行必要的研究试验,以及按照设计需要,在建设过程中必须进行试验、观测、验证等工作所需的费用。如:典型施工增加费、试验段工程增加费等。

费用不包括由科技三项费用(即新产品试制费、中间试验费和重要科学研究补助费)开支的项目费用,在建筑安装工程费中列支的施工企业对建筑材料、构件和建筑物进行一般鉴定、检查所发生的费用及技术革新的研究试验费用,以及由勘察设计费或工程费用中开支的项目费用。

(七)招标费

招标费指根据相关规定和管理需要,进行工程建设招标活动所需的费用,主要包括招标代理费、编制最高投标限价或标底费用,以及进场交易费用等。各项费用应符合下列规定:

(1)招标代理费指由招标代理机构进行工程、货物、服务招标,编制招标文件、审查投标人资格,组织投标人踏勘现场及答疑,组织开标、评标、定标,以及提供招标前期咨询、协调合同签订等服务所需的费用。

(2)编制最高投标限价或标底等造价文件所需的费用。

(3)拟自行招标的工程,可根据招标工作内容计列招标工作费用。

(4)进场交易费指根据相关规定或管理需要,工程项目进入公共资源交易平台(市场)所需的费用。

(八)引进技术和进口设备材料其他费

引进技术和进口设备材料其他费指为引进技术和进口设备材料所需的、在设备材料价格以外的各类费用。主要包括技术合作费和银行担保承诺费等,费用应符合下列规定:

(1)技术合作费主要包括派遣出境人员进行设计联络、设备监造、材料监检、培训等发生的差旅费、生活费、保险费,国外工程技术人员来华发生的现场办公费、往返现场交通费、生活费及接待费,国外设计及技术资料、软件、专利和技术转让费、翻译复制费,延期或分期付款利息等。

(2)银行担保承诺费主要包括引进项目由国内外金融机构出面承担风险和责任担保所需的费用,以及支付贷款机构的承诺费用。

(九)生产准备费

生产准备费指在项目建设期间,为准备项目正常生产、营运或使用所需的费用。主要包括联合试运转费、人员培训及提前进厂费、办公和生产生活家具购置费等,各项费用应符合下列规定:

1. 联合试运转费

联合试运转费指建设项目的各种生产设备、设施等在施工安装完毕,按照设计规定的工程质量标准,进行的单机重载试运转或生产系统重载联合试运转所需的费用。费用内容主要包括联合试运转所需的材料、燃油料和动力的消耗,船舶和机械使用费,工具用具和低值易耗品费,以及其他有关费用。

2. 人员培训及提前进厂费

人员培训及提前进厂费指建设项目竣工验收或交付使用前,生产单位为保证生产的正常运行,安排的需提前进厂(港)生产人员的经费和自行组织对生产人员培训所需的经费。

费用内容主要包括提前进厂(港)人员及需要培训人员的工资、工资性补贴、社会保险费和住房公积金、职工福利费、差旅交通费、劳动保护费、培训及学习资料费等;但不包括设备供货附加的设备操作及管理、培训所需的费用。

3. 办公和生产生活家具购置费

办公和生产生活家具购置费指为保证建设项目初期正常生产、运营和管理必须购置的办公、生产生活家具和用具等所需的费用。费用内容主要包括办公室、会议室、资料档案室、食堂、浴室、单身职工宿舍等所需的家具、用具和器具等的购置费用。

(十)竣工验收前相关费

竣工验收前相关费指根据国家及行业有关规定、技术标准和建设项目的实际需要,在项目竣工验收前必须进行的工作(工程)所需的费用。主要包括竣工前测量费、实船适航试验费、航道整治效果观测费、断航损失补偿费等。费用应符合下列规定:

(1)竣工前测量费指工程竣工验收前,根据有关规定和标准对港口工程施工水域内港池、航道、锚地等进行扫测,对航道工程施工区域和航行区域进行测量,以及竣工验收现场核查时进行测量等所需的费用。

(2)实船适航试验费指航道工程中新开航道、整治后提高航道等级或通航标准的航道或渠化后的航道,在竣工验收前按设计确定的通航船舶标准,组织实船通航试验所需的费用。费用内容主要包括试航船队准备、航行,护航船舶航行费用,施工单位及有关单位参加实船适航试验人员的人工费等(扣除试航船舶营运收益)。

(3)航道整治效果观测费指航道整治工程项目竣工验收前,为验证设计及整治效果,对整治后的航道区段进行水下地形和水文情况的观测分析等工作所需的费用。

(4)断航损失补偿费指通航河段因进行施工而临时断航,对造成的第三方损失进行补偿所需的费用。费用根据断航期限、航段通航及运量情况、需要采取的措施及补偿范围等。

(十一)其他相关费

其他相关费用指根据国家及行业有关规定、技术标准和建设项目的实际需要,为保证建设项目实施所必须进行的、需要在工程建设其他费用中计列的、上述费用以外的费用项目。如工程保险费、各类检验及检(监)测费、各类专项评价及评估费、第三方审计服务费等。

五、预留费用、建设期贷款利息、专项造价

(一)预留费用

预留费用包括基本预备费和物价上涨费。

1. 基本预备费

基本预备费指初步设计阶段预留的工程实施中不可预见的工程或费用。主要包括以下内容:

(1)在初步设计范围内,施工图设计阶段或施工过程中所增加的工程内容或费用,设计变更等增加的工程内容及费用。

(2)一般自然灾害造成的损失及预防自然灾害所采取的措施等增加的费用。

(3)竣工验收时为鉴定工程质量对隐蔽工程进行必要的挖掘、剥离和修复费用。

2. 物价上涨费

物价上涨费指建设项目自概算编制时起至竣工投产期间内,由于利率、汇率或价格等因素的变化而预留的可能增加的、需要在概算中计列的费用。

(二)建设期贷款利息

建设期贷款利息系指本建设项目投资中分年度使用国内贷款或国外贷款部分,在建设期间内应归还的工程贷款利息。国外贷款部分,其利息按外币计列。

建设期贷款利息应根据需付息的分年度投资,以工程费用、工程建设其他费用与预留费用之和为基础计算。

(三)专项造价

专项造价系指根据国家相关规定,应在水运工程建设项目范围内、内容明确且需要独立列项的项目造价。

专项造价应根据不同建设项目的管理需求和专业性质进行管理和控制。

六、水运工程造价文件组成

(一)水运工程投资估算文件组成

投资估算文件主要由封面、扉页、目录、编制说明、估算表格等组成(封面、扉页、目录是投资估算单独成文件时才需要的),主要包括以下内容:

1. 封面、扉页、目录

(1)封面包括建设项目名称、编制单位及编制日期。

(2)扉页包括建设项目名称、编制负责人、审定人姓名及水运工程造价师印章，编制人员姓名、专业技术职称及水运工程造价人员职业资格证书号等。

(3)目录应按估算表表号顺序编排。

2. 编制说明

编制说明主要包括项目概述，项目总估算，编制原则和依据，其他说明(费率、指标及指数，汇率及利率，有关说明及存在的主要问题)等。

(1)项目概述。

①建设地点。

②建设规模(项目主体的能力、性质、结构及规模等)。

③建设内容(包括主要单项单位工程、主体结构、建构筑物数量及尺度等)。

④费用计算范围。

⑤项目资金来源。

⑥多方案之间的差异及设计推荐方案。

⑦其他需要说明的问题。

(2)项目总估算。列出计算范围内的项目总估算；多方案比选时应分别列出不同设计方案的总估算，并应标明设计推荐方案。

(3)编制原则和依据。

①有关法律法规、部门规章等(全称、文号及时间)。

②估算编制规定、相关定额、指标和费用标准(全称、发布单位、文号及时间)。

③人工、主要材料、设备器材价格的取用依据及时间。

(4)其他说明。

①工程费用的其他说明(主体工程施工取费标准说明等)。

②其他费用的相关说明(包括土地、海域使用金、项目外部配套等)。

③项目使用的外币汇率。

④采用的年物价上涨指数及取定依据。

⑤项目建设工期和分年度投资比例。

⑥项目建设期贷款利率。

⑦主要设备、材料单价。

⑧需要说明的其他有关问题。

3. 估算表格

投资估算文件根据阶段不同可以分为预可行性研究估算和工程可行性研究估算。

(1)预可行性研究估算，应列出总投资估算表。

(2)工程可行性研究估算，估算表格包括：

①工程总投资估算表，多方案比选时应分别列出各方案的工程总投资。

②主体工程应列出单项(单位)工程估算表，配套单项(单位)工程估算超过工程费用10%以上的也应列出单项(单位)工程估算表，其他专业工程应列出单项(单位)工程估算汇总

表,工程建设其他费用估算,主要设备材料单价表。

各类工程项目的主体工程项目详见本节投资估算编制内容。

4. 表格示例

仅列出总估算表,预可行性研究阶段和工程可行性研究阶段,分别见表 6.4-6 和表 6.4-7。其他表格参见概算章节。

总估算表(预可行性研究阶段)　　表 6.4-6

建设项目名称：　　共　页　第　页

序号	单位工程或费用名称	估算价值(万元)	技术经济指标			占总投资(%)
			单位	数量	指标(万元)	
一	第一部分工程费用					
1	×××工程					
2	……					
…	……					
	临时工程及措施项目					
二	第二部分工程建设其他费用					
1						
…						
三	第三部分预留费用					
1	基本预备费					
2	物价上涨费					
四	建设期利息					
1	建设期贷款利息					
…						
五	专项概算					
1						
…						
六	总估算					

审核：　　复核：　　编制：

总估算表(工程可行性研究阶段)　　表 6.4-7

建设项目名称：　　共　页　第　页

序号	单位工程估算表编号	单项(单位)工程或费用名称	估算金额(万元)					技术经济指标			占总投资(%)
			建筑工程费	安装工程费	设备购置费	其他	合计	单位	数量	指标	
一	第一部分工程费用										
1		×××工程									
2		……									

续上表

序号	单位工程估算表编号	单项(单位)工程或费用名称	估算金额(万元)					技术经济指标			占总投资(%)
			建筑工程费	安装工程费	设备购置费	其他	合计	单位	数量	指标	
…											
		临时工程及措施项目									
二	第二部分工程建设其他费用										
1											
2											
…											
三	第三部分预留费用										
1		基本预备费									
2		物价上涨费									
四	建设期利息										
1		建设期贷款利息									
…											
五	专项估算										
1											
…											
六	建设项目总估算										

审核：　　　　　　　　　　　　　　　　复核：　　　　　　　　　编制：

(二)工程概算文件组成

概算文件主要由封面、扉页、目录、编制说明、概算表格及附件等组成。

1. 封面、扉页、目录

详见投资估算文件组成。

2. 编制说明

(1)项目概述(根据管理要求计列)。

①建设地点。

②建设规模(项目建设规模、标准、能力等)。

③建设内容(包括主要单项单位工程、主体结构、建构筑物数量及尺度等)。

④主要建(构)筑物设计方案。

⑤概算费用计算范围。

⑥项目资金来源。

⑦方案比选及设计推荐方案(多方案之间的差异及设计推荐方案)。

⑧其他需要说明的问题。

(2)项目总概算。

列出工程概算计算范围内的项目总概算;多方案比选时应分别列出不同设计方案的总概算,并应标明设计推荐方案。

(3)编制原则和依据。

①有关法律法规、部门规章等(全称、文号及时间)。

②相关计价标准(全称、发布单位、文号及时间)。

③人工、主要材料、设备器材价格的取用依据。

(4)施工方案。简述施工方案,含临时工程及施工措施,主要材料、设备运输方案。

(5)有关说明。

①参照的计费标准情况和具体调整内容。

②主体工程施工取费标准。

③相关费用或指标的计费说明(包括建设用地用海费用标准等)。

④采用的年物价上涨指数及取定依据。

⑤项目建设工期和分年度投资比例。

⑥项目建设期贷款利率。

⑦项目使用的外币汇率。

⑧需要说明的其他有关问题。

3. 概算表

(1)概算表格分为主要表格和辅助表格,主要表格是概算文件的主要组成部分,应随概算文件一并报送;辅助表格可作为辅助性概算文件根据管理需要一并报送;并应满足下列要求:

①概算主要表格包括总概算表、内外币总概算表、单位工程概算表、其他费用分项概算表、主要材料汇总表、主要材料单价表等。

②概算辅助表格包括单项工程概算汇总表、主要设备单价表及补充单位估价表等。

③初步设计有多个设计方案时,需提供各总体方案的主要表格和辅助表格,以及各主要专业工程比选方案的主要表格和辅助表格。

(2)单项单位工程概算表应包括建筑工程概算表、设备购置及安装工程概算表和临时工程概算表等。

其他费用概算表应包括建设项目总概算中除第一部分工程费用外,其他需要用表格说明费用组成的分项概算表,如土地征用及拆迁补偿费用概算表、海域使用金概算表、前期工作费概算表和勘察设计费概算表等。

4. 附件

附件应包括相关文件、合同协议等。

5. 表格示例

仅列出总概算表和部分主要表格格式,见表 6.4-8 ~ 表 6.4-11。

鉴于水运工程增值税计算方法正在修改,对表格中涉及增值税的地方,本书未按目前执行的交办水〔2016〕100 号文《水运工程营业税改征增值税计价依据调整办法》的增值税格式。

(1)总概算表样式。

总 概 算 表

表6.4-8

建设项目名称：　　　　　　　　　　　　　　　　　　　　共　页　第　页

序号	单位工程概算表编号	工程或费用项目名称	概算金额(万元)					技术经济指标			占总投资(%)
			建筑工程费	安装工程费	设备购置费	其他	合计	单位	数量	指标	
一	第一部分工程费用										
1		×××工程									
2		……									
…											
		临时工程及措施项目									
二	第二部分工程建设其他费用										
1											
2											
…											
三	第三部分预留费用										
1		基本预备费									
2		物价上涨费									
四	建设期利息										
1		建设期贷款利息									
…											
五	专项概算										
1											
…											
六	总概算										

审核：　　　　　　　　　　　　　　　复核：　　　　　　　　　　编制：

(2)水工建筑及设备安装单位工程概算表样式。

建筑安装单位工程概算表

表6.4-9

工程名称：　　　　　　　　工程代号：　　　　　　　工程类别：　　　　编号：

序号	定额或估价表编号	分部分项工程名称	单位	工程数量	基价(元)		不含税市场价(元)	
					单价	合计	单价	合价
1								
2								
定额直接费：								
概算定额直接费：(概算扩大系数：　　　)								

续上表

序号	定额或估价表编号	分部分项工程名称	单位	工程数量	基价(元)		不含税市场价(元)	
					单价	合计	单价	合价
小型工程增加费:(费率:　%)								
定额直接费合计:								
其中,人工费:								
材料费:								
船机费:								
施工取费合计:								
其中分类取费:								
税前合计:								
增值税:(税率:　%)								
专项税费:								
建筑安装工程费:								

审核:　　　　　　　　　　复核:　　　　　　　　　　编制:

注:本表适用于水工建筑及设备安装工程。

增值税不按目前执行的交办水〔2016〕100 号文《水运工程营业税改征增值税计价依据调整办法》的格式列示。

(3)疏浚与吹填单位工程概算表样式。

建筑工程单位工程概算表　　　　表 6.4-10

工程名称:　　　　　　工程代号:　　　　　　工程类别:　　　　　　编号:

序号	项　目	单位	数量	基价(元)		不含税市场价(元)		其中燃料	其中船员	备注
				单价	合价	单价	合价	(kg)	(工日)	
一	定额直接费									
1	挖泥、运泥、吹泥费									
1.1	……									
…	……									
2	开工展布、收工集合费									
3	施工队伍调遣费									
4	管架安拆费									
二	其他直接费			—		—				
1	安全文明施工费			—		—				
2	卧冬费									
3	疏浚测量费									
4	施工浮标抛撤及使用费									
三	企业管理费			—		—				
四	利润			—		—				

续上表

序号	项　　目	单位	数量	基价(元)		不含税市场价(元)		其中燃料	其中船员	备注
				单价	合价	单价	合价	(kg)	(工日)	
五	规费			—		—				
六	税前合计			—	—	—				
七	增值税			—	—	—				
八	专项费用			—	—	—				
九	费用合计			—	—	—				
十	疏浚工程费 (概算扩大系数:1.05)			—	—	—				

编制:　　　　　　　　　　　　审核:　　　　　　　　　　复核:

注:1. 本表适用于疏浚与吹填工程。
2. 本表为示例;费用构成应按现行规定(见疏浚工程费用构成章节)。
3. 增值税不按目前执行的交办水〔2016〕100 号文《水运工程营业税改征增值税计价依据调整办法》的格式列示。

(4)设备购置单位工程概算表样式。

设备购置单位工程概算表　　　　表 6.4-11

工程名称:　　　　　　　工程代号:　　　　工程类别:　　　　编号:

序号	设备或费用名称	规格	单位	数量	单价(万元)	合计(万元)	备注
一	设备购置费						
(一)	设备原价						
1							
2							
…							
(二)	运杂费						
1							
2							
…							
(三)	其他						
1							
2							
…							
	设备购置费合计						
二	设备安装费						
1							
2							
…							

续上表

序号	设备或费用名称	规格	单位	数量	单价（万元）	合计（万元）	备注
三	设备基础费						
1							
2							
…							
四	总计						
	其中:设备购置费						
	安装工程费						
	建筑工程费						

审核:　　　　　　　　　　　　　　　　　复核:　　　　　　　　　编制:

注:本表适用于设备购置费的计算,以及以设备费为基础按费率计算安装费、设备基础费的情况。

(三)施工图预算文件的组成

预算文件主要由封面、扉页、目录、编制说明、预算表格及附件等组成。并应符合以下规定:

1. 封面、扉页、目录

详见投资估算文件组成章节。

2. 编制说明

编制说明主要包括项目概述,工程预算汇总,预算编制范围,编制原则和依据,采用的定额、费率及计价标准,主要施工工艺,主要技术经济指标;存在的主要问题及其他必要的说明等。

3. 预算表格

预算表格分为主要表格和辅助表格,主要表格是预算文件的主要组成部分,应随预算文件一并报送;辅助表格可根据需要一并报送;预算表格主要包括下列内容:

(1)主要表格包括工程预算汇总表、单位工程预算表、单位工程施工取费明细表、单位工程施工取费汇总表、主要材料汇总表及主要材料单价表。

(2)辅助表格包括单位估价表、补充单位估价表、施工船机汇总表、主要施工船机单价表及主要设备单价表等。

4. 附件

包括相关文件资料等。

5. 表格示例

仅列出总预算表和主要表格格式,见表 6.4-12 ~ 表 6.4-17。

设备购置单位工程预算表与概算表相同,不再列示。

鉴于水运工程增值税计算方法正在修改,对表格中涉及增值税的地方,本书未按目前执行的交办水〔2016〕100 号文《水运工程营业税改征增值税计价依据调整办法》的格式。

(1)工程总预算表样式。

工 程 总 预 算 表　　表 6.4-12

工程项目名称：

序号	单位工程预算表编号	工程或费用项目名称	预算金额(万元)				
			建筑工程费	安装工程费	设备购置费	其他	合计
1							
1.1							
1.2							
...							
2							
		合计					

审核：　　复核：　　编制：

(2)水工建筑及设备安装单位工程预算表样式。

建筑安装单位工程预算表　　表 6.4-13

工程名称：　　工程代号：　　工程类别：　　编号：

序号	定额或估价表编号	分部分项工程名称	单位	工程数量	基价(元)		不含税市场价(元)	
					单价	合计	单价	合价
1								
2								
定额直接费：								
小型工程增加费：(费率：　%)								
定额直接费合计：								
其中，人工费：								
材料费：								
船机费：								
施工取费合计：								
其中分类取费：								
税前工程造价：								
增值税：								
专项税费：								
建筑安装工程费：								

审核：　　复核：　　编制：

注：本表适用于水工建筑及设备安装工程，其他专业工程执行相应计价标准及格式规定。

增值税不按目前执行的交办水〔2016〕100 号文《水运工程营业税改征增值税计价依据调整办法》的格式列示。

(3)疏浚与吹填单位工程预算表样式。

建筑工程单位工程预算表　　表 6.4-14

工程名称：　　工程代号：　　工程类别：　　编号：

序号	项　目	单位	数量	基价(元)		不含税市场价(元)		其中燃料	其中船员	备注
				单价	合价	单价	合价	(kg)	(工日)	
一	定额直接费									
1	挖泥、运泥、吹泥费									
1.1	……									
…	……									
2	开工展布、收工集合费									
3	施工队伍调遣费									
4	管架安拆费									
二	其他直接费			—		—				
1	安全文明施工费			—		—				
2	卧冬费									
3	疏浚测量费									
4	施工浮标抛撤及使用费									
三	企业管理费			—		—				
四	利润			—		—				
五	规费			—		—				
六	税前合计			—	—	—				
七	增值税			—	—	—				
八	专项费用			—	—	—				
九	疏浚工程费			—	—	—				

审核：　　复核：　　编制：

注：1. 本表适用于疏浚与吹填工程。

2. 本表为示例；费用构成应按现行规定(见疏浚工程费用构成章节)。

3. 增值税不按目前执行的交办水〔2016〕100 号文《水运工程营业税改征增值税计价依据调整办法》的格式列示。

(4)水工建筑及设备安装单位工程施工取费明细表样式。

建筑安装单位工程施工取费明细表　　表 6.4-15

工程名称：　　工程代号：　　工程类别：　　费率(%)

费用名称	专业工程类别								费用合计(元)
	一般水工工程		一般陆域工程		……		……		
	费率(%)	费用(元)	费率(%)	费用(元)	费率(%)	费用(元)	费率(%)	费用(元)	
基价定额直接费合计									
市场价定额直接费合计									
其他直接费									
安全文明施工费									
临时设施费									
……									
企业管理费									
利润									
规费									
税前合计									
增值税									
专项税费									
建筑安装工程费									

注：1. 本表适用于水工建筑及设备安装工程。

2. 本表为示例；费用构成应按现行规定（见工程费用构成章节）。

(5)水工建筑及设备安装单位工程施工取费汇总表样式。

建筑安装单位工程施工取费汇总表　　表 6.4-16

程名称：　　工程代号：　　工程类别：　　(单位：元)

费用项目名称	专业工程类别								合计
	一般水工工程	一般陆域工程	……						
基价定额直接费合计									
市场价定额直接费合计									
其他直接费									
其中：安全文明施工费									
临时设施费									
冬雨夜施工增加费									
材料二次搬运费									
……									
企业管理费									
利润									

续上表

费用项目名称	专业工程类别							合计
	一般水工工程	一般陆域工程	……					
规费								
税前合计								
增值税								
专项税费								
建筑安装工程费								

施工地区：　　　　　　　　　　　　施工调遣距离(km)：

本表为示例;费用构成应按现行规定(见工程费用构成章节)。

(6)疏浚与吹填单位工程施工取费汇总表样式。

建筑工程单位工程施工取费汇总表　　　　表 6.4-17

工程名称：　　　工程代号：　　　工程类别：　　　编号：

编号	费用项目名称	……工程			……工程			费用合计(元)	备注
		取费基数(元)	费率(%)	费用(元)	取费基数(元)	费率(%)	费用(元)		
一	定额直接费								
1	基价定额直接费								
2	市场价定额直接费								
二	其他直接费								
1	安全文明施工费								
2	卧冬费								
3	疏浚测量费								
4	施工浮标抛设及使用费								
三	企业管理费								
四	利润								
五	规费								
六	税前合计								
七	增值税								
八	专项费用								
九	合计								

注:1. 本表为示例;费用构成应按现行规定(见疏浚工程费用构成章节)。

2. 增值税不按目前执行的交办水〔2016〕100 号文《水运工程营业税改征增值税计价依据调整办法》的格式列示。

七、水运工程投资估算编制

(一)投资估算的编制内容、依据和要求

1. 投资估算的范围与内容

投资估算的范围应与项目建设方案设计所确定的研究范围和各单项工程内容相一致。

投资总估算,应包括建设项目筹备开始至竣工验收止的全部建设费用,具体包括:工程费用、工程建设其他费用、预留费用、建设期贷款利息、专项估算。各项费用包括的内容见概算编制章节。

2. 投资估算的阶段划分

水运建设项目的投资估算一般分为以下两个阶段:

(1)预可行性研究阶段。在项目的预可行性研究阶段,是按项目的建设条件、建设规模等,估算建设项目所需要的投资额。此阶段项目投资估算的意义是,据此判断一个项目是否需要进行下一阶段的工作。

(2)工程可行性研究阶段。工程可行性研究阶段的投资估算至关重要,该阶段的投资估算是项目决策的重要依据,是项目实施阶段控制投资的基础。

3. 投资估算依据

投资估算的编制依据主要有:

(1)国家和行业主管部门及省级人民政府发布的有关法律、法规等。

(2)建设项目可行性研究报告。

(3)投资估算编制规定及有关估算指标、定额、计费标准等。

(4)工程所在地材料市场价格以及由行业或当地建设主管部门发布的材料价格信息和相关规定。

(5)设备的市场询价。

(6)银行利率、汇率、物价指数及其他有关资料。

4. 投资估算要求

(1)投资估算是可行性研究报告的重要组成部分,应由可行性研究报告编制单位负责编制。

(2)编制投资估算,必须严格执行国家的方针政策和有关规定,根据工程所在地的建设条件、建设方案、合理选用指标、定额、费用标准和价格等各项编制要素。编制依据应有效准确。投资估算应完整、正确、客观、合理地计列建设项目投资估算的各部分费用项目。

(3)选用估算指标与具体工程之间存在标准或条件差异时,应进行必要的换算或调整。

(4)投资估算精度应能满足决策阶段需要,又符合控制初步设计概算的要求。

(二)水运工程投资估算编制步骤和方法

1. 投资估算基本步骤

投资估算的基本步骤如下:

(1)熟悉可行性研究的内容。

(2)收集有关资料。掌握编制投资估算所需的第一手资料,对于提高估算的准确性是必不可少的条件。收集的有关资料一般包括如下内容:

①工程所在地建筑材料市场价格,包括主要材料(钢材、木材、水泥等)及地方材料(块石、卵石、碎石、砂等)、燃油等价格。

②当地有关工程的竣工资料或招投标的中标价等。

③当地的有关规定,主要指当地省市现行建筑工程的估算指标、概算指标、概算定额或预算定额、费用规定等。

④工程所在地的建设条件,包括自然条件,水电资源及供应情况,运输条件,通信条件,砂

石料等地材的资源情况、开采运输能力,建筑市场情况,可利用的大型构件预制场和施工码头设施等。

⑤工程所在地有关工程造价的信息资料。

(3)编制施工条件设计。根据水运工程主体工程的设计方案和当地的建设条件,选择技术可行、经济合理的主体工程施工方案,使编制主体工程估算时能够合理选用定额和计算费用,保证估算能正确地反映设计内容。

(4)编制单项或单位工程的建筑工程费、安装工程费、设备购置费。

(5)计算工程建设其他费用。

(6)计算基本预备费和物价上涨费。

(7)计算建设期贷款利息。

(8)计列专项估算。

(9)汇总投资估算的编制成果。

2. 水运工程投资估算编制方法介绍

投资估算的方法很多,不同的方法各有其适用条件和范围,误差程度也不相同。一般情况下,应根据项目的性质、具备的技术经济资料的具体情况,选用适宜的估算方法。在项目建议书或预可行性研究阶段,投资估算的精度较低,可采取简单的估算法,如生产能力指数法、系数估算法、比例估算法或混合法等;在条件允许时,也可采用指标估算法。在可行性研究阶段,投资估算精度要求高,需采用相对详细的投资估算方法,即指标估算法或概算定额法。

下面以沿海港口建设工程为例,介绍投资估算的一般编制方法。内河航运建设工程、疏浚工程等的编制方法是相同的,只是其工程项目和费用项目划分分别执行各自的编制规定。沿海港口工程投资估算工程项目与费用的编制方法详见表 6.4-18。

(沿海港口工程)**工程与费用项目估算编制方法**　　表 6.4-18

序号	工程或费用项目名称	预可行性研究估算编制方法	工程可行性研究估算编制方法
	第一部分 工程费用		
一	疏浚	单方指标法或用“估算指标”	“疏浚定额乘系数法”
二	水工建筑	延米指标法或用“估算指标”或“水工定额”加系数法	“水工定额”乘系数法
1	码头		
2	栈(引)桥		
3	护岸		
4	防波堤(引堤)		
5	……		
三	软基加固	平米指标法或用“估算指标”	平米指标法或用“估算指标”或“水工定额乘系数法”
四	陆域形成	单方指标法	单方指标法
五	港区道路、堆场	平米指标法或用“估算指标”	平米指标法或用“估算指标”或“水工定额乘系数法”
六	装卸机械设备及维修设备的购置与安装	设备询(估)价、安装费率;或用“估算指标”	设备询价、“安装定额”乘系数法(定额缺项可用安装费率)

续上表

序号	工程或费用项目名称	预可行性研究估算编制方法	工程可行性研究估算编制方法
七	港作车船	车船询(估)价法	车船询(估)价法
八	供电与照明	用“估算指标”	用“估算指标”或单位指标法
九	给排水及污水处理	用“估算指标”	用“估算指标”或单位指标法
十	通信与导航	用“估算指标”或设备询价法	用“估算指标”或设备询价法
十一	港区铁路	用 km 指标法	用 km 指标法(注意指标中应包括道岔、信号、桥涵)
十二	采暖供热	用“估算指标”	用“估算指标”
十三	土建工程	用“估算指标”或平米指标法	
1	生产建筑(含生产构筑物)及生产辅助建筑		用“概算指标”“概算定额”或平米指标法
2	生活福利建筑		平米指标法
十四	消防工程	设备询(估)价、单位指标法	设备询(估)价、单位指标法
十五	环保工程	用“估算指标”	用“估算指标”
十六	自动控制	用“估算指标”	用“估算指标”、设备询价法
十七	通风与空调	设备询(估)价法	设备询(估)价法或单位指标法
十八	供油设施	单位指标法	设备询(估)价法或单位指标法
十九	临时工程	用竣工资料估价或用“估算指标”	用竣工资料估价或用“估算指标”
二十	劳保与安全卫生设施	用竣工资料估算	用竣工资料估算
	第二部分 工程建设其他费用	用“编制规定”	用“编制规定”
一	土地征用与拆迁补偿费		
二	海域使用费		
三	前期工作费		
四	勘察设计费		
五	研究试验费		
	……		
	第三部分　预留费用	用“编制规定”	用“编制规定”
一	基本预备费		
二	物价上涨费		
	第四部分 费用	用“编制规定”	用“编制规定”
一	建设期贷款利息		
	港内投资估算合计		
	第五部分　专项估算		
	估算投资合计		

注:1. 表中的“估算指标”系指“沿海港口建设工程投资估算指标”。
2. 表中的“水工定额”系指“沿海港口水工建筑工程定额”。
3. 表中的“安装定额”系指“沿海港口装卸机械设备安装工程定额”。
4. 表中的“编制规定”系指“水运工程建设项目投资估算编制规定”。
5. 表中的“概算指标”或“概算定额”指工程所在地的省、市定额。

3. 工程费用估算

项目建议书或预可行性研究阶段的生产能力指数法、系数估算法、比例估算法、混合法在其他科目中已详细介绍,本册介绍水运工程的主体工程通常采用的指标法和定额法。

(1)预可行性研究阶段采用估算指标。这种方法是根据各种投资估算指标,进行各单项单位工程或费用项目的估算,进而汇总为项目的工程费用,再估算工程建设其他费用及预备费,汇总后计算项目总投资。

使用估算指标法进行投资估算不能生搬硬套,必须对单位工程或费用内容、指标工料机消耗量、价格及费用标准进行分析,经过实事求是的调整与换算后,才能提高其精确度。

使用估算指标编制水运项目投资估算时,沿海港口建设项目首先应当使用《沿海港口建设工程投资估算指标》。对该指标未包括的项目,可使用其他专业部的估算指标,也可使用收集整理的项目技术经济指标、竣工造价资料,或工程所在地的估算指标、造价信息等。

(2)工程可行性研究阶段采用定额编制。对于水运工程工程可行性研究阶段的投资估算,按照工程可行性研究阶段的主体工程应达到初步设计深度的要求,建设项目中的主体建构筑物工程、装卸机械设备购置及安装工程的单项或单位工程的估算,应按初步设计概算的编制规定进行编制,其中建筑工程费和安装工程费在概算造价的基础上再加乘 1.05 的扩大系数。编制方法详见概算预算章节。

主体工程的范围详见《水运工程建设项目投资估算编制规定》(JTS 115),其中:

①港口工程的主体工程包括:疏浚(含炸礁)工程、水工建筑物工程(码头、引桥、防波堤、护岸等)、陆域形成及地基处理工程、装卸机械设备购置安装工程、堆场道路工程。

②内河航道整治工程的主体工程包括:疏浚工程、炸礁工程、整治建筑物工程(堤坝、护岸、护滩等)。

③内河航道通航建筑物工程的主体工程包括:水工建筑物工程(引航道护岸、导航靠船建筑物、船闸、升船机等)、输水系统工程、金属结构及安装工程、机械设备及安装工程。

④沿海航道工程的主体工程包括:疏浚工程、水工建筑物工程(堤岸、围堰等)。

⑤航运枢纽挡泄水建筑物工程的主体工程包括:挡水建筑物工程、泄水建筑物工程。

⑥航运枢纽通航建筑物工程的主体工程包括:水工建筑物工程(引航道护岸、导航靠船建筑物、船闸、升船机等)、输水系统工程、机械设备及安装工程。

⑦航运枢纽电站及其他工程的主体工程包括:引水建筑物工程、电站厂房及开关站工程、其他建筑物工程(整治工程、鱼道等)、水力机械设备及安装工程、电力工程(仅包括主要电力设备、电气二次工程)、金属结构工程。

(3)设备询价。水运综合项目的设备购置费一般占工程费用估算值的 20% ~30% 甚至更高,编制设备购置费时,应向设备生产或经营厂商询价;也可参照合同价或信息价,但要注意合同价或信息价的签订和发布的时间,将其价格变化因素考虑在内。

(4)非主体工程。非主体工程可采用估算指标等方法进行编制。

4. 工程建设其他费用和预留费用的估算

(1)工程建设其他费用的估算。投资估算其他费用计算,与初步设计概算其他费用计算一致,详见初步设计概算章节。

(2)预留费用的估算。

①基本预备费计算方法：

预可行性研究阶段，按（工程费用＋工程建设其他费用）×10%计。

工程可行性研究阶段，按（工程费用＋工程建设其他费用）×7%计。

②物价上涨费。

计算基数：工程费用与其他费用之和（不包括土地征用及拆迁补偿费）。

5. 建设期贷款利息的估算

根据投资来源（或拟定的投资来源），建设期贷款利息以需要付息的年度投资，按现行利率进行计算。

6. 专项估算

按专项工程所属行业，采用相应的指标或定额进行估算。

八、水运工程初步设计概算编制

工程概算是初步设计文件的重要组成部分，是具体体现设计成果和设计水平的一个重要内容，是全面反映建设项目的投资规模和投资构成的重要文件。

（一）设计阶段影响水运工程造价的因素

工程造价控制贯穿于项目建设的决策、设计和施工等全过程，每个阶段对建设项目造价的影响程度各不相同。工程造价控制的关键在于投资决策和设计阶段。其中，项目选址、建设规模、确定港口工程主要工艺流程、航道工程选线等在可行性研究阶段进行确定，由于上述因素是影响工程造价最主要的因素，本节做相应说明。

1. 港口工程

港口工程的建设规模和港址选择通常在可行性研究阶段就确定了。建设规模依据项目腹地内需求，根据吞吐量发展预测和船型分析确定。港址选择一般要考虑以下条件：

自然条件：决定港址的首要条件，主要包括港区地质、地貌、水文气象及水深等因素；

技术条件：着重考虑港口总体布置在技术上能否合理地进行设计和施工，包括防波堤、码头、进港航道、锚地、回旋水域、施工所需建材和“三通”条件等。

经济条件：着重分析港口性质、规模、腹地、建港投资、港口管理和运营等方面是否经济合理。

港口工程设计阶段影响工程造价的因素主要有：总平面布置、装卸工艺及结构设计方案。

（1）港口总平面布置。港口总平面布置就是确定港口水陆域各项设施的规模，进行港口的平面布置和高程布置。由于总平面布置涉及的因素很多，如确定航道设计水深及码头泊位长度，根据港区主体规划和项目建设规模布置港区水域、码头、防波堤、进港航道等，在设计总平面布置方案时要考虑港口陆域、装卸工艺、港内运输方式、堆场道路、占地（或造地）以及与相邻工程的关系等多个因素。港口作业区内的生活辅助建筑物和生活福利设施等，是港口正常运转的有机组成部分，其合理的布置，即港口陆域的合理分工，也会对造价产生一定的影响。

（2）装卸工艺设计。装卸工艺设计部分主要包括：确定装卸机械选型及数量，工艺布置，泊位数、泊位年通过能力及泊位利用率，库场面积及能力等。按照建设程序，港口项目的装卸工艺流程在可行性研究阶段已经基本确定。设计阶段的任务应当按照批准的可行性研究报告的内容进行工艺技术方案优化设计，确定整个生产过程的具体工艺流程和技术。

(3)结构设计。建构筑物的结构型式选择应考虑工程使用要求、环境条件、施工条件和使用年限等因素,经技术经济综合比较后确定,并考虑结构在使用期的检修和维护,采用合适的材料、构造和防护措施。

结构设计应根据工程情况选择合理的计算模型、计算方法,应符合行业现行相关规范的规定。

2. 航道工程

航道工程分为内河航道工程与沿海航道工程,此处以内河航道工程为主要进行说明。

航道工程设计阶段影响工程造价的因素主要有:航道选线、总平面布置及结构设计方案。

航道工程的建设标准和线路走向在可行性研究阶段确定。在满足建设标准的前提下,航道整治工程选线应本着减少占用不可再生的土地资源、减少沿线工厂企业及居民房屋拆迁的原则,尽可能利用现有河道,同时结合农田灌溉、水利排洪、工业及城市给排水、兼顾城市规划、旅游等综合利用水资源。

航道平面布置需处理好本段航道岸线与已建相邻岸线、码头、水利设施和桥墩(桥台)建筑物的平顺过渡衔接,交叉河口节点设计应考虑交汇处的水流条件,对局部航段弯道半径小、通视条件差的航段进行裁弯取直,使得航道条件得到改善。

航道护岸设计为防止船行波冲刷岸坡,从保持水土的角度出发,全线对不稳定的岸坡布设护岸应体现安全适用经济美观的原则。尽可能保留河流周围的自然形态,注重与周围景观的协调;并考虑结构耐久性,贯彻全寿命成本的理念。

对航道工程整治产生的大量土石方,应采用合理的土石方调配施工方案,降低工程造价。

3. 通航建筑物工程

通航建筑物主要有船闸和升船机两大类,此处以船闸为例进行说明。

船闸工程的建设标准在可行性研究阶段已经确定。船闸工程设计阶段影响工程造价的因素主要有:闸位选择、总平面布置、输水系统、闸阀门及水工结构设计方案。

闸位选择须贯彻综合利用水资源的原则;充分考虑城市规划和城市建设的要求;妥善处理好与既有建筑物的关系。闸位应尽量选在地形、地质条件较好的地段,并尽量减少征地拆迁和土方开挖量,降低工程造价。

总平面布置应考虑施工临时设施及施工场地等因素的制约;协调好与枢纽既有构筑物之间的相互关系,既要保证船闸施工的可行性与安全性,又必须确保施工期间现有水利、交通设施的安全和正常运营;船闸上下游引航道与主航道必须平顺连接,保证船舶在引航道内的安全;采用单独引航道时,其宽度均必须满足船闸设计规范要求。

输水系统的设计要满足船闸设计通过能力所规定的输水时间,使得船舶在闸室及上下游引航道内具有良好的停泊条件,各部位不应因水流冲刷和空蚀等造成破坏,结构简单、施工维修方便。输水系统的设计重点是输水系统型式和方案的选择。

水工结构型式选择时,需根据船闸所处的自然条件、地质条件、建筑材料来源情况、受力特征、对结构的使用要求以及施工条件等因素进行综合考虑并通过技术经济比较确定。

闸、阀门的设计应充分考虑附近的水流条件、不能影响船闸有效通航尺寸,应有足够的强度和刚度。启闭机的选择依据闸门型式及其工作的要求选定,其布置应满足船闸所需的孔口净空和净跨,力求达到综合性的经济效果。

4. 施工组织设计

施工组织设计对工程造价的影响是多方面的,主要是对建筑安装工程费的影响较大,影响的因素主要有以下几点:

(1)施工总平面布置对造价的影响。施工总平面布置是施工组织设计的重要组成部分,它是指确定施工场地、交通及各项施工设施的规模、位置和相互关系的设计工作。布置时尽可能考虑临时建筑与永久建筑结合;注意利用地形,做好土石方平衡,尽量少占耕地。施工总平面布置对工程造价的影响,主要涉及临时工程费用,如租用土地费、平整场地费用等,而这些费用往往价值高,对造价影响较大,编制概算时应进行技术经济比较,选择合理的施工总平面布置。

例如大型混凝土构件(如沉箱、圆筒等)的预制场地,编制概算时应考虑预制场设置于何处,是现场新建预制场还是租用既有预制场。若是在现场布置预制场,还应考虑临时码头等出运设施的布置;若租用既有预制场,要考虑构件运输距离。

(2)施工方案对造价的影响。施工方案是影响造价的重要因素之一,初步设计阶段虽不如施工阶段有详尽的施工方案,但在对造价影响较大的施工方案选择上,需结合工程实际,认真分析选择合理可行的施工方案,如大型沉箱的预制运输安装、海上钻孔桩施工平台等方案的选择。在初步设计阶段编制概算时,概算编制者通常选择常规的、典型成熟的施工方法。

(3)工期对造价的影响。各种类别的工程项目,都有一个合理的工期。工程质量、费用、进度三者之前存在着相互制约、相互影响的关系,应根据建设工程的实际情况,结合工程质量、费用,确定出合理的工期。尤其是水运工程施工受自然条件影响很大,需综合分析自然条件、现场依托条件、施工船机能力、工程规模等因素后,确定合理的工期。

(二)设计概算编制内容、依据和要求

1. 概算编制内容

(1)总概算的内容应包括建设项目设计范围内的全部工程,并应包括从项目筹备至竣工验收的全部建设费用。按其投资构成分为工程费用、其他费用、预留费用、建设期贷款利息等。

工程费用包括建筑工程费、安装工程费、设备购置费;工程建设其他费用包括土地使用费、建设单位管理费、工程监理费、勘察设计费、研究实验费等;预留费用包括基本预备费和物价上涨费;专项概算指根据国家相关规定,应在水运工程建设项目范围内、内容明确且需要独立列项的项目费用。

设计概算应采用单位工程概算、单项工程概算、项目总概算三级概算编制形式。当建设项目为一个单项工程时,可采用单位工程概算、总概算两级概算编制形式。

单项工程是指在一个建设项目中,具有独立的设计文件,建成后能够独立发挥生产能力或使用功能的工程项目。单项工程由单位工程组成。

单位工程概算按其工程性质可分为建筑工程概算和设备及安装工程概算两大类。

(2)概算编制内容包括:

①编制说明:包括项目概述、项目总概算、编制原则和依据和其他有关说明。

②总概算表。

③单项、单位工程概算表。

④其他费用概算表。

⑤主要材料、设备单价表。

⑥主要材料汇总表。

⑦附件包括补充单位估价表和其他有关文件。

2. 概算编制依据

概算编制原则和依据包括下列内容:

(1)国家及省级人民政府发布的有关法律、法规、规范、规章、规程等。

(2)经批准的可行性研究报告(修正概算时为初步设计文件)等有关资料。

(3)初步设计文件(包括施工条件设计)。

(4)现行水运工程概算编制规定及定额。

(5)工程所在地省级交通主管部门发布的造价补充规定。

(6)生产厂家的设备出厂价格。

(7)工程所在地的材料、构配件、零件、半成品或成品及各种设备器材的市场价格;有关部门发布的材料信息价格和相关规定等。

(8)工程施工方案。

(9)有关合同协议和其他相关资料。

3. 概算编制要求

(1)工程概算是初步设计文件的重要组成部分,应由项目设计单位负责编制。设计单位进行初步设计时,应根据工程的构成和工程造价管理的有关规定及计价标准编制建设项目工程概算。

(2)工程概算编制必须严格执行国家的方针政策和有关规定,根据工程所在地的建设条件、设计及施工方案,合理选用定额、费用标准和价格等各项编制要素,工程概算应完整、正确、客观、合理地计列建设项目总概算各部分费用项目及内容。

(3)总概算应控制在建设项目工程可行性研究阶段批准的投资总估算范围内。

(4)由多个单位共同承担建设项目概算编制工作时,应由总体设计单位负责协调确定工程概算的编制原则和依据、统一材料价格水平,汇编工程概算,并应对工程概算的编制质量负责;参与单位应对所承担范围内的工程概算负责。

(5)使用外币的建设项目,应根据本规定编制全部折算内币后的工程概算,需要时尚应同时编制内币和外币概算。外币汇率应以概算编制时中国人民银行公布的汇率为准。

(三)设计概算编制步骤和方法

设计概算编制步骤和方法概括为:

(1)熟悉设计资料、收集相关资料。

(2)现场调查。

(3)编制施工条件设计。

(4)编制单项或单位工程的建筑工程费、安装工程费。

(5)计算临时工程费。

(6)计算设备购置费。

(7)计算工程建设其他费用。

(8)计算基本预备费、物价上涨费、建设期贷款利息。

(9)计列专项概算。

(10)汇总概算编制成果。

1.熟悉设计资料、收集相关资料

熟悉初步设计任务要求,熟悉设计标准和相关内容,明确设计范围及边界;全面掌握初步设计的内容,特别是工程项目的组成;注意设计范围的划分,明确设计分工,明确港外配套设施的设计分工或投资分摊。

收集本项目与造价相关的资料,包括:

(1)前期投资估算资料或建设单位提供的投资限额。

(2)项目所在地的地方性计价规定;相关专业和工程项目所在地的有关定额和费用标准等。

(3)工程所在地有关工程造价的信息资料;当地有关工程的竣工资料或招投标的中标价等。

(4)征地费、陆域拆迁补偿费、海域拆迁补偿费、其他补偿费等资料。

(5)已发生的前期工作费、专题论证评价费、研究实验费的清单或报价。

(6)环境影响评价、水土保持评价等专题报告中关于费用的内容。

(7)建设单位资金筹措方式。

2.现场调查

考察前应按初步设计方案整理需要落实的重要事项,以便考察时更有针对性。由于地质及水文资料对水运工程设计方案的影响很大,有时是颠覆性的,考察前也应准备设计比选方案所对应的调研资料。

(1)材料市场价格。调研的主要材料包括:地方材料(块石、卵石、碎石、砂等)、外购件、一般主要材料(钢材、木材、水泥等)。

①水运工程砂石料用量较大,应重点调研回填土、海砂、块石等地材的来源和价格。如砂石料为就地开采,应调研资源情况、开采运输条件等。

②外购件,主要指专用于水运工程的砼桩、钢管桩、橡胶护舷、钢拉杆等成品,对投资影响大,应调研生产厂家距离、装船码头、运输等情况。

(2)自然条件。自然条件包括地形、地质、水文、气象等,是直接影响建设工程实施可能性的重要因素,必须进行细致和充分的调查研究。凡遗漏或不全的,应加以补充和完善,使所搜集的资料真实可靠。

①地形情况,包括地貌、河流、交通及附近建筑物、构筑物等情况。通过深入调查研究,做到情况明确,能从实际出发,确定合理可靠的设计方案和工程造价。

②水文资料,包括水深、潮汐、河流的流量、流速、最高洪水位、枯水期水位、枯洪水期、常年施工平均水位。这些因素直接决定着施工方案的选择,是影响水运工程造价的重要因素之一。

③气象资料,如气温、台风、季节风、雨量、冰冻等情况,以及雨季和冬季的期限等都应做深入调查。

(3)现场施工条件。

①外部配套设施:施工用水、电、通信情况,施工期避风锚地等条件。

②运输条件,如进场道路,材料、预制件、大型船机的陆路水路运输条件。

③施工用地情况:施工营地及现场小型临时设施用地。

④既有设施对施工的影响,如对水上陆上爆破、大型构件安装的影响。

⑤疏浚土卸泥地点、运距。

⑥大型临时工程依托情况:如预制场、施工场地、临时水电、临时码头、滑道、石料备料场、石料出运码头、水上陆上施工通道、水上测量平台、水上施工警戒浮标等情况。未接岸的项目,还需考虑上岛码头、施工保障船舶等。

大型构件预制场分为租用现有预制厂和新建临时预制场两种方式,应在分析预制场生产能力、租金或建设费、出运码头、海上运距、运输通道水深条件等基础上,经过技术经济综合比较后确定预制场方式。

3. 编制施工条件设计

水运工程有其特殊性,不同的施工组织方案、不同的施工工艺或船机选型,对水运工程造价影响较大。概算编制前,应与相关单位和设计专业结合,根据设计方案和当地的建设条件,选择技术可行、经济合理的施工条件设计。

要全面了解工程实际情况,如工程规模、位置、平面布置、结构方案、工期要求,以及现场施工环境、施工条件、主要地材来源和运输方式等信息,进而确定施工总体布置、主要施工顺序、主体工程施工流程、水上水下划分、主要施工措施等内容。

4. 编制单项或单位工程的建筑工程费、安装工程费

(1)概算项目划分。概算项目划分实质上是将一个复杂的建设项目分解成单项(单位)工程,然后再以一定的原则将每个单项(单位)工程划分为多个可以计价的分项工程,分项工程是编制概(预)算的基础单元。水运工程概算是以分项工程概算表为基础计算和汇总而来的,所以概算项目划分是概算工作中的一项重要基础工作。

①建设项目划分为单项(单位)工程

单项(单位)工程划分详见第一章第一节相关内容。

②单项(单位)工程划分为分部、分项工程

按照《水运工程质量检验标准》(JTS 257)及局部修订(航道整治工程质量检验部分)划分分部、分项工程,当工程内容与表列项目不一致时,可根据结构特点进行调整。分部工程应按工程的部位进行划分;设备安装工程可按专业类别划分分部工程。分项工程应按施工的主要工种、工序、材料、施工工艺和设备的主要装置等进行划分。

分部、分项工程划分详见表6.4-19~表6.4-24。

高桩码头分部工程、分项工程划分　　表6.4-19

序号	分部工程	分项工程
1	基槽与岸坡开挖	基槽与岸坡开挖
2	桩基	预制桩(混凝土方桩、管桩,钢管桩),预制桩沉桩,灌注桩等
3	上部结构	现浇混凝土结构(桩帽,梁、梁格,板),预制安装结构(预制梁、板、靠船构件,梁、板、靠船构件安装,钢梁、钢桥制作,钢梁、钢桥安装,构件接缝),变形缝,混凝土面层等
4	接岸结构与回填	地基处理(砂垫层、塑料排水板,砂桩、碎石桩,搅拌桩,抛石基床),挡土墙(现浇挡土墙,浆砌石挡土墙),倒滤层,土石方回填,岸坡(抛石护面,块体护面)、抛石护底等
5	轨道	起重装卸机械、火车轨道安装,车挡与地锚等
6	停靠船与防护设施	系船柱,护舷,系船环与系网环,护轮坎,铁梯,栏杆等

注:当接岸结构为板桩式结构时,序号4的分项工程应增加板桩、斜顶桩沉桩等。

重力式码头分部工程、分项工程划分 表6.4-20

序号	分部工程	分项工程
1	基础与换填地基	基槽开挖,砂垫层或地基换砂,基床抛石(基床抛石,基床重锤夯实,基床爆炸夯实,基床整平),地基换填等
2	墙身	预制构件(沉箱、空心方块、方块、扶壁、卸荷板等),预制构件安装(沉箱、空心方块、方块、扶壁、卸荷板等),构件箱格内回填,墙身构件接缝倒滤层,现浇混凝土墙身,砌石墙身等
3	上部结构	现浇混凝土结构(胸墙,管沟,悬臂板,面层等),管沟盖板安装,帽石砌筑,变形缝等
4	后方回填与面层	抛石棱体,倒滤层,土石方回填,回填砂振冲,垫层与基层,现浇混凝土面层,沥青混凝土面层,铺砌块面层等
5	轨道梁与轨道安装	轨道梁基础(预制混凝土方桩、管桩,预制桩沉桩,灌注桩,换填基础),现浇轨道梁,轨道安装,车挡与地锚等
6	停靠船与防护设施	系船柱,护舷,系船环与系网环,护轮坎,铁梯,栏杆等

板桩码头分部工程、分项工程划分 表6.4-21

序号	分部工程	分项工程
1	基槽与岸坡开挖	基槽与岸坡开挖
2	前墙与上部结构	预制构件(混凝土板桩,钢板桩加工),板桩沉桩,地下连续墙,排桩式地下墙,现浇胸墙、帽梁,导梁(现浇导梁,钢导梁)等
3	锚碇结构与拉杆	预制构件(锚碇板,锚碇桩),锚碇板安装,锚碇桩沉桩,锚碇板桩,锚碇叉桩,地下连续墙,现浇锚碇墙,现浇锚碇梁,钢拉杆制作与安装等
4	回填与面层	墙后棱体,倒滤层,土石方回填,垫层与基层,面层(混凝土面层,沥青面层,铺砌面层)等
5	轨道梁与轨道安装	轨道梁基础(预制混凝土方桩、管桩,预制桩沉桩,灌注桩),现浇轨道梁,轨道安装,车挡与地锚等
6	停靠船与防护设施	系船柱,护舷,系船环与系网环,护轮坎,铁梯,栏杆等

墩式码头和栈桥分部工程、分项工程划分 表6.4-22

序号	分部工程		分项工程
1	重力墩式码头	基础与换填地基	基槽开挖,地基换填,基床抛石,基床夯实(重锤夯实,爆炸夯实),基床整平等
2		墩身	预制构件(沉箱、墩台块等),墩身构件安装(沉箱、墩台块安装等),构件箱格内回填,现浇混凝土墩台,支座预埋件安装等
3		上部结构	预制梁、板构件,预制梁、板构件安装,构件接缝,钢梁、钢桥构件制作与安装,钢结构防腐,桥面制作与铺装,混凝土面层,变形缝等
4	桩基墩式码头	岸坡开挖	岸坡开挖
5		桩基与墩台	预制桩(混凝土方桩、管桩,钢管桩),预制桩沉桩,灌注桩,现浇墩台,现浇连系梁、撑杆,支座预埋件安装等
6		上部结构	预制梁、板构件,预制梁、板构件安装,构件接缝,钢梁、钢桥构件制作与安装,钢结构防腐,桥面制作与铺装,混凝土面层,变形缝等
7	接岸结构与后方岸坡		地基处理(塑料排水板,砂桩、碎石桩,搅拌桩,抛石基床),挡土墙(现浇混凝土挡土墙,浆砌石挡土墙),倒滤层,土石方回填,岸坡(抛石护面,块体护面)等
8	轨道		起重装卸机械、火车轨道安装,车挡与地锚等
9	停靠船与防护设施		系船柱,护舷,系船环与系网环,护轮坎,铁梯,栏杆等

斜坡码头和浮码头分部工程、分项工程划分　表 6.4-23

序号	分部工程	分项工程
1	基槽及岸坡开挖	基槽及岸坡开挖
2	基础	抛石基础(基床抛石,基床夯实,基床整平,倒滤层),重力墩(预制沉箱、方块等,沉箱、方块安装等),桩基(预制桩沉桩,灌注桩,现浇桩帽),现浇墩台,砌石墩台等
3	斜坡道或引桥	预制梁、板构件,梁、板构件安装,现浇梁、板构件,混凝土面层,砌石面层,砌石踏步,轨道安装,块石护坡等
4	趸船与钢引桥	预制锚块,锚块安装,钢引桥制作,钢引桥安装,混凝土系船块体,钢撑杆制作与安装,趸船安装等
5	挡土墙及面层	现浇混凝土挡土墙,砌石挡土墙,土石方回填,抛石棱体,倒滤层,垫层,面层等
6	停靠船与防护设施	系船柱,护舷,系船环与系网环,护轮坎,铁梯,栏杆等

航道整治分部工程和分项工程划分　表 6.4-24

序号	分部工程	分项工程
1	基础	基槽开挖、抛石挤淤、填砂挤淤、现浇混凝土基础、浆砌石基础、砂石垫层、土工织物垫层、换砂基础、抛石基础、袋装砂井、塑料排水板、水下基床抛石、水下基床整平等
2	护底	基槽开挖、散抛石压载软体排护底、系结压载软体排护底、散抛物护底、砂石垫层、土工织物垫层等
3	坝体	混凝土预制构件制作、混凝土预制构件安装、充填袋坝体、块石抛筑坝体、石笼抛筑坝体等
4	坝面	土工织物垫层、抛石护面、铺石护面、砌石护面、干砌条石护面、预制混凝土铺砌块铺砌、现浇混凝土护面、模袋混凝土护面、钢丝网格护面、混凝土预制块体制作、混凝土块体安装、预制混凝土铺砌块制作、铰链排制作与铺设等
5	护脚	水下抛充填袋护脚、水下抛石护脚、水下抛石笼护脚、抛石面层等
6	护坡	岸坡开挖、土石方回填、削坡及整平、基槽开挖、砂石垫层、土工织物垫层、砂石倒滤层、土工织物倒滤层、盲沟、明沟、抛石护面、铺石护面、砌石护面、干砌条石护面、模袋混凝土护面、现浇混凝土护面、预制混凝土铺砌块预制、预制混凝土铺砌块铺砌、预制混凝土块体制作、混凝土块体护面、钢丝网格护面、砌石拱圈、砌石齿墙等
7	岸壁	岸坡开挖、基槽开挖、砂石垫层、土工织物垫层、砂石倒滤层、土工织物倒滤层、土石方回填、现浇混凝土挡墙、加筋土挡墙、砌石挡墙等
8	护滩	铺石压载软体排护滩、系结压载软体排护滩、铰链排制作与铺设等
9	爆破及清渣	铺石压载软体排护滩、系结压载软体排护滩、铰链排制作与铺设等
10	弃渣	弃渣
11	附属工程	基槽开挖、现浇混凝土基础、浆砌石基础、灯柱制作与安装、标志牌制作与安装、栏杆制作与安装、踏步等

(2)工程量计算。按概算项目表中的分项工程计算各工程量。工程量计算应执行水运工程定额工程量计算规则。

(3)确定工料机价格。根据编制期工程所在地的价格,分别确定人工、材料(主要材料和辅助材料)、船舶机械的价格。

(4)编制单位工程概算表。水运工程建筑安装工程概算一般采用概算定额法。

按概算项目表中的分项工程,分别套用相应的概算定额,根据专业、工程性质等确定费率标准,计算单位工程概算。

①编制沿海港口工程单项或单位工程概算时，一般水工工程、港区陆域构筑物工程、港区堆场道路工程、港区土石方工程、装卸机械设备、港作车船、机修及其他生产设备的购置和安装工程，执行《沿海港口建设工程概算预算编制规定》及配套定额。

由于《沿海港口水工建筑工程定额》为概算预算两用，在套用定额计算出定额直接费、基价定额直接费后应加乘扩大系数：

码头、直立式防波堤、直立式护岸等工程 1.02 ~ 1.05。

栈引桥、斜坡式引堤、斜坡式防波堤、斜坡式护岸等工程 1.01 ~ 1.03。

②编制内河航运工程单项或单位工程概算时，一般水工工程、陆域构筑物工程、堆场道路工程、整治建筑物工程、大型土石方工程、设备及大型钢结构制作安装工程，设备购置、机修和其他生产设备的购置及安装工程等执行《内河航运建设工程概算预算编制规定》及配套定额。

由于《内河航运水工建筑工程定额》为概算预算两用，在套用定额计算出定额直接费、基价定额直接费后应加乘扩大系数：

一般水工及陆域构筑物工程，概算扩大系数为 1.02 ~ 1.05。

堆场道路工程、整治建筑工程，概算扩大系数为 1.01 ~ 1.03。

大型土石方工程不计概算扩大系数。

由于《内河航运设备安装工程定额》为概算预算两用。编制初步设计概算时，在套用定额计算后乘以 1.05 ~ 1.10 概算扩大系数。

③机修及其他生产设备安装工程费。

A. 概算阶段机修及其他辅助生产设备安装工程费一般情况下按相关定额计算，条件不具备的，可按设备原价乘以表 6.4-25 相应费率计列；如发生施工队伍调遣费，费用可按安装工程费的 4% ~ 10% 计列。

机修及其他辅助生产设备安装工程费费率表(%)　　表 6.4-25

序　号	设　备　类　别		费　率
1	维修车间，车库		1.70
2	氧气站，空压站，乙炔站，氮气站(包括管道附件)		10.00
3	变电站(所)，配电所，充电间		11.00
4	供水调节站		21.00
5	仓库(有行车)		2.20
6	锅炉房	热水锅炉	38.00 ~ 42.00
7		动力锅炉	13.00 ~ 23.00
8	换热站	全自动热交换机组	75.00
9	趸船		2.00

注：①按表列费率计算安装工程费包括无负荷试运转及设备保温、防腐和附属管线安装等费用。

②氧气站、乙炔站、氮气站设备原价不包括气瓶费用。

B. 机修及其他辅助生产设备基础费用可按设备原价乘以表 6.4-26 相应费率计列。

设备基础费用费率表(%)　　表 6.4-26

序　号	设　备　类　别	费　率
1	维修车间，车库	0.90
2	氧气站，空压站，乙炔站，氮气站，变电所，配电所	1.50

续上表

序　号	设　备　类　别	费　率
3	锅炉房(含循环水池、沉淀池、钢烟囱)	6.00~12.00
4	换热站	2.80

注:按表列费率计算设备基础费包括基础本身及二次灌浆等费用,不包括基础打桩费用。

④疏浚工程执行《疏浚工程概算、预算编制规定》及配套定额。

由于《疏浚工程预算定额》为概算预算两用,在套用定额计算出定额直接费、基价定额直接费后应加乘扩大系数5%。

⑤测量工程执行《水运工程测量定额》(JTS 273)。

⑥其他专业工程及一般工业与民用建筑工程,根据干什么工程执行什么造价标准的原则,分别执行有关专业部和工程所在地的地区统一的直接费定额和相应的取费规定。

⑦概算扩大系数取值应灵活,不提倡生搬硬套,考虑的因素包括:

一是从设计角度考虑:工程结构复杂、施工工艺复杂的工程,系数趋于高值,反之应趋于低值。

二是从工程角度考虑:随着发展,技术规定、设计要求、计算手段等均与以前大不相同,初设与施工图阶段水工工程的设计深度差异愈来愈小,对于基础资料详细、承担设计者水平较高、管理水平较高的初设项目,其工程概算与预算的差异必然小,反之则有可能高。

(5)进行工料机分析、汇总。根据各分项工程采用的定额工料机实物消耗量,汇总工料机消耗总量。

5. 计算临时工程及施工措施费

临时工程及施工措施费,包括各类临时工程和各类必要的施工措施费用。临时工程应视其专业性质,套用有关定额和取费标准,并按正式工程一样编制概算和预算;在初步设计阶段,如不能及时对临时工程进行设计时,可参照已完工程的资料或指标估算。

临时工程项目应根据施工条件设计或施工组织设计进行计算。临时工程应与正式工程一样进行设计,其设计标准应低于永久性工程。根据施工组织安排,将部分正式工程提前施工以作临时工程使用时,仍应作为正式工程,不得重计临时工程费。

(1)沿海港口工程临时工程。沿海港口工程临时工程可包括:施工临时码头、栈(引)桥、道路、桥涵工程;施工场地、仓库、构件临时预制场、滑道等工程;临时围堰工程;施工降排水工程;临时供电、供水、供暖、通信工程;防汛、防冰、防台设施等防护工程;施工期通航安全措施;水上安全监控设施;施工警戒标志;测量定位设施;施工期环保措施;建设项目水土保持措施;其他临时工程和施工保障措施。

(2)内河航运工程临时工程。内河航运工程临时工程可包括:施工导标、围堰、降排水工程;临时预制场及施工场地、仓库等工程;临时交通工程(码头、道路等);临时供电、供水、供暖、通信工程;防汛、防冰防台设施等防护工程;施工期通航安全措施;水上安全监控设施工程;施工警戒标志;测量定位设施;施工期环保及水土保持措施;其他临时工程和施工保障措施。

(3)航运枢纽工程的电站(厂)坝区施工临时工程指电站(厂)坝区域施工所必需的临时工程和“临时设施费”范围内的小型临时设施等。临时工程费根据施工条件或施工组织设计确定的项目和单项临时工程设计提出的工程数量,套用有关定额或指标计算;条件不具备的,可按相应工程部分的建筑工程费用之和(不包括土石方的开挖及回填工程),乘以表6.4-27费率计列。

电站部分临时工程费费率(%)　　表6.4-27

序号	挡水建筑物结构型式	费　率	序号	挡水建筑物结构型式	费　率
1	土坝、石料坝	2.50~3.30	3	混凝土轻型坝	3.38~4.46
2	混凝土重力坝	3.25~4.29	4	节制闸、水闸	3.50~4.50

(4)对于使用时间较长、需要维护保养的临时工程,临时工程费可根据使用年限和状况估列维修费并列入临时工程费内。

(5)需要拆除的临时工程应考虑回收材料余值的抵扣,拆除费用应反映在临时工程概预算中;条件不具备的,拆除费用及回收材料余值可按表6.4-28指标或费率计列。

临时工程拆除费用和回收材料摊销参考表　　表6.4-28

序号	项　目		拆除费占原建设费用或现行指标比值(%)	材料回收指标(%)			备　注
				使用一年	使用两年	使用两年以上	
1	一般砖木结构		3	50	35	20	回收系指木材
2	混合结构		10	50	35	20	回收系指木材
3	钢筋混凝土结构		15	—	—	—	
4	金属结构(包括临时栈桥)	能利用的	75	新建价值的50%			拆除费=安装费-安装材料费
		不能利用的	50	金属重量×废钢铁单价			
5	临时木电杆		按定额计算	70	50	30	回收系指木材
6	临时钢筋混凝土电杆		按定额计算	90			
7	临时木便桥		按定额计算	50	35	20	回收系指木材
8	架空或地面敷设管道		2	每使用一年摊销15% 每安装一次摊销10%			
9	地下敷设管道		6				
10	机电设备及线路		(安装费-安装材料费)×40%	70	50	20	
11	临时铁路专用线		按定额计算	每安拆一次摊销10%,每使用一年摊销5%			
12	临时围埝	钢板桩,导梁,拉杆	按定额计算	每安拆一次摊销10%,每使用一年摊销7%			
		木桩	按定额计算	30			

注:木材回收单价可按材料预算价格的50%计算。

(6)施工取费中的临时设施费和大型临时工程费用的区别。水运工程施工取费中的临时设施费和大型临时工程费用,有详细的定义和内容,日常一般称为"小临"和"大临"。应注意两者的区别,特别是生活及管理区域临时设施与生产区域临时设施的区别。

①施工取费中的临时设施费,指施工必须搭设的基本生活和生产用的临时建筑物、构筑物和其他临时设施费用。内容包括工地范围内的临时宿舍、工棚、办公室,生活及管理区域内的水、电、路、管线等临时设施。

②大型临时工程,指为保证工程的正常施工而必须兴建或采取的、永久性工程费用及工程

建设其他费中未列入的、有单独设计(含施工条件及施工组织设计)文件的各类临时工程,以及采取各类必要施工措施所需的费用。

6. 计算设备购置费

本书仍按现行编制规定,生产家具购置费列入第二部分的生产准备费。

(1)国产设备购置。

①国产设备购置费主要包括设备原价(含工器具、备品备件)、运杂费、运输保险费及采购保管费等。

②一般起重设备、通信及航标设备、启闭设备、港口装卸设备、机修及其他生产设备运杂费按设备原价乘以表内费率计算;港(厂)区作业车船及其他交通车辆设备的运杂费按设备原价乘以表内费率的1/2计算。

③运杂费按设备原价乘以表6.4-29相应费率计算。

运杂费费率表(%) 表6.4-29

序号	工程所在地区	费率
1	天津、河北,辽宁,上海、浙江、江苏、福建、山东,广东、海南、广西	4.00
2	山西,黑龙江、吉林,安徽、江西,湖北、湖南、河南,陕西	5.00
3	重庆、四川、云南、贵州	6.00

注:①表内费率含设备二次转运费,占运杂费的5% ~8%。

②超限设备运输的特殊措施费,可按有关规定另行计算。

④采购保管费按设备原价乘以0.6%计算。

⑤对于采用设备供货、安装及调试承包方式的设备购置,其设备购置包括设备购置、安装等全部费用,其安装工程费可根据设备到货状态等因素,按设备原价乘以相应工程综合费率计算,并应计算税金。安装工程综合费率可按3% ~15%考虑。

⑥对于设备系统配套的计算机系统设计、集成、软件开发调试等费用,应按相应规定、标准计算,并应归入相应设备系统的建筑安装工程费用。

(2)进口设备购置费。进口设备购置费主要包括设备原价、国内接运保管费和从属费用等。一般情况下,进口设备购置费费用组成及内容见表6.4-30规定。

进口设备价格内容及计算 表6.4-30

项目名称	内容及说明	计算办法
设备原价	指设备(含备品备件)的外币到岸价(CIF)	设备原价(CIF)=货价(FOB)+国际运费+运输保险费: 式中:国际运费=外币FOB×费率; 运输保险费=[(外币FOB+国际运费)÷(1-保险费率)]×保险费率
国内接运保管费	指进口设备从到达港口运到施工现场仓库或指定堆放地点的运杂费及保管费等费用,如合同规定的进口和设备的到岸价为舱底价时,还应包括卸船费	可根据进口设备原价(包括备品备件购置费)外币金额和现行外汇牌价折算成人民币后,按0.6% ~2.0%计算; 超限设备运输的特殊措施费,可按有关规定另行计算
从属费用	指外贸手续费、中国银行手续费、外国银行手续费、海关关税、增值税、消费税、海关监管手续费(对减免保税货物收取)、车辆购置附加费、商品检验费等	应按国家有关规定或贷款协定计算

(3)工器具购置费。工器具购置费应根据设计提出的清单计算;条件不具备的,可按不同建设项目的生产设备购置费乘以相应费率(表6.4-31)计列。

工器具购置费参考费率表(%)　　表6.4-31

序号	项目名称	费率	序号	项目名称	费率
1	航运枢纽工程	0.20	3	港口工程	1.50
2	通航建筑物工程	0.65	4	航道整治工程	0.90

7. 计算工程建设其他费用

工程建设其他费用(第二部分费用)的计算,详见"编制工程建设其他费"章节。

8. 计算基本预备费、物价上涨费、建设期贷款利息。

(1)基本预备费。

计算方法:按(工程费用十工程建设其他费用)×5%计。

外币部分的基本预备费按外币计列。

(2)物价上涨费。根据合理建设工期和分年度投资(仅限工程费用和其他费用两部分),不含土地征用及拆迁补偿费)按年投资价格指数计算。

计算基数:工程费用与其他费用之和(不包括土地征用及拆迁补偿费)。

(3)建设期贷款利息。建设期贷款利息应根据需付息的分年度投资,以工程费用、工程建设其他费用与预留费用之和为基础计算,本书不再详细介绍。

9. 计列专项概算

对于水运工程建设项目中的外部配套等项目,或需要单独实施建设管理的项目,应参照相关规定、标准,单独编制专项估(概)算,汇入总估(概)算。

(1)航运枢纽建设项目中的"水库移民征地拆迁补偿",以及水运工程建设项目中的外部配套项目的工程建设其他费用,应在相应专项估(概)算中计列。

(2)专项概算各项费用的编制原则和汇总方式,应先期由总体设计单位确定,以避免遗漏或重复。

(3)专项概算的编制,应以便于项目概算投资管理和建设管理为前提。

10. 汇总概算编制成果

按编制规定要求的格式汇总概算表格,编制总概算表。计算技术经济指标,编写编制说明、主要材料汇总表等表格。

技术经济指标即单项(单位)工程的单位价值,反映了水运工程建设项目设计、技术的经济效果,是对设计、施工技术及造价编制进行管理、指导、控制、监督和对比检查的重要工具。

(四)编制工程建设其他费用

工程建设其他费在总概算表中属于第二部分费用。

1. 建设用地(用海)费用

包括用地(用海)征用费、建设用地(用海)使用费、森林植被恢复费和其他有关费用。

计算方法:应根据设计提出的用地(包括水面)数量和其附着物的情况,以及实际发生的费用项目,按照国家有关规定和工程所在地地方政府制定的标准计算。包括使用海域按照用海类型、海域等别以及相应的海域使用金征收标准计算的海域使用金,使用海域及相邻海域的水产养殖物的动迁补偿费等费用。

(1)建设用地征用费。包括土地补偿费、安置补助费、建筑物迁建费、耕地占用税、菜地开发建设基金、土地管理费、耕地开垦费、复垦费、其他等。

(2)建设用地(用海)使用费。其中用海使用费应根据所使用海域的等别,按财政部、国家海洋局财综〔2018〕15 号文《关于调整海域、无居民海岛使用金征收标准的通知》规定计算海域使用金(表 6.4-32)。

海域使用金征收标准(单位:万元/公顷)　　表 6.4-32

用海方式 \ 海域等别			一等	二等	三等	四等	五等	六等	征收方式
填海造地用海	建设填海造地用海	工业、交通运输、渔业基础设施等填海	300	250	190	140	100	60	一次性征收
		城镇建设填海	2700	2300	1900	1400	900	600	
	农业填海造地用海		130	110	90	75	60	45	
构筑物用海	非透水构筑物用海		250	200	150	100	75	50	
	跨海桥梁、海底隧道用海		17.30						
	透水构筑物用海		4.63	3.93	3.23	2.53	1.84	1.16	按年度征收
围海用海	港池、蓄水用海		1.17	0.93	0.69	0.46	0.32	0.23	
	盐田用海		0.32	0.26	0.20	0.15	0.11	0.08	
	围海养殖用海		由各省(自治区、直辖市)制定						
	围海式游乐场用海		4.76	3.89	3.24	2.67	2.24	1.93	
	其他围海用海		1.17	0.93	0.69	0.46	0.32	0.23	
开放式用海	开放式养殖用海		由各省(自治区、直辖市)制定						
	浴场用海		0.65	0.53	0.42	0.31	0.20	0.10	
	开放式游乐场用海		3.26	2.39	1.74	1.17	0.74	0.43	
	专用航道、锚地用海		0.30	0.23	0.17	0.13	0.09	0.05	
	其他开放式用海		0.30	0.23	0.17	0.13	0.09	0.05	
其他用海	人工岛式油气开采用海		13.00						
	平台式油气开采用海		6.50						
	海底电缆管道用海		0.70						
	海砂等矿产开采用海		7.30						
	取、排水口用海		1.05						
	污水达标排放用海		1.40						
	温、冷排水用海		1.05						
	倾倒用海		1.40						
	种植用海		0.05						

注:1. 离大陆岸线最近距离 2km 以上且最小水深大于 5m(理论最低潮面)的离岸式填海,按照征收标准的 80% 征收。

2. 填海造地用海占用大陆自然岸线的,占用自然岸线的该宗填海按照征收标准的 120% 征收。

3. 建设人工鱼礁的透水构筑物用海,按照征收标准的 80% 征收。

4. 地方人民政府管辖海域以外的项目用海执行国家标准,海域等别按照毗邻最近行政区的等别确定。养殖用海标准按照毗邻最近行政区征收标准征收。

(3)森林植被恢复费。可按照《关于调整森林植被恢复费征收标准引导节约集约利用林地的通知》(财税〔2015〕122号),以及各省级征收标准计算。

(4)与用地用海相关联的费用。

①海洋生态补偿费,可按环境影响评价报告列示的费用计列,或按各省级补偿费用标准计算。

②岸线使用费,部分地区出台了岸线使用费标准(或明确包含在岸边土地费用标准内),可按地区收费标准计算。

③水土保持补偿费,代替取消的水土流失防治费、水土保持设施补偿费、水土流失补偿费。可按照《水土保持补偿费收费标准(试行)》(发改价格〔2014〕886号)、《水土保持补偿费征收使用管理办法》(财综〔2014〕8号)计算。

④填海项目,海域使用权证书换发国有土地使用证,可能需要补缴土地出让金。补缴的金额,按照市场土地评估价格扣除已缴纳的海域使用金和实际投入的填海成本计算,详见各地方文件。

2. 建设单位管理费

主要包括项目单位开办费和项目单位经费等。

(1)项目单位开办费。项目单位开办费根据项目建设管理需要按以下方法计列:

①办公和生活临时用房费用,按房屋建筑面积乘以工程所在地临时用房造价或房屋租价指标计列,所需房屋建筑面积根据实际需要考虑;条件不具备的,可按表6.4-33指标估列。

办公和生活临时用房面积指标　　表6.4-33

序　号	建设项目类别	计算办法及指标
1	航运枢纽、综合性港口	$S=2000m^2$ + 项目单位定员 × (25 ~ 30) m^2
2	通航建筑物、航道整治、一般港口等	$S=500m^2$ + 项目单位定员 × (25 ~ 30) m^2

②车船购置费,根据相关规定或标准,以及工程建设管理实际需要确定相应类型、规格及数量,按市场价格编制分项概算。

③办公设备及设施、其他用具用品购置,以及用于开办工作的其他费用,根据工程建设管理实际需求确定的品种、规格、数量,按市场价格编制分项概算;条件不具备的,可按项目单位定员人数乘以5000元/人指标估列。

(2)项目单位经费。项目单位经费,根据建设管理需要,以工程费用为基数乘以费率计算。以内河航运建设工程费率为例(表6.4-34)。

内河航运建设工程项目单位经费费率(%)　　表6.4-34

序　号	工程费用合计(万元)	建设项目类型			
		航运枢纽	通航建筑物	港口	航道整治
1	≤500	—	1.83	1.75	1.05
2	≤1000	—	1.66	1.58	0.95
3	≤3000	1.77	1.56	1.48	0.89
4	≤5000	1.64	1.43	1.37	0.81
5	≤10000	1.39	1.21	1.16	0.69
6	≤30000	1.24	0.98	1.02	0.57

续上表

序　号	工程费用合计(万元)	建 设 项 目 类 型			
		航运枢纽	通航建筑物	港口	航道整治
7	≤50000	1.00	0.8	0.91	0.47
8	>50000	0.91	0.65	0.81	0.39

注:1. 费用按差额定率累进法计算。

2. 单一疏浚、吹填造陆项目可适当折减。

3. 前期工作费

前期工作费包括可行性研究费(或项目申请书编制费)、前期研究试验费、前期勘察观测费,以及为完成项目前期各项工作所发生的咨询、评估、论证和管理等所发生的费用。

各项费用应据实计列,尚未确定费用额度的项目,应根据实际情况按相关标准或办法编制费用项目分项概算,并应列明相应依据及计算办法;条件不具备的,可参考有关资料计列,并应列明相应资料信息及计算办法。

4. 勘察设计费

勘察设计费主要包括勘察费、设计费、设计文件第三方技术咨询费及其他,各项费用应符合下列规定。

(1)勘察费,按以下规定执行:

①对已完成的勘察工作,费用按实际发生情况计列。

②对未完成的勘察工作,费用按合同计列。

③条件不具备的,根据实际需要可按有关定额及标准计算,并列明相应依据及计算办法。

(2)设计费,费用根据合同计列;条件不具备的,可按基本设计费与其他设计费之和计列,费用计算参考相关标准计算。

(3)设计文件第三方技术咨询费,费用按相关规定计列或根据咨询工作量考虑;条件不具备的,可按建筑安装工程费为基数乘以费率计算(表 6.4-35)。

设计文件第三方技术咨询费参考费率表(%)　　表 6.4-35

序　号	建筑安装工程费(万元)	初步设计(航道整治施工图设计)		施工图设计(航道整治初步设计)	
		设计文件	造价文件	设计文件	造价文件
1	≤5000	0.160	0.032	0.240	0.048
2	≤10000	0.130	0.026	0.195	0.039
3	≤50000	0.110	0.022	0.165	0.033
4	≤100000	0.100	0.020	0.150	0.030
5	≤200000	0.090	0.018	0.135	0.027
6	≤300000	0.080	0.016	0.120	0.024
7	≤500000	0.060	0.012	0.090	0.018

注:①"设计阶段"栏括号表示相应费率亦对应括号内所示工程及设计阶段。

②对于航运枢纽工程,其费率可根据技术审核咨询实际工作内容进行调整。

③建筑安装工程费在设定级差之间时,可按直线内插法计算审查费用。

④不进行造价文件专项审查咨询的项目不得计列造价文件审查咨询费。

第三方技术审核咨询费,收费模式已经变化,按照"谁委托谁付费"的原则,政府相关部门为核准或审批发生的审查费由政府部门出资，在年度财政预算中安排。为提高项目建设质量，如建设单位认为必要，可另行委托第三方另行专项咨询，所发生费用仍在项目中开支。

(4)其他，包括勘察设计专项评审、咨询会议、设备采购技术规格书编制等。对于已实施的项目，费用据实计列；未实施的，费用根据实际需要和工作内容及深度要求，参照相关标准或计算办法计列，并列明相应依据及计算办法。

5. 监理费

监理费主要包括建设工程施工监理服务费、其他相关服务费及施工期环境监理费等，各项费用应符合下列规定：

(1)建设工程施工监理服务费根据项目需要和工作内容计列；条件不具备的，可参照相关标准计算。

(2)其他相关服务费指为建设项目勘察、设计、保修等阶段提供相关服务所需的费用，费用根据监理服务工作内容计列。

(3)施工期环境监理费主要包括施工期环境监测费、环境跟踪监测等。费用根据环境评价及批复意见的有关内容，按相关标准或参考有关资料计列，并列明相应依据、资料信息及计算办法。

《关于规范环境监测与评估收费有关事项的通知》(环办监测函〔2016〕1493 号)取消了与竣工环境保护验收监测有关的环境监测服务费，费用纳入财政预算。污染源监督性监测及其他执法类监测，费用同样纳入财政预算。但自行监测是企业的法定责任，企业可自行监测或委托第三方监测机构开展监测，费用由企业自行承担。

6. 研究试验费

研究试验费，费用根据合同计列；未订立合同的，根据设计提出的研究试验内容，考虑实际情况按相关标准或计算办法编制费用项目分项概算，并列明相应依据及计算方法。

水运工程研究试验费内容，依据项目情况可能包含：静载试桩、总平面模型试验、防波堤断面模型试验、波浪潮流泥沙，船舶仿真模拟、操船模拟、船舶泊稳，典型施工增加费、试验段工程增加费，其他特殊结构的研究试验等。

物模数模试验费，可参照《水运工程物理模型试验参考定额》(交水发〔2014〕713 号)、《水运工程数学模型试验研究参考定额》(JTS/T 274—1—2011)计算费用。

7. 招标费

招标费主要包括招标代理费、编制最高投标限价或标底费用，以及进场交易费用等。各项费用应符合下列规定：

(1)招标代理费根据实际发生情况或项目需要计列，条件不具备的，可按相关标准计算。

(2)编制最高投标限价或标底等造价文件所需的费用，按项目实际计列；条件不具备的，可按相关标准计算。

(3)拟自行招标的工程，可根据招标工作内容计列招标工作费用，并列明相关依据及计算方法。

(4)进场交易费，项目及费用按有关规定和办法计列，并列明相关依据及计算方法。

8. 引进技术和进口设备材料其他费

引进技术和进口设备材料其他费主要包括技术合作费和银行担保承诺费等。费用应根据建设需要,按相关协议计列;条件不具备的,可按相关标准或参照相关资料计列,并应列明相应依据、资料信息及计算方法。

9. 生产准备费

生产准备费主要包括联合试运转费、人员培训及提前进厂费、办公和生产生活家具购置费等,各项费用应符合下列规定。注意非生产项目不计列生产准备费。

(1)联合试运转费。联合试运转费费用内容主要包括联合试运转所需的材料、燃油料和动力的消耗,船舶和机械使用费,工具用具和低值易耗品费,以及其他有关费用。

①费用根据工程项目需要,按相关标准或计算办法编制费用项目分项概算,并列明相应依据及计算方法;条件不具备的,可按工程费用中需要联合试运转的设备购置费乘以相应费率计列(表 6.4-36)。

联合试运转费费率表　　表 6.4-36

序　号	项 目 名 称	费率(%)
1	航运枢纽工程	0.2
2	通航建筑物工程	0.3
3	港口工程——使用系统设备的散货、液体化工及综合性码头	0.7
4	港口工程——单一的杂货及集装箱码头	0.3

②联合试运转期间的收入在费用中予以抵扣。

③费用不包括设备安装工程费中的调试及试车等费用。

(2)人员培训及提前进厂费。人员培训及提前进厂费,费用根据建设项目需要,按相关标准或计算办法编制费用项目分项概算,并列明相应依据及计算方法。

(3)办公和生产生活家具购置费。办公和生产生活家具购置费,费用根据建设项目需要按相关标准或办法编制费用项目分项概算,并列明相应依据及计算方法;条件不具备的,可按设计定员乘以费用参考指标计列,费用参考指标为每人 5000 元。

本书仍按现行编制规定,生产家具购置费列入生产准备费。

10. 竣工验收前相关费

竣工验收前相关费主要包括竣工前测量费、实船适航试验费、航道整治效果观测费、断航损失补偿费等。费用应符合下列规定:

(1)竣工前测量费,费用根据工程需要按相关标准或办法编制费用项目分项概算,并列明相应依据及计算方法;条件不具备的,可参考相关资料计列,并列明相应资料信息及计算方法。

(2)实船适航试验费,费用根据工程项目需要及拟定试航次数天数等因素,按相关标准或计算办法编制费用项目分项概算,并列明相应依据及计算方法;条件不具备的,可参考相关资料或营运船舶的费用计算标准计列,并列明相应依据、资料信息及计算方法。

(3)航道整治效果观测费,费用根据工程项目需要按相关标准或计算办法编制费用项目分项概算,并列明相应依据及计算方法;条件不具备的,可参考相关资料计列,并列明相应资料信息及计算方法。

(4)断航损失补偿费,费用根据断航期限、航段通航及运量情况、需要采取的措施及补偿范围等,按相关标准或计算办法编制分项概算,并列明相应依据及计算方法;条件不具备的,可参考相关资料计列,并列明相应资料信息及计算方法。

11. 其他相关费

其他相关费用包括工程保险费、各类检验及检(监)测费、各类专项评价及评估费、第三方审计服务费等。各项费用应根据工程项目需要按相关标准或计算办法编制费用项目分项概算,并列明相应依据及计算方法;条件不具备的,可参考相关资料计列,并列明相应资料信息及计算方法。各项费用项目内容应明确,依据应合理有效。

(1)检验及检(监)测费。各类检验及检(监)测费独立于施工单位自检、监理单位抽检,单独委托第三方进行。包括但不限于:桩基检测、软基处理监测和检测(含复合地基的水泥搅拌桩、旋喷桩、砂桩等)、防波堤护岸围堰稳定监测、砼结构实体质量验证性检测、钢结构检测、特种设备监督检验、水土保持监测、爆破安全监测等。可参考《工程勘察设计收费管理规定》(计价格〔2002〕10 号)以及各省级参考收费标准计算。

(2)专项评价及评估费。各类专项评价及评估费可包含:环境影响评价(含工程环境及海洋环境)、海域使用论证、通航环境与通航安全评估、施工期通航安全影响论证评估、码头安全预评价、职业病危害预评价、节能评估及评审、社会稳定风险评估、用地预审、水土保持评价、防洪评价等。特殊项目也可能包含:河势分析报告、航道论证报告、压覆矿产资源评价、文物保护评价、溢油风险评估、爆破评估等。费用应包括评价及验收费。

应注意随着政府部门简化建设项目审批流程、管理重心由事前审批向事中事后监管转变的改革,部分行政收费已经取消。政府有关部门对建设项目实施审批、核准或备案管理,需委托专业服务机构等提供评估评审服务的,有关评估评审费用由委托评估评审的项目审批、核准或备案机关承担,评估评审机构不得向项目单位收取费用。

注意已取消的专项评估收费:抛泥区选划及论证评估、地震安全性评价、地质灾害危险性评价、水上保持设施竣工验收技术评估,改由审批部门委托有关机构进行。

12. 应注意的近年其他费相关文件

(1)国务院办公厅《关于清理规范国务院部门行政审批中介服务的通知》(国办发〔2015〕31 号),以及《国务院关于第一批、第二批清理规范国务院部门行政审批中介服务事项的决定》(国发〔2015〕58 号、国发〔2016〕11 号)等文件。

审批部门能够通过征求相关部门意见、加强事中事后监管得以解决,以及申请人可按要求自行完成的事项,一律不得设定中介服务。

以下项目不再要求建设申请人提供,改由审批部门委托有关机构进行:建设项目竣工环境保护验收监测或调查、初步设计文件技术审查咨询、建设项目水土保持设施验收技术评估、建设工程场地地震安全性评价、建设项目雷电灾害风险评估、防雷装置设计技术评价、防雷装置检测、海洋倾倒废弃物特性和成分检验、临时性海洋倾倒区选划报告编制。

(2)《关于清理规范涉企经营服务性收费的通知》(发改价格〔2017〕790 号),重点清理行政审批前置中介服务收费(政府部门开展行政审批时,要求申请人委托中介服务机构开展的作为行政审批受理条件的有偿服务,具体包括各类技术审查、论证、评估、评价、检验、检测、鉴证、鉴定、证明、咨询、试验等)。

审批部门在审批过程中委托开展的技术性服务活动,必须通过竞争方式选择服务机构,服务费用一律由审批部门支付并纳入部门预算。

(3)国家发展改革委《关于进一步放开建设项目专业服务价格的通知》(发改价格〔2015〕299 号),放开前期工作咨询费、勘察设计费、招标代理费、工程监理费、环境影响咨询费等专业服务价格,实行市场调节价。

(4)财政部、国家发展改革委《关于清理规范一批行政事业性收费有关政策的通知》(财税〔2017〕20 号),取消环境监测服务费、白蚁防治费、河道工程修建维护管理费、河道采砂管理费(含长江河道砂石资源费)。

(5)财政部《基本建设项目建设成本管理规定》(财建〔2016〕504 号),对于财政资金占比超过 50% 的项目建设管理费费率做出了总额规定,并对代建费做出规定。

(6)交通运输部《建设项目委托技术咨询服务管理办法》(交规划发〔2016〕20 号),规定了可研报告(含建议书、申请报告)、初设报告、航道条件与通航安全影响评价报告的技术咨询费用标准,费用由交通运输部承担,纳入部门年度预算。

注意:《关于加强水运工程初步设计审查管理的通知》(交水发〔2006〕330 号)已作废,《取消水运工程初步设计委托咨询收费标准的通知》(交水发〔2015〕11 号)已作废。

九、水运工程施工图预算编制

施工图预算是根据施工图计算的工程量、施工组织设计、现行水运工程预算定额及取费标准、人工费单价、材料预算价格和国家制定的其他取费规定,计算和编制工程建设费用的文件。施工图预算可由承担设计任务的设计单位编制或委托有相应资质能力的造价咨询机构编制。

(一)预算编制内容、依据和要求

1. 预算编制内容

编制施工图预算,应根据设计划分的单位工程编制工程费预算,也可根据需要编制建设项目总预算。工程费预算包括建筑工程费、安装工程费、设备购置费;建设项目总预算包括工程费用、其他费用、预留费用、建设期贷款利息。

预算编制内容包括:

(1)编制说明:包括项目概述、预算编制范围和内容、工程总预算、编制原则和依据、采用的定额及费率和计价标准、主要施工工艺及主要技术经济指标,存在的主要问题及其他必要的说明。

(2)预算汇总表(或总预算表)。

(3)单项、单位工程预算表。

(4)主要材料、设备单价表。

(5)主要材料汇总表。

(6)附件包括补充单位估价表和其他有关文件。

2. 预算编制依据

施工图预算的编制依据主要有:

(1)国家及省级人民政府发布的有关法律、法规、规范、规章、规程等。

(2)施工图纸及说明书和标准图集。经审定的施工图纸、说明书和标准图集,完整地反映了工程的具体内容,各部的具体做法,结构尺寸、技术特征以及施工方法,是编制施工图预算的重要依据。

(3)施工组织设计或施工方案。因为施工组织设计或施工方案中包括了编制施工图预算必不可少的有关资料,如建设地点的自然条件,土石方施工方法、余土外运方式与运距,施工船机使用情况,结构件预制方法及运距等。

(4)工程所在地的自然、技术、经济条件等资料。

(5)现行预算编制规定及预算定额。预算编制规定及预算定额和相应的工程量计算规则,是编制施工图预算确定分项工程子目、计算工程量、选用单位估价表、计算直接工程费的主要依据。

(6)工程所在地的材料、构配件、零件、半成品或成品及各种设备器材的市场价格;有关部门发布的材料信息价格和相关规定等。

(7)有关合同协议及其他有关资料。

(8)批准的初步设计概算。批准的初步设计概算中规定了单位工程投资的最高限额,一般来说,除特殊情况外,预算价值不应超过概算价值。如预算突破概算时,应分析原因,对施工图设计中不合理的部分进行修改,对其合理部分应在总概算范围内调剂解决。

3. 预算编制要求

(1)预算编制应严格执行有关规定,根据施工图设计,客观考虑工程所在地的建设条件和施工组织设计或施工方案等,合理选用定额、确定费用标准和价格等各项编制要素,客观、准确地反映工程内容。

(2)按施工图预算承包的工程,预算应是确定工程造价、签订工程建设合同和办理工程结算的基础;实行施工招标的工程,预算可作为编制工程最高投标限价或标底的基础;在设计单位内部,预算应是考核施工图设计经济合理性的依据。

(3)施工图预算一般应控制在初步设计概算相应范围之内;编制总预算时,应根据项目实际需要确定工程建设其他费用等项目。

(二)施工图预算的编制步骤和方法

1. 熟悉设计资料、收集相关资料

编制施工图预算文件前,应对施工图设计内容进行检查和整理,认真阅读和核对设计图纸及有关表格,如工程一览表、工程数量表等。若图纸中所用材料规格或要求不清时,应核对查实。

收集的相关资料见概算编制章节,还应收集初步设计概算资料,以便进行对比分析。

2. 现场调查

详见概算编制章节。

3. 编制施工条件或施工组织设计

详见概算编制章节。

4. 工程项目划分

在熟悉图纸的基础上,根据相应定额的分项项目,列出所需编制的预算分项项目。如定额缺项,则需补充该项目。排列时最好按分部分项工程项目的施工顺序进行,以免漏项。

5. 计算工程量

工程量是编制预算的原始凭证。工程量计算精确度,直接影响着预算编制的质量。计算工程量不仅要求认真、细致、及时和准确,而且要按照一定的规则和顺序进行,从而避免重算与漏算等现象的产生,同时便于校对和审核。

6. 编制单位工程预算表

由于水运工程建设具有建设条件、工程结构及施工工艺复杂,技术条件、施工装备及施工要素要求较高的特点,水运工程建筑安装工程预算一般采用预算定额计价模式。

(1)水运工程定额计价法的前提,一是理解并依据设计及施工组织设计(或施工条件设计),全面了解工程内容及施工条件,二是掌握国家、行业、工程所在地省级人民政府有关法律法规,三是调查搜集相关工程建设人工、材料、装备及费用、汇率等要素价格信息,四是理解并正确运用工程定额及各项造价标准,五是全面准确计算工程量及采用要素价格,准确计列工程及费用项目。以上是定额计价法的重要前提和基础,是全面编制预算的关键。

(2)沿海港口单位工程预算、内河航运单位工程预算、疏浚单位工程预算,分别执行各自的编制规定及配套定额,详见后述。

其他专业工程及一般工业与民用建筑工程,应根据干什么工程执行什么造价标准的原则,分别执行有关专业部和工程所在地的地区统一的直接费定额和相应的取费规定。

(3)按定额计价法确定水运工程建筑安装价格的基本程序如下:

①计算定额直接费单价

按划分的项目表中的分项工程,分别套用相应的预算定额,计算每一计量单位建筑产品的基本构造要素的定额直接费单价:

$$\text{定额直接费单价} = \text{人工费} + \text{材料费} + \text{施工船舶机械使用费}$$

其中:

$$\text{人工费} = \sum(\text{人工工日标准} \times \text{定额人工工日数量})$$

$$\text{材料费} = \sum(\text{材料单价} \times \text{定额材料用量})$$

$$\text{施工船舶机械使用费} = \sum(\text{艘台班单价} \times \text{定额施工船舶机械艘台班用量})$$

分项工程的人工、材料、船舶机械艘台班价格小计,一般由定额消耗量组成的单位估价表计算得出。当分项工程主要材料品种与预算定额消耗量和内容不一致时,应按实际使用材料换算。分项工程施工船机配置与预算定额内容不一致时,一般不进行调整。

②计算单位工程的定额直接费。

$$\text{单位工程定额直接费} = \sum(\text{定额直接费单价} \times \text{分部分项工程量})$$

③统一计算单位工程的其他直接费、间接费、利润、税金。

计算方法详见“水运工程造价费用组成”章节。

④计算单位工程预算造价。

$$\text{单位工程预算造价} = \text{单位工程定额直接费} + \text{其他直接费} + \text{间接费} + \text{利润} + \text{税金}$$

7. 技术经济指标

单位工程预算价值确定后,根据各单位工程的特点,计算各计量单位的技术指标。

8. 编制临时工程预算表

详见概算编制章节。

9. 编制预算汇总表(或单项工程预算表)

汇总各个单位工程预算表(或单项工程预算表),编制预算汇总表。

10. 编制其他费用、预备费、建设期贷款利息,总预算表

需要编制建设项目总预算时,分别计算工程建设其他费用、预备费、建设期贷款利息,最后编制总预算表。

11. 编写编制说明

包括“工程概况”“预算编制原则和依据”和“其他有关说明”等内容，包括：定额费率的采用；主要施工工艺和使用的主要船机设备；人工及主要材料单价；主要技术经济指标及其他必要的说明。

（三）水工建筑及设备安装工程预算一般规定

沿海港口水工建筑及装卸机械设备安装工程，内河航运建设工程中的水工建筑工程、设备及大型钢结构制作安装工程，临时工程均应编制单位工程预算，分别执行《沿海港口建设工程概算预算编制规定》及配套定额、《内河航运建设工程概算预算编制规定》及配套定额。

1. 单位工程预算费用组成

水工建筑工程、设备及大型钢结构制作安装工程的单位工程预算费用由直接工程费、间接费、利润、税金和专项费用五部分组成。具体内容见“水运工程造价费用组成”章节。

2. 单位工程类别划分（按不同的专业）

（1）沿海港口建筑安装工程。沿海港口水工建筑工程及装卸机械设备安装工程，按不同的专业工程类别划分为：

①一般水工工程。包括各种码头、防波堤、海堤、栈引桥、灯塔、取水构筑物、围埝、护岸、水上软基加固等港口水工建筑物及有关的配套设施。

②陆域构筑物工程。指港区内的翻车机房、廊道、坑道、陆上软基加固等陆域构筑物及有关的配套设施。

③堆场道路工程。指港区内的堆场道路工程。

④大型土石方工程。指在一个单位工程中开挖或回填的土石方工程量在 10000m^3 以上的无结构要求的工程，如码头后方堆场道路、翻车机房、廊道的陆上开挖，码头和护岸后方、堆场道路结构层以下、翻车机房、突堤码头堤心的回填。但不适用于防波堤、引堤、基床、棱体、倒滤层、护岸、围埝等有结构要求的工程。棱体与码头（或护岸）后方的界线按定额规定划分。

大型土石方工程应划分为机械施工、人力施工两类。

⑤装卸机械设备安装工程。指各种装卸船设备、库场装卸设备、装卸车辆设备、输送设备及其他设备的安装。

（2）内河航运建筑安装工程。内河航运建设工程的水工建筑和设备及大型钢结构制作安装工程，按不同的专业工程类别划分为以下几种：

①一般水工工程。一般水工工程指航运枢纽、通航建筑物及内河港口等工程以水上水下施工作业为主要特征的工程。如航运枢纽工程的水坝、护岸、导航墙、导助航及系靠船建筑物；通航建筑物工程的护岸、导航墙、导助航及系靠船建筑物等；港口工程的码头、护岸、引堤、栈（引）桥等，以及围堰、防汛墙、取水构筑物、水上软土地基加固等工程。

②陆域构筑物工程。陆域构筑物工程指航运枢纽、通航建筑物及内河港口等工程以陆上施工作业为主要特征的工程。如港区或厂区陆域范围内的机房、廊道、坑道、桥涵等陆域构筑物；形成陆上施工条件的船闸、水坝、挡泄水、节制闸闸墩等结构及相关配套设施；陆上软土地基加固等工程。

③堆场道路工程。堆场道路工程指港区或厂区范围内的堆场及道路工程及相关配套设施。

④航道整治工程。航道整治工程指航道的炸礁、清渣,筑坝、护岸、固滩等,港区以外、航运枢纽及通航建筑物工程引航道以外的航道整治工程。航道整治工程划分为整治水工工程和整治炸礁工程,整治水工工程指筑坝、护岸、固滩等工程;整治炸礁工程指炸礁、清渣等工程。

⑤大型土石方工程。大型土石方工程指在航道整治工程、航运枢纽工程、通航建筑物及内河港口工程中,一个单位工程内开挖或回填的土石方工程量在 1 万 m^3 以上、无结构要求的陆上土石方工程。如建(构)筑物基础结构层以外土石方开挖回填,造陆工程,新开河道、引航道的土石方开挖,坝、堤心填筑等工程。

⑥设备及大型钢结构制作安装工程。指装卸设备、起重设备、启闭设备等安装工程;航运枢纽及通航建筑物工程中的闸(阀)门、升船机金属结构等的制作及安装工程及附属工程。

3. 单位工程类别划分(按主体工程的建设规模和施工难易程度)

(1)沿海港口建筑安装工程:沿海港口水工建筑工程及装卸机械设备安装工程,按主体工程的建设规模和施工难易程度划分为两类(表 6.4-37)。

工 程 分 类 表　　表 6.4-37

序号	工 程 名 称	工 程 分 类 标 准	
		一类	二类
一	一般水工工程	沿海码头≥10000 吨级	沿海码头 <10000 吨级
		河口及长江干线码头≥3000 吨级	河口及长江干线码头 <3000 吨级
		对应码头类别的栈(引)桥	对应码头类别的栈(引)桥
		直立式防波堤、挡砂堤	斜坡式防波堤、挡砂堤
		海上孤立建(构)筑物	—
		—	引堤、海堤、护岸、围堰
		取水构筑物	—
		水上软基加固	—
二	陆域构筑物工程	翻车机房、坑道、廊道、栈桥及筒仓	其他
三	堆场道路工程	集装箱及 10000 吨级以上散货泊位的堆场道路	其他货种的堆场道路
四	大型土石方工程	—	统归为二类
五	装卸机械设备安装工程	集装箱、散货(装卸设备成系统)码头;液体危险品码头装卸机械设备安装	其他装卸机械设备安装

注:防波堤、引堤兼码头,按工程类别高的确定。

(2)内河航运建筑安装工程。内河航运建设工程根据其主体工程的建设规模和难易程度,划分为两类(表 6.4-38)。

工 程 分 类 表　　表 6.4-38

主体工程名称	一类工程 a	二类工程 b
航运枢纽工程:船闸吨级 航道等级	a≥300t Ⅰ~Ⅳ(Ⅴ)级	100t≤b <300t Ⅴ(Ⅵ)级及以下
通航建筑工程:船闸吨级 升船机吨级	a≥300t a≥100t	100t≤b <300t 50t≤b <100t

续上表

主体工程名称	一类工程 a	二类工程 b
内河港口工程:泊位吨级	a≥1000t	500t≤b<1000t
航道整治工程:航道等级 炸礁工程量	Ⅰ~Ⅳ(Ⅴ)级 a≥2 万 m^3	Ⅴ(Ⅵ)级及以下 1 万 m^3≤b<2 万 m^3
各类工程	—	大型土石方工程

注:①对于航运枢纽、航道整治工程,两项条件满足其一,即能够判定相应工程类别。

②当以航道等级作为判别标准时,山区航道的分类按括号内等级执行。

③各省级交通运输主管部门可根据本地区情况,补充制定三类及以下工程的取费标准。

4. 费用计算程序及计算公式

鉴于水运工程增值税计算方法正在修改,本计算程序不按〔2016〕100 号文的增值税计算程序列示。

(1)沿海港口建筑安装工程各项费用计算程序及计算公式(表 6.4-39)。

沿海港口建筑安装工程费的计算程序表　　表 6.4-39

序号	费用项目	计算办法及说明
1	基价定额直接费	指按定额规定的人工、材料、船机艘(台)班基价计算的工料机费用之和
2	定额直接费	指按工程所在地人工、材料、船机艘(台)班价格计算的工料机费用之和
3	其他直接费	(1)×其他直接费费率
4	直接工程费	(2)+(3)
5	企业管理费	[(1)+(3)]×企业管理费费率
6	财务费用	[(1)+(3)]×财务费用费率
7	利润	[(1)+(3)+(5)+(6)]×利润率
8	税金	[(4)+(5)+(6)+(7)]×税率
9	专项费用	专项费用=(1+税率)×独立计算的费用
10	建筑安装工程费	(4)+(5)+(6)+(7)+(8)+(9)

(2)内河航运建筑安装工程各项费用计算程序及计算公式(表 6.4-40)。

内河航运建筑安装工程费用计算程序表　　表 6.4-40

序号	费用项目	计算办法及说明
1	基价定额直接费	以工料基价单价为基础,按定额规定计算的工料机费用之和
2	市场价定额直接费	以不含税工料机市场价单价为基础,按定额规定计算的工料机费用之和
3	其他直接费	(1)×分项其他直接费费率
4	直接费	(2)+(3)
5	规费	(1)×规费相应费率
6	企业管理费	[(1)+(3)]×企业管理费费率
7	利润	[(1)+(3)+(6)]×利润率
8	税金(增值税)	[(4)+(5)+(6)+(7)]×税率
9	专项费用	独立计算的费用×(1+税率)
10	建筑安装工程费	(4)+(5)+(6)+(7)+(8)+(9)

5. 计费规定

(1)沿海港口建筑安装工程计费规定。

①水工建筑工程及装卸机械设备安装工程的计费基础为基价定额直接费。计费基础用于计算其他直接费、间接费和利润。

基价定额直接费是指按定额规定的人工、材料、船机艘(台)班基价计算的工料机费用之和。其中:

A. 水工建筑工程的外购钢桩、大型钢结构、钢拉杆及橡胶护舷,按其基价中确定的购置价格的 10% 计入计费基础;自制钢桩、大型钢结构及钢拉杆,按其基价的 30% 计入计费基础。

B. 大型土石方工程的填料价值不参与计算其他直接费、间接费,只计算利润。

C. 装卸机械设备安装工程的设备购置费不参与计算施工取费。

②关于外海系数:按本规定计算的基价定额直接费、定额直接费适用于内港工程。外海工程在编制概预算时,按单位工程的人工费乘以 1.10 系数;船舶及水上施工机械使用费乘以 1.25 系数。

外海工程水上施工且符合下列条件之一者:

A. 防波堤本身。

B. 设计有防波堤、在防波堤未建成之前其掩护区水域工程(不包括陆上工程)需要提前施工者。

C. 由于风浪影响,水域工程施工期(不包括封冻期)月平均工作日少于 15 天的工程。

③关于间接费:

A. 在孤岛施工的工程按规定的费率乘以 1.20 系数。

B. 孤岛是指远离大陆且无基本的施工条件的岛屿,但不包括崇明岛、海南岛等。

(2)内河航运建筑安装工程计费规定。水工建筑和设备及大型钢结构制作安装工程的计费基础为基价定额直接费。此计费基础适用于计算其他直接费、现场经费、间接费和利润。

基价定额直接费是指按定额规定的人工、材料、船机艘(台)班基价计算的工料机费用之和。其中:

①水工建筑工程的外购钢桩、大型金属结构、钢拉杆及橡胶护舷,按其基价中确定的购置价格的 10% 计入计费基础;自制钢桩、大型金属结构及钢拉杆,按其本体基价定额直接费的 20% 计入计费基础;外购混凝土桩等构件,应按其本体基价的 60% 计入计费基础;码头、船闸等水工建筑物的附属设备应按设备安装工程计算费用。大型金属结构指每榀(件或根)自重在 20t 及以上或每榀(件或根)自重虽不足 20t,但由于批量大,其价值占该单位工程造价的 1/3 及以上者。

②大型土石方工程的填料价值不参与计算其他直接费、现场经费和间接费,只计算利润。

③设备及大型金属结构设备制作安装工程中,设备及大型金属结构设备安装工程其本体不参与计算其他直接费、间接费及利润。

④混凝土及钢筋混凝土预制及现浇工程中,采用商品混凝土时,按相应定额中自拌同规格混凝土计算基价(工料机项目、规格不变)及施工取费。

⑤航道整治工程的筑坝、护岸等在建设期的维护工程，其费用应根据水流条件、流冰情况及建设期限等由设计单位确定其工程量，并视为永久工程计算建筑工程费。

(四)水工建筑工程定额应用

沿海港口及内河航运水工建筑工程定额包括土石方工程、基础工程、混凝土和钢筋混凝土构件预制安装工程、现浇混凝土及钢筋混凝土工程、钢结构制作及安装工程、整治建筑工程、辅助工程、脚手架工程和其他工程等。

1. 总说明

(1)定额根据水运工程有关技术标准，按正常的施工条件、常规的工程结构、合理的施工工艺等要素选型制定，一般情况下使用时不得调整。定额中列有多工艺的定额项目，在使用时应根据施工条件设计或施工组织设计合理使用。

(2)定额各项目的"工程内容"中只列出主要工序，次要工序虽未列出，但已包括在内，除定额中另有说明外，不得增减。例如内河水工定额中的打桩船打钢筋混凝土方桩(方驳供桩)定额工程内容涵盖的工序内容见表6.4-41。

打桩船打方桩定额工程内容及涵盖内容　　表6.4-41

定额工程内容	涵盖内容
桩陆上脱底模	准备、桩吊离底模
滑运	卷扬滑运系统准备、运移、脱缆、返回
装船	吊桩准备、起重船起吊、桩装船
运输	拖轮拖带往返运输、方驳驻位
打桩	制安拆桩垫，捆桩，打桩船移船、吊桩入龙口、测量定位、沉桩，打桩船移船
桩头处理	测量、凿、截桩头，桩头清理

(3)内河航运工程定额中，一个建设项目中的一般水工工程、陆域构筑工程和整治建筑工程，如其基价定额直接费小于300万元时，应计列小型工程增加费，按其定额直接费的5%计算。

(4)沿海水工定额中的船机规格能力，按合理选型确定，除另有说明外不得调整。定额中所列的294kW(400HP)拖轮，适用于内港或长江干线施工，如在外海施工时，改按441kW(600HP)拖轮计算。如果是在内港挖泥拖到外海抛泥，按在内港施工计算。考虑到拖轮的规格能力，如使用500m^{3}泥驳装泥到外海抛泥时，定额中的拖轮由294kW改为441kW。

内河航运工程定额中工程材料、成品、半成品及混凝土构件水上运输拖轮规格，适用于内河水域的运输。长江干线运输时，应调整为294kW拖轮。

(5)关于运输距离。

①内河航运工程定额中工程材料、成品、半成品及混凝土构件水上增运距定额，除另有规定外，适用于200km以内的驳载运输，并应满足下列要求：

运输距离50km以内的，按相应增运距定额计价；

运输距离超过50km时，超出部分按增运距定额乘以0.75系数计算，全程按分段累加法计价。

运输距离超过 200km 的,不适用增运距定额,应按水路运输有关标准计算相应运输费用。

②内河航运工程定额中工程材料、成品、半成品及混凝土构件陆上增运距定额,适用于 20km 以内的运输。运输距离超过 20km 的,不适用增运距定额,应按公路运输有关标准计算相应运输费用。

沿海水工定额的运距说明正在修编。

(6)由于内河航运工程的工程条件复杂,工程结构多样,对于内河航运工程定额项目与实际工艺、工程内容不同的,应根据施工条件或施工组织设计编制调整或补充单位估价表。对于定额项目缺项或步距断档的,可选用《沿海港口水工建筑工程定额》相应定额项目的消耗量,但工料机单价应与内河定额采用相同标准。

(7)内河定额中的整治建筑工程定额,适用于港区以外及航运枢纽、通航建筑物工程引航道以外的内河航道整治工程。

2. 土石方工程

(1)土石方定额的基本运距,除注明者外,挖泥船挖泥,水下清渣为 5km;方驳装抛、安放为 1km;陆上机械挖运土石方为 1km。如运距不足时不作调整;如超过时,按超运距定额调整。

(2)土石方定额(基槽挖泥除外)已包括工作面开挖小排水沟、修坡、铲坡,取土场和卸土场范围内的小路修筑以及必须的基本辅助工作等。

(3)上石方定额不包括施工排水、围堰及脚手架工程,需要时应按有关定额计算。

(4)人力土方定额适用于工程量 1000m^3 以内的项目。

人力土方定额的施工条件均按挖干土编制。干湿土的划分应以设计要求为准,设计无要求时,无论是否采取降水措施,均以地下水多年平均水位为准,该水位以上为干土,以下为湿土。

(5)陆上铺填定额的工程内容从卸料后开始,卸料前属于材料价范围。

(6)铺砌混凝土连锁块定额包含了铺砌时 5cm 压实砂垫层,使用时不得重复计算。

(7)基槽挖泥定额适用于码头基槽及前沿挖泥工程。港池及航道挖泥,执行疏浚工程定额。

(8)水下炸礁定额适用于一般炸礁,不适用于控制爆破、光面爆破和预裂爆破等工程。爆破层平均厚度系指被炸岩层的平均净厚,不包括炮孔超钻及计算工程量的超深部分。

(9)浆砌石料定额中均已包含了砂浆勾平缝的工程内容。

(10)锚杆和锚索的长度为设计锚杆(索)嵌入岩体的有效长度,按规定外露部分预留长度及加工制作过程中的损耗等,均已计入了定额中,使用定额时不应调整。

锚杆有效长度之外加长部分的材料消耗量,可按设计要求扣除计入定额规定的外露长度 0.1m 后计算,并相应调整定额锚杆材料消耗量。

地面长砂浆锚杆定额,系按 3 根锚杆拟定,锚杆根数不同时,应按设计要求的孔径在定额正表基础上乘以相应调整系数。

岩体预应力锚索定额,系按钻孔与水平夹角 0° ~60°、孔径 110mm、露天作业标准拟定。钻孔与水平夹角、孔径不同或在地下洞室施工时,应在定额正表基础上按定额规定调整。

(11)稳定层材料换算。各类稳定层定额中的材料消耗系按一定配合比编制,当设计配合

比与定额配合比不同时,有关材料按下式进行换算:

$$C_i = [C_d + B_d \times (H - H_0)] \times L_i \div L_d \quad (6.4\text{-}1)$$

式中:C_i——按设计配合比换算后的材料数量;

C_d——定额中基本压实厚度的材料数量;

B_d——定额中压实厚度每增减 1cm 的材料数量;

H_0——定额的基本压实厚度;

H——设计的压实厚度;

L_d——定额中标明的材料百分率;

L_i——设计配合比的材料百分率。

例:石灰粉煤灰稳定碎石基层,定额的配合比为:石灰:粉煤灰:碎石 =5:15:80,基本压实厚度为 15cm;设计配合比为石灰:粉煤灰:碎石 =4:11:85,设计压实厚度为 16cm。各种材料调整后数量为:

$$生石灰消耗量 = [15.829 + 1.055 \times (16 - 15)] \times 4 \div 5 = 13.507(t)$$

$$粉煤灰消耗量 = [63.31 + 4.22 \times (16 - 15)] \times 11 \div 15 = 49.52(m^3)$$

$$碎石消耗量 = [164.89 + 10.99 \times (16 - 15)] \times 85 \div 80 = 186.87(m^3)$$

3. 基础工程

基础工程主要分为基础打入桩、基础灌注桩、地下连续墙、软土地基加固、钻孔灌浆、沉井基础等。

(1)基础打入桩工程。

①施打钢筋混凝土方桩、钢筋混凝土管桩、钢筋混凝土板桩、钢板桩等,适用于一般情况下施打带形或成排直桩,不适用于在沉井内或浅滩区、障碍物繁多地区等特殊情况下的打桩。浅滩区系指施工水位至泥面的水深小于或等于 3m 的区域。

②对以下情况,采取打桩定额正表(不包括超 1km 运距附表)乘系数解决:

打直桩时,按打直桩定额正表。

打斜桩时,按打直桩定额正表乘 1.23 系数。

打水上同节点双向叉桩时,按打直桩定额正表乘 1.31 系数。

打水上墩台式基桩及引桥墩桩时(包括直桩、斜桩或叉桩),按打直桩定额正表乘 1.45 系数。

当码头等建筑物距岸边最短距离大于 500m 时,按下列规则执行:直桩按定额正表乘以1.15;斜桩按定额正表乘以 1.41;水上同节点双向叉桩按定额正表乘以 1.45。

二级土风化岩的 N 值(标贯击数)上限为 $N \leqslant 80$,当 N 值超过上限值且设计要求桩尖进入该持力层时,不执行本定额。

③对于水上打入桩工程,因施工条件限制或桩打入施工水位以下需换用长替打时,除应按桩长选用相应定额及调整系数外,还应调整打桩船、方驳等消耗量;定额中不含长替打制作费用。

④陆上打钢筋混凝土桩,当桩顶标高在地面以下超过 2m 时,按"深送桩"定额计算;在地面以下 2m 以内的浅送桩已综合在打桩定额内,不得套用"深送桩"定额。

⑤"水上接桩""陆上接桩"定额是指由于设计及施工需要接桩,即施打过程中,在桩位上

将上、下两节桩连接起来后继续施打,直到满足设计桩长为止,如需“接桩”时,除按桩的总长度执行相应的打桩定额外,应根据接头数量,按相应“接桩”定额另行计列“接桩”费用。

⑥打桩定额装船工序中不包括桩装船的人工和机械消耗,其消耗在相应构件预制定额中考虑。

⑦打桩如穿过抛石层较厚时,一般要对桩位进行处理。可采用搭设施工平台、冲击成孔,穿透抛石层后再打桩,应计算相应措施费用。

根据施工经验,钢管桩直接穿透抛石层厚度为 5m 内,预应力混凝土桩直接穿透抛石层的厚度为 2m 内,先张法预应力混凝土管桩采用钢桩靴加强加长措施对沉桩穿透抛石层有利。

(2)基础灌注桩工程。

①定额不包括泥水的集水坑及泥水的外运费用,发生时应另行计算。

②成孔定额工程内容已包括了换钻头、修理、捞钻杆或钻头等。钻架的拼装、移位、拆除所耗用的人工、材料、机械也按摊销方式计入定额中,编制概预算时不应另行计算;成孔定额的钻头摊销费不包括使用牙轮钻头的费用,使用牙轮钻头时应单独考虑。

③护筒沉放定额中,陆上埋设钢护筒已按设计重量的周转摊销次数计算定额用量;陆上钢护筒如不拆除时,定额消耗量按 1.0t 计算。水上钢护筒按一次性摊销考虑,如设计可回收,应按设计计算回收数量。陆上埋设混凝土护筒定额的混凝土护筒本体应另行计价。

护筒定额中已包括了埋设护筒的黏土、护筒接头及定位用导向架的铁件等材料,编制概预算时不得另行计算。

钢护筒施工定额仅适用于普通土层振冲,需要穿过堤岸抛石层等特殊土层,需要计算特殊施工措施费用,如采用双护筒、冲打钻打结合等措施。

④灌注桩混凝土定额中已包括设备(导管、浇注架等)摊销的工料费及扩孔增加的混凝土量和混凝土的水平、垂直运输的人工机械用量,编制概预算时,除定额附注另有说明外,不得另行计算。

⑤内河航运水工建筑工程定额,在河滩、水中采用筑岛方法施工时,成岛后可按陆上成孔定额计算;采用水上工作平台回旋钻机钻孔时,应根据施工条件、施工工艺因素综合考虑;条件不具备时,可按定额说明,在陆上回旋钻机钻孔定额基础上进行调整。

(3)地下连续墙工程。

①“成槽”定额中已包括铺拆轨道、机组移动和钻头维修耗用的人工、材料、机械等费用。

②定额中已包括了废浆、墙顶处理(凿除混凝土)和废导墙混凝土拆除后的场内弃运。如需要场外运输时,费用另计。

(4)软土地基加固工程。

①陆上强夯,夯点间距宜为 5 ~ 10m,处理深度较深或单击夯击能较大的工程取较大值。单点强夯定额中各类夯击能每 $100m^2$ 夯点数为该夯击能下的最终夯点数。

陆上强夯夯坑排水费用已计入定额中,使用强夯定额时不得另行增加。施工区域水位较高影响施工时,所需措施费用另行计算。

②堆载预压定额中包括了堆载四面的放坡、沉降观测、修坡道增加的工料机费用以及施工中测量放线、定位的费用,使用定额时,均不得另行计算。

③陆上振冲碎石桩定额中的碎石消耗量已综合考虑振实、扩孔、超长等因素的影响,使用

时不得调整;定额未包括引水和泥浆排放处理的费用。

④软基泥面铺设土工材料定额中,土工布的消耗量已包括锚固沟外边缘所包围的面积,使用时一般不得调整。定额不包括排水措施费用,需要时另行计算。

(5)钻孔灌浆工程。

①钻机钻灌浆孔定额和风钻钻灌浆孔定额中的岩石级别划分,执行土石方说明中的岩石分级表。砂砾石层分为黏土和砂、砾石、卵石三类。钻浆砌石,可按与料石相同的岩石等级计算;钻混凝土,可按粗骨料相同的岩石级别计算。

②地质钻机钻灌浆孔,当钻孔与水平夹角不同时,定额中人工、机械、铁砂、合金片、钻头和岩芯管消耗量乘以系数调整(表6.4-42)。

系　数　表6.4-42

钻孔与水平夹角	60°以内	75°以内	85°以内	90°以内
系数	1.19	1.05	1.02	1.00

③在有脚手架的平台上钻孔,平台至地面孔口高差超过2m时,钻机和人工乘以1.05系数。

④如因地形关系,施工时需搭设大型脚手架平台时,其费用应在临时工程费中计列。

⑤定额中未包括钻孔、灌浆时所用的供水、供电线路设施费用。

(6)沉井基础工程。

①沉井预制、封底、填心、封顶等,应套用其他相关定额。

②陆上沉井下沉用的工作台、钢管排架、运土坡道、安拆卷扬机等均已包含在定额中。

③沉井下沉定额的深度系指沉井整体下沉的深度。在该深度内,不同深度的同类土质应合并计算。土类划分执行灌注桩土类。

④沉井下沉定额不包括土方外运、集水坑及泥水外运的费用。

⑤沉井下沉定额考虑了沉井纠偏因素,但不包括压载辅助措施。

4.混凝土及钢筋混凝土构件预制安装工程

(1)构件预制定额以构件在工程现场预制、自拌混凝土为准制定。工程内容主要包括模板制拼及安拆、混凝土制备及场内运输、混凝土浇筑及养护以及材料的场内运输,筛砂洗石和抹面、凿毛等;除另有规定,使用中一般不应调整。

(2)构件预制定额工程内容中的出运,包括构件出运装船(车)中起重机械及其配备的人工消耗;构件装船(车)过程中运输船(车)发生的消耗,已在相应构件安装定额中计算。

(3)各类构件的模板形式及安拆工艺均按合理选型确定,以实物量表示,一般情况下不得调整。

(4)构件预制,沿海水工定额包括了脚手架费用,内河水工定额未包括脚手架费用。

(5)当采用商品混凝土时(前方浇筑系统不变),基价定额直接费按自拌混凝土计算,市场价定额直接费应在预制定额基础上进行以下调整:

人工用量减少量按混凝土搅拌站台班消耗量×2计算;取消混凝土搅拌站、轮胎式装载机、筛洗石子机台班消耗量;混凝土材料按商品混凝土单价计算。

(6)当混凝土采用输送泵运输时,应在预制定额基础上进行以下调整:

人工用量减少量按混凝土搅拌站台班消耗量 ×2 计算。

轮胎式起重机台班量减少量按混凝土搅拌站台班量计算。

机动翻斗车台班量减少量按混凝土搅拌站台班消耗量 ×2 计算。

按表 6.4-43、表 6.4-44 增列泵送混凝土人工及机械用量:

30m^3/h 混凝土输送泵泵送 10 m^3 混凝土定额表　　表 6.4-43

项　　目	单位	水平输送折算长度(m)						
		50	100	150	200	250	300	350
人工	工日	0.30	0.55	0.60	0.66	0.89	0.81	0.88
30 m^3/h 混凝土输送泵	台班	0.09	0.09	0.09	0.09	0.11	0.12	0.12

注:垂直高度增加 1m,折算水平距离为 6m。

60 m^3/h 混凝土输送泵泵送 10 m^3 混凝土定额表　　表 6.4-44

项　　目	单位	水平输送折算长度(m)						
		50	100	150	200	250	300	350
人工	工日	0.15	0.16	0.16	0.19	0.25	0.21	0.23
60 m^3/h 混凝土输送泵	台班	0.04	0.04	0.05	0.05	0.06	0.06	0.06

注:垂直高度增加 1m,折算水平距离为 6m。

5. 现浇混凝土及钢筋混凝土工程

(1)定额以自拌混凝土为准制定,工程内容主要包括模板制拼及安拆、混凝土制备及场内运输、混凝土浇筑及养护以及材料的场内运输,筛砂洗石和抹面、凿毛等;除另有规定,使用中一般不应调整。

(2)混凝土浇筑定额中,其模板结构和混凝土的浇筑工艺经综合选型确定,一般情况下,使用时不应调整。

(3)钢筋加工定额考虑了一般构件的现场焊接,但不包括节点及接缝,节点及接缝的焊接套用单项定额。

(4)内河航运水工定额通航建筑物水工工程和港口水工工程的二期混凝土消耗已包括在定额消耗内,挡泄水建筑物水工工程的二期混凝土应单独计算。

(5)沿海水工现浇混凝土定额中已包括了为现浇混凝土构件搭拆的脚手架,但通道脚手和临时栈桥不在其中,发生时可套用脚手架定额。

内河航运水工现浇混凝土定额不包括脚手架的搭设,不包括架空模板底支撑(支架)的搭设,需要时应单独计算。

(6)沿海港口水上浇筑混凝土定额中的搅拌船工艺,包括混凝土所需材料装搅拌船及搅拌船自上料地点到浇筑地点 1km 内的水上运输,如运距超过 1km 时,按每增 1km 定额计算。

(7)当采用商品混凝土时,调整办法见预制章节。

(8)当混凝土采用输送泵运输时,应在定额基础上进行以下调整。

45m^3 搅拌站:人工用量减少量按混凝土搅拌站台班消耗量 ×4 计算,取消 30t 门座式起重机、8t 自卸汽车或 6m^3 混凝土搅拌输送车。

25m^3 搅拌站:人工用量减少量按混凝土搅拌站台班消耗量 ×2 计算,15t 履带式起重机台班量减少量按混凝土搅拌站台班量计算，机动翻斗车台班量减少量按混凝土搅拌站台班消耗量×2 计算。

按表 6.4-51、表 6.4-52 增列泵送混凝土人工及机械用量。

6. 内河航运整治建筑工程

整治建筑工程：包括炸礁工程、筑坝工程、护岸工程等。

(1)定额中材料消耗包括定额工作范围内的运输损耗、操作损耗、孔隙率改变损耗以及水上抛填时的流失损耗。

(2)筑坝和护岸工程定额中材料装运卸工艺划分的有关问题：

①水上铁驳运输和铁驳抛填，指施工单位使用本单位铁驳，并负责装船、运输、抛填(卸船堆放)工作，材料单价应以计算到装船码头的材料堆场为准。

②民船装运，指材料发包给其他运输单位负责装船和承运至施工水面，施工单位负责抛填(卸船堆放)工作，材料单价应包括装船及运至施工水面的费用。

③民船装运抛(卸)，指材料发包给其他运输单位负责装船、运输和抛填(卸船堆放)，施工单位只需派人指挥抛填(卸船堆放)和进行水下检查工作，材料单价应包括装船、运输和抛填(卸船堆放)的费用。

④陆上直接来料铺筑，指供应商供应砂石料，并负责装车运至施工作业现场直接卸抛，施工单位负责就近推运、成型、平整。现场材料价应包括装、运、卸(抛)的费用。

⑤水—陆转运，指施工单位使用自有或外租运输设备，负责装船、水上运输、卸船装车、陆上运输、卸车堆放工作；或负责装车、陆上运输、卸车装船、水上运输、卸船堆放工作。

(3)炸礁工程。

①爆破(炸礁)工程和清渣工程，均以自然方(系指爆破前的状态)为单位。

②平均爆破层厚度系指被炸层的平均净厚，不包括计算工程量的超深部分。爆破层平均厚度按下式计算：

$$爆破层平均厚度=(炸礁工程量-超深超宽工程量)\div 施炸面积$$

③采用液压挖掘机清渣自卸汽车运输时，执行土石方定额中的“液压挖掘机装石渣、自卸汽车运输”定额，在其基础上人工、机械乘以 1.10 系数；采用装载机清渣自卸汽车运输工艺时，执行土石方定额中的“装载机装石渣、自卸汽车运输”定额，在其基础上人工、机械乘以 1.10 系数。

④水下清渣定额施工条件以施工水域最大流速 1.5～2.5m/s 为准，流速每增减 0.5m/s，定额数量可按增减 10% 调整。

⑤挖强风化岩定额中的强风化岩具有以下特征：岩石结构大部分已破坏、矿物成分显著变化，风化裂隙很发育，岩体破碎用镐可挖，干钻不易钻进等。

(4)筑坝工程的人力筑坝定额已按直接抛填(水方)和搭跳抛填(抬方)的一定比例综合考虑，使用时不应进行调整。

(5)护岸工程的抛填定额已考虑了搭跳因素，使用时不应进行调整。

7. 其他工程

(1)沿海水工定额其他工程。

主要包括成品件(钢轨、系船柱、橡胶护舷)安装、一般金属结构件制作安装、止水缝处理、制安木护舷等辅助工程项目,构件安装分陆上安装和水上安装。

①水上安装定额适用于离岸码头或墩台安装,水上安装系船柱还适用于码头前沿两层系船柱的底层系船柱安装。

②橡胶护舷安装定额,包括护舷安装所需的配件。

(2)内河水工建筑定额其他工程。

①临时钢轨轨道的铺设,指轨道的上部结构,包括直道、弯道、转辙器、护轨及道砟等。不包括路基、通信设施和各种标志等。在洞内铺设时,定额人工用量乘以 1.20 系数。

②围堰定额未包括基坑的一次性排水和维持性排水,排水费用可按定额附录估算。注意每台水泵每天应按 3 个使用台班计算。

8. 脚手架工程

脚手架工程:包括钢管脚手架、简易竹脚手架、满堂脚手架、斜道钢管脚手架和综合脚手架定额。

(1)编制概算预算时,一般应优先使用钢管脚手架。

(2)钢管脚手架定额中的钢管除注明者外,其规格均为外径 51mm、壁厚 3mm 的普通钢管。

(3)定额中脚手架材料均为每使用一次的摊销量;以分母分子表示的,其分母为备料量,分子为摊销量。

(4)定额中的脚手架均以一次搭设到顶并在顶层满铺脚手板为准。如实际为分次升高搭设时(如一个 6 层高的脚手架分 3 次搭设到顶,且铺设了 3 层脚手板,即为增铺 2 层),则每增加铺拆一层脚手板,可按定额说明的附表增列人工用量及材料消耗量。

(5)各项定额中的木脚手板、简易竹脚手架中的毛竹,定额的摊销量按 15 天使用期计算;其他脚手架中毛竹的定额摊销量按 2 个月使用期计算。

9. 沿海港口水工建筑参考定额

参考定额包括格形钢板桩码头、水上钻孔灌注桩、航道整治建筑物、大管桩(B 型)、水上陆上深层水泥拌合体、静载试桩等。

其中的静载试桩工程,包括试桩工程费和试桩科研费两项,试桩科研费列入总概算中其他费用的研究试验费中;静载试桩工程计费方法如下:

(1)试桩的预制、堆放、装船过程的人工工日、船舶及机械艘(台)班按《沿海港口水工建筑工程定额》的有关项目正表乘以 1.50 系数。

(2)水上运桩驳船数量,试桩总桩数不足相应定额装载量一驳的按一驳计,超过一驳不足二驳的按二驳计。

(3)单独试桩指一根试桩、一根观测桩、四根锚桩为一组。连续试桩指在单独试桩的基础上,每增一根试桩,增两根锚桩且累计为两组试桩。

(4)打桩船打桩工效中试桩按每艘班一根计;锚桩及观测桩按相应的墩台桩系数计算。试桩需复打时,复打一根桩计打桩船一个使用艘班。试桩施打至复打间隔期打桩船、拖轮计停置艘班,施打至复打间隔期间船舶往复调遣不再计取调遣费用。

10. 内河航运水工建筑参考定额

包括现浇混凝土工程、整治建筑物工程和航标工程等 3 节内容。

(1)混凝土箱体预制安装定额子目为整治建筑物工程,多用于坝体、坝顶,单件浇筑混凝土量较小,通常为8～10m^3/件,注意与沉箱区别使用。

(2)定额涉及混凝土系结块软体排护滩、护底,混凝土铰链排护底、护坡、护滩,混凝土联锁块软体排等定额子目,使用过程中应注意各定额子目下方有关排体尺寸、厚度、排块规格等注释,实际工程中与定额选型不同时,应据实调整。

(3)定额中的人工和船机艘(台)班消耗量考虑了正常的洪、枯水影响。

(4)航标定额不计算小型工程增加费。

11.水工建筑工程预算编制注意事项

水工建筑工程造价,受地材及施工方案的影响很大(特别是沿海水运工程),工程费用的编制重点是确定主要地材价格、选择合适的施工方案和施工船机、确定合适的施工措施项目。

一般情况下土石方对沿海水运工程投资影响较大。陆域填土、海砂、块石等主要地材,应在调研的基础上,综合考虑用量、储量、当地价格信息、已实施项目价格等因素后确定。

水运工程有其特殊性,不同的施工组织方案、不同的施工工艺或船机选型,对水运工程造价影响较大。预算编制前,应确定合理的整体施工方案、分项工程施工方案,确定特殊施工工艺的船机选型、特殊施工措施。

首先要全面了解工程实际情况,如工程规模、位置、平面布置、结构方案、工期要求,以及现场施工环境、施工条件、主要地材来源地等信息,进而确定施工总体布置、主要施工顺序、主体工程施工流程、水上水下划分、主要地材及构件运输方式、主要施工措施等内容。

(1)一般水工工程。不同的水工工程,其结构类型、规模大小、自然条件、地质条件、施工依托、施工组织等均有差异。水工建筑工程计价时,应具体分析项目的实际情况,合理确定施工工艺、施工措施、大型临时设施等。举例如下:

①水上水下施工一般依据施工水位进行划分,但也应根据实际情况进一步分析确定,例如抛石堤,应根据平面位置和布局确定施工方式,可分别采用全断面陆上推填、陆推水抛结合、全部水上抛填等工艺;应根据抛石堤长度及工期要求,确定长抛石堤水陆结合施工的比例;应考虑是否需要采用陆上推填工艺进行挤淤处理、是否属于离岸岛屿类型施工等。

②离岸岛屿或造岛项目。沿海水运工程位于离岸岛屿或需要建造人工岛的,计价需要考虑的问题与常规接陆项目不同。一般应考虑装船、海运、上岛、施工保障船舶等费用,以及装船码头、上岛码头、施工水电(发电机)等大型临设费用。

离岸岛屿的防波堤或护岸项目,抛填块石水上水下施工的划分方式与常规接陆项目也不相同。由于块石全部为水上运输,施工水位以下可直接抛填,施工水位以上一般采用驳上反铲挖掘机施工,与常规陆上推填不同。

③已有项目改扩建,则应注意考虑以下施工影响因素:老码头现有设施及营运船舶影响施工情况;施工水域及运输通道现状对施工船机型号的限制;现有水工结构对安装船机跨距的影响;施工期间老码头结构监测、老码头设施防护等安全措施。

④水上嵌岩桩稳桩措施。

嵌岩桩一般入土深度短,应注意根据实际情况,考虑是否需要采取稳桩措施。稳桩措施如:使用支撑式钢桁架、钢筋混凝土套箱稳桩;在泥面上抛铺一定厚度的砂层或在钢护筒外抛块石稳桩;水位升降变化缓慢、水流流态稳定、风浪不大时,可采用方驳搭设悬挑平台安装钻机进行钻锚稳桩;桩位处于风浪和潮差较大的水域时,可采用移动式自升平台辅助进行钻锚稳桩。

⑤新的施工工艺日新月异,对于现行定额无法涵盖或不适用的分项工程,应根据实际施工工艺据实编制补充单位估价表。

(2)陆域形成及地基处理工程。陆域形成对水运工程造价的占比越来越大,陆域形成及地基处理方案变化对造价的影响也越来越大。但陆域开山回填、疏浚物吹填造地、地基处理、水工建筑物结构之间的界面划分及土石方利用平衡计算,由于各种原因较易出现问题。一是不同设计专业的设计接口多;二是开山区进行详细勘察难度一般较大,开山土石比难以准确确定,影响到开山料利用量与外抛量的确定,影响到基础处理方案与水工结构方案的选择,最终影响到造价计算的准确性;三是地基处理设计方案需要根据现场土质才能最终确定,通常需要在大面积施工前进行试验性施工,或在施工过程中根据土质情况进行方案或参数调整。

陆域开山松散系数、疏浚土搅松系数及流失系数、回填料及吹填料密实系数、地基沉降量取值等是影响土石方平衡的重要因素,应详细分析各类土质并参照周边工程经验确定。各专业的工程量应严格按照工程量计算规则计算,应考虑各种系数的换算关系。例如:造地吹填量应包含原土体沉降量、超填量;疏浚土吹填的需求水下方应考虑各类疏浚土质的搅松系数(见本书的施工章节)、吹填流失率;陆域开山回填,则应考虑不同土质的自然方、松方、实方的换算系数。

(3)关于甲供材计算施工取费。水运工程水工建筑及安装工程施工取费的测算是以整体单位工程项目(包括了材料费在内)为模型的,所以计算施工取费时,其计算基数应是单位工程整体。一般情况下,对于甲供材料的基价取费应归属施工单位,甲供材料的采购费归属业主,保管费视现场的实际情况由甲乙双方按相应比例协商解决。

(五)内河航运设备安装工程定额应用

内河航运设备安装工程定额包括钢闸(阀)门及大型钢结构制作工程、钢闸(阀)门及大型钢结构安装工程 、启闭机安装工程、装卸及起重运输设备安装工程等定额。

1. 总说明

(1)由于内河航运设备制作及安装工程的工程条件复杂,工程结构多样,对于定额项目与实际工程的施工工艺、工程内容不同的,应根据施工条件或施工组织设计编制调整或补充单位估价表;对于定额项目缺项或步距断档的,可选用《沿海港口装卸机械设备安装工程定额》及《全国统一安装工程预算定额》相应定额项目的消耗量,但工料机单价应与本定额采用相同标准。

(2)本定额不包括材料及设备的场外运输,场外运输应按水路或公路运输相关标准计算。

(3)安装定额中不包括设备所需的轨道安装以及安装用脚手架等费用。上述项目应执行《内河航运水工建筑工程定额》的有关定额及规定。

2. 钢闸(阀)门及大型钢结构制作

(1)定额未包括主滚轮、侧滚轮等有关运转和铸钢件的制作费用,使用定额时应另计运输件和铸钢件的制作费用。

(2)定额除注明者外,均以施工单位内部加工厂整体制作为准;若为施工现场分段拼装或现场制作,应在定额正表的基础上乘以1.15系数。

(3)制作定额中的材料仅为消耗性材料。

(4)制作定额均已包括了制作平台、施工脚手、工装胎模具以及无损探伤检验等费用的摊销。

(5)钢阀门的制作执行相应门型的闸门制作定额。

3.钢闸(阀)门及大型钢结构安装

本节定额适用条件:设备为整体到货状态。

(1)定额中的材料仅为消耗性材料,不包括闸门的止水橡皮、木质水封以及安装组合螺栓等,其用量可按图纸净用乘以1.05消耗量系数计算。

(2)钢阀门安装可执行相应门型的闸门安装定额,并应在原定额基础上按人工、船机定额消耗量乘以1.10系数计算。

(3)各类闸门安装定额均以现场分段拼装作业条件为准,定额用量仅包括安装工程的消耗用量,若为整体安装(即不需现场分段拼装),应按人工、船机消耗量除以1.10系数。

(4)大型电站的拦污栅,若底梁、顶梁、边柱采用闸门支承型式的,其栅体安装可套用与自重相等的平板闸门安装定额,栅槽可套用闸门埋设件安装定额。

(5)闸门压重物定额适用于铸铁、混凝土及其他种类的闸门压重物安装,如压重物需装入闸门梁格内时,应在原定额基础上乘以1.20系数。

4.启闭机安装

本节定额适用条件:设备为整体到货状态。

(1)定额中不包括轨道安装及设备基础的混凝土等,上述项目应执行《内河航运水工建筑工程定额》的有关定额。

(2)液压启闭机安装不包括设备主体第一个外接法兰(或管接头)以外的管道铺设以及设备用油。

5.装卸及起重运输设备安装

本节定额适用条件:设备为总装后,分部位拆解运输到现场。

(1)定额按单机安装条件编制,对于港口装卸设备安装应符合下列规定:

散装矿石、煤炭码头设备安装工程,应在相应定额基础上乘以系统安装系数1.03。

散装粮食码头设备安装工程,应在相应定额基础上乘以系统安装系数1.10。

(2)定额包括以下工程内容:

①施工现场仓库(指定堆放地点)至安装地点内的设备、材料及工具的水平及垂直运输。

②设备开箱检验、基础验收、划线定位、清洗、吊装、调整、焊接、铆接、固定单机无负荷试运转。

③与设备本体联体的平台、梯子、栏杆、支架、屏盘、配重、安全罩、挡风板及设备本体内的管道安装。

④单机的动力、控制、照明、通信等各种电气设备及管线安装、配管、电缆敷设,接线校线,模拟试验。

(3)定额不包括下列工程内容：

①单机与地面接线箱(操作箱)端子或连接插头以外的供电、控制、信号、检测、通信部分设备及电缆的安装。

②码头散货设备接入地面水槽吸水管以外或与地面管网连接点法兰以外的洒水除尘设备及管路安装。

③码头输送设备的供电、控制及除尘系统安装。

④单机重载试车及联动试车。

(4)单机无负荷试车能源消耗应按定额正表基价费用的1%计列。

6. 机修及其他生产设备安装工程费

编制机修及其他生产设备安装工程费预算时,安装工程定额直接费应按全国或当地预算定额计算,施工取费标准和计费办法应执行工程所在地的有关规定。

(六)疏浚工程预算

1. 单位工程预算费用组成

疏浚工程预算编制依据是1997年发布的《疏浚工程预算定额》《疏浚工程船舶艘班费用定额》和《疏浚工程概算、预算编制规定》。

疏浚工程费用由直接工程费、间接费、利润、税金和专项费用5个部分组成。

2. 疏浚工程各项费用计算表

疏浚工程费用计算表,详见表6.4-45,具体费用内容详见本章第四节。

疏浚工程费用计算表正在修编,本书仅做示意。

疏浚工程各项费用计算表　　表6.4-45

序号	项　目	说明及计算关系	序号	项　目	说明及计算关系
1	定额直接费		7	财务费用	(5)×1%
2	其他直接费		8	计划利润	[(5)+(6)+(7)]×7%
3	临时设施费	(1)×2%	9	专项费用	独立计算的费用
4	现场管理费	(1)×5%	10	税金	[(5)+(6)+(7)+(8)+(9)]×税率
5	直接工程费	(1)+(2)+(3)+(4)	11	单位工程预算金额	(5)+(6)+(7)+(8)+(9)+(10)
6	企业管理费	(5)×10%			

3. 计费规定

(1)开工展布、收工集合费:开工展布、收工集合的次数,一个单位工程原则上只计算一次。若因工程量较大,需要跨冰封期施工,可按实际情况计算开工展布、收工集合次数;自航耙吸挖泥船开工展布、收工集合按挖槽长度10km计算一次,小于10km时按一次计算,每超过10km增加一次;对经常性进行维护的疏浚工程,则按每月计算一次。

(2)卧冬费,烟台及其以北沿海地区按定额直接费的15%计算,黄河及其以北内河地区按定额直接费的15%计算,其中黑龙江地区按定额直接费的30%计算。

(3)山区航道施工增加费:按定额直接费乘费率计算。黄河及其以北内河地区卧冬费与山区航道增加费不得重复计算。

(4)浚测量费,按疏浚工程量每万立方米700元计算。

(5)施工浮标抛撤及使用、维护费:沿海地区按每座每天200元计算,内河地区按每座每天100元计算。浮标抛撤需要使用航标船时,其调遣费按相同功率拖轮的调遣费计算。

(6)浚前扫床费:编制概预算时按扫床面积每平方公里3万元计费,不包括清理障碍物和扫床船舶的调遣费。

(7)施工队伍调遣费:调遣次数,工期在一年以内原则上按一次计算,工期超过一年的按施工组织设计确定。

①船舶在调遣航行期间,自航船舶按使用艘班费计算。

②船舶在准备调遣、结束调遣期间按停置艘班费计算。

③调遣距离小于25n mile,不计算施工队伍调遣费,大于或等于25n mile时按实际距离计算施工队伍调遣费。

4. 疏浚工程定额应用

(1)工况。

①根据施工所在地(自取泥地点至卸泥地点的整个作业面)的条件和施工船舶的适应能力,按客观影响时间占施工期总时间的百分率(简称客观影响时间率),即客观影响时间率划分一至七级工况。每级工况时间利用率相差5%为一档。

②客观影响时间率(%)=施工期内客观影响时间/施工总时间。客观影响时间=自然影响时间+其他客观影响时间。

自然影响时间指受风、雨、雾、浪、潮汐、水位、流速等影响而不能施工的时间;其他客观影响时间是指受施工条件限制所必须进行的船舶避让、停电待工等非施工单位造成的干扰而不能施工的时间。

客观影响时间率应根据近三年统计资料计算,并取其平均值。

③因为自然影响时间和其他客观影响时间历年统计比较麻烦,为了使用方便,工况确定一般可套用定额附录给出的各港口工况指标。新建港区工况的确定主要考虑自然因素对挖泥船的影响。

(2)自航耙吸式挖泥船定额。自航耙吸式挖泥船定额包括基本定额、超深定额、超运距定额、增转头定额。

①基本定额:挖深小于等于基本挖深、运距小于或等于基本运距(2km),挖槽长度大于或等于定额挖槽长度时的船舶万方艘班数。

②超深定额:挖深超过基本挖深后,每超过1m增加的船舶万方艘班数。

③超运距定额:运距超过基本运距后,每超过1km增加的船舶万方艘班数。

④增转头定额:挖槽长度小于定额挖槽长度,挖泥船每增加一次转头所增加的船舶万方艘班数。增转头增加次数按下式计算:

$$增加转头次数=(定额挖槽长度/挖槽长度-1)\times 2$$

(3)绞吸挖泥船定额。绞吸挖泥船按其名义生产效率划分,包括基本定额和超挖深定额。

①定额为绞吸挖泥船标准岸管长度在额定标准岸管长度(详见定额)内的船舶万方艘班

数。标准岸管长度按下式计算：

标准岸管长度(m) = 岸管长度 + 浮管长度 × 1.67 + 水下管长度 × 1.14 + 超排高 × 50

式中的超排高是排高(挖泥船泥泵中心点至排泥管出口断面中心点的高差)超过标准排高的部分。标准排高：40 ~ 90m^3/h 绞吸挖泥船为 5m；120 ~ 1600m^3/h 绞吸挖泥船为 6m；2500m^3/h 绞吸挖泥船为 10m。

当标准岸管长度超过额定标准岸管长度时，基本定额增加万方艘班数详见定额说明。

②若泥层总厚度(包括计算超深值)小于绞刀直径而大于绞刀直径的二分之一时，其基本定额船舶万方艘班数增加系数按下式计算：

增加系数 = [绞刀直径(m)/泥层厚度(m) − 1] × 0.75

若泥层厚度小于绞刀直径的二分之一时，不执行该定额。

③在施工中如需要在泥泵吸口加格栅时，其基本定额船舶万方艘班数增加 0.15 系数计算。

④每百米排泥管线台班数，按挖泥船艘班数的 1.5 倍计算。

(4)抓斗铲斗挖泥船定额。抓斗铲斗挖泥船按斗容划分，包括基本定额和超挖深定额、超运距定额。

①除自航开体泥驳，泥驳均为开底泥驳，若泥土处理为吹填时，应改为满底，吹呢费另计。

②自航双抓以外的挖泥船挖硬黏土(5 级或 6 级土)附着力大于 200g/cm^2 时，其基本定额中拖轮和泥驳万方艘班数分别增加 0.4 和 0.2 系数(自航开体泥驳除外)。

(5)吹泥船定额。吹泥船按其名义生产效率划分。

①定额在与挖泥船配套使用时，吹泥船应与挖泥船的能力相适应，泥驳规格同挖泥船配套泥驳。

②定额为吹泥船在额定标准岸管长度内的船舶定额消耗量，当标准岸管长度超过额定标准岸管长度时，应计算泵站台班数。

③每百米排泥管线和每座泵站的台班数，按吹泥船艘班数的 1.5 倍计算。

5. 疏浚工程预算注意事项

(1)疏浚岩土可挖性。

①淤泥土类宜使用耙吸挖泥船或绞吸挖泥船进行挖掘和输送，淤泥质土也可使用斗式挖泥船进行挖掘。

②砂土类可使用各种挖泥船进行挖掘。挖掘密实砂土时，耙吸挖泥船宜使用带高压冲水的冲刷型耙头，绞吸挖泥船宜使用可换齿的铰刀，抓斗挖泥船宜使用中型或重型泥斗，铲斗挖泥船宜使用小容量泥斗。

③黏性土类可使用各种挖泥船进行挖掘。挖掘硬黏性土时，耙吸挖泥船宜使用主动型耙头，绞吸挖泥船宜使用可换齿的铰刀，抓斗挖泥船宜使用中型或重型泥斗，铲斗挖泥船宜使用小容量泥斗。

④碎石类土宜采用抓斗挖泥船或铲斗挖泥船进行挖掘，也可使用大、中型绞吸挖泥船进行挖掘。挖掘时，抓斗挖泥船应使用重型抓斗，绞吸挖泥船应使用可换齿的锥型铰刀。

⑤岩石可在预处理后进行挖掘，软质岩石也可采用大型绞吸挖泥船、铲斗挖泥船或抓斗挖

泥船进行挖掘。

(2)疏浚船机配置。疏浚船机配置是疏浚造价计算的关键环节,应根据工程规模(疏浚量)、建设要求(工期、泥土处理方式如吹填或外抛)、现场水域条件(水域大小、水深)、岩土可挖性(土质等)、管道输送适宜性、现场的自然和环境条件(工况如:风浪流、周边影响)等因素确定疏浚船舶。具体可参照按照《疏浚与吹填工程设计规范》(JTS 181)相关内容。一般原则如下:

①新建港口的航道疏浚宜采用耙吸挖泥船;在风浪允许的条件下,也可使用绞吸挖泥船或斗式挖泥船;在疏浚土吹填处置距离满足的条件下宜使用绞吸式挖泥船直接挖吹施工。

②航道扩建加深、拓宽工程以及航运繁忙水域的疏浚与吹填工程,宜选择耙吸挖泥船。

③沿海航道维护性疏浚宜选择耙吸挖泥船,在内河宜选择耙吸挖泥船或绞吸挖泥船。

④采用吹填方式进行泥土处置的疏浚工程和以造地成陆为目的的吹填工程,宜选择绞吸挖泥船或装有艏吹装置的耙吸挖泥船直接进行挖吹施工;当水上泥土运输距离较长时,可选择耙吸挖泥船、绞吸挖泥船、斗式挖泥船、泥驳、吹泥船等进行联合施工。吹填设备的泥泵扬程应与吹填距离及排高相适应,当吹填距离超过吹填设备的吹距时应加装接力泵。

⑤在水工建筑物或其他设施附近疏浚,宜选择斗式挖泥船或绞吸挖泥船施工,如航行条件允许,也可选择耙吸挖泥船施工。

⑥疏浚设备不能水路调遣而采用陆运时,应选用组装式挖泥船,并应对现场起吊、组装、下水的条件进行调查。

⑦对噪声要求严格的区域和居民密集区等区域,不宜选择链斗挖泥船施工。

⑧疏浚污染土时,应选择满足环保要求的疏浚设备。

(3)工况对单价影响较大,除考虑自然条件影响外,应特别注意客观条件的影响,如船舶避让、干扰等。如果港区船舶流量及其他施工干扰情况,与1997定额编制时期的工况相差较大,应进行分析后确定工况。

(4)当疏浚土吹填造陆时,疏浚量和造地量需要进行土方平衡,应考虑疏浚土的搅松系数、吹填流失、原地基沉降、吹填土沉降、超填量等因素。

第五节　水运工程工程量清单计价方法

一、水运工程工程量清单计价表组成

(一)总说明

(1)工程量清单计价表应采用《水运工程工程量清单计价规范》规定的统一格式。

(2)工程量清单计价文件应由封面、工程量清单项目总价表、分项工程量清单计价表、一般项目清单计价表、计日工项目清单计价表、分项工程量清单综合单价汇总表、综合单价分析表和主要材料价格表等组成。

(3)投标人不得随意增加、删除或涂改招标人提供的工程量清单中的内容。

(4)工程量清单报价表应按规定填写,并按要求签字、盖章。

(二)清单计价表组成

1. 工程量清单项目总价表格式(表6.5-1)

工程量清单项目总价表

表6.5-1

工程名称：　　　　第　页　共　页

序　号	项目名称	金额(元)
一	一般项目	
二	单位工程	
(一)	……	
(二)	……	
…	……	
三	计日工项目	
合　计		

注:工程量清单项目总价表应按一般项目清单计价表、各单位工程的分项工程项目清单计价表、计日工项目清单计价表中相应项目合计金额填写。

2. 分项工程量清单计价表格式(表6.5-2)

分项工程量清单计价表

表6.5-2

单位工程名称：　　　　第　页　共　页

序　号	项目编码	项目名称	计量单位	工程数量	金额(元)	
					综合单价	合价
合　计						

注:1. 表中的序号、项目编码、项目名称、计量单位、工程数量按招标人提供的分项工程量清单中的相关内容填写。

2. 投标人填写表中列明的所有需要填写的单价和合价,未填写的单价和合价,视为此项费用已包含在工程量清单的其他单价和合价中。

3. 分项工程量清单综合单价汇总表格式(表6.5-3)

分项工程量清单综合单价汇总表

表6.5-3

单位工程名称：　　　　第　页共　页

序号	项目编码	项目名称	计量单位	工程数量	综合单价	合价	其　中					
							人工费	材料费	船机使用费	间接费	利润	税金
总计												

4. 综合单价分析表格式(表6.5-4)

综合单价分析表

表6.5-4

清单项目编码：

清单项目名称：　　　　第　页　共　页

序　号	名　　称	型号规格	计量单位	数量	单价(元)	合价(元)
1	直接费	—	—	—		
1.1	人工费					

续上表

序　号	名　　称	型号规格	计量单位	数量	单价(元)	合价(元)
1.2	材料费	—	—	—	—	
1.2.1	……					
…	……					
1.3	船舶机械使用费	—	—	—	—	
1.3.1	……					
…	……					
2	间接费	—				
3	利润	—				
4	税金	—				
5	合计	—				
6	综合单价	—				

注：1. 该表是对分项工程量清单计价表中各项单价进行分析，应对照填写。

2. 一般项目清单计价表中各项价格如需进行分析，也可采用本表。

5. 一般项目清单计价表格式(表 6.5-5)

一般项目清单计价表

表 6.5-5

工程名称：　　　　　　　　　　　　　　　　　　　　　　　　第　页　共　页

序　　号	项 目 编 码	项 目 名 称	金额(元)
合　　计			

注：表中的序号、项目编码、项目名称应按招标人提供的一般项目清单中相应内容填写，并应填写相应项目的金额和合计金额。

6. 计日工项目清单计价表格式(表 6.5-6)

计日工项目清单计价表

表 6.5-6

工程名称：　　　　　　　　　　　　　　　　　　　　　　　　第　页　共　页

序　　号	名　　称	规格(工种)	计 量 单 位	数　　量	金额(元)	
					综合单价	合价
1	人工		工日			
小计						
2	材料					
小计						
3	船舶机械		艘(台)班			
小计						
4	合　　计					

注：表中序号、人工、材料、船舶机械的名称、规格型号以及计量单位应按招标人提供的计日工项目清单中相应内容填写，并应填写相应项目的单价及合价。

(1)人工按工种，材料和船舶机械按名称和规格型号分别填写。

(2)选择计量单位时,人工以工日、材料以常用计量单位、船舶机械以艘班或台班分别填写。

二、工程量清单计价的概念

工程量清单计价是在建设工程实施阶段(包括:招投标、工程计量与支付、竣工结算等)的工程计价活动中,按照国家有关规定及相应的程序和要求进行招标控制价、工程量清单、工程量清单报价、计量支付、工程竣工结算的编制和管理。水运工程执行交通运输部颁布的《水运工程工程量清单计价规范》(JTS 271)。

(一)招(投)标工程量清单

招(投)标工程量清单表现拟建工程的分项工程项目、措施项目和其他项目的名称及相应数量的明细,是招(投)标文件的组成部分,是合同工程量清单、计量与支付文件、竣工结算文件的基础。招标工程量清单由招标人根据国家标准、招标文件、设计文件以及施工现场实际情况编制,编制人为具有编制能力的招标人或受其委托具有相应资质资格的单位,招标人应按《水运工程工程量清单计价规范》(JTS 271)附录 A 编制水运工程工程量清单表。投标工程量清单即工程量清单计价,由投标人根据招标文件、设计图纸、施工条件、自身的综合能力编制,投标人按《水运工程工程量清单计价规范》附录 B 填写工程量清单计价表。

(二)工程量清单预算

工程量清单预算是按《水运工程工程量清单计价规范》的相关规定编制的施工图预算。

(1)工程量清单预算的格式应参照计价规范附录 B“工程量清单计价表式”。

(2)工程量清单预算的项目名称应参照计价规范附录 C“水运工程工程量清单项目”。

(3)工程量清单预算的工程量计算应参照计价规范附录 D“水运工程工程量计算规则”。

(4)工程量清单预算的价格根据水运工程预算编制规定及其配套定额进行编制,当定额的工程量计算规则与工程量清单的工程量计算规则相一致时,可直接以工程量清单中的工程量作为工程内容的工程数量套用定额,否则需进行调整。

(三)合同工程量清单

合同工程量清单是合同文件的组成部分,是投标文件已标明价格,经算术性错误修正(如有)且承包人已确认的工程量清单。合同工程量清单是工程计量、合同价款调整、索赔、竣工结算的基础工程量清单。合同工程量清单的编制同工程量清单计价文件的编制。

(四)计量与支付

1. 工程计量

工程量计算是工程计价活动的重要环节,是指建设工程项目以工程设计图纸、施工组织设计或施工方案及有关技术经济文件为依据,按照相关工程国家标准的计算规则、计量单位等规定,进行工程数量的计算活动,在工程建设中简称工程计量。实施阶段的工程计量不仅包括招标阶段工程量清单编制中工程量的计算,也包括投标报价以及合同履约阶段的变更、索赔、支付和结算中的工程量的计算和确认。

2. 工程款支付

工程款支付是指建设工程依据合同约定进行预付款、工程进度款、工程竣工结算款支付的活动。

(1)预付款用于承包人为合同工程施工购置材料、工程设备、购置或租赁施工设备、修建临时设施以及组织施工队伍进场等所需的款项;

(2)工程进度款的支付是指承包人在施工过程中,按合同约定的中间结算时间对已完工程进行计量,向发包人申请办理的工程进度款支付。

(3)承包人按照合同规定的内容全部完成所承包的工程,经验收质量合格,并符合合同要求之后,向发包人进行最终工程价款结算。发包人应根据确认的竣工结算书在合同约定的时间内向承包人支付工程竣工结算款。

(五)工程变更

工程变更具有广泛的含义,它是指全部合同文件的任何部分的改变,不论是形式的、质量的或数量的变化,或者追加或取消某一项工作,都称之为工程变更。除设计图纸的变更外,合同条件、技术规范,施工顺序与时间的变化等亦属于工程变更,工程变更还包括监理工程师提出的"新增工程",即原招标文件和工程量清单中没有包括的工程项目。

工程变更是合同变更的表现形式,最常见、最重要的是施工条件变化和设计变更。

工程变更通常都涉及费用的变化,依据《水运工程标准施工招标文件》与配套使用的《标准施工招标文件》规定,除另有约定外,因变更引起的价格调整按照本款约定处理:

(1)已标价工程量清单中有适用于变更工作的子目的,采用该子目的单价。

(2)已标价工程量清单中无适用于变更工作的子目,但有类似子目的,可在合理范围内参照类似子目的单价,商定或确定变更工作的单价。

(3)已标价工程量清单中无适用或类似子目的单价,可按照成本加利润的原则,商定或确定变更工作的单价。

(六)工程计价资料与档案

1. 计价资料

(1)发承包双方应当在合同中约定各自在合同工程中现场管理人员的职责范围。双方现场管理人员在职责范围内的签字确认的书面文件,是工程计价的有效凭证,但如有其他有效证据,或经实证证明其是虚假的除外。

(2)发承包双方不论在何种场合对与工程计价有关的事项所给予的批准、证明、同意、指令、商定、确定、确认、通知和请求,或表示同意、否定、提出要求和意见等,均应采用书面形式,口头指令不得作为计价凭证。

(3)任何书面文件由人面交应取得对方收据,通过邮寄应采用挂号传送,或发承包双方商定的电子传输方式发送。交付、传送或传输至指定的接收人的地址。如接收人通知了另外地址时,随后通信信息应按新地址发送。

(4)发承包双方分别向对方发出的任何书面文件,均应将其抄送现场管理人员,如系复印件应加盖合同工程管理机构印章,证明与原件同样。双方现场管理人员向对方所发任何书面文件,亦应将其复印件发送给发承包双方。复印件应加盖其合同工程管理机构印章,证明与原件同样。

(5)发承包双方均应当及时签收另一方送达其指定接收地点的来往信函,拒不签收的,送达信函的一方可以采用特快专递或者公证方式送达,所造成的费用增加(包括被迫采用特殊送达方式所发生的费用)和(或)延误的工期由拒绝签收一方承担。

(6)书面文件和通知不得扣压,一方能够提供证据证明另一方拒绝签收或已送达的,视为对方已签收并承担相应责任。

2. 计价档案

(1)发承包双方以及工程造价咨询人对具有保存价值的各种载体的计价文件,均应收集齐全,整理立卷后归档。

(2)发承包双方和工程造价咨询人应建立完善的工程计价档案管理制度,并符合国家和有关部门发布的档案管理相关规定。

(3)工程造价咨询人归档的计价文件,保存期不宜少于五年。

(4)归档的工程计价成果文件应包括纸质原件和电子文件。其他归档文件及依据可为纸质原件、复印件或电子文件。

(5)归档文件必须经过分类整理,并应组成符合要求的案卷。

(6)归档可以分阶段进行,也可以在项目结算完成后进行。

(7)向接受单位移交档案时,应编制移交清单,双方签字、盖章后方可交接。

三、投标工程量清单报价

投标工程量清单报价即工程量清单计价,由投标人根据招标文件、设计图纸、施工条件、自身的综合能力进行编制。投标工程量清单计价文件应由封面、工程量清单项目总价表、分项工程项目清单计价表、一般项目清单计价表、计日工项目清单计价表、分项工程量清单综合单价汇总表、综合单价分析表和主要材料价格表等组成。

(一)投标总价构成

实行工程量清单计价招投标的水运工程,其投标总价即为工程量清单项目总价表中的合计金额,包括一般项目清单计价表中的合计金额、各单位工程的分项工程项目清单计价表中的合计金额、计日工项目清单计价表中的合计金额。工程量清单项目报价汇总表见表6.5-1。

(二)工程量清单单价构成

工程量清单单价应采用综合单价,综合单价指完成工程量清单中一个质量合格的规定计量单位项目所需的直接费、间接费、利润和税金,并考虑风险因素价格,综合单价分析表见表6.5-4。投标人将直接费用单价,加上管理费、预期利润、税金,考虑风险及投标策略,就形成综合单价。

综合单价中最主要的组成是工程直接费,工程直接费指施工过程中耗费的构成工程实体和有助于工程形成的各项费用,包括人工费、材料费和船舶机械使用费,但不包括已在一般项目清单中单独计列的费用。其中:

$$人工费 = 单位工程量人工工日消耗量 \times 人工工日单价$$

$$材料费 = \Sigma\ 单位工程量材料消耗量 \times 材料单价$$

$$船舶机械费 = \Sigma\ 单位工程量船机消耗量 \times 船机单价$$

1. 人工、材料、船机等生产要素的消耗量

工程直接费应根据分项工程量清单中的分项工程内容及项目特征,结合招标文件、设计图纸、施工条件以及自身的综合能力测算工料机消耗量。消耗量的主要计算方法:

(1)投标人根据投标施工组织设计或施工方案确定消耗量,此方法的关键点在于施工组织设计中需进行详细的工效分析及工料机计划,同时需对分项工程交叉使用的人工和船机进行分摊。

(2)投标人根据经验数据或企业内部定额,结合招标项目的实际情况确定消耗量。

(3)投标人对拟分包项目进行市场询价,根据分包商提供的数量合理确定消耗量。

(4)参照水运工程定额,并通过调整来确定消耗量;当定额的工程量计算规则与工程量清单的工程量计算规则相一致时,可直接以工程量清单中的工程量作为工程数量套用定额,否则需进行调整。

2. 人工、材料、船机等生产要素的价格

人工、材料、船机价格价格应通过市场调研获得,并考虑其可能的发展趋势。获取工料机价格的主要方法。

(1)参照水运工程定额确定人工消耗量的,人工单价参照水运工程定额编制规定及地方造价管理部门的相关规定。

(2)根据施工组织设计或经验数据确定人工消耗量的,人工单价应按照工程所在地的市场人工实际价格。

(3)采用劳务分包形式的,按单位工程量确定人工费用。

(4)材料价格可向供应商或制造商询价、自行进行市场调查或信函询价、利用国家或地方信息平台资料等。

(5)参照水运工程定额确定船机消耗量的,船机单价参照水运工程船机费用定额及地方造价管理部门的相关规定。

(6)企业自有船机的单价可按照企业内部定额或积累的经验数据;租赁船机的单价应根据需求进行市场调查。

(三)一般项目清单的计算

一般项目清单指为完成工程项目施工,招标人要求计列的、不以图纸计算工程数量的费用项目或发生于该工程施工准备和施工过程中招标人不要求列示工程数量的措施项目和其他项目,包括暂列金额、规费、保险费、安全文明施工费、施工环保费、生产及生活房屋、临时道路、用电、用水、通信、用电、码头、预制场建设、临时工作项目、竣工文件、施工措施项目。

投标人可根据工程实际情况结合施工方案或施工组织设计,自主确定一般项目清单内容,对招标人所列一般项目可以进行增补。

(1)暂列金额指招标人为暂列项目和可能发生的合同变更而预留的费用,投标人应按招标文件的要求报价。

(2)规费应按国家有关部门的规定计算,不得作为竞争性费用。

(3)建筑工程一切险及第三者责任险:承包人按招标文件要求计算建筑工程一切险和第三者责任险。

(4)安全文明施工费应按国家有关部门及招标文件的规定计价,不得作为竞争性费用。

(5)临时工程与设施应包括为实施永久工程所需的各项相关的临时工作,如:生产生活房屋、临时道路、临时便桥、临时用电、临时用水、临时通信、临时用地、临时码头、临时预制场等工程与设施,承包人应按招标文件相关规定及其需求,对临时工程与设施进行设计、施工和拆除,按总额计价。

(6)竣工文件编制:承包人应按相关规定编制竣工资料,并按合同条款规定向发包人提交竣工文件,按总额计价。

(7)施工措施项目:承包人为完成和保管本项目所必须的其他施工措施费用,按总额计价。

(四)标价分析

1.标价分析的主要目的

标价分析是投标人在投标前对已标价的投标工程量清单进行综合分析,确定投标报价的符合性、合理性及竞争力,为投标决策提供依据。

2.标价分析的主要内容

(1)投标工程量清单符合性分析。投标工程量清单由投标人根据招标文件、设计图纸、施工条件、自身的综合能力编制。首先应保证投标工程量清单符合招标文件和设计图纸的规定,按工程量清单列明的工作内容和项目特征进行组价,并避免工作内容的重复或漏报;其次应认真研究施工方案,报价应与实际的施工工艺和方法相符;第三应充分考虑施工现场的条件,特别是一般项目清单,应将施工条件体现在报价中。

(2)工程量清单预算分析。工程量清单预算通常采用水运工程预算编制规定及其配套定额进行编制,反映的是定额水平,或者说是社会平均水平。由于不同工程项目的施工条件不同、施工组织方式不同、采用的施工工艺和方法不同、材料及船机的来源不同等因素的影响,预算与报价会存在一定的差别。通过工程量清单预算的分析,找出预算与报价的分歧点,以验证报价的合理性。同时,工程量清单预算也是分析投标竞争对手报价水平的参考依据。

(3)成本测算分析。标前成本测算是对投标项目的成本估算,目的是分析投标报价的合理性,测定投标报价的竞争力。成本测算的主要依据为:招标文件及设计文件、投标人编制的施工组织设计或施工方案、现场踏勘调查资料、投标人积累的成本费用统计资料、投标人市场调查资料、供应商及分包单位报价资料、政府部门公布的信息资料等。

3.标价分析的注意事项

(1)全面性:投标报价应涵盖招标人的所有要求,应响应招标文件对投标人提出的权利和义务。分项工程量清单的综合单价应涵盖招标文件工程量清单要求的所有工作内容,并与项目特征中所描述的项目规格、部位、类型相对应;一般项目清单在符合招标清单要求的前提下,充分结合实际施工条件进行报价。

(2)准确性:准确把握投标工程量清单、工程量清单预算和成本测算三者的关系,通过标价分析,形成相互校核的作用,确保投标报价的准确性。

(3)风险性:投标人对其投标报价承担风险,因此投标人有必要在投标时对工程存在的风险进行预测和评估,估计风险对投标报价的影响及其可控性,从而确定合理的风险费用,计入投标总价。